표절론

남형두

서울대학교 법과대학을 졸업하고 워싱턴대학교(University of Washington) 로스쿨에서 석사(LL. M.)·박사(Ph. D.) 학위를 취득했다. 사법시험(제28회. 1986년) 합격 후 줄곧 법무법인 광장에서 변호사로 일했으며 뉴욕 주 변호사 시험에도 합격했다. 2005년 연세대학교 법학전문대학원으로 자리를 옮겨 현재 교수로 재직 중이다.

지은이는 저작권법을 중심으로 지적재산권법을 전공하고 있는데, 저작권법을 '정직한 글쓰기'와 '문화의 산업화'라는 두 개의 기둥으로 파악하고 있다. 한국저작권위원회 위원과 그 위원회 소속 표절위원회 위원장을 역임하기도 했으며 '정직한 글쓰기'에 관한 여러 편의 논문을 발표해왔다. 이 책은 그간의 연구 결과를 집대성한 전문 체계서다.

표절론

초판 1쇄 발행 | 2015년 2월 25일
초판 3쇄 발행 | 2018년 3월 20일

지은이 | 남형두
펴낸이 | 조미현

편집장 | 윤지현
편집 | 김희윤 김영주 이수호
디자인 | 장원석

펴낸곳 | (주)현암사
등록 | 1951년 12월 24일 제10-126호
주소 | 121-839 서울시 마포구 동교로12안길 35
전화 | 365-5051 · 팩스 | 313-2729
전자우편 | law@hyeonamsa.com
홈페이지 | www.hyeonamsa.com

ISBN 978-89-323-1732-8 93360

이 도서의 국립중앙도서관 출판시도서목록(CIP)은
e-CIP 홈페이지(http://www.nl.go.kr/ecip)에서 이용하실 수 있습니다.
(CIP제어번호 : CIP2015004558)

표절론

표절에서 자유로운 정직한 글쓰기

◉ 남형두 지음

ㅎ 현암사

선친 남재동 님의 영전에 바칩니다.

표절

사랑은 길들지 않은 말과 같아서
고린도전서에 가둘 수가 없습니다
사랑은 사랑한다는 말 그 앞에 있어
누가 무슨 말을 해도 표절이 되지요[1]

---

1. 정희성, 『그리운 나무』, 창비, 2013, 51면.

구상에서 집필까지

둘째아이가 언젠가 자기소개서에 아빠를 '표절 전문가'로 적은 걸 보고 한참 웃으면서도 마음 한쪽이 편치 않았다. 아이는 표절문제를 전문적으로 다루는 연구자라는 뜻으로 썼을 터이나, 표절이라는 말이 주는 부정적 이미지로 얼굴이 화끈거렸다.

어쨌건 '표절 전문가'로 알려진 덕분에 대학의 교수들이나 대학원생들 또는 다수 정부출연 연구기관의 연구원들을 상대로 표절에 관해 강연할 기회가 더러 있었다. 매번 정해진 시간을 넘어서까지 질문하는 사람이 많았고, 차마 그때 질문할 수 없었다면서 이메일로 문의해 오는 이들은 더 많았다. 그 과정에서 표절을 당해 괴로워하는 사람과 표절자로 몰려 억울해하는 사람의 고통스러운 이야기와 마주하게 됐다. 심지어 수년간 이 문제로 시달리다 끝내 직장을 잃거나 가족의 삶까지 피폐해진 가슴 아픈 사연들을 접했다. 그 밖에 표절이 사회적 관심사로 떠오를 때마다 언론의 관심 또한 지대하여 인터뷰 요청을 받는 일도 많았다.

그간 해온 표절 연구를 한 번쯤 정리해야겠다는 생각을 하던 터에, 위와 같은 현실의 필요와 요청을 모른 체하는 것이 학자로서 도리가 아니라는 생각이 더해져, 표절에 관한 전문 체계서를 쓰기로 마음먹었다.

돌이켜보면 2006년, 교육부총리 지명자의 표절 의혹 사건을 계기로 나라가 온통 표절문제로 홍역을 치르고 있었다. 정부(문화체육관광부)는 저작권위원회를 통해 표절문제를 해결하기 위한 방안 연구를 나에게 요청해 왔다. 처음 제의는 3개월 정도 안에 표절방지 가이드라인을 만들어달라는 것이었다. 나는 3년을 준다면 하겠다고 했고, 결국 그 요구가 받아들여져 본격적인 연구가 시작됐다.

내가 당초 구상한 3부작은 철학연구, 사례연구, 가이드라인 제안이었다. 정부가 요청한 것은 당장에 적용할 가이드라인이었지만, 또 하나의 현실성 없는 장식용 지침을 만들지 않기 위해, 결론에 해당하는 가이드라인이 어떤 근거로 도출됐는지를 역순으로 파고들어 근본적 문제에 천착하게 됐다. 멀리는 지식이 누구의 것인가에 관한 철학연구를 했고, 가까이는 표절에 관한 법원 판결과 외국 사례를 찾았다. 이렇게 해서 나온 것이 『표절문제 해결방안에 관한 연구(I) – 문화산업 발전을 위한 토대로서 저작권의식 제고를 위한 기초연구』(2007), 『표절문제 해결방안에 관한 연구(II) – 표절사례 연구』(2008), 『표절문제 해결방안에 관한 연구(III) – 표절방지 가이드라인 제안』(2009) 등 연구보고서 세 권이다. 이 세 권의 보고서가 이 책의 근간이 된다.

2012년 초, 연구년을 시작하면서 서재에 계획표를 붙였다. 계획표에 따르면 이 책은 2012년 5월로 집필을 마치고 그해 가을 출판하는 것으로 돼 있었다. 그도 그럴 것이 처음부터 단행본을 염두에 두고 3개년에 걸쳐 집필했던 연구보고서가 세 권 있기에, 부족한 부분을 채워 단행본으로 편집하는 데는 3개월이면 충분하다고 생각했다. 그런데 내 계획은 보기 좋게 틀어졌다. 결과적으로 책이 나오는 데 3년이 들었다. 물론 지난 3년간 온통 이 책의 집필에만 몰두한 것은 아니고 간간이 다른 연구와 집필을 병행하긴 했어도, 내 주된 관심과 열정은 이 책의 완성에 쏟아졌다. 두어 달 후면 나올 것이라 했던 책이 해를 거듭해도 마무리되지 않자 기대는 고통으로 다가왔다. 나는 어느새 빚 독촉을 당하는 신세가 됐다.

본격적으로 연구에 투입한 기간은 6년이지만, 그중 세 권의 보고서 작성 후 3년의 기간이 오로지 윤문과 편집에만 쓰인 것은 아니었다. 이 기간 중 거의 대부분은 오히려 표절 연구에 바쳐졌다. 그런데 표절에 관한 특정 주제로 원고지 150매 내외의 논문을 쓰는 것과 한 권에 모든 것을 담아야 하는 체계서를 쓰는 것은 달랐다. 독자는 자신이 관심 갖는 부분만 찾아보면 그만이지만, 필자로서는 단지 결론을 제시하는 것으로는 부족하고 탄탄한 논리를 갖추어야 한다. 표절에 관한 전문 체계서를 목적으로 하는 이상 수미일관首尾一貫해야 하는데, 지엽말단枝葉末端의 쟁점이라도 철학이론과 방법론을 일치시키는 작업이 간단치 않았다. 게다가 학문이 발전하는 속도와 표절사례가 집적되는 속도를 따라잡을 수 없어, 이 책을 편집하는 중에도 계속 발생하는 사례와 내 속에서 꿈틀거리며 나오는 생각을 추가하고 보충하느라 속도는 더 더뎌졌다. 이러다간 책을 낼 수 없겠다 싶어, 세상에 내놓기에 많이 부족하지만, 손때가 탈 대로 탄 이 책의 출간을 서두르게 됐다.

이 책은 완성된 것이 아니라 시작하는 것일 뿐이다. 아직 배우는 자의 자리에서 완성을 향해 나아가는 초보 학자의 학문관이 담긴 미완의 책이다. 마음 다잡고자 붙여놓은 2012년의 계획표는 빛깔이 바랜 채 내 서재에 여전히 붙어 있다.

이 책의 구성

이 책은 크게 세 부분으로 되어 있다. 제1부에서는 근본적이고 이론적인 내용을 다루었다. 먼저 표절 대상이 되는 지식을 특정인이 전유할 수 있는지와 관련해 철학적·역사적으로 고찰한 뒤 현대적 관점에서 정보공유론이 표절론에 어떤 영향을 미치는지 살펴보고 양자의 조화를 모색했다. 나아가 표절론이 학문적 체계를 갖추기 위해 필요한 연구방법론을 제시했다. 특히 저작권법학에서 표절과 저작권침해의 관계를 이론적으로 규명한 작업은 이 책을 관통하는 핵심 내용으로, 제2부 논의의 배경지식이 된다.

제2부에서는 현실에서 일어나는 표절의 구체적 쟁점을 최대한 찾아내어 이론적으로 해법을 제시했다. 먼저 현대적 관점에서 표절 논의를 합리적으로 진행하기 위해서 출처표시 누락을 중심으로 하는 일반적 표절을 '전형적 표절'로, 그 밖의 표절을 '비전형적 표절'로 묶어 논의했는데, 이는 기존 논의 체계와 다른 것이다. 출처표시 누락을 핵심요소로 하는 전형적 표절에서는 인용 목적을 살펴본 후에 출처표시 누락과 관련한 여러 가지 쟁점으로서 아이디어, 일반지식, 간접인용(패러프레이징), 재인용, 출처표시의 단위, 부적절한 출처표시, 공저의 문제 등을 구체적 예를 들어 설명했다. 출처표시 누락과 직접 관련은 없지만 현실에서 표절로 인식해 같이 논의하는 저작권침해, 자기표절/중복게재, 유령작가와 관련된 저자성 문제 등을 비전형적 표절에서 고찰했다. 나아가 검증시효, 준거법, 관할, 절차, 제재 등 표절 논의에서 결코 빼놓을 수 없는 중요한 쟁점을 '절차'로 묶어 논의했다. 목차에서

보듯 제2부는 그 자체로 완결되는 내용을 담았다. 독자는 필요에 따라 제1부를 건너뛰고 제2부만 읽어도 무방하다. 이런 독서 방법을 예상해 제2부를 독자성이 있게 꾸몄다.

제3부에서는 제2부에서 논의한 결과를 바탕으로 표절 판정 기준과 절차에 관한 규정을 일종의 모델안으로 제시했다. 거꾸로 말하면 제2부의 논의는 제3부의 표절 판정기준, 판정절차 등 가이드라인이 어떻게 만들어졌는지에 대한 논거가 되기도 한다. 기존의 가이드라인은 대부분 어떤 근거로 만들었는지 설명해놓지 않았다. 다시 말해 표절 논의와 가이드라인이 따로 있다. 이 책은 제2부와 제3부가 유기적으로 연결되도록 집필했다. 나아가 제2부는 제1부의 표절에 관한 철학·역사·방법론 등의 이론과 제3부의 실용적 가이드라인을 연결하는 허리에 해당한다. 독자에 따라서는 제3부의 가이드라인 가운데 이해되지 않는 부분은 제2부의 해당 부분에서 도움을 받을 수 있다. 한편, 제3부의 가이드라인은 모든 학문 분야에 공통으로 적용할 수 있게 만들었으므로 개별 학문 분야나 기관·학술지의 특성에 맞게 조정할 수 있다.

책의 끝에는 표절 백문百問을 붙였다. 색인과는 별도로 표절에 관해 흔히 갖는 질문 백 개를 뽑아 독자로 하여금 해답을 찾을 수 있도록 이 책의 해당 면을 적었다.

고마운 사람들

이 책이 나오기까지 도움을 준 여러 사람의 은혜를 기억하고 감사를 표하고 싶다. 먼저 유학 시절 박사학위 논문의 심사위원장chair professor으로서 학자의 자세를 일깨워준 존 헤일리John O. Haley 교수님께 감사 인사를 드린다. 하루라도 빨리 귀국하고 싶어 하는 제자에게 나비가 고치cocoon에서 나와 날게 되는 과정을 비유해, 힘들어하는 어린 나비를 진정 위하는 것은 그를 꺼내주는 것이 아니라, 스스로 나와서 젖은 날개를 말리는 동안 기다려주는 것이라고 말씀해주셨다. 그의 가르침은 어느새 내가 학생들에게 자주 쓰는 말이 되었다.

대학을 졸업한 후 교수로 대학에 돌아오기 전까지 20여 년 간 법률가 직역에 있으면서 가장 뜻깊은 일을 꼽으라면 좋은 분들을 많이 만난 것이다. 그중에서도 '교실 밖 스승' 세 분을 꼽지 않을 수 없다. 초창기 우리나라 저작권법학을 개척한 한승헌 변호사님(전 감사원장)과 같은 사무실에 근무하면서 그의 가르침을 받은 것은 크나큰 행운이었다. 법학이 따뜻한 학문이 될 수 있음을 그분에게서 배웠다. 박우동 변호사님(전 대법관)은 감히 당대 최고의 법률문장가라고 생각한다. 논리성 때문에 딱딱하고 메마른 글이 되기 쉬운 법률문장을 담박하면서도 아름답게 쓸 수 있다는 것을 그의 글을 보며 배웠다. 그러나 내 글에 여전히 남아 있는 군더더기와 허식은 아직 배움이 부족한 탓이니, 공연히 당신을 언급하여 누가 되지 않을까 걱정이 앞선다. 전문성을 추구하는 이 책에서 놓치기 쉬운 것이 균형성인데, 그 점에서 법률가에게 필요한 덕목으로 늘 균형감을 말씀하시고 중용을 강조한 박준서 변호사님(전 대법관)의 가르침은 집필하는 내내 뇌리에서 떠나지 않았다. 세 분 어르신에게서 귀한 가르침을 받은 것은 어지간한 축복이 아닐 수 없다. 이 자리를 빌려 다시 한 번 머리 숙여 감사 인사를 올린다.

외우畏友 한승 대법원 사법정책실장이 아니었다면 이 책은 나올 수 없었다. 행정법원 부장판사로 있을 때부터 대법원 선임·수석재판연구관을 거쳐 현재에 이르기까지, 글을 쓰다 막히거나 중요한 판단이 필요할 때면 그는 언제나 펴보는 사전과 같은 존재였다. 결코 한가하지 않은 자리에 있는데도 한 판사는 한 번도 싫은 내색을 하지 않고 나의 어리석은 질문을 해박한 법률지식으로 풀어주었다. 햇살 좋은 토요일 오후, 밀린 일을 처리하기 위해 출근했을 그와 나눈 토론의 흔적은 이 책 여러 곳에 보석같이 박혀 있다. 오랜 기간 나와의 법률 논의에 적지 않은 시간을 할애해준 한 판사에게 미안함과 고마움을 전한다.

내 지도를 받아 석사학위를 마친 후 현재 독일 뮌헨대학교에서 박사학위 취득을 목전에 두고 있는 이일호 연구원(막스플랑크연구소)은 '청출어람靑出於藍 청어람靑於藍'을 실감케 하는 제자다. 때로는 사제지간이 뒤바뀐 듯한 느낌이 들 정도로 이 군의 실력과 성장 속도는 눈부시다. 그는 이 책을 집필하는 내내 자료수집부터 교정에 이르기까지 거의 전 과정에서 큰 도움을 주었다. 인격과 실력을 겸비한 큰 학자로 성공할 것이라 믿어 의심치 않는다.

성근 초안이 나왔을 때 방대한 분량을 읽고 조언을 아끼지 않은 이규홍(서울중앙지법)·정재훈(서울고법) 두 부장판사께 감사 인사를 전한다. 내가 표절문제를 본격적으로 연구한 것은 이 책의 근간을 이루고 있는 세 권의 보고서를 작성한 것이 계기였음을 부인할 수 없다. 부족한 사람에게 연구할 기회를 준 한국저작권위원회와 특히 최경수 박사님께 사의를 표한다.

이 책이 현암사에서 나올 수 있었던 데는 고운기 형(한양대 교수)의 지원과 격려가 큰 몫을 했다. 시인이자 고전문학 전공자인 형에게 이 책의 출간 구상을 내비쳤을 때, 형은 법서가 아닌 인문서로서 펴낼 것을 권유했다. 결과적으로 그런 목적이 달성됐는지는 모르겠지만, 법전으로 시작하여 지금은 인문서 출판으로 명성이 높은 현암사에서 출판하게 된 것은 그의 소개 덕분이었다. 첫 단행본을 현암사에서 낼 수 있도록 길을 열어준 형과 출간을 기꺼이 허락해준 조미현 대표께 깊이 감사드린다. 앞서 길게 말한 바와 같이 이 책은 편집 과정에 상당한 기간이 소요됐다. 미숙한 저자에게 큰 도움을 준 현암사의 김현림·김수한 주간, 윤지현 편집장, 김영주 님, 전보배 님, 특히 김희윤 님의 노고에 따뜻한 고마움을 전한다.

아들이 나온 하찮은 기사 하나도 놓치지 않고 모으시는 어머니께 이 책은 귀한 선물이 될 것 같다. 늘 믿고 응원해주신 장인어른과 장모님도 이 책의 출간을 기뻐하시리라 생각한다. 세 분의 부모님께 깊이 감사드린다. 집필을 시작할 때 아이들은 중학생과 초등학생이었는데, 지금은 대학원 진학을 앞두고 있거나 대학에 재학 중이다. 성장한 아이들을 보니 이 책이 얼마나 손때를 탔는지 알 수 있다. 그사이 큰아이는 내가 걸어온 길을 걷게 되었다. 아내는 필자의 지성을 깨워준 지적 파트너이자 이 책에 대한 비판적 지지자다. 숱한 날 식탁에서 나눈 많은 대화로 절반은 표절문제 전문가가 된 듯한 우리 가족은 이 책의 공동저자라 할 수 있다. 사랑하는 아내, 두 아들과 출간의 기쁨을 함께하고 싶다.

끝으로, 오랜 기간 포기하지 않고 이 책을 펴낼 수 있었던 열정과 책에 담겨 있는 삶에 대한 긍정은 전적으로 아버지에게서 물려받은 것이다. 하늘에서 출간 소식을 듣고 계실 선친의 영전에 이 책을 바친다.

2015년 2월

남형두

SDG

제2부 | 각론

제1장 표절의 정의

제2장 전형적 표절

I. 인용의 목적 ··· 239

제3부 | 가이드라인(모델 지침)

일러두기

1. 원서와 번역서를 각기 인용할 때, 원서는 원어로, 번역서는 우리말로 출처를 표시했다(예: 원서는 'Posner', 번역서는 '포스너').

2. 우리나라 법원판결 인용례 : 원칙적으로 법원도서관에서 발행한 『법원 맞춤법 자료집』(2013)의 판결 등의 표시 인용례를 따랐지만, 연월일 사이의 공란은 합리적 이유가 없으므로 제거했다.

3. 외래어는 국립국어원의 외래어 표기법에 규정에 따라 적는다. 다만, 관용적으로 쓰이는 표현은 그대로 살린다.

4. 본문 중에서 인용한 판결 등에 서체가 다른 부분은 필자가 강조한 것이다.

5. 이 책은 매우 유기적으로 이루어져 있어 논의 중에 앞 또는 뒤의 논의를 가져오는 경우가 많다. 이때 독자가 이해하기 쉽도록 일련번호로 되어 있는 주의 번호를 이용해 해당 면을 표시했다. 한편, 주가 없는 면이나 주가 촘촘하지 않은 면의 경우에는 편집 과정에서 주가 위치하는 면과 필자가 가리키는 면이 일치하지 않고 전후 한 면 정도의 차이가 발생할 수 있다.

서 설

이성적이고 합리적인 표절 논의를 제창함

표절, 특히 논문 표절이라는 말이 우리에게 매우 익숙한 단어가 된 것은 그리 오래되지 않았다. 물론 표절이라는 말은 고려시대부터 있었고, 조선시대에도 이미 오늘날과 같은 의미로 쓰였으니 표절이 갑자기 생겨난 말은 아니다. 하지만 표절이 대학을 중심으로 하는 학계를 넘어 사회 일반의 관심사가 된 시기는 2000년대 중반 정도로 볼 수 있다.

1990년대 이후 혹독한 검증 절차로 자리 잡은 국회 인사청문회에서 당사자가 학자 출신인 경우, 논문 등 저술의 표절 검증이 새로운 항목으로 추가되었다. 단임제 대통령의 임기가 시작되고 장관 후보자가 발표되면 그때부터 인사청문회가 끝날 때까지 인사검증 항목 중에 표절은 단골메뉴가 되고 있다.

인사청문회에서 표절문제가 가장 논란이 된 것은 2006년 학자 출신으로 교육부총리에 내정된 김병준 교수 사례다. 김 내정자는 표절 의혹으로 결국 도중에 하차하고 말았다. 그 이후 후임자를 찾는 과정에서 여러 후보자가 논문 표절이라는 자체 검증과정에서 탈락하거나 스스로 고사하는 전에 없던 풍경이 연출되었다. 후임자를 발표하는 자리에서 정부 인사담당자가 새로운 내정자의 200편에 가까운 논문을 철저히 검증했는데 표절한 글이 없다고 밝힌 것이 더욱 인상적이었다.[2] 이로써 표절은 고위 공직자의 인사 검증절차에서 핵심 요소가 되었을 뿐 아니라 학자 출신에게는 결정적인 결격사유가 된다는 것이 공식이 되었다.

표절은 2012년 국회의원 총선거 때 다시 사회 일반의 관심 사항으로 떠올랐다. 부산지역 국회의원 후보로 나선 태권도 국가대표선수 출신 문대성 교수가 쓴 박사학위 논문에 표절 시비가 붙으면서 이것이 곧 전국적인 선거 쟁점이 되었다. 문대성은 국회의원에 당선되었지만 표절문제로 소속 당을 떠날 수밖에 없었다.[3] 이 사건은 표절문제를 연구하는 쪽에서 보면 김병준 사건에 이어 또 하나의 분수령이 되었다. 이전까지 표절문제는 주로 법률이 국회에서 인사청문회를 하도록 정한 고위 공직자의 검증항목이었는데, 이 사건을 계기로 선출직에까지 확대된 것이다. 학원學園과 국회(청문회)라는 한정된 공간을 넘어 표절문제는 전방위로 확산되었다. 2012년 대통령 선거에서 쟁점이 되었는가 하면, 2013년 상반기에는 자고 나면 새로운 표절 의혹이 지면을 장식하며 그야말로 우후죽순으로 표절 사건이 번져나갔다. 학문을 업으로 삼는 학자를 넘어, 임명직·선출직 공무원, 유명 강사, 연예인, 운동선수, 앵커, 종교지도자 등 공인 전반에 걸쳐 학위논문을 갖고 있는 사람은 모두 검증 대상이 되어버린 셈이다.

표절 논의가 확산된 이유

표절문제가 이렇게 사회 전체의 관심사가 된 이유는 무엇일까? 표절이 전보다 갑자기 늘기라도 했을까, 아니면 다른 이유가 있을까? 2000년대 이후 표절해서는 안 된다는 인식이 그전 시기보다 제고된 것은 분명하다. 그런데도 표절 논란이 더욱 심해진 원인은 다음 몇 가지에서 찾을 수 있다.

첫째, 학술적 글쓰기가 보편화됨에 따라 논문이 양산되고 있다. 학벌을 중시하

2. "청와대는 앞서 전·현직 대학총장 6명, 대학교수 6명, 전직 장·차관 11명, 교육관료 출신 5명, 정치인 5명, 국정과제위원 2명 등 모두 35명을 교육부총리 후보군으로 놓고 검증을 실시했다. 이들 중 상당수가 김 전 부총리 사퇴 이유였던 논문 문제에서 자유롭지 못해 중도 탈락한 것으로 전해졌다. 김 후보자에 대해서도 200편에 가까운 논문을 대상으로 철저한 검증이 이뤄졌다는 후문이다." 양성욱, 「새 교육부총리에 김신일 서울대 교수 내정」, 문화일보, 2006.9.2. 기사, http://news.naver.com/main/read.nhn?mode=LSD&mid=sec&sid1=100&oid=021&aid=0000162984 (2013.8.31. 방문);이심기, 「김신일 교육부총리 내정 – 왜 선정 늦어졌나 … 35명 검증에 진땀, 교수 출신 고사 많아」, 한국경제, 2006.9.2. 기사, http://www.hankyung.com/news/app/newsview.php?aid=2006090116101 (2013.9.1. 방문).
3. 그 후 문대성 의원은 새누리당에 복당했다. 안용수, 「새누리, '논문 표절' 논란 문대성 복당 확정」, 연합뉴스, 2014.2.20. 기사, http://www.yonhapnews.co.kr/bulletin/2014/02/20/0200000000AKR20140220109600001.HTML?input=1179m (2014.3.10. 방문).

는 사회 현상이 심화됨에 따라 학위과정에 진입하는 이들이 많아지고 과거에 비해 훨씬 많은 논문이 쏟아져 나오고 있다. 그런데 데이터베이스^{DB}화된 방대한 자료와 인터넷 검색 기술의 발전은 컴퓨터를 통한 글쓰기가 보편화된 상황에서 오려붙이기$^{cut \& paste}$ 같은 표절을 부추기고 있다. 학위선망, 학벌주의, 학술 업적에 대한 양적 평가 선호와 같은 사회적 현상에 디지털 기술의 발전이라는 기술적 환경이 더해짐으로써 이전 시대에 비해 표절금지윤리 의식이 높아졌는데도 이를 상쇄하는 현상이 초래되어 결과적으로 표절이 전보다 늘어난 측면이 있다.

둘째, 표절을 발견하기가 전보다 훨씬 쉬워졌다. 과거에는 피해자가 직접 표절물을 접하지 않는 한 표절을 찾아내기가 어려웠다. 자기 글은 쉽게 알아볼 수 있지만, 그렇지 않은 경우에는 특별한 사정이 없는 한 표절 여부를 확인하기가 사실상 불가능에 가까웠기 때문이다. 그런데 기존 논문 등 학술물이 데이터베이스로 구축되고 표절 검색 소프트웨어가 개발되면서 동일성과 유사도를 확인하기가 무척 쉬워졌다. 표절 의혹물과 피해물을 '일대일'로 비교하는 것을 넘어 표절 의혹물과 불특정 다수의 저술을 '일대다'로 비교하는 것이 기술적으로 가능해졌다. 따라서 누구든 마음만 먹으면 특정 논문의 표절 여부를 손쉽게 확인할 수 있다. 물론 현재까지 개발된 표절 검색 소프트웨어의 수준은 양적인 것을 넘어 질적인 것까지 충족시킨다고 보기 어렵다. 기술이 발전했지만 표절 여부의 최종 판단을 소프트웨어 연산 결과에만 의존할 수 없는 한계는 분명히 있다. 그러나 최소한 1차 판단의 자료는 될 수 있다는 점에서 표절이 과거에 비해 늘었느냐와 관계없이 적발하기가 매우 쉬워진 것은 분명하다.

셋째, 표절에 대한 사회적 관심이 많아지고 기준도 높아졌다. 표절문제는 이제 학계에 국한되지 않고 사회 전반의 관심사가 되었다. 그 동기가 학문의 발전이나 학문윤리의 정립이 아니라 정치적인 경우도 있지만, 표절에 대한 사회의 뜨거운 관심은 표절 논란을 더욱 심화하고 있다. 또한 학술적 글쓰기를 하는 집필자의 증가와 그에 따른 학술물의 증가는 표절 윤리를 더욱 강화하는 계기가 되고 있다. 소수의 한정된 사람만이 학문과 연구를 하는 시대에는 남의 것을 가져다쓰면서 출처표시를 하지 않더라도 독자 또한 수준이 상당한 지식인이라 속는 일이 생기지 않기 때문에 표절이 성립하지 않거나 크게 문제 되지 않았다. 그런데 학문과 연구의 산출물이 기하급수적으로 늘어난 오늘날에는 학계의 불문율에 맡겨두기에는 문제가 복잡다단해 표절의 기준을 만들고 강화할 수밖에 없다. 규범이 있으면 어기는 사람도 생기는 법이니, 이에 따라 표절문제는 과거보다 더욱 논란거리가 되었다.

우리나라 표절 논의의 특색 – 학문적 관심사보다는 학문외적 사건

표절 시비가 일어나 제재에 이르는 과정을 보면 '학문적 관심사'보다는 '학문외적 사건'에서 시작되는 경우가 많다. 학문적 관심사에서 시작되는 경우란 학문적 논의 가운데 표절이 드러나는 것을 말한다. 학문외적 사건에서 시작되는 경우란 학자들이 고위 공직에 진출하거나 대학총장 같은 주요 지위에 취임하는 과정의 공식·비공식 청문절차에서 표절 시비가 일어나거나, 신규임용, 재임용, 승진 등의 인사절차 중 논문 등 저술을 심사하는 과정에서 표절이 발각되는 것을 말한다.

치열한 학문적 논의 가운데 표절 공방을 벌이는 것은 지극히 정상적인 학문과정의 하나로 불가피하다. 그뿐 아니라 표절 논의가 있다는 것 자체가 수준 높은 학계 분위기를 반영하는 것이다. 그런데 우리나라에서 표절이 논란거리가 되어 제재에 이르는 과정을 보면 학문적 관심사보다는 학문외적 사건에서 시작되는 경우가 훨씬 많다는 점이 하나의 특색이다.

표절 논의의 순기능 – 활발한 표절 논의는 선진사회에 진입했다는 증거

표절에 대한 사회적 관심이 많아지고 기준이 높아짐에 따라 표절 논란이 많은 것 자체로 긍정적인 측면이 있다. 문명사회가 아닌 사회에서 표절이 사회적으로 논란이 된 예를 찾기는 어렵다. 표절이 없어서가 아니라 표절 논의가 없어서다. 반면에 문명사회 또는 문화국가에서는 표절이 끊임없이 사회적 문제로 논의된다는 점에서 과거에 비해 표절로 사회적 논란이 많다는 것은 우리 사회가 선진사회로 진입하고 있음을 보여주는 증거라고 할 수 있다.

실제로 문명국가, 선진사회에서는 시대와 공간을 초월해서 표절 논란이 늘 있었다. 낭만파 시대 유명한 시인인 워즈워스William Wordsworth, 콜리지Samuel Taylor Coleridge, 바이런George Gordon Byron은 공통적으로 당대 표절 시비에 휘말린 전력이 있다. 이처럼 영국에서는 일찍부터 표절이 사회적 논란거리가 됐다.[4] 미국에서도 마틴 루터

---

4. Tilar J. Mazzeo, 『Plagiarism and Literary Property in the Romantic Period』, University of Pennsylvania Press, 2007, 17, 84–88면.

킹Martin Luther King, Jr., 알렉스 헤일리Alex Haley,[5] 바이든Joe Biden 등 유명한 작가, 정치인
이 수없이 표절 시비에 휘말린 적이 있다.[6] 표절 논란이 얼마나 심했는지는 표절에
관한 연구논문 수가 급증했다는 통계로도 알 수 있다.[7] 독일에서는 메르켈Angela
Merkel 총리 정부의 국방장관 구텐베르크Karl-Theodor zu Guttenberg, 교육장관 샤반Annette
Schavan이 각기 박사학위논문 표절로 사임했으며,[8] 유럽의회 부의장이었던 독일의
코흐메린Silvana Koch-Mehrin은 2000년 하이델베르크대학교에서 받은 경제사 박사학위
논문이 표절로 확인돼 2011년 5월에 사퇴했다.[9] 최근에는 도쿄대학교에서 몇 년간
자행되어온 표절과 연구윤리 위반 문제로 일본 사회가 떠들썩한 적이 있다.[10] 표절
로 사회 전체가 홍역을 앓듯 뜨거운 열병에 빠진 것은 우리나라만의 현상이 아니라
선진국가에서 공통적으로 발생하는 일이다.

표절 논의에 대한 학계의 소극적 태도 상존 - 침묵의 카르텔

표절에 대해 사회적 관심이 많아지고 윤리의식이 높아졌는데도 과거로부터 자
유롭지 못한 세대의 영향으로 학계에는 침묵의 카르텔이 여전히 있다. 표절이라는
비판의 화살이 부메랑이 되어 자신을 향할 수 있다는 두려움은 표절에 관대한 의식
으로 발전한다. 여기에 우리 사회의 전통적 온정주의가 더해져 학계의 침묵과 무반

---

5. 소설 『뿌리Roots』의 저자인 알렉스 헤일리는 쿨랜더Harold Courlander의 『The African』에서 세 문장을 출처표
   시 없이 가져왔다는 것이 문제 되어 소송을 당했다. Peter Shaw, 「Plagiary」, The American Scholar, 2001,
   328면.
6. Lise Buranen and Alice M. Roy, eds., 『Perspectives on Plagiarism』, State University of New York
   Press, 1999, xv.
7. 특정 시기에 관한 통계이기는 하지만, 1990년과 1994년 사이에 미국에서 표절에 관한 연구논문의 수는 무
   려 4배나 늘었다고 한다. 위의 책, 같은 면.
8. 국방장관은 2006년 바이로이트대학교에서 법학박사학위를 받았고, 교육장관은 1980년 뒤셀도르프대학
   교에서 교육학으로 박사학위를 받았는데, 모두 표절로 확인돼 장관직에서 사임했다. 박우진, 「메르켈 총
   리 최측근 독일 교육장관 박사 논문 표절」, 한국일보, 2013.2.7. 기사, http://news.hankooki.com/lpage/
   world/201302/h2013020621022622530.htm (2013.9.1. 방문).
9. 오혜림, 「오혜림과 함께 떠나는 독일 문화 기행 - 정치인의 스캔들에 대응하는 독일의 자세」, 레이디경향,
   2012.11, http://lady.khan.co.kr/khlady.html?mode=view&code=13&artid=201211201724291&pt=nv
   (2013.9.9. 방문).
10. 박형준, 「16년간 43편 논문조작 … 일본판 황우석 사태」, 동아일보, 2013.7.26. 기사(이하 '도쿄대 사례'라
    고 한다). 이 사례에 대한 자세한 설명은 주 939 해당 면 참조. 한편, 일본 이화학연구소 부소장은 배아줄기
    세포 연구논문에 표절과 연구윤리위반 의혹을 받던 중에 자살하는 사건이 발생하기도 했다. 한창만, 「日
    가짜 만능세포 논문 공동저자 자살」, 한국일보, 2014.8.6. 기사, http://www.hankookilbo.com/v/76b62
    6c6117b4632b37e8c7446cc5ad8 (2014.9.6. 방문).

응은 바람직하지 못한 동업의식 또는 제 식구 감싸기로 흐르고 있다. 문학평론계의 거성이라 할 수 있는 권위 있는 학자의 표절 의혹에 침묵한 학계를 비판했던 한 소장학자의 글을 소개한다.

> 학자적 엄격성과 진실 추구에의 견결함을 지켜야 될 위치에 있는 그가 일본 문학비평가의 저작을 표절하여 자신의 독창적인 저술인 양 글을 쓰고 책으로 묶어냈다는 사실은 어떤 이유로도 용인될 수 없는 문제이다. 기이한 것은 일본문학의 필독서라고 할 수 있는, 가라타니 고진의 저작을 한 번이라도 읽어보았을 일문학자들이나 한국의 국문학자들은, 왜 단 한 번도 문제를 제기하지 않고 침묵하고 있는 것일까 하는 점이다.[11]

침묵의 카르텔은 진영 논리로 유지되기도 한다. 베스트셀러 작가이자 현실문제에 적극 참여하는 우리 사회의 오피니언 리더로 여겨지는 이가 쓴 르포르타주 형식의 책에서 어떤 교수의 신문칼럼을 별도의 인용표시 없이 가져다 쓴 것이 문제 되어 표절 시비에 오른 적이 있다.[12] 여러 사람의 글을 인용하면서 본문에 출처표시를 했지만 유독 특정 교수의 칼럼만 본문에 출처표시를 하지 않은 것이 문제가 되었다. 처음에는 작가가 바로 실수를 인정했지만, 이후 작가는 출판으로 얻은 수익금 전액을 해고 노동자 후원금으로 기부하는 좋은 목적이 있었다면서 트위터에 섭섭함을 토로했다. 이에 유력 인사들이 작가를 두둔해 피해자라고 할 수 있는 교수와 그 칼럼의 원전을 쓴 또 다른 르포작가는 대의를 거스르는 사람으로 치부됨으로써, 표절 논의는 사라지고 진영 논리와 문화권력 논쟁 등으로 비화해버렸다.[13]

길을 잘못 들어선 표절 논의 – 진영 논리에 따른 문제 제기와 여론재판

표절 논의가 진영 논리로 증발된 경우가 있는가 하면, 반대로 정파 논리 또는 진영 논리에서 촉발된 경우도 있다. 정치적 견해를 달리하는 쪽을 공격하기 위해

---

11. 이명원, 『타는 혀』, 새움, 2000, 281면.
12. 문제 된 저술은 공지영, 『의자놀이』, 휴머니스트, 2012, 22 – 24면이다.
13. 최성진, 「누구도 압승 못한 140자의 링… 제3의 부상자 속출, 하종강 – 공지영 '의자놀이' 논쟁」, [토요판] 뉴스분석 왜?, 한겨레, 2012.8.25. 기사.

표적을 정해놓고 논문 표절을 찾아내 지속적으로 제보하는 양상이 나타나고 있다. 언론도 제각기 진영 논리에 따라 합세함으로써 표절 논의는 새로운 국면으로 접어들고 있다.

지식사회 또는 학계의 파수꾼으로서 논문을 검증해 표절 의혹을 제기하는 것 자체는 비난할 일이 못 된다. 오히려 침묵의 카르텔에 눌린 사회에서는 큰 용기가 필요한 일이다. 이런 카르텔을 깬 한 용기 있는 외침에 다시 귀 기울여보자.

> 학문의 초입에 있는 사람이, 또한 비평계의 말석에 있는 사람이 우리 근대문학 연구의 중추적 역할을 하고 있는 선배학자를, 또 평단의 가장 중심적인 역할을 하고 있고 현재에도 지침없이 현장비평을 수행하고 있는 선배 비평가를 비판할 때, 상당한 심리적 부담감이 동반되는 것임에 틀림없다. 또한 우리 사회처럼, 두드러지게 '장유유서'의 관행이 철저하게 준수되고 있는 곳에서, 이러한 작업은 자칫 '치기' 혹은 '객기'의 산물로 오해될 수 있는 것이 현실적 상황이기 때문이다. 하지만 이러한 작업이 우리 학계 및 비평계에 건전한 지성의 통풍이 될 수 있는 단 1%의 가능성이라도 존재한다면, 혹 그러한 가능성이 절망적일 정도로 존재하지 않는다고 했을지라도, 누군가는 묵묵히 이 일을 해나갔을 것으로 나는 믿고 있다.[14]

그러나 최근 정파 논리에서 비롯한 표절 논의는 위와 같은 파수꾼 역할과는 다소 동떨어져 보이는 것이 사실이다. 특히 표적을 정해놓고 하는 표절 검증은 언론의 선정주의와 결합해 엄청난 파괴력을 낳고 있다.[15] 일종의 낙인 효과로 검증 결과와 무관하게 논란의 대상이 되는 것만으로도 의혹의 당사자는 평생 표절이라는 주홍글씨를 이름 앞에 붙이고 살 수밖에 없다. 문제는 의혹 제기만 있고 끝까지 파헤쳐지지 않기 때문에 반복되는 문제 제기와 그에 따른 사회적 비용에도 불구하고 규범으로 형성되지 않는다는 데 있다. 필자는 일찍이 이런 현상을 '요격용 미사일'에 비유해 경각심을 불러일으킨 바 있다.

---

14. 이명원, 앞의 책(주 11), 281면 중 각주 40.
15. 남형두, 「표절문제를 다루는 가벼움에 대하여」, 연세춘추, 2013.4.1. 칼럼. 필자는 이 칼럼에서 다음과 같이 지적했다. "이제 학위가 있거나 논문을 발표한 적이 있는 사람은 각기 뇌관을 하나씩 품고 있는 셈이 됐고, 더욱 자조적으로 말하자면 단두대에 목을 내놓고 있는 형국이라고 할 것이다."

문제는 이들 사건으로 인해 우리가 어떤 교훈을 얻느냐에 있다. 매번 사건 이후 표절에 관한 명확한 판정이 있었다는 이야기를 들은 바 없다. 끌어내리기만 하면 그것으로 사건이 종결되는 듯한 형국이다 보니 저작권법은 일종의 요격용 미사일이 아닌가 하는 생각이 들 정도다.[16]

표절 의혹 제기만으로 낙인 효과가 생겨 사법적 구제가 쓸모없게 되는 일이 반복되고 있다. 그도 그럴 것이 절차가 철저히 지켜진다면 의혹 당사자는 명예를 지키기 위해 끝까지 방어할 것이고, 문제를 제기한 쪽도 표절을 당한 사람이건 아니건 간에 조사와 판정이 공정하게 진행되는지 끝까지 감시할 것이다. 그런 절차 끝에 최종적으로 표절 판정이 나면 의혹 당사자는 이제 더는 학계에 발을 붙이지 못하게 하고, 표절이 아닌 것으로 판정이 나면 명예를 완전히 회복해주는 문화가 형성되어야 한다. 그런데 우리의 경우에는 표절 의혹 제기에 따르는 파문을 깊이 고려하지 않는 제보자·조사기관·언론이 절차를 제대로 지키지 않기 때문에 일종의 여론재판으로 흘러 더는 판정절차가 불필요하게 되는 경우가 많다. 그렇다 보니 억울한 사람이 나오기도 하고, 최종 판정이 유야무야된 탓에 표절자가 학계에서 활동할 여지를 주기도 한다.

이성적이고 합리적인 표절 논의 필요 - 집필 동기
학계의 공고한 침묵의 카르텔과 사회 일각의 여론재판식 문제 제기라는 양 극단의 경향은 표절을 논의하는 목적이자 근본인 '정직한 글쓰기를 통한 학문발전'에 도움이 되지 않을 뿐 아니라 오히려 해가 된다. 가장 이성적이고 합리적이어야 할 논의의 장이 가장 비이성적이고 비합리적으로 흘러가고 있어 안타깝다.

언론에서 거론되는 것 중에 자기표절/중복게재, 검증시효, 유령작가 등 몇 가지 표절 논의만 보더라도 비전문가가 이해하기 쉽지 않은 부분이 있다. 나아가 표절 판정에서 일반지식common knowledge 해당 여부는 고도의 전문성이 필요한 영역이다. 그런데 단순히 기계적으로 비교해 몇 퍼센트 이상이 동일 또는 유사하니 표절이라는 식의 접근은 너무나 단순할 뿐 아니라, 그것이 가져올 회복 불가능한 결과를 생

---

16. 남형두, 「저작권법, 요격용 미사일」, 조선일보, 2007.3.7. 칼럼.

각하면 위험하기까지 하다. 사정이 그렇다 보니 비전문가의 표절 논의와 검증은 피해를 양산할 뿐 아니라 승복하지 못하는 문화를 낳는 악순환이 반복되고 있다.

이처럼 고도의 전문성이 필요한 이 문제를 더는 비전문가 손에 맡겨둘 수 없는 지경에 이르렀다. 이제 학문의 발전을 위해 이성적·합리적으로 표절 논의를 할 때가 되었다. 학계의 침묵의 카르텔로 존재해온 '판도라의 상자'[17]는 이미 열려서 다시 닫을 수 없게 되었다는 점에서 본격적인 연구가 필요하다. 그런데 여기에서 표절문제를 본격적으로 연구하는 전문가 집단이 충분히 형성돼 있지 않다는 점을 지적하지 않을 수 없다. 이 점은 비전문가들이 표절 논의를 주도하는 빌미가 되기도 한다. 표절 사건이 발생할 때 개별 사건에 대해 전문가적 발언을 하거나 그에 대응하는 연구를 하는 경우가 있고, 그간 개별 학문 분야별로 연구윤리를 연구하거나 전공과 무관하게 표절을 연구해온 학자들이 있었다. 그러나 본격적 연구라고 하기에는 미흡하다. 기본적으로 표절은 저작권법에 대한 이해 없이는 명확히 논의하기가 불가능하다. 저작권법에 대한 충분한 배경지식 없이 표절문제를 다루는 데는 한계가 있기 때문이다. 한편 저작권법을 연구하는 학자 중에도 표절과 저작권침해를 혼동하거나 혼용하는 경우가 있을 뿐만 아니라, 학문에 공통되는 표절금지윤리에는 저작권법이라는 법규범으로 포섭되지 않는 부분이 있어 저작권법 지식만으로 표절문제를 다루기도 부족하다. 이렇게 표절 논의는 학문의 근간에 해당하지만 어떤 학문 분야에서도 자신만의 독자적 영역이라고 주장할 수 없는 면이 있다. 또한, 앞서 본 바와 같이 자칫 부메랑이 될 수 있다는 점도 표절문제를 본격적인 연구 주제로 삼기를 주저하는 사유가 되기도 한다.

이상과 같은 이유에서 표절 자체를 수미일관首尾一貫한 체계 안에서 연구한 전문서가 우리나라에 아직까지 나온 적은 없다고 해도 지나친 말이 아니다. 모든 학문 분야가 공유할 수 있는 최소한의 합의를 도출하기 위한 표절 논의를 한다는 것이 어려운 일이기도 하지만, 그런 논의를 책으로 발표하는 순간 '모난 돌'이 되어 수많은 '정'으로 내리쳐질 것이 분명하다. 그러나 이성적이고 합리적으로 논의하려면 누군가 '판'을 벌여야 한다. 필자가 어설프지만 본격적인 체계서를 내겠다고 자원

---

17. 필자는 2011년 2월 '판도라의 상자'를 부제로 단 다음 논문을 발표했다. 「학술저작물의 표절 – 판도라의 상자인가?」, 민사판례연구 제33 – 상, 2011.2.

한 것은 어떤 점에서는 '모난 돌'이 되기로 작정한 것인지도 모른다.

집필 동기가 그렇다 보니 이 책은 미완의 작업이 될 수밖에 없는 한계가 있다. 비이성적 논의를 지양하고 합리적 논의의 장을 마련하기 위한 것이므로, 많이 부족할 수밖에 없다. 그러나 논의의 장에 던져진 이상, 비판을 두려워하지 않고 적극적으로 수용해 계속해서 보완 작업을 해나갈 것이다. 또한 이 책에서는 가급적 모든 학문 분야에 공통된 내용을 다루려고 했기 때문에 각 학문 분야나 소속 기관, 학회별로 특수한 사정을 채워 넣을 수 있는 틀 또는 공간을 마련하는 데 주력했다. 그 점에서 이 책을 일종의 설계도 또는 건축도감 같은 것으로 이해한다면 좋겠다.

제1부
총 론

지금까지 표절에 관한 연구는 가이드라인을 도출하기 위한 면이 일부 있었지만 많은 경우 구체적 사안에서 표절 여부에 관한 의견을 제시하는 과정에서 진행되었다. 이처럼 실무적 성격의 논의가 주를 이루다 보니 표절 사건이 적잖았지만 표절 논의는 깊어지지 못하고 있다. 여러 원인이 있겠지만 가장 중요한 것은 학문적 논의의 부재를 들 수 있다.

학문적 논의를 하려면 보편성이 있어야 하고 체계를 갖추어야 한다. 이를 위해서는 씨줄과 날줄, 즉 동시대적 보편성과 통시대적 역사성을 추구하는 기초 연구가 있어야 한다. 표절에 관한 철학적·역사적 접근은 논의의 보편성과 역사성을 담보한다. 표절 논의가 학문적 목적에서 수행되고 그 결과물이 켜켜이 쌓인다면 구체적 사건을 해결하는 데도 도움이 될 것이다.

표절 연구는 표절을 연구하는 학자뿐만 아니라 구체적 사건의 이해당사자 사이에서 첨예한 비판의 대상이 되기도 한다. 특정 학자의 표절 연구물 때문에 표절자로 몰리거나 부주의한 의혹 제기자로 비난받게 될 때, 표절 연구물은 이들로부터 비판과 극복의 대상이 되기 쉽다. 학문적 목적에서 시도된 표절 연구는 전문가 집단과 이해당사자 집단의 호된 비판에 놓이게 된다는 점에서 연구방법론이 그 어떤 학문 분야보다 중요하다.

이 책은 표절 자체를 학문적 연구의 대상으로 한다. 제2부가 각론으로서 표절의 여러 쟁점을 다루었다면, 제1부는 총론으로서 표절론이 하나의 독자적 학문영역으로 존재하기 위한 역사적·철학적 고찰과 제안 그리고 연구방법론을 이론적으로 다룬다.

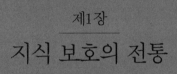

제1장

지식 보호의 전통

I

서 로 다 른 두 접 근

중국, 대만의 지적재산권 보호 수준이 낮음을 지적하고 그 원인을 이들 국가의 공통된 사상적 전통인 유학에서 찾은 하버드 로스쿨 앨퍼드William Alford 교수의 분석은 그동안 이 주제에 관한 한 유력한 견해로 인정되어왔다.[18] 앨퍼드 교수가 집중적으로 거론하는 중국에서는 전통적으로 독창성을 추구하기보다는 경전을 비롯한 정통이론 해석에 집중하는 경향이 있어서 지식에 대한 공유의식이 퍼져 있었고 지적재산으로 발전되지 않았다고 한다.[19] 이 견해는 공자를 비롯한 중국의 학자들이 새로운 것을 창조하기보다는 전달에 치중했음을 지적하고, 이런 전통이 지적재산권의 발달을 저해했다고 본다.[20] 그러나 창조creation 없는 전달transmission이 있을 수 없으며,

---

18. William P. Alford, 『To Steal a Book Is an Elegant Offense : Intellectual Property Law in Chinese Civilization』, Stanford University Press, 1995, 9 - 29면. 앨퍼드 교수의 주장은 이후 지속적으로 관련 학자들이 논의해왔다. Jonathan Ocko, Copying, Culture, and Control:Chinese Intellectual Property Law in Historical Context, 8 Yale J.L. & Human. 559 (1996) [reviewing William P. Alford, 『To Steal a Book is an Elegant Offense : Intellectual Property Law in Chinese Civilization』 (1995)];Matt Jackson, Harmony or Discord? The Pressure Toward Conformity in International Copyright, 43 IDEA 607, 618 (2003);Peter K. Yu, Piracy, Prejudice, and Perspectives : An Attempt to Use Shakespeare to Reconfigure the U.S. - China Intellectual Property Debate, 19 B.U. Int'l L.J. 1, 16 - 21 (2001);Warren Newberry, Note, Copyright Reform in China : A "TRIPS" Much Shorter and Less Strange Than Imagined?, 35 Conn. L. Rev. 1425, 1436 - 1438 (2003).

19. Alford, 앞의 책(주 18), 25 - 29면.

경전 해석에 치중하는 학문 방식은 정도 차이가 있을 수 있지만 동양만의 현상이 아니고 서양에서도 중세까지는 동양과 크게 다를 바 없었다는 점에서,[21] 이 견해에 전적으로 동의하기는 어렵다.

그러나 지식을 재산권으로 보호하려는 지적재산권 정당화이론에서 보면 유학 사상이 근간을 이룬 국가에서는 지적재산권이 존재하지 않았거나 미흡했다는 앨퍼드 교수 유流의 분석은 충분히 설득력이 있다.[22] 유학사상은 우리의 전통사상에도 깊이 뿌리내리고 있다는 점에서 앨퍼드 교수의 견해, 즉 동양세계에 지식 보호에 관한 부정적 전통이 존재했다는 관념은 우리에게도 극복해야 할 대상이 되고 있다.

서양의 전통 - 권리/의무라는 법체계로 발전

서양에서 근대적 의미의 재산권 형태의 특허권이나 저작권은 18세기 이후 계몽주의, 시민혁명을 거치면서 생겨났다고 할 수 있다. 인간의 개성을 강조하는 서양의 오랜 전통인 개인주의individualism가 중세 암흑기의 종말과 함께 활짝 개화한 합리주의와 만나 재산권이라는 개념을 중심으로 권리와 의무라는 규범체계로 형성되는 과정에서 지식에 대한 재산권화, 즉 지식을 둘러싼 권리와 의무라는 규범체계가 특허법, 저작권법 같은 지적재산권법 체계로 형성되었다. 19세기 이후 세계사의 주도권이 서양세계로 급속도로 쏠리면서 중국, 일본, 우리나라는 서양의 문물을 자발적으로 도입하거나 때로는 강제적으로 이식당하기도 했는데 이 과정에서 서구의 법제도가 들어오게 되었고, 지적재산권법도 그중 하나라고 할 수 있다. 즉 지적재산권이라는 제도는 우리나라를 비롯한 동양세계에서 발생한 개념이 아니라 서양에

---

20. 위 같은 면. 앨퍼드는 공자의 말을 "I transmit rather than create ; I believe in and love the Ancients" 라는 표현으로 인용했다. 필자는 이 부분에서 암시를 얻어 최근에 출판된 논문에 다음과 같은 제목을 붙인 적이 있다. Hyung Doo Nam, 「Ethics Rather Than Rights : Reconsidering "Transmit Rather Than Create" -Toward a New Understanding of Korea's Intellectual Property Rights Tradition」, edited by John O. Haley and Toshiko Takenaka, 『Legal Innovations in Asia : Judicial Lawmaking and the Influence of Comparative Law』, Edward Elgar, 2014.

21. Jackson, 앞의 논문(주 18), 612-613면.

22. 우리나라는 2009년 이후 지속적으로 미국 무역대표부가 지정하는 지적재산권침해 감시대상국 또는 우선감시대상국의 지위에서 벗어나 있다는 점에서 중국과 같이 취급될 수는 없지만, 그 이전에는 꽤 오랫동안 지적재산권침해 국가라는 오명을 썼다. http://www.ustr.gov/about-us/press-office/reports-and-publications/2009 (2013.9.23. 방문). 이 점에서 앨퍼드가 우리나라를 직접 언급하지는 않았지만, 우리나라도 중국, 대만 등에 포함시켜 논의할 수 있다.

서 도입되었다.

그런데 지식을 재산권으로 보호하지 않는 사회에서는 창작활동이 보장되지 않을 것이고, 따라서 문화가 발전될 수 없을 거라는 서양적 사고의 틀로는 우리나라를 비롯한 동양세계의 찬란한 문화유산과 지적 전통을 설명하기 어렵다. 동양세계에는 서양이 근대에 들어와 경험한 바와 같은 권리와 의무라는 법체계가 아닌 정신을 강조하는 윤리체계가 오랫동안 이 사회를 지배해왔다. 만약 지식사회를 관통하는 어떤 규범이 없다면 동양의 찬란한 문화는 존재할 수 없었을 것이다. 지식의 소통을 규율하는 규범이 권리와 의무 중심의 법체계가 아니라 윤리체계였다는 것인데, 이는 다분히 개성을 중시하는 개인주의보다는 사회와 집단을 중시하는 집산주의collectivism의 강한 유산이라고 할 수 있다. 이런 현상을 이해하면서 앨퍼드 교수 같은 학자는 권리와 의무 중심의 법체계 관점에서 동양세계에는 지식을 사유화하는 재산권 의식이 부족했다고 본 것이다. 그러나 서구 중심의 사고에서 보는 것처럼 동양 사회가 무질서와 혼란으로 가득 차 있지 않았던 것은 재산권으로 규율하지 않아도 될 만한 다른 규범이 이 사회에 있었기 때문이다.

동양의 전통 - 권리/의무보다는 윤리체계로 발전

우리나라도 과거에 지적창작물을 재산권으로 보호해 권리·의무 관계의 규범으로 규율하는 제도가 없었음이 분명하다. 그러나 역사가 오래되고 문화적 전통이 풍부한 우리나라에서 지적창작물을 '내 것'과 '남의 것' 구별 없이 표절하는 행위를 용인했다면 찬란한 문화유산을 남길 수 없었을 것이다. 서양과 같은 배타적 권리로 보호되고 권리자 외에는 의무자로 규율하는 개인적 재산권 형식의 규범으로 자리 잡지는 않았지만, 사회윤리 또는 학문윤리로서 표절을 금지하는 윤리나 규범이 오랫동안 존재한 것은 분명하다. 이 점을 간과하고 동양세계의 지적재산권에 대한 의식을 재단한 앨퍼드 교수 같은 견해는 비판받아 마땅하다.

우리나라를 비롯한 아시아 국가들이 문화적 전통이 오래되었는데도 서구적 관점에서 다른 사람의 지식과 저술을 보호하지 않고 함부로 가져다 쓰는 나라로 매도되는 것은 곤란하다. 이들 국가에서는 개인의 재산권이 아닌 사회의 윤리 또는 학문의 금도 같은 차원에서 다른 사람의 지적창작물을 존중하는 문화가 있었기 때문이다. '권리보다는 윤리Ethics Rather Than Rights'가 이들 국가의 지식 보호 문화를 이해하는 중요한 코드다.

이 장에서는 서양과 동양의 서로 다른 지식 보호 전통을 체계적으로 살펴본다. 권리와 의무라는 법체계로 발전되어온 서양과 권리보다는 윤리체계로 발전되어온 동양의 전통을 대비한 후 우리나라의 전통을 현대적 관점에서 분석하려고 한다. 나아가 동양과 서양의 지식 보호 전통의 접목을 시도하고 학술정보론과 정보공유 견해를 적극 수용하되 그러한 주장이 표절금지 이론과 배치되지 않는 것임을 논증하고자 한다.

동서양 구분에 대한 변명

먼저 서구적 전통과 동양적 전통으로 나누어 살펴보는 것에 대해 다음과 같은 지적이 있을 수 있다. 첫째, '동양'이라는 말은 서구가 만들어낸 오리엔탈리즘에 기반을 둔 것으로서 적절하지 않다. 둘째, 지역적으로는 동남아시아권·서아시아권·남아메리카권·아프리카권 등이 빠지고, 문명권으로는 불교문명권·인도문명권·이슬람문명권·라틴문화권 등이 포괄되지 않는다.

물론 '동양'이라는 용어가 적절하지는 않지만 중국과 일본, 나아가 우리나라의 지식, 저작물에 대한 인식을 서구의 것과 비교하기 위한 장소적 범주 개념으로 달리 더 좋은 개념을 찾기 어려워 적절한 용어가 아닌데도 사용하기로 한다. 또 동양과 서양의 전통 외에 불교문명권과 이슬람문명권도 전 세계적 관점에서 볼 때 영향력을 무시할 수 없으나, 우리와 주로 교역하는 상대 국가를 중심으로 본다면 이 책에서 크게 다루지 않는다 하더라도 무방하리라 본다. 조금 살펴본다면, 불교는 무소유를 강조하고, 해탈을 강조하는 종교적 특성상 보이지 않는 재산에 대해 특별히 소유관념이 있을 개연성이 없다고 생각된다. 이슬람문화권에도 지식을 소유 대상으로 생각하는 전통은 없었다고 한다. 모든 지식은 신에게 속한다고 보았고, 코란만이 모든 지식의 원천인데 그것은 알라의 말이니 어느 누구에게도 속하지 않았다고 보았기 때문이다.[23]

어쨌든 이 책에서 전 세계의 지식과 저작물에 대한 인식을 다룬다고 말하기는

---

23. Carla Hesse, 「The Rise of Intellectual Property, 700 BC to AD 2000 – An Idea in the Balance」, edited by David Vaver, 『Intellectual Property』, Routledge, 2006, 52면.

곤란하다. 우리나라와 주로 관련이 있는 유럽, 미국, 중국, 일본 등과 비교한 것이라고 보면 맞다. 이 책이 지역이나 문명권을 전 세계적으로 망라하지 못한 것은 순전히 필자의 지적 한계 탓이며 후속 논의를 기대하기로 한다.

II
서양적 전통 – 저작권·지적재산권 틀

1. 역사적 고찰

가. 중세 이전[24]

일반적으로 서구문명은 그리스·로마 전통과 기독교 전통이라는 양대 기둥으로 형성되었다고 이해된다.[25] 로마가 유럽을 통일하고 기독교문명이 로마를 지배한 후 이른바 중세가 도래하기 전까지는 헬레니즘 전통과 헤브라이즘 전통이 양립했으므로, 중세 이전 시기는 양대 전통을 나누어 살펴볼 필요가 있다.

---

24. 우리나라에서 나온 지적재산권에 관한 지금까지의 연구에 따르면 지적재산권의 역사는 대체로 14~15세기 르네상스 시대에서 출발한다. 간혹 특허권은 기원전까지 거슬러 올라가 그 연원을 밝히는 경우가 있지만(배대헌, 「지적재산권 개념의 형성·발전」, 지적소유권연구 제2집, 1998, 265 - 268면), 저작권은 그와 같은 경우가 거의 없다. 이 책에서는 저작권 자체는 아니지만 저작권의 대상이 되는 지식에 대한 관념만이라도 중세 이전까지로 논의를 확장하고자 한다.

25. 서양문명의 근간이 되는 양대 전통에 대해서는 다음 책 참조. 토를라이프 보만, 『히브리적 사유와 그리스적 사유의 비교』, 허혁 옮김, 분도출판사, 1975.

헬레니즘 전통과 지식의 보호

헬레니즘 전통의 출발점이라고 할 그리스철학에 따르면, 당시 학자들은 지식을 소유나 거래의 대상으로 보지 않고 신의 계시 또는 선물로 이해했다.[26] 고전 연구로 얻은 지식은 인간의 것이 아니라고 생각했고, 지식에 대해 인간은 단지 전달자에 그친다고 보았다. 오히려 필경사筆耕士들은 노력한 대가를 받을 수 있었지만, 지식인들은 학문을 경제적 대가를 받고 전수하거나 전수받는 것을 대단히 불명예스럽게 여기는 경향이 강했다.[27] 오죽하면 소크라테스는 학문을 돈을 받고 거래한다는 이유로 소피스트들을 경멸했다는 이야기까지 전해진다.[28] 플라톤이나 아리스토텔레스가 부wealth를 무시하고 빈곤poverty을 찬양하지는 않았다. 다만 부는 땅에서 나오거나 생산적인 일에서 나올 때 비로소 정당성이 있다고 보았다. 무역이나 금융에서 나오는 이익은 그와 같은 부가 아니라는 점에서 정당하지 않다고 보았는데, 플라톤은 돈을 받고 지식을 교환하는 사람들을 이와 같은 부류로 보았다.[29] 신발장수나 농부가 신발이나 곡물을 파는 것은 불명예가 아닌데 철학자가 가르침에 대가를 받는 것은 명예롭지 않다고 본 것은 그 때문이다.[30]

이와 같은 그리스 철학자들의 생각은 앨퍼드 교수가 창조보다는 전달을 중시한 유학의 전통으로 동양세계에 지적재산권 개념이 발달되지 않았다고 말한 것과 일맥상통한다. 창조보다는 전달을 강조했다는 점은 서양이나 동양이 고대 시대에는 다를 바 없으나, 그것이 마치 동양의 고유한 현상인 것처럼 전제한 뒤 유학에서 그 원인을 찾은 데는 동의하기 어렵다.

로마법 이래 근대에 지적재산권이라는 재산권이 만들어지기까지 서양에서 재산권은 유형물을 전제로 했다. 무형인 것에는 재산권이 인정되지 않았다. 심지어 독일에서는 19세기까지도 상표를 재산권으로 인정하지 않았을 정도였으니,[31] 무형물에 재산권성을 인정하지 않았던 로마법의 영향이 얼마나 컸는지 알 수 있다. 이

---

26. Hesse, 앞의 논문(주 23), 51면.
27. 위 논문, 51 – 52면.
28. 위 논문, 52면.
29. Marcel Hénaff, 『The Price of Truth』, trans. by Jean – Louis Morhange, Stanford University Press, 2002, 4면.
30. 위 같은 면.

와 같은 전통에서 무형물인 지식이 재산권의 대상이 된다는 것은 당시로서는 상상하기 어려운 일이었다.

헤브라이즘 전통과 지식의 보호

헤브라이즘 전통에서도 이와 같은 경향은 크게 다르지 않았다. 모세는 여호와 하나님에게서 계명을 받아서 그의 민족에게 전달했다.[32] 구약성서에 따르면, 이스라엘 민족은 가나안 땅에 정착하면서 지파별로 땅을 분배받았다. 그런데 인간의 이기심에 경제활동이 더해진 결과 토지를 많이 가진 자와 다 팔아먹고 종이 되는 자가 생기자, 50년마다 희년禧年을 선포해 본래 자기 터전으로 돌아가도록 하는 제도가 있었다.[33] 토지에 대해서도 이와 같이 영구 사유를 인정하지 않고 단지 한시적 이용권과 유사한 제도를 인정한 것에 비추어볼 때, 당시 재산권으로 인정받지 못했던 지식은 더욱 독점적 소유의 대상으로 인정할 수 없었을 것이다.

신약성서에 따르면, "너희가 거저 받았으니 거저 주어라"(마태복음 10장 8절)라는 구절이 있는데, 이 구절에서 지식을 소유개념으로 보지 않고 하나님의 선물로 인식했다는 근거를 찾기도 한다.[34] 한편, 예수는 제자들에게 설교할 때나 유대인과 논쟁할 때 구약성서를 인용하기도 했는데, 이는 자신을 메시아로 인정하지 않았던 유대인에게 당시 유일한 권위의 상징이었던 성서(구약성서)에서 그 논거를 가져오거나,[35] 성서를 논쟁의 근거로 삼기 위해서였다.[36] 이는 뒤에서 살펴보는 바와 같이 현대적 의

---

31. Huw Beverley‑Smith, Ansgar Ohly, Agnès Lucas‑Schloetter, 『Privacy, Property and Personality : Civil Law Perspectives on Commercial Appropriation』, Cambridge University Press, 2005, 129‑130면.
32. 유대민족의 지도자 모세는 여호와에게서 십계명을 받고(구약성서 출애굽기 20장), 이를 그 민족에게 전달한다(출애굽기 35장 32절 "그 후에야 온 이스라엘 자손이 가까이 오는지라. 모세가 여호와께서 시내산에서 자기에게 이르신 말씀을 다 그들에게 명하고").
33. 구약성서 레위기 25장.
34. 이 말씀은 마태복음에서 예수가 제자들을 파송할 때 복음을 전파하고 병든 자를 고치라고 명하면서 한 말인데, 이것을 지식을 하나님의 선물로 인식했다는 증거로 들기에는 반드시 적합하지는 않으나, 그 정신은 차용할 수 있다고 본다. 한편, UC 버클리 역사학과 교수 헤세는 종교개혁가 마르틴 루터가 『Warning to Printers』라는 저서에서 위 성경 구절을 인용했는데, 이로써 지식을 소유 개념으로 파악하지 아니했다는 근거로 제시했다. Hesse, 앞의 논문(주 23), 53면.
35. 예수는 이 세상에 메시아로 왔음을 구약성서를 인용해 선포한다. 신약성서 누가복음 4장 17‑19절.
36. 형사취수兄死娶嫂제도(누가복음 20장 27‑40절), 간음죄(마태복음 5장 31‑32절), 이혼법(마가복음 10장 3‑9절) 등에 관한 문답이 그런 것들이다.

미의 인용 목적[37]과 연결되는 측면이 있어 시사하는 바가 작지 않다고 생각된다.

중세 이전 시기 유럽사회에서 지식을 보호했는지, 그 보호체계는 무엇이었는지 일별한다는 것이 쉬운 일은 아니다. 특히 몇몇 문헌만 근거로 결론을 내린다는 것이 무모하지만, 대체로 이 시기 유럽사회에서 지식을 재산권으로 보호하는 제도나 사회적 합의가 있었다고 보기는 어렵다고 할 수는 있다. 그 점에서 중세 이전 시기에 서양이나 동양은 지식 보호에서 다르지 않았다고 할 수 있다.

나. 중세시대

금지된다는 것은 일종의 추천을 받은 것이나 마찬가지다.[38]

지식 보호에 관한 일반적 사고의 틀로 저작권을 상정할 때, 종래 국내 저작권 논의는 일반적으로 그 시원을 영국의 앤여왕 법이나 베니스공국의 특권 등에서 찾는다.[39] 그런데 앤여왕 법이나 베니스공국의 특권 등과 같은 초기 성문법이나 제도가 갑자기 생겨난 것이 아니라 치열한 갈등의 산물이었다는 점에서 당시와 그 이전 시기 상황을 살펴보아야 한다. 이 점에서 종교개혁과 이후 계몽주의에 대한 이해가 중요하며, 아울러 극복 대상이었던 중세시대 지식 관념을 살펴볼 필요가 있다.

기독교적 가치관이 유럽사회를 지배할 당시 지식이 신에게 속한다는 의식이 팽배했음은 어렵지 않게 짐작할 수 있다. 신에게 속한 지식은 당연히 사유私有의 대상이 될 수 없으므로 이것을 사고판다는 것은 성물매매죄에 해당할 수도 있었다.[40]

저술활동은 주로 수도원을 중심으로 했으며 학문연구도 대개 교회 안에서 행해

---

37. 움베르토 에코, 『논문 잘 쓰는 방법』, 김운찬 옮김, 열린책들, 2005, 225-226면. 인용하는 것은 권위가 부족하기 때문이며 권위있는 문헌으로 자기주장을 뒷받침한다고 한다. 인용의 목적과 관련해서는 주 471-472 해당 면 참조.

38. 존 맨, 『구텐베르크 혁명』, 남경태 옮김, 예·지, 2003, 382면.

39. 국내 저작권 교과서는 대부분 이런 서술 형태를 띠고 있다. 오승종, 『저작권법』, 박영사, 2013, 20-21면; 이해완, 『저작권법』, 박영사, 2012, 7-9면; 최경수, 『저작권법개론』, 한울아카데미, 2010, 33-34면 등.

40. Hesse, 앞의 논문(주 23), 53면.

져서, 저술과 학문연구의 결과물이 그러한 활동을 한 사람에게 속할 수 없음은 지극히 당연한 일로 여겨졌다. 교회 밖에서 하는 저술활동도 대부분 후원자들이 지원했으며, 책을 낼 때는 헌사를 바치는 것으로 후원자들에게 고마움을 표시했다.[41] 르네상스는 시인, 발명가, 예술가에게 이전에 없던 사회적 명성을 가져다주었지만 그들의 천재성은 정신적 능력이나 세속적인 노력의 결과라기보다는 신이 특별히 준 것으로 간주되었다.[42]

봉건시대의 계층적 사회구조에서 사유재산이 인정되지 않고 모든 것이 왕 또는 영주에게 속했기 때문에, 저술가들의 지식과 그것이 표현된 산물 또한 지배계층의 소유에 속했을 뿐 저술가 자신의 것이 될 수 없었다.[43] 15세기에 들어서 인쇄기술이 발명되어 획기적으로 보급됨으로써 저술가들이 직업적인 인쇄업자에게 원고를 넘길 때에도 책은 문화의 일부분으로 남겨져 유산처럼 후대에 전달되었지 사유의 대상은 아니었다.[44]

15세기 중반 종교개혁은 인쇄술의 보급과 무관하지 않다.[45] 교회와 세속권력은 이념의 분화와 전파를 촉발한 인쇄출판을 규제할 필요성을 느끼기 시작했다. 통치자들은 특정 인쇄업자에게 상업적 형태의 독점출판권을 주고 그에 상응해 인쇄업자는 통치자의 출판물 사전검열 요구를 따르게 된다.[46]

---

41. 위 같은 면.
42. 위 같은 면.
43. Judy Anderson, 『Plagiarism, Copyright Violation and Other Thefts of Intellectual Property – an Annotated Bibliography with a Lengthy Introduction』, McFarland & Company, 1998, 8면.
44. Hesse, 앞의 논문(주 23), 53면.
45. 금속활자의 발명과 종교개혁의 관계에 대해서는 존 맨, 앞의 책(주 38), 334–384면(제10장 분열되는 그리스도교권, 통일되는 세계) 참조. 가톨릭 세계에서 신교의 세계가 열리는데 구텐베르크의 금속활자 발명이 기여한 것에 대해 다음과 같은 설명이 있다.
   이 거대한 변화가 인쇄술의 힘이라는 데는 거의 이견이 없었다. 한때 가톨릭의 총애를 받았던 구텐베르크는 이제 신교의 영웅이 되었다. 루터는 인쇄술이 "신의 최고의 은총이며 그 덕분에 복음 사업이 더욱 진전되어 독일이 로마의 족쇄로부터 풀려날 것"이라고 말했다.
   위의 책, 379면.
46. 이때 주어졌던 특권은 경제적·상업적 특권이라는 점에서 중세시대의 그것과 다르다. 즉, 중세시대에는 종교의 이름으로 새로운 사상과 지식의 유포가 통제되어서 상업적 의미의 특권이라는 당근이 불필요했다고 볼 수 있으나, 종교개혁과 함께 지식의 유포에 통제가 필요하게 되자 교회와 세속권력은 인쇄출판업자에게 통제에 순응하는 대가로 상업적 특권을 줄 필요가 생겼다. 베니스공국의 법(1469)도 이런 취지에서 이해해야 한다. Hesse, 앞의 논문(주 23), 54면; 황혜선, 「지적재산권의 역사적 연원 – 저작권과 특허를 중심으로」, 도서관논집 제10권, 1993, 456–457면.

영국에서는 1504년 파크$^{William Facques}$가 흠정 인쇄소$^{King's Printer}$로 지정된 것이 왕이 인쇄출판업자에게 특권을 준 효시였다. 이어서, 1557년 서적출판조합$^{Stationers'}$ ^{Company}에 특권이 부여되었다. 서적출판조합은 나중에 앤여왕 법 제정에 깊이 관련되었을 뿐 아니라 법 제정 이후 영국의 저작권 역사에 새로운 전통이 수립되는 데 큰 영향을 미치면서 세계적으로도 저작권법 역사에서 매우 중요한 위치를 차지하고 있다.

1570년대 서적출판조합에는 4개 회원사가 있었다.[47] 이 시기 인쇄출판업자에게 부여된 특권이 이전 시기와 다른 것은 영속적 권리로서 매매 대상이 되었다는 것이다.[48] 현대적 의미의 저작권 또는 출판권은 아니지만 이들의 강고한 권리 또는 권리의식은 뒤에서 보는 바와 같이 앤여왕 법이라는 성문법을 낳았고, 성문법과 보통법의 충돌과 갈등을 해결하는 과정에서 영국의 공리주의 전통이 수립되는 계기가 되었다.

프랑스도 비슷한 양상으로 발전되었다. 파리에 'the Paris Book Publishers and Printers Guild'라는 출판인쇄조합이 생겼고 이의 역할은 영국의 그것과 크게 다르지 않았다.[49]

대체로 15~17세기 유럽에서는 상업적 인쇄출판업이 생겨나고 저작권과 유사한 제도와 법률이 만들어졌지만, 국가 권력 유지와 종교적 이유에서였을 뿐 오늘날과 같이 창작자를 보호하기 위한 것은 아니었다.

다. 18~19세기 – 계몽주의 시대와 개인주의의 등장

18세기는 저작권 역사에서 매우 중요한 시기다. 유럽의 주요 국가별로 뒤에서 자세히 살펴보겠지만, 서구의 저작권 전통에서 공통적으로 이 시기가 특별히 중요한 이

---

47. 4개 회원사는 각기 독점적으로 출판하는 서적의 영역을 정하여 서로 침범하지 않고 출판물에 관한 일종의 카르텔을 형성했는데, 이는 구체적으로 다음과 같다. ① Christopher Barker, the Queen's Printer：성경책, 신약성서, 공동기도문, 성문법, 각종 정부문서. ② William Serres：개인기도책, 소기도서, 학교서적. ③ Richard Tottel：보통법책자. ④ John Day：알파벳책자, 교리문답집, 시편. Hesse, 앞의 논문(주 23), 55면.
48. Hesse, 앞의 논문(주 23), 55면.
49. 위 같은 면.

유는 다음 몇 가지로 요약할 수 있다. 첫째, 지적산물을 규율하는 각종 수단이 대부분 18세기 후반에 마련되었다.[50] 둘째, 계몽주의에 따라 시민계급이 성장하고 프랑스혁명이 지적세계에 큰 변화를 가져왔다.

18세기 유럽은 계몽주의가 확산되고 시민계급이 성장해 문화생활에서 극적인 변화를 맞게 된다. 독서 인구가 종래 특정계층, 즉 귀족사회에서 일반 중산층인 시민사회로 확산되었다. 이와 같은 독서 인구의 확대는 인쇄출판업의 폭발적 팽창을 가져왔다. 영국에서는 18세기에 1년간 출판된 서적 수가 1세기 만에 무려 4배나 급증했다.[51]

독서수요의 팽창은 다시 공급자인 저술가의 확대를 낳는다. 이 시기는 이전 시기와 다른 양상을 보인다. 즉, 저술을 하나의 직업으로 택하는 전업 작가가 많아졌는데, 이들은 이전 시기 작가들이 명성만 추구한 것과 달리 창작활동을 통해 경제적 수익을 올리려는 경향이 두드러지게 된다.[52] 저술가들의 양적 팽창은 소재의 다양화를 가져왔는데, 종래 종교적 진리 추구에 매달렸던 데서 세속적인 다양한 소재로 저술 영역이 다변화되고 확대되었다. 직업적 저술가의 확대와 독서수요의 팽창은 출판시장을 요동치게 만들었다. 인쇄출판업자를 고리로 연결된 생산자(창작자, 저술가)들과 소비자(독자)들이 급증했는데, 유통매개인 인쇄출판업은 정부에서 특권을 받아 보호되었으니 시장이 변화를 맞게 되는 것은 어쩌면 당연한 일이었는지도 모

---

50. Gilbert Larochelle, 「From Kant to Foucault : What Remains of the Author in Postmodernism」, edited by Lise Buranen and Alice M. Roy, 『Perspectives On Plagiarism』, State University Of New York Press, 1999, 121면. 계몽주의 시대의 천재들인 디드로, 볼테르, 칸트, 피히테 등은 중세시대에는 보편적이 아니었던 '생각의 유포'에 관하여 법적 권리를 형성하는 데 크게 이바지했다고 한다.

51. Hesse, 앞의 논문(주 23), 56면. 헤세에 따르면 인쇄출판업이 폭발적으로 팽창하게 된 것은 특정계층의 '집중적인 독서intensive reading'에서 '독서인구의 확장extensive reading'으로 변모되었기 때문이라고 한다. 특히 중산층 독서인구 확대가 두드러졌다고 한다. 한편, 18세기 독서인구 급증의 원인을 프랑스혁명을 비롯한 유럽 여러 지역의 혁명적 사회 분위기에서 찾는 견해도 있다. 일본의 주목받는 사상가 사사키 아타루에 따르면, 독일의 서적 생산은 40만 부에서 50만 부에 달해 17세기의 두 배 이상에 이르고, 18세기 프랑스에서는 책의 평균 발행부수가 초판 1,000부에서 2,000부에 달하는데, 이는 당시 식자율識字率을 생각하면 대단한 숫자라고 한다. 예를 들어 디드로의 『백과전서』(1751)가 초판 4,250부, 볼테르의 『풍속시론』(1756)이 초판 7,500부를 찍었다고 한다. 사사키 아타루, 『잘라라, 기도하는 그 손을 – 책과 혁명에 관한 닷새 밤의 기록』, 송태욱 옮김, 자음과모음, 2012, 244–245면.

52. Hesse, 앞의 논문(주 23), 56–57면. 헤세에 따르면, 이 시기에 작가가 되려는 젊은 층이 많아졌다고 한다. 예를 들어, 영국의 디포Daniel Defoe, 프랑스의 디드로, 독일의 레싱Gotthold Lessing 같은 작가들은 명성이 아닌 저작활동으로 수입을 얻기를 원했고, 이러한 예는 점차 증가했다. 이 시기 작가들은 귀족의 후원을 받아 저술한 후 출판사에 초고를 넘겨줄 때 일정 보상을 받는 데 만족하지 않고, 창작활동의 대가에 적극적으로 관심을 갖는 쪽으로 변화되었다고 한다.

른다. 그 계기가 된 것은 해적출판물을 찍어내는 출판사들의 등장이었다.[53] 18세기 중반 유럽의 출판물시장은 말 그대로 아수라장이었다. 독자들은 더 많은 책을 값싸게 얻고자 했고, 정부는 이러한 국민의 요구와 계몽적 차원에서 해적출판물 시장에 적극 개입하지 않았는데, 이에 서적출판조합 또는 출판인쇄조합[54]은 전통적으로 인정받아온 특권을 영구적 재산권으로 인정받고자 입법청원을 했을 뿐 아니라, 해적출판사에 소송을 제기하는 등 강력 대항했다.[55] 해적출판물의 광범위한 출현은 오늘날 같으면 저작권자의 강력한 저항에 직면했을 것 같지만, 당시에는 출판인쇄조합이 강력하게 반발했던 것이 주목할 만하다.

특권을 받은 출판인쇄조합과 해적출판사의 갈등은 전업작가들로 하여금 서서히 자신들의 권익에 눈을 뜨게 했다. 사실 이들이 다투는 대상인 저작물의 원천은 작가들이었기 때문이다. 작가들은 자기 작품의 재산권을 절대적이고 영구적인 권리로 인정받고자 했다. 이리하여 특권으로 보호되던 출판인쇄조합과 이에 도전한 해적출판사의 갈등에 저자들까지 가세함으로써, 이들 3자는 첨예하게 대립하게 되었다. 오랜 법정 소송과 입법 논쟁 끝에 결국 특권은 폐지되고 출판인쇄조합은 와해되기에 이른다.

이론은 투쟁 과정에서 결집되고 형성된다. 이와 같은 출판물 시장의 대혼란은 당시 사상가들로 하여금 출판물, 창작물, 지식이 사유의 대상인가 하는 물음을 갖게 했고, 이에 따라 여러 논쟁이 일어난다. 이른바 '팸플릿 논쟁'[56]이라 불리는 이

---

53. 광범위한 해적출판물의 등장에 대해서는 유럽 국가들을 중심으로 국내시장과 해외시장으로 나누어보아야 한다. 예를 들어 영국의 국내시장은 스코틀랜드 접경 지역에서 잉글랜드 지역으로 해적출판물 유통이 성행했다. 프랑스에서도 리용 같은 도시에서 파리 출판인쇄조합이 출간하는 책의 해적출판물을 유통시켰다. 해외로 눈을 돌리면, 미국에서 영국 출판물이 해적판으로 출판되는 일은 매우 심각할 정도였으며, 프랑스 출판물도 스위스 등에서 해적출판물로 유통되는 비슷한 양상이 있었다. Catherine Seville, 「Talfourd and His Contemporaries : The Making of the 1842 Copyright Act」, edited by Alison Firth, 『Perspectives on Intellectual Property - The Prehistory and Development of Intellectual Property Systems』, Sweet & Maxwell, 1997, 54 - 56면.

54. 서적출판조합Stationers' Company은 영국 런던의, 출판인쇄조합Book Publishers and Printers Guild은 프랑스 파리의 각기 특권을 받은 조합인데, 해적출판사들 또는 저자들과 갈등을 겪었던 것은 공통된다. 이하 영국이나 프랑스에 특별한 것이 아니므로 섞어 쓰기도 할 것이다.

55. 특히 런던과 파리 중심의 출판인쇄조합에 반기를 든 스코틀랜드, 스위스 같은 국가들과 나아가 리용 같은 주변 도시들에 있는 출판업자들은 런던과 파리의 출판인쇄조합이 이익이 많이 나는 책에 영구적 독점권을 갖는 것에 크게 반발했다. Hesse, 앞의 논문(주 23), 57면.

56. Ronan Deazley, 『On the Origin of the Right to Copy』, Hart Publishing, 2004, 149 - 167면.

논쟁은 작은 에세이류의 소논문 형태로 진행되었는데, 칸트, 피히테, 로크, 헤겔 등 당대 유명한 철학자, 저술가들이 이러한 논의를 주도했다는 점에서 당시 출판권, 저작권에 대한 관심이 얼마나 지대했는지 알 수 있다. 이러한 논쟁 과정에서 저작권을 정당화하는 철학이론이 탄생하게 되었으니,[57] 이 시기는 저작권 역사에서 매우 중요하다고 하지 않을 수 없다.

표절이 사회문제로 되는 데는 시민의식의 성장과 함께 개인주의가 등장한 것이 원인이라고 하는 견해에서는 오늘날 표절금지윤리의 뿌리를 이 시기에서 찾기도 한다. 대표적으로 시카고 로스쿨 포스너Richard Posner 교수[58]는 표절 개념을 개인주의의 등장과 관련지어 설명한다. 중세가 막을 내리고 개인주의 성향이 확산되기 전에는 표절이 큰 문제가 되지 않았다는 것이다. 이는 우리나라에서도 소수 지식인만이 제한된 책을 읽고 그것을 교양으로 누리던 시기에는 인용임을 밝히지 않더라도 표절로 보지 않았던 것과 크게 다르지 않다.[59] 포스너 교수에 따르면, 출판문화와 각종 매체가 오늘날처럼 발달되지 않고 문맹률이 높았던 시기에는 예술적 표현물에 대한 욕구는 상대적으로 소수의 작품만 원천으로 해서 그것을 개선하고 세련되게 만들어 채울 수밖에 없었기 때문에,[60] 개인주의가 확산되기 전에는 창의성creativity을 독창성originality보다는 개량improvement으로 이해했다면서 표절을 일종의 '창조적 모방creative imitation'으로 받아들였다고 한다.[61]

독창성이 중시된 것은 개인주의의 발달과 밀접하게 관련되어 있다. 사회가 점점 더 복잡해짐에 따라 사회 구성원들에게 각기 다른 역할이 요구되었다. 사람들이 가족 제도나 기존의 권위로부터 해방되면서 개인의 가치가 중시되었다. 그 결과 '개성 숭배'가 생겨나면서 표절을 아주 적대적인 나쁜 행위라고 인식하기에 이르렀다는 것이다.[62] 표절이 이러한 개성과 독창성을 훼손했기 때문이다. 포스너 교수의

---

57. 자세한 것은 주 105 – 163 해당 면 참조.
58. 미국 연방항소법원 판사를 지낸 포스너 교수는 저명한 법경제학자로서 저작권과 표절문제에 관심을 갖고 탁월한 저서를 남긴 것으로도 유명하다. Richard A. Posner, 『The Little Book of Plagiarism』, Pantheon Books, 2007. 한편 이에 대한 번역서가 국내에서 출간되었다. 리처드 포스너, 『표절의 문화와 글쓰기의 윤리』, 정해룡 옮김, 산지니, 2009(이하 위 원서와 구별하여 이를 '포스너, 앞의 책'이라 한다).
59. 주 284 – 292 해당 면 참조.
60. 포스너, 앞의 책(주 58), 95면.
61. 위의 책, 80면.
62. 위의 책, 96 – 97면.

분석에 따르면, 현대는 시장이 독창성을 선호하고 표절에 엄격성을 요구하는 시대라고 한다.[63]

또 다른 한쪽에서 표절을 엄단하는 분위기가 형성되었는데 그것은 위에서 말한 개인주의 외에 예술품 시장의 활성화에서 비롯한다. 예술창작이 소수의 재정적 후원자에게 의지할 때는 작가들의 경쟁이 상대적으로 치열하지 않았지만, 예술 소비자층이 확대됨에 따라 후원자 문화가 사라지고 판매 문화로 변화되면서 익명의 구매자로 형성된 시장을 만족시키기 위한 작가(창작자)들의 노력과 경쟁이 시작되었다.[64] 이와 같이 재정적 후원자와 결별하고 독자적인 사업으로 전환하는 과정에서 저자 이름은 일종의 상표brand name같이 되었다. 여기에서 표절은 일종의 질서 교란 행위가 된다는 점에서 종래와 달리 표절을 매우 부정적으로 보는 엄격한 문화가 형성된 것이다.[65] 이로써 과거에 용인되었던 창조적 모방이 표절로 낙인찍히게 되었다.

라. 영국의 앤여왕 법 제정과 양대 전통의 수립

앞서 언급한 베니스공국의 법(1469)과 그 밖에 여러 출판인쇄에 관한 특권이 있었으나, 이는 엄밀한 의미에서 현대적 저작권 제도라고 볼 수 없다. 따라서 1710년에 제정된 영국의 앤여왕 법을 최초의 저작권법으로 보는 것이 타당하다. 이른바 18세기의 산물인 이 법을 별도 항에서 논의하는 것은 저작권에 관한 커다란 두 가지 사상(자연권 전통과 공리주의 전통)의 시발점이 앤여왕 법과 닿아 있기 때문이다.[66]

앤여왕 법이 제정된 계기는 매우 흥미롭다. 역사적 사건 중에는 어떤 쪽 의도가 다른 쪽에 우연한 사정이 되어 의도와 우연의 결합이 전혀 예상치 않은 결과를 낳는 경우가 있다. 최초의 저작권법인 앤여왕 법이 제정된 계기가 이와 같은데, 애초에 이 법은 저자나 창작자를 보호하려는 것이 아니었다.

---

63. 위의 책, 105면.
64. 위의 책, 97면.
65. 위의 책, 98면.
66. 앤여왕 법에 대한 국내 연구논문으로는 다음 참조. 김윤명, 「앤Anne여왕 법에 관한 저작권 법제사적 의의」, 산업재산권 제20호, 2006.8.

17세기 말 영국에는 서적 출간에 앞서 책을 납본하는 제도가 있었다. 이로써 책을 사전에 검열할 수 있었는데, 시민은 이전 시기에 비해 의식이 성숙되어 사전검열 제도에 불만을 제기하기 시작했다. 이에 1695년 서적 거래를 규율하고 사전검열을 허용하던 인쇄특권제도the Licensing Act가 폐지되기에 이르렀다. 그런데 의회는 부주의하게 특권제도 자체를 전체적으로 문제 삼아 전면 폐지하는 바람에 엉뚱하게도 해적판에 대한 보호막을 잃게 된 인쇄업자들의 반발을 불러오게 되었다.[67] 서적출판조합은 그들의 전통적 특권을 영속적인 재산권으로 인정해달라고 입법청원했고, 해적출판사는 특권제도를 폐지해 이미 출판된 모든 책을 자유로이 재출간할 수 있게 해달라고 요구했다. 의회는 인쇄특권제도 폐지에 따른 출판계 혼란을 해결하기 위해 1710년 앤여왕 법을 제정했다.

이 법의 골자는 저자와 그 저자에게서 원고를 구입한 자에게 14년간(갱신할 때 14년 연장됨) 책 출판에 관한 배타적 권리를 부여하고 이후에는 공유로 하는 것이었다. 이로써 고전에 대한 서적출판조합의 모든 독점권은 폐지된 셈이다. 이 법은 서적출판조합의 견해와 저자의 권리를 옹호하는 한쪽과 해적출판사의 견해와 공익을 고려하는 다른 한쪽의 불편한 타협의 산물로 이해된다.[68]

타협의 산물인 앤여왕 법은 오래지 않아 연이은 소송에 직면한다. 주로 영국 내 출판사들 간의 소송[69]이 이어졌는데, 예를 들어 1760년 톤슨Tonson 대 콜린스Collins 사건과 1769년 밀러Millar 대 테일러Taylor 사건[70] 등이 대표적이다. 초기 소송에서 영국 법원은 서적출판조합 측의 권리를 '영속적인 재산권'으로 인정했다. 그런데 1774년 도널드슨Donaldson 대 베켓Becket 사건[71]에서 영국 법원은 이 판례를 뒤집어 '제한된 재산권'만 인정하기에 이른다.[72] 밀러 판결을 뒤집은 도널드슨 판결은 이후 영미 공리주의 전통이 자연권 전통에 대한 우위로 방향을 선회하는 일종의 분수령

---

67. Hesse, 앞의 논문(주 23), 61–62면.
68. 위 논문, 62면.
69. 이 시기 출판사들 간의 소송에 대해서는 Mark Rose, 『Authors and Owners – The Invention of Copyright』, Harvard University Press, 1993, 67–91면, "Chapter 5 Battle of the Booksellers" 참조.
70. Millar v. Taylor, 4 Burr. 2303, 98 Eng. Rep. 201 (K.B. 1769) (이하 '밀러 판결'이라 한다).
71. Donaldson v. Becket, 2 Bro. P.C. 129, 1 Eng. Rep. 837, 1774 (이하 '도널드슨 판결'이라 한다).
72. 이 판결에 대해서는 Rose, 앞의 책(주 69), 154–158면 참조. 밀러 판결에서부터 도널드슨 판결에 이르기까지 5년은 영국의 저작권법 역사, 나아가 저작권의 역사와 철학에 큰 변화를 가져온 기간이라고 할 수 있다. 이 두 판결은 공교롭게도 같은 저작물인 제임스 톰슨James Thomson의 시집 『The Seasons』에서 비롯했는데, 두 사건 모두 출판권을 갖고 있는 출판사와 해적출판사가 분쟁을 벌인 것이었다.

과 같은 판결이다. 변화되는 판결에서 채용된 논거는 공리주의 전통을 구성하는 중요한 철학이론이 된다. 이는 영미의 법 이론이 독일, 프랑스로 대변되는 대륙법계 국가와 달리 판례를 중심으로 축적되는 법적 전통과 무관하지 않다. 이 판결들에 대해서는 별도로 철학이론에서 더 논의한다.

마. 미국의 저작권법 제정

미국의 저작권법은 식민모국인 영국의 영향을 크게 받았다. 도널드슨 판결로 보통법상의 권리common law rights보다 성문법상의 권리statutory rights가 우위에 있음을 확인한 앤여왕 법과 이에 관한 영국법원의 판결은 미국 헌법의 지적재산권 조항에 고스란히 반영된다.[73] 그리고 이러한 헌법 정신은 1790년 제정된 미국 저작권법에 구현된다. 즉, 작가나 발명가는 자신의 생각에 특별한 요구를 할 수 있는 개인으로 인정된다. 그러나 공공선은 이들의 요구를 제한하도록 명령한다고 해서 영국에서처럼 보통법에 기반을 둔 영속적 권리인 자연권적 사상과 성문법에 의한 제한 사이에서 긴장관계가 형성되었다.[74]

　'보스턴 차 사건'[75]과 같이 식민모국의 세금부과에 반기를 든 것이 미국 독립과 깊이 관련되어 있다면, 저작권 분야도 같은 맥락에서 이해할 수 있다. 식민모국인 영국의 출판물을 정당한 허락을 받지 않고 미국의 출판사들이 값싸게 출판하는 것에 영국과 미국 사이에 미묘한 긴장이 조성되어 있었다. 미국 저작권법은 저작권을 자연권이 아닌 성문법상 권리로 파악해 제정되었다. 이에 따라 영국의 저작물은 자연권이 아니라 미국 법으로 보호되는 대상에 불과했다. 이런 미국의 입법 태도는 입법자의 의지가 반영된 것으로, 영국에 대한 독립주의의 시각에서 이해할 수 있다.

---

73. 미국 연방헌법 제1조제8항제8호 "Congress shall have the power … to promote the progress of Science and useful Arts, by securing for limited Times to Authors and Inventors the exclusive Right to their respective Writing and Discoveries."
74. Hesse, 앞의 논문(주 23), 62 - 63면.
75. 미국 사람들은 당시 생활필수품인 홍차에 고율의 세금을 부과하는 영국 정부에 불만이 있었다. 그런데 영국 정부가 홍차의 독점판매권을 동인도회사에 넘기자 1773년 보스턴에 정박 중인 동인도회사 선박에 있던 차를 바다에 던지는 사건이 발생했다. 이 사건은 나중에 1776년 미국 독립선언의 도화선이 된다. http://us.onionmap.com/web/board/index.php?page=3&city=US4930956 (2007.12.26. 방문).

바. 프랑스·독일

특권이라는 제도가 있는 것은 프랑스도 영국과 크게 다르지 않다. 영국과 다른 점이라면 프랑스의 경우 저작권이 태동되는 시기에 프랑스혁명(1789)이라는 대변화를 겪었다는 것이다. 널리 알려진 바와 같이 절대왕권에 대한 시민계급의 저항은 여러 가지 자유와 기본권이 생성되는 결과를 초래했다. 저작권과 관련해서는 언론출판의 자유가 천명되고 각종 특권이 폐지되었는데, 그 가운데 하나가 서적거래에 대한 왕의 규제였다. 이러한 특권 또는 규제가 폐지됨에 따라 파리서적조합 Parisan book guild이 폐지되기에 이른다.[76] 그렇게 해서 탄생된 것이 1791년 이른바 '시이에스Sieyès법'이라고도 하는 '언론출판의 자유에 관한 법률Law on the Freedom of the Press'이다.

근대적 의미의 프랑스 저작권법은 프랑스혁명 당시의 사회적·경제적 상황에 영향을 받아 인권, 기본권 개념에서 출발했다는 점이 특색이라 할 수 있다.[77] 프랑스는 콩도르세Condorcet의 영향으로 창작물에서 공익의 역할이 중시되는 전통이 생겨 출판물에 관한 배타적 권리를 제한하는 측면이 강했는데, 이는 프랑스혁명 이후에 나타난 사회주의 경향과 무관하지 않다.[78]

독일에서는 대체로 프랑스와 유사하게 저작권 환경이 조성되고 발전되었다. 다만 독일은 통일 국가 성립이 늦어져 1870년에 통일된 법제를 갖추게 된다.[79]

사. 저작권의 국제화 경향과 보호무역주의의 갈등

유럽 국가들 간의 잦은 교역과 문화적 공유는 창작물의 교류를 수반했는데, 창작물의 재산권 인정이 국가별로 쟁점이 되자 저작권 문제는 국제적으로 비화되지 않을

---

76. Hesse, 앞의 논문(주 23), 63 - 64면.
77. 배대헌, 앞의 논문(주 24), 273면. 미국 저작권법은 영국 저작권법의 영향을 깊게 받았으나, 미국 저작권법이 만들어진 1790년은 프랑스혁명 직후였다는 점에서 프랑스 저작권법의 인권적 요소가 가미되었다고 할 수 있다.
78. Hesse, 앞의 논문(주 23), 63 - 64면.
79. 위 논문, 64면.

수 없게 되었다. 18세기 이후 유럽의 여러 국가는 저작권 법제를 구비하기 시작했지만, 이는 어디까지나 자국에 효력을 미치는 국내법이라서 국제적인 분쟁 해결에 도움이 될 수 없었다.

일찍이 영국의 상원의원 탈포드Serjeant Talfourd[80]는 위와 같은 문제의식을 갖고 1842년 저작권법 법안을 제출할 때, 저작권을 국제적으로 보호하는 내용을 담았는데 관철되지 못했다. 공리주의 전통이 강한 영국에서는 저작권을 국가가 법률로 정하는 권리, 즉 성문법상의 권리로 인식했고, 해외 저작물 보호에는 그다지 큰 관심을 기울이지 않았음을 알 수 있다.

나라별로 자국 저작물만 보호하는 저작권법은 잦은 국제적 충돌을 불러왔다. 그에 따라 일부 반대가 있었지만 국제적 저작권 규범의 필요성은 갈수록 더해졌다. 1886년 드디어 유럽 10개국이 최초로 국제적인 저작권협약을 체결하게 된다('문학·미술 저작물 보호에 관한 국제협정International Convention for the Protection of Literary and Artistic Works,' 이하 '베른협약'이라 한다). 이 책에서는 이 협약을 자세히 소개하는 대신 저작권의 철학·전통과 관련된 부분만 살펴본다.

베른협약은 체결되기까지 저작권의 본질과 관련한 두 가지 전통, 즉 저작권을 공리주의 관점에서 특정한 국가에 의한 성문법적 권리로 보는 시각과 불가침의 자연권이라는 관점에서 국가에 의한 보호를 넘어 보편적 권리로 보는 시각 사이의 갈등을 조정한 산물이라고 할 수 있다.

영속적인 권리로 인정되지는 않았지만 베른협약으로 각 가입국은 19세기와 20세기에 걸쳐 저작권보호기간을 최초 10년에서 사후 14년으로 확장한 데서 나아가 사후 50년 또는 75년까지 지속적으로 확장했다.[81] 18세기 이후 싹튼 두 전통에서 저작권을 꾸준히 강화하는 경향을 보이고 있다.

이 협약이 탄생될 당시인 19세기 유럽과 미국 등 서구의 저작권에 관한 국가 간

---

80. 영국 저작권법 역사에서 중요한 1842년 법은 서적, 희곡, 조각, 강연, 의장 등이 개별법으로 각기 보호되던 것을 하나의 법으로 묶고 보호기간도 확대한 것으로 현대 저작권법의 모태라고 할 수 있다. 이 법은 법안이 의회에 제출된 뒤 5년에 걸친 치열한 논쟁 끝에 탄생했다. 법안제출부터 통과에 이르기까지 주도적으로 활약한 사람이 상원의원이던 탈포드다. 그가 적극적으로 노력함에 따라 이 법을 '탈포드법Talfourd Act'이라고도 한다. 탈포드는 영국의 당대 유명한 시인인 워즈워스, 램, 콜리지 등과 깊이 교유했다고 한다. Seville, 앞의 논문(주 53), 49 - 56면.
81. Hesse, 앞의 논문(주 23), 65면.

판세를 살펴보는 것은 협약 체결의 적극성 정도와 직결된다는 점에서 매우 중요하다. 당시 저작물에 관한 순 수출국가net exporter countries는 영국, 프랑스, 독일 같은 나라들이었다. 이들 국가는 대체로 저작권에서 자연권적 보호 전통을 선호했다.[82] 반대로 당시 유럽 중심 세계에서 본다면 개발도상국이었던[83] 미국, 러시아 등 순 수입국가net importer countries에서는 공리주의 전통에 터 잡아 베른협약 가입을 거절하고 자국의 성문법에 따른 보호만 고집했다. 이는 미국의 보호무역주의와도 일맥상통하는데, 오늘날 지적재산권, 특히 저작권의 국제적 보호를 강조하는 미국의 견해와 상당히 배치된다는 점에서 주목할 만하다.

경제학자 장하준 교수는 개발도상국에서 벗어난 미국이 자신의 과거를 망각하고 개발도상국가에 통상문제 등에서 경제적 압박을 가하는 것을 비판했다. 장 교수는 한 쟁점으로 지적재산권 문제를 끊임없이 제기했다.[84] 장 교수 주장의 핵심은 지적재산권의 보호 자체에 대한 것이라기보다는 지적재산권이라는 제도를 이용해 통상압력을 가하는 미국 등 서구 선진국들이 과거에는 지적재산권 침해국가였음을 드러냄으로써 그와 같은 압력의 부당함을 지적하려는 것이 아닌가 생각한다. 미국이 베른협약과 관련해 걸어온 발자취를 더듬어보는 것은 오늘날 우리 모습을 보는 데도 크게 도움이 된다는 점에서 미국의 저작권 역사는 오늘날 우리에게 시사하는 점이 많다. 이는 '대한민국과 미합중국 간의 자유무역협정(이하 '한미 FTA'라 한다)'에서와 같이 저작권이 중요한 쟁점 중 하나였던 국가 간 협상에서도 그렇지만, 이 항의 주제인 저작권 사상(전통)을 연구하는 데 하나의 실증 예가 된다.

20세기 후반부에 들어오면 국제적으로 저작권과 지적재산권에 관해 나라 간 이해충돌이 더욱 심각한 양상을 빚는다. 이 과정에서 주로 순 수입국가인 개발도상

---

82. 영국의 경우 자연권 전통도 있었지만, 판례(도널드슨 판결, 주 71)에 따라 성문법상 권리가 보통법상 권리에 우선한다고 함으로써 공리주의 전통에 서게 되었다.

83. Hesse, 앞의 논문(주 23), 65－66면.

84. 장하준 교수는 여러 저서에서 서구 선진국의 후발국가들에 대한 경제압력의 부당성을 지적하는 과정에서 지적재산권을 하나의 소재로 제시했다. Ha－Joon Chang, 『Kicking Away the Ladder Development Strategy in Historical Perspective』, Anthem Press, 2002, 81－85면 ; 『Globalisation, Economic Development and the Role of the State』, Zed Books, 2003, 273－301면. 장 교수는 이어지는 저서에서도 지적재산권이 지나치게 보호되는 것을 비판했다. Ha－Joon Chang, 『Bad Samaritans－Rich Nations, Poor Policies & the Threat to the Developing World』, Random House Business Books, 2007, 122－144면. 한편, 헤세도 오늘날 문화상품과 기술을 순 수입하는 개발도상국가들은 19세기 미국의 지위와 비슷하다고 함으로써 장 교수와 같은 견해를 보였다. Hesse, 앞의 논문(주 23), 67면.

국가들은 미국이 과거에 취했던 대로 대체로 공리주의 전통에 따라 지적재산의 사회성을 강조하여 공익 차원에서 저작권을 상대적으로 덜 보호한다. 특히 국제적 보호에서 법을 상당히 미흡한 수준으로 만들거나 운용한다. 이는 19세기 미국이 주로 식민모국인 영국과 선진 유럽제국의 저작권, 특허권의 보호요구를 거절할 때와 비슷한 방법이다. 흥미로운 것은 그런 미국이 1970년대 이후 개발도상국에 지적재산권 보호를 역설하고 이를 위해 무역제재 수단을 적극 활용하는 등 강력하게 압박한다는 점이다.[85]

미국은 대표적으로 가장 빠른 시간에 지적재산의 순 수입국가에서 순 수출국가로 변화, 발전한 나라다. 19세기 초 영국 작가에 대한 해적행위로 뉴욕, 필라델피아, 보스턴에서 큰돈을 번 출판사들이 있었다. 이들은 저작권을 공리주의 시각에서 이해해 미국의 공익은 대작을 값싸게 이용하는 것이라고 정당화했다. 예를 들어 1843년에 찰스 디킨스Charles Dickens의 소설 『크리스마스 캐럴A Christmas Carol』이 영국에서는 2달러 50센트였던 데 반해 미국에서는 6센트에 팔렸다.[86] 이렇게 싸게 팔 수 있었던 것은 불법 해적물이었기 때문이다. 심지어 예수의 일생을 담은 『예수의 생애Life of Jesus』의 해적출판물이 미국 내에서 성행하자, 자신도 해적출판물로 큰돈을 번 아이작 펑크Isaac Funk 경은 이러한 행위가 십계명 중 '도적질하지 말라'라는 제8계명을 위반한 것이라고 비난하면서, 이를 국가적 범죄라고까지 했다.[87] 당시 미국이 저작권침해에서 자유롭지 않은 나라였음을 보여주는 좋은 예다.

저작권과 관련해서 지금이나 그때나 이해가 상반된 집단이 있게 마련이다. 미국은 주로 식민모국인 영국에서 저작물을 수입했기 때문에 침해국가로서 저작권을 두껍게 보호하기보다는 폭넓게 이용하는 것이 미국의 공익에 부합한다는 자세를 견지했다. 그러나 이용 측면을 중시한 나머지 영국 작가들의 침해물이 미국 시장에서 싸게 팔리다 보니 이들과 경쟁이 어렵다고 생각한 미국 토착 작가들이 1830년경 국제적 저작권협약에 가입해야 한다고 주장하기 시작했다.[88] 이러한 주장은 주

---

85. 헤세는 서구 민주주의 국가의 미래 문화적·과학적 건강성은 과거 지적재산권의 계몽적 관점에서 그 사명을 공적으로 부활시키는 것에 달려 있다고 보고, 시민사회의 자유로운 지식의 유포와 생각의 순환에 대한 상업적 독점을 해체해야 한다고 주장한다. Hesse, 앞의 논문(주 23), 69–70면.
86. 위 논문, 65–66면.
87. 위 같은 면.
88. 위 논문, 66면.

로 영국 작가의 작품을 출간하는 미국 내 출판산업계의 주장과 상반되어 베른협약 가입이 장벽에 부딪히게 되었다.[89]

19세기 말에 베른협약 성립을 앞두고 일어난 미국 내 저작권에 관한 논쟁은 주로 영국의 출판물을 중심으로, 해적출판으로 이익을 보는 쪽과 그로써 피해를 보는 쪽의 대립이었지만, 결국 이는 보호무역주의와 자유무역주의의 대립과 갈등이라고 볼 수 있다. 그러나 주류의 견해는 전자로서 여전히 지적재산권에 관한 한 순 수입 국가 지위의 한계에서 벗어나지 못했다. 그러다가 1880년에 들어서 미국 동부 연안 주들에 속한 미국 출판산업은 당시로는 서부인 지금의 중부지방 주들이 해적행위를 일삼아 피해를 보자 그간 취해왔던 저작권에 관한 견해와 전선을 서서히 바꾸려는 조짐이 나타났다. 마침 1886년 등장한 베른체제에 가입하는 것이 유리하다는 인식을 미국 출판계에 주기 시작했다. 그러나 앞서 본 바와 같이 출판업계 주류와 의회는 미국법이 작가의 자연권을 인정하지 않는다는 이유에서 베른협약 인준을 거부했다. 다만 1891년 영국과 저작권보호에 관한 쌍무조약을 체결하기에 이른다.[90]

20세기에 들어서면서 미국은 지적재산에 관한 순 수출국이 된다. 19세기에 미국은 주로 영국의 서적, 저작물에 대한 순 수입국이었다. 그런 까닭에 1891년 법(International Copyright Act of 1891, 26 Stat. 1106)이 통과되기 전까지는 외국 저작물을 국내에서 보호하지 않았다. 그런데 오늘날 미국은 세계에서 가장 강력한 저작물 수출국이 되었다.[91] 폴 골드스타인Paul Goldstein에 따르면 미국은 제2차 세계대전이 끝나갈 무렵 저작물에 관한 한 수출을 가장 많이 하는 나라가 되었다. 1947년 미국이 저작권에 관한 두 전통을 조화시키는 세계저작권조약Universal Copyright Convention을 제안하기에 이른 것도 이러한 산업구조의 변화와 무관치 않다.[92] 나아가 미국은 1988

---

89. 반대 주장 중 다음과 같은 내용이 있는데, 이는 오늘날 정보를 공유해야 한다는 쪽에서 하는 주장과 매우 흡사하여 주목을 끈다. "Shall we build up a dam to obstruct the flow of the rivers of knowledge?" 위 같은 면.

90. 위 논문, 65 – 66면.

91. Neil Weinstock Netanel, *Copyright and a Democratic Civil Society*, 106 Yale L.J. 283, 306 (1996), n. 94에서 인용(원출처 : Marshall A. Leaffer, 『Understanding Copyright Law』, LexisNexis, 1989, §12.5).

92. Paul Goldstein, 『Copyright's Highway : From Gutenberg to the Celestial Jukebox』, Stanford University Press, 2003, 151면.

년에 이르러 베른협약에 가입했으며, 건국 초기와 달리 지적재산, 저작물 소유자의 재산권적 권리를 강화하는 쪽으로 정책과 입법 기조를 확고하게 유지하고 있다. 이는 건국 초기 '배움과 지식의 고양을 통한 공공의 효용 증대'를 저작권법의 목적으로 하는 데서 사적 이득의 증대 쪽으로 방향이 선회된 것을 의미한다.[93] 여기에서 미국의 전통이 공리주의 전통에서 자연권 전통으로 바뀌는 것이 아닌가 하는 의문이 들 수 있다. 그러나 반드시 그렇지는 않다.

공리주의 전통은 저작권을 자연권으로 이해하지 않고 공익을 위하여 국가가 법률로 인정하는 권리라는 견해다. 공리주의에서 말하는 공익이 '배움과 지식의 고양'에 더욱 치중해 저작물 이용 기회를 확대하는 것에 있다고 보면 저작권의 보호보다는 이용 측면을 강조하겠지만, '자국의 지적재산권 또는 저작권 산업의 육성 및 발전'에 있다고 보면 지적재산권 또는 저작권 보호를 강조하는 논거로 사용될 수 있다. 따라서 위와 같은 역전현상은 공리주의 전통에 반하는 것이 아니라 오히려 더욱 적합하다고 볼 수 있다.[94] 미국 판례에서 로크의 노동이론을 언급하는 경우가 더러 있는데, 이것이 곧 미국 저작권 전통이 공리주의 전통에서 자연권 전통으로 옮겨간 것이라고 단정할 수는 없다. 그런 분석보다는 미국의 지적재산권 판례에서 흔히 사용하는 정책적 접근policy-based approach이 공리주의 전통에 정확히 들어맞는다는 분석이 더욱 타당하다. 문제는 미국 판례에서 로크의 노동이론 같은 이론을 내세워 학리적 접근doctrinal approach을 하는 경우가 많지만, 이는 미국의 공리주의 전통에 배치되는 것으로, 사실은 정책적 접근을 하면서 그 논거에 대한 부연으로 로크의 노동이론 같은 자연권 사상도 말한다고 보는 것이 더 정확한 분석이 아닐까 생각한다.[95]

---

93. Hesse, 앞의 논문(주 23), 67면.
94. 바로 이런 점 때문에 지적재산권 철학이론에서 경제이론, 유인이론 같은 공리주의 전통에 서 있는 철학이론을 도구이론Instrumentalism이라고 하고, 노동이론, 인격이론 같은 자연권 전통에 서 있는 철학이론을 의무이론Deontology이라고 하는 것이다. Michael Townsend, Analysis of Copyright and Patent Schemes (Oct. 1998) (unpublished manuscript, on file with author and Michael Townsend, Professor of University of Washington).

아. 사회주의 전통

마르크스레닌주의로 대표되는 사회주의 이념을 실현한 소비에트 연방공화국(이하 '소련'이라 한다)[96]의 저작권 제도 또는 의식은 두 가지로 접근할 수 있다. 하나는 이념이고, 다른 하나는 앞서 본 바와 같이 미국과 같은 후발국가에서 오는 한계다. 이념에서 오는 저작권 관념의 한계는 같은 사회주의 이념을 채택한 중국에도 적용될 수 있다.

마르크시즘과 저작권을 함께 생각해보는 것은 사회주의 체제 국가의 저작권 법제를 이해하는 데 도움이 많이 된다. 노동을 중시한 마르크스경제학과 노동을 재산권 정당화의 요소로 본 로크의 노동이론은 노동을 매개로 서로 연결되는 고리가 있어 보인다. 마르크스는 개인의 창작행위는 사회적 경험의 산물이기 때문에 정신적 노동의 결과인 지적산물도 당연히 사회적인 것으로 사회에 속해야 한다고 보았다.[97] 이는 프랑스의 철학자 콩도르세가 노동은 본질적으로 개인적인 것이라기보다는 사회적인 것이며, 특히 정신적인 노동의 경우 더욱 그러하다고 본 것과도 연관성이 있다.[98]

볼셰비키혁명(1917)은 러시아 작가들의 모든 작품을 국유화하는 결과를 가져왔는데, 그 근저에는 위와 같은 철학이론이 있었다. 볼셰비키혁명 이후 최초로 공포

---

95. 필자는 미국 판례의 논리 중 학리적 접근은 사실 미국 산업보호라는 정책적 탈을 쓴 것에 불과한 경우가 있다고 지적한 바 있다.
한편, 어떤 권리의 본질을 규명하고 그 권리의 범위 등을 논할 때 동원되는 법학 방법론methodology으로 학리적 접근방식doctrinal approach과 정책적 접근방식policy-based approach이 있을 수 있다. 그런데 후자의 접근방식은 국지적인 시장nationwide market에서는 견해 차이가 있더라도 국가가 지향하고 중점을 두는 목표에 통합·조정될 수 있어, 국제적 시장에서만큼 심각하지 않다고 할 수 있다. 문화와 전통에 따라 큰 영향을 받는 재산권의 경우, 특정 국가의 정책적 고려에서 출발한 논리를 그러한 문화와 전통을 공유하지 않는 나라에 그대로 적용하는 데는 상당한 무리, 즉 상대방 국가의 저항에 부딪히게 될 것이다. 문제는 이러한 저항을 회피하기 위해 한 나라의 정책적 고려policy basis에 근거한 논리인데도, 그 권리 자체의 속성 또는 원리원칙doctrinal basis에서 나온 것으로 포장하는 경우다.
남형두, 「세계시장 관점에서 본 퍼블리시티권 – 한류의 재산권보장으로서의 퍼블리시티권」, 저스티스 제86호, 2005.8, 96–97면; 「퍼블리시티권의 철학적 기반(상) – '호사유피 인사유명'의 현대적 변용」, 저스티스 제97호, 2007.4, 149면.
96. 러시아의 전신으로 지금은 연방이 해체되었지만, 사회주의 이념으로 건립된 국가였다는 점에서 지식 보호에 관한 사회주의 이념을 살피는 데 필요하므로 소련이라는 용어를 그대로 사용하기로 한다.
97. Hesse, 앞의 논문(주 23), 67–68면.
98. 위 논문, 61면.

된 저작권령Copyright Decree, 1917에 따르면, 국가교육위원회State Committee on Education에 러시아 작가의 작품을 국유화할 권한을 부여하고, 출판물에 대한 국가독점을 선언하게 된다.[99]

같은 사회주의 국가인 중국도 문화혁명 시기(1966~1969)에 비슷한 경험을 한다. 앨퍼드 교수는 중국에서 지적재산을 권리로 인정하지 않는 현상을 중국 학자의 "철강노동자가 쇳덩어리主괴, 鑄塊에 자신의 이름을 써넣을 필요가 있는가? 그렇지 않다면 마찬가지로 지식인 계급이 자신이 만든 것에 자기 이름을 넣을 특권을 왜 받아야 하나?"라는 질문으로 적절히 설명했다.[100] 철강노동자의 주괴 생산행위와 지식인의 창작행위를 같이 볼 수는 없지만, 지식인의 창작행위에 권리를 인정하지 않는 것을 당연히 여기는 문화에서 중국의 지적재산권 또는 저작권에 관한 인식을 엿볼 수 있다.

공산주의 혁명을 거쳐 수립된 소련이나 중국의 경우 이념적 토대인 마르크시즘은 저작물을 다분히 사회적 산물로 보는 시각이 우세한데,[101] 이를 법률로 보호하니 굳이 분류하면 공리주의 전통에 따른 성문법상 권리라고 할 수 있다. 다만, 이때 지적창작물을 공개해서 사회적 총효용을 증대하기 위한 인센티브는 경제적인 것이 아니라 비경제적인 것으로 이해된다. 예컨대, 사회주의 국가에서 성행했던 국가 훈장(공훈, 특권) 같은 것이 창작과 발명을 독려하는 사회주의적 수단이라고 여겨왔다. 즉 사회주의 국가에서는 공리주의가 묘하게 지식 전달에서 국가독점과 연결되어 사유재산을 인정하기보다는 대중적 인기 보상 등의 제도로 이끌어졌다. 소련의 작가 증명Authors' Certificates, 북한의 공훈배우 또는 인민배우 같은 것이 여기에 해당한다. 중국도 문화혁명 때 이와 비슷한 경험을 했다고 알려져 있다.[102]

다음으로 후발국가에서 오는 한계를 살펴본다. 사회주의 체제 이전의 제정러시아는 1828년에 저작권법을 최초로 제정했다. 1886년 베른협약 체제가 출범된 후에도 제정러시아는 가입하기를 거부했다. 모든 저작물이 국유화된 볼셰비키혁명

99. Natasha Roit, Comment, *Soviet and Chinese Copyright : Ideology Gives Way to Economic Necessity*, 6 Loy. Ent. L.J. 53, 56 (1986).
100. Alford, 앞의 책(주 18), 65면(원출처 : Zheng Chengsi, 『Future Chinese Copyright System』, 152면).
101. 위의 책, 57면.
102. 위의 책, 67 – 68면.

이전인 1911년 법에서도 여전히 외국 저작물 보호에 소극적인 태도를 취했다.[103] 제정러시아든 볼셰비키혁명이든 소련이 줄곧 외국 작가의 저작권 보호에 소홀한 것은 이념적 이유만이 아니라 일종의 고립주의 정책에 기인한 바가 더 크다. 그리고 외국 저작물을 소련 내에서 자유롭게 번역해 이용하고자 하는 국가 목적 때문이다.[104] 이는 미국이 식민모국인 영국에 대해 가졌던 저작권 인식과 궤를 같이한다.

자. 정리

지식에 관한 사유 개념이 인정되지 않던 서구 전통은 중세를 지나 종교개혁과 르네상스 시대를 거치면서 저자나 창작자를 보호하기 위한 권리가 아닌 교권과 왕권을 유지하기 위한 수단으로써 인쇄출판업자에게 특권을 부여하는 형태로 발전한다. 이어지는 시대에서 인쇄술의 발달은 서적의 광범위한 보급을 초래했고 시민계급의 성장과 확산에 크게 기여했는데, 이는 역설적이게도 출판물 공급에 주도권을 쥔 출판인쇄조합의 특권 폐지를 불러왔다. 이 과정에서 저작권이 탄생하는데, 지적창작물에 대한 권리 부여는 서로 다른 두 전통, 즉 자연권 전통과 공리주의 전통으로 갈리게 된다. 서구 여러 나라는 이들 전통이 논쟁하는 과정에서 자기 나라에 맞는 특유한 전통을 유지하고 발전시키고 있다. 그러한 전통이 오늘날 크게 영미법과 대륙법의 전통에 연결되고 있다.

---

103. 1857년 저작권법을 개정해 러시아에서 먼저 출간된 외국 작가의 작품을 보호하기 시작했고, 1911년 볼셰비키혁명으로 외국 저작물을 이전보다는 조금 더 보호했으나, 여전히 소극적이었다. Zachary B. Aoki, *Will the Soviet Union and the People's Republic of China Fellow the United States' Adherence to the Berne Convention?*, 13 B. C. Int'l & Comp. L. Rev. 207, 217 (1990).
104. Roit, 앞의 논문(주 99), 56면.

2. 철학적 고찰

재산권이라는 제도는 개인 간의 권리와 의무를 발생시키는 법률관계를 형성한다. 재산권은 채권·채무와 같이 대인적對人的 권리가 아니라 대물적對物的 또는 대세적對世的 권리이기 때문에 어떤 재산권이 창설되면 권리자를 제외한 모든 사람은 의무자가 된다. 따라서 전통적으로 인정되어온 재산권을 확인하거나 새로운 재산권을 만드는 데는 사회적 합의가 필요하다. 이러한 사회적 합의를 이끌어내기 위한 정당화 justification 작업은 결코 쉽지 않은 일이다.[105] 그런데 지적재산권을 정당화하기는 더욱 어려운 일이다. 왜냐하면 지적재산권의 대상이 되는 지적창작물은 유형물과 달리 '나의 사용이 타인의 사용을 방해하지 않는' 비배타성이 있을 뿐만 아니라, 권리가 인정됨으로써 생각의 자유로운 흐름에 제한을 가하게 된다는 점에서 일반적 유형물에 대한 소유권과 달리 독점적 재산권을 부여하는 것이 부담스럽기 때문이다.[106]

저작권을 포함한 지적재산권을 정당화하는 철학이론은 크게 자연권 사상과 공리주의 사상으로 나뉘어 있으며, 이론적 대립은 여전히 국내외에서 활발하게 진행되고 있다. 이는 저작권이 다른 재산권보다 비교적 역사가 짧은데도 영역이 나날이 확장됨에 따라 엄청난 저항을 불러일으키는 것과 무관하지 않다. 저작권을 확대하려는 시도는 끊임없는 논쟁을 낳고 있으며, 이는 저작권 정당화이론의 정치精緻함으로 이어지고 있다.[107]

저작권에 관한 두 전통은 18세기에 형성되었다. 사상사적으로 본다면 콩도르세를 중심으로 지식은 객관적인 것이며 기본적으로 사회적 성격을 갖는다고 보는 견해와 디드로Diderot, 영Young, 레싱Lessing, 피히테Fichte를 중심으로 지식은 주관적인 것

---

105. Edwin Hettinger, *Justifying Intellectual Property*, 18 Phil. & Pub. Aff. 31 (1989) 참조.

106. 위 논문, 51면. 헤팅거는 저작물이나 사업상 비밀정보에 대한 지적재산권과 물, 광물 등과 같은 유형물에 대한 소유권을 비교한 후, 무형물인 지적재산에 어떤 종류의 재산권이 인정되어야 하는지를 정하기는 더욱 어려운 일이라고 주장한다.

107. Leaffer, 앞의 책(주 91), 18면 ; Shyamkrishna Balganesh, *Copyright And Free Expression : Analyzing The Convergence of Conflicting Normative Frameworks*, 4 Chi.-Kent J. Intell. Prop. 45 (2004) 참조.

이며 개인의 정신에서 연유하는 불가침의 사유재산이라고 보는 견해, 두 가지로 나누어볼 수 있다.

전자의 객관주의 진영은 공리주의 전통으로 이어졌는데, 아이디어에 대해 자연권을 인정하지 않는다. 표현의 독특한 형식에 대하여 개인에게 법적으로 배타적 권리를 인정하는 것이 정당화될 수 있는 것은 제도가 새로운 아이디어를 생산·전달하는 것을 북돋는 데 가장 최선의 법적 수단이라고 보기 때문이다. 후자의 주관주의 진영은 자연권 전통으로 이어졌는데, 아이디어에 대한 영속적인 재산권을 자연권으로 인정한다. 그러한 권리를 법적으로 인정하는 것은 단지 보편적 자연권을 성문법으로 확인하는 것에 불과하다고 본다.

공리주의 전통에서는 공리주의 철학의 이념과 같이 공공의 이익을 저작권이 추구하는 최고 목적으로 보는 데 반해, 자연권 전통에서는 개별 창작자들의 존엄성과 사유재산의 불가침성을 가장 중요한 법의 원리로 본다.[108]

가. 자연권 전통

종교개혁과 르네상스를 거쳐 형성된 계몽주의 시대로 들어서면서 출판물 수요가 급증한다. 이는 시민계급의 성장과 무관하지 않음을 앞서 설명한 바 있다. 국가와 교회권력이 불온사상을 사전에 단속하기 위한 검열 차원에서 부여한 특권이 해적출판물에 침해당하는 일이 잦다 보니, 특권을 보호하기 위한 이론이 필요하게 된 것은 서구 합리주의의 당연한 귀결인지도 모른다. 특권을 받은 각종 출판인쇄조합과 특권을 받지 못한 해적출판사가 법정 안팎에서 벌인 법리 논쟁은 매우 치열했다. 논쟁 중에 지식의 개념과 목적에 대한 근본적 고민이 제기되었고, 이에 따라 지적창작물의 보호에 대한 철학적·인식론적 해법이 나오기 시작했다.

---

108. Hesse, 앞의 논문(주 23), 61면.

(1) 로크의 노동이론^{Lockean Labor theory}

지적창작물을 재산권으로 보호하는 정당화이론을 논의할 때 제일 먼저 재산권에 철학적 기초를 놓은 로크^{John Locke}의 노동이론으로 출발하는 것은 당연하다.[109] 로크는 사람들이 자신의 육체를 소유하기 때문에 노동의 열매를 자기 것으로 소유하는 것이 정당하다고 생각했다.[110] 사람들은 자신의 생명과 육체를 천부인권의 자연권으로 보유할 권리를 갖기 때문에 손과 발이라는 신체의 일부를 이용한 노동의 결과물은 당연히 그 신체의 주인 것이 되어야 한다고 보는 것이다. 이와 같은 논리에 따르면, 노동으로 생성된 가치는 노동을 투여한 사람의 적법한 소유가 된다는 이론이 가능하다.[111]

오늘날 관점에서 보면 이는 지극히 당연한 것으로, 사유재산권을 정당화하기 위해 굳이 이런 이론까지 필요한가 생각되지만, 로크의 시대에는 당연한 것이 아니었다. 로크와 동시대 사람들에게는 이성의 합리적 발현이 제한되었던 중세적 사고가 여전히 남아 있었다. 그래서 신에게 속하지 않고 개인에게 주어진 자연권으로서 사유재산이라는 개념은 그들에게 익숙하지 않았다.

로크는 원시상태에 있는 재화가 노동력을 투여함에 따라 사유재산으로 변할 수 있다고 보았다. '원시상태'는 로크의 노동이론을 설명하는 데 중요한 단서가 되는 개념인데, 이에 관한 지적재산권 철학이론가 휴즈의 설명을 살펴본다.

> 로크는 원시상태에서 모든 것이 충분하고 다툼이 없어서 사람들이 다른 사람들이 소유하고 있는 재화를 침해하지 않고 자기 노동력의 산물을 가질 수 있다고 주장하였다. 비록 공유에 대한 묘사로 이해될 수 있을지라도, '충분하면서도 양호한 조건 enough and as good condition'이라는 것 또한 인간을 개념적으로 묘사한 것에 불과하다.

---

109. 사유재산제도의 옹호에 관한 로크의 이론은 크레이머의 다음 책에 잘 정리되어 있다. Matthew H. Kramer, 『John Locke and the Origins of Private Property – Philosophical explorations of individualism, community, and equality』, Cambridge University Press, 1997.

110. Alfred C. Yen, *Restoring the Natural Law : Copyright as Labor and Possession*, 51 Ohio St. L.J. 517, 523 (1990) (재인용출처 : John Locke, 「The Second Treatise of Civil Government」, edited by Peter Laslett, 『Two Treatise of Government』, Cambridge University Press, 1988).

111. J. E. Penner, 『The Idea of Property in Law』, Clarendon Press, 1997, 188–189면.

즉, 이러한 조건은 인간의 유한한 능력이 노동을 통하여 각 개인이 얻을 수 있는 재화의 양에 대하여 자연스레 상한선을 부여하기 때문에 가능하다.[112]

로크의 노동이론에 따르면, 노동과 사물의 결합에는 두 가지 의미가 있다. 첫째, 노동은 사물의 가치를 증대시킨다. 노동이 투입되기 전에 가치가 영^{zero}이었다면, 그 사물의 전체 가치는 오로지 노동의 결과라고 할 수 있기 때문이다. 둘째, 노동은 사유私有의 경계표가 된다. 공유자원에 노동을 투여한다는 것은 공유로부터 자신의 것, 즉 사유로 하겠다는 노동력 투여자의 의지 표현이기 때문이다.[113] 여기에서 로크의 노동이론은 다음 세 가지 전제가 필요하다.[114]

① 사람이 정당하게 소유할 수 있는 것은 타인을 위한 공유물이 충분하고도 양호하게 남겨져 있는 경우뿐이다enough and as good provision.[115]
② 사람은 자신의 획득물을 낭비하지 않을 정도로만 소유할 수 있다non-waste provision.
③ 모든 사람이 낭비하지 않는다는 전제하에 이용할 수 있는 만큼 충분한 땅이 지구상에 있다.

휴즈는 로크의 방법론을 '아이디어의 사유화'라고 할 수 있는 지적재산권 또는 저작권의 논의로 끌어오려고 다음과 같은 논의를 전개한다. 첫째, 아이디어를 만들려면 노동이 필요하다. 둘째, 이러한 아이디어는 공유로부터 얻어지는데, 공유자원은 그 아이디어가 제거된다고 해서 가치가 심각하게 줄어들지는 않는다. 셋째, 아이디어는 non-waste 조건을 침해하지 않고 재산권화가 가능하다.[116]

로크의 노동이론은 저작권에 특화된 정당화이론이 아니라 일반적인 재산권론에 관한 이론임에도 특별히 저작권을 정당화하는 데 강력한 근거가 된다.[117] 신체

---

112. Justin Hughes, *The Philosophy of Intellectual Property*, 77 Geo. LJ. 287, 297 (1988).
113. Penner, 앞의 책(주 111), 188-189면.
114. 로크 노동이론의 세 가지 전제는 위의 책, 같은 면.
115. 'enough and as good condition'에 대한 자세한 설명은 다음 논문 참조. Mark F. Grady, *A Positive Economic Theory of the Right of Publicity*, 1 UCLA Ent. L. Rev. 97, 108 (1994).
116. Hughes, 앞의 논문(주 112), 300면.

조직의 일부인 뇌의 활동에 따른 산물이 곧 지적창작물이라고 할 수 있다는 점에서 그 뇌의 주체인 개인에게 그 결과물에 대한 재산권을 부여한다는 논리는 매력적인 정당화이론이 아닐 수 없다. 로크의 노동이론은 지식의 재산권화와 관련하여 이 책의 논의와 밀접하게 관련되어 있으므로, 좀 더 깊이 살펴본다.

로크의 노동이론이 저작권의 정당화이론으로 차용되는 데는 저작권이 기존 질서에 편입되는 과정에서 기득권을 가진 출판인쇄업자와 벌였던 치열한 다툼이 계기가 되었다. 당대 로크의 인식론을 정신노동의 산물인 지식에 적용한 학자로 평가받는 영Edward Young은 개인의 개성이야말로 지식의 성스러운 원천으로서 신을 대신했다고 주장함으로써 지식이 어떻게 해서 사유화될 수 있는가에 관한 로크의 인식론을 지지했다.[118]

로크의 노동이론은 영국뿐만 아니라 프랑스의 저작권철학 이론 형성에도 큰 영향을 미치게 된다. 1726년 프랑스의 법학자 루이 데리쿠르Louis d'Hericourt는 출판특권을 영구히 보장하려면 "정신의 산물은 그 자신의 노동의 열매이므로 그의 의지로 처분할 자유가 있어야 한다"라고 설명함으로써 로크의 이론을 적용했다. 그는 출판특권은 왕이 부여한 은혜이거나 왕이 마음대로 철회할 수 있는 것이 아니라 작가의 노력으로 보장되는 자연권이라고 주장하기에 이른다.[119] 이런 주장은 백과전서파인 디드로가 계승하는데, 디드로는 정신의 산물인 문예물은 경작의 대상인 토지에 비해 사회적 규제의 영향을 덜 받기 때문에 토지보다 더욱더 재산권의 대상이 될 이유가 충분하다고 했다.[120]

로크의 노동이론은 독일에까지 영향을 미친다. 대표적으로 피히테는 노동이론을 발전시키고 적용하는 과정에서 현대 저작권법학에도 타당할 수 있는 탁견을

---

117. Yen, 앞의 논문(주 110), 547면. 한편 노동이론을 저작권에 적용한 것으로는 다음 논문들 참조. Jessica Litman, *Copyright as Mith*, 53 U. Pitt. L. Rev. 235 (1991); Hughes, 앞의 논문(주 112); Justin Huges, *The Personality Interest of Artists and Inventors in Intellectual Property*, 16 Cardozo Arts & Ent. LJ. 81 (1998).

118. 헤세는 영국에서 아이디어에 자연권 사상을 부여하는 데 크게 영향을 끼친 두 논문을 꼽는다면, 로크의 「Second Treatise」(1690)와 영의 「Conjectures on Original Composition」(1759)이라고 했다. Hesse, 앞의 논문(주 23), 58면. 영은 로크에 비하여 덜 알려져 있지만 저작권 정당화이론 형성에 지대한 영향을 미친 학자다. 로크는 일반적인 재산권의 기초는 놓았지만 저작권에 대해서는 적극적으로 논의하지 않았던 데 반해, 영은 로크의 노동이론을 지적창작물에 직접 적용함으로써 크게 기여했다고 한다.

119. Hesse, 앞의 논문(주 23), 58면.

120. 위 논문, 59면.

제시했다. 피히테는 노동이론을 적용하는 과정에서 "정신의 창조물이 재산이라면 그것이 보이지 않는데 이 문제를 어떻게 풀 것인가?"라는 질문을 하게 된다. 이런 질문은 노동이 투여됨으로써 생성된 지식과 아이디어를 재산권으로 정당화하는 데 별다른 의문을 제기하지 않았던 당대 로크 추종자들에 대한 근본적인 회의이자, 지적창작물을 세분화해 재산이 될 수 있는 것과 그럴 수 없는 것을 나눠 보는 놀라운 발견이라고 할 수 있다. 많은 사람이 같은 생각을 공유할 수 있고, 가능한 한 많은 사람이 같은 생각을 서로 구애받지 않고 자유롭게 표현하는 것이 정당하다는 전제하에 피히테는 1791년 에세이 『복제의 불법성에 관한 증거 : 논거와 우화』에서, 중요한 것은 아이디어가 아니라 그것을 표현한 형식이라고 주장했다. 아이디어는 공개되면 모든 사람에게 속한다. 그러나 아이디어를 담는 특별한 형식은 작가의 유일한 재산으로 남는다. 피히테는 보이는 것을 형식으로 보아 재산권으로 보호하고, 보이지 않는 것을 아이디어나 내용으로 보아 공유영역에 두어 모든 사람이 사용하게 하는 것이 타당하다는 견해를 제시했다.[121] 18세기 철학자인 피히테의 지적창작물에 대한 견해는 오늘날 저작권법상 확립된 이론인 '아이디어/표현 이분법idea/expression dichotomy'에 그대로 적용될 수 있다는 점에서 놀라지 않을 수 없다.

이처럼 저작권을 자연권으로 이해하는 노동이론은 로크에서 출발했지만, 디드로, 영, 피히테 등을 거쳐 지적창작물이 개인의 정신에서 연유하는 것으로 불가침의 사유재산이라는 저작권의 정당화이론으로 확고하게 자리매김했다.

한편, 앞서 본 바와 같이 마르크스레닌주의를 기반으로 하는 사회주의, 공산주의 체제에서 지적창작물을 개인적 노동이 아니라 사회적 노동이라는 시각에서 사유재산으로 인정하지 않은 논의도 그 기초를 로크의 노동이론에 두고 있다.[122]

로크의 노동이론은 저작권 철학에 관한 두 가지 전통 중 하나로, 저작권법 태동 단계부터 가장 많이 논의되어온 이론이 분명하다. 저작권법 태동 단계에서 자연권 이론의 중요한 기둥이었던 노동이론은 공리주의 전통에 기반을 둔 성문법상 권리statutory rights에 대해 자연권natural rights으로서 저작권을 더욱 강력한 권리로 자리매김

---

121. 위 같은 면.
122. 앞서의 역사적 고찰 중 '사회주의 전통'(주 96 – 104 해당 면)을 참고하기 바란다.

했으며, 특정 국가에서 성문법으로 정할 수 있는 권리가 아니라 인간 고유의 보편적 권리로 이해함으로써 베른협약 등 국제적 저작권 규범 형성에 크게 기여한 측면이 인정된다.

그러나 노동이론은 공리주의 전통 견지에서 끊임없이 비판을 받아왔다. 서로 다른 전통과 시각에서 비롯된 비판은 그것이 근거한 사상과 철학이 다르기 때문에 일방적으로 평가될 수는 없다. 이 책의 주제와도 밀접하게 관련된 지식 보호 관념 또는 저작권 제도에 대한 우리의 사상적 토대를 구축한다는 의미에서 서구의 대표적 저작권 이론인 노동이론을 비판하고 현재에 적용해보는 것은 의미가 크다고 본다.

노동이론에 대한 당대의 비판 - 칸트

최근 들어 로크의 노동이론이 기본적으로 규범적 지침이 될 수 있느냐에 회의를 품는 시각이 강력히 대두되고 있다.[123] 그런데 논의는 로크의 이론이 태동될 당시로 거슬러 올라가 시작하는 것이 바람직하다. 당시 사회 환경context을 공유한 학자들의 논의를 살펴봄으로써 로크에 대한 비판이 더욱 설득력을 가질 수 있기 때문이다. 여기에 사회 환경을 뛰어넘는 이론 자체에 대한 비판이 이어질 때 비판의 합리성이 담보될 것이다.

그 점에서 로크의 노동이론에 대한 비판과 논의는 당대 철학자 칸트에서 시작하는 것이 타당하다. 원시상태의 재화에 노동을 투여함으로써 산출된 결과물에 재산권이 부여되는 것이 정당하다는 로크의 노동이론에 대해 칸트는 기본적으로 재산권을 얻는 데 노동이 반드시 필요한 것은 아니라고 주장했다. 여기에서 칸트의 철학이론을 오늘날 저작권이론에 성공적으로 접목했다고 평가받는 해멀라이Alice Haemmerli 교수의 말을 들어보자.

사실, 칸트는 예를 들어 토지를 경작하는 것이 토지에 대한 재산권을 획득하는 데 반드시 필요한 것은 아니라는 이유로, 명시적으로 노동이론을 거부하였다. 칸트는

---

123. Jon M. Garon, *Normative Copyright : A Conceptual Framework for Copyright Philosophy and Ethics*, 99 Cornell L. Rev. 1278, 1306 (2003).

노동력을 가해 사물을 변형시킨다는 것은 그 사물이 점유로 들어갔다는 사실의 외부적 표시 그 이상도 이하도 아니라고 말한다.[124]

칸트는 재산 또는 재산권 개념을 노동보다는 인간의 자유에서 찾는다. 재산은 자유에서 나오고 자유는 개성의 핵심이기 때문에 재산은 개성과 불가분하게 연결되어 있다는 점에서 재산 침해를 개성과 자유 침해로 이해한다.[125]

칸트의 저작권에 관한 인식과 생각을 독일의 관념론 관점에서 다시 살펴볼 텐데, 세부적인 면에서 로크의 노동이론에 대해 비판적 태도를 취한 칸트의 이론은 크게 보면 저작권을 자연권으로 이해했다는 점에서 로크의 노동이론과 같이 묶을 수 있다.

노동이론에 대한 당대의 다른 비판 – '사회적 노동'

창작물의 가치가 누구나 일정한 조건 아래 쓸 수 있는 '원시상태의 재화'에 더해진 노동의 가치와 동일하다고 하는 노동이론에서는 그 노동이 개인적인 것임을 전제로 한다. 그런데 노동의 사회적 측면을 중시해 정신노동의 결과물이 개인적 차원의 사유재산권의 대상이 아니라 사회적 성격의 공유 대상이라고 보는 견해가 있다.

프랑스의 철학자이자 수학자인 콩도르세는 로크의 노동이론을 프랑스에서 계승·발전시킨 디드로의 에세이 『Letter on the Book Trade』에 반론을 제기했다. 콩도르세에 따르면, 아이디어의 소유권과 자연물로서 유형물의 소유권은 같을 수 없다고 한다. 문예물이 자연 질서에서 나온 재산이 아니라 사회적 힘social force으로 보호되는 것이니 사회에 근거한 재산이라고 본 것이다. 이에 따르면 문예물에 대한 창작자의 권리는 진정한 권리라기보다는 특권에 지나지 않게 된다.[126] 콩도르세의 생각은 오늘날에도 면면히 이어지고 있다. 한편에서는 공리주의 전통으로 이어지

---

124. Alice Haemmerli, *Whose Who? The Case for a Kantian Right of Publicity*, 49 Duke LJ. 383, 421 (1999) [원전:Immanuel Kant, 『The Philosophy of Law』, (W. Hastie Trans., T. & T. Clark, 1887), 1796, 92면].
125. 위 논문, 418 – 419면.
126. Hesse, 앞의 논문(주 23), 60 – 61면.

기도 하지만, 다른 한편으로는 이른바 '카피레프트' 진영의 논거로 사용될 수 있다. 지적창작물을 특정인의 저작권으로 보호하기보다는 문화적 산물로서 일반 공중의 영역에 속하게 해야 한다는 주장은 콩도르세의 논의에서 근거를 찾을 수도 있기 때문이다. 아이디어의 본질을 사회성에서 찾은 콩도르세의 주장에 따르면 아이디어가 개인적 노력의 산물이 아니라 집단적 경험의 산물이라는 것인데,[127] 이는 오늘날 정보와 지식의 공유를 주장하는 것과 매우 흡사하다.

이 주장을 좀 더 발전시켜보자. 저작물이 창작자의 노동의 산물만은 아니라는 견해가 있다. 인간의 노동과 산물은 불가분의 관계이기 때문에, 인간의 몸과 노동으로 만들어진 산물은 그 인간의 것이어야 한다는 로크의 노동이론은 사유재산을 정당화하는 데 설득력이 매우 크다. 그러나 이런 정당화가 지적재산권 영역에는 그대로 적용될 수 없는 점이 있다. 지적창작물은 무無에서 창조되는 것이 아니라 인간 사이의 사회적 작용에 따라 창조되는 사회적 산물이라는 성격이 있기 때문이다.[128] 이런 점에서 헤팅거는 노동의 산물에 대한 경제적 가치와 노동자에게 부여되는 권리가 당연히 일치하지는 않는다고 주장한다. 헤팅거는 이 주장을 다음과 같이 설명했다.

> 첫째, 시장적 가치는 제품을 생산하는 사람들이 만드는 것이 아니라, 노동의 결과물에 주어지는 것이다. 둘째, 위와 같은 점을 도외시하고 노동의 산물과 그것의 시장 가치를 동일시한다고 하더라도 지적 산물은 최후의 기여자뿐만 아니라 많은 사람이 기여해서 만들어지므로 그 사람들 역시 그 시장적 가치에 권리가 있다.[129]

지적창작물의 사회적 산물성, 문화적 산물성은 헤팅거 외에도 오늘날 많은 저작권법학자가 주장한다. 대표적으로 요크York대학교 쿰베Rosemary Coombe 교수는 지적

---

127. 위 같은 면.
128. Hettinger, 앞의 논문(주 105), 38면. 그래서 헤팅거는 지적재산권에서 생겨난 가치는 모두 그 노동에서 기인했다고 할 수 없다고 한다.
    저작물, 발명, 사업정보의 가치 중 어느 정도가 지적 노동자의 몫으로 돌아가야 할까? 지적 산물이 우리에게 가치가 있다면 저작권, 발견, 발명의 권리는 명백히 인정되어야 한다. 그러나 그 가치가 전부 그와 같은 노동의 산물이라는 데는 동의하지 않는다.
    위 논문, 37면.
129. 위 논문, 38–39면.

재산권이 개인과 세계가 주체와 객체로 나뉘는 이분법을 넘어 문화라는 범주에서 하나로 통합되어야 한다고 주장하면서, 지적재산권을 문화의 공유에 배치되는 개념으로 이해하기도 했다.[130]

한편, 콩도르세에 따르면, 아이디어는 개인의 자연권이 아닌 제도의 사회적 효용에 기반을 둔다고 했는데, 이는 지적재산권에 관한 사회적 효용주의의 출발점이 되기도 했다.[131] 앞서 본 바와 같이 노동을 중시한다는 점에서 공통점이 있는 로크의 노동이론과 마르크시즘을 지적창작물 측면에서 이어지도록 매개 역할을 한 것이 다름 아닌 콩도르세 유流의 사회적 효용주의였다.

오늘날 지식공유에 관한 여러 운동은 다분히 이데올로기적으로 접근하는데, 그 시원을 위와 같이 콩도르세에 두었는지는 의문이다. 한편 지식공유 운동의 철학이론이라 할 콩도르세의 이론이 로크의 노동이론 비판에서 시작되었다는 것은, 저작권에 관한 철학이론과 역사적 접근방식이 얼마나 중요한지 다시 한 번 일깨워준다.

시대의 변화에 따른 노동이론 비판 – 어른 몸에 맞지 않는 아이 옷?

로크의 노동이론이 저작권 정당화이론으로 적합하지 않다는 논거는 몇 가지 더 있다. 지금부터 하는 논의는 어떤 점에서는 시대적 차이를 감안한 것이라 할 수 있다. 즉, 로크가 노동이론을 발표한 때는 타당할 수 있었지만 오늘날에는 보편적으로 적용할 수 없다는 데 비판의 중점을 두겠다는 이야기다.

로크는 노동을 고통으로 이해했다.[132] 노동은 불쾌한 행동, 심지어 어느 정도는 고통스러운 것으로 간주되었다. 이것을 '기피Avoidance'라는 관점에서 이해한다면, 사람들로 하여금 노동을 하게 하려면 노동의 불쾌함을 재산으로 보상해야 한다는 것이 이 이론의 요체다.[133] 그러나 노동은 항상 불쾌한 것만은 아니며, 때로는 유쾌하게 자발적으로 하기도 한다는 점에서 유쾌한 노동으로 창출되는 지적창작물에까지도 기피의 대가로 저작권을 부여하는 노동이론은 현실과 맞지 않아 보인다.[134]

---

130. Rosemary J. Coombe, *Objects of Property and Subjects of Politics : Intellectual Property Laws and Democratic Dialogue*, 69 Tex. L. Rev. 1853, 1857 – 1861 (1991).

131. Hesse, 앞의 논문(주 23), 61면.

132. Hughes, 앞의 논문(주 112), 302면.

133. 위 논문, 303면.

    원시상태의 자연에 노동이 투여됨으로써 재산권이 창설된다는 논의에 따르면 노동의 가치로만 이루어지는 재산의 가치는 노동의 투입량과 비례하거나 적어도 비슷해야 한다. 따라서 정교한 수공이 가해지는 유체물의 경우에는 이와 같은 논리가 어느 정도 설득력을 얻을 수 있다. 그러나 정신노동에 관여하는 창작자의 정신노동의 투입 여하, 투입량과 상관없이 지적창작물의 시장적 가치가 결정되기도 한다는 점에서 노동이론이 지적창작물인 무체재산 영역에서는 강한 설득력을 갖기 어렵다는 비판을 면하기 어렵다. 예를 들어, 많은 노력을 기울이지 않고도 천재적 소질을 발휘해 대단한 창작물을 만들어내는 발명가, 문예창작자 등을 쉽게 떠올릴 수 있다. 나아가 창작행위 또는 그와 유사한 실연행위에 종사하는 각종 예술실연자, 운동선수에게까지 그 영역을 확장해보면 노동이론은 대단히 부자연스럽게 된다. 경제적 가치는 곧 시장에서 소비되는 시장가치라고 할 수 있는데, 노동력 또는 실력이 시장가치나 광고가치를 정하는 결정적 요소가 되지 않는 경우가 많기 때문이다. 연습벌레로 알려진 수많은 운동선수, 연예인이 노력한 보람도 없이 빛을 못 보고 사라진 예는 허다하다. 반면 별달리 노력하지 않았는데도 천부적 재주로 운 좋게 스타 반열에 오른 이들도 적지 않다. 이들의 시장가치, 광고가치를 노동이론으로 설명하기는 쉽지 않다.

    저작권의 이론적 토대로 18세기의 로크 이론을 차용하는 것은 전혀 의미가 없는 것은 아니다. 하지만 18세기와 20세기 또는 21세기는 시대 상황이 매우 다르기 때문에 적용과정에서 지나치게 작위적이라는 비판을 받을 수 있다. 로크 시대에는 자기 노동의 결과를 부당한 권력으로부터 지켜내야만 하는 당위성과 시대적 요청에 따라 사유재산 개념을 확립해야 했다. 그런 시대적 배경에서 볼 때 재산권에 대한 철학적 기반으로서 로크의 이론은 훌륭하다. 그리고 이 이론은 특허법과 저작권법 분야에서 아직도 영향력이 지대하다. 어떤 새로운 권리가 창설될 때, 로크 시대 시민계급이 그러했듯이 일반적으로 수혜자는 힘이 약해서 권리보호의 필요성이 매우 강하게 요청된다. 그러나 창작자가 취하는 대가가 천문학적 규모로 늘어날 때, 그것이 노동력을 투하한 결과로서 그에게만 전적으로 돌려져야 한다는 이론이 여

---

134. 휴즈는 노동을 '불쾌한 노동'과 '유쾌한 노동'으로 나누고, 후자의 노동은 왜 보호되지 않느냐고 노동이론을 비판했다. 위 논문, 305면.

전히 타당할지는 의문이다. 다시 말해, 저작권 개념이 초기에 태동될 때 노동이론은 매우 설득력 있는 이론적 토대가 될 수 있었다. 하지만 저작권이 지나치게 보호됨으로써 오히려 제한할 필요성이 강하게 대두되는 오늘날 노동이론은 '어른에게 어린아이 옷을 입히는 것'과 같이 몸에 맞지 않는 옷일 수도 있다.

그러나 시대적 차이를 감안한 여러 비판을 수용하더라도, 노동이론은 지식 보호에 관한 자연권이론의 중요한 토대를 제공하는 철학이론으로서, 공리주의 전통의 반대 진영에서 여전히 강력한 위치를 차지하고 있다.

(2) 관념론^{Idealism}

노동이론이 주로 영국에서 지식의 사유화 또는 재산권화에 대한 정당화이론으로 발전되었다면, 독일에서는 관념철학에 기반을 둔 이론이 발전되었다. 영미의 판례이론은 주로 노동이론과 인센티브이론, 효율적 배분 이론에 기반을 두었는데,[135] 이는 영국 철학자 로크의 재산권 이론과 벤담^{Jeremy Bentham}의 공리주의에 근거를 두고 있다.[136]

한편, 여기에서 논의할 헤겔, 칸트 같은 독일 관념론^{Idealism} 철학자들의 주장은 미국 학자들 사이에서나 법원판결에서 그다지 환영받지 못했는데, 이는 미국의 국가 기원, 전통과 무관하지 않다. 미국의 판례이론과 학자들의 이론은 다분히 영미계 이론, 즉 노동이론과 효율적 배분 이론, 인센티브이론에 치우쳐 있다.

지식 보호를 정당화하는 철학의 이론적 토대를 무엇으로 하느냐는 결국 선택의 문제로 돌아간다. 모든 이론에 장단점이 있기 때문이다.[137] 따라서 어느 이론이 절대적으로 옳고 다른 이론은 절대적으로 틀렸다고 할 수는 없다. 다만, 상대적 우위

---

135. 지적재산권제도를 보호하는 근거로서 인센티브이론은 주로 미국에서, 인격이론은 주로 미국 외에서 환영받고 있다. Robert P. Merges, Peter S. Menell, Mark A. Lemley, 『Intellectual Property in the New Technological Age』, Wolters Kluwer, 2003, 2면 참조.
136. 미국의 인센티브이론이 벤담의 공리주의에서 나왔다는 것에 대해서는 다음 참조. Steven N. S. Cheung, 「Property Rights and Invention」, edited by Richard O. Zerbe, Jr., 『Research in Law and Economics vol. 8』, JAI Press, 1986, 5-6면.
137. 그런 점에서 휴즈 같은 학자는 로크의 노동이론과 헤겔의 인격이론 중 어느 하나만 취하지 말고 서로 약점을 보완해야 한다고 주장했다. Hughes, 앞의 논문(주 112), 365-366면.

를 말할 수 있을 뿐이다. 그런데 상대적 판단의 잣대는 법제도와 권리가 속하는 그 사회의 문화, 전통, 습속習俗, 정치·경제 제도와 밀접히 관련되어 있다.[138]

아래에서는 대표적으로 헤겔의 인격이론과 최근 들어 재조명되고 있는 칸트의 자유이론을 살펴본다.

(가) 헤겔의 인격이론^{Hegelian Personality theory}

헤겔의 철학이론은 너무나 방대하고 이해하기도 어려워 여기에서 헤겔의 철학 체계 전반을 논하는 것은 부적절하다. 호주 출신의 지적재산권 철학자 드라호스^{Drahos}도 지적재산권 철학에서 헤겔 같은 대사상가를 논하는 것은 존재론, 형이상학, 사회적 이슈 등 현대 사상에 영향을 끼친 그의 사상체계 전반이 아니라 그의 역작에 나타난 재산권 제도에 관한 독특한 설명을 소개하는 것이라고 했을 정도다.[139] 헤겔의 저서 『법철학^{Philosophy of Right}』에서 재산은 매우 중요한 철학적 언어로 다뤄진다.[140]

헤겔은 재산을 사람과 사물의 관계로 설명하는데, 기본적으로 사람은 의지가 있지만 사물은 그렇지 않다는 점에서 사람과 사물을 구분한다.[141] 개인의 의지는 그 개인의 존재와 세계에서 끊임없이 추구하는 실재성과 유효성의 핵심이며, 스스로를 실현하려는 의지의 투쟁이 곧 인격이라고 본다.[142] 따라서 인격은 외부세계를 자기 것이라고 주장함으로써 비로소 그 실체를 드러내는데, 재산(권)은 이와 같은 실현과정의 첫 단계로서 자유의 첫 번째 구현이다.[143] 즉 재산은 개성의 한 부분인 의지[144]의 표현으로, 더 많은 자유행동을 위한 조건이 된다.[145] 따라서 재산은 개인이 세계에서 살아남는 데 필수적인 것으로, 재산을 부인하거나 부정하는 것은 개인

---

138. Haemmerli, 앞의 논문(주 124), 413면.
139. Peter Drahos, 『A Philosophy of Intellectual Property』, Dartmouth Publishing, 1996, 73면.
140. 플라톤은 그의 저서 『Republic』에서 사유재산을 인정하지 않았는데, 헤겔은 이런 플라톤을 비판하고 사유재산제도를 인정하는 법체계를 제시하고 있다. Drahos, 앞의 책(주 139), 77면.
141. Penner, 앞의 책(주 111), 169면.
142. Hughes, 앞의 논문(주 112), 331면.
143. Drahos, 앞의 책(주 139), 76 -77면.
144. 재산으로 되는 의지와 물物, things의 관계에 대해서 헤겔은 다음 세 가지를 제시했다. 물의 점유, 사용, 양도가 그것이다. Eric J. Lubochinski, Comment, *Hegel's Secret : Personality and the Housemark Cases*, 52 Emory LJ. 489, 502 (2003).

의 의지와 자유를 진정으로 박탈하는 것이다.[146]

이와 같이 헤겔에게 재산은 개인이 자신의 독특한 의지를 표현하는 수단으로 기능하는데, 이는 창작자의 개성과 아이덴티티를 보호하는 하나의 수단으로써 지적재산 보호에 닿아 있다.[147]

헤겔의 인격이론 검토

재산(권)을 의지를 지닌 어떤 주체가 아무도 소유하지 않고 의지가 없는 물物을 대상으로 자기를 구현하는 것이라고 정의하는 헤겔의 사상은 공유 상태에서 노동을 투하해 재산이 발생한다고 하는 로크의 노동이론과 크게 다르지 않다. 양자의 이론이 뒤에서 거론하는 공리주의 전통과 대비해 자연권 사상이라는 한 묶음으로 분류되는 것은 그 때문이다.

그러나 노동이론과 인격이론은 지적재산권 중에서도 저작권 영역에서 유의미한 차이를 보인다. 문학과 예술 창작물에서 해당 작품과 창작자의 인격 사이의 연결고리가 매우 강력하다는 점에서 헤겔의 인격이론은 지적재산권 중에서도 인격이 창의적으로 연관된 저작권과 같은 권리를 정당화하는 데 유용하다고 알려져 있다.[148] 헤겔이 말했듯이 '재산은 인격의 구현'이라는 점에서 보면 창작자의 인격과 예술품의 관계를 쉽게 설명할 수 있다. 예를 들어, 시, 소설, 음악 같은 작품은 '인격의 자연적인 저장소'라고 보는 것이다.[149] 반면에 저작권이 아닌 다른 지적재산권으로서 특허권이나 상표권 또는 영업비밀 같은 영역에서는 발명자나 창안자의 인격이 구현되었다고 하기가 곤란하다.

한편 저작물을 인격의 구현이라고 보는 헤겔의 인격이론은 창작물을 인격과 절연해 자유로이 양도하도록 허용함으로써 문화산업을 활성화하고자 하는 정책이나 이런 정책적 고려를 입법에 반영하는 법체계에서는 반가운 이론이 아니다. 헤겔의

---

145. Hughes, 앞의 논문(주 112), 333면. 재산과 인격의 관계는 다음 참조. Merges, 앞의 책(주 135), 7 – 8면. 한편, 크월Kwall은 사유재산에 대해 인간의 존엄성과 '인격의 연장'이라는 관점에서 의견을 제시했는데, 이는 헤겔에서 연유했다. Roberta Rosenthal Kwall, *Fame*, 73 Ind. LJ. 1, 39 (1997).

146. Drahos, 앞의 책(주 139), 77 – 78면.

147. Kwall, 앞의 논문(주 145), 40면.

148. Drahos, 앞의 책(주 139), 74 – 75면.

149. 위의 책, 79 – 80면.

인격이론이 미국에서 환영받지 못하는 이유가 여기에 있다.[150] 반면에 독일이나 프랑스에서 저작권을 논의할 때는 헤겔의 인격이론이 깊이 들어와 있다. 특히 독일 저작권법에서 저작재산권의 양도를 허용하지 않는 것은[151] 알고 보면 헤겔의 인격이론이 투영된 산물이라고 이해할 수 있다.

저작물을 노동의 산물로서 인격과 단절되었다고 보는 로크의 노동이론보다는 인격의 연장선상에서 창작자 인격의 산물이라고 보는 헤겔의 인격이론이 표절을 창작자 인격에 대한 침해로 구성하거나 최소한 윤리위반으로 구성하는 데 매우 유용하다.

(나) 칸트의 자유이론[Kantian Freedom-based theory]

칸트는 저작권에 관해 일찍부터 언급한 이례적인 철학자로 꼽힌다. 칸트는 재산권이 인간 개성의 핵심인 자유에서 출발한다고 보았다. 그리고 저작권이라는 개념이 작가의 권리보다는 출판인쇄업자의 특권 보호에 중점이 두어지던 당시 상황에서 저작자의 권리가 무엇이고 왜 보호해야 하는지를 분석했다.[152]

칸트는 구체적으로 문예물의 보호를 역설했는데, 대표적 문예물인 책[book]은 '유형의 책'과 '다른 사람에게 전해지는 강연'으로 나누어볼 수 있다고 했다.[153] 칸트에 따르면 책에는 '저술이나 강연의 일부분'으로서의 책과 '강연을 유포하기 위한 수단'으로서의 책, 두 가지가 있는데, 전자의 책에서 '저자[the author of a book]'라는 개념이, 후자의 책에서 '출판자[the owner of a copy]'라는 개념이 도출된다.[154] 그 당시 저작권이 출판권에서 충분히 분화되기 전이었다는 점을 감안하면 칸트가 저작권과 출판물을

---

150. 미국에서는 저작권 또는 지적재산권을 정당화하는 철학이론에 대한 논의가 매우 활발하다. 그런데 노동이론이나 공리주의 전통에 따른 효율적 배분 이론, 인센티브이론에 비하여 헤겔의 인격이론을 논의하는 학자는 손가락으로 꼽을 정도로 적다. 예컨대 라딘[Margaret Jane Radin], 휴즈[Justin Hughes], 크월[Roberta Rosenthal Kwall], 도거티[F. Jay Dougherty], 버그만[Susanne Bergmann], 테럴과 스미스[Timothy P. Terrel & Jane S. Smith] 등이 있다.

151. 독일 저작권법 제29조.

152. Haemmerli, 앞의 논문(주 124), 418면. 독일 학자 슈탈베르크에 따르면, 칸트의 저작권 정당화 철학이론을 'work-based justification'이라고 하여, 작가의 작품에 기반을 둔 정당화이론이라고 했다. Christian G. Stallberg, *Towards A New Paradigm In Justifying Copyright : An Universalistic Transcendental Approach*, 18 Fordham Intell. Prop. Media & Ent. LJ. 333, 349 (2008).

153. Tom G. Palmer, *Are Patents and Copyrights Morally Justified? The Philosophy of Property Rights and Ideal Objects*, 13 Harv. J.L. & Pub. Pol'y 817, 839 (1990).

154. Larochelle, 앞의 논문(주 50), 123면.

명확히 구분한 것은 놀라운 일이다.

칸트에 따르면, 책은 작가의 주관을 표명하는 지적 측면과 지식 공유라는 상호 주관성을 포함하는 것으로 개별성과 보편성을 아우르는 종합개념인데, 작가의 생각은 출판물로 공표되었어도 그 생각에 대한 소유권은 여전히 작가에게 있다고 보았다.[155] 여기에서 '작가가 그의 생각에 대하여 가지는 소유권'이라 함은 오늘날 저작권 개념과 매우 유사하다.

출판권과의 개념구분이 모호했던 당시에 출판특권과 구별되는 저작권 개념을 명확히 한 칸트의 이론은 나중에 '저작자의 권리$^{author's\ right}$'라는 독일 저작권법과 나아가 대륙법계 저작권법의 뿌리를 구성하게 된다. 이는 영미계의 저작권^{copyright}과 구별되는 개념이다. 자유와 개성에서 출발한 칸트의 재산권 관점에 따르면, 출판업자는 결코 작품의 권리를 갖지 못한다. 왜냐하면 그는 그 근원에 대해서는 여전히 타인이기 때문이다.[156]

이와 같은 칸트의 생각은 피히테에게 계승되었다. 책을 사는 것은 인쇄된 종이를 보여주거나 벽지로 사용하기 위해서가 아니라 지적 내용에 대한 권리를 얻는 것이라고 함으로써, 피히테는 칸트에 이어 무형적 재산권인 저작권 개념을 더욱 정제하게 된다.[157]

저작자의 권리를 강조한 칸트의 생각은 다음에서 보는 바와 같이 자연권적 전통이지만 노동이론에서는 쉽게 친해질 수 없는 오늘날 저작인격권 발전의 토대가 된다. 칸트는 1785년 짧은 에세이 『무단출판에 관한 불법성에 관하여』(원제 : 『Von der Unrechtmässigkeit des Büchernachdrucks』)[158]에서 철학자의 강연을 보호해야 한다고 역설한 바 있는데, 대중에게 행한 강연은 저자와 매우 밀접하게 관련되어 있다는 점에서 저자에게 다음 세 가지 권리가 인정된다고 했다.[159]

첫째, 저자의 동의 없이 대중에게 강연을 공개하는 것을 금지할 권리

---

155. 위 논문, 122면.
156. 위 같은 면.
157. 위 논문, 123면.
158. Immanuel Kant, 『Von der Unrechtmässigkeit des Büchernachdrucks』, Reprint in UFITA 106 (1987), 137 – 144면. 영문명으로 번역하면 『On the Unlawfulness of Unauthorised Printing of Books』이다.
159. J.A.L. Sterling, 『World Copyright Law』, London Sweet & Maxwell, 2003, 1280 – 1281면.

둘째, 작품의 저자성을 청구할 수 있는 권리로서 타인이 이를 행사하려고 할 때 금지할 권리

셋째, 타인이 저작자 허락을 받지 않고 저작자 이름으로 실질적인 변형을 수반한 출판물을 출간하는 것을 금지할 권리

칸트가 언급한 세 가지 권리는 공표, 성명표시, 동일성유지에 관한 저작인격권으로 직결된다. 그중 세 번째 내용은 저자가 자신의 창작물을 '왜곡당하지 않을 권리', '훼손당하지 않을 권리', 그 밖에 '수정당하지 않을 권리'를 말하는데, 이는 저작자에게 부여된 태생적 권리로서 그 자신의 인격에 내재된 것이라고 한다.[160]

이를 칸트 철학의 핵심 언어인 자유와 개성으로 환원하면, 칸트는 저작자의 권리를 인간의 자유, 개성과 밀접하게 연결되어 있다고 봄으로써 불가침의 권리로 파악하기 위해 자유에 근거한 재산권을 침해하는 것은 곧 재산권침해와 같다고 본 것이다.[161]

칸트는 주로 문예저작물을 중심으로 저작자의 권리를 언급했지만, 책의 출판과 예술작품의 창작은 본질적으로 다르다고 보았다. 그 결과 예술품은 예술가의 동의 없이 복제되고 판매될 수 있다고 했다.[162] 예술작품은 물物임에 반해 저자의 강연으로 되어 있는 책은 행위行爲로, 이를 공중에 공개하는 것은 불가양不可讓의 권리라고 이해했기 때문이다.[163] 칸트의 접근방식은 어문저작물을 출판하는 인쇄업자의 권리가 여전히 강해 작가와의 충돌이 심심치 않게 발생했어도 어문저작물 외에 다른 종류의 창작물에서는 저작권 문제가 심각하지 않았던 당시 상황에서는 이해할 수 있지만, 다종·다양한 창작물의 저작권이 논의되는 오늘날에 그대로 적용하기는 어려운 점이 있다. 칸트를 이해할 때 당시 사회문화적 상황을 고려해야 하는데, 위 언급만으로써 칸트나 이에 동조한 헤겔이 조형예술 같은 예술작품의 저작권적 보호를 소홀히 했다고 단정하는 것은 위험하다.

---

160. Drahos, 앞의 책(주 139), 80면.
161. Haemmerli, 앞의 논문(주 124), 419면.
162. 칸트뿐만 아니라 헤겔도 문예물은 보호하지만 조형예술은 거의 보호하지 않아도 좋다는 취지로 주장했다고 한다. Palmer, 앞의 논문(주 153), 839면.
163. Sterling, 앞의 책(주 159), 1280 – 1281면.

중요한 것은 칸트나 헤겔이 논리적 창작물인 강연 같은 어문저작물의 인격적 요소를 강조했다는 점이다. 이러한 칸트의 생각은 이 책의 주제에 적지 않은 시사점을 준다. 어문저작물에서 자유와 개성을 중시하고 인격적 요소를 강조한 칸트의 사상은 특히 오늘날 어문저작물의 표절 논의에 관한 한 여전히 강력하게 영향을 끼치기 때문이다.

나. 공리주의 전통

(1) 공리주의 전통의 수립

자연권 전통이 주로 철학자 간의 논쟁을 거쳐 발전되었다면, 공리주의 전통은 주로 법원의 판례를 중심으로 발전되었다. 공리주의 전통이 수립되는 데 결정적으로 기여한 영국 법원의 두 판례를 살펴본다.

먼저 밀러 판결을 살펴본다.[164] 이 사건은 경쟁관계에 있는 출판사들 사이에 일어났다. 런던에 있는 서적출판조합 소속 출판사 앤드류 밀러Andrew Millar는 스코틀랜드 남쪽 국경 근처의 잉글랜드 지역에서 오랫동안 허가받지 않고 해적출판물을 판매해온 악명 높은 스코틀랜드 출판사 로버트 테일러Robert Taylor를 상대로 소송을 제기했다. 문제의 서적은 톰슨James Thomson의 『The Seasons』라는 시집이었다. 밀러출판사는 1729년 이 책의 저작권을 매입하여 보유하고 있었다.[165] 그런데 테일러출판사는 1763년에 같은 시집을 출간했다. 이때는 당시 발효 중이었던 앤여왕 법상 저작권보호기간 28년이 지난 상태였다. 대법원에 해당하는 영국 상원의 수석재판관 맨스필드Mansfield가 대변한 다수의견은 다분히 로크의 노동이론에 근거하여,[166] 원고(밀러출판사)가 보유하는 보통법상 권리common law right가 성문법상 권리statutory right에

---

164. 주 70.
165. 당시는 출판사의 권리와 저작자의 권리가 혼재되어 copyright라는 용어로 사용되었는데, 정확히 말하면, 'the sole right of printing, publishing and selling'을 의미한다.
166. 원문을 그대로 옮기면 다음과 같다. "it is just, that an author should reap the pecuniary profit of his own ingenuity and labour." 이로써 로크의 노동이론이 이미 다수의견에 깊이 영향을 미치고 있음을 알 수 있다.

제한되지 않는다고 함으로써 앤여왕 법의 적용을 배제했다. 이에 반대의견을 낸 예이츠Yates 재판관은 작품이 출판되면 오로지 성문법상 권리만이 유용하다고 하여 성문법의 우위를 말했으나 결론으로 채택되지 못했다. 앞서 언급한 바와 같이 이 반대의견은 5년 후 도널드슨 판결[167]에서 다수의견이 되었다.[168]

재판에서 이긴 밀러는 1769년 죽기 전에 자신이 가지고 있던 『The Seasons』의 저작권을 런던에 있는 여러 출판사에 팔았다. 그 뒤 밀러 사건 때처럼 같은 책의 해적판이 판매되자 그중 하나인 도널드슨에 판매금지 가처분이 내려졌고, 1772년에는 영구적인 금지명령이 발해졌다. 결과적으로 이 가처분명령은 출판사가 보유한 저작권이 보통법상 권리라는 밀러 판결을 그대로 따른 것이었다. 도널드슨의 불복에 영국 상원은 우여곡절 끝에 성문법인 앤여왕 법이 출판에 관한 보통법상 권리를 폐지하는 것이라는 결론을 내리고 최종적으로 도널드슨에 내려진 금지명령을 파기했다. 성문법상 보호기간이 지났으므로 누구나 쓸 수 있다고 한 이 판결은 영속적 권리로 이해되어온 보통법상 문예저작물에 대한 권리에 종언을 고했다.[169]

도널드슨 판결은 다음 두 가지 점에서 의의가 있다. 첫째, 앤여왕 법의 입법 취지인 '학문과 배움의 장려'라는 공익이 저작권법의 최고 목적이라고 밝혔고, 둘째, 성문법상 권리가 보통법상 권리보다 우위에 있다고 함으로써 공익을 앞세운 공리주의 전통이 개인적 권리를 강조한 자연권 사상의 전통에 앞선다는 것을 확인했다.[170]

저작권의 초기 역사에서 살펴본 바와 같이 중세 이후 몇 세기 동안 특권을 부여받아 출판물 유통에 관한 독점적 이익을 누려온 서적출판조합과 갈등관계에 있던 앤여왕 법은 결국 법원판결의 도움을 받아 기존질서를 새롭게 바꾸는 데 성공하게 된다. 이어서 이 법은 미국을 비롯한 보통법 전통에 따르는 국가에서 저작권법의 모델이 된다.[171]

이와 같이 기존 집단의 기득권을 폐지하고 새로운 권리를 형성하려고 시작된

---

167. 주 71.
168. Seville, 앞의 논문(주 53), 54 – 55면.
169. 위 논문, 55 – 56면.
170. Hesse, 앞의 논문(주 23), 62면.
171. Jackson, 앞의 논문(주 18), 613면. 공리주의와 경제적 정당화economic justification에 치중한 앤여왕 법은 미국 연방헌법의 지적재산권 조항과 조문형식, 내용 면에서 매우 유사하다.

공리주의 전통은 국가적·사회적 공익을 앞세움으로써 자연권을 부인했다. 영미의 공리주의 전통은 개인주의적 권리나 이익보다 집산주의적 이익 또는 공익을 더 중시한 것처럼 보인다. 이는 일반적으로 자연권 전통보다 저작권을 덜 보호하는 것으로 이해될 수 있다. 그런데 오늘날 영미법계 국가가 저작권보호에서 그 밖의 국가보다 훨씬 강력한 태도를 견지하고 있음은 긴 설명이 필요하지 않다.[172] 그와 같은 역전현상은 미국의 지위 변화, 즉 저작물 수입국가에서 수출국가로 변화함으로써 가장 극명하게 나타난다. 본래 공리주의 전통은 국가적·산업적 고려에 상대적으로 유연하다는 측면에서 본다면 위와 같은 역전현상은 역설적이긴 하지만 처음부터 예정되었다고 볼 수도 있다.

영국의 식민지였던 미국은 저작권에서 영국과 같은 공리주의 전통에 있었다고 할 수 있다. 미국 헌법의 지적재산권 조항이나 연방 저작권법은 영국의 앤여왕 법에 절대적으로 영향을 받았다. 미국은 독립한 후에도 한동안 영국에서 불법침해국가라는 오명을 들을 정도로 저작권, 특히 외국저작물 보호에 소홀했으나, 20세기 들어서면서 저작권 보호에 매우 적극적인 나라가 된다. 여기에는 입법과 판례의 역할이 컸으며, 학자들의 이론적 뒷받침이 주효했다. 다음에는 공리주의 전통이 유인이론과 경제이론으로 분화·발전되는 과정을 살펴본다.

(2) 이론의 구체적 전개

공리주의 전통은 공익을 앞세우고 효용을 내세운다는 측면에서 영국의 공리주의 철학자 벤담Jeremy Bentham의 영향을 많이 받았다고 이해되며, 저작권법 분야에서는 구체적으로 경제이론 또는 유인이론으로 발전되어왔다.[173]

경제적 관점에서 법 현상을 논의하는 법경제학의 대가 포스너 교수는 지적재산권을 지지하는 이론으로 경제이론을 본격적으로 제창한 최초의 학자다.[174] 학자에 따라서는 포스너 교수의 이론을 동적인dynamic 것과 정적인static 것으로 나누기도 하

---

172. Hesse, 앞의 논문(주 23), 63면.
173. 공리주의 전통을 'The Utilitarian/Economic Incentive Perspective'라고 부르기도 한다. Merges, 앞의 책(주 135), 10면.
174. Richard A. Posner, 『Economic Analysis of Law』, Wolters Kluwer, 1986.

고,[175] 유인 정당화incentive justification와 경제적 정당화economic justification로 나누기도 한다.[176]

한편, 스탠퍼드 로스쿨의 렘리Lemley 교수는 지적재산권과 관련한 인센티브를 둘로 나누어, 첫째, 새로운 아이디어를 창작하기 위한 인센티브, 둘째, 그것이 창작된 후 그 아이디어를 관리·향상·상업화하기 위한 인센티브로 나누어, 전자를 사전적ex ante 정당화이론, 후자를 사후적ex post 정당화이론이라고 한다.[177]

렘리 교수가 이와 같이 지적재산권의 정당화이론을 사전이론과 사후이론으로 나누어 설명한 것은, 전자는 다소 제한할 필요가 있지만 후자는 기간이나 범위를 제한할 필요가 없다는 점에서 구별의 실익이 있다고 보았기 때문이다. 전자, 즉 새로운 아이디어 창조자의 창작활동을 독려하려고 창작물에 대하여 초경쟁적 가격을 허용하는 것은 위 사전이론에 따른 인센티브로, 때로는 이러한 초경쟁적 가격이 새로운 창작물의 소비를 억제한다는 점에서 필요악에 해당한다. 반면 후자, 즉 아이디어를 유지·향상·상업화하는 데 부여하는 인센티브는 자원의 효율적 배분에 도움을 준다는 점에서 유용하다.[178] 이러한 렘리 교수의 주장은 뒤에서 보는 바와 같이, 다분히 미국적이라서 보호기간이 만료될 예정인 미국의 저작물을 보호하려는 소급입법이라는 오해를 불러일으켰다. 결국 미국이 보호기간을 연장해 저작권산업을 보호하려는 입법 논거로 쓰이는 것 같다.

렘리 교수가 말하는 사후이론에는 뒤에 나오는 효율적 배분 이론의 근거인 '공

---

175. 브룩클린 로스쿨 매도우Madow 교수에 따르면 사유재산권을 옹호하는 경제적 논의에는 두 가지가 있다고 한다.

> 첫째, 포스너가 사유재산권의 '동적dynamic' 혜택이라고 한 것에 기반을 둔 논의로, 투자를 생산적으로 하기 위한 인센티브를 말한다. 이 점에서 사람들은 자신이 뿌린 것을 수확할 수 있다는 보장이 어느 정도 있는 경우에만 땅을 경작하거나 책을 쓸 것이다. 사유재산의 중요한 점은 사람들에게 그와 같은 보장을 해주는 것이다. 둘째, 포스너가 '정적static' 혜택이라고 한 데 기반을 둔 것이다. 여기에서 사유재산은 이미 존재하는 제한된 자원의 효율적 이용을 증진하는 메커니즘이다. 공동재산의 움직일 수 없는 논리는 그것이 과용된다는 것이다. 사유재산은 반대로 자원 이용자가 그들의 행위에 대한 완전한 사회적 비용을 지불해야 한다는 것을 보장한다.

> Michael Madow, *Private Ownership of Public Image : Popular Culture and Publicity Rights*, 81 Cal. L. Rev. 125, 205 (1993).

176. J. Thomas McCarthy, 『The Rights of Publicity and Privacy vol. 1』, West, 2011, §2 : 6, §2 : 7.

177. Mark A. Lemley, Colloquium, *Ex Ante versus Ex Post Justification for Intellectual Property*, 71 U. Chi. Rev. 129, 130 – 131 (2004).

178. 위 같은 면.

유지의 비극' 이론[179]이 포함된다. 사후이론에 따른 인센티브는 아이디어가 창작된 이후라는 점에서는 효율적 배분 이론의 근거가 되기 때문이다.

인센티브이론과 효율적 배분 이론은 노동이론이나 인격이론 같은 자연권 전통의 이론과 달리 미래지향적 이론임이 틀림없다. 즉, 노동이론과 인격이론은 이미 일어난 일을 보상해주거나 치유해주는 구조로 되어 있어 과거지향적 이론이다. 그런데 인센티브이론과 효율적 배분 이론은 사회구성원의 좀 더 많은 복리를 위하여 미래에 대해 제공하는 제도적 성격이 강해서 그야말로 도구적·미래지향적 이론임을 알 수 있다.[180]

이는 벤담의 공리주의, 즉 '최대다수의 최대행복'이라는 이념 아래 하나가 될 수 있다. 이런 이유로 인센티브이론과 효율적 배분 이론을 경제이론이라는 하나의 틀 안에 넣어 살펴본다. 다만, 크게 보아 두 이론은 최대다수의 최대행복이라는 목적을 지향한다는 점에서 공통점이 있지만, 그 목적을 실천하는 수단으로 하나는 창작자에게 경제적 인센티브를 부여하자는 것이고, 다른 하나는 아무나 함부로 쓰지 못하게 하자는 것이므로('인위적 희소성'), 실천적 수단에서는 다른 이론으로 분류할 수 있다.

다음에서는 창작 전후와 관계없이 창작·유지·상업화를 독려하기 위한 인센티브를 줄 필요가 있다는 이론(유인이론)과 경제논리를 적용해 과용되면 공유지의 비극에 빠질 수 있으므로 과용되지 못하게 법적으로 보호해야 한다는 이론(효율적 배분 이론)으로 나누어 설명하고 비판한다.

(가) 유인이론

유인이론(인센티브이론)은 인류의 행복을 증진하기 위한 창작과 발명 또는 그 결과물의 공개를 독려하기 위해 지적재산권을 부여해야 한다는 것이다. 가장 대표적인 공리주의 이론일 뿐 아니라 지식을 보호하기 위한 정당화이론 중 가장 널리 알려져 있다. 발명과 창작을 유인하기 위해 지적재산권을 부여한다는 이론이다. 반대로 이를 보호하지 않을 경우, 즉 경쟁자들이 책이나 영화, 음반을 쉽게 복사해서 쓸

---

179. 뒤의 효율적 배분 이론(주 208 - 223 해당 면)에서 자세히 설명한다.
180. 이 점에서 앞서 거론한 타운센드 교수의 지적(주 94)은 매우 타당하다.

수 있다면, 새로운 창작물을 만들고 발명기술을 개발하는 데 막대한 시간과 노력, 돈을 투자할 인센티브가 없어질 것이라는 점에서 이러한 재난적 결과를 막기 위해 지적재산권을 인정해야 한다고 설명하기도 한다.[181] 이는 미래를 위해·현재를 억압하는 것으로, 즉 미래의 새로운 지적창작물이 나올 수 있도록 현재의 이용을 제한한다는 점에서 역설적 이론이라고 평가되기도 한다.[182]

인센티브이론을 법제도에 구현하는 데 가장 적극적인 나라는 미국이다. 이 이론은 영국의 앤여왕 법 이래 미국 헌법과 사법부에서 공히 최고 가치로 지지해온 것이기도 하다.[183] 인센티브이론을 설명할 때 가장 대표적으로 거론되는 메이저 Mazer 사건에서 미국 연방대법원은 미국 헌법이 연방의회에 특허권과 저작권을 보호하기 위한 입법권을 주는 것은 발명과 저작에 대한 개인의 노력을 독려하기 위한 것이라고 밝혔다. [184]

> 미국 연방헌법에서 연방의회에 특허권과 저작권을 인정하는 입법권한을 부여한 이면의 경제철학은 개인적 이익을 통해 개인의 노력을 북돋는 것이야말로 '과학과 유용한 기술'에서 저자와 발명자의 재능을 통해 공익을 증진할 수 있는 최선의 방법이라는 믿음 때문이다. 창작활동을 위해 쏟은 수많은 날은 그에 상응하는 보상을 받을 가치가 있다.

자연권 사상과의 차이

지식을 보호하는 저작권이 자연권으로서 법률을 별도로 제정하지 않고도 창안자에게 인정된다고 하는 자연권 사상과 달리 인센티브이론은 창작과 그 공개를 독려하기 위해 권리를 부여하는 것이므로, 저작권 또는 지적재산권을 자연권이 아니라 성문법상 권리statutory right로 파악한다. 자연권론에서는 지적재산권을 노동의 산물 또는 인격의 소산으로 보기 때문에 공익으로 제한할 수 없는 신성불가침의 자유

---

181. Hettinger, 앞의 논문(주 105), 47 – 48면.
182. 위 논문, 48면.
183. 미국 헌법은 '과학과 유용한 기술의 진보를 증진하기 위해' 특허와 저작권에 관한 입법권한을 연방의회에 부여하고 있다. 미국 연방헌법 제1조제8항제8호.
184. Mazer v. Stein, 347 U.S. 201, 219 (1954).

라고 본다. 반면에, 인센티브이론에서는 대중의 공적 사용과 창작자의 경제적 보상 사이에서 균형을 잡는 것이 중요하다고 보기 때문에 저작권을 확장할 뿐만 아니라 제한하는 데에도 유용한 도구가 된다.[185] 인센티브이론이 적용된 결과 지적재산권법은 지적재산권을 보호함으로써 창작자와 발명자에게 유인책을 줄 뿐만 아니라, 보호기간 만료나 그 밖의 제한으로 훌륭한 창작물에 대한 대중의 접근을 허용함으로써도 학문과 과학의 진보를 증진할 수 있다는 점에서 양날의 칼이 될 수 있다. 이점에서 인센티브이론은 학문과 과학의 발전을 위해 지적재산권을 보호하기도 하지만, 때로는 보호하지 않거나 적절히 보호하는 정책을 사용할 수도 있는 유연성을 발휘하게 된다.[186] 이는 현재의 창작자를 보호할 것인가, 미래의 창작자들을 보호할 것인가의 문제로 치환될 수 있는데, 미국 연방항소법원의 코진스키Kozinsky 판사는 화이트White 판결의 반대의견dissenting opinion에서 아래와 같은 유명한 판시를 남겼다.

지적재산권을 과도하게 보호하는 것은 덜 보호하는 것과 마찬가지로 해롭다. 창작은 풍부한 공유자원이 없이는 불가능하다.[187] (중략) 지적재산권은 공짜가 아니다. 그것은 일반적으로 미래의 창작자들과 일반 공중의 희생을 부담한다. (중략) 이것이 바로 지적재산권법이 그 소유자를 위해 확보된 것과 일반 공중을 위해 공유로 남겨진 것 사이에서 매우 조심스럽게 균형감을 갖추어야 하는 이유다.[188]

또 다른 연방항소법원의 다음 판시도 같은 취지로 이해할 수 있다.

지적재산권을 과소하게 보호하면 창작을 위한 인센티브를 감퇴시키지만, 과도하게 보호하면 창작을 위한 원재료에 대한 독점을 낳게 된다.[189]

위에서 본 바와 같이 미국 연방항소법원 판결은 인센티브이론이 창작자 보호와

185. Garon, 앞의 논문(주 123), 1306 - 1307면.
186. 위 논문, 1315 - 1316면.
187. White v. Samsung Electronics America, 989 F.2d 1512, 1513 (1993).
188. 위 판결, 1516면.
189. Cardtoons, L.C. v. Major League Baseball Players Ass'n, 95 F.3d 959, 976 (1996).

이용자 보호 사이에서 균형을 이루기 위해 유연한 이론이 될 수 있음을 암시하고 있다.

인센티브이론 비판

인센티브이론은 저작권 정당화이론 중 가장 대표적인 이론인데도 다음과 같은 여러 약점이 있다.

첫째, 창작의 주요 동기를 경제적인 것에서만 찾는 것은 인간의 다양성에 대한 이해부족이라는 비판을 면하기 어렵다. 인간이 창작활동을 하는 것은 경제적 이유도 있지만 자기만족을 위한 경우도 있기 때문이다.[190] 모든 인간이 경제적 인센티브로 동기유발된다고 전제하는 인센티브이론은 인간의 다양성에 대한 이해 부족에서 기인한다는 비판을 받기에 충분하다.

둘째, 사회주의 국가에서는 금전 이외의 명예, 즉 국가공훈 작가·배우·가수 같은 타이틀을 줌으로써 창작을 독려하기도 하므로, 경제적 유인을 강조하는 전형적인 인센티브이론은 이와 같은 비경제적 유인을 설명하기에 충분하지 않다.[191] 일찍이 탈포드가 정확히 잘 지적한 바와 같이 인센티브이론은 특허와 저작권에서 편차가 있다. 특허의 경우 인센티브이론에 따른 정당화이론을 구성하기가 크게 어렵지 않다. 발명기술을 발명자 허락 없이 써버릴 경우 발명 동기가 크게 훼손된다는 것은 어렵지 않게 이해할 수 있기 때문이다. 따라서 특허의 경우 일정한 기간 독점을 허용하는 것은 충분한 선수先手를 갖고 합리적으로 보상받게 하는 것으로, 인센티브

---

190. 예를 들어 샐린저J. D. Salinger는 32세(1951)에 자전적 장편소설 『호밀밭의 파수꾼』을 발표함으로써 미국 뿐만 아니라 전 세계 문단에 널리 알려지게 되었다. 그러나 그는 자신의 명성을 부담스러운 짐으로 여겨 소설을 창작하여 발표하는 것 외에 일절 두문불출하며 사생활을 외부에 노출하지 않았던 것으로 유명하다. Sarah Morrill, 「A Brief Biography of J. D. Salinger」, http://www.mydulllife.com/books/salbio. html (2014.9.10. 방문). 실제로 샐린저는 1986년 자신이 보낸 사신私信을 가지고 전기를 펴낸 작가를 상대로 저작권 침해금지 가처분을 받아내기도 했다. Goldstein, 앞의 책(주 92), 4면.

191. 사회적 유인 또는 사회적 효용에 대해서는 Jeremy Waldron, 「From Authors to Copiers - Individual rights and social values in intellectual property」, edited by David Vaver, 『Intellectual Property Rights』, Routledge, 2006, 128면. 한편, 우리나라는 국제스포츠 경기대회의 좋은 성적을 유인하기 위해 병역면제를 인센티브로 제시하는 경우가 있다. 병역특례도 본문에서 말하는 일종의 비경제적 유인이라고 볼 수 있다. 그러나 우리나라와 같은 징병제 국가에서 프로스포츠 선수에게 주어지는 병역특례는 선수로서의 활동연한을 고려할 때 실질적으로 경제적으로 큰 유인이 된다는 점에서 비경제적 유인이라고 말하는 것이 적절치 않아 보인다.

가 주는 확실한 효용에 대해 이견이 별로 없었다.[192] 특허는 국가와 발명자 간에 경제적 보상제도에 대한 확실한 계약관계가 형성되었다고 할 수 있어, 특허권 보호의 근거에 자연권적 접근이나 도덕적 근거가 특별히 필요하다고 생각되지 않았다.[193] 그러나 저작권의 경우에는 출판시장이 확대됨에 따라 경제적 유인과 보호의 필요성이 커진 것이 사실이지만, 경제적 요인 외에 심미적 요인도 무시할 수 없었다.[194] 표절해서라도 출판하려는 표절자의 경우 표절에 따른 경제적 이익보다 때로는 해당 분야의 권위나 전문성을 선점하고자 하는 유인이 더 크기도 한데, 이 또한 비경제적 유인이라고 할 수 있다. 이처럼 특허권과 달리 저작권은 경제적 유인이론만으로는 부족함을 느낄 수밖에 없는 한계가 있다.

셋째, 인센티브이론은 대단히 미국적인 이론으로, 전 세계적 공감을 불러일으키기에는 부족한 점이 있다. 특히 이 논거에 따라 세계적 규범이 형성될 때는 법적 안정성이 저해될 개연성이 있다. 인센티브이론을 적용한 미국의 법 개정이 구체적으로 미국 내에서 심각하게 법적 안정성을 훼손한다는 이유로 극심한 논쟁에 부딪힌 적이 있다. 기존의 저작권보호기간에 20년을 더한 저작권보호기간연장법(Sonny Bono Copyright Term Extension Act, 이하 'CTEA'와 혼용한다)[195]의 위헌성 여부가 쟁점이 되었을 때, 미국 연방대법원은 소급입법이 아니며 합헌이라고 판결했다.[196] 그런데 이를 지지하는 이들[197]과 반대하는 이들[198] 사이에 심각한 논쟁이 벌어진 것이다. 결과적으로 연방대법원이 위헌이 아니라고 판결하는 과정에서 인센티브이론이 법률적 측면보다는 미국 경제를 위한 정책적 고려 측면에 상당히 치우쳤다는 비판을 받았다. 미국 연방상원의원 해치[Orrin G. Hatch]는 미국 헌법에서 '과학과 유용한 기술의 진보를 증진할 목적'[199]이라고 할 때 그 목적에는 새로운 것을 창작할 인센티브

---

192. 특허의 보호기간이 저작권에 비하여 상대적으로 짧은 것도 이견이 별로 없었던 이유 중 하나였다고 한다.
     Seville, 앞의 논문(주 53), 53 - 54면.
193. 위 논문, 52 - 53면.
194. 위 논문, 53면.
195. 17 U.S.C. §302 (2000).
196. Eldred v. Reno, 239 F.3d 372 (D.C. Cir. 2001), cert. granted sub nom. Eldred v. Ashcroft, 534 U.S.
     1126 (2002), and amended by 534 U.S. 1160 (2002).
197. 예를 들어, Orrin G. Hatch and Thomas R. Lee (공저 논문), Mark A. Lemley 등이 있다.
198. 예를 들어, Ray Patterson, Paul J. Heald, Suzanna Sherry 등이 있다.
199. 미국 연방헌법 제1조제8항제8호.

외에, 기존에 존재하는 작품을 보존·유포하고 향상할 인센티브를 주기 위한 것도 포함된다고 주장했다.[200] 해치 의원이 이와 같이 주장하게 된 것은, 저작권보호기간이 만료될 무렵 저작권을 보유한 자(출판사 등)의 투자의욕이 줄어드는 것[201]을 막기 위한 고육지책으로 저작권보호기간을 연장해야 할 필요성이 있는데, 이에 대하여 소급적 연장이 아니냐는 비판에 부딪혔기 때문이다.[202] 해치 의원은 저작권보호기간이 끝나갈 무렵 거액을 투자한 경우 저작자에게서 그 저작물을 매입한 출판사들이 투자금액을 회수하기에 시간이 충분하지 않으므로, 보호기간을 연장하지 않으면 보호기간 만료 무렵 저작물 유포를 저해하게 되어 좋지 않다고 주장했다.[203] 그러나 이와 같이 저작권보호기간이 만료될 무렵 투자자를 보호하기 위해 보호기간을 연장해주어야 한다는 논리에 서면, 다시 연장된 보호기간 만료 무렵에 투자한 사람은 어떻게 보호할 것인가 하는 문제가 또 생긴다. 그렇게 하다 보면, 저작권이 물권처럼 영구히 보호되는 결과가 발생할지도 모른다. 또한, 저작권보호기간이 만료될 무렵 투자하는 사람의 경우 저작물의 보호기간이 얼마나 남았는지 알고서 투자하는 것이 상식이며 그 위험은 투자자가 인수하는 것이 맞다. 따라서 보호기간이 얼마 남지 않은 상황에서 거액을 투자한 무책임한 투자자를 보호하기 위해서 소급적용이라는 오명을 쓰면서까지 저작권보호기간을 연장하는 것이 타당한지 의문이다. 이와 같은 비판에 해치 의원도 저작권보호기간연장법을 옹호하는 것은 법률적 문제가 아니라, 미국 경제에 도움을 준다는 점에서 정책 문제라고 실토했을 정도다.[204] 이처럼 저작권보호기간 연장이 법적 문제가 아닌 정책 문제라고 한다면, 미국이 정책적 목적으로 세계 시장을 구성하는 다른 나라에 그 법을 적용하는 과정에서[205] 다른 나라의 상당한 반발을 초래할 수 있다. 해치 의원은 저작권보호기간 만

---

200. Orrin G. Hatch and Thomas R. Lee, *To Promote the Progress of Science : The Copyright Clause and Congress's Power to Extend Copyrights*, 16 Harv. J. Law & Tec. 1, 3 (2002).

201. 위 논문, 16면.

202. Lemley, 앞의 논문(주 177), 133 - 134면.
   의회는, CTEA가 이미 죽은 사람들에게 새로운 작품을 창작하도록 북돋아줄 것이라는 이유로 소급입법을 통해 보호기간을 연장해주는 것을 명백히 정당화할 수 없다.

203. Hatch & Lee, 앞의 논문(주 200), 16면.

204. 위 논문, 6면.

205. 이는 재판관할 문제이기도 하지만 한미 FTA 협상과 같이 국가 간에 적용되는 규범 제정에도 해당되는 것으로, 법 또는 제도의 이식 문제라고 할 것이다.

료를 얼마 남겨놓지 않고 거액을 투자한 투자자를 보호해야 한다고 역설하지만, 이는 세계가 하나의 시장이 되는 현실에 비추어볼 때 타당하지 않다. 예를 들어 디즈니의 캐릭터, 미키마우스의 보호기간이 만료되는 것을 기다렸다가, 즉 그것이 공유자원이 될 때까지 기다렸다가 사업을 시작하려는 기업이 있다면, 이러한 기업의 기대도 법이 보호해줘야 한다. 그런데 저작권보호기간연장법과 같이 갑자기 기존 저작물의 보호기간을 연장하는 법안이 통과됨으로써 그 기업은 예상치 못한 타격을 입는데 현행법의 보호기간을 신뢰하고 사업을 준비해온 이런 기업의 기대는 저버리고 부주의한 기업의 기대는 보호한다면, 법적 안정성을 크게 해치게 되어 부당하다. 이와 같은 논리는 기업 외에 개인 소비자에게도 적용할 수 있다. 즉, 디즈니 캐릭터 소비자인 대중도 – 특히 세계 시장 아래에서는 미국 외에 다른 나라의 소비자들도 이에 해당함 – 미키마우스 캐릭터의 저작권보호기간이 만료되는 것에 이해관계가 있다. 미키마우스 캐릭터 보호기간이 만료되면, 미키마우스를 이용한 각종 제품의 값이 내릴 것이기 때문이다.

넷째, 인센티브이론은 과도한 인센티브로 이 이론이 의도하는 새로운 창작의욕을 고양하기보다는 오히려 감소시키는 역효과가 난다는 지적이 있다. 미국 헌법상 저작권 정당화이론의 대표인 인센티브이론은 발명자나 저작자가 인류 문화를 풍족하게 할 수 있는 아이디어를 혼자만 갖고 있지 말고 적극적으로 밖에 내놓도록 북돋기 위해 인센티브를 주자는 것이다. 그런데 인센티브를 부여하기 위한 장치인 저작권보호기간연장법 같은 것은 새로운 창작과 발명을 촉진하기보다는 기존 창작물과 발명품에 안존하는 현상을 가속화할 여지가 있다. 이는 지적재산권제도의 궁극적 목적인 기술발전, 풍요로운 문화 향유라는 이상에 배치된다. 인센티브 대상을 창작자에서 이를 관리·유포·상품화하는 자에게까지 확대하는 것으로 변질되었기 때문이다.[206]

다섯째, 해치 의원은 이와 같은 보호기간 연장이 최초 창작자의 창작 인센티브를 증진하는 효과도 있다고 한다.[207] 하지만 최초 창작자에 대한 인센티브는 처음

---

206. 렘리 교수가 말하는 사후이론이 이에 해당하는데, 렘리는 새로운 것을 창작하게 하는 인센티브는 오히려 필요악으로 제한해야 하고, 기존에 창작된 것을 관리·유포하고 상업화할 인센티브는 무제한 보호해야 한다고 주장한다. Lemley, 앞의 논문(주 177), 130 – 131면.

207. Hatch & Lee, 앞의 논문(주 200), 20 – 21면 ; Lemley, 앞의 논문(주 177), 134면 중 각주 15.

에 보장된 저작권보호기간으로 충분하다. 그리고 저작권보호기간연장법과 같이 저작권자에게서 저작권을 인수한 업자를 보호하기 위해 기존의 보호기간을 연장하는 것은 소급연장이라는 공격에 대한 방어가 되기에 부족하다.

인센티브이론은 지식을 보호하기 위해 지적재산권을 부여하는 합리적 이론임이 틀림없다. 특히 실정 법률에 따라 보호와 제한이라는 유연성을 발휘할 수 있다는 장점이 있다. 그러나 창작자들의 창작 동기에 대한 다양성을 충분히 담아내지 못하며 경제적 인센티브에 치중되어 있다. 따라서 발명을 보호하는 특허권과 달리 예술적 창작행위를 보호하는 저작권은 경제적 유인만으로 그 권리를 정당화하는 데 어려움이 있다. 무엇보다 미국 연방헌법의 지적재산권 보호조항의 근거가 된 이론으로 미국 저작권산업을 보호하기 위해 저작권보호기간을 연장하는 법률을 제정하고 그에 관한 위헌 논의에서 드러난 바와 같이 세계 시장 관점에서 법적 안정성을 훼손할 수 있다는 비판에서 자유로울 수 없다. 또 부익부빈익빈 현상을 가속화할 뿐만 아니라 결과적으로 자원의 효율적 배분도 저해할 수 있다는 비판이 설득력을 가질 수 있다.

(나) 효율적 배분 이론Efficient Allocation theory

자원을 효율적으로 배분하기 위해서 저작권을 보호할 필요가 있다는 효율적 배분 이론은 법경제학자인 포스너 교수가 본격적으로 주장했다.[208] 사실 포스너 교수 이전에도 희소한 자원을 효율적으로 사용하게 하려면 공유보다는 사유가 더욱 효과적이라고 주장한 학자들이 있었다.[209]

미국 연방법원도 포스너 교수의 이론을 빌려 법적으로 보호하지 않으면 누구나

---

208. William M. Landes and Richard A. Posner, *An Economic Analysis of Copyright Law*, 18 J. Legal Stud. 325 (1989).
209. UCLA 로스쿨의 그레이디Grady 교수에 따르면 뎀세츠Demsetz와 코즈Coase 같은 경제학자들이 그런 주장을 했다고 한다. 특히 코즈의 등대이론은 이 시점에서 눈여겨볼 만한 점이 있다. 과거 영국에서 등대는 사유재산으로 이용자들에게 이용료를 받았다고 한다. 돈을 지불하지 않고 등대를 이용하도록 방치하면 누가 등대를 설치할 인센티브를 갖겠느냐고 반문하는 코즈의 논리를, 저작권이라는 자원을 효율적으로 이용하기 위해 재산권화해야 한다는 논거로 차용하고 있다. Grady, 앞의 논문(주 115), 99 - 100면[원출처:Harold Demsetz, *Toward a Theory of Property Rights*, 57 Am. Econ. Rev. 347, 356 (1966);Ronald H. Coase, *The Lighthouse in Economics*, 17 J.L. & Econ. 357 (1974)].

비용을 지불하지 않고 사용하게 되어 그 가치가 영zero에 가까워지기 때문에 과용過用을 막기 위해서 권리로 보호해줘야 한다고 판결한 예가 있다.[210] 타인의 창작물을 함부로 사용하지 못하게 해야 그 창작물의 효용가치를 올릴 수 있다는 것이다. 이와 같이 인위적으로 과용을 막는다는 점에서 '인위적 희소성artificial scarcity'이라는 개념이 중요하게 되었다.

이 이론은 누구든지 비용을 지불하지 않고 마음대로 사용할 수 있는 공동재산으로 할 경우, 마치 양들이 풀을 뜯어 먹듯 목초지가 황폐해지므로, 이를 사유화해야만 황폐해지지 않고 적절하게 사용할 것이라는 생물학자 하딘Garrett Hardin의 이론에서 출발했다.[211] 이러한 이론은 시카고 로스쿨 포스너와 랜즈William M. Landes 교수의 공저 논문에서 지적재산권의 철학적 기반이론으로 이용되었다.[212]

효율적 배분 이론 검토

효율적 배분 이론은 경제학적 분석의 틀로 법을 이해하는 이른바 포스너 추종자들을 중심으로 하는 시카고학파와 소수 학자들 외에는 미국 내에서도 폭넓은 지지를 받지 못하고 있다. 효율적 배분 이론의 설득력이 떨어지는 것은 저작권이라는 권리의 성격을 제대로 이해하지 못한 데서 기인한 것으로 보인다.

첫째, 저작권을 포함한 지적재산권은 공유지의 비극 이론이 반드시 적용되지는

---

210. Matthews v. Wozencraft, 15 F3d 432, 437‒438 (Fed. Cir. 1994). "상품과 어떤 사람의 신용goodwill을 결합하는 것은 소비자들에게 가치 있는 정보를 전달해준다. 초상을 보호하여 인위적 희소성artificial scarcity 을 조성하지 않는다면 초상은 사용에 따른 한계효용이 영zero에 달할 때까지 상업적으로 활용될 것이다. 예를 들어 유명한 공적 인물의 사진이 상품광고에 무료로 사용될 수 있다면 그 초상의 가치는 사라져버릴 것이다."

211. Lemley, 앞의 논문(주 177), 141면[원출처 ; Garrett Hardin, *The Tragedy of the Commons*, 162 Science 1243 (1968)].

212. 학자에 따라, 효율적 배분 이론의 기본 전제인 자원의 '제한 없는 과용'을 여러 가지 다른 용어로 쓴다. 예를 들어, 랜즈와 포스너는 overuse [William M. Landes and Richard A. Posner, *Indefinitely Renewable Copyright*, 70 U. Chi. L. Rev. 471, 475‒485 (2003)], 렘리는 overgrazing 또는 overexposure [Lemley, 앞의 논문(주 177), 141‒143면], 마글리오카는 overexploitation [Gerard N. Magliocca, *One and Inseparable:Dilution and Infringement in Trademark Law*, 85 Minn. L. Rev. 949, 975‒982 (2001)], 데니콜라는 oversaturation [Robert C. Denicola, *Institutional Publicity Rights:An Analysis of the Merchandising of Famous Trade Symbols*, 62 N.C. L. Rev. 603, 637 (1984)] 등으로 용어를 달리 사용하고 있으나, 각기 예로 든 사안을 설명하기 위한 특유의 영어 수사적 표현으로서 모두 '과용'을 뜻하는 것이다.

않는다.[213] 공유지의 비극 이론은 유체재산에는 적용될 수 있어도 지적재산권 같은 무체재산에는 적용되기 어려운 점이 있기 때문이다. 토지 같은 유체재산과 달리 정신세계 영역인 지적재산 또는 지적창작물에서는 배타적 사용이 있을 수 없어서 "내가 사용하는 것이 네가 사용하는 것을 방해하지 아니한다my use does not interfere with you"라는 것이 가능하다. 이에 대하여 듀크 로스쿨 보일Boyle 교수는 다음과 같은 의견을 제시했다.

> 유체물과 달리 정신적 소산의 경우 일반적으로 비경쟁적 관계non-rival에 있다. 토지의 사용은 상호 배타적이다. 내가 방목하려고 들판을 사용하는 것은 그곳에 옥수수를 재배하려는 사람과 충돌하게 된다. 반면 유전자 지도, MP3 파일, 이미지는 다수가 동시에 사용할 수 있다. 왜냐하면 내가 사용하는 것이 네가 사용하는 것을 방해하지 않기 때문이다. 간단히 말해, 들판이나 어장을 과용하게 된다는 협박은 일반적으로 정보, 기술혁신의 산물에는 통하지 않는다.[214]

과용으로 자원이 황폐해질 것이라는 우려는 유체재산에서는 타당할 수 있어도 무체재산에서는 반드시 타당한 것이 아니다.[215] 이러한 반론은 특히 정보화시대, 인터넷시대에 들어와서는 더욱 설득력이 있다. 인터넷 영역에서는 경우에 따라서 많은 사람이 참여하고 이용하는 것이 오히려 상승효과를 가져온다는 점에서 전통적인 효율적 배분 이론의 공유지 비극 논리는 더욱 설 땅을 잃게 되었다.[216]

둘째, 저작권은 다른 지적재산권에 비해 사회적 산물성 또는 문화적 산물성이 강하다. 저작물은 특허나 상표처럼 특정인의 연구실이나 개인적 공간에서 혼자만

---

213. 15세기 영국에서 공유지에 울타리를 쳐서 사유재산으로 만들었던 사회현상을 인클로저Enclosure 운동이라 한다. 지식을 지적재산권으로 보호하는 것을 정신세계에 있는 보이지 않는 공유물에 대한 인클로저 운동으로 비유한 학자가 있다. James Boyle, *The Second Enclosure Movement and the Construction of the Public Domain*, 66–SPG Law & Contemp. Probs. 33, 36–40 (2003). 보일 교수에 따르면, 지적재산권에서 하딘이 언급한 공유지의 비극은 발생하지 않았고, 오히려 공유지는 더욱 잘 경영되었다고 한다. 같은 논문, 36면.

214. 위 논문, 41–42면.

215. Carol M. Rose, *The Public Domain : Romans, Roads, and Romantic Creators : Traditions of Public Property in the Information Age*, 66 Law & Contemp. 89, 90 (2003).

216. Boyle, 앞의 논문(주 213), 62–66면 ; Rose, 앞의 논문(주 215), 100–102면.

의 노력으로 만들어지기보다는 사회·문화 구성원과의 상호관계 속에서 만들어져 그 사회와 문화의 일부로 기능하는 경우가 많다. 따라서 다른 지적재산권처럼 창작자에게 전유^{專有}하도록 허용해줄 필요성 또는 당위성이 작다. 그러므로 대중이 그것을 과용하더라도, 다른 지적재산권과 달리 저작물을 만든 창작자만 희생한다고 단정하기 어렵다. 대중(소비자)이 문화적 산물인 저작물이 탄생되고 그 가치가 증대되는 데 기여한 자신의 몫을 사용했다고 볼 수 있기 때문이다.

셋째, 효율적 배분 이론으로도 그것이 추구하는 효율성을 달성할 수 없는 경우가 있다. 즉, 권리성을 인정하여 사유화를 허락하고 독점적 사용을 보장해주면 효율적 배분 이론이 추구하는 효율성이 좋아질까? 반드시 그렇지는 않다. 저작권을 지나치게 보호하면 오히려 생산성과 경쟁성을 저해하게 되어 결과적으로 본래 추구하려고 했던 효율성을 놓칠 수 있다. 이는 앞서 인센티브이론에서 인센티브가 특히 창작자에 대한 것이 아니라 지적재산권을 관리하고 유포하며 상업화하는 자를 위한 것이라고 할 때, 인센티브를 지나치게 강조하다 보면 오히려 기존에 보호되는 지적재산권에 안존해 새로운 것을 창작할 유인을 없앰으로써, 새로운 창작을 독려하기 위한 인센티브이론 본연의 가치를 잃게 된다는 비판과 일맥상통한다.

넷째, 효율적 배분 이론은 경험적 증거가 부족하다는 비판을 받고 있다. 사실 효율적 배분 이론에는 이 이론에 친숙하지 않은 법률가들이 넘어야 할 가정이 많다.[217] 법경제학이 현실의 법률문제를 정확히 파악하지 못했다는 비판은 포스너학파의 여러 시도와 반론에도 그것들이 현실적으로 검증된 적이 없다는 이유로 여전

---

217. 포스너학파와 포스너에 반대하는 학파 간의 지적재산권 논쟁은 다음 논문들 참조. Richard A. Posner, 『The Economics of Justice』, Harvard University Press, 1981 ; Cheung, 앞의 논문(주 136) ; George L. Priest, 「What Economic can Tell Lawyers about Intellectual Property : Comment on Cheung」, edited by Richard O. Zerbe, Jr., 『Research in Law and Economics vol. 8』, JAI Press, 1986 ; Michael I. Krauss, *Property, Monopoly, and Intellectual Rights*, 12 Hamline L. Rev. 305 (1989) ; Tom G. Palmer, *Intellectual Property : A non -Posnerian Law and Economics Approach*, 12 Hamline L. Rev. 261 (1989) ; Charles Fried, *Privacy : Economics and Ethics A Comment on Posner*, 12 Ga. L. Rev. 423 (1978) ; Richard A. Epstein, *Privacy, Property Rights, and Misrepresentations*, 12 Ga. L. Rev. 455 (1978) ; C. Edwin Baker, *Posner's Privacy Mystery and the Failure of Economic Analysis of Law*, 12 Ga. L. Rev. 475 (1978) ; Anthony D'Amato, Comment : *Professor Posner's Lecture on Privacy*, 12 Ga. L. Rev. 497 (1978) ; Paul H. Rubin, *Government and Privacy:A Comment on The Right of Privacy*, 12 Ga. L. Rev. 505 (1978) ; Emile Karafiol, *The Right to Privacy and the Sidis Case*, 12 Ga. L. Rev. 513 (1978).

히 유효하다. 이 점에서 효율적 배분 이론이 설득력을 가지려면 더욱 강한 구체적 증거가 필요하다.[218] 일반적으로 법경제학이 형법이나 환경법 같은 법영역에서는 제도 도입에 따른 범죄 증감, 오염 증감 등을 계량화해 제시할 수 있어 분석의 틀이 비교적 설득력이 있을지도 모른다. 하지만 지적재산권 분야에서는 결과물인 사회 복리의 증감을 계량화해 제시하는 것이 어렵기 때문에 설득력이 약한 것이 사실이다.[219] 더 나아가, 특허권과 같이 기술발전에 직간접적으로 기여하는 지적재산권은 그나마 새로운 발명으로 증가되는 사회복리가 산업과 기술의 진보라는 측면에서 어느 정도 계량화가 가능하다.[220] 하지만 저작권의 경우 결과물로서 사회복리는 문화향상, 개인욕구의 충족 같은 주관적인 것이어서 계량화하기가 더욱 어렵다. 이와 같이 사회적 산물성, 문화적 산물성이 강한 저작권에서는 효율적 배분 이론이 그 근거이론이 되기에는 무리가 많다.

끝으로, 효율적 배분 이론은 지나치게 미국 산업정책에 기울어진 이론으로, 미국의 저작권산업을 보호하기 위해 만들어진 작위적 논리라는 비판이 있다. 랜즈와 포스너 교수는 2003년에 공동으로 저술한 논문에서 과용을 막기 위해 저작권도 상표권과 마찬가지로 10년씩 무제한으로 연장하여 보호해야 한다고 주장하면서, 저작권은 상표권과 마찬가지로 감가상각되어 평균수명이 15년 정도일 것이므로 무제한 연장해도 큰 문제는 없을 것이라고 했다.[221] 갱신율은 갱신비용과 밀접하게 관련되어 있는데, 상표권 갱신비용이 300달러로 저작권 갱신비용 45달러에 비하여 많고, 상표권의 평균 경제수명이 저작권보다 15% 더 길다는 점에서 갱신비용과 평균 경제수명이 매우 밀접한 상관관계가 있다고 주장했다.[222] 이런 전제 아래 저작권도 상표권에서와 같이 보호기간을 무제한 갱신·연장해주더라도 공유로 사용할 수 있는 부분이 황폐해지지는 않을 것이라고 했다.[223] 그러나 저작권은 이미 초기 보호기간이 상표권보다 길지만 상표권과 마찬가지로 갱신해서 보호하더라도 평균

218. Hughes, 앞의 논문(주 117), 180면.
219. Priest, 앞의 논문(주 217), 22면.
220. 청Cheung이라는 학자는 주로 특허제도를 들어서 포스너학파를 비판했는데, 이에 대해서는 Cheung, 앞의 논문(주 136), 6-15면 참조.
221. Landes & Posner, 앞의 논문(주 212), 475면.
222. 위 논문, 517면.
223. 위 같은 면.

수명, 투자가치, 감가상각기간 등의 요소로 과도한 보호가 문제 되지 않는다는 논리는 권리자 처지에서 상표권의 장점만 받아들여 무제한 연장하겠다는 것과 다름 없다. 따라서 미국 저작권산업을 보호하기 위한 편파적인 제도라는 비판을 받기에 충분하다. 10년씩 연장됨으로써 벌어들이게 되는 이익이 수백, 수천만 달러가 될 수 있는 마당에 몇십, 몇백 달러인 갱신비용이 상표권자나 저작권자의 갱신 여부라는 행동양식을 결정한다고 보는 것은 지나치게 단순한 판단이다.

효율적 배분 이론이 저작권 외에 다른 지적재산권 분야에서는 타당할지 몰라도 저작권의 여러 특징 때문에 저작권 정당화이론으로는 적합하지 않은 점이 있다. 또 이론 자체에서 논리적 모순이 발견되기도 한다. 즉 포스너학파의 주장처럼 그것이 시장의 상품으로서 가치가 있는 한 저작권을 상표처럼 기간을 무제한으로 연장해 보호하게 되면, 경제학적 관점에서 볼 때 너무나 많은 저작물의 가치가 시장에 공급되어 오히려 그 가격을 떨어뜨릴지 모른다. 업자들로서는 짧게 보면 그들이 보유한 저작권의 보호기간이 늘어나 좋을지 모르지만, 길게 보면 수익성 악화를 초래해 오히려 공유지의 비극을 넘어 문화의 황폐화라는 비극이 올 수도 있다. 이는 결과적으로 미국 저작권산업의 경쟁력을 떨어뜨릴 수도 있다.

다. 정리

유럽을 중심으로 하는 서구세계에서는 중세시대를 마감하고 인간과 개인의 개성을 중시하는 사상의 흐름이 자연스럽게 창작적 지식에 대한 보호로 연결되었다. 그 출발은 출판특권에서 시작되었지만 곧이어 저술가에 대한 권리부여 형태로 발전된다. 이 과정에서 저작권이라는 이전에 없던 권리가 등장하는데, 이를 법률이 없어도 인정되는 자연권으로 보는 시각과 법률이 있어야 비로소 창설되는 성문법상 권리로 보는 시각으로 갈라져 각기 대륙법계와 보통법계 국가의 전통으로 계승된다.

III

동양적 전통 - 윤리적 틀(표절)

서양에서는 재산권을 부여하는 방식으로 지식을 보호해왔기 때문에 기존에 없던 권리·의무 관계를 낳는 새로운 재산권의 정당화이론, 즉 철학이론이 필요했다. 누군가에게 배타적 권리를 부여한다는 것은 그 사람을 제외한 다른 사람들이 의무를 부담한다는 것을 의미한다. 게다가 그 의무를 위반할 경우 강제력이 따르는 법적 책임이 부과된다면, 그와 같은 새로운 제도를 만들 때는 심각한 저항이 따르게 마련이므로, 그 저항을 상쇄하기 위한 이론이 필요하게 된다. 이 점에서 재산권을 부여하는 방식으로 지식을 보호해온 서양에서는 이에 관한 정당화이론이 철학 논의로 발전되었다.

반면에 지식에 대한 특정인의 재산권 관념이 발전되지 않고 선대에서 후대로 전승되는 것으로 이해한 유학사상을 공통된 사상적 기반으로 하는 문화권(동양)에서는 재산권에 관한 정당화이론이 필요하지 않았다. 그러나 지식을 재산으로 보호하지는 않았지만 타인의 지식을 함부로 제 것인 양 가져다 쓰는 것을 용인하는 문화는 아니었다. 이것이 가능할 수 있었던 것은 재산 또는 재산권이 아닌 윤리로 규율되었기 때문이다. 개인 대 개인의 관계를 권리와 의무로 규율하는 것이 아니라 개인을 넘는 사회 규범으로서 학문윤리 또는 글쓰기윤리 형태로 발전시켜온 것이다. 타인의 지식이 보호되는 결과는 같지만 타인의 지식 보호를 겨냥했다기보다는 윤리가 가져다준 산물이라는 점에서 차이가 있다.

윤리로 규율되는 문화에서는 윤리를 정당화하는 이론이, 새로운 권리 또는 재산권을 창설하기 위해 철학적 정당화이론이 필요한 경우보다 훨씬 덜 발전되기 마련이다. 이는 갑자기 새로운 배타적 권리를 만드는 것이 아니라 오랜 기간에 걸쳐 축적되었기에 정당화이론을 만드는 것이 오히려 새삼스러울 수 있기 때문이다. 예를 들어 효孝에 관한 실천윤리와 별개로 이를 철학적으로 정당화하는 이론이 상대적으로 덜 주목받는 것과 같다. 유교문화권에서 효는 거의 선험적으로 주어진 고정 상수常數로 이해되기도 한다.

이런 이유로 윤리적 전통으로 발전되어온 동양의 지식 보호 전통은 재산권 전통으로 발전되어온 서양과 달리 따로 철학적 고찰을 하지 않고, 대표적 유교문화권에 속한 중국, 일본, 우리나라의 지식 보호 전통을 살피는 것으로 대신하고자 한다.

1. 유교문화권의 공통 배경

서구 전통과 달리 중국을 비롯한 일본과 우리나라는 대개 외부, 즉 서방세계의 압력으로 저작권법을 채택한 전통이 있다고 이해된다.[224] 다시 말해 저작권 제도가 사회의 필요에 따라 만들어진 것이 아니라 외부적 요인에 따라 이식되었다고 보는 것이다. 저작권 제도가 오랜 기간에 걸쳐 탄생한 서구와 달리 외부에서 이식된 나라에서는 이 제도가 정착하는 과정에서 갈등과 충돌이 심각했다. 이식된 제도라는 것 말고도 압축된 시간에 들어옴으로써 법과 현실의 괴리가 컸기 때문이다.

그러나 저작권이라는 이질적 제도가 외부에서 이식되었다는 것으로 곧 유교문화권 국가들에서 지식 보호 전통이 없었다고 단정하는 것은 타당하지 않을 뿐 아니라 위험하기까지 하다. 역사가 오래된 동양에서도 재산권 형태의 서구적 저작권은 아니더라도 지식 또는 창작물을 보호하는 인식이 분명히 있었다. 이를 서구적 저작권 시각에서 본다면, 최소한 저작권을 지지하는 것이건 저작권에 배치되는 것이건

---

224. Jackson, 앞의 논문(주 18), 607면.

이에 관한 논의가 있었던 것은 분명하다.

지식 보호 전통과는 다른 차원에서, 저작권 제도와 의식의 부재를 넘어 이를 부정하는 전통은 오늘날 우리의 저작권 의식을 조명하고 제도화하는 데 극복해야 할 문제이기도 하지만 저작권보호와 공정한 이용 사이에서 적정한 균형점을 모색하는 데 대단히 중요한 요소로 작용하기도 한다.

중국의 지식 사유화 또는 저작권에 관한 부정적 견해는 다분히 유교적 전통에 기반을 둔 것으로 이해된다. 구체적으로는 유학사상에서 지식 보호 관념을 도출하려는 시도가 있다. 중국에서 발원한 유학사상이 우리나라의 성리학에도 면면히 이어졌기 때문에 위와 같은 시도는 우리나라의 지식 보호 전통을 이해하는 데 도움이 많이 된다. 특히 이런 사상적 연원이 조선후기 실학사상에 와서 어떤 변화를 보이는지 살펴보면 우리나라와 중국의 차이를 발견할 수 있어서 연구가 더욱 흥미로워진다.

중국 못지않게 전통적으로 우리나라와 교류가 많았던 일본 역시 크게 보아 유교문화권 국가라고 할 수 있다. 일본의 경우 서구 제도인 저작권이 이식되는 과정에서 중국이나 우리나라보다 갈등적 요소가 상대적으로 적었던 이유가 무엇인지를 살펴보는 것도 우리의 인식을 이해하는 데 간접적으로 도움이 될 것이다. 일본의 경우 중국이나 우리나라보다는 상대적으로 서구 자본주의의 역사적 발전과정(봉건제와 자본의 축적단계)에 유사한 역사적 경험이 있다. 이 과정에서 서구와 같은 저작권 역사가 있는지 살펴보는 것 또한 흥미로운 대목이다.

2. 중국

지적재산권 또는 저작권에 관한 동양적 전통뿐만 아니라, 일반적 지식 보호에 관한 유교문화권의 전통을 다룬 국내 연구는 찾아보기 어렵다. 이는 대체로 저작권이라는 제도가 식민지 시대 일본을 통해 들어오거나 해방 후 주로 미국에 의해 제도화되었다고 보는 견지에서, 저작권 제도의 역사를 서양적 전통 중심으로 이해하거나 우리나라의 경우에는 저작권법이 제정된 이후로 제한하기 때문으로 보인다. 그러나 저작권 또는 지식 보호 관념은 문화를 대상으로 하는 것으로, 비슷한 문화적 경험을 공유하는 문화권 내에서는 이에 관한 의식도 비슷하게 발전한다. 따라서 우리와 지리적으로 인접한 중국의 지식 또는 지적창작물 보호 전통을 살펴보는 것은 의미가 있다.

중국의 지적재산권 전통 또는 지식 보호에 관한 의식을 찾아볼 만한 자료는 많지 않다. 다만, 최근 들어 서구의 저작권 관점에서 중국의 전통을 조명한 중국 학자의 논문과 중국 밖에서 중국의 지적재산권 관념을 연구한 미국 학자의 저술 몇몇이 눈에 띈다.[225] 저자의 국적에는 차이가 있지만, 저작권이라는 제도가 다분히 서양의 것임을 전제로 중국에 이런 제도와 관련한 의식이 있었는지를 살펴본다는 점에서는 공통된다.

기원전 5세기경에 활동한 공자도 자신은 지식의 창조자라기보다는 전달자라고 했다. 중국의 위대한 사상가들은 새로운 것을 발견하거나 주장하는 것보다는, 과거 성현들의 지혜 또는 지식을 해석하는 능력으로 평가받았다. 지혜는 과거에서 나오는 것이기 때문에 학자들의 소임은 그것을 발굴해내고 보존하여 전달하는 것이라 본 것이다.[226] 학자들은 당대의 평가와 후세에게서 받을 존경을 보상으로 생각했다.

크고 작은 변화가 전혀 없었던 것은 아니지만 서구와 비교해볼 때, 지식에 관한 관념은 큰 파동 없이 이어져왔다. 진시황의 분서갱유焚書坑儒 사건을 비롯하여, 시대별로 정치적 이유에 따라 금서명령을 내리거나 지식의 유포와 유통을 제재하는 경우가 있었는데,[227] 이는 서구에서 중세시대 교회권력의 이단에 대한 단속과 세속권력의 특권 부여에 따른 사상단속과 크게 다르지 않다.

이색적으로 상형문자인 한자漢字의 특성에서 지식 공유 의식의 근거를 찾기도 한다.[228] 중국에서는 어떤 독특한 표현을 자기 것으로 여기는 풍토가 미약했는데, 이것은 한자라는 문자의 특성에서 연유한다. 중국 문화의 시원인 한자는 자연의 형

---

225. 대표적 저술은 다음과 같다. 吳漢東,「關于中國著作權法觀念的歷史思考」, 法商研究－中南政法學院學報, 1995年 第3期, 44－49면;Alford, 앞의 책(주 18);Ocko, 앞의 논문(주 18);Aoki, 앞의 논문(주 103).
226. Alford, 앞의 책(주 18), 25면.
227. 당나라(618~907) 때 왕권을 지키기 위해 서적의 자유로운 유통을 금지하는 법이 있었는데, 대표적인 것이 835년 사적인 역서曆書 출판을 금지하는 황제의 칙서다. 송나라(960~1179) 때는 인쇄산업을 규제하여 정부가 허가한 인쇄공장에서만 출판할 수 있도록 했다. Hesse, 앞의 논문(주 23), 54면.
228. Alford, 앞의 책(주 18), 25－29면.

상을 본뜬 상형문자로 오랜 기간에 걸쳐 만들어졌으며 지혜와 지식의 보고라고 할 수 있다. 중국의 사상과 문화가 한자라는 문자에 응축되어 있다는 점에서 지식을 특정인의 것으로 보호한다는 것은 상정하기 어려운 일이다. 그 점에서 중국에서는 어떤 사람도 지식을 독점하겠다고 주장하여 타인의 사용을 방해할 수 없었으며, 거래 대상이 되었던 것은 하찮은 잉크와 종이 그리고 책이었을 뿐, 책 속에 들어 있는 생각과 표현은 결코 소유대상이 되지 않았다고 한 헤세의 지적은 정확하다.[229]

중국의 출판문화는 서양에 결코 뒤지지 않는다. 종이가 서양에서보다 먼저 만들어졌다는 것이 단적인 증거다. 인쇄술의 발전과 출판시장의 확대가 서구의 저작권 제도를 태동시켰다면, 중국에서는 그보다 훨씬 이전에 서적 판매가 활발했다는 점에 주목해야 한다. 중국에서는 11세기에 이미 상당한 수준으로 서적을 거래했다는 근거가 있다. 나아가 이 시기(宋나라)에 번각翻刻 또는 중각重刻을 불허한다는 문건이 발견되기도 하는데,[230] 이는 오늘날 불법 복제 경고문과 유사하게 보인다. 그런데 서구에서와 마찬가지로 출판자의 권익을 보호하는 것일 뿐, 이를 저작권 또는 재산권 개념으로 이해할 수는 없다. 중국의 저작권 제도를 연구해온 중국 학자 오한동吳漢東에 따르면 중국도 서구와 마찬가지로 저작권 개념의 맹아가 출판자의 권리였음을 과거 문헌에서 밝혀내고 있다.[231] 종이의 발견과 인쇄술의 발전에서 서양에 비해 결코 열등하지 않고 오히려 앞섰다고 할 수 있는 중국에서 출판문화가 활발히 꽃피우고 출판시장이 성행한 것은 여러 문헌에서 고증된다. 이 과정에서 불법 복제로 출판자 사이에 분쟁이 발생한 것은 앞서 본 영국에서와 다르지 않다.[232] 그러나 영국이나 프랑스와 달리 이것이 곧 출판특권과 저작권법으로 발전되지 않은 것은 경제적인 것보다는 정신적 가치를 더욱 중시하고, 돈보다는 뜻을 세워 출세하는 것을 더욱 높게 본 중국의 전통 관념과 무관하지 않다. 권리의식보다는 의무를 중시하는 전통 의식과도 관련이 있다.[233]

한편, 사회주의 또는 공산주의 체제를 채택하기 훨씬 전부터 중국은 개인보다

---

229. Hesse, 앞의 논문(주 23), 52면.
230. 吳漢東, 앞의 논문(주 225), 46면.
231. 위 같은 면.
232. 위 같은 면.
233. 위 논문, 46-47면.

는 가정과 국가를 중시하는 집산주의적 성향이 강한 사회였다. 서구에서 지식의 보호, 저작권 관념의 탄생이 개인주의 사조의 등장과 관련이 깊다는 점에서 본다면, 중국의 이런 문화는 지식을 보호하기 위한 저작권 제도를 요구하지 않았다고 생각한다.

중국에서도 점성술에 관한 책, 예언서, 역서와 공식적인 공문서, 왕조역사, 공직자가 되기 위한 수험서 같은 것은 정부가 특정인에게 출판을 허락했다는 점에서 서구의 특권 제도와 비슷하다고 할 수 있다. 또 특권을 부여한 목적이 불온사상의 유포를 금지하려는 사전검열에 있었다는 점에서 서구적 전통과 크게 다르지 않다.[234] 그런데 이러한 특권은 유럽에서처럼 재산권으로 발전되지 않았다. 중국의 이런 전통은 서구세계와 본격적으로 교역하기 시작한 18세기까지 지속되었다. 더 정확히 말하면 모든 사유재산을 국유화한 공산주의 혁명 시기까지도 유지되었다.

앞서 러시아 등 사회주의 국가권에서 살펴본 바와 같이 공산주의 체제의 저작권 관념은 노동을 소재로 한다는 점에서 로크의 노동이론과 일정 부분 이념을 같이하며, 노동 중에서도 사회적 노동을 강조하는 콩도르세의 이론과도 유사하다. 지적 창작물을 사회적 산물로 보는 경향이 강한 것인데, 지식의 사유화를 인정하지 않았던 중국의 전통은 이와 같은 사회주의 또는 공산주의의 저작권 관념과도 맥을 같이한다.

이와 같은 지식의 사회성에다가 금전적·경제적 유인이 아닌 국가공훈 등과 같은 비경제적 유인으로 창작을 독려하던 사회주의 전통이 겹치면서 사회주의 체제하의 중국은 지적재산권에 관한 서구의 전통과 좁혀지지 않는 거리를 유지했다. 이러한 관념은 외국 저작물에 대한 의식에서도 차이를 보이지 않았다. 미국 등으로부터 해적 국가라는 오명을 쓸 수밖에 없는 사회문화적 환경이 지속되었기 때문이다. 그러나 중국에 시장경제가 도입되고 자본주의 경제체제가 침투됨에 따라 교역을 피할 수 없게 되자, 중국은 서방세계로부터 지적재산권을 보호하라는 압박을 끊임없이 받게 된다. 대표적으로 미국은 1980년대 후반 중국에 각종 경제적 제재와 최혜국대우 갱신 거절, 세계무역기구WTO 가입반대 등의 압박수단을 동원하여 지적재산권 보호를 강력히 요청하게 되었다. 그 결과 2001년 중국은 143번째로 WTO에

---

234. Alford, 앞의 책(주 18), 13면.

가입했으나 미국의 노력에도 중국의 해외 저작물 침해행위는 줄어들 기미를 보이지 않았다.[235] 최근에는 한류상품에 대한 불법침해물이 범람해 미국뿐만 아니라 우리나라도 중국에 지적재산권 보호를 강력히 요청하는 실정이다. 이는 같은 유교권 국가로서 지식 보호, 지적창작물 보호에 관한 전통을 대부분 공유하고 있는 두 나라가 역사적 행로를 달리하게 된 의미 있는 현상이다.[236]

한편, 위에서는 주로 저작권을 재산권적 측면에서 파악했는데, 정신적 측면에서 보면 중국에도 오래전부터 표절을 금지하고 금기시하는 문화가 있었다. 당나라의 문사 유종원柳宗元, 773~819은 이미 당대 표절剽竊이라는 말을 사용하여 남의 글을 가져다 어울리지 않게 쓴 것을 비판했다.

> 『문자文子』 12편은 노자老子 제자의 책이라고 전해진다. 그 글에는 때로 취할 만한 것
> 이 있는데 주지는 모두 노자의 사상을 근본으로 했다. 그러나 그 책을 살펴보면 대
> 체로 잡되다. 체계와 조리가 있는 부분은 적고 다른 책을 표절하여 더해놓은 부분이
> 많다. 맹자孟子와 관자管子 등 몇 사람 책을 표절한 곳이 보이는데, 우뚝한 다른 부분
> 과는 어울리지 않는다. 그 생각과 문사文辭도 들쭉날쭉 어긋나 맞지 않는다. 남이 보
> 태 놓은 것이 아닌지 알 수 없다. 아니면 다수가 이것저것을 모아 만든 책인가?[237]

남조의 문학비평가 종영鍾嶸은 자신이 지은 『시품詩品』에 시인 보월寶月의 시 「행로난行路難」을 수록하면서, 「행로난」은 본래 시곽柴郭이 지었는데 시곽의 집에 늘 머물러 쉬던 보월이 마침 시곽이 죽자 그의 시를 훔쳐 자기 것으로 삼았다는 것을 밝혔다.[238]

이상에서 든 사례는 오랜 중국 역사에 비해 일단에 불과하지만, 이를 통해 중국

---

235. Peter K. Yu, *From Pirates to Partners (Episode II) : Protecting Intellectual Property in Post - WTO China*, 55 Am. U. L. Rev. 901, 999 - 1000 (2006).
236. Alford, 앞의 책(주 18), 95 - 111면. 앨퍼드에 따르면, 중국과 한국은 같은 유교문화 전통 아래에 있지만, 20세기 중반 이후 서로 다른 길을 걷게 되었다고 한다. 중국은 공산주의 체제를 도입하여 사유재산제도를 폐지함으로써 지적재산권제도에 지속적으로 호의적인 태도를 보이지 않았지만, 대만이 중국과 차별을 보이는 것처럼, 한국도 지적재산권에 관한 한 중국과는 다르게 되었다고 한다.
237. 유종원,『유종원집 1』, 오수형·이석형·홍승직 옮김, 소명출판, 2009, 161면.
238. 吳漢東, 앞의 논문(주 225), 45면. 종영에 따르면, 후에 시곽의 아들은 소송을 제기하려고 했다가 큰돈을 받고 그만두었다고 한다.

에서도 지식을 재산권 또는 저작권으로 보호하려는 인식은 낮았어도 표절을 용인하는 문화는 결코 아니었음을 충분히 알 수 있다.

3. 일본

이 책에서 일본의 전통사상에 나타난 지식 보호에 관한 사상 전반을 논하기는 어렵다. 그 대신, 근대 법 계수繼受 과정에서 우리나라에 적지 않은 영향을 끼친 일본의 저작권법을 중심으로 지식 보호 전통을 살펴보려 한다.

　19세기 말에서 20세기 초 일본을 통해 우리나라에 서구문물이 들어올 때 저작권이라는 개념도 따라 들어왔다. 우리나라 최초의 저작권법인 한국 저작권령이 일제 통감부 법령의 하나로 공포·시행되어 일본 저작권법이 우리나라에서 의용依用되었다. 일본이 우리나라를 병합한 이후에는 일본법이 우리나라에서 그대로 시행되었다는 점에서 우리나라 저작권법 역사를 연구할 때 일본 저작권법사는 반드시 먼저 살펴볼 필요가 있다.[239] 해방 이후에도 우리 저작권법은 상대적으로 다른 나라보다는 일본의 저작권법을 많이 참고했다. 따라서 일본 저작권법의 논의와 판례는 우리나라에 지속적으로 영향을 미쳤다. 특히 같은 유교문화권에 속한 나라로서 근대화를 통해 서구적 가치를 받아들이는 과정에서 기존 질서와 갈등을 유사하게 겪었다는 점에서도 일본의 지식과 저작권 관념은 우리에게 시사하는 바가 크다. 일본의 지식 보호와 저작권의 전통을 살펴보아야 하는 이유가 여기에 있다.

　중세 유럽에서 사상검열 수단으로 무분별한 출판을 금하기 위하여 출판업자에게 독점권을 부여했고 그것이 저작권의 맹아가 되었는데, 일본에서도 이와 유사한 것을 발견할 수 있다. 에도江戸 시대 말기에 교토, 오사카, 에도 세 도시에 중세유럽의 출판길드(조합)와 유사한 본옥중간本屋仲間이 결성되었다. 본옥중간의 본옥을 통하지 않고는 출판이 인정되지 않았다. 본옥중간은 오늘날 저작권침해와 유사한 중판重板,

---

239. 박성호, 『저작권법의 이론과 현실』, 현암사, 2006, 40면.

유판類版의 금지를 신고하고 검열하는 기능을 수행했다.[240] 본옥은 통상 출판과 판매를 담당하면서 그 과정에서 판목板木을 소유했는데 이것을 장판藏版이라고 했다.[241] 판목의 소유자인 본옥이 책을 복제할 권리를 갖지만 본옥은 오늘날로 말하면 출판권자에 해당할 뿐 저작권자와는 구별된다. 장판을 오늘날 창작자에게 부여되는 저작권으로 볼 수는 없다. 다만 유럽에서는 일본의 장판과 유사한 특권이 판결을 거쳐 저자들의 권리로 발전했지만,[242] 일본에서는 그와 같은 역사적 발전을 하지 못했다. 오히려 근대적 의미의 저작권, 즉 창작자에게 부여되는 저작권은 중국, 우리나라와 마찬가지로 외세의 압력으로 도입되었다고 보는 것이 일반적이다.

저작권이 외세에 의해 이식된 제도라는 것 외에 지식 또는 지적창작물에 대한 일본인의 전통적인 의식이나 정서를 추론할 수 있는 자료를 찾기는 쉽지 않다. 일본의 논의도 주로 개항 이후에 집중되는 것은 저작권이라는 제도가 개항이 된 이후 일본의 지식인들이 유럽의 문물을 도입할 때 따라 들어왔기 때문이라고 이해할 수 있다.[243]

개항 이후 일본은 서방세계와 불평등한 협정을 체결했는데, 저작권 관련에도 그 여파가 미쳤다. 구체적으로 1895년 영국, 미국, 이탈리아와 무역관세 협정을 체결하고, 1896년 독일, 프랑스, 네덜란드와 협정을 체결했는데, 이런 협정에 따라 일본은 저작권을 포함한 지적재산권을 보호하는 법을 제정해야 하는 의무를 지게 되었다.[244] 일본이 1899년 저작권법을 제정하고, 같은 해 저작권에 관한 세계 최초의 국제조약인 베른협약에 가입한 것은 위와 같은 서구 국가들과 협정을 맺은 결과라고 할 수 있다.[245] 1886년 베른체제가 시작된 후 무려 100년 이상이 지난 1988년에 비로소 미국이 베른협약에 가입한 것을 보더라도 지적창작물 보호에 관해 서구식으로 합리적 논의 과정을 충실히 거치지 않은 일본이 베른협약에 얼마나 빨리 가입

---

240. 大家重夫,『著作權を確立した人々』, 成文堂, 平成 17, 4–5면.
241. 위 같은 면.
242. 예를 들어 영국의 밀러 판결(주 70), 도널드슨 판결(주 71) 등.
243. 박성호, 앞의 책(주 239), 41–47면. 박성호 교수에 따르면 일본에서 '판권'이란 용어가 사용된 것은 목판 인쇄방식으로 하는 출판물 인쇄에 착안하여 서구의 copyright란 용어를 판권이란 용어로 번역했기 때문이라고 한다. 박 교수는 판권이 저작권이라는 용어로 전환되기까지의 과정을 여러 문헌을 통해 고증했다.
244. Geoffrey R. Scott, *A Comparative View of Copyright as Cultural Property in Japan and the United States*, 20 Temp. Int'l & Comp. LJ. 283, 331 (2006).
245. 위 같은 면.

했는지 알 수 있다. 저작권법 제정과 베른협약 가입 과정에서 일본이 얼마나 외세의 압력을 받았는지 미루어 짐작할 수 있는 대목이다.

한편, 일본은 개항과 함께 서구문물을 수입할 때 미국보다는 주로 유럽을 모델로 삼았는데, 그 영향이 일본 저작권법에도 남아 있다. 일본은 저작권법을 제정할 당시 저작권의 공리주의 전통과 자연권 전통 사이에서 다분히 후자에 가까운 문화적 관점을 중요하게 고려했다.[246] 이는 프랑스와 독일의 법적 전통에 영향을 많이 받았기 때문이다. 근대화 과정에서 일본과 미국의 기본적인 문화적 전통의 차이가 정신적 산물을 보호하는 접근방식의 차이를 가져왔고, 그것이 법제의 차이를 가져왔다. 일본의 저작권법에 저작인격권이 채택된 것은 그 영향이라고 할 수 있다.

물론 일본의 경우 중국이나 우리나라와 달리 위와 같은 외세의 압력 외에 서구문물인 저작권이라는 제도를 자발적으로 도입하기 위해 노력을 기울였다. 대표적으로 구한말 조선의 개화사상가들에게 큰 영향을 끼친 탈아입구脫亞入歐의 주창자 후쿠자와 유키치福澤諭吉가 있다. 그는 유럽의 문물을 수입할 때 저작권 제도를 적극적으로 소개한 인물로서 일본의 초기 저작권법 역사에서 빼놓을 수 없다.[247] 이는 그의 개인적 경험과도 무관하지 않은데, 메이지시대 후쿠자와 유키치 저서의 해적판은 오사카, 교토 등지에서 위판僞版이 20만~25만 부가 나올 정도로 매우 심각하게 성행했다.[248] 후쿠자와 유키치는『서양사정외편권지삼西洋事情外編券之三』이라는 저서에서 서양의 저작권Copyright을 '장판藏版의 면허'로 번역하고 이에 대한 상세한 해설을 덧붙였다. 이 책은 경응慶應 3년『서양여안내西洋旅案內』와『서양사정초편西洋事情初編』의 해적판이 돌자 이에 대하여 추가로 발행한 것이다.[249] 그러나 위와 같이 일본 학자의 저작권에 관한 논의와 노력에도, 19세기 말 일본의 저작권법이 자생적이었다고 말하기는 곤란하다. 그보다는 거센 외세의 압력 때문이었다고 보는 것이 타당하다.

일본은 메이지유신과 제2차 세계대전 이후 서방세계와 경쟁하면서 이들을 능가하고 싶어했다. 일본은 지금 경제 대국으로 성장하여 지적재산권을 다른 아시아 국가들에 비하여 훨씬 강하게 보호하는 나라가 되었다. 비록 지적재산권이 일본의

---

246. 위 논문, 331 – 333, 362면.
247. 위 같은 면.
248. 후쿠자와 유키치의 개인적인 저작권침해에 따른 피해 경험과 저작권보호 주장의 상관관계에 대해서는 다음 문헌 참조. 石井正,『知的財産の歷史と現代』, 發明協會, 2005, 160 – 161면.
249. 大家重夫, 앞의 책(주 240), 2면.

자생적 제도는 아니었지만 서구 제도를 적극적으로 수용함으로써 오늘날 일본을 기술대국, 문화강국으로 만드는 데 크게 기여했다. 예컨대, 특허에서 출원전공개^{出願前公開} 제도가 미국에서는 특허기술이 유출될 수 있다는 점에서 비판받고 있다. 하지만 개인주의보다는 집단주의를 강조하는 일본 문화에서는 오히려 선행^{先行} 발명자와 이용자 간에 상호 라이선싱^{cross licensing}을 체결하는 일이 많다. 이러한 기업문화는 일본 기업의 기술발전을 도모하게 되었다.[250] 산업화 과정에서 기술 선진국과 지적재산권 침해에 따른 분쟁이 벌어지는 것은 피하기 어렵다. 일본도 예외는 아니었는데, 일본은 산업화에 성공한 이후에도 일본 기업 간 또는 일본과 타국 기업 간에 지적재산권 침해로 인한 법적 분쟁에서 판결로 가기보다는 재판에 들어가기 전 또는 재판 중 화해로 종결하는 경우가 많다. 이와 같이 상호 라이선싱 협약^{cross licensing agreement}으로 해결하는 경향의 원인을 분쟁을 피하려는 일본의 문화에서 찾기도 한다.[251]

개인보다는 가족, 집단, 회사를 중시하는 집단주의 성향이 강한 일본 문화와 전통은 유교사상의 영향을 깊이 받았다. 일본에는 오래전부터 개인이 속한 가문, 집단을 배반하는 것에 엄격한 대가가 따르는 문화가 있었다. 일본이 세계적인 기술보유국인데도 영업비밀을 보호하는 법이 1990년에야 비로소 만들어졌다는 것은 이와 무관하지 않다.[252] 물론 1970년 말, 1980년대 이후 이와 같은 집단주의가 일본에서도 급격히 와해되어 평생직장이라는 개념이 이전 세대에 비하여 현저히 약해진 것이 사실이다.[253] 하지만 여전히 일본의 집단주의 문화는 저작권이나 특허권 등 지적재산권에서 개인의 재산권으로서 권리를 철저히 집행하기보다는 상호 라이선싱과 같이 상생하는 문화와 제도로 자리를 잡은 것으로 보인다.

이 점에서 일본은 아직까지 저작권을 사유재산권으로 인식하고 보호하는 정도가 매우 미흡한 중국과 다르다. 개인적 재산권으로 인정되기 시작한 이래 급격하게 보호 강도가 강해져 전통적인 공유정신과 극심한 갈등을 일으키고 있는 우리나

---

250. Dan Rosen and Chikako Usui, *Japan : The Social Structure of Japanese Intellectual Property Law*, 13 UCLA Pac. Basin LJ. 32, 51 (1994) 참조.

251. Scott, 앞의 논문(주 244), 362면.

252. Rosen & Usui, 앞의 논문(주 250), 54면.

253. 위 같은 면.

라와도 다르다. 그러나 19세기 말 개항 이후 중국, 일본, 우리나라의 저작권에 관한 발전양상이 다소 다르다 할지라도 서방세계와 비교하는 큰 틀에서 본다면, 일본은 우리나라와 마찬가지로 한자, 유교식 사회윤리, 불교문화 등에서 중국의 영향을 많이 받았다는 것을 부인하기 어렵다.[254] 저작권이 외세에 의해 이식된 제도라는 점 역시 부인하기 어렵다. 근대화와 산업화 과정에서 대응 태도와 속도는 차이가 있지만, 같은 유교문화권에서 상당 부분 역사와 전통을 공유하고 있다는 점에서 본다면, 지식 보호 관념은 일본도 중국이나 우리나라와 크게 다르지 않다.

한편 지식 보호에 관한 저작권 제도 외에 표절금지윤리 또는 연구윤리에서 일본에는 독특한 문화가 있다. 개항 이후 서구 문물을 도입하는 과정에서 일본 정부는 번역을 중시하는 정책을 썼다.[255] 학계도 이에 부응하여 번역 작업이 학문의 기초가 되는 경향이 강하여[256] 번역은 일본 학계의 토대를 강하게 한 측면이 분명히 있다. 번역 작업의 어려움과 가치를 폄훼할 생각은 없으나 원전의 창조성이 갖는 가치를 뛰어넘을 수는 없다. 번역이 모방으로 흐르고 서구 학문 추종으로 이어질 때 표절금지윤리는 더욱 중요해진다. 번역을 중시하는 일본 학문 풍토가 표절금지윤리에 어떤 영향을 끼쳤는지 연구해보는 것은 향후 숙제로 남긴다. 다만 명예를 중시하는 일본 특유의 문화가 더해져 표절로 드러날 경우 극단적 선택을 한 예가 있고, 최근 들어 연구윤리 위반으로 몇 년 간의 연구결과를 재조사하는 등 일본 사회도 표절과 연구윤리 위반 문제로 홍역을 앓고 있는 것은 눈여겨볼 만한 부분이다.[257]

---

254. 위 논문, 54 - 55면.
255. 학문방법론으로서 번역의 중요성에 대해서는 김용옥, 『절차탁마대기만성』, 도서출판 통나무, 1987, 13 - 63면 참조.
256. 철학자 김용옥 교수에 따르면 일본에서는 학자를 평가하는 데 번역을 제일의 업적으로 삼는다고 한다. 김용옥, 『東洋學 어떻게 할 것인가』, 민음사, 1985, 39면.
257. 박형준, 앞의 기사(주 10); 한창만, 앞의 기사(주 10) 참조.

4. 한국

가. 문제 제기

표절이 학계를 넘어 사회 일반의 관심사가 된 2000년대 이후 표절 시비에 휘말린 당사자들의 공통된 항변은 자신이 논문을 쓸 당시에는 지금과 같은 강화된 연구윤리, 저작권 또는 지적재산권이란 개념이 없었다는 것이다. 여기에서 주목해야 할 점은 표절을 저작권 문제로 환원하려는 시도다.

뒤에서 보는 바와 같이 표절과 저작권침해는 구별되는 개념이다.[258] 그 차이를 알면서 의도적으로 같은 언어로 사용한 것이라면 그야말로 '손바닥으로 하늘 가리기'라 할 것이다. 우리 전통에 타인의 지식을 저작권과 같은 재산권 형식으로 보호하는 문화가 부족했던 것은 사실이다. 하지만 윤리적 차원의 규범이나 문화가 없었던 것은 아니라는 점에서 표절을 저작권 문제로 환원하려는 시도는 본질을 흐리게 하는 것으로, 자기만 살고자 우리나라를 미개한 사회 또는 국가로 만드는 것과 다름없다.

표절과 저작권침해의 차이를 명확히 구분하지 못하면서 저작권에 대한 사회의 관심과 보호의식이 생긴 지 얼마 되지 않는다는 식으로 주장하는 것은 표절이라는 날카로운 비판을 피해가는 데 적절한 대책처럼 보이기도 한다. 그러나 표절과 저작권침해는 명백히 구분되는 개념이고, 우리나라 전통 가운데 저작권이라는 재산권 제도는 존재하지 않았어도 표절금지윤리는 엄연히 있었다는 점에서 이 또한 적절한 항변이 되기 어렵다. 다음에서 표절에 대한 우리나라의 전통을 논의하는 실익이 바로 여기에 있다.

---

258. 주 362 – 370 해당 면 참조.

나. 저작권 전통

오늘날 우리가 일반적으로 쓰는 저작권이라는 법개념이 우리나라 전통에서 나온 고유한 제도라고 말하기는 어렵다. 특히 서구에 의해 또는 서구의 영향을 받은 일본에 의해 비자발적으로 근대화되는 과정에서 도입된 서구의 법제도는 분명 우리 전통과 유리·단절된 것이었다. 그러나 양洋의 동서가 다르더라도 오랜 역사를 지닌 공동체에 내재된 문화는 공통된 것이 많다. 서로 다른 것으로 알았어도 기실 같은 경우가 더러 있듯, 지적창작물을 둘러싼 개념 또는 논의가 서구의 저작권 개념과 일치하건 그렇지 않건 간에 우리 고유의 사상과 일상에도 전혀 없다고 볼 수는 없다. 여기에서 중요한 것은 반드시 저작권에 일치하는 개념만이 이 책의 연구 대상이 아니라는 점이다. 저작권에 배치되는 개념이 있다면 그것이 왜 그런지 연구하는 것도 이 책의 관심 대상이다.

우리나라의 사상 특히 전통적인 법 관념에 따르면 저작권과 친하지 않은 문화가 있었던 것은 사실이다. 미국이 영국과 독일 등의 철학과 사상에서 영향을 많이 받은 것처럼 우리나라도 지리적으로 가까운 중국 사상의 영향을 많이 받은 것은 부인할 수 없다. 특히 중국의 대표 사상인 유학은 우리나라를 포함한 중국 주변 국가들의 법규범뿐만 아니라 개인의 법의식에도 큰 영향을 끼쳤다. 앨퍼드 교수의 분석에 따르면 중국, 대만 등 동아시아 국가들에서 지식을 공유하고 나누는 것은 미덕으로 알려졌으며, 특정인이 이를 독점하는 것은 지식인(양반, 선비)의 도리가 아니라고 이해됐다고 한다.[259] 이러한 전통은 누구나 성인聖人이 될 수 있다는 전제 아래 선생이 학생을 가르친다는 것은 엄밀하게 말하면 학생으로 하여금 깨닫게 하는 것일 뿐, 지식을 주는 것이 아니라는 믿음에서 출발한다. 그래서 전통적으로 선생이 제자를 가르칠 때 돈을 받지 않는 것을 원칙으로 삼아왔다. 먼저 알고 깨달은 자는 그렇지 못한 자에게 이를 깨닫게 할 의무를 지기 때문에 가르치는 것이 권리가 될 수 없다는 논리다.

국내 저작권법 연구자로는 드물게 김윤명 박사는 우리 전통사상 속에서 저작권 관념을 찾으려 애쓰고 있다. 그는 『논어論語』에 나오는 '온고이지신溫故而知新'이라는

---

259. Ocko, 앞의 논문(주 18), 562면.

고사성어에 대하여, 새로운 것의 모태는 옛것이며, 다만 옛것을 그대로 차용하는 것이 아니고 그것으로써 새로운 것을 만들어내는 것만이 의미가 있다고 했다. 따라서 저작권이라는 개념이 존재하지 않았을지라도 예부터 공유에 대한 인식은 능히 존재했음을 알 수 있다고 했다.[260] 우리 전통사상 가운데 지식 공유의 터전이 되는 고전과 경서를 일종의 창작 원천으로 보고 공유자원으로 여긴 참신한 견해다.

위와 같은 저작권 부재 전통은 기술 분야에도 그대로 나타난다. 즉, 서양과 달리 동양에서 거대한 건축물이나 유명한 그림, 조각 등 예술작품의 작가는 대부분 밝혀지지 않았다. 우리나라의 유명한 고려 상감청자, 신라 불상 등 국보급 공예품 대부분, 조각, 회화 또는 건축물 등에 작가 이름이 기록되었거나 그 밖의 방법으로 남아 있는 것은 거의 없다. 예외적으로 서예나 문인화의 경우 낙관을 날인하는 방법으로 저작자가 표시되었지만, 창작행위에 참여하는 평민 또는 천민 대부분이 결과물에 이름을 남긴다는 것은 상상하기 어려운 일이었다. 우리나라 전통에서 창작자들이 자신들을 새로운 것에 대한 창작자라기보다는 선대에게서 배운 것을 후대에 전하는 전달자로 여겼기 때문이다. 전달자가 자신의 이름을 남기지 않는 것이 오히려 당연하게 받아들여졌을 것이다. 심지어 공자도 제자들을 가르칠 때, 자기가 창조해낸 것이 아니라 전하는 것이라고 했다.[261]

게다가 우리 사회의 전통에 깊숙이 뿌리박힌 사농공상士農工商이라는 신분서열에 따르면 창작활동을 하는 사람은 대부분 공인工人 또는 재인才人과 같이 신분이 낮거나 심지어 천민에 가까웠다. 최근 들어 젊은 층을 중심으로 연예인, 운동선수 등에 대한 인식이 과거와 달리 좋아지고 있지만, 전통 관념에 따르면 이들은 사회적으로 존경받는 직업군이 결코 아니었다.[262] 이런 점에서 보더라도 창작행위 또는 창작물에 권리를 부여하여 재산권으로 보호한다는 의식은 미약할 수밖에 없었다.

이와 같이 과거 우리나라에서 창작물은 독점적 사유재산이라기보다는 공동의

---

260. 김윤명, 「퍼블릭 도메인의 이해를 위한 개략적 고찰」, 창작과권리 제49호, 2007 겨울, 139면.

261. Alford, 앞의 책(주 18), 9면(원전: The Analects of Confucius, bk. 7, ch. I.). "The Master [Confucius] said : I transmit rather than create ; I believe in and love the Ancients."). 이는 『논어』에 나오는 술이부작述而不作을 의미하는 것으로 보인다.

262. Chung Hwan Choi, Translation : Protection of Artists' Rights Under The Korean Copyright Law, 12 Pac. Rim L. & Pol'y 179, 180 (2003). 최정환 변호사는 얼마 전까지도 '딴따라'라고 하여 그다지 대우를 받지 못했던 연예인들이 불과 몇 년 사이에 정치적·군사적 영웅의 자리를 대신하여 십대의 우상이 되고 있는 우리나라 현실을 잘 설명했다.

문화유산에 가까워 지적재산권 또는 저작권으로 보호한다는 인식이 거의 없었다고 해도 지나친 말이 아니다.

한편 종이와 인쇄술이 서양보다 훨씬 먼저 발명된 우리나라에서 저작권 관념이 싹트지 못하고 일본을 통해 들어온 서양법의 하나로 이식된 이유를 생각해볼 필요가 있다.

서양보다 금속인쇄술이 먼저 발명되었는데도 국가가 인쇄업무를 관장했기 때문에 사유재산으로서 저작권 관념이 형성될 환경이 아니었다는 견해가 있다.[263] 일면 수긍할 수 있지만, 유럽도 근대 이전까지는 교회(수도원)와 국가가 인쇄출판 업무를 독점하거나 관장했다는 점에서 충분한 이유가 되기에는 부족하다. 출판을 개인이 아닌 국가 또는 교회가 관장한 점에서는 우리와 유럽이 크게 다르지 않았다. 그런데도 사유재산으로서 저작권 관념이 유럽에서 먼저 형성된 원인은 종교개혁, 르네상스, 계몽주의, 시민혁명 같은 사회변동에서 찾는 것이 타당할 듯하다. 사유재산이나 재산권으로 파악되는 지적재산권 또는 저작권도 개인 권리의식의 신장과 함께 발달했다고 보아야 하는데, 이것은 중세봉건체제가 붕괴된 터전 위에 사유재산을 인정하는 자본주의 경제질서가 시작된 것과 무관하지 않기 때문이다. 즉 종교개혁, 르네상스, 시민혁명 같은 사회변혁을 자주적으로 거친 서구와 달리 봉건체제가 외세에 해체될 때까지 지속된 우리나라는 개성을 중시하는 개인주의에 기반을 둔 권리·의무의 재산권 제도가 충분히 발전하기 어려운 토양이었다. 즉 인쇄술의 발전이 저작권 제도를 태동시킨 서구의 경험을 우리나라에 적용하기 어려운 역사적·문화적 요인이 있었다.

다. 표절금지 전통

지식 보호에 관한 우리의 전통사상은 앞서 살펴본 중국, 일본과 큰 틀에서는 크게 다르지 않은 것 같다. 그러나 지식을 재산권화하는 전통은 부족했지만 문화국가로서 표절에 대해서까지 문제의식이 없었다고 단정하는 것은 위험하다.

---

263. 김윤명, 앞의 논문(주 260), 161면.

앞서 본 바와 같이 기독교문명과 그리스철학이라는 양대 기둥으로 이루어진 서구세계에서도 경전이나 고전을 해석하고 이해하는 데 학문의 주안점이 있었던 것처럼, 우리나라 역시 성리학 중심의 경학 연구에 치중했다. 따라서 공유재산이라 할 고전을 해석하는 것에 재산권을 주장하거나 행사하기는 어려웠을 것으로 보인다. 중국에서 전래된 유학의 영향을 크게 받은 우리나라 학문은 술이부작述而不作이라는 말처럼 경전을 풀이하고 해석하는 작업을 중시하는 반면, 이를 떠나 새로운 학문을 하거나 독자적이고 창의적인 글쓰기를 하는 것에 큰 가치를 두지 않는 경향이 강했다. 여기에서 독자성이나 소유권을 인정하기보다는 공동의 문화자산으로 간주하는 전통 때문에 인용이나 출처표시에 익숙하지 않았다는 지적이 있다.[264] 공감할 수 있는 면이 있지만, 시대와 역사적 맥락의 상이함이라는 변수를 고려하지 않으면 자칫 우리 전통에서는 표절을 금하지 않았다고 오도될 수 있으니 주의해야 한다. 다음에는 우리 전통 가운데 표절 논의에 관한 흔적을 찾고 이를 현대적으로 해석하는 작업을 진행한다.

(1) 표절의 어원에 관한 논의 – '표절'은 일본에서 들어온 말이 아니다!

문학에서는 표절에 대한 연혁적 연구가 상당히 축적되어 있지만, 저작권법학에서는 표절이 중요한 위치를 차지하는데도 국내 저작권 논의에서 표절의 어원을 연구한 결과물을 찾기가 매우 어렵다. 대체로 저작권법학에서 '표절剽竊'이라는 말은 납치라는 뜻의 라틴어 'plagiarius'를 일본 학자들이 일본어로 번역한 것을 그대로 우리말로 가져왔다고 이해하는 경향이 있다. 즉 표절이라는 개념이 우리 전통사상에는 존재하지 않았고 일본에서 들어왔다고 이해하는 것이다.[265] 표절이 실정법상 용어는 아니지만 중국[266] 뿐만 아니라 우리나라 옛 문헌에서도 발견된다는 점에서 여

---

264. 정정호, 「연구윤리와 연구문화의 상관성에 관한 단상斷想」, 한국학술단체총연합회 주최 연구윤리 세미나, 2011.7.29, 10면.
265. 우리나라 판결 중 표절이라는 용어를 사용하는 것이 더러 있는데, 이에 대해 일본식 용어를 사용한 것이라는 이유로 비판하는 견해가 있다. 허희성, 「판례평석」, 계간저작권 창간호, 1988 봄, 35면. 한편 허희성 박사가 평석한 판결(서울민사지법 1988.3.18. 선고 87카53920 판결)은 저작권침해에 따른 출판금지를 구하는 가처분 사건으로서 표절과 저작권침해를 혼용한 대표적 판결이다. 합리적 논의를 위해 표절과 저작권침해를 구별해야겠지만, 표절이 일본식 용어라는 데는 동의할 수 없다.

기에는 동의하기 어렵다. 국문학자 이혜순 교수에 따르면 고려 중기 이후 조선조에 걸쳐 표절 용례는 지속적으로 보인다고 한다.[267]

물론 표절이라는 말이 우리 고전 자료에서 처음부터 남의 글을 자신의 것처럼 가져다쓰는 행위를 가리키는 의미로 쓰인 것은 아니다. 초기 고전 자료에서는 침략 행위라는 뜻으로 쓰였지만,[268] 차츰 글쓰기 용어로 쓰였다. 특히 고려시대의 이인로李仁老, 이규보李奎報의 문집에 이르면 '표략잠절剽掠潛竊', '표략剽掠'이라는 말이 나오는데, 이는 놀랍게도 오늘날 표절과 거의 같은 의미로 사용되었음을 알 수 있다.[269]

이와 같이 일본 말에서 비롯한 것이 아니라 우리 고전이나 학문에서도 표절이라는 말 또는 그와 유사한 말이 있었던 것은 우연의 일치라고 볼 수도 있다. 그러나 그보다는 서양이나 일본 등 문명국가들이 갖고 있는 공통된 지적전통이라고 보는 것이 맞다. 문文을 숭상하고 중시하는 문명사회에서 타인의 글을 자신의 것인 양 하는 행태에 대해 좋든 나쁘든 논의가 있는 것은 자연스러운 지적知的 현상이며, 대체로 이를 비난하고 배척하려고 노력해온 것도 사실이기 때문이다.

(2) 표절을 경계하는 문헌들

고려시대의 대표적 문인인 이규보는 『동국이상국집東國李相國集』에서 시의 옳지 않은

---

266. 대표적으로 당나라 때 문장가 유종원은 자신의 저술에서 표절이라는 용어를 사용해 남의 시문을 훔쳐 쓴 행위를 비판했다. 주 237 해당 면 참조.
267. 이혜순 교수가 논문에서 언급한 고려시대와 조선시대의 학자들로서 표절을 직접적 또는 간접적으로 논의하고 비난한 학자들을 연대순으로 나열하면 다음과 같다. 고려시대의 이인로(1152~1220), 이규보(1168~1241), 이색(1328~1396), 조선시대의 성현(1439~1504), 김안국(1478~1543), 이이(1536~1584), 이산해(1539~1609), 이정형(1549~1607), 한백겸(1552~1615), 오윤겸(1559~1636), 이수광(1563~1628), 신흠(1566~1628), 이안눌(1571~1637), 장유(1587~1638), 김응조(1587~1667), 정두경(1597~1673), 오도일(1645~1703), 이여(1645~1718), 이현석(1647~1703), 이형상(1653~1733), 송상기(1657~1723), 이헌경(1719~1791), 홍대용(1731~1783), 박윤원(1734~1799), 이덕무(1741~1793), 홍직필(1776~1852) 등이다. 이혜순, 「표절에 관한 전통적 논의들」, 이혜순·정하영 공편, 『표절 - 인문학적 성찰』, 집문당, 2008, 10 - 30면.
268. 위 논문, 9면. 이혜순에 따르면 거란족, 일본이 우리나라 땅을 침략했다는 것을 표절이라는 용어로 표현한 예가 있음을 들고 있다[원출처 : 이곡, 『稼亭集』12, 〈韓公行狀〉, 한국문집총간(민족문화추진회 편, 이하 생략) 1, 171면;권근, 『陽村集 1』, 應製詩 〈相望日本〉, 한국문집총간 7, 15면;권근, 『陽村集 17』, 〈送密陽朴先生奉使日本序〉, 한국문집총간 7, 179면;신숙주, 『保閑齋集』15, 〈海東諸國記序〉, 한국문집총간 10, 124면].
269. 이혜순, 앞의 논문(주 267), 10면[원출처 : 이규보, 『東國李相國集 26』, 〈答全履之論文書〉, 한국문집총간 1, 557면].

문체 중 하나로 선인의 뜻을 잘못 가져다 쓴다는 의미의 '졸도이금체^{拙盜易擒體}'를 들었다.[270] 여기에서 도둑질한다는 뜻의 '도^盜'라는 단어를 사용한 것이 눈에 띈다. 조선시대 실학자 이수광^{李睟光}의 『지봉유설^{芝峯類說}』에 따르면 옛 사람의 문장에도 다른 사람의 글을 모방한 것이 많다고 한다. 또 다른 사람의 글을 모방하기는 쉬워도 창작하기는 어렵다는 내용이 있다.

> 옛사람의 문장에도 또한 남의 것을 모방한 것이 많다. 揚雄의 反離騷는 屈原의 離騷에서 나왔고, 曹植의 七命과 張協의 七啓는 枚乘의 七發에서 나왔으며, 東方朔의 答客難, 揚雄의 解嘲는 宋玉의 答楚王問이란 글에서 나왔고, 韓退之의 送窮文은 揚雄의 逐貧賦에서 나왔다. 여기에서 창작은 어렵고 모방은 조금 쉽다는 것을 알겠다.[271]

모방보다는 창작이 더욱 소중하다고 역설한 것이다. 우리나라 전통사상 가운데 타인의 시문을 모방하는 것보다 창작하는 것을 중시했고, 타인의 시문을 잘못 가져다 쓰는 것을 도둑질로 보는 의식이 분명히 있었다는 것을 알 수 있다.

조선시대 과거시험의 폐해를 표절과 연관지어 문제를 제기하는 경우가 더러 있는데, 대표적으로 17, 18세기의 이희조^{李喜朝}는 학문하는 자들의 등급을 상중하 셋으로 나누고 그중에 "학문에 유의하지 않고 오로지 과거 합격을 임무로 여겨 장구의 표절을 일삼을 뿐인 자"를 하층에 속한다고 하여 표절이 횡행하는 풍토를 꼬집었다.[272] 조선시대 표절문제는 대부분 과거시험과 관련해 자행되었다고 하면서 오늘날 신춘문예 현상모집의 표절이나 대학의 신규임용이나 교수승진심사와 관련한 논문 표절이 개인의 영달을 위한 것이라는 점에서 같은 맥락에 있다고 지적하는 견해도 있다.[273]

한편, 오늘날 저작권법학에서 나올 법한 논의로, 시문을 쓰다 보면 모방하거나 절취하여 쓴 것이 아닌데도 우연히 같을 수도 있다고 지적한 문헌이 있다.

270. 이규보, 『국역 동국이상국집 III』, 이정섭 옮김, 고전국역총서 168, 민족문화추진회, 1978, 244–245면(제22권, 잡문, 論詩中微旨略言 중).
271. 李睟光, 『芝峰類說(上)』, 남만성 옮김, 을유문화사, 1994, 331면[卷八, 文章部 一, 文(散文) 중].
272. 이혜순, 앞의 논문(주 267), 19–20면[원출처 : 李喜朝, 『芝村集 21』, 〈鄕校會講日書示諸生文〉, 한국문집총간 170, 429면].
273. 정하영, 「학문연구에 있어서 표절의 문제」, 이혜순·정하영 공편, 앞의 책(주 267), 47면.

詩文에는 반드시 古語를 사용해야 되는 것은 아니다. 그러나 때로는 알지 못하는 동안에 우연히 서로 합치하는 것이 있다. (중략) 말과 뜻이 서로 부합했으니 이상한 일이다.[274]

우리나라 전통사상을 연구하는 학자들 사이에서는 이를 일반적으로 '불기이동不期而同'이라고도 하는데, 오늘날 저작권법에 적용해보면 저작권침해의 주관적 요건을 결여한 것이라고 볼 수 있다. 뒤에서 보는 바와 같이 표절에서도 주관적 요건이 필요한지와 관련하여 논의할 수 있다.[275]

(3) 인용에 대한 생각

예부터 타인의 시문을 인용引用하되 그 취지를 잘못 이해해 오용하는 경우를 가리키는 뜻으로 '슬갑도적膝甲盜賊'이라는 말이 있다. 이수광은 『지봉유설』의 해학諧謔 편에서 도둑이 남의 집에서 물건을 훔치다 하의의 일종인 슬갑膝甲을 가져왔는데 어디에 쓰는지 몰라 이마 위에 쓰고 다니다 사람들에게서 비웃음을 샀다는 이야기를 들어 타인의 문자文字를 도둑질해 잘못 쓰는 자를 가리켜 슬갑도적이라는 말이 생겼다고 소개했다.[276] 비록 해학 편에서 다룬 이야기지만 타인의 시문을 잘못 인용하는 것에 경종을 울리는 글이라는 점에서 당대에도 남의 글을 표절하는 문화와 이를 지적하는 문화가 병존했음을 알 수 있다.

한편 타인의 시문을 잘못 인용한 것이 후세에 그대로 전달됨으로써 그 잘못이 지속될 수 있음을 지적한 글도 있다. 고려시대의 이규보는 이백李白과 두목杜牧이 고사를 잘못 인용한 것이 있음에도 후세 사람들이 그 잘못을 답습하는 것을 비판했다.[277] 아무리 권위 있는 사람이라도 저술에 허물이 있을 수 있다는 것과 후세에 그러한 허물이 전달되지 않게 하려면 타인의 것을 가져다 쓸 때 정확히 해야 한다고

---

274. 이수광, 앞의 책(주 271), 383 – 384면(卷九, 文章部 二, 詩 중).
275. 주 695 – 708 해당 면 참조.
276. 李睟光, 『芝峰類說(下)』, 남만성 옮김, 을유문화사, 1994, 299면(卷十六, 語言部, 諧謔 중).
277. 이규보, 『동국이상국후집東國李相國後集』, 권제십일卷第十一, 잡의 사雜議 四, 승오사의承誤事議 중에서 인용引用한 것임.

지적한 것이다. 잘못된 인용이 답습되는 예를 들어 인용의 중요성을 강조한 것으로 의미가 있다.

라. 다산 사상

표절에 관한 우리의 전통사상을 논의하면서 다산茶山 정약용丁若鏞의 사상을 별도로 나눈 것은 학문의 방대함과 깊이에서 다산을 능가할 만한 학자가 많지 않고, 다산의 사상 가운데 표절에 관한 생각을 엿볼 만한 것이 적지 않은데 이것이 현대에서 잘못 적용되는 예가 많다는 점에서 좀 더 깊이 있는 연구가 필요하기 때문이다.

특정 학자를 통해 지식의 보호 또는 표절에 관한 전통사상과 현대적 적용의 실마리를 찾는 작업이 섣부르다는 비판이 있을 수 있다. 그러나 우리나라 역사상 뛰어난 학자의 한 사람으로서, 당대의 학문과 지식인 사회에 대한 비판을 서슴지 않았으며 표절논의를 추론해볼 만한 여러 흔적을 남긴 다산의 사상을 지식의 보호와 표절의 관점에서 고찰하는 것은 의미가 적지 않다. 다산은 학문과 지식 그리고 사상의 전달에 관심을 기울였다는 점에서, 표절문제에 이례적으로 비판의식을 갖고 주로 에세이나 팸플릿 형태로 저작권에 관한 글을 발표한 칸트에 비견할 수 있다.[278]

한편, 저작권에 관한 우리 전통사상이 없다고 해서 우리나라 법과 법사상의 빈곤을 말하고 외국 사상에만 의존하는 것은 타당하지 않다. 재산권은 각 나라의 문화, 습속習俗, 정치 및 경제 등과 매우 밀접하게 관련되어 있는데,[279] 우리나라에서 새로운 재산권을 도입하면서 전통사상과 충돌이 생길 때 외래 제도와 전통사상을 조화하기 위해 반드시 로크, 벤담, 헤겔, 칸트 같은 서구사상가에게 의지하여야 하는 것은 아니기 때문이다. 이 점에서도 지식 보호에 관한 우리 전통사상을 연구할 때 다산 사상을 출발점으로 외연을 확대해가는 것은 학문적으로 의미가 크다.

이 부분 논의는 일종의 시론적試論的 성격이 있어서, 앞으로 논의가 더해진다면

---

278. 주 56 해당 면 참조.
279. Haemmerli, 앞의 논문(주 124), 413면.

표절에 관한 우리 전통사상을 연구하는 데 큰 도움이 될 것으로 기대한다.

(1) 다산의 한계

18세기 실학사상을 집대성한 다산도 경학經學에서 학문을 시작했기에 평생 경학을 최고 학문으로 여기며 스스로를 경학자로 자리매김했다. 다산의 500권이 넘는 저서 중에서 거의 절반에 가까운 232권이 경학연구서였다는 것이 그 증거다.[280] 다산은 경학연구가 학문의 중심이 되어야 한다고 강조하면서 저서를 집필할 때 경학을 우선으로 꼽기도 했다.

> 무릇 저서하는 법은 경전經傳에 대한 저서를 제일 우선으로 해야 하고, 그다음은 세
> 상을 경륜經綸하고 백성에게 혜택을 베풀어주는 학문이고 국방과 여러 가지 기구에
> 관한 분야도 소홀히 할 문제가 아니다.[281]

다산의 한계는 곧 당시 우리 학문의 한계이기도 했지만 이를 통해 18세기까지도 우리나라의 학문과 지식세계가 경학 연구와 해석에만 매달려 있었음을 넉넉히 짐작할 수 있다. 연암燕巖 박지원朴趾源이 주장한 '법고창신法古創新'의 정신도 기본적으로는 고전을 전제로 한다는 점에서 이와 일맥상통한다.

> 모름지기 고전을 본받되 고치고 변화시킬 줄을 알아야 하며 새것을 창조하되 고전
> 에 의거할 줄 알아야만 오늘의 글이 고전과 같이 좋은 글이 될 것이다.[282]

물론 다산의 위대함은 주자학에 대한 훈고에만 매달리지 않았다는 데 있다. 다산은 기존의 틀을 해석하는 데 그치고 새로운 해석을 허용하지 않는 당시 학문의 폐습을 다음과 같이 비판했다.

---

280. 박석무, 『풀어쓰는 다산이야기』, 문학수첩, 2005, 250 – 251면.
281. 정약용, 『유배지에서 보낸 편지』, 박석무 편역, 창작과비평사, 1991, 132면.
282. 박지원, 『국역 연암집 1』, 신호열·김명호 옮김, 민족문화추진회, 2005, 6 – 11면[초정집서楚亭集序 중].

경의 뜻이 밝혀진 뒤에야 도道의 실체가 드러나고, 그 도를 얻은 뒤에야 비로소 심술心術이 바르게 되고, 심술이 바르게 된 뒤에야 덕德을 이룰 수 있다. 그러므로 경학에 힘을 쓰지 않을 수 없다. 그런데 어떤 사람은 더러 선유先儒의 학설에만 의거하며 같은 무리들과만 함께하고 다른 학설은 공격하여 당동벌이黨同伐異를 하느라 새로운 학설은 감히 의논조차 못하게 하는 자가 있다. 이들은 모두 경을 빙자하여 이익을 도모하는 무리들이지 진심으로 착함을 향해 가려는 사람들이 아니다.[283]

실학사상은 주자학이 다루는 학문의 대상과 외연을 확대했지만, 여전히 경학 중심의 학문이라는 점에서 저작권이라는 제도가 발달되기 좋은 토양을 제공하지 못했다. 구체적으로 분석해보면, 첫째, 술이부작述而不作의 전통에 따라 새로운 창작물의 발현을 기대하기 어려운 면이 있고, 경학의 해석과 훈고에 매달리다 보니 원전이 동일해 불기이동不期而同이 가능할뿐더러 속출했다는 점에서도 저작권이 논의되기 어려운 환경이었다.

둘째, 서양의 경우 종교개혁 이후 르네상스와 계몽주의를 거치면서 학문과 지식이 다양해진 것과 비교할 때, 우리나라는 다양성의 폭이 상대적으로 좁았음을 인정하지 않을 수 없다. 이는 학문과 지식에 대한 일반 시민계급의 강한 독서욕구 분출이 야기한 출판물의 폭증과 그에 따른 해적출판물의 난무 그리고 그것들로 저작권 논의가 활성화되고 저작권법이 태동한 유럽의 18세기에 비교할 때 상대적으로 우리나라의 계몽주의 시대라 할 수 있는 18세기에는 여전히 저작권이 쟁점이 될 만큼 독서층이 일반 시민에게까지 크게 확대되거나 인쇄출판시장이 확대되지는 않았던 것으로 생각된다.

(2) 다산에 대한 새로운 해석 – 텍스트와 컨텍스트 문제

다산은 지식인이 책을 펴내 세상에 전하려는 것은 단 한 사람만이라도 그 책의 진가를 알아주기를 바라기 때문이라고 하면서, 자신의 저서가 후대에 전달되어 잘 읽히기를 바라는 뜻을 담아 두 아들에게 편지 형태로 남겼다.

---

283. 박석무, 『새벽녘 초당에서 온 편지 – 풀어쓰는 다산이야기 2』, 문학수첩, 2006, 85면.

일찍이 선배들의 저술을 보았더니 거칠고 빠진 게 많아 볼품없는 책들도 세상의 추앙을 받는 게 많고, 자세하고 요령 있으며 광범위한 내용을 담은 책들이 오히려 배척을 받아 끝내는 사라져버리고 전해지지 않는 책도 있었다. 거듭거듭 생각을 해보아도 그 까닭을 알 수 없더니 요즈음에야 비로소 깨달았다. 군자君子는 의관衣冠을 바르게 하고 똑바로 바라보며 입을 다물고 단정히 앉아 진흙으로 만들어낸 사람처럼 엄숙하게 지내는 생활 습관을 지녀야 그가 저술하는 글이나 이론이 독후篤厚하고 엄정嚴正하게 되며, 그러한 뒤에야 위엄으로 뭇사람을 승복시킬 수 있고 명성의 퍼져나감이 구원久遠하게 된다. (중략) 그렇게 하면 한마디의 말과 단 한 자의 글자라도 모든 사람들이 진귀하게 여겨 아끼게 될 것이다. 만약 자기 스스로를 지나치게 경시하여 땅에 버려진 흙처럼 한다면 이는 정말로 영영 끝장이다.[284]

위 글을 보면, 다산이 '지식의 전달'에 지극한 관심을 보였음을 알 수 있다. 이는 앞서 본 바와 같이 동양적 사고 중 유학의 전통에 충실한 것이다. 그런데 다산은 지식 또는 저술이 전달되지 않는 것이 오늘날 저작권침해나 표절과 같은 이유에서가 아니라 저술가의 마음가짐에 달려 있다고 했다. 이는 저작자와 저작물 간의 개인주의적 관계를 중시했다는 점에서 창작물이 정신의 소산이라는 서구의 자연권 전통에 비교적 가깝다고 말할 수 있다.

한편 우리 전통사상에는 지식의 공유에 대한 것만 있을 뿐, 표절을 경계한다거나 금지한다는 생각은 없었을까 하는 의문을 품게 된다. 여기에서 다시 다산을 돌아보지 않으면 안 된다. 다산은 매우 이례적으로 '표절'까지는 아니더라도 '인용' 관념을 추출해낼 만한 언급을 한 적이 있다.

두보의 시는 역사적 사건을 시에 인용하는 데 있어서 흔적이 보이지 않아 스스로 지어낸 것 같지만, 자세히 살펴보면 다 출처가 있으니 두보야말로 시성詩聖이 아니겠느냐? 한유韓愈의 시는 글자 배열법을 모두 출처가 있게 하였으나 어구는 스스로 많이 지어냈으니 그분은 바로 시의 대현大賢이 된다. 소동파蘇東坡의 시는 구절마다 역사적 사실을 인용했는데 인용한 태가 나고 흔적이 있어 얼핏 보아서는 의미를 알아볼 수

---

284. 정약용, 앞의 책(주 281), 141-143면.

도 없으나 이리저리 살펴보아 인용한 출처를 캐내고 나서야 그 의미를 겨우 알아낼 수 있으니 그의 시는 시인으로서는 박사博士라 칭할 수 있을 것이다. (중략) 그러나 시에 역사적 사실을 전혀 인용하지 아니하고 음풍영월吟諷詠月이나 하고 장기나 두고 술 먹는 이야기를 주제로 하여 시를 짓는다면 이거야말로 벽지의 시골 서너 집 모여 사는 촌 선비의 시에 지나지 않는다. 차후로 시를 지을 때는 역사적 사실을 인용하는 일에 주안점을 두도록 하라.[285]

위 글은 일종의 시론詩論 또는 문장론이라고 할 만한 것으로, 작문에 관한 다산의 생각을 엿볼 수 있다. 다산이 현대적 의미로 '인용'을 언급했다고는 생각하지 않지만, 전후 맥락에서 다산의 '인용'에 대한 생각과 당대 분위기를 살펴볼 수 있다는 점에서 매우 귀중한 문헌이다. 물론 다산이 논한 대상은 모두 중국 시인이고 중국 문헌이지만, 그것을 평한 사람은 다산이라는 점에서 인용과 출처표시에 관한 우리 전통사상을 조금이나마 들여다볼 수 있다.

다산은 역사적 사실을 인용하지 않는 음풍영월류 글을 경계했다. 다시 말해 고전을 인용해서 글을 쓰는 것을 높게 평가했다. 그런데 인용방법, 즉 뒤에서 보는 바와 같은 '출처표시 방법' 차원으로 말하면, 직설적으로 인용하는 것(소동파류)보다는 은유적으로 인용하는 것(두보류)이 훨씬 더 수준 높은 문장이라고 평가했다. 여기에서 출처표시 측면에서 보면 소동파류의 글이 두보류의 글보다 낫다고 할 수 있는데도 다산의 평가는 정반대인 것을 두고 다산의 '인용'과 '출처표시'에 관한 인식이 저조했다고 볼 수 있는가?[286]

---

285. 위의 책, 45–46면. 다산이 예로 든 시인은 모두 당송唐宋 대에 활약한 이들로서 두보(712~770), 한유 (768~824), 소동파(1037~1101)다.

286. 실례로 다산이 단기간에 엄청난 분량의 저술을 남겼다는 것과 아들에게 보낸 편지를 근거로 다산의 글쓰기를 '베껴 쓰기'로 단정하고 오늘날 '베껴 쓰기'식 글쓰기를 두둔한 글이 있어 소개한다.
　다산은 유배생활 18년 동안 책을 500권 썼다. 일 년에 28권꼴인데 무협지도 아니고 이게 어떻게 가능할까. 다산의 책은 새로운 내용을 다루기보다 기존 책에서 정보를 뽑아 재배치한 것이 대부분이다. 읽다가 중요한 구절이 나오면 종이에 옮겨 적는 것을 초서抄書라고 하는데 다산은 읽는 틈틈이 이렇게 초서를 해두었다가 관련 있는 것끼리 모아 재배치한 다음 멋진 제목을 달고 마지막으로 저자 정약용이라고 써넣었다. 읽기와 동시에 창작이 일어나는 다산식 다산多産 비법이다. 유배지에서 아들에게 보낸 편지를 보면 "왜 남의 저서에서 요점을 뽑아내어 책을 만드는 방법을 의심하느냐" 질책하는 대목까지 나온다.
　남정욱, 「남정욱 교수의 명랑笑說 - '글쓰기의 달인' 셰익스피어·茶山을 한번 봐 … 글쓰기의 최상은 잘~ 베끼는 것이야」, 조선일보, 2013.6.1. 칼럼.

우리 전통사상에서 출처표시에 관대한 면이 있는 것은 선행先行 정보의 양이 오늘날과 비교할 수 없을 정도로 적었기 때문이라고 할 수 있다. 다산은 임금님께 올리는 글에서 선비들이 과거시험을 보기 위해 읽는 책의 종수가 지극히 적음을 한탄했다. 어린이에서 늙은이에 이르기까지 50권 테두리를 벗어나지 못한다고 했을 정도다.[287] 사정이 이렇다 보니 위와 같이 고전을 읽는 사람의 수가 제한된 과거 전통사회에서 제한된 수의 고전에 대해 출처를 밝힌다는 것이 오히려 시문의 수준을 떨어뜨린다고 생각한 것이다.

이런 역사적 상황을 인식한다면 이수광이 고사故事를 지나치게 많이 인용하는 것의 폐단을 지적한 것도 이해된다.

> 당나라 사람이 시를 지을 때에는 오로지 뜻과 감흥을 주로 한다. 그렇기 때문에 고사를 인용한 것이 많지 않다. 송나라 사람이 시를 지을 때에는 오로지 고사를 인용하는 것을 숭상한다. 그렇기 때문에 뜻과 감흥은 적다. 소황(蘇黃, 蘇軾과 黃庭堅을 말함)에 이르러서는 또 불교의 용어가 많아서 힘써 신기新奇하게 하였다. 그것이 시격詩格에 어떠한지 알지 못하겠다. 근세에는 이 폐단이 더욱 심하게 되어, 시 한편 가운데에 고사 인용한 것이 반을 넘으니, 옛사람의 글귀나 말을 표절한 것과 거리가 거의 멀지 않다.[288]

더 나아가 고사를 많이 인용한 글을 진부한 말陳言로 여기기까지 했다.

> 한창려韓昌黎의 글에 말하기를, 「오직 묵은 말陳言을 힘써 버려야 한다」고 하였다. 여러 사람들의 설說을 살펴보니, 모두 前人의 작품을 도습蹈襲하는 것을 진언陳言이라고 말한 것이라고 해석하고 있다.[289]

심지어 『동국이상국집』의 이규보는 불필요한데도 유식하게 보이려고 고전에서 무분별하게 인용하는 문체를 강인종기체强人從己體라 하여 불의체不宜體(마땅하지 않은 문

---

287. 정약용, 『다산시문집 제8권』, 김신호·김재열 옮김, 한국고전번역원, 1982, 대책對策 맹자책孟子策 편.
288. 이수광, 앞의 책(주 271), 380-381면(卷九, 文章部 二, 詩 중).
289. 위의 책, 352면(卷八, 文章部 一, 古文 중). 한편, 창려는 당나라 시인 한유의 호다.

체)의 하나로 언급하기도 했다.[290]

고전이라는 선행 문헌을 이용하는 글쓰기에 관한 다산, 이수광, 이규보의 언급을 종합하면 인용을 하되 표 나지 않게 하는 것이 좋다는 다산은, 당시 고급문장을 읽고 구사하는 층이 매우 한정적이었고 그들이 보는 책의 종과 수가 손에 꼽을 정도로 적었다는 것을 감안할 때, 표절을 두둔했다거나 인용을 부정적으로 여겼다고 말할 수는 없다.

더 나아가 이수광은 문자文字를 인용하는 것보다는 뜻과 격조格調를 취하는 것을 더 품격이 높은 것으로 인정했다.

> 李容齋와 鄭湖陰의 詩는 대체로 蘇黃을 배운 것이다. 湖陰이 容齋에게 묻기를, 「사람들은 모두 내가 蘇黃을 배웠다고 말하는데, 公은 蘇黃을 배웠다고는 말하지 않습니다. 무슨 까닭입니까」라고 하니, 容齋가 웃으면서 말하기를, 「그대는 그들의 文字를 인용하기 때문에 남이 보고 쉽게 알지만 나는 그들의 뜻과 格調를 취하기 때문에 알지 못하는 것이다」라고 하였다. 湖陰이 그 말을 承服하였다.[291]

이는 인용 방식에 관한 것으로서 뒤에서 보는 바와 같이 직접인용보다는 간접인용 또는 패러프레이징paraphrasing이 선호되는 학술적 글쓰기에 바로 적용할 수 있는 것이다.

한편, 다산 연구가 박석무는 "자르고 쪼고 갈고 다듬듯이 단계적으로 온갖 정성을 들여야 옥동자 같은 저서나 작품이 나온다"라는 뜻으로 '절차탁마切磋琢磨'를 학문하는 자세로 삼은 다산에게서 표절을 경계하는 정신을 추출하기도 한다.[292]

우리나라의 대표적 사상가인 다산의 표절과 인용에 대한 생각을 살펴볼 때 위와 같은 당대의 사회적 맥락context을 고려하지 않고 오늘날의 표절 논의text를 그대

---

290. 이규보, 앞의 책(주 270), 245면.
291. 이수광, 앞의 책(주 271), 383면(卷九, 文章部 二, 詩 중).
292. 박석무는 시경詩經의 구절에서 유래한 절차탁마切磋琢磨의 정신을 학문하는 자세로 삼은 다산을 칭찬하면서, 오늘날 제자의 논문을 자기 논문이라고 발표하고 이름을 도용해 표절 시비에 휘말리는 학자들이 속출하는 현실을 비판한다. 박석무, 앞의 책(주 280) 중에서 인용引用한 것임.

로 적용하는 것은 다산 사상을 호도하는 것일 뿐 아니라, 다산의 권위를 잘못 가져 옴으로써 오늘날 표절 논의를 그르칠 개연성이 있다는 점에서 주의해야 한다.

마. 정리

우리나라에는 "책 도둑은 도둑이 아니다"라는 속담이 있다. 이 말은 앞서 본 앨퍼드 교수의 저서명, 『To Steal a Book is an Elegant Offense』를 의역意譯한 것과 같은 것으로, 우리나라를 비롯한 중국, 일본, 대만 등 유교권 국가에서 지식을 사유재산으로 보지 않고 일종의 공유개념으로 보는 전통사상과 일맥상통하는 면이 없지 않다. 대체로 우리의 학문 전통에서 저작권 중 저작재산권 측면에 대한 인식은 거의 없었다고 보는 것이 맞다.

그러나 여기에서 표절과 관련해 우리의 지적 전통을 잘못 재단하는 두 가지 점을 지적하고 바로잡고자 한다.

첫째, 우리의 지적 전통에 저작권 관념이 없었다는 점을 표절에 관대했다는 것으로 연결 짓는 것이다. 우리의 전통사상에 시문, 예술 같은 창작물을 재산권으로써 보호하는 것은 없었지만, 타인의 것을 자기 것인 양 가져다 쓰는 행위에 대해서는 도적질이라 하여 엄격한 잣대를 들이댄 것은 분명해 보인다. 단지 그것이 서구에서처럼 저작권과 같은 재산권 형식으로 발전되지 않았을 뿐이다. 개인주의적 성향이 서구에 비해 충분히 발전되지 않고 집단적 문화를 중시한 탓에 권리보다는 의무 측면에서 글쓰기 문화가 발전되어왔다. 이 점에서 권리측면(저작권)보다는 의무측면(표절금지)이 중시되었다고 생각한다.

둘째, 저작권이 아닌 표절에 국한해서 보더라도, 우리 전통에는 표절에 관대한 문화가 있었고 그런 문화적 특성을 동양적 학문 전통에서 찾는 생각이다. 공자는 일찍이 "나는 옛 성현들의 가르침을 풀이하여 전할 뿐, 새로운 것을 만들지 않으며, 옛 것을 믿고 좋아한다"라고 했으며, 창작행위를 산을 만드는 데 들어간 한 삼태기 흙으로 비유했다.[293] 이와 같은 사상에 영향을 받은 우리 전통사상은 오늘날 광범

---

293. 정하영, 앞의 논문(주 273), 41면(원출처 : 『論語』, 〈述而〉 중 "子曰 述而不作 信而好古").

위한 표절 문화를 정당화하는 데 이용되기도 한다. 그러나 우리에게도 표절을 경계하고 엄히 꾸짖는 전통이 있었음은 앞서 자세히 본 바와 같다. 다만, 시대적 차이를 고려하지 않은 채 과거 우리의 지적 전통 중 출처표시를 철저히 하지 않았던 문화만 보고 표절을 죄악시하지 않았던 것으로 단정할 수는 없다. 타인의 글을 함부로 가져다 자기 것인 양 쓰는 것을 부끄럽게 생각하면서도 그 출처를 직접 밝히는 것을 품격 있는 문장으로 여기지 않았던 우리 전통사상은, 소수의 지식인이 매우 적은 고전을 중심으로 시문을 쓰고 저술을 남긴 당시 사회문화적 환경에서 이해해야한다. 그와 같은 배경을 무시하고 오늘날에 그대로 적용함으로써 우리 전통사상에는 저작권 중에서 정신적 측면인 저작인격권을 추론할 만한 사상이 없었다거나, 나아가 표절에 관대한 문화가 존재했다고 단정하는 것은 옳지 않다.

결론적으로 우리의 지적 전통에 따르면 지식을 저작권과 같은 재산권이나 그에 미치지 못한다 하더라도 어떤 권리 형태로 보호하는 제도나 인식은 찾기 어렵다. 그러나 정신적 측면, 윤리적 측면, 의무적 측면에서 타인의 글과 창작물을 존중하는 문화는 있었던 것이 분명하다.

제2장

정보 공유의 도전과 조화

I

동서양 사상의 접목

표절 논의의 대상은 지식이다. 지식은 문화의 일부다. 문화는 역사와 지역을 떠나서 존재할 수 없다. 그런데 문화가 역사와 지역에 따라 다르듯 지식의 보호 또는 사유화私有化에 대한 인식도 문화권 별로 차이가 크다. 일반적으로는 개인주의적 성향이 강하여 재산권 개념이 일찍이 발달한 서양에서는 지식에 대한 사유私有 인식이 집단주의적 성향이 강한 동양에 비해 상대적으로 깊게 뿌리를 내려 표절에 대하여 좀 더 철저하게 인식한 것으로 이해된다.

그러나 우리나라를 포함한 비서구권 사회에서 지식의 사유화, 표절문제를 어떻게 다루어왔는지를 오로지 지적재산권 또는 저작권 관점에서만 바라보는 것은 위험할 수 있다. 아이디어나 지식을 재산권의 대상으로 보고 저작권법 또는 지적재산권법으로 규제하는 접근도 가능하겠지만, 재산권의 대상으로 보지 않더라도 남의 글이나 생각을 자기 것인 양 하는 것을 윤리적으로 비난하고 제재하는 접근도 가능하기 때문이다.

"여름 한 철만 살고 가는 쓰르라미는 봄과 가을이 있다는 것을 모른다."

『장자莊子』 제1편 소요유逍遙遊에 나오는 말로, 원문은 "朝菌不知晦朔조균부지회삭, 蟪

蛄不知春秋^{혜고부지춘추}"이다. 뜻을 풀이하면, "하루살이 버섯은 저녁과 아침을 알지 못하고 쓰르라미는 봄과 가을을 알지 못하니 작은 지혜는 큰 지혜에 미치지 못하고 짧게 사는 자는 길게 사는 자에 미치지 못한다"라는 뜻이다.[294] 이에서 표절문제를 접근할 때 어느 한 시점 또는 부분적 인식만으로 전체를 재단하는 것은 마치 '하루살이 버섯'이나 '쓰르라미'의 우愚에 빠질 우려가 있다는 지혜를 얻을 수 있다. 그래서 제1장에서 지식 보호 전통에 대한 관점이 역사적으로 어떻게 변모해왔는지, 표절에 대한 인식이 시대적으로 또는 지역적으로 어떠했는지를 살펴볼 필요가 있었다.

오늘날 지식 보호 규범은 윤리적이건 법적이건 갑자기 만들어진 것이 아니다. 물론 우리나라를 비롯한 중국과 일본의 경우 저작권은 외부에서 이식된 제도라는 점에서 제도화 과정의 논의가 오래되지 않은 것은 맞지만, 서구에서는 저작권 제도가 처음부터 순탄하게 탄생된 것이 아니다. 재산권의 속성상 새로운 재산권이 만들어져 자리를 잡기까지 기존의 질서와 마찰이 잦았다. 그런 점에서 저작권이란 제도는 갑자기 이식되었든 서서히 충돌과 마찰을 거듭하면서 제도화되었든 당시 상황에서 탄생한 것이라 할 수 있다. 한편, 다른 권리 또는 재산권에 비교하면 저작권은 탄생된 지 그리 오래되지 않았다. 권리의 외연 확장과 관련해 이해당사자 사이에 끊임없이 분쟁이 발생하고 있다. 그 과정에서 이 권리의 당위성에 관한 근본적인 회의가 꾸준히 제기되고 있다. 다시 말해 이 권리는 아직도 형성 중이라 할 수 있다.

제1장에서 지식 보호 전통을 서양과 동양으로 나누어 살펴보고 이어서 우리 전통사상에 대해서도 일별했다. 과거 중국, 일본, 우리나라의 지식, 저작권에 관한 전통과 사고방식은 그들만의 세계, 즉 가치관이 동일한 세계 안에서는 별다른 법적 충돌 없이 평화롭게 공존했으나, 가치관이 서로 다른 세계와 교류 또는 교역을 할 때는 충돌이 발생하지 않을 수 없었다. 그리하여, 앨퍼드 교수가 잘 지적한 바와 같이 서구세계에서는 이러한 동아시아적 사고와 행동양식을 저작권침해로 규정하여

---

294. 정약용, 『다산시문집 제11권』, 임정기 옮김, 한국고전번역원, 1983, 논論, 탕론湯論 편 참조.

자국 지적재산권의 철저한 보호를 주장하는 데 반해, 동아시아 여러 국가, 특히 중국, 대만 등에서는 이를 문화 문제가 아닌 경제적 압력으로 이해해왔다.[295]

공유지에 울타리를 쳐서 사유재산으로 만들었던 인클로저Enclosure 운동과 달리, 지적재산권에 관한 국제적 인클로저 운동은 저개발 국가들이 자국에 유리하게 만든 지적재산권에 관한 각종 제한정책을 걷어내는 운동이라 할 수 있다. 지적재산권에 관한 새로운 인클로저 운동은 저개발 국가들이 자국 내에서 지적재산권에 관해 취할 수 있는 정책의 영역과 기회를 빼앗아가고 있다.[296]

이처럼 역사적 전통과 배경이 서로 다른 동양과 서양의 여러 국가는 지적창작물, 저작물의 교역에서 매우 다른 견해를 가지고 있다. 이는 저작권과 관련된 각종 국제조약이 체결되고 기구가 설립되는데도 좁혀지지 않고 있다. 최근 다자간 조약이 아닌 특정 국가 사이의 쌍무협정으로서 자유무역협정Free Trade Agreement, FTA이 많이 체결되고 있다. 그런데 자유무역협정에서도 저작권 보호에 관한 나라별 수준과 의식 차이는 충돌을 빚고 있다. 대표적으로 한미 FTA에서 저작권 분야가 협상 시작 전부터 이른바 협상을 위한 선결 요건으로 각광받은 이래 협상 종료까지 미타결 쟁점이 가장 많은 분야였다는 것이 이를 뒷받침한다.[297]

봉건체제의 붕괴와 산업혁명을 통한 근대화과정을 장기간에 걸쳐 경험한 서구 선진국과 달리 우리는 이러한 것이 단기간에 압축되어 진행되었다. 게다가 일제 식민통제와 한국전쟁 때문에 산업화가 본격적으로 진행된 것은 지난 세기 중반부터라고 해도 지나친 말이 아니다. 그런데 지난 반세기 만에 앨퍼드 교수가 지적한 바와 같이 우리나라는 지적재산권에 관해 중국과 다른 길로 접어들었다.[298] 우리나라는 매우 짧은 기간에 지적재산권 침해국가에서 지적재산권 수출국 또는 문화 수출국으로 변모해가고 있다. 특히 지난 20여 년 사이 한류열풍은 동아시아를 넘어 전 세계로 확산되면서 우리나라를 문화산업, 저작권산업에 관해 이중적 지위를 갖게 만들었다.[299] 문화산업 측면에서 볼 때, 미국이나 유럽에 대해서는 여전히 수입국가

---

295. Alford, 앞의 책(주 18), 1-2면.
296. Peter K. Yu, *The International Enclosure Movement*, 82 Ind. L.J. 827, 828, 907 (2007).
297. 남형두, 「스크린쿼터 축소 경제적 실익 있나」, 동아일보, 2006.2.28. 칼럼.
298. Alford, 앞의 책(주 18), 95-111면.
299. 한류와 관련한 우리나라의 이중적 지위에 대해서는 다음 논문 참조. 남형두, 앞의 논문(주 95 한류) 참조.

지위에 있지만, 중국, 일본, 대만, 그 밖에 동남아시아를 비롯한 여러 나라에 불고 있는 케이팝^{K-pop} 열풍으로 수출국가가 되면서 상대국가에 따라 문화교역에서 이중적 지위를 갖게 된 것이다. 문화의 산업화가 이제는 미국이나 유럽 국가들의 전유물이 아니라 우리나라 경제의 핵심코드로 자리 잡게 되었다.[300]

한류라는 용어는 다분히 한자^{漢字}문화권을 전제로 한 데 반해, K-pop, K-culture, K-drama 등 용어의 진화에서 보듯 우리나라 문화는 동아시아를 중심으로 하는 한자문화권에 머무르지 않고 미국, 유럽, 남미, 아프리카, 심지어 이슬람 문화권에까지 진출했다. 그 중심에는 우리 문화의 우수성과 보편성 그리고 이를 뒷받침해주는 세계 최고 수준의 정보통신기술^{IT}이 있다.[301] 물론 오늘날 세계인이 환호하는 K-pop이 우리 문화를 제대로 반영한다거나 한국 문화의 진수^{眞髓}라고 생각하지는 않는다. 성애 장면을 노골적으로 묘사하여 성적으로 자극하거나, 젊다는 표현으로는 부족한 나이 어린 남녀가 무리지어 노래하고 춤추는 것 일색이어서, 이것이 수천 년간 내려온 한국 문화를 대변한다고 말할 수 없기 때문이다. 다양한 세계 문화 속에 한국 문화로 각인할 수 있는 우리만의 문화는 오히려 한복, 한식, 한옥에서 보듯 단기간에 만들어질 수 없는 여유와 느림에서 찾아야 하지 않을까 한다.[302]

그러나 우리 내부에서 한국 문화를 바라보는 관점에 차이가 있는데도 우리의 문화산업, 나아가 지식산업은 유사 이래 이렇게 세계적 관심을 받은 적이 없다. 문제는 이런 산업현실의 변화를 의식이 제대로 따라가느냐다. 현실에서는 정부와 관련기업이 문화의 산업화를 주요 정책수단으로 외치지만, 불과 몇 년 전까지만 해도 지적재산권을 보호하지 않는 나라의 하나로 여겨졌고, 내부적으로도 여전히 저작권침해와 표절이 근절되지 않고 있다는 점에서 이율배반적인 모습을 보이고 있다.

시간이 압축되기는 했지만, 저작권 제도의 정착과 저작권 보호의 필요라는 당위성이 그 어느 때보다 강력히 요청되는 것은 앞에서 본 바와 같이 우리나라의 정책과 문화산업의 현실에 비추어볼 때 저작권에 관한 의식과 보호 수준이 분야별로 지나치게 뒤떨어져 있기 때문이다. 현실의 부조화를 질서 있게 바로잡는 규범이 정립되려면 수범자^{受範者}들이 규범의 정당성을 납득할 수 있어야 한다. 규범이 수범자

300. 남형두, 「문화의 산업화와 저작권 – 약장수와 차력사」, 문화정책논총 제18집, 2006, 47 – 58면.
301. Nam, 앞의 논문(주 20), 313 – 314면.
302. 남형두, 「'문화의 도시' 런던을 가다」, 출판문화 제581호, 2014.4, 22 – 23면.

가 속한 사회의 문화, 종교, 습속, 전통과 심하게 불일치할 경우 그 정당성은 도전받기 쉽다. 여기에서 저작권을 보호하기 위한 정당화이론으로 우리에게 어떤 철학이론이 적합한지 논의해야 한다.

문화기본법 또는 문화재산권법으로 불리는 저작권법을 살펴보면, 우리나라는 일본 저작권법의 영향을 깊이 받았고, 일본법은 대륙법계 전통을 이어받았다. 따라서 근본적으로 우리나라 저작권법은 대륙법계 전통에 서 있다고 할 수 있다. 저작권법에 저작인격권 제도를 둔 것이 대표적인 예다. 그런데 저작재산권 양도를 허용하지 않는 독일 저작권법과 달리 우리 저작권법은 이를 허용한다. 이는 영미법 전통이 들어온 것이라고 이해할 수 있다. 우리 법원은 저작권 사건에서 미국 판례의 영향을 많이 받은 것이 사실이다. 단적인 예로 우리 법원은 저작권법에 공정이용^{fair}에 관한 일반조항이 도입되기 전에도 미국 저작권법의 공정이용 조항(제107조)을 거의 그대로 우리나라 사건에 적용해왔다.[303] 나아가 국회는 2011년 저작권법을 개정할 때 미국 저작권법 제107조 내용과 대동소이한 일반적 공정이용 조항을 제35조의3에 두었다. 이와 같이 최근 저작권에 관한 법원실무와 입법에서 미국 저작권법과 미국의 논의가 우리나라에 지대한 영향을 끼치고 있는 것은 부인할 수 없다.

결론적으로 말하면 현행 저작권법의 입법 방향과 학계의 논의는 대륙법계로 대변되는 자연권 전통과 미국법으로 대변되는 공리주의 전통을 모두 겸했다고 할 수 있다. 이 책의 논의 대상인 '어문저작물의 표절과 인용'에 집중하여 좀 더 들어가 본다.

대륙법계 자연권 전통에 따르면, 앞서 본 바와 같이 헤겔, 칸트, 피히테 등의 영향으로 어문저작물은 인격적 요소가 매우 강하다. 이 전통에 따르면 타인의 정신적 소산, 특히 어문저작물을 차용하여 쓸 때에는 인용표기를 하는 것이 당연하다.

한편, 영미법계 공리주의 전통에 따르면, 공표된 어문저작물은 공정이용이라는

---

303. 2011년 저작권법 개정으로 일반적인 공정이용 조항(제35조의3)을 신설하기 전에 발생한 사건에서 법원은 미국 저작권법 제107조상의 공정이용에 관한 네 가지 고려요소를 사실상 그대로 적용했다. 서울고법 2010.10.13. 선고 2010나35260 판결(이하 '손담비 미쳤어 사건 판결'이라 한다) 참조. 그런데 따져보면 이런 현상은 비단 이 사건이 처음이 아니다. 대법원 1997.11.25. 선고 97도2227 판결(이하 '대입본고사 입시문제 사건 판결'이라 한다), 서울지법 2001.11.1.자 2001카합1837 결정(이하 '서태지 패러디 사건 결정'이라 한다) 등이 있다.

제도에 따라 일정한 요건 아래 자유롭게 이용할 수 있다. 라이선스계약 체결이라는 집행의 어려움 때문에 못 지킬 것이라면 차라리 사용하게 하는 것이 전체 공익(총효용)을 증대시킨다는 논리다.[304] 다만 인용규칙을 따르지 않으면 인격권 또는 저작인격권 침해가 아니라, 명예훼손defamation, 허위진술misrepresentation, 사기fraud 등과 같은 보통법common law상 법리로 제재를 가하게 된다.[305]

지식 보호에 관한 우리의 전통은 재산권 부여 방식보다는 윤리적 접근 방식에 친숙하다. 그런데 서구의 제도가 도입되고 동양과 서양의 교류가 활발해진 이상 서구의 지식 보호 전통과 제도가 우리의 전통과 제도와 충돌하는 현상을 조화롭게 극복하지 않으면 안 된다. 그렇다면 여기에서 우리 전통은 자연권 전통과 공리주의 전통 중 어느 쪽에 가까운지 생각해보는 것은 지식 보호에 관한 우리의 현재와 미래를 가늠하는 출발점이 될 수 있다. 우리 전통에 따르면, 지식의 사유화에 지극히 부정적이었고, 지식의 공유개념이 발달되어 있었다. 특히 우리 헌법은 저작자의 권리를 법률로써 보호한다(제22조제2항)고 규정하고 있다. 이에 따라 저작권법이 제정되었으므로, 지식을 저작권으로 보호하는 근거로서 자연권보다는 성문법상 권리에 좀 더 가깝다고 이해할 수 있다. 한편, 산업상 필요에 따라 지식을 저작권 또는 지적재산권으로 보호하는 데 공리주의 전통이 자연권 전통보다 유연성을 발휘하기가 쉽다는 점도 우리 전통이 어디에 가까운지 자리매김하는 데 고려 요소가 될 것이다.

---

304. 골드스타인 교수에 따르면, 인격권이 대륙법계의 저작자 권리 문화author's right culture의 중요한 상징이듯이, 공정이용fair use은 실용적인 미국 전통의 중요한 상징이라고 전제하고, 공정이용이 라이선스 협상을 하기에는 비용이 너무 많이 드는 경우 정당하게 저작물을 허락없이 사용하는 것을 허용해주는 경제적 제도라고 한다. 공정이용은 "빵 반쪽이 없는 것보다 낫다"는 실용주의 사고에서 의미가 있다고 한다. 공정이용 제도가 없다면 라이선스 협상비용이 너무 높아 이용자가 사용하지 않을 것이기 때문에 저작권자는 수입이 없을 것이고, 공정이용 제도가 있다면 여전히 저작권자는 아무런 수입을 얻지 못하겠지만, 대신에 이용자는 최소한의 사용을 할 수 있으니, 결과적으로 총효용이 올라가지 않겠느냐는 취지의 논리다. Goldstein, 앞의 책(주 92), 139면.
305. 여기에서 공리주의 전통의 뿌리는 보통법에서 나왔다는 점을 상기할 필요가 있다. 영국에서 앤여왕 법 제정 후 밀러 판결과 도널드슨 판결에서 보는 바와 같이 보통법과 성문법상 권리의 우선 여부가 쟁점이었다는 것을 생각하면 쉽게 이해할 수 있다. 주 164-171 해당 면 참조.

학술정보론의 도전과 조화

기술자 출신으로 학술정보와 지적재산권, 특히 저작권과의 관계를 깊이 연구해온 나와 고타로名和小太郎 교수에 따르면, 이과계理科系 연구자들은 정보 취급방법이나 정보기술이 저작권법에 의해 제약된다는 생각에 저작권과 저작권법에 일종의 거부감을 갖게 된다고 한다.[306] 나와 고타로 교수의 말을 빌리지 않더라도 저작권을 강조하고 중시하는 것이 학문발전의 기초가 되는 정보 유통을 제약한다고 인식하는 것은 어제오늘의 일이 아니며, 이과계만의 일도 아니다.

문헌정보학자인 곽동철 교수는 학술 논문 작성과정에서 표절문제가 특허권이나 저작권의 견지에서 강력하게 다루어질수록 학술정보의 활용이 저조해져 학술발전을 통해 사회발전을 도모하고자 하는 목적 실현에 부정적으로 작용할 수 있다고 한다.[307] 이 주장은 크게 보면 나와 고타로 교수의 주장과 일맥상통한다.

그런데 진정 그런가? 조화할 수 없는 것처럼 보이는 두 개념, 즉 학술정보의 활용과 저작권은 모순관계에 있는가? 이 질문은 지식의 보호와 한계라는 표절 논의

---

306. 나와 고타로名和小太郎, 『학술정보와 지적소유권 – Authorship의 시장화와 전자화』, 우인하 옮김, 한국과학기술정보연구원, 2003, 256면.
307. 곽동철, 「학술 논문에서 표절의 유형과 올바른 인용 방식에 관한 고찰」, 한국문헌정보학회지 제41권 제3호, 2007, 118 – 119면.

의 중요한 출발점이 되어야 한다.

나와 고타로 교수는 학술정보와 저작권을 충돌하는 개념으로 보는 자신의 주장을 뒷받침하기 위한 기본 전제로 학술정보의 특성을 논의에 끌어들였다. 그는 이 과정에서 학술정보의 선행 이해로 머튼Robert K. Merton의 과학사회학Sociology of Science을 가져왔다.[308] 나와 고타로 교수는 이를 '머튼류의 이해'라고 하여 학술정보의 특성을 크게 누적성, 공유성, 공개성, 선취권으로 나누면서 이런 특성이 저작권과 배치된다고 보았다.[309] 필자는 머튼류에 저작권 논의를 끌어들인 나와 고타로 교수의 논의를 '나와 고타로류의 이해'라는 이름 아래 분석하고 비판함으로써, 학술정보론과 저작권의 조화를 모색하고자 한다. 나아가 관계되는 곳에서 표절 논의를 덧붙인다. 다시 말해 이하의 논의는 나와 고타로류의 이해에 대한 비판적 고찰이 되는 셈이다.

1. 누적성

나와 고타로 교수는 누적성累積性은 학술정보의 제일가는 특성으로 '거인들의 어깨 위에'라는 말로 상징된다고 한다.[310] 학술정보의 누적성은 우리 고전에서도 근거를 찾을 수 있다. 예컨대, 연암 박지원의 조어造語로 알려진 "모름지기 고전을 본받되 고치고 변화시킬 줄을 알아야 하며 새것을 창조하되 고전에 의거할 줄 알아야만 오늘의 글이 고전과 같이 좋은 글이 된다"라는 뜻의 '법고창신法古創新', 논어에서 유래하는 것으로 "새로운 것의 모태는 옛 것이며, 다만 옛 것을 그대로 차용하는 것이 아니고 그것으로써 새로운 것을 만들어내는 것만이 의미가 있다"라는 내용의 '온고이지신溫故而知新'이라는 말과 사상도 결국 학문과 문화가 갑자기 발전하는 것이 아니라 끊임없는 지식 전수로 가능하다는 인식에 기반을 둔 것이라는 점에서 누적성

---

308. 나와 고타로 교수에 따르면, 표절·인용과 관련하여 학술정보의 특성을 논의할 때 머튼의 이론을 중요하게 참조하는 이유는, 첫째, 머튼의 이론이 튼튼하기 때문이고, 둘째, 이공계(자연과학계) 연구자도 공감할 수 있는 이론이기 때문이라고 한다. 나와 고타로, 앞의 책(주 306), 26–27면.

309. 위의 책, 26–32면.

310. 위의 책, 27–28면. '거인들의 어깨 위에'라는 말의 유래에 대해서는 Robert K. Merton, 『On the Shoulders of Giants』, Harcourt, Brace & World, 1965, 267–269면.

이 전제된 것이다.

이수광은 『지봉유설』 서문에서 옛 사람의 시문에 대하여 간혹 자신의 소견을 적어두었다면서 오직 안식眼識이 높은 이가 이를 가려주기를 바랄 뿐이라고 기록했다.[311] 나아가 본문 중에서 이백李白 같은 뛰어난 시인도 예전 작품에 의지하는 경우가 있다면서 지식의 전달과 전수에 특별한 관심을 보이기도 했다.[312] 이수광의 시문에 대한 견해는 아무리 뛰어난 학자나 문인이라도 이전에 없던 전혀 새로운 것을 창작하기보다는 옛 것을 토대로 새로운 것이 나올 수 있음을 암시하는 것이다. 이는 자신의 노력을 마치 '거인의 어깨 위에 올라선 난쟁이'에 비유한 것으로 볼 수 있다.

한편, 공자는 "흙을 쌓아 산을 만드는데 한 삼태기 흙이 부족하여 완성하지 못하고 중단되었다면 그것은 내가 중단한 것이다. 땅을 메워 평평하게 하는데 한 삼태기 흙이라도 채워 진전되었다면 그것은 내가 진전시킨 것이다"라고 했다.[313] 여기에서 '한 삼태기 흙' 또한 학술정보의 특성 중 하나인 누적성을 설명할 때 사용한 '거인의 어깨 위에 올라선 난쟁이'에 해당한다.

그런데 나와 고타로 교수는 저작권의 전형적 대상인 예술작품과 학술정보에 차별성을 주는 것이 바로 누적성이라며, 이 점에서 학술정보는 저작권과 친숙하기 어렵다고 했다.[314]

그러나 예술작품도 정도 차이가 있을지언정 누적성이 없지 않으며, 누적성이 학술정보의 특징이라 하더라도, 그 거인의 어깨 위에 올라선 '난쟁이' 부분은 저작권으로 엄격히 보호해야 한다는 점에서 학술정보의 누적성이라는 특성이 저작권에 반하거나 친숙하지 않다고 보는 것은 동의하기 어렵다. 특히 이 책의 논의 대상인 학술저작물에서는 저작권이 학술정보의 누적성을 상쇄하는 개념이라고 단정할 수 없다. 오히려 학술정보가 신뢰성 있는 정보로 누적되려면 저작권으로 보호될 필요성이 있다. 나아가 저작권적 보호가 아니더라도 표절금지 같은 윤리로 보호될 때 비로소 학술정보의 누적성이 진가를 발휘할 수 있다.

---

311. 이수광, 앞의 책(주 271), 14면(自序 중).
312. 위의 책, 377 - 378면(卷九, 文章部 二, 詩 중).
313. 정하영, 앞의 논문(주 273), 41면(원출처 : 『論語』, 〈子罕〉).
314. 나와 고타로, 앞의 책(주 306), 28면.

2. 공유성

머튼은 뉴턴Newton의 '내가 더 멀리 보았다면 이는 거인들의 어깨 위에 서 있었기 때문'이라는 말로 과학적 발견의 공유주의共有主義가 현대과학의 에토스ethos 중 하나라고 주장한다.[315] 나와 고타로 교수는 이와 같이 과학자는 자신이 기여한 것에 타자他者가 접근하는 것을 배제할 권리가 없다는 학술정보의 특성, 즉 공유성共有性이 지적재산권 제도와 정면으로 대립한다고 했다.[316]

그러나 공유성, 즉 타인의 접근을 배제할 권리가 없다는 것과 저작권이 충돌하는 것만은 아니다. 이는 저작권법에 대한 이해부족에서 비롯했다. 저작권법이 목표로 하는 문화의 향상·발전에는 학술발전도 포함된다. 크게 보면 학문, 학술도 문화의 영역에 속하기 때문이다.

> 저작권법 제1조(목적) 이 법은 저작자의 권리와 이에 인접하는 권리를 보호하고 저작물의 공정한 이용을 도모함으로써 문화 및 관련산업의 향상발전에 이바지함을 목적으로 한다..

한편 학문 분야 중에서도 기술과 관련된 이과학理科學의 경우 저작권법보다는 특허법과 더욱 관련이 있을 수 있다. 특허법의 입법목적 역시 저작권법이 저작권자만 보호하기 위한 것이 아닌 것처럼 발명자만 보호하기 위한 것이 아니다.

> 특허법 제1조(목적) 이 법은 발명을 보호·장려하고 그 이용을 도모함으로써 기술의 발전을 촉진하여 산업발전에 이바지함을 목적으로 한다.

좀 더 근본적으로는 우리 헌법이 표방하는 중요한 가치 중 하나인 이른바 문화국가 이념을 구현하기 위해 둔 헌법 제22조에는 학문과 예술 그리고 저작자, 예술

---

315. Robert K. Merton, 『The Sociology of Science』, University of Chicago Press, 1973, 273 - 275면.
316. 나와 고타로, 앞의 책(주 306), 29면.

가, 발명가, 과학기술자의 자유와 권리가 함께 규정되어 있다. 이에서 보듯 헌법 체계에서 학술은 문화 속에 광범위하게 포함되어 있다.

> 헌법 제22조 ① 모든 국민은 학문과 예술의 자유를 가진다.
> ② 저작자·발명가·과학기술자와 예술가의 권리는 법률로써 보호한다.

한편 위와 같은 헌법정신을 구현하기 위해 제정된 저작권법 또는 특허법은 저작물이나 발명만 보호하는 것이 아니라 저작물의 공정한 이용을 도모하거나 발명의 이용을 도모함으로써 문화의 향상발전 또는 기술발전을 촉진해 산업발전에 각기 이바지함을 목적으로 한다. 그런데도 저작권법이 저작권을 강력하게 보호한다는 것을 전제로 저작권 또는 저작권법이 학술정보의 자유로운 유통을 저해하여 결과적으로 학문발전에 저해요소로 작용할 수 있다는 주장은 짧은 생각이다. 오히려 저작권법은 저작재산권 제한, 특히 '공표된 저작물의 인용'(제28조) 같은 일반조항과 '출처의 명시'(제37조) 조항을 통해 학술발전을 도모하기도 한다. 표절금지와 인용에 관한 기준이 수립된다면 일종의 교통질서와 같이 무질서, 무분별을 방지하는 역할을 할 것이므로 학술·학문 분야의 건전한 발전에 기여하게 될 것이다.

> 저작권법 제28조(공표된 저작물의 인용) 공표된 저작물은 보도·비평·교육·연구 등을 위하여는 정당한 범위 안에서 공정한 관행에 합치되게 이를 인용할 수 있다.

> 제37조(출처의 명시) ① 이 관에 따라 저작물을 이용하는 자는 그 출처를 명시하여야 한다. 다만, 제26조, 제29조부터 제32조까지, 제34조 및 제35조의2의 경우에는 그러하지 아니하다.
> ② 출처의 명시는 저작물의 이용 상황에 따라 합리적이라고 인정되는 방법으로 하여야 하며, 저작자의 실명 또는 이명이 표시된 저작물인 경우에는 그 실명 또는 이명을 명시하여야 한다.

다음으로 특허가 적용되는 자연과학 분야를 살펴본다. 공표된 저작물의 인용이 자연과학에도 적용될 수 있을까? 인문사회과학 분야와 달리 볼 이유가 없다고 본다. 자연과학논문 내용의 발명적 사상이 특허권으로 등록되어 보호되는 경우 이를 허락 없이 이용하면 특허권침해가 된다. 그러나 재산권으로 보호받기 전 단계, 즉 특허등록 또는 출원 전 발명적 사상이 논문단계에서 논의되고 있다면 얼마든지 해당 자연과학 논문의 저작권자(선행 논문의 저자)의 허락을 받지 않고도 적절한 출처를 표시하고 인용할 수 있다는 점에서 인문사회과학 논문과 다를 바 없다. 오히려 출처를 표시하고 인용하는 경우, 나중에 재산권화, 즉 특허등록에 성공하게 되면 이용자가 선행발명의 존재와 이용사실을 자백, 자인하는 결과가 되어 선행 논문 저자에게 나쁠 리 없다. 반면 출처표시나 인용 없이 선행 자연과학 논문을 가져다 쓴 경우, 즉 표절하는 경우, 나중에 선행 논문 저자로서 발명가가 특허등록을 통한 재산권화에 성공하게 되면, 이용관계나 침해관계를 입증하기 어렵게 된다. 그런 점에서 출처를 표시하고 쓰는 것이 그나마 발명가에게는 입증 수고를 덜어준다는 점에서 다행스러운 일이 될 수 있다. 다시 말해 저작권과 인용이 잘 준수되면 학술발전뿐만 아니라 기술과 산업발전에도 도움이 될 수 있다.

따라서 학술정보의 공유성이라는 특성은 저작권법, 특허법 같은 지적재산권법 영역에서도 입법목적에 배치되는 것이 아니다. 오히려 그와 같은 권리의 토대 위에 더욱 수준 높은 공유성이 발휘될 수 있다.

3. 공개성

머튼은 비밀주의를 완전하고도 공개된 소통이라는 규범에 대한 반대로 단정하고, 과학자들은 자신의 연구물을 공개하는 것에 대한 보상으로 동료들의 평판과 존경을 받는다면서 공개성公開性이 학술정보의 특성 중 하나라고 한다.[317] 한편, 나와 고타로 교수는 이러한 공개성 역시 지적재산권 제도를 제한하는 것이라고 주장한다.[318]

그러나 나와 고타로 교수가 적절히 썼듯이, 평판이나 존경의 정도를 계량화하

---

317. Merton, 앞의 책(주 315), 274면 ; 나와 고타로, 앞의 책(주 306), 29 - 31면.
318. 나와 고타로, 앞의 책(주 306), 29 - 31면.

는 방법인 유진 가필드Eugene Garfield의 과학논문 인용색인Science Citation Index, SCI 같은 것[319]은 나와 고타로 교수가 말한 대로 저작권과 배치되거나 모순되는 것이 아니라, 오히려 지지하는 것이라고 할 수 있다. 저작권에 관한 철학이론 중 유인이론에 따르면 저작권 제도는 창작물 공개를 전제로 성립하므로, 학술정보의 공개성이라는 특성은 저작권 제도와 오히려 합치되는 것이라 할 수 있다. 나아가 인용과 합리적 출처표시 역시 선행 정보의 공개를 전제로 한다는 점에서도 학술정보의 공개성은 저작권 제도와 자연스럽게 연결되는 것으로, 논리적 필연관계에 있다고 할 수 있다. 즉, 공개성 때문에 저작권, 특허권 같은 제도가 있다고 볼 수 있다.

뒤에서 보는 바와 같이 필자가 인용에 관한 새로운 논거를 제시한 '대가이론代價理論' 역시 저작물의 공개를 전제로 한다는 점에서 학술정보의 공개성은 저작권 제도와 배치된다고 할 수 없다.

한편, 표절금지윤리를 타인에 대한 존중에서 찾는 학자가 있다. 럿거스 로스쿨의 그린Green 교수에 따르면, 인간은 타인, 특히 동료의 존중, 존경을 받고자 하는 특성이 있으며, 독창성, 창의성, 직관성, 지식, 기술은 그런 존경을 받는 방법 중 하나라고 보았다. 특히 학자들, 예술가들, 저술가들은 창작물을 만듦으로써 만족을 얻기도 하지만, 그러한 업적을 타인에게 인정받는 것으로도 만족한다고 했다('존중이론').[320] 이는 필자의 대가이론과 매우 흡사하다. 대가이론이 이용자 처지에서 인용에 따른 출처표시를 함으로써 대가를 지불하는 셈이라면, 그린의 '존중이론'은 저술자 처지에서 타인에게서 신뢰를 받을 기회를 제공함으로써 존경심을 얻을 기회를 극대화한다는 이론인데, 존경받으려는 열망이 출처표시 의무라는 규범을 정당화한다고 볼 수 있다.[321]

사실 저작권법상 '인용'이라는 말에는 출처표시가 전제되어 있다. 인용의 사전적 정의는 "남의 말이나 글 가운데서 필요한 부분을 끌어다 쓴다"라는 것으로 타인

---

319. 나와 고타로에 따르면, 공표된 모든 논문에 관하여 상호의 인용-피인용의 관계를 기록한 데이터베이스라고 할 수 있는 SCI는 판례 분야에서 실용화한 '쉐퍼드 사이테이션Shepards Citation'의 방법을 과학 분야에 확장한 것이라고 한다. 위의 책, 29-30면.

320. Stuart P. Green, *Plagiarism, Norms, and the Limits of Theft Law : Some Observations on the Use of Criminal Sanctions in Enforcing Intellectual Property Rights*, 54 Hastings LJ. 167, 174-175 (2002).

321. 위 논문, 174면.

의 것을 '가져다 쓴다'는 뜻이 들어 있다는 점에서 단순한 '이용利用'과 다르다.[322] 그런 점에서 저작권법 제28조 '공표된 저작물의 인용'과 제37조 '출처의 명시'는 상호 밀접하게 관련되었다고 할 수 있다. 공개성이라는 학술정보의 특성은 인용과 출처표시라는 저작권법상 제도적 뒷받침으로 저작권과 상충하는 관계가 아니라 지지하는 관계에 있다고 본다.

4. 선취권

나와 고타로 교수는 과학사의 역사가 선취권先取權 다툼의 역사라고 했다. 그는 머튼을 인용하여 대표적으로 16세기의 갈릴레오, 17세기의 훅, 뉴턴, 라이프니츠, 호이겐스Christian Huygens, 18세기의 캐번디시Henry Cavendish, 라부아지에Antoine-Laurent Lavoisier, 19세기의 해왕성 발견을 둘러싼 르베리에Urban Jean LeVerrier와 애덤스John Couch Adams, 진화론을 둘러싼 다윈과 월러스Alfred Russel Wallace, 20세기의 DNA 이중나선구조를 둘러싼 왓슨James Watson, 크릭Francis Crick, 폴링Linus Carl Pauling을 들어 경쟁학자 사이에 선취권을 둘러싼 분쟁이 계속될 것으로 예상하면서, 이러한 선취권은 지적재산권과 관계가 많다고 주장했다.[323] 여기에서 나와 고타로 교수는 학술정보의 다른 특성과 달리 선취권이 저작권, 지적재산권과 배치된다는 주장은 하지 않는다.

이처럼 나와 고타로 교수도 어느 정도 인정하는 바와 같이 선취권은 저작권과 관계가 밀접하다. 과학 분야뿐만 아니라 인문사회과학 분야에서도 선취권은 매우 중요하다. 과학 분야의 특허와 같은 경제적 유인으로 직결되지는 않더라도 명성과 평판, 권위라는 또 다른 차원의 유인이 주어진다는 점에서 저작권에서도 선취권은 매우 중요하다. 저작권 인용 제도가 이를 위해 존재한다고 해도 지나친 말이 아니다.

---

322. 곽동철, 앞의 논문(주 307), 111-112면(원전 : 『민중엣센스 국어사전』, 민중서림, 2003, 2035면).
323. 나와 고타로, 앞의 책(주 306), 31-32면. 과학적 발견에서의 우선권에 대해서는 로버트 K. 머튼, 『과학사회학 II』, 석현호·양종회·정창수 옮김, 민음사, 1998, 543-619면.

5. 정리

이상에서 본 바에 따르면, 머튼이 제시한 학술정보의 특성 네 가지, 즉 누적성, 공유성, 공개성, 선취권 중 선취권을 제외한 세 가지가 저작권과 충돌하는 개념이라고 이해한 나와 고타로 교수의 견해가 반드시 타당한 것은 아니다. 학술정보의 특성과 저작권을 상충하는 개념으로 보는 나와 고타로 교수의 견해에 서게 되면, 표절의 개념과 판정 기준을 도출할 때 학술정보의 이용을 저해하지 않아야 한다는 점을 지나치게 의식할 수 있다. 그러나 이러한 견해는 학술과 문화의 진정한 발전을 위해 저작권이 역기능만 하는 것이 아니라 오히려 순기능을 한다는 점을 너무 도외시한 것이 아닌가 생각한다.

표절을 금지하고 인용을 유도하는 것은 학술정보의 창작자만 보호하는 것이 아니라 적절하게 이용하기 위한 대계大計를 수립함으로써 품격 높은 이용을 도모하는 것이다. 그러한 질서가 확립됨에 따라 창작자의 권리와 지위도 보호된다. 그런 점에서 학술정보의 특성과 저작권 제도가 상충한다고 보는 것은 지나치게 표피적인 이해이며, 두 개념을 상호보완 관계에서 이해하는 것이 더욱 바람직하다.

III

정보공유론과 표절금지윤리의 조화

우리나라가 산업기술이나 문화산업의 수준이 열악하여 외국의 기술이나 문화를 수입하는 소비국가일 때에는 지적재산권의 보호 수준이 낮았지만, 최근 들어서는 지나친 보호가 문제가 될 정도로 지적재산권을 두껍게 보호하고 있다. 한미 FTA, 한EU FTA 체결에 따라 저작권법은 상당 부분 저작권을 강화하는 쪽으로 정비되었다. 대표적으로 저작재산권 보호기간이 사후 50년에서 사후 70년으로 연장되었고 (제39조제1항), 친고죄가 사실상 폐지되었으며(제140조), 일시적 복제를 복제의 한 유형으로 인정하는가 하면(제2조제22호), 손해배상에서도 법정배상제도를 일부 도입 (제125조의2)했다. 이로써 국내 저작권에 관한 한 과도한 보호가 문제 될 정도가 되었다.

최근 국내에서 발생한 몇 가지 사례를 소개한다. 손담비라는 가수의 노래 〈미쳤어〉를 5세 여자아이가 따라 부르는 것을 촬영한 동영상을 그 아이 아버지가 블로그에 올린 적이 있다.[324] 이에 대해 그 노래의 저작권을 신탁받아 관리하는 한국음악저작권협회KOMCA가 저작권침해중지 및 손해배상 요구를 했다가 여론의 질타를 받

---

324. 이 비디오 파일은 53초 분량으로서 다음 사이트에서 시청할 수 있다. http://blog.naver.com/yang456/140062293006 (2013.9.30. 방문).

고 소송을 포기했다. 그런데 오히려 아이의 아버지가 저작권을 침해하지 아니했음을 확인해달라는 소극적 확인의 소를 제기해 최종적으로 저작권침해에 해당하지 않는다는 판결이 선고되고 확정됐다.[325]

저작권법은 저작권침해에 따른 구제수단으로 민사상 손해배상청구와 침해금지청구의 성립요건을 형사상 저작권침해죄의 구성요건과 같게 규정하고 있다. 물론 친고죄라는 요건이 있기는 하지만, 그나마 영리목적 또는 상습인 경우에는 친고죄를 폐지했기 때문에 저작권자는 침해자에게 민사상 책임과 함께 형사상 책임을 묻는 것이 일반화되어 있다. 그런데 형사상 책임의 경우 실제로 징역형이 선고되는 일은 극히 드물지만 벌금형이 선고되더라도 형사절차에 연루된다는 것이 당사자로서는 매우 불편하다. 특히 청소년의 경우 신상에 적지 않은 피해를 입을 수 있다. 저작권자들과 이들을 대리하는 변호사들은 바로 이 점을 악용해 저작권침해에 따른 형사고소를 남발하고, 형사적 제재를 받거나 형사절차에 휘말리는 것을 두려워하는 청소년과 그들의 장래에 해가 될까 두려워하는 부모는 저작권자 측의 고소취하 조건 합의금 요구에 속수무책으로 당하는 경우가 많았다.[326] 법원에서 인정하는 민사상 손해배상액이 현저히 낮은 사법제도 아래에서 저작권자들은 민사상 손해배상에 의존하기보다는 형사고소로 합의금을 받아내는 쪽으로 구제수단을 선택하는 경우가 많았다. 이 과정에서 합의금을 마련하지 못한 청소년이 자살하거나 합의금을 마련하려고 또 다른 범죄를 저지르는 불미스러운 일이 여러 건 발생했다.[327] 이른바 '합의금 장사'로 재미를 본 저작권자들과 관련 업자들 사이에 라이선스 계약을 합법적으로 맺고 저작물을 이용하도록 유도하기보다는 저작물의 불법사용을 포착해 형사고소를 해서 합의금을 받아내는 것이 수익을 극대화하는 방법이라는 그릇된 생각이 확산됐다. 이로써 외부에서 이식된 저작권이라는 제도에 적응해가는 대다수 사람들에게 저작권에 대한 거부감을 갖게 만들기도 했다.

위와 같이 저작권은 짧은 시간에 제도적으로 강화되었을 뿐만 아니라 일부 저작권자의 탐욕이 더해짐으로써 저작권 제도에 대한 일반 대중의 반발도 만만치 않

---

325. 손담비 미쳤어 사건 판결(주 303).
326. 강국진, 「온라인 저작권 고소건수 폭증 – 변호사엔 '사냥감' 이용자에겐 '공포'」, 서울신문, 2008.7.30. 기사, http://www.seoul.co.kr/news/newsView.php?id=20080730014005 (2013.9.30. 방문).
327. 김유경, 「당신을 노리는 '온라인 사냥꾼' 조심」, 한국경제, 2009.7.22. 기사, http://www.hankyung.com/news/app/newsview.php?aid=2009072002177 (2013.9.30. 방문).

게 생겨났다. 여기에서 정보공유론은 저작권에 대한 반발을 넘어 적극적 지지기반을 형성해가고 있다.

저작권에 대한 반발이 표절 논의에 적용될 때, 자칫 표절에 관대한 논리를 제공하기도 한다. 여기에 정보공유론과 표절금지윤리의 조화를 모색해야 할 이유가 있다. 다음에서는 공유public domain[328]로 시작해 공정이용fair use을 거쳐 이른바 '대가이론'을 제시하는 것으로 논의를 전개한다.

1. 퍼블릭 도메인 문제

지적재산권 또는 저작권의 발전은 제동이 풀린 채 언덕 위에서 내려오는 자동차처럼 거침이 없는가? 저작권을 강력하게 보호하는 것이 저작권법의 궁극적 목표인 문화발전 정도와 반드시 비례하는가? 퍼블릭 도메인에 속했던 영업방법 또는 비즈니스모델이나 데이터베이스 같은 것이 지적재산권으로 보호되어 급격히 사적 영역으로 흡수되는 현상을 지적하면서 이와 같이 지적재산권 보호범위가 확대되는 것이 사회발전이라고 생각하는 것을 경계하는 지적이 있다.[329] 20세기 들어서 지적재산권이 꾸준히 확장되어왔는데, 이것이 도리어 지적창작의 감소를 초래하는 데 일조했다고 보는 것이다. 유인이론에 따른 지나친 유인책이 새로운 창작의욕을 감퇴시키는 경우도 있고, 저작물 가격이 고가로 형성되어 접근과 이용을 감소시킴으로써 결과적으로 사회 전체의 효용을 줄인다는 비판[330]도 같은 맥락에서 볼 수 있다. 지나친 보호는 법이 허용하는 자유로운 접근과 이용이 보장된 저작물 – 예컨대 보호기간이 지났거나 저작물성이 인정되지 않는 작품 – 에까지 접근과 이용을 봉쇄하는 결과를 낳아 저작권을 보호하기 위해 개발된 기술이 오히려 저작물의 공정한

---

328. 'public domain'은 우리말로 '공유' 또는 '공적 영역', '공유 상태' 등으로 번역할 수 있는데, 특히 '공유'에는 한자로 '公有', '共有'로 서로 다른 뜻이 있다. 한편 전문가들 사이에서뿐만 아니라 일반에서도 '퍼블릭 도메인'이란 말이 흔히 쓰이고 있다는 점에서 이하에서는 '퍼블릭 도메인'이라는 용어를 혼용하기로 한다.

329. 최정환, 「Public Domain의 새로운 이해」, 계간저작권 제69호, 2005 봄, 3면.

330. 과도한 인센티브로 인한 창작의욕 감퇴에 대해서는 주 206 해당 면 참조.

이용을 방해함으로써 문화발전에 저해를 가져온다는 지적도 있다.[331]

여기에서 이러한 자유로운 접근에 대한 제한은 저작권 보호 영역 바깥 편에 있는 퍼블릭 도메인에 대한 관심을 불러오게 되었다.[332] 이 점에서 저작권의 확장은 퍼블릭 도메인과 밀접하게 관련되어 있기도 하지만, 이 책의 주제와 관련해서도 매우 중요하다.

권리의 세계로 들어오기 전의 '정보'[333]라는 관점에서 본다면 지적재산권의 확장 또는 확대는 자유로운 흐름이 보장되는 '동적 정보'가 특정인에게 고착되는 '정적 정보'로 바뀐다는 것을 의미한다.[334] 이는 저작권의 정당화 사유 중 하나인 인센티브가 증대된다는 점에서 긍정적 측면이 있긴 하지만, 반대로 정보 흐름이 차단된다는 점에서 재생산 기회의 박탈과 그에 따른 문화발전 저해라는 부정적 측면도 아울러 있다.[335]

퍼블릭 도메인을 지적재산권으로 보호되지 않는 하찮고 부정적인 것으로 이해하지 않고 지적재산권 못지않게 중요한 논제로 쟁점화한 이로는 듀크 로스쿨의 랑게Lange 교수를 들 수 있다. 랑게 교수는 저작권이라는 틀로 공유지에 울타리를 두르는 식의 정보 사유화 경향이 심각함을 잘 설명했는데, 퍼블릭 도메인을 더는 이용되지 않은 추상적 개념으로 보아서는 안 되며 새로운 개인적 권리 영역으로 이해해야 한다고 주장했다.[336]

예일 로스쿨의 로즈Rose 교수는 퍼블릭 도메인에 관한 종전의 '공유지의 비극' 이론을 수정해야 한다고 주장했다. 그에 따르면 지적재산의 공유는 그로써 전체의 부를 무한정으로 확장해줄 뿐만 아니라, 분자화된 사회구성원의 결합도를 높여주기 때문에 '비극'이 아니라 '희극'이라고 한다. 강연, 표현, 오락 같은 비상업적인 것

---

331. 박성호, 「지적재산권과 정보공유」, 계간저작권 제64호, 2003 겨울, 11면.
332. Vincenzo Vinciguerra, *Contribution to the Understanding of the Public Domain*, 24 J. Marshall J. Computer & Info. L. 411 (2006).
333. 반대로 정보라는 관점에서 지적재산권을 파악하면, 특허는 기술정보technical information, 상표는 상징정보 symbolic information, 저작권은 표현정보expressive information로 나뉘고, 이러한 정보는 재산적 가치가 있기 때문에 권리의 대상으로 포섭되는 것으로서, 바로 지적재산권의 보호대상인 무체물이라고 한다. 박성호, 앞의 논문(주 331), 17면.
334. 윤종수, 「저작물의 공유와 과제 Ver. 0.9」, 계간저작권 제74호, 2006 여름, 74면.
335. 윤종수 변호사는 이러한 갈등이 저작권의 이념적 충돌과 연혁논쟁에 연결된다고 한다. 위 논문, 같은 면.
336. David Lange, *Recognizing the Public Domain*, 44 Law & Contemp. Probs. 147, 177-178 (1981).

은 공공에 접근이 허용될 때 최고 가치를 달성한다는 것이다.[337] 로즈 교수가 말하는 '공유지의 희극'은 에이크론Akron 로스쿨의 오디Oddi 교수가 말하는 '자극의 원천'과도 같은 말이다.[338] 사회구성원 모두가 퍼블릭 도메인을 개인이 창조하는 과정에서 자극의 원천으로 자유롭게 이용할 수 있는 것으로 이해하는 것이다.[339]

한편, 지적재산권 보호를 마구잡이식 수산자원 남획에 비유하여, 지적재산권을 보호하다 보면 지적 창조활동의 원천인 퍼블릭 도메인이 고갈됨으로써 새로운 지식과 창작에 중대한 걸림돌이 될 수 있다고 지적하기도 한다.[340] 일리가 있는 말이다. 그러나 수산자원 남획과 퍼블릭 도메인 고갈을 같은 차원에서 볼 수 있는가 하는 반론도 나올 수 있다. 이 둘은 공유재산의 사유화라는 점에서 공통점이 있다. 하지만 수산자원의 남획은 소비되고 재생산되지 않는 데 반해, 지적재산권 보호를 통한 퍼블릭 도메인 고갈은 이를 통해 지적창작물이 창조된다는 점에서 차이가 있다. 물론 지적재산권을 보호하지 않고 공유 상태로 내버려둠으로써, 로즈 교수가 말하는 것처럼 '공유지의 희극' 상태가 올 수도 있지만, 효율적 배분 이론과 같이 법경제학자들의 노력으로 비극 상태가 초래된다는 유력한 반론도 있다.[341]

이상의 논의를 표절 논의에 적용해본다. 정보의 누적성이라는 특성에 따라 어떤 지식이 오랜 기간에 걸쳐 형성되는 경우 누구에게서 시작되었는지 또는 그와 같은 지식 형성에 기여한 자가 누구인지 명확히 구분하기가 어려울 때가 많다. 때로는 그와 같은 구분이 의미가 없을 때도 있다. 어렵게 구분 작업을 한다 하더라도 지

---

337. Carol M. Rose, *The Comedy of the Commons : Customs, Commerce, and Inherently Public Property*, 53 U.Chi. L. Rev. 711, 723 (1986). 로즈 교수는 다음 논문, "Garrett Hardin, *The Tragedy of the Commons*, 162 Science 1243 (1968)"을 패러디하여 위와 같은 논문 제목을 달았다. 이는 앞서 본 저작권 정당화이론 중 효율적 배분 이론에 대한 일종의 반론에 해당하기도 하는데, 교역을 통해 부가 확장되고 사회의 결합도가 높아질 수 있으므로, 공유가 비극이 아니라 희극이 될 수도 있다고 한다. 교역을 위한 길이나 수로처럼 퍼블릭 도메인이 그와 같은 공적인 재산으로서의 역할을 한다고 본 것이다.

338. A. Samuel Oddi, *The Tragicomedy of the Public Domain in Intellectual Property*, 25 Hastings Comm. & Ent. L.J. 1, 8 (2002). 오디 교수의 위 논문 제목은 하딘의 논문 제목「The Tragedy of the Commons」(1968)과 로즈의 논문 제목「The Comedy of the Commons」(1986)를 합쳐 만든 것으로서 흥미롭다.

339. 위 논문, 62면. 퍼블릭 도메인을 자극의 원천으로 본다는 점에서 이를 'public-domain-as-stimuli 이론'이라 한다. 같은 논문 8면.

340. 최정환, 앞의 논문(주 329), 6면.

341. 주 208-223 해당 면 참조.

식의 사회적 축적 작용을 거쳐 이미 분리된 지식이 쓸모없거나 애초의 지식 또한 사회적 작용으로 만들어졌을 수 있기 때문이다. 뒤에서 살펴보는, 이른바 '일반지식general knowledge, common knowledge'이 이에 해당한다. 일반지식에 대해 표절이 성립하지 않는 근거를 퍼블릭 도메인에서 찾을 수도 있다.

2. 공정이용과 인용

자연보호, 환경보호와 같은 차원에서 창작의 원재료인 퍼블릭 도메인을 보호하기 위해 지식의 사유화를 허용하지 않겠다는 견해는 곧 정보공유 운동으로 직결된다. 그런데 차원을 달리하여 저작권을 보호하되 공정이용fair use이라는 통로를 통해 공정한 이용을 도모함으로써 문화의 향상발전[342]을 가져올 수도 있다는 점에서, 퍼블릭 도메인을 옹호하는 것과 별반 차이가 없지 않은가 하는 생각이 들 수도 있겠으나 그렇지 않다. 이 책의 주제인 '표절과 인용'과 관련해서 본다면, 표절은 저작권 침해와 달리 저작물이 아닌 것도 대상이 될 수 있으며, 위반에 대한 제재수단도 법률적인 것을 넘어 비법률적인 데까지 확장될 수 있기 때문이다. 퍼블릭 도메인에 속해 있다고 해서 표절 책임에서 벗어나거나 인용의무를 지지 않는다고 볼 수도 없다. 우리 법상 저작권으로 보호되는 공표된 어문저작물을 이용하는 자는 저작권법 제28조상의 '정당한 범위' 내에서 '공정한 관행'에 합치되도록 인용할 의무를 진다. 저작권으로 보호되지 않는 저작물의 경우, 예컨대 저작권보호기간이 지난 어문저작물의 경우 퍼블릭 도메인에 속하게 되지만, 표절 대상이 아니라고 단정할 수 없다. 즉 이 경우에 반드시 인용하지 않아도 된다고 말할 수는 없다. 여기에서 지식의 사유화를 불허하거나 좁히는 뜻으로 퍼블릭 도메인을 확장하고 그 역할을 중시하는 견해와 저작권을 인정하되 공정이용이라는 통로를 거쳐 저작권을 제한하는 것이 같지 않음을 알 수 있다.

한편, 미시간 로스쿨의 리트만Litman 교수는 '창작성originality'이라는 요건으로써

---

342. 우리나라 저작권법이 추구하는 목적이다(제1조).

저작권 보호 범위를 제한할 수 있다는 것은 일종의 환상에 불과하다고 하면서, 타인의 작품에서 가져온 것과 아닌 것을 분리하여 전자에 대해서는 앞선 창작자들에게서 일일이 허락을 받아야 새로운 창작행위를 할 수 있다면 창작은 대부분 세상에 나올 수 없을 것이라고 했다.[343] 그는 퍼블릭 도메인이라는 장치를 활용해 창작 원재료를 비축함으로써 저작권법상 보호 범위와 같은 어려운 문제를 창작성이라는 환상에 의지하지 않도록 해준다고 하여, 창작성 요건을 통한 저작권 보호 범위를 정하는 딜레마 해결에 퍼블릭 도메인 확대의 장점이 있다고 주장했다. 같은 견지에서 보일 교수도 창작성이라는 개념이 비현실적이고 개인주의적인 개념인데도 저작권법이 그 기능을 수행할 수 있는 것은 바로 이 퍼블릭 도메인 때문이라고 한다.[344]

이 책의 주제인 '표절과 인용'과 관련해서 본다면, 공표된 어문저작물을 이용할 때는 앞선 창작자들에게서 일일이 그 사용을 허락받아야 하는 것은 아니므로, 리트만 교수의 논의는 다른 저작물에는 타당할지 몰라도 어문저작물의 인용 그리고 저작권법을 넘어 비법률적 제재까지 포함하는 표절 영역에서는 반드시 타당하다고 할 수 없다. 어문저작물을 공표한다는 것은 정당한 범위 내에서 사용하고 일정한 규칙에 따라 출처표시를 하면 창작자 허락을 받지 않고 사용하더라도 저작권침해 책임을 묻지 않겠다고 공개적으로 표시한 것이라고 볼 수 있기 때문이다.

인용이 중요하고 강조되는 어문저작물, 특히 학술 분야 저작물에서는 오히려 타인의 적극적 사용이 학문발전에 필수적이라는 점에서 학술저작물을 공중에 공표하는 것은 타인의 사용을 당연히 전제한다고 할 수 있다. 이런 차원에서 본다면 앞선 창작자의 승인을 받아야 함을 전제로 창작성이 환상에 불과하다든지, 퍼블릭 도메인을 확대하여 지식의 창고를 확장해야 한다든지 하는 등의 논의는 표절 논의에서 더는 타당하지 않게 된다. 이는 역으로 퍼블릭 도메인의 영역에 있다고 해서 표절 책임과 인용의무에서 자유롭지 않다는 것을 의미한다.

여기에서 오픈 소스open source 운동과 '공표된 어문저작물의 인용'을 관련지어 살펴보는 것은 인용의 의미를 새롭게 하는 것으로 이 책의 주제와 관련하여 의미가

---

343. Jessica Litman, *The Public Domain*, 39 Emory LJ. 965, 1022 (1990).
344. Boyle, 앞의 논문(주 213), 60면.

꽤 크다. 이른바 개방적 라이선스를 지지하는 쪽에서는 정보에 두 가지 속성이 있다고 한다. 비경합성nonrivalousness, 비배제성nonexcludability이 그것이다. 이에 따르면 디지털 저작권 관리Digital Rights Management, DRM가 발달하면서 공정이용은 사실상 무력화되고, 결국 '법의 지배'는 '기술의 지배'로 변질되었다고 한다.[345] 여기에서 정보의 비경합성, 비배제성이라는 속성을 극복하려는 대신 기꺼이 수용하되 다른 방법으로 이해관계를 조절하자고 하면서, 대안으로 크리에이티브 커먼스 라이선스Creative Commons License, CCL를 제시하기도 한다.[346]

정보공유에 관한 여러 가지 운동은 약간씩 차이가 있지만, 저작자 자신이 저작물의 이용을 사전에 허락한다는 점에 공통점이 있다. 다만 이용허락의 조건이 부가되는 과정에서 차등이 있을 뿐이다. 학술적 어문저작물에서 저작권침해가 되는 수준이 아니라 학계에서 인정하는 수준으로 인용이 허용되는 경우 이를 어떻게 정당화할지와 관련하여, 앞서 논의한 바와 같이 퍼블릭 도메인에서 접근하는 방법과 공정이용에서 접근하는 방법이 있을 수 있다.

여기에서 하버드 로스쿨 벤클러Yochai Benkler 교수 주장에 주목할 필요가 있다. 그는 보호받을 수 없는 영역과 원칙적으로 보호 가능하지만 공중의 이용에 내어진 특권적 사용을 구별하는 것은 저작권법의 중요한 분석영역이며, 공정이용이 그 한 예라고 했다.[347] 벤클러 교수가 말하는 '보호받을 수 없는 영역'은 퍼블릭 도메인에 해당하고, '보호 가능하지만 공중의 이용에 내어진 특권적 사용이 허용되는 영역'이란 저작권법상 저작재산권이 제한되는 영역으로서 대표적으로 공정이용이 적용되는 영역이라 할 수 있다. 표절 논의에서 후자의 영역에 대해서는 출처표시 의무가 면제되지 않으나, 전자의 영역에 대해서는 일반지식에 해당할 경우 출처표시 의무가 면제되는 경우가 있을 것이다.

---

345. 윤종수, 앞의 논문(주 334), 77 - 79면.
346. 위 논문, 81 - 88면.
347. Yochai Benkler, *Free as the Air to Common Use : First Amendment Constraints on Enclosure of the Public Domain*, 74 N.Y.L. Rev. 354, 361 (1999).

3. 대가이론

'공표된 저작물의 인용'을 공정이용 측면에서 접근할 경우에는 정당화 논리가 필요하다. 왜 타인의 창작물을 일반이 인용해서 쓰는 것이 정당한가? 여기에는 두 가지 논의가 가능하다.

첫째, 창작자가 자신의 창작물을 외부에 공표한다는 것은 공중의 이용에 제공하는 것을 의미한다. 특히 학술적 성격의 어문저작물은 저술자 생각이 이론으로 확립되기 위해 공개가 필수적이다. 공개된 생각은 다른 학자가 검증하면서 확고해지거나 도태된다. 창작자의 공개행위는 타인의 이용을 전제로 하는 것으로, 개방적 라이선스의 논리를 빌리면, 공표할 때 정당한 범위에서 사용하되 반드시 출처를 표시할 것을 조건으로 하는 공개라고 할 수 있다. 공개 후 '피인용 횟수'가 많아지면 더욱 권위를 얻게 된다는 것은 '공표 = 인용 허용'을 전제로 하는 것이다. 따라서 공표했으나 도용되거나 표절된다면 이는 창작자가 공개할 때 예상한 것이 아니라는 점에서 인용의 한계에 해당하며, 이른바 '정당한 범위'와 관련된다.

둘째, 인용하는 이용자로서는 타인의 창작물을 수고를 들이지 않고 사용할 때 그에 따른 대가를 지불하는 것이 정의 관념에 맞는데, 특허처럼 실시를 하기 위해 라이선스계약을 체결하는 것이 아니라, 피인용물을 자신의 저작물에서 밝히는 것으로서 대가(로열티)를 지불한 것으로 볼 수 있다. 논문을 작성할 때 인용한다는 것은 비평적 문헌의 텍스트들이 갖고 있는 권위를 논문작성자의 주장을 뒷받침하거나 확인하는 데 사용하기 위한 것이라는 움베르토 에코Umberto Eco의 지적은,[348] 역으로 말하면 인용함으로써 피인용 문헌의 권위를 그만큼 올려주는 것이라고 할 수 있다. 따라서 출처를 표시하여 인용한다는 것은 그만큼 피인용 저작물의 저작자에게 경제적인 것은 아닐지라도 일종의 지불행위를 하는 것이다.

어문저작물, 특히 학술물의 경우 창작과 공표로 후속저작물 이용에 따른 경제적 이익을 얻기보다는 피인용에 따른 명예와 학문적 권위가 더 큰 창작의 동인이 될 수 있으므로 해당 분야 후속 세대가 앞선 창작물을 이용하되, 출처를 밝히고 인

---

348. 에코, 앞의 책(주 37), 225 – 226면.

용하는 것은 이용에 따른 대가를 지불한 것이라고 볼 수 있다. 정리하면 공표된 어문저작물을 인용할 때, 창작자와 이용자 처지에서 정해진 규칙에 따라 출처를 표시하고 정당한 범위에서 이용하는 것은 정당성을 충분히 갖게 된다.

에코에 따르면, 주註는 빚을 갚는 데 이용되며 타인의 글을 인용하는 것은 바로 빚을 갚는 일이라고 했다.[349] 이는 필자의 대가이론과 일맥상통하는 것으로, 타인의 글을 이용하고 참조했는데도 주를 달아서 인용해주지 않는 것은 사용료를 내지 않는 것이거나(대가이론), 빚을 떼먹는 것(에코의 견해)에 해당한다.

한편, 대가이론을 유체재산과 비교하여 설명해본다. 유체재산(동산, 부동산)을 취득하는 행위에는 원시취득과 승계취득이 있을 수 있다. 무주물 선점이나 간척공사 또는 공유수면매립과 같이 원시취득이 있긴 하지만 대체로 승계취득을 상정할 수 있다. 승계취득의 경우 원재료 매입이라는 출연행위가 전제되고 여기에 기술 또는 자본을 투여하여 가치가 증대된 유체재산을 취득할 수 있다. 저작권과 같은 무체재산의 경우 창작행위가 더해지는 원본, 즉 유체재산의 경우 원재료에 해당하는 것이 무엇인가? 이것은 기존의 문화라고 할 수 있다. 2차적저작물 작성권 침해가 따르는 경우 유체재산에서와 같이 원작자에게 원작 사용을 허락받기 위한 출연행위가 있을 수 있으나, 그렇지 않은 경우 기존의 문화를 별도 출연행위 없이 사용할 수 있다. 즉 무체물의 경우 원재료를 구입하기 위한 출연행위가 없을 뿐 아니라, 오히려 법이 자유이용의 길을 터주고 있다. 그 대표적인 것이 바로 '공표된 저작물의 인용'이다. 물론 여기에는 제한이 있다. '정당한 범위 내 사용(양적/질적 주종관계 불형성)'과 '공정한 관행에 합치된 사용'이 그것이다. 공정한 관행에는 출처표시 의무라고 하는 의무가 따르게 된다.

---

349. 위의 책, 243면.

IV

경험적 접근에 따른 조화 모색

위와 같이 연역적 방법으로 학술정보론/정보공유론과 저작권/표절금지윤리의 조화를 시도하는 것과 달리 귀납적 방법으로 양자의 조화관계를 논증할 수도 있다.

첫째, 경험적이고 실증적으로 접근해볼 수 있다. 오늘날 표절을 엄격하게 금지하고 합리적 인용기준을 갖고 있는 나라와 그렇지 않은 나라를 비교해볼 때, 표절금지윤리의 엄격성 정도와 학문, 문화, 산업발전의 정도가 반비례관계에 있지 않고 오히려 비례관계에 있다는 점은 표절문제가 특허권이나 저작권의 견지에서 강력하게 다루어질수록 학술정보 활용이 저조하게 되어 학술발전을 통해 사회발전을 도모하고자 하는 이념 실현에 부정적으로 작용할 수 있다는 주장(나와 고타로 교수, 곽동철 교수)을 실증적으로 반박하는 것이라고 할 수 있다.

둘째, 규범에는 '법적안정성', '예측가능성'을 통해 오히려 사회 안정을 기하는 속성이 있다. 어떠한 것이 규범에 저촉되거나 그렇지 않다는 것이 사전에 공지되고, 구체적 사건을 통해 판례가 집적되어 결과적으로 재판규범이 된다면, 국민은 이를 통해 자신의 행위규범을 삼을 수 있다는 점에서 저작권법 또는 표절금지윤리 같은 '정직한 글쓰기' 규범은 집필자들을 구속하기보다는 자유를 줄 수 있다.

우리나라의 법체계는 판례에 대하여 선례구속의 원칙을 적용하는 영미법계가 아니며 판례의 법원성法源性을 인정하지 않는 대륙법계에 속하지만, 사실상 판례가 재판규범역할을 수행한다. 그런데 판례의 이와 같은 재판규범적 속성은 더 나아가 국민에게는 행위규범으로 화化하는 측면이 있다. 특히 실정법 규정이 없거나 매우 부실한 경우 재판에서 입법의 미비가 보충되는 경향이 많은데, 그와 같이 형성된 판례는 이 분야에 이해관계가 있는 사람들에게 행위규범 역할을 수행하기도 한다. 예를 들어 이 책의 연구주제인 표절문제에서 어떤 것이 표절이고 어떤 것이 적절한 인용인지 학술저작물을 내는 학자들로서는 지대한 관심을 갖지 않을 수 없다. 따라서 이에 관한 판결이 나오고 판례로 집적된다면, 그것이 관련 학자들에게는 일종의 행위규범이 된다. 판례 등 집적된 사례가 사실상 재판규범 또는 행위규범의 기능을 수행한다는 점에서 이에 대한 연구, 이 책이 취하는 연구방법론으로서 사례연구는 규범 전파측면에서 중요한 역할을 수행할 것이다.

제3장

학문으로서의 표절론

저작권법 전공자가 법학 분야를 넘어 학문 전반에 걸친 표절 논의를 하는 것이 정당한가?

표절에 대해 본격적으로 논의하기에 앞서 이런 의문을 해소해야 하는 것은 이 책을 변론하기 위한 방어 차원을 넘어 이 책이 쓸모 있기 위한 적극적 해명이 되기 때문이다. 표절론이 전문성이 필요한 독자적 학문체계를 갖추려면 연구방법론이 필요한데, 이 장에서는 이에 대해 다룬다. 이 장을 잘못 이해하면 자칫 표절 논의를 법학(저작권법학)의 테두리 안에서 해야 하는 것으로 생각할 수 있다. 그러나 결코 그렇지 않다. 이 장 후반부에 있는 학제적 연구에서 보는 바와 같이 표절론은 어느 특정 학문 분야의 전유물이 될 수 없으며, 여러 학문이 유기적으로 협업해야 할 대상이다. 다만 그 논의를 이끌어가는 주된 학문 분야와 연구방법론이 무엇이어야 하는가 하는 논의는 필요하다.

높은 산을 오르는 길이 여러 갈래 있듯 표절문제에 접근하는 방법도 다양하다. 표절문제가 어느 특정 학문에서만 발생하는 것이 아닐뿐더러 표절 논의에 여러 학문의 방법론이 적용될 수 있다는 점에서 백가쟁명百家爭鳴이라 할 수 있을 정도로 학자들 간에 표절 논의가 활발하다. 표절문제 전반에 관해서는 윤리학, 교육학, 지식사회학, 문헌정보학, 법학 등 학문 분야에서 연구되고 있다. 표절문제가 글쓰기 또는 연구윤리와 관련된다는 점에서 교육학과 윤리학이, 지식정보 중 학술정보의 특성과 관련이 있다는 점에서 지식사회학이, 인용 등 출처표시와 관련이 있다는 점에서 문헌정보학이, 저작권과 밀접하게 관련되어 있다는 점에서 법학이, 해당 학문 분야를 넘어 학문 전반의 표절 논의를 이끌어가고 있다. 물론 이들 학문 외의 분야에서도 학문 전반의 표절문제를 개인 차원에서 연구하는 이도 있으나, 전문성이 담보되지 않는다는 점에서 예외적인 경우를 제외하고는 학문 전반의 표절 논의를 주도하기는 어렵다.

학문 전반의 표절이 아닌 개별 학문 내의 연구윤리와 표절문제 연구도 활발하게 진행되고 있다. 예컨대 의학 분야의 연구윤리, 행정학 분야의 표절금지윤리 같은 것이 이에 해당한다. 이는 주로 특정 사건[350]을 계기로 해당 학문 분야의 연구윤리에 관심 있는 학자들이 수행해왔다. 여기에는 논란이 된 표절 사건에 개인의 의견을 표명한 에세이류 연구물도 포함시킬 수 있다.[351]

이렇게 학문 분야 전반의 표절문제 연구와 그렇지 않은 것을 구별하는 이유는 무엇인가?

첫째, 학문 분야별로 연구와 글쓰기 방식이나 관행이 다르다 하더라도 윤리적 측면(표절)과 법적 측면(저작권침해)에서 학문 전반에 걸쳐 공유할 부분이 있음은 분명하다. 개별 학문 분야별로 진행되는 표절금지윤리 연구가 자칫 학문 전반의 표절 논의에 배치되는 점이 있다면, 이런 연구결과 만들어진 가이드라인은 신뢰성을 갖기 어렵다. 실제로 개별 학문 분야별로 만들어진 표절 관련 가이드라인을 보면 표절이나 저작권에 관한 명확한 인식이 부족해 이해하기 어려운 것들이 더러 있다.

둘째, 개별 사건에 대한 의견 표명이나 특정 사안을 해결하기 위한 소논문은 표절 논의의 전체적 체계성을 고려하지 않는 경우도 있어 이에 의존해 표절 논의를 이어가는 것은 위험하다. 물론 표절 자체를 연구하는 전문가가 아니더라도 학문을

---

350. 의학 분야의 황우석 박사 사건, 행정학 분야의 김병준 전 교육부총리 지명자 사건이 그 예다.
351. 표절에 관한 전반적 논의는 아니지만, 특정 표절 사건의 절차에 간여해 알게 된 사실 또는 이를 계기로 연구한 결과물을 소논문이나 에세이 형태로 발표한 경우가 이에 해당한다. 법학 분야를 예로 들면 양승규, 「법학교수의 표절과 윤리성」, 계간 사회비평 제27호, 2001 봄; 한상범, 「한국 법학의 계보와 표절의 병리」, 계간 사회비평 제27호, 2001 봄 등이 있다.

하는 사람이라면 표절문제에 관한 식견이 있을 수 있고 특정 사안에 자신의 견해를 밝히는 것은 결코 비난할 일이 못 된다. 때로는 용기 있는 행동이 되기도 한다. 그러나 여기에서 지적하고자 하는 것은 표절 논의와 이에 대한 연구가 전문성이 필요한 영역이라는 점이다. 표절 논의 결과에 따라 평생 쌓은 학문적 업적이 수포로 돌아가게 되는 경우가 있고 법적 책임을 지는 경우도 있다. 역으로 명예훼손이나 무고의 법적 책임을 지는 경우도 있을 수 있다. 한 사람의 인생과 명예, 평판을 좌우할 수 있는 중요한 논의에 전문성을 인정하는 학계 분위기를 조성해야 한다고 생각한다. 표절 논의는 그 자체로도 학문의 과정이다. 진지하게 논의된다면 학문의 발전을 가져올 수 있고 그 과정에서 학계의 자정 작용이 진행될 수 있다. 그런데 비전문가가 이를 주도하면 혼란이 초래될 수 있다. 실제로 표절 여부를 판정하기 위해 개발된 각종 소프트웨어와 학술저작물의 데이터베이스[DB] 구축으로 1차적 유사도 검사가 가능하게 되었다. 이와 같은 기계적인 결과치만으로 표절 여부를 단정하는 것은 매우 위험하며, 표절 논의가 이런 방향으로 흐르는 것은 바람직하지 않다.

위와 같은 이유에서 표절 연구와 논의는 개별 학문 분야를 넘어 전체 학문을 대상으로 체계성을 갖고 접근할 필요가 있으며 전문가의 합리적이고 이성적인 논의가 필요하다.

한편, 학문 분야 전체를 다루는 표절 논의의 경우[352] 연구방법론은 연구자가 속한 학문 분야의 특성에 따라 다양하다. 최근에는 정부 또는 정부의 지원을 받는 기관의 요청에 따라 가이드라인을 제정하기 위한 연구결과물이 나오기도 했다.[353] 그러나 아직까지 표절 자체를 독립된 주제로 다룬 본격적 연구 또는 저술은 없었다고 해도 지나친 말이 아니다.

이 책에서는 표절 자체를 고유의 연구 주제로 하되 몇 가지 새롭게 시도되는 연

---

352. 이 책이 대상으로 한 학술저작물의 표절에 국한해 볼 때, 이를 주제로 꾸준히 연구하고 저술을 발표해온 학자로는 곽동철, 이인재, 박성호 교수 등을 들 수 있다.
353. 필자가 한국저작권위원회로부터 연구용역을 받아 2007년부터 2009년까지 3년에 걸쳐 작성하여 제출한 연구보고서도 여기에 포함될 수 있다. 남형두,『표절문제 해결방안에 관한 연구(I) – 문화산업 발전을 위한 토대로서 저작권의식 제고를 위한 기초연구』, 저작권위원회, 2007;『표절문제 해결방안에 관한 연구(II) – 표절사례 연구』, 저작권위원회, 2008;『표절문제 해결방안에 관한 연구(III) – 표절방지 가이드라인 제안』, 저작권위원회, 2009. 필자는 2011년 경제인문사회연구회에 정부출연연구기관 연구보고서의 표절문제를 연구하고 가이드라인을 제시하기도 했다. 남형두,『국책연구 품질제고를 위한 연구윤리제도 정착 방안 연구』, 경제인문사회연구회, 2011.

구방법론을 채택했으며 연구를 효율적으로 하기 위해 범위를 제한하기도 했다. 아래에서는 먼저 기존의 연구방법론에 대한 비판으로 논의를 시작한다. 이어서 표절과 밀접하게 관련된 저작권법학적 방법론에서 표절과 저작권침해의 관계를 중심으로 논의한다. 나아가 저작권법 외에 법학 일반의 전문지식이 표절 논의에 도움이 됨을 논증한다. 끝으로 법학, 특히 저작권법학이 표절 논의를 주도하되 학제적 연구가 필요하다는 것을 역설한다.

I

기존 연구방법론과 비판

지난 십여 년 동안 표절에 관해 사회의 관심이 뜨거워짐에 따라 표절 연구가 적잖이 진행돼왔다. 표절 실태나 인식에 대한 조사연구에 그친 것도 있고 최종적으로 표절 관련 가이드라인을 만들어 제시한 것도 있다. 그 유형을 나열하면 다음과 같다.

- 설문조사
- 언론기관의 탐사보도
- 학회 연구산물
- 정부 연구용역 결과물
- 독자적인 연구산물

지금까지 연구는 대체로 특정 표절 사건으로 촉발된 사회적 관심 또는 요구에 따라 표절방지 가이드라인을 도출하기 위해 진행된 것이 사실이다. 짧은 시간에 만들어지다 보니 기본 개념이나 정의를 오해하거나 표절에 대한 본질적 이해가 부족한 경우도 더러 있었다. 체계가 전체적으로 일관된 것을 찾기가 쉽지 않다.

표절문제는 시간과 공간, 학문의 종별이라는 환경적 요소를 떠나서 논의할 수 없다는 점에서 동시대 또는 이전 시대 여러 분야에서 시도된 표절 연구를 비판적으로 검토하는 것이 필요하다.

1. 설문조사

표절 연구에서 가장 많이 사용되는 연구방법론이다. 이는 크게 일반인을 대상으로 하는 것과 연구자를 대상으로 하는 것으로 나눌 수 있다. 일반인을 대상으로 표절에 관해 설문조사를 하는 것은 엄밀하게 말하면 표절 연구에 큰 도움이 되지 못한다. 일반인에게 낯선 전문적 영역에 관한 인식조사 과정에서 질문 취지를 잘못 이해한 응답이 다수 나와 결과물을 신뢰하기 어려울 뿐만 아니라 설문조사방식에 따라서는 자칫 결과물이 오도될 수 있기 때문이다.

그에 비하여 연구자를 대상으로 하는 설문조사 결과는 한결 유용할 수 있다. 이는 다시 두 가지로 나누어볼 수 있다. 학술적 저작물을 생산하는 연구자를 대상으로 하는 것과 표절 자체를 연구하는 전문가를 대상으로 하는 것이다.

① 학술적 저작물을 생산하는 연구자를 대상으로 하는 설문조사방식

설문조사 결과 중 현재 실태에 관한 것은 연구와 저술을 하는 이들의 응답이라는 점에서 상당 부분 신뢰할 수 있으며 표절 연구의 1차 자료로 유용하다. 그러나 판단 대상자를 상대로 하는 설문조사라는 점에서 조사결과에서 판단기준을 도출하는 것에 다소 문제가 제기될 수 있다. 응답자의 경우 대체로 자신의 과거 글쓰기를 정당하다고 믿거나 합리화하는 경우가 많은데 이들의 응답에서 표절 판정기준을 도출한다면, 판정기준이 왜곡될 소지가 있기 때문이다.

② 표절 연구자를 대상으로 하는 설문조사방식

표절 연구자를 대상으로 하는 설문조사는 위 ①의 방식, 즉 판단 대상자를 상대로 하는 설문조사 방식의 한계에서 벗어날 수 있다는 점에서 의미가 있지만, 모본 집단이 크지 않아 시도된 적이 있는지 확인되지 않는다. 다만 각종 학술지의 편집장 또는 편집관련 책임자[354]를 대상으로 하는 설문조사를 여기에 포함한다면, 표절 실태조사뿐만 아니라 규범적 측면에서의 설문조사 결과는 표절 연구와 가이드라인 제정에 큰 도움을 줄 것이다.

2. 언론기관 등의 탐사보도

사회적 이목을 끄는 굵직굵직한 표절 사건이 터질 때마다 신문이나 잡지에서 1회성 또는 연재물 형태로 표절 관련 기획물을 싣는 경우가 있다. 일반인은 쉽게 접근할 수 없는 사례들을 소개한다는 점에서 긍정적으로 평가할 수 있지만, 대부분 분석에서 전문성을 갖추었다고 보기 어려우며 때로는 매우 위험한 경우도 있다. 다만, 표절 연구자의 노력으로는 찾을 수 없는 사례들이 언론에 보도된다는 점은 사례 발굴 차원에서 의미가 있다.

표절문제를 지속적·집중적으로 연재·보도하는 곳으로는 교수신문을 들 수 있다. 교수신문이 교수와 연구자를 대상으로 표절에 대한 설문조사를 하고 이를 분석한 결과는 공과功過가 있으며, 분석기사 중에는 꽤 의미 있는 것도 있다.

3. 학회 연구산물

학회 자체적으로 표절 연구를 진행하고 그 결과물을 해당 학회의 표절방지 또는 인용 규범 등의 형태로 발표하는 경우가 있다. 이는 대체로 특정 사건이 발생한 후 관련 학회에서 그에 대한 해결책으로 시작한 연구의 산물이다. 이런 가이드라인은 해당 학회나 학계의 글쓰기 관행을 잘 설명할 수 있을지 몰라도 '공정성'[355]을 담보하

---

354. 표절에 대해 객관적인 문제의식을 갖고 있는 이들이라는 점에서 표절 연구자의 범주에 포함시킬 수 있다. 신정민·최장순, 「연재 - 잘못된 관행, 표절의 생태학 : ③ 어디까지가 자기복제·중복투고인가」, 교수신문, 2006.10.2. 기사. 신정민 기자 등은 사회과학 분야 학회 전현직 편집위원 67명을 대상으로 자기복제 및 중복투고 논문에 관한 설문조사를 실시하여 분석한 결과를 교수신문에 게재했다.

지 못하거나 저작권법에 대한 전문적 지식이 부족한 경우가 많아 학문 전반에 적용하기 어렵다.

나아가 특정 사건 발생과 무관하게 학회 차원에서 표절 관련 규정을 만들거나 연구를 진행해 결과물을 내놓는 경우도 있다. 대표적으로 한국법학교수회에서 2000년에 처음 펴낸 『논문작성 및 문헌인용에 관한 표준안』이 있다. 이는 법학 분야 논문을 작성할 때 인용에 관한 광범위한 규정으로, 간행사에 나와 있듯이 투라비안Kate L. Turabian의 『A Manual for Writers of Term Papers, Theses, and Dissertations』(University of Chicago Press, 1996)와 하버드 로스쿨의 『The Bluebook – A Uniform System of Citation』(Harvard Law Review Association)을 참조한 것이다.[356] 문헌인용에 관한 비교적 체계적이고 광범위한 가이드라인이라고 평가할 수 있다. 그러나 표절 판정의 가이드라인으로 삼기에는 부족한 측면이 있으며, 인용기준도 우리 실정에 맞지 않는 부분이 있다. 이 점에 관해서는 관련 항목에서 논한다.

황우석 박사 사건 이후 의학계에서 표절과 연구윤리에 관한 관심이 크게 모아져 많은 연구가 진행된 것은 매우 고무적인 일이다.[357] 그러나 아쉽게도 의학이라는 학문의 특성을 고려한다 하더라도 지나치게 법규범, 특히 저작권법에 관한 이해 부족으로 한계를 심하게 노출하고 있다. 그렇지만 앞으로 학제적 연구를 통해 이런 간극이 메워질 것으로 기대한다.

그 밖에도 여러 학문 분야에서 위와 비슷한 연구결과물이 가이드라인 형태로 발표된 적이 있다. 대체로 표절 또는 저작권법에 대한 이해부족이나 혼선에 따른 규범으로서 제 역할을 제대로 할 수 있을지 의문인 경우가 많다.

---

355. 저작권법 제28조에 따르면, 공표된 저작물의 인용은 '관행'이 아닌 '공정한 관행'에 합치할 것을 요구한다.
356. 한국법학교수회 편, 『논문작성 및 문헌인용에 관한 표준안』, 한국법학교수회, 2004 중 간행사 부분 참조.
357. 황우석 박사 사건 이후 의학계에서도 연구윤리 제정을 위한 움직임이 잦았다. 대표적으로 대한의학학술지 편집인협의회가 펴낸 「의학논문 출판윤리 가이드라인(2008)」을 들 수 있다.

4. 학회·대학의 각종 규정

최근 각 대학과 학회에서는 각종 연구윤리규정 또는 지침을 제정하는데, 그 안에 표절에 관한 정의규정 등을 두고 있다. 일반적으로 표절 관련 규정을 비교·검토하는 것도 표절 연구방법론으로 의미가 있다. 대학 등 기관이 연구윤리 또는 표절 관련 규정을 제정하는 과정에서 논의가 많을 것이기 때문이다. 또 그 기관에서 발생한 표절 사례와 그와 관련한 논의는 경험적으로 해당 규정 제정에 상당 부분 영향을 미쳤을 것이므로, 각종 규정은 표절 사례 자체는 아니지만 일종의 가공된 자료로 의미를 지닌다고 하겠다.

특히 학문 선진국의 표절 관련 규정은 표절 사례가 집적되고 규정화된 것으로, 실효성 있는 규범이 되고 있다는 점에서 이들 규정을 분석·검토하는 것은 표절 연구에 큰 도움이 된다.

그러나 우리나라에서는 대부분 대학·학회의 표절 관련 규정이나 연구윤리규정이 급조되었거나[358] 교육부 등 예산지원 기관에 보여주기 위한 수검용受檢用으로 다분히 장식적裝飾的인 것이 많다. 실적위주 또는 지나치게 이상적으로 만들어진 측면이 있어 자칫 현실과 동떨어진 규범이 될 가능성이 높다. 이 점에서 학문 선진국에 있는 대학의 연구윤리규정처럼 표절 연구의 참고자료로 쓰기에 적당하지 않다.

일부 급조된 측면이 있어 규정 내 여러 조문이 서로 일치하지 않을 뿐만 아니라, 표절에 관한 정의규정에 국한해서 보더라도 표절 개념이 정확히 정립되지 않은 것도 다수 보인다. 한편 급조되다 보니 국내 규정은 대부분 비슷한 규정을 많이 포

---

358. 국내의 각종 연구윤리와 표절 관련 규정은 황우석 박사 사건, 김병준 전 교육부총리 지명자 사건 등을 전후로 연구윤리/표절문제가 사회적 차원을 넘는 국가적 차원의 관심사가 되어 정부가 적극적으로 윤리정립을 위해 뛰어들게 되었고 그 산물이 나오게 된 것이다. 국내 각 규정이 갑자기 쏟아지게 된 배경에 대해서는 이인재 교수가 잘 정리했다. 구체적으로 2006.1.11. 국정현안조정회의를 통해 정부차원에서 연구윤리 확립 및 진실성 검증에 관한 제도적 기반을 마련하기로 합의했고, 과학기술부(현 교육부)가 "연구윤리 확보를 위한 지침"(2006.6.22. 확정)을 만들어 과학기술부 훈령으로 공포했다(2007.2.8). 이상, 이인재, 「연구윤리 확립을 위한 인용과 표절의 이해」, 윤리연구 제66호, 2007, 2~3면. 한편, 우리나라 연구윤리 관련 헌장 혹은 규정 중 2005년 이후에 제정된 것은 대학이 37개, 학회는 43개 등 총 80개(50.3%)라고 하며, 연구부정행위 처리 규정이 있는 15개 대학과 70개 학회 중에서 2005년 이후에 규정을 둔 경우가 대학 15개(100%), 학회 32개(45.7%)로 나타났다고 한다. 이인재, 『국내 연구 윤리 활동 실태 조사·분석』, 한국학술진흥재단, 2007, 123~124면.

함하고 있다. 윤리규정이 비슷한 것 자체를 탓할 일은 못 되나 서로 차용하는 과정에서 잘못된 것조차 답습된다면 문제가 아닐 수 없다.[359]

규정 중 일부는 지나치게 형식적이고 현실을 도외시한 채 이상적으로 되어 있다. 이는 표절금지 가이드라인을 제정할 때 가장 좋지 않은 예다. 표절을 추방하려고 노력을 기울이기보다는 표절 관련 규정을 매우 엄격하게 만들어놓음으로써 마치 해당 기관의 표절금지윤리 수준이 높은 양 외부에 과시한 것이기 때문이다. 모든 기관의 규정이 그런 것은 아니지만 상당수 규정은 저작권법이나 표절의 기본 개념조차 이해하지 못한 채 표절 관련 규정을 제정했다. 따라서 규정을 보유하고 있음을 외부에 알리기 위한 일종의 장식적 수준을 넘지 못하는 경우가 많다. 상황이 그러하다 보니 이러한 규정에서 귀납적으로 추론하는 방식을 통해 인용 또는 표절 판정을 위한 가이드라인을 도출하는 것은 자칫 위험할 수 있다.

표절 관련 규정을 활용한 표절 연구방법론은 잘 만들어져 있는 규범을 전제로 한다면 매우 유용하겠지만,[360] 경쟁적으로 급히 만든 장식적 규정을 전제로 한다면 자칫 가이드라인을 지나치게 엄격하게 만들 수 있어 위험하다. 뒤에서 다시 말하겠지만 대표적으로 중복게재에 관한 한국연구재단 규정 같은 것은 지나치게 현실적이지 않을 뿐만 아니라 저작권법의 정신에도 맞지 않는다. 이와 같은 규정을 귀납적으로 추론하는 방식으로 표절금지 규범을 만드는 것은 적절하지 않다. 또 비판의 대상이 되는 규정을 귀납적으로 추론하는 방법론에 의해 표절금지 가이드라인 제정에 사용한다면 오히려 해당 규정을 정당한 것으로 인정하는 결과가 되어 부당하다.

다만 법원판결을 통한 표절 사례연구의 한계를 보완하기 위해 각종 연구윤리 규정상 표절 규정을 비판적으로 검토하는 것은 의미가 작지 않다. 덧붙이면 앞으로 표절 관련 규정을 제정할 때, 그것이 표절을 연구하는 학자의 연구 대상이 된다는 점을 깊이 인식해야 할 것이다.

---

359. 연구부정행위(FFP : 위조Fabrication, 변조Falsification, 표절Plagiarism)에 관한 각 대학이나 연구기관의 정의 또는 범위는 과학기술부가 연구윤리 확보를 위한 지침을 제정한 이후 거의 비슷하다. 한국연구재단(구 한국학술진흥재단)이 각 단체의 운용 여부를 평가하기 위해 '국내 연구윤리 활동에 대한 실태조사'를 실시한 결과, 비슷하다는 결론이 도출되었다고 한다. 이인재, 앞의 보고서(주 358), 104면.
360. 예컨대 미국의 대표적인 인용법에 관한 가이드라인 또는 각 대학에서 제정하여 학생, 교수들에게 일종의 학칙으로 제시하는 각종 교내규정 등이 대표적이다. 이런 규정들을 분석·종합해보면, 표절방지 가이드라인을 제정하는 데 큰 도움을 얻을 수 있다.

5. 정부[361] 연구용역 결과물

지난 몇 년 사이 표절 및 인용, 글쓰기 및 연구윤리에 관한 가이드라인을 제정하기 위한 연구용역이 국무총리실(경제인문사회연구회), 교육부(한국연구재단), 문화체육관광부(저작권위원회) 등을 통해 발주되어 각기 연구결과물이 제출된 적이 있다. 필자도 이런 연구용역에 참여하여 연구보고서를 제출한 적이 있는데, 각기 다른 학문 분야에서 연구한 결과물이기 때문에 장단점이 있다. 다만 정부 연구용역 과제의 특성상 깊이 있는 연구보다는 결과에 치중하는 측면이 있음을 부인하기 어렵다.

6. 평가

이상에서 본 바와 같이 그간 표절에 대한 각종 연구는 시기별로 기여한 측면이 없지 않으나 본격적·체계적 연구라고 하기에는 미흡하다.

그런데 문제는 최근 들어 이러한 연구결과물을 토대로 가이드라인이 제정·유포되기 시작했다는 점이다. 법적 측면, 규범적 논의에 대한 이해가 부족해 자칫 가이드라인이 왜곡 제정되는 경우 억울한 희생자가 다수 발생할 수 있다. 때로는 규정이 지나치게 이상적이어서 실효성 있는 규범 기능을 상실할 우려도 있다. 이에 대해서는 해당 부분에서 상세히 논의한다.

표절에 대한 사회의 관심이 뜨거운 것에 비해 학계의 전문적 연구는 이에 미치지 못하고 있다. 따라서 더는 표절에 관한 본격적·체계적 저술을 미룰 수 없게 되었으며, 이 책을 집필하는 목적도 여기에 있다.

---

361. 여기에서 정부는 총리실, 교육부, 문화체육관광부 같은 정부부처만이 아니라 그 산하기관 또는 출연기관 이라 할 수 있는 경제인문사회연구회, 한국연구재단, 저작권위원회 등의 기관을 포함한다.

II

저작권법학적 방법론

1. 저작권법학의 접근

가. 표절의 광협 정의

표절을 저작권법학에서 논의하려면 먼저 표절과 저작권침해의 관계를 명확히 하지 않으면 안 된다. 양자의 관계에 대한 좀 더 심도 있는 논의는 뒤에서 자세히 하고[362] 여기에서는 표절 논의를 법학 분야에 끌어들여야만 하는 이유를 설명하는 데 그친다.

표절의 정의는 매우 다양하다. 어느 한 가지로 정의하기 곤란한 것은 표절이라는 용어가 포섭하는 개념의 광협廣狹 차이가 매우 크기 때문이다. 따라서 어느 한 가지로 표절을 정의하기보다는 여러 단계로 정의하는 것이 바람직하다.

일반적으로 표절은 저작권침해를 포함하는 개념으로 쓰이기도 하고 저작권침해와 구별되어 쓰이기도 한다. 전자를 '광의의 표절'이라고 한다면, 후자를 '협의의

---

362. 주 371-441 해당 면 참조.

표절'이라고 할 수 있다. 이 책에서 표절이란 '협의의 표절'을 의미하며, 저작권침해를 포함하는 뜻으로 쓸 때에는 '광의의 표절'이라는 용어를 사용한다.[363] 한편, 표절은 '광의의 표절'보다 더 넓은 개념으로 위조, 변조 등 연구윤리 위반까지 포함하는 개념으로 쓰이기도 하는가 하면('최광의의 표절'), '협의의 표절'보다 더 좁은 개념으로 자기표절이나 중복게재를 제외한 이른바 '타인 표절'만 의미하는 개념으로 쓰이기도 한다('최협의의 표절').

광의의 표절 개념에 들어가는 협의의 표절과 저작권침해는 자주 혼용된다. 그런데 이러한 혼선은 자칫 표절에 관한 합리적 논의에 지장을 초래할 수 있다. 실제로 학자들이나 전문가들조차 이 두 개념의 차이를 혼동하는 경우가 많다. 이로써 때로는 표절에 필요 이상의 엄격한 잣대를 가하거나, 지나치게 관대한 결과를 초래하는 경우가 있다. 이러한 결과를 피하기 위해 이 두 개념의 관계를 명확히 정립하는 것이 표절 논의에서 매우 중요한 과제다.

표절과 저작권침해의 관계는 다음 그림으로 요약할 수 있다. 대개 양자는 겹친다(A). 그런데 경우에 따라서는 저작권침해가 되지 않지만 표절이 되는 경우(B)와 저작권침해가 되지만 표절이 안 되는 경우(C)가 있다.

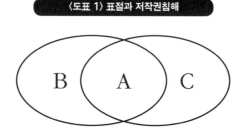

〈도표 1〉 표절과 저작권침해

A+B로 구성된 원 안이 표절(협의의 표절),
A+C로 구성된 원 안이 저작권침해라고 가정할 때, A+B+C 전체는 광의의 표절임

---

363. 이 책에서 저작권침해와 병렬적으로 표절을 언급할 때는 협의의 표절을 의미한다. 그와 같이 병렬적으로 사용하지 않을 때에는 광의의 표절을 의미하는 경우도 더러 있음을 밝혀둔다.

① 공유 부분(A)

저작권침해와 표절이 동시에 성립되는 경우다. 저작권자가 갖는 복제권, 공연권, 공중송신권(방송권, 전송권, 디지털음성송신권), 전시권, 배포권, 대여권, 2차적저작물작성권 등 저작재산권을 침해한 것으로, 출처(피침해물)를 표시하지 않아 침해자가 자신의 것인 양 한 경우가 이에 해당한다.

위 그림은 논의를 진행하기 위해 과장한 점이 있다. 편의상 A부분이 B 또는 C부분보다 작게 그려져 있으나, 실제 일어나는 사건의 양상을 보면 A부분이 대부분이고 B 또는 C부분은 매우 작다. 그런데 이 그림을 제시한 필자의 의도는 저작권침해와 표절의 차이를 부각하는 데 있으므로, 중요한 것은 중복되지 않은 각자의 고유한 영역, 즉 B와 C부분이다. B와 C부분을 중심으로 논의를 이어간다.

② 저작권침해가 되지 않지만 표절이 되는 경우(B)

저작권법은 저작물을 '인간의 사상 또는 감정을 표현한 창작물'로 정의하고 있다(제2조제1호). 이에 따르면, 저작권의 보호대상은 '표현'에 국한될 뿐, '사상 또는 감정(이하 '아이디어'라고 쓰기도 하겠음)'은 아니다. 그런데 뒤에서 자세히 논의하는 바와 같이 아이디어 중 독창적인 것은 표절의 대상이 된다.[364] 이 점이 표절과 저작권침해를 가르는 가장 중요한 차이다. 간혹 저작권법에 관한 전문가조차 표현만 아니면 아이디어는 가져다 써도 무방하다고 말하는데, 이는 저작권침해가 안 된다는 것일 뿐 표절 책임도 없다는 것이 아니다. 표절과 저작권침해를 명확히 구분하지 않고 위와 같이 언급하는 것은, 특히 전문가가 공식적인 자리에서 언급하는 것은 일반인을 혼란에 빠뜨릴 수 있어 대단히 위험하다.

한편, 표현 중에도 저작권 보호대상이 되지 않는 것이 있다. 저작자를 알 수 없거나 보호기간이 만료되어 공유 상태public domain에 있는 것, 저작권법상 '보호받지 못하는 저작물'[365]이 이에 해당한다. 물론 표절이 성립하려면 기만이라는 요건이 필요하기 때문에 공유 저작물로 널리 알려진 것은 출처표시를 하지 않고 썼더라도 표절이 성립하는 것은 아니다. 하지만 공유 상태에 놓인 저작물임에도 그 사실이 널리 알려지지 않은 경우에는 표절이 성립할 수 있다. 또한, 저작권법상 보호되지

---

364. 주 504-505 해당 면 참조.

않는 저작물인 법원의 판결이나 사실전달에 불과한 기사, 이른바 '스트레이트 기사'는 저작권침해 대상이 아니지만, 경우에 따라 표절 대상이 될 수는 있다.[366, 367]

또 다른 경우로, 저작권침해는 공정이용이라는 항변이 허용되지만, 표절에는 그런 예외가 없다. 따라서 작은 부분을 발췌 사용할 경우 저작권침해에는 해당하지 않을 수 있지만, 이론상 표절에는 해당할 수 있다.[368] 여기에서 이론상이라는 말을 쓴 것은 그 작은 부분이 해당 분야에서 일반적으로 쓰이는 생각이나 표현이라면 표절에 해당되지 않겠지만, 그렇지 않다면 표절이 될 수도 있기 때문이다.

③ 저작권침해가 되지만 표절이 안 되는 경우(C)

표절은 단지 복제만 해서는 성립되지 않고 '자기 것인 양 하는 것passing off'이 필요하다. 따라서 그런 의도가 없으면 저작권침해는 될지언정 표절은 안 된다. 동의 없이 저작물을 전부 또는 일부 복제하는 경우 아무리 출처를 표시했어도 저작권침해가 된다. 예를 들어 저작권으로 보호되는 영화를 불법으로 복제해 블로그에 올려 불특정 다수인이 감상할 수 있도록 서비스한다면, 비록 이 영화가 자신의 저작물인 양 속이지 않았다고 하더라도 저작권침해가 되는 것은 당연하다.[369] 그러나 자기 것으로 속이지는 않았으므로 표절은 아니다. 나아가 타인의 저작물을 가져다 쓰면서 인용한 부분에 대하여 적극적으로 충실하게 출처표시를 다했다면 자기 것인 양한 것이 아니므로 표절은 아니다. 그러나 양적·질적으로 피인용물이 주主가 되고 자신의 저술부분이 종從이 되는 관계라면 정당한 범위를 벗어나 주종관계가 형성된

---

365. 저작권법
　　제7조(보호받지 못하는 저작물) 다음 각 호의 어느 하나에 해당하는 것은 이 법에 의한 보호를 받지 못한다.
　　　1. 헌법·법률·조약·명령·조례 및 규칙
　　　2. 국가 또는 지방자치단체의 고시·공고·훈령 그 밖에 이와 유사한 것
　　　3. 법원의 판결·결정·명령 및 심판이나 행정심판절차 그 밖에 이와 유사한 절차에 의한 의결·결정 등
　　　4. 국가 또는 지방자치단체가 작성한 것으로서 제1호 내지 제3호에 규정된 것의 편집물 또는 번역물
　　　5. 사실의 전달에 불과한 시사보도
366. 언론 기사의 표절문제에 대해서는 주 517 - 524 해당 면 참조.
367. 미국에서도 정부관리가 작성한 저작물에 대해서는 저작권침해가 성립하지 않지만 표절은 성립할 수 있다고 한다. Green, 앞의 논문(주 320), 200면.
368. 위 논문, 201면.
369. 위 같은 면. 스티븐 스필버그 영화를 불법 복제하여 판매하는 업자가 자기 작품인 양 속일 의사가 없어도 저작권침해가 되는 것은, 소비자들이 유명작가의 작품이라 생각해서 구매하고 불법침해자는 거기에서 이익을 얻기 때문이라고 한다.

것으로, 저작권침해가 될 수 있다.[370]

위와 같이 표절의 요건인 기만이라는 요소를 소극적으로 또는 적극적으로 부정함으로써 표절에 해당되지 않더라도 저작권침해가 되는 경우가 있다.

나. 저작권법의 기여

표절을 연구할 때 저작권법의 기여, 달리 표현하면 저작권법학 전공자의 유리한 점이나 저작권법에 의한 접근의 유용한 점은 필자가 취하는 연구방법론의 핵심이자 양보할 수 없는 장점이다. 이처럼 표절을 제대로 이해하려면 저작권법이라는 도구가 매우 도움이 되지만, 그것이 견인하는 것에는 일정 부분 한계가 있으므로 어느 순간에는 그 한계를 인정해야 한다.

(1) 공통 부분 – 견인관계

앞서 본 바와 같이 저작권침해와 표절은 용어를 혼용하는 경우도 많고 광의의 표절은 저작권침해를 포함하기 때문에, 저작권침해가 포함된 표절 논의에서 저작권법 또는 저작권법학이 기여하는 것은 너무도 당연하다.

저작권침해를 수반하는 표절(위 A부분)은 저작재산권의 복제권, 전송권 등의 침해로 법적 책임을 구성할 수 있고, 저작인격권(공표권, 성명표시권, 동일성유지권) 침해가 되기도 한다. 따라서 저작권 또는 저작권법에 대한 이해 없이 표절 논의를 한다는 것은 지극히 위험하다. 달리 말하면 저작권침해와 대부분 겹치는 표절에 관한 논의를 할 때 저작권법학 전공자는 대단히 유리한 위치에 있는 셈이다.

(2) 다른 부분 – 구별의 실익

표절과 저작권침해를 구별하는 실익은 크게 두 가지다. 첫째, 표절의 경우 윤리 규

---

370. 저작권법 제28조의 정당한 범위를 벗어난 저작권침해형 표절은 주 760 – 786 해당 면 참조.

범위반이므로 원칙적으로 형사 처벌할 수 없고 민사책임도 예외적으로 물을 수밖에 없다. 하지만 저작권침해의 경우 민사상 침해정지, 손해배상을 구할 수 있을 뿐만 아니라 형사적 책임까지 물을 수 있다는 점에서 제재수단에 큰 차이가 있다.

둘째, 저작권침해와 표절은 피해자의 범위에 차이가 있다. 저작권침해 피해자는 저작권자일 뿐이지만 표절 피해자는 저작권자나 피표절자 외에 독자, 학계 또는 소속 기관과 그 동료들도 포함한다. 따라서 저작권침해의 경우 저작권자(피표절자)의 동의 또는 용서로 저작권침해자(표절자)가 면책될 수 있지만, 표절의 경우 반드시 그렇게 되지는 않는다는 점에서 차이가 있다. 실제 재판에서 저작권자(피표절자)의 동의 또는 사후승인이 저작권침해자 또는 표절자의 책임을 면제 또는 경감시켜줄 수 있느냐가 쟁점이 되는 경우가 많다. 법원이 저작권자의 의사에 구속되어야 하느냐와 관련해 이 둘은 매우 다르게 기능할 수 있다. 이 양자의 차이를 제대로 인식하지 못하면 결과가 자칫 왜곡되어 나타날 수 있다는 점에서 구별의 실익이 작지 않다.

(3) 정리

공통되는 부분이 있어 견인관계에 있건 다른 부분이 있어 구별의 실익이 있건, 표절은 저작권침해와 떼어 논의하기가 불가능하다. 그러나 혼용될 수 없는 분명한 경계선이 있는바, 이를 또한 명확히 구분해내는 것이 필요하다. 이 점에서 저작권법학은 표절 연구에 더할 나위없는 좋은 방법론을 제시하는 것이다.

2. 표절과 저작권침해의 관계

가. 혼용에 따른 혼란

표절의 대상은 지식이다. 지식은 저작권 또는 그 상위 개념인 지적재산권의 보호대상이 되는 경우도 있고 그렇지 않은 경우도 있으나, 저작권 또는 지적재산권과 매우 밀접하게 관련되어 있음은 부인하기 어렵다. 표절이 저작권침해와 근접한 거리에 있다는 것은 비단 법학뿐만 아니라 다른 학문 분야에서도 인정하는 사실이다. 오죽하면 이 두 가지를 혼동하거나 혼용하는 경우가 많겠는가? 법학자 또는 지적재산권법 학자들 중에는, 물론 개념정의의 차이 때문이라고 볼 여지가 없지 않지만, 명확히 구분하지 않고 섞어 쓰는 경우가 있을 정도다.[371] 문제는 혼용이 가져오는 폐해다. 대표적으로 국내의 문헌정보학과 저작권법 분야의 대표적 학자 몇 사람의 예를 들어본다.

문헌정보학자인 곽동철 교수는 표절과 인용을 가르는 경계지표로 저작자 또는 피표절자의 동의 여부를 든다. 그에 따르면 인용은 저작자에게 허가를 받아 이용하거나 인용부호를 적절히 사용하고 출처를 정확히 밝히면서 이용하는 것임에 반해, 표절은 타인의 저작물을 저작자 허락을 받지 않고 몰래 사용하는 것이라고 한다.[372] 이는 타인의 저작물을 그의 허락을 얻어 사용하면 표절 책임을 면하는 것으로 이해할 수 있다. 그러나 저작자(피표절자)의 동의가 있다고 해서 표절 책임이 면제되는 것은 아니다. 뒤에서 자세히 살펴보겠지만 표절의 피해자는 저작자(피표절자)만이 아니기 때문이다.

곽동철 교수는 학술 논문 작성에서 표절은 일종의 지식도둑으로, 법적으로는 저작권 또는 지적재산권의 침해행위이며 민형사상 책임이 뒤따르는 범죄라고 한다.[373] 그러나 표절 중에서 저작권침해에 해당하는 것(〈도표 1〉의 A부분)은 민형사상 책임이 뒤따르기도 하지만, 저작권침해에 해당하지 않는 표절의 경우(〈도표 1〉의 B부분)는 법적 책임이 뒤따르지 않기도 한다는 점에서 명확한 이해라고 보기 어렵다.

국내 대표적 저작권법학자인 오승종 교수는 표절을 '도작盜作'과 같은 의미로 사용하는데, 타인의 저작물을 무단히 이용한다는 점에서 무단이용의 한 유형이지만, 일반적인 무단이용과 구별되는 특징으로 "타인의 저작물을 마치 자신의 저작물인

---

371. 국내 저작권법 전공자 중에도 표절과 저작권침해에 관한 과학적 분류에 대해 말하는 사람이 드물 정도다. 예를 들어 정상조 교수는 표절에 관한 도덕적 규범이 모두 법규범으로 성문화되거나 법원에 의해 승인되는 것은 아니라고 하면서도 사실상 표절을 저작권침해와 같은 의미로 사용했다. 정상조, 「창작과 표절의 구별기준」, 서울대학교 법학 제44권 제1호, 2003.3, 107-108면.
372. 곽동철, 앞의 논문(주 307), 104면.
373. 위 논문, 115면.

것처럼 공표한다"라는 요소가 첨가되어 윤리적 비난가능성이 더욱 높은 것이라고 정의한 후, 표절인 경우 저작권침해와 동시에 저작인격권 중 성명표시권침해가 성립할 수 있다고 한다.[374] 이는 다분히 성립요건과 효과에서 표절이 저작권침해보다 더 엄격한 개념임을 전제로 한 것으로 보인다. 표절 성립요건에는 저작권 침해요건에 기만행위passing off라는 요건이 추가되어야 하고, 표절에 따른 효과는 저작재산권 침해에 성명표시권이라는 저작인격권침해가 더해지는 구조로 되어 있다고 보기 때문이다.

위 두 학자의 주장은 표절을 저작권침해와 동일시하거나(곽동철 교수), 표절이 성립하려면 저작권침해 요건 외에 기만이라는 요건이 추가된다고 함으로써(오승종 교수), 표절에는 저작권침해가 수반되는 것으로 이해한다. 오승종 교수의 견해에 따르면 표절은 저작권침해보다 작은 개념이 된다. 물론 표절을 어떻게 정의하느냐에 따라 저작권침해와의 관계는 달라질 수 있다. 그러나 저작물로 보호받지 못하는 사상으로 독창적인 아이디어도 표절 대상이 될 수 있고 보호기간이 지난 저작물도 표절 대상이 될 수 있는데(〈도표 1〉의 B부분), 두 교수의 주장으로는 이와 같은 영역, 즉 법적 책임이 아닌 윤리적 책임 영역에 표절이 성립한다는 것을 설명하기 어렵다. 표절을 저작권침해와 동일시하거나, 저작권침해에 포함되는 개념으로 이해한다면 위와 같은 비난가능성 있는 비위행위를 제재하기 어렵거나 논의의 대상으로 삼기가 어려워질 수 있다.

표절 정의가 잘못될 경우 관련 논의가 합리성을 가질 수 없게 된다는 점에서 그 폐해는 적지 않다. 그중에서도 특히 저작권침해와의 명확한 구별과 관계 설정이 가장 중요하다.[375]

한편, 위와 같은 학계의 혼란은 실무에서도 이어진다. 표절 사건에서 피표절자의 '사전 허락' 또는 '사후 동의'가 표절자의 책임을 면제하거나 감경할 사유가 되는지는 재판에서 수시로 맞닥뜨리는 쟁점이다. 표절에 관한 부정확한 개념 정의는

---

374. 오승종, 앞의 책(주 39), 1074면.
375. 사회적으로 이목을 끌었던 서울 강남의 한 대형교회 목사의 박사학위 논문 표절 시비는 표절과 저작권 침해의 차이만 제대로 알았어도 불필요한 논란을 피할 수 있었다. 남형두, 「표절에 관대한 문화」, 한겨레, 2013.2.26. 칼럼.

자칫 판결을 그르칠 수 있다는 점에서 심각하다.

표절과 저작권침해의 개념상 혼란은 비단 우리나라만의 문제가 아니라 미국에서도 학계나 법원에서 같은 일이 일어난다.[376] 그러나 양자의 개념이 분화되기 시작했고 구별의 중요성은 과거에 비해 갈수록 강조될 것으로 보인다. 이는 '정직한 글쓰기'의 중요성과 맞물려 있다. 다행스러운 것은 우리나라에서도 양자의 차이를 명확히 이해하고 구별하는 판결이 나온다는 것이다.

서울고등법원은 이른바 법학교과서 I 사건 판결에서 피인용저작물을 지나치게 많이 가져다 썼다는 점을 인정해 정당한 범위 안에서 공정한 관행과 합치되는 행위라 보기 어렵다고 하면서도, 부실하지만 출처표시가 있었고 자기 것인 양 하려는 의도가 없었으므로 표절(도작)이 아니라고 판단했다.[377] 이는 저작권침해에는 해당되지만 표절에는 해당되지 않는다는 것을 전제로 한 것이다. 이 판결은 저작권침해와 표절을 나누고, 저작권침해는 되지만 표절은 안 되는 경우를 예정 또는 전제했다는 점에서 의미가 있다.

서울행정법원은 이른바 회계원리 사건 판결에서 표절과 저작권침해의 차이를 더욱 명확히 구별했다. 이 사건에서 원고는 표절로 의심받는 자신의 회계학 책을 연구업적으로 승진에 사용했다는 이유로 학교 측으로부터 해임처분을 받았다. 이에 불복하여 교원소청심사위원회에 이의제기를 했으나 기각되었고, 이어서 제기한 행정소송에서 법원은 다음과 같이 판결했다.[378]

> 위 인정사실에 따르면, 원고가 이○○과 공동저자로 되어 있는 「****」(2002) 중 '제10
> 장 자본'은 윤○○이 저술한 「******」(1999)의 '제18장 자본'을 그대로 표절한 것이라
> 할 것이다.[또한 설사 원고가 윤○○으로부터 「******」(2000, 원고와 윤○○의 공저)의
> 출판을 허락받은 일이 있다고 하더라도, 위 징계사유의 핵심은 자신의 창작물이 아

---

376. Roger Billings, *Plagiarism in Academia and Beyond : What Is the Role of the Courts?*, 38 U.S.F. L. Rev. 391, 392 – 393 (2003 – 2004). 표절과 저작권침해는 영역이 중첩되기도 하여 미국 판례에서조차 둘을 혼용하는 경우가 있다고 한다. Green, 앞의 논문(주 320), 200면 중 각주 138.

377. 서울고법 2005.6.30. 선고 2004나52967 판결(이하 '법학교과서 I 사건 항소심 판결'이라 한다). 굳이 말하자면 〈도표 1〉의 C부분에 해당한다고 본 것이다. 그러나 뒤의 출처표시에 관한 논의(주 599 – 606 해당면)에서 보는 바와 같이 "부실하지만 출처표시가 있었다"고 본 판단에는 동의하기 어렵다.

378. 서울행정 2007.5.10. 선고 2006구합24947 판결(이하 '회계원리 사건 판결'이라 한다).

닌 것을 자신의 창작물인 것으로 가장하여 출판하고 연구실적으로 제출하였다는 것
이지 윤○○의 저작권을 침해하였다는 것이 아니므로 그 행위의 평가에 거의 영향이
없다 할 것이다.]

이는 보기 드물게 표절과 저작권침해의 차이를 명확하게 잘 설명한 판결이다.
즉 공저자에게서 출판 허락을 받음으로써 저작권침해 책임은 없지만, 그것이 곧 표
절 책임까지 면하게 해주는 것은 아니라는 판단이다. 표절과 저작권침해의 차이를
제대로 알고 판결한 것이라 평가된다. 양자 구별의 실익은 뒤에서 자세히 논하겠
지만 위 사건을 예로 들면 아주 명확해진다. 저작권자가 허락한 것으로 저작권침해
책임에서 벗어날 수는 있지만, 표절의 경우 그 표절물을 자신의 연구실적으로 삼아
승진에 제공함으로써 학교 기관을 피해자로 만들었다는 점에서 저작권자의 허락이
표절 책임을 면하게 해주는 것은 아니다. 다음에서 양자의 관계를 좀 더 명확히 분
석한다.

나. 정당화 근거의 차이

저작권을 보호하는 정당화 근거, 즉 철학이론으로 자연권 전통과 공리주의 전통이
있음은 앞에서 살펴보았다. 공리주의 전통 중 인센티브이론에 따르면, 저작권이란
작가나 예술가가 작품을 창작할 인센티브라고 본다. 그런데 표절은 윤리 문제로,
이와 같은 인센티브이론에서 정당화 근거를 찾기는 어렵다. 예컨대 부모에게 효도
해야 한다는 윤리, 도둑질해서는 안 된다는 윤리를 인센티브이론에서 찾기 어려울
뿐만 아니라, 이런 윤리가 성문법상의 규정 또는 윤리장전에 따라 비로소 창설된
것으로 보기도 어렵다. 창작의욕을 북돋기 위해 법으로 저작권이라는 권리를 만들
었다는 공리주의 전통에 따른 인센티브이론이 표절에는 적합하지 않은 것이다.
　오히려 표절금지윤리는 법 또는 윤리 규범을 창설함으로써 생긴 의무가 아니
라, 마치 살인죄, 절도죄, 사기죄와 같이 칸트가 말한 일종의 '보편적 정언명령'의
하나로 보는 것이 타당하다. 법이나 규범이 있어야만 죄가 되거나 비위행위가 되는
것이 아니라는 뜻이다. 타인의 글이나 독창적인 생각^{idea}을 자기 것인 양 가져다 쓰

는 행위가 부당하다는 것은 문명사회에서 일반적으로 공감할 수 있는 윤리 규범이다. 다만 그것을 명확히 하여 구체적인 가이드라인으로 만들고 이것이 규범으로 역할을 하는 것은 별개 문제다.

한편, 서구의 저작권 보호이론에서 표절금지윤리의 정당화 근거를 찾는다면 공리주의 전통보다는 자연권 전통이 가까우며, 그중에서도 헤겔의 인격이론이 적합하다. 지적창작물을 인격의 소산, 영혼의 연장선으로 보는 이 이론은 표절을 인격권 또는 인격적 이익에서 금지할 수 있다고 보는 점에서 그렇다.

다. 목적과 취지의 차이

저작권침해와 표절은 존재 또는 입법목적에 차이가 있다. 저작권침해 여부를 판단할 때, 저작권법 제1조에 있는 '문화 및 관련산업의 향상발전'이라는 입법목적을 고려해야 한다. 반면, 표절금지는 일종의 윤리 규범으로 사회적 합의의 문제로 귀결된다.

저작권침해 여부를 판단할 때 정책적 고려policy based approach가 가능하고 실제로 많이 개입되기도 한다. 특히 국가 간 저작권과 관련된 통상마찰이 발생하거나 협정을 체결할 때, 저작권을 산업으로 보호하려는 경향이 강한 국가와 그렇지 않은 국가 간에는 이해관계가 첨예하게 대립한다. 이때 표면적으로는 국제적 기준을 내세우기도 하고 저작권 정당화이론이 등장하기도 하지만, 이면에는 자국 산업 보호에 관한 정책적 고려가 깊이 관련되어 있다는 것은 경험적으로 증명된다.[379] 한편 표절은 저작권침해와 같이 대립된 이해당사자 간의 첨예한 갈등보다는 사회구성원 간의 약속, 합의와 같은 좀 더 규범적normative 측면이 강한 반면, 상대적으로 정책적 고려가 약하다고 할 수 있다.

저작권법과 표절금지윤리는 마치 상표법과 부정경쟁방지 및 영업비밀보호에

---

379. 남형두, 「한미 간 자유무역협정의 저작권집행 분야에 대한 국내법이행 검토」, 통상법률 제82호, 2008.8, 36–38면.

관한 법률의 관계로 비유할 수도 있다. 결과적으로 상표권자 또는 주지저명한 상표의 사용자를 보호한다는 점에서는 두 법이 같을 수 있다. 하지만 전자의 경우 상표권을 재산권으로서 보호하는 것이고, 후자는 소비자, 수요자의 표장사용에 대한 신뢰를 보호하는 과정에서 반사적 효과로 주지저명한 상표사용자를 보호하는 결과가 된다는 점에서 차이가 있다. 법의 목적은 다르지만 결과가 동일하게 나올 수 있는 것처럼, 표절금지윤리도 피표절자의 저술을 보호하는 것이 직접 목적이라기보다는 학문세계의 윤리로 만들어졌는데, 그 윤리가 기능하는 과정에서 피표절자의 저술이 보호되는 결과가 초래된다는 점에서 저작권법과 유사하다고 볼 수 있다.

한편 비슷한 차원에서 표절을 부정경쟁행위의 일종으로 설명하기도 하는데,[380] 쉬운 예로 역표절reverse plagiarism[381]을 들 수 있다. 자신의 주장에 신뢰성을 부여하기 위해 자기가 주장한 것을 유명한 저자가 주장한 것인 양 발표하는 것은 통상의 표절과 다른 것으로, 역표절이라고 한다. 이는 변호사의 준비서면과 같은 실용적 서면에서 자주 일어나는 문제다. 변호사들이 자신의 주장을 담은 서면을 법원에 제출하면서 재판부로 하여금 이를 믿게 할 요량으로 자신의 주장을 유명한 학자의 견해나 판례인 것처럼 허위로 인용하여 포장하는 것이 이에 해당한다. 이는 이 서면의 독자라 할 수 있는 판사와 상대방 변호사를 속이는 행위가 될 수 있다는 점에서 독자에게는 표절과 같은 해악이 발생한다. 일반적으로 표절은 타인의 것을 자신의 것인 양 하는 것임에 반해, 역표절은 자신의 것을 타인의 것인 양 한다는 점에서 역전 현상이 일어난다. 이와 같은 역표절로 이름이 도용당한 저자는 자기 저작물에 대한 침해가 발생하지 않았으므로 저작권침해를 주장할 수 없게 된다. 그러나 표절과 같은 해악이 발생한다는 점에서 표절의 한 유형으로 파악할 수 있다. 이처럼 역표절은 저작권침해의 법리로는 설명할 수 없지만, 부정경쟁행위의 성격을 지니는 표절로는 설명이 가능하다는 점에서, 인격권보다는 재산권 또는 경제적 이익을 중심으로 발전해온 저작권침해 논의와 표절 논의가 다른 이유를 여기에서도 찾을 수 있다.

---

380. Green, 앞의 논문(주 320), 202 – 203면 중 각주 149.
381. 역표절의 개념에 대해서는 위 논문, 207면 중 각주 172 ; Leonard Weintraub, Note, *Crime of the Century : Use of the Mail Fraud Statute Against Authors*, 67 B.U. L. Rev. 507, 508 n.14 (1987) 참조. 한편, 역표절은 뒤에서 역혼동, 제3의 표절과 대조하여 더 자세히 설명하기로 한다. 주 623, 624 해당 면 참조.

라. 구별의 실익

앞에서 표절과 저작권침해를 명확히 구별하지 않고 혼용함으로써 표절 정의가 모호해질 수 있음을 설명했다. 이는 결국 표절 판정에까지 악영향을 미칠 수 있다는 데 문제의 심각성이 있다. 여기에서는 표절과 저작권침해를 구별함으로써 오는 유익, 즉 구별의 실익을 좀 더 면밀히 논증하고자 한다. 이와 같은 노력이 일정 부분 성공한다면 향후 표절 논의에서 양자를 명확히 구별하는 것이 논의의 출발점이 될 수 있다.

(1) 합리적 표절 논의에 유익함

(가) 전형적 표절과 비전형적 표절의 구분

엄격한 의미의 표절(협의의 표절)은 아니라고 할 수 있지만, 기존의 표절 정의로는 설명하기 어려운 저작권침해형 표절(짜깁기 논문), 자기표절·중복게재, 부당저자표시 등을 이 책에서는 '비전형적 표절'이라는 범주로 묶어 논의한다.[382] 표절 중 저작권침해형 표절은 출처표시를 했는데도 표절에 해당하는 것으로, 협의의 표절에는 해당하지 않고 저작권침해를 포함하는 광의의 표절에 해당한다. 출처표시가 있는데도 저작권침해형 표절을 표절에 포함시켜 논의하는 것은 표절과 저작권침해를 구별함으로써 명확하고 합리적으로 설명할 수 있기 때문이다.

(나) 아이디어 표절

뒤에서 자세히 언급하겠지만, 표절 논의에서 크게 혼란을 일으키는 것 중 하나가 아이디어는 갖다 써도 된다는 것이다. 저작권침해 측면에서 보면 맞는 말이지만 아이디어도 표절 대상이 된다는 점에서[383] 표절과 저작권침해를 준별하지 않으면 표절 논의를 큰 혼란에 빠뜨릴 소지가 있다. 표절과 저작권침해를 다른 것으로 이해할 때 합리적인 설명이 가능하다.

---

382. 주 759 해당 면.
383. 주 504, 505 해당 면.

(다) 간접인용

흔한 오해 중 하나는 타인의 글을 가져올 때 표현을 바꾸면 출처표시를 하지 않아도 된다는 것이다. 여기에서 '표현을 바꾼다'는 것은 곧 패러프레이징을 말하는데, 표현을 그대로 가져오면(직접인용) 출처표시를 해야 하지만, 표현을 바꾸면(간접인용) 출처표시를 하지 않아도 된다는 것이다. 뒤에서 자세히 언급하겠지만 간접인용(패러프레이징)도 출처표시 의무가 면제되지 않는데,[384] 표절과 저작권침해를 구별하면 이에 대한 설명이 용이해진다.

타인의 글을 가져오면서 표현을 바꾸면 저작권침해 책임을 피할 수 있다. 물론 변경정도에 따라서는 사소한 개변$^{trivial\ changes}$에 불과하다면 같은 것으로 인정되어 저작권침해 책임을 피할 수 없다. 나아가 변경 정도가 실질적 개변$^{substantial\ variation}$에 이른 경우에도 2차적저작물에 해당되어 저작권침해 책임을 피하기 어려울 수 있으나, 변경 정도가 이를 넘어 독립저작물 수준에까지 이른다면 저작권침해 책임을 피할 수 있다. 그러나 표현을 어떻게 바꾸더라도 원작의 독창적 아이디어가 남아 있다면 표절 책임을 질 수 있다는 점에서 패러프레이징(간접인용)의 경우 출처표시 의무가 면제되는 것은 아니다. 이처럼 패러프레이징이 저작권침해에 해당하지 않으면서도 표절에는 해당할 수 있다는 것은 저작권침해와 표절을 구별함으로써 쉽게 설명할 수 있다.

(2) 제재수단의 차이

표절금지윤리 규범은 마치 윗사람을 존경하는 것과 같은 공동체 내부의 합의된 규범으로 존재한다.[385] 그런데 이와 같이 체화된 규범을 거부하는 사람들은 무임승차를 통해 스스로 존경받고자 하는 유혹을 받을 수 있다. 마치 타인의 것을 자기 것인 양 하는 이러한 일탈을 표절이라고 보는 것이다.[386] 표절자로 인정될 경우 불명예로 고통받게 되는데, 심지어 그가 속한 공동체로부터 일종의 도편추방^{ostracism}을 당하기도 한다.[387] 이러한 오점은 표절자가 사회 규범을 위반했기 때문에 주어지는

---

384. 간접인용에도 출처표시 의무가 면제되지 않는다는 점에 대해서는 주 530 - 538 해당 면 참조.
385. Green, 앞의 논문(주 320), 175면.
386. 위 같은 면.

제재인데, 표절자에게 주어지는 제재는 비공식적 오점이나 평판 하락 같은 것을 넘어 광범위하면서도 다양하다. 학계와 전문가 집단에서는 표절자에게 준사법적 제재quasi-legal sanction가 가해지기도 하는데, 이에는 해고, 정직, 회원제명, 자격상실 같은 것이 있다.[388] 나아가 법적 제재legal sanction가 가해지기도 하는데, 이에는 저작권침해, 불공정거래행위에 따른 법적 제재로 형사처벌 또는 민사상 손해배상책임 같은 것이 있다.[389]

금지규범과 처벌규범은 사회에 따라 범위와 수준이 매우 다르다. 처벌규범은 제재수단으로 구체화되는데 표절의 경우 제재수단은 사회, 국가에 따라 매우 다양하게 나타난다. 교수의 경우 해고, 의원면직, 보직해임, 정직, 강의자격 박탈, 정년보장탈락의 징계가 가해지고, 학생의 경우 퇴교조치, 정학처분, 학위수여거부라는 교내징계가 가해질 수 있다. 미국에서는 표절 경력이 특정한 자격(변호사 등) 시험의 응시자격을 박탈하거나 변호사회 가입을 거절하는 사유가 되기도 한다. 이는 표절금지윤리에 위반하는 것이 인성평가Good Moral Character에 중요한 척도가 되기 때문이다. 대학기관을 넘어 연구기관 또는 언론기관 종사자들에게도 표절이 발각될 경우 해고나 의원면직 등의 징계가 가해지기도 한다.

한편, 저작권법 외의 민사적 구제를 생각해볼 수 있다. 미국의 경쟁 통신사인 APAssociated Press와 INSInternational News Service 사이에 발생한 표절 사건을 예로 들어본다. AP가 취재해서 보도한 뉴스를 INS가 마치 자기가 직접 취재한 것인 양 보도한 것에 대해 AP가 보도금지를 구한 사건에서 AP는 문제의 뉴스에 저작물성이 없다는 것을 자인했다. 그런데도 미국 연방대법원은 INS가 AP의 재산을 도용misappropriation했음을 인정하고 AP 보도 후 일정 기간에는 AP의 뉴스를 보도하지 말라고 명했다.[390] 이에 대해 연방대법원이 도용이라고 한 것은 저작권침해와는 구별되는 것으로, '표절'을 의미하는 것이라는 분석이 유력하다.[391] 이와 같이 저작권침해가 아니면서도 표절에 해당한다고 보아 일정 기간 보도금지라는 제재를 가했다

387. 위 같은 면.
388. 위 같은 면.
389. 위 같은 면.
390. 이상, International News Service v. Associated Press, 248 U.S. 215, 216-223 (1918) (이하 'INS v. AP 사건 판결'이라 한다).
391. Billings, 앞의 논문(주 376), 393면.

는 점에서 의미가 있다.

저작권침해를 수반하지 않는 표절 행위(〈도표 1〉의 B부분)로 명예, 신용 등이 실추돼 민법상 불법행위에 기한 손해배상청구를 할 수도 있다. 먼저 게재된 논문이 표절로 드러남으로써 학회지 또는 학회 등 기관의 명예 또는 신용이 실추된 경우 손해를 입증하여 손해배상청구를 할 수 있다.[392] 이에서 더 나아가 표절 피해자인 피표절자는 저작권침해에 따른 구제는 받을 수 없지만, 자신의 이론이 표절자의 이론으로 둔갑되거나 잘못 전달됨으로써 명예 또는 신용의 훼손이 발생했다면 손해배상청구를 할 수도 있다. 여기에는 역표절reverse plagiarism, 즉 표절자가 자신의 아이디어를 마치 자신보다 더 유명하고 권위 있는 사람의 것인 양 발표하는 표절의 경우, 피표절자의 명예 또는 권위의 훼손은 더욱 크다고 할 수 있으므로, 이러한 역표절이 불법행위에 해당한다면 그에 따른 손해배상청구도 가능하다.

이와 같이 표절의 경우 제재수단은 매우 다양하지만 형사적 처벌규범이 없고 예외적으로 민사적 책임을 물을 수 있음에 비해, 저작권침해의 경우 민사상 침해정지, 손해배상을 구할 수 있을 뿐만 아니라 형사적 책임까지 물을 수 있다는 점에서 제재수단에서 차이가 크다.

(3) 피해자론

(가) 피해자론의 실익

저작권침해와 표절은 피해자 범위에서 차이가 있다. 이러한 차이는 피침해자 또는 피표절자의 동의가 그 책임을 면제해줄 수 있느냐와 관련해 매우 중요한 의미가 있다. 저작권침해 사건의 경우 피해자인 저작권자의 사전 또는 사후 허락(동의)이 있었음을 입증한다면 저작권침해는 성립하지 않는다. 피해자의 사전 또는 사후 허락(동의)은 곧 친고죄의 경우 합의에 따른 처벌불원 의사표시 또는 고소취하와 다름없기 때문이다.

우리 저작권법은 저작권침해죄에 대해 친고죄를 부분적으로 폐지해왔다. 원칙적으로 친고죄로 되어 있지만, 2006년 법 개정 때 '영리를 위하여 상습적으로' 저

---

392. 정진근·유충권, 「표절과 저작권, 무엇이 문제인가?」, 경영법률, 2007, 675면.

작재산권을 침해한 경우 고소 없이도 처벌이 가능하게 했는데, 2011년 법에서는 '영리를 목적으로 또는 상습적으로' 저작재산권을 침해한 경우로 개정했다(제140조 제1호). 즉 친고죄의 영역을 축소하고 비친고죄의 영역을 확장한 것이다. 이와 같이 친고죄의 부분적 폐지에도 영리목적과 상습성이 없는 저작재산권침해의 경우 여전히 친고죄로 되어 있다.

그런데 이 책에서 다루는 학술저작물의 표절은 그것이 저작권침해가 된다고 하더라도 영리성 또는 상습성을 갖춘 비친고죄 영역에 있다기보다는 영리목적도 없고 상습성도 없는 친고죄 영역에 있다고 보는 것이 일반적이다. 따라서 저작권법상 친고죄를 일부 폐지했지만 친고죄를 전제로 하는 이 항에서의 논의는 여전히 유효하다.

반면 표절은 다음에서 보는 바와 같이 저작권자만이 피해자가 되는 것은 아니다. 따라서 저작권자의 사전 또는 사후 허락(동의)으로 표절 책임이 면제되지 않는다. 이 점에서 표절과 저작권침해를 구별하는 실익이 있고, 이른바 피해자론을 논할 이유가 있다.

(나) 피해자의 범위

저작권침해와 표절에서 피해자가 누구인가 하는 문제는 피해자의 동의가 면책항변이 될 수 있느냐와 관련해 매우 중요하다. 저작권자가 피해자가 되는 저작권침해와 달리 표절은 피해자군#이 다소 복잡하게 형성되어 있다. 일반적으로 표절은 다음과 같이 몇 가지 부류의 피해자로 나눌 수 있다.[393]

1) 피표절자

표절을 당한 사람(피표절자)에게 발생하는 피해로는 첫째, 명성reputation을 얻지 못하는 피해, 둘째, 경제적 보상으로 예컨대 장학금, 정년보장, 승진, 기타 경력상 혜택 등의 보상을 얻지 못하는 경제적 피해, 셋째, 소극적 명예훼손이라는 손해가 있다. 일반적으로 명예훼손이란 결과는 적극적으로 명예를 훼손하는 행위로 발생

---

393. 이하, 표절의 피해자를 피표절자, 독자, 해당 소속 기관(학교)으로 나누어 설명하는 기본 틀은 그린Green 교수에게서 가져왔다. 이를 토대로 필자가 상당 부분 내용을 가미했다. 예컨대, 세 번째와 다섯 번째 피해자군의 논문 심사 기관과 학계academe를 추가한 것 등이 그것이다.

하는 것인 데 반해, 표절 자체는 피표절자의 명예를 적극적으로 훼손하는 것은 아니지만 표절 행위로 피표절자에게 돌려져야 할 평판이 표절자에게 돌려지고 결과적으로 피표절자는 얻었어야 할 평판을 잃게 된 것이므로 '소극적 명예훼손'에 해당한다고 본다.[394]

2) 독자

독자들도 표절의 피해자가 될 수 있다. 독자들이 책을 읽을 때는 명의상 저자가 작성한 것으로 믿기 때문에, 만약 그것이 표절물이라면 독자들은 속은 셈이 된다.[395] 우리나라에서도 최근 독자들이 표절 피해자가 될 수 있는지가 재판의 쟁점이 된 사건이 있었다. 베스트셀러가 된 번역서『마시멜로 이야기』는 유명한 방송 아나운서를 번역자로 해서 출간되었는데, 후에 이 책을 자신이 번역했다고 하는 전문 번역작가가 나오는 바람에 크게 문제 된 적이 있다.[396] 아나운서는 방송에서 퇴출되었고, 어떤 변호사는 일부 독자들을 모아 아나운서를 상대로 사기죄로 고소하기도 했다. 형사사건이 검찰에서 무혐의 처리된 후 이들은 민사상 손해배상청구 소송을 제기했으나, 역시 법원에서 기각되었다. 법원은 편취행위, 즉 독자들이 속아서 책을 구입했다는 점을 인정하지 않았다. 판결의 해당 부분을 옮겨보면 다음과 같다.

> 번역서를 구입하는 원고들로서는 원서가 어떠한 내용을 담고 있는지, 그 번역을 담당한 사람이 이전에 여러 번 번역서를 출간하는 등으로 그 이름만으로도 어느 정도 책의 수준을 보장할 수 있는 사람인지 여부 등을 고려하여 그 구매 여부를 판단함이 일응의 합리적인 번역서의 선택방법이라고 여겨지는바, 가사 이 사건 책이 심오한 내용을 담고 있지는 않다고 하더라도 이 책의 발간 당시 피고 아나운서의 경력에 비추어보면 그 이름 자체만으로는 번역서인 이 사건 책의 수준이 충분히 보장된다고 볼 수 없으므로, 원고들이 피고 아나운서의 번역서라는 사실만으로 객관적인 책의 수준을 신뢰하면서 이를 구매한 것으로는 보이지 않는다.[397]

---

394. 이상, Green, 앞의 논문(주 320), 188 – 189면.
395. 위 논문, 189면.
396. 서울중앙지법 2007.4.25. 선고 2006가합92054 판결(이하 '마시멜로 이야기 사건 판결'이라 한다).
397. 위 판결.

간단히 말해 법원은 독자들이 속지 않았다고 보았다. 이 사건은 뒤의 '유령작가 Ghostwriter' 논의에서 다시 살펴보겠지만, 연예인이나 정치인 같은 일부 유명인의 경우 유령작가에 의한 출판이 사회적으로 용인되기도 한다. 그러나 만약 유령작가가 허용되는 성격의 책이 아니었다면, 즉 독자가 해당 책이나 논문을 선택한 것이 저자와 책의 관계에서 주는 신뢰 때문이라고 볼 수 있는 저술로, 대표적으로 학술 분야의 전문서, 교과서와 같은 책이었다면, 위 판결 취지에 비추어볼 때 독자들은 분명히 표절의 피해자가 될 수 있다.

한편, 표절의 경우 저작권침해와 달리 저작권자가 아닌 독자가 피해자군에 들어가는 이유에 대하여 포스너 교수는 독자의 신뢰reliance를 유도했는지를 하나의 요소로 본다.[398] 독자가 표절 작품을 원전으로 생각하지 않았다면 하지 않았을 행위를 함으로써 발생한 손해를 말하고 이를 '소극적 신뢰detrimental reliance'를 저버린 행위로 본다.[399]

나누어 설명하면, 첫째, 표절작이라는 것을 알았다면 독자가 사지 않았을 것이라는 점에서 구매를 유도하는 행위, 즉 속임수에 따른 피해자는 물론 독자라고 볼수 있다. 독자들은 자신이 속았다는 사실을 알았더라면 화가 났을 것이 분명하기 때문이다. 그러나 포스너 교수는 그러한 속임수로 독자들이 피해를 입었다고 보기는 어렵다고 한다.[400] 왜냐하면 독자들이 더 좋은 다른 책을 읽을 기회를 잃었다고 단정하기 어렵기 때문이다. 오히려 이 경우 진정한 피해자는 독자도 실제 저자도 아니고 같은 종류의, 즉 경쟁하는 같은 종류의 작가들이라고 한다.[401] 일리가 있는 말이다. 마시멜로 이야기 사건 판결에서와 같이 표절이 '유도하는 행위'로서 실패한 경우에는 포스너 교수의 말이 맞다. 그러나 만약 표절이 '유도하는 행위'로 성공한 경우라면 상황은 달라진다. 즉 표절작임을 알았다면 읽지 않았을 텐데 모르고 읽음으로써 시간과 비용의 낭비를 초래했다고 볼 수 있기 때문에 독자가 피해자가될 수 있다. 계속해서 포스너 교수의 주장이 타당한 측면, 즉 표절의 '유도하는 행위'가 성공하지 않은 경우의 논의를 이어간다. 이 경우 표절작가와 같이 활동하는

---

398. 포스너, 앞의 책(주 58), 43면.
399. 위 같은 면.
400. 위의 책, 68면.
401. 위의 책, 68 - 69면.

동료들이 피해자가 될 수 있다. 그러나 여기에 더하여 실제 저자가 피해자가 될 수 없다는 포스너 교수 견해에는 반드시 동의할 수 없다. 마시멜로 이야기 사건 판결에서와 같이 실제 저자, 즉 실제 번역가이면서도 자신의 성명을 표시하는 것을 포기하는 대가로 번역료 외에 추가의 금원을 받았던 실제 작가도 피해자가 될 수 있다. 성명표시권은 일신전속의 권리(저작권법 제14조제1항)로 양도하거나 포기하기로 하는 계약 자체가 무효로 돌아가기 때문이다.

둘째, 포스너 교수는 독자가 교수(평가자)인 경우 표절학생의 과제물이 표절작임을 알아차리지 못하고 독창적이라고 본 나머지 좋은 평점을 줌으로써 상대평가로 다른 학생에게 피해를 주게 된 것, 즉 평가의 오류를 유도했다는 점을 비판하기도 한다.[402]

3) 논문 심사 기관

넓게 보면 독자에 포함된다고 할 수 있지만, 논문 심사 기관인 학회, 학술지 또는 논문 심사위원도 표절의 피해자가 될 수 있다. 논문을 학술지 등에 게재하기 위해 제출하는 경우 해당 학술지는 게재 여부를 판정하기 위한 심사위원을 위촉하게 되는데, 표절물인 줄 모르고 심사해서 게재 결정을 하고 학술지에 게재한 경우 해당 학술지는 표절물을 게재함으로써 오는 평판 저하라는 피해를 입게 된다. 표절이 확인된 경우 해당 표절논문을 철회[retraction]하는 것은 독자들의 피해가 확산되는 것을 막기 위한 것이지만, 추락한 학술지의 신뢰를 회복하기 위한 목적도 있다는 점에서 학술지가 표절의 피해자가 될 수 있음을 반증한다. 물론 이미 게재된 논문을 철회한다고 해서 손상된 평판이 완전히 회복된다고 볼 수 없지만, 철회 결정을 하지 않는 것보다는 훨씬 나을 것이다.[403]

한편 표절물에 대해 게재 유보 결정을 내려 최종적으로 학술지에 게재되지 않는다 하더라도 학술지와 심사위원에게 피해가 발생하지 않는 것은 아니다. 이에는 두 가지 경우를 상정할 수 있다. 첫째, 표절을 이유로 게재 유보(게재 거절) 결정을 내린 경우와 둘째, 표절 이외의 사유로 게재 유보 결정을 내린 경우다. 어떤 경우든

---

402. 위의 책, 43 – 44면.
403. 이미 책으로 출판된 것을 회수할 수는 없으므로 논문 철회의 의미는 온라인상에서 열람, 복제 등의 서비스 중단에 국한된다고 할 것이다.

학술지와 심사위원에게 피해가 발생한다. 먼저 둘째의 경우는 심사위원들이 표절임을 알아차리지 못하고 속았으므로 비록 다른 사유로 게재 유보 결정을 내렸더라도 표절 피해가 발생했다고 볼 수 있다. 첫째의 경우는 표절임을 알았기 때문에 속은 것은 아니지만, 시간을 허비했다는 점에서 피해가 없다고 볼 수 없다.

이와 관련하여 타인의 논문을 자신의 단독 또는 피표절자와 공동명의로 하는 것(이는 뒤에서 논의하는 '저자 가로채기'에 해당함)[404]에 피표절자의 동의가 있었다는 것이 학회지 업무담당자들의 편집·출판에 대한 업무방해죄 성립을 방해하지 않는다는 판결이 있어 눈길을 끈다.[405] 이 판결에 따르면 학회지가 피표절자와 별개로 표절의 피해자가 된다는 것을 전제로 하고 있다.

4) 소속 기관

특정 대학의 학위논문이 표절로 밝혀져 학위가 취소되거나, 대학이나 연구기관의 교수 또는 연구자들의 저술이 표절로 밝혀진 경우, 해당 대학이나 기관의 명예와 평판이 실추되는 것은 당연하다. 이 책의 연구방법론 가운데 하나인 분쟁사례를 통한 표절 연구에서 법원판결 외에 대학, 연구기관 등의 표절사례를 구하는 것이 사실상 불가능하다고 한 이유가 여기에 있다.[406] 표절혐의자의 사생활보호[privacy], 명예훼손 등의 문제 때문이기도 하지만, 표절문제로 대학이나 연구기관의 이름이 오르내리는 것은 결코 그 기관들의 평판에 좋을 리 없기 때문에 표절을 주제로 하는 학문 연구 목적이라고 밝혀도 이들 기관이 소속 교수나 연구자들의 표절사례를 자발적으로 내주기를 기대하기는 매우 어렵다.

학문 연구윤리가 엄격한 미국에서는 표절문제가 외부로 많이 공표되는가? 결코 그렇지 않다. 미국의 많은 대학이나 연구소에서는 표절이 발생할 경우 주로 당사자 간의 계약문제로 조용히 해결하려는 경향이 있다.[407] 표절자가 교수라면 정년

---

404. 주 860 – 890 해당 면.
405. 대법원 2009.9.10. 선고 2009도4772 판결(이하 '업무방해 사건 판결'이라 한다).
406. 주 451 – 453 해당 면. 이는 비단 우리나라만의 현상이 아니라 미국에서도 마찬가지라고 한다. 표절문제는 주로 대학이나 자치기관에서 행정적으로 처리하며, 법원이 간여하는 경우, 즉 법정 소송화하는 경우는 주로 대학 등이 절차상 위법을 했거나 표절혐의자에 대한 명예훼손을 했을 때라고 한다. Billings, 앞의 논문(주 376), 392 – 393면.

보장이 없는 경우에는 고용계약의 갱신거절로, 정년보장이 있는 경우에는 해고함으로써 고용관계를 해소한다.[408] 이와 같이 대학 등 해당 기관이 평판 저하를 우려하여 표절문제를 조용히 처리한다는 것은 대학 등 해당 기관이 표절 피해자임을 반증한다 할 것이다.

그렇다면 대학 등 해당 기관은 평판 저하라는 피해만 입는가? 학위논문 표절로 학위수여 기관인 대학이 평판 저하 외에 여러 가지 경제적 손실 등 실질적 피해를 입을 수 있음을 인정한 사례가 있어 소개한다.

이 사건에는 미국의 우편사기법Mail Fraud Act 위반으로 기소된 테네시대학교 우주연구소University of Tennessee Space Institute, UTSI 기계공학과 학과장이자 전임교수 프로스트Dr. Frost, 파트타임 교수 터너Dr. Turner 그리고 1987년에서 1990년 사이에 UTSI에서 박사학위 과정을 밟던 포크너Faulkner, 콩고Congo, 포터Potter 등 여러 사람이 연루되었다. 프로스트 학과장은 개인적으로 설립한 FWG Associates, Inc.의 소유주이자 사장이다. 터너 교수는 프로스트 교수에게서 1976년에 박사학위를 받았으며, 전직 미국항공우주연구소NASA 엔지니어로, UTSI의 파트타임 교수이자 FWG의 부사장이다. 그리고 박사학위 학생들인 포크너와 콩고의 부인들은 서로 자매지간인데, 이 부인들은 모두 터너 교수의 조카들이다. UTSI는 공학 석·박사 학위를 수여하는 대학원인데, 주로 군인과 정부공무원들이 입학한다. 포크너는 현역 육군, 콩고와 포터는 NASA 직원이다.[409]

기소 요지는 이렇다. 피고인 교수들(프로스트, 터너)은 피고인 학생들(포크너, 콩고, 포터)에게 자신들이 운영하는 FWG에서 작성된 미발표 논문을 제공했고, 학위과정 학생들은 이를 베껴 학위를 받았다. 학위를 쉽게 받은 학생들은 그에 대한 보답으로 자신들이 근무하는 정부의 지위를 이용하여 교수들이 사적으로 운영하는 회사인 FWG에 유리한 정부 발주계약을 몰아주고 계약도 유리하게 변경해주었다. 교수들과 학생들 간에 이런 공모가 없었다면 FWG는 연방정부와 그와 같은 계약을 체결할 수 없었으며, 학생들 역시 학위논문을 받을 수 없었다.[410] 단적인 예로 포크너

---

407. 위 논문, 398면.
408. 위 같은 면.
409. 이상의 사실관계는 United States v. Frost, 125 F.3d 346, 352(6th Cir. 1997) (이하 '프로스트 판결'이라 한다)에서 가져온 것이다.

학생의 경우 그의 박사학위 논문 지도교수인 프로스트 학과장은 1989년 포크너의 첫 번째 논문이 통과에 실패한[411] 직후인 1989년에 자신이 대표로 있는 FWG에서 작성한 미발표 논문 3편을 포크너에게 건네주어 표절로 논문을 완성해서 제출하도록 했는데, 포크너의 박사학위 제출 논문은 전체에서 92%가 표절한 것임이 밝혀졌다.[412]

학위논문 심사 과정에서 지도교수의 역할은 매우 지대하다. 이 사건에서 프로스트 교수에게 잘못 보여 학위를 받지 못했다는 학생의 증언도 있었다.[413] 연방항소법원(6th Cir.)은 학위논문 심사 과정에서 교수들의 영향력이 매우 크다는 것과 교수들의 대학에 대한 성실한 복무의무를 인정한 후, 교수들이 학위과정 학생들의 논문 표절에 개입함으로써 학교의 평판이 실추되었고, 이에 따라 입학생이 줄어 대학 기금 모금에도 큰 차질을 빚게 되었음을 인정했다.[414]

교수와 학생 간에 은밀하게 벌어지는 학위 거래

위에서 미국의 한 대학에서 일어난 표절 사건을 소상히 소개한 이유는 표절이 대학 등 해당 기관의 평판 저하를 넘어 입학률 저조, 기금 모금 차질 등과 같은 경제적 손해까지 끼치게 된다는 점을 밝히기 위해서다. 한편 이 사건은 교수와 학생 사이에 모종의 경제적 대가를 전제로 학위가 은밀하게 거래되고 있음을 보여주었다. 이는 우리나라의 일부 대학에서 발생하는 비뚤어진 모습과도 일치한다. 즉 이 사건에서 교수는 자신에게 연구용역이라는 경제적 이익을 주는 지위에 있는 정부 공무원을 박사학위 과정 학생으로 받아들여 표절을 용인하는 등의 방편으로 학위 논문을 쉽게 작성하도록 하여 박사학위를 주었다. 학생인 공무원은 그에 대한 보답으로 자신의 지위를 이용해 지도교수에게 연구용역을 몰아주고 계약내용까지 유리하게 변경하는 혜택까지 주었다. 이런 일은 우리나라에서도 심심치 않게 일어난다.

---

410. 이상, 위 판결, 353면.
411. 포크너의 첫 번째 박사학위 청구논문이 통과되지 못한 것은 표절 때문이 아니고 논문 주제와 관련된 것이었다. 주 419-420 해당 면 참조.
412. 이상, 프로스트 판결(주 409), 355-356면. 포크너의 박사학위 취소에 대한 판결[Faulkner v. University of Tennessee, 1994 WL 642765 (Tenn. Ct. App.) (1994) (이하 '포크너 박사 판결'이라 한다)]은 뒤에서 다시 자세히 언급한다. 주 419-424 해당 면.
413. 이상, 프로스트 판결(주 409), 367면.
414. 이상, 위 같은 면.

이런 공공연한 학위거래 과정에서 학문의 정신에 부합하는 학위논문이 제출되기는 어렵다. 오히려 이렇게 거래되는 학위논문에는 표절 부분이 상당히 많기 마련이며 학생에게 경제적 혜택을 보려는 교수는 제출 논문에 표절이 있더라도 눈감는 경우가 많다. 우리나라에서도 종종 발생하는 일이 미국에서 발생했다는 점에서 놀라울 따름이다. 이 사건에서 미국 연방정부는 사건에 연루된 교수들과 학생들을 모두 조사하여 형사 고소함으로써 사건이 백일하에 드러났는데, 우리에게도 매우 중요한 시사점을 던져주고 있다.

5) 학계 – 정직한 글쓰기를 실천하는 대다수의 학자·연구자·학생

표절이 저작권침해와 다른 가장 큰 이유로 피해자군이 다르다고 할 때, 가장 광범위하고 깊은 해악을 입는 피해자는 '정직하게 글을 써온 대다수 학자와 학계 academe'라고 할 수 있다. 학계는 특정 개인이나 집단이 아니기 때문에 구체적이고 개별적인 표절 사건에서 대부분 피해자로서 의견을 표명할 기회를 얻지 못한다. 그러나 표절금지윤리가 지켜져야 하는 가장 큰 목적은 정직한 글쓰기로 대변되는 학문의 정직성에 있다고 할 때, 이는 학계의 존립기반이라는 점에서 표절 피해자로서 다섯 번째 군##인 학계는 매우 중요한 집단이다.

시카고대학교 정치학과 찰스 립슨Charles Lipson 교수에 따르면, 학문의 정직성에는 3대 원칙이 있다.[415]

① 자신의 이름으로 제출하거나 발표하는 모든 연구실적은 실제로 자신이 연구한 것이어야 한다.
② 다른 연구자의 연구 실적을 인용하거나 참고했을 때에는 반드시 그 출처를 밝혀야 한다. 단지 학술용어를 인용한 것이라도 예외가 될 수 없다.
③ 연구자료는 정확하고 정직하게 제시해야 한다. 연구실적과 관련이 있는 모든 자료는 그것이 어떤 형태의 것이든지 예외가 될 수 없다.

---

415. 찰스 립슨, 『정직한 글쓰기 – 학문적 윤리성과 정직한 참고문헌 인용법』(원제: 『Doing Honest Work in College』, 2004), 김형주·이정아 옮김, 멘토르, 2008, 8면.

학문의 정직성에 관한 세 가지 원칙은 학문, 특히 글쓰기에서 일종의 황금률이라고 할 수 있다. 표절은 이와 같은 황금률을 지켜서 연구하고 글을 써온 대다수 학자와 연구자를 피해자로 만든다.

여기에서 구체적이고 직접적인 피해를 입는 정도에 따라 피해자군을 세분하면, 표절자와 직접 경쟁관계에 놓인 소속 기관의 동료들(1군), 소속 기관을 떠나 같은 학문을 전공하는 다른 학자들(2군), 표절자와 직접 경쟁관계에 있지는 않지만 학문 공동체라 할 수 있는 학계 전반(3군)이 있다.

1군 : 소속 기관의 동료들

표절자와 같은 기관에 속한 동료들은 표절자가 표절논문을 양산함으로써 승진이나 경제적 인센티브에서 상대적 피해를 입을 수 있다. 우리나라의 대학 간 순위경쟁에서 중요한 요소 중 하나가 교수들의 발표 논문 편수다. 논문에 대한 질적 qualitative 평가보다는 양적quantitative 평가가 우선시되는 상황에서 대학은 소속 교수들에게 논문을 많이 작성하도록 독려하는데, 표절논문을 양산하는 사람이 있다면 표절하지 않고 정직하게 글을 쓰는 동료들은 상대적으로 피해를 입지 않을 수 없다. 경쟁을 부추기는 정부와 그 지침에 순응하는 대학이 교수 승진과 재임용 심사 때 사실상 상대평가제를 도입하는데, 이 과정에서 해당 소속 기관에 표절자가 있으면 그렇지 않은 동료들이 승진이나 재임용에서 탈락 등 불이익을 입을 수 있다. 또 논문 편수를 기준으로 경제적 보상(인센티브)을 지급하는 경우, 제한된 예산을 집행하는 과정에서 상대평가가 될 수밖에 없으므로 정직하게 글을 쓰는 사람은 피해를 보게 된다.

교육기관의 학생들도 1군에 포함시켜 논할 수 있다. 보고서 등 과제를 표절하여 제출한 학생이 정직하게 과제를 작성해 제출한 학생보다 좋은 평가를 받는다면, 정직한 학생이 표절의 피해자가 됨은 말할 필요도 없다. 우리나라에서는 학생들의 표절에 매우 관대한 편이어서 이것이 법정 문제로까지 비화된 예는 거의 없다. 그러나 미국에서는 고등학교와 대학에 재학 중인 학생이 과제나 시험에서 표절 행위를 함으로써 해당 과목에서 F학점을 받거나 유기정학, 무기정학, 퇴학, 최악의 경우에는 학위취소 등 징계 처분을 받은 사례가 많다. 심지어 동료 학생들의 제보와 청원에 따라 표절로 스펙을 쌓은 학생의 대학 입학이 취소된 사례도 있다.[416]

2군 : 동일 전공 분야 학자들

같은 전공 분야를 연구하는 학계에서 표절논문을 양산하는 사람이 있으면 정직한 글을 쓰는 연구자들이 피해를 입게 된다. 평판도나 인지도는 학계의 각종 이해관계에 영향을 미칠 수 있다. 물론 장기적으로는 정직하게 글을 쓰는 학자들의 진가가 드러나게 마련이지만 단기적으로는 표절자가 학계를 이끌어가는 현상을 주위에서 어렵지 않게 볼 수 있다.

3군 : 학계^{academe} 전반

표절자와 소속 기관, 전공 등으로 직접 관련을 맺지는 않지만 학문 공동체 구성원이라는 관계에서 볼 때, 표절자는 학계 전반을 피해자로 만든다. 글쓰기에 대한 도덕적 해이로 표절이 난무하면 결과적으로 학계에 불신이 쌓여 학계 전체가 비윤리적 집단으로 전락하게 된다. 뒤에서 자세히 보는 바와 같이 람베리스^{Lamberis} 변호사 판결에서 미국 법원은 표절에 따른 직접 피해는 아니지만 진정한 피해는 '정직한 학자들'에게 발생한다고 하면서 오히려 이 사건에서 진정한 피해자는 모든 정직한 학자라고 인정했다.[417] 피심인의 표절은 정직한 학자들의 노력을 폄하하고 나아가 학문세계에 오랫동안 유지되어온 명예제도^{honor system}를 유린한 행위라고 인정했다.[418] 여기에서 '정직한 학자들'이란 곧 학계를 말한 것이다.

(다) 판례 – 피해자의 동의·용서가 항변이 될 수 있나?

피해자의 용서가 표절 책임을 면제할 수 있는가와 관련하여 미국과 우리나라의 판결을 소개한다. 먼저 미국에서 나온 판결이다.[419] 원고(항소인) 포크너는 UTSI에서 프로스트 교수의 지도 아래 박사학위 과정을 수료하고 논문을 작성하는데, 논문 주제가 미국 육군의 기밀정보와 관련되어 학칙에 따라 중단되었다. 이에 원고는 다

---

416. Jill P. Capuzzo, 「Moorestown Journal ; Seeing Crimson」, New York Times, July 20, 2003(이하 '혼 스타인 학생 사례'라고 한다) 참조. 그 밖에 학생들의 표절로 인한 제재 사례는 주 1137 – 1147 해당 면 참조.
417. *In re* Lamberis, 93 Ill.2d 222, 443 N.E.2d 549, 66 Ill.Dec. 623 (1982) (이하 '람베리스^{Lamberis} 변호사 판결'이라 한다). 이 판결의 상세는 주 711, 1068, 1075, 1158 해당 면 참조.
418. 위 판결, 229면(552면).
419. 포크너 박사 판결.

른 주제를 선택해야 했는데, 지도교수의 지도 아래 새로운 논문 「Remote Sensing of Turbulence Using Doppler, Lidar and Radar Techniques」을 제출하고 논문이 통과되어 박사학위를 받았다.[420] 한편 UTSI 교수회의에서 이 논문을 별도로 심사한 끝에 5 대 2의 표결로 박사학위를 취소하기로 결정했다. 그 이유는 이 논문이 프로스트 교수의 논문과 몇몇의 연구보고서를 그대로 베꼈다는 것이었다.[421] 원고는 표절이란 저자의 동의 없이 가져다 쓸 때 성립하는 것이므로 이 사건에서와 같이 저자 동의가 있다면 이는 표절이 아니라고 항변했다.[422] 이에 대해 법원은 표절을 원고의 주장과 같이 정의한다면 박사학위 과정의 진실성^{integrity}은 완전히 파괴될 것이라면서, 아버지의 발자국을 따라가는 아들은 아버지의 허락만 받고 그 주제에 대해 연구하려는 노력도 기울이지 않은 채 아버지 연구물을 끊임없이 복제할 것이라는 비유를 들어 그 부당함을 설명했다.[423] 법원은 학생보다 잘못이 더 큰 논문 지도교수의 비호 아래 숨으려는 학생(원고)에 대하여, 학생의 지도교수에 대한 신뢰는 잘못되었다고 보았다.[424]

이 사건에서 미국 법원은 저작권침해와 달리 표절 책임은 저자 동의로도 면책시킬 수 없음을 명백히 했다. 심지어 박사학위논문에서 지도교수의 양해 또는 동의가 표절 책임을 면제할 수 없다는 점을 확인했다.

이와 관련된 우리나라 판결을 소개한다. 위 회계원리 사건 판결에서 법원은 저작권자(공저자)의 허락을 받았다 하더라도 표절 책임에는 영향이 없다[425]고 함으로써 포크너 판결과 궤를 같이한다. 그런데 법학교과서 I 사건 항소심 판결에서는 저작권자의 용서를 표절에 따른 징계양정에 참작하고 있다.

> 이 사건 각 원저서의 저작자 중 1인이 이 사건 징계대상 행위에 대하여 이를 문제 삼지 않겠다는 의사를 표시하였고 나머지 저작자들도 현재까지 이 사건 징계대상 행위에 관하여 아무런 이의를 제기하고 있지 아니한 점[426]

---

420. 위 판결, 1면.
421. 위 같은 면.
422. 위 판결 4면.
423. 위 같은 면.
424. 위 판결 6면.
425. 회계원리 사건 판결(주 378).

표절이 밝혀져 문제 된 후 저작권자에게서 문제 삼지 않겠다는 의사가 있었다는 것은 '사후 동의'라고 할 수 있다. 이는 회계원리 사건 판결의 '사전 허락'과 비교된다. '사전 허락'이건 '사후 동의'건 간에 피표절자의 동의라는 점에서 같다. 그리고 회계원리 사건과 법학교과서 I 사건 모두 표절을 이유로 교원을 징계한 것에 불복한 사건이라는 점도 같다. 그런데 법학교과서 I 사건에서는 피표절자의 동의(사후 동의)가 표절자의 징계수위를 정하는 데 고려요소가 되었음에 반해, 회계원리 사건에서는 앞서 본 바와 같이 저작권자에게서 동의받은 사실이 표절 행위의 평가에 거의 영향이 없다고 못 박았다.

징계양정은 법관에 따라 다르게 볼 수 있는 점이 있다고 하더라도, 표절의 의미를 명확히 이해한다면, 즉 표절에 따른 피해가 단지 피표절자에게 국한되는 것이 아니라 학계 전반에 미친다는 것을 이해한다면, 피표절자의 동의를 표절자 징계를 감경하는 사유로 삼는 것이 반드시 타당하다고 말하기는 어렵다. 그 점에서 박사학위 지도교수인 피표절자의 동의하에 표절이 이루어졌으며 그런 동의로 면책을 받을 수 있다고 한 표절자(학생)의 주장에 대해, 학생의 지도교수(피표절자)에 대한 신뢰는 잘못되었다고 한 미국 법원의 판결(포그너 박사 판결)은 표절의 본질을 꿰뚫은 것이다.

(라) 응용
'크리에이티브 커먼스'는 표절책임까지 면제할 수 있는가?

이른바 '저작권 나눠 쓰기'라고 불리는 크리에이티브 커먼스Creative Commons 운동에서 출처표시 의무를 면제해주고, 나아가 표절책임까지 면제해주는 것이 가능한가? 그리고 정당한가? 저작권침해 책임 측면에서는 가능하고 타당할 수 있어도 표절책임에서는 그렇지 않다고 본다. 표절의 피해자론에서 살펴본 바와 같이 표절금지라고 하는 학계의 윤리는 저작권자의 처분권 범위 내에 있지 않기 때문이다.

---

426. 법학교과서 I 사건 항소심 판결(주 377). 이 사건은 피고(학교법인)의 상고가 기각되어 원심이 확정되었다. 대법원 판결은 매우 간단하여 징계양정 판단을 항소심판결에서 가져와 소개한다.

인터넷에서 구입하여 쓰면 표절책임도 면제되나?

인터넷에서 구입하여 쓰면 표절도 면책된다고 생각하는 경향이 있다. 구입했기 때문에 저작재산권침해는 아니다. 그러나 인터넷 등에서 판매한다는 것의 의미는 대가를 받고 저작재산권의 복제권을 양도하거나 이용을 허락한다는 것일 뿐, 저작인격권까지 양도하거나 처분한 것은 아니므로 저작인격권 중 성명표시권침해 여부는 별개 문제다.

나아가 인터넷에서 구입했다는 이유로 출처표시를 하지 않고 쓴다면, 독자는 그것이 저자의 것이라고 오인할 수 있다는 점에서 표절에 해당할 수 있다. 인터넷 구입 여부는 저작재산권침해와 관련이 있을 뿐 표절 성립 여부와는 아무런 관련이 없다.

(4) 자기표절과 유령작가 논의에서의 유익

표절과 저작권침해의 차이를 명확히 하면 자기표절 논의와 유령작가 논의에 매우 유익하다. 자신의 선행 저술을 다시 사용하여 후행 저술에 이용하는 경우 자신이 선행 저작물의 저작권자이므로 저작권침해가 성립하지 않음에도 표절 책임을 지는 경우가 있는가 하면, 다른 사람을 시켜 자기 생각을 정리하게 한 유령작가의 저술은 저작권법상 명백히 저작인격권(성명표시권) 침해가 될 수 있음에도 표절이라고 하지 않는 경우가 있다. 이와 같이 이해하기 어려운 문제도 표절과 저작권침해의 차이를 명확히 이해하면 쉽게 해결할 수 있다.

양자의 차이를 잘 설명한 그린Green 교수에 따르면 표절에서는 동의consent보다 피해harm에 더욱 집중할 필요가 있다고 한다.[427] 그린 교수는 무의식적인 자기인용 unacknowledged self-quotation이 표절의 진정한 예라고 했다.[428] 자기가 자기 것을 가져왔으므로 동의가 있었다고 할 수 있지만, 표절에서는 동의 여부보다는 피해 여부가 더욱 중요하다. 따라서 자기표절물을 읽는 독자들에게 그것을 원작original work으로 믿도록 속였으므로 표절에 해당할 수 있다.[429] 국내에서는 자기 물건 절도가 범죄

---

427. Green, 앞의 논문(주 320), 190면.
428. 위 같은 면.
429. 위 같은 면.

로 성립될 수 없듯이 자기표절은 애초에 문제가 되지 않는다고 주장하는 학자가 더러 있으나, 이는 저작권침해라면 맞을 수 있지만 표절에서는 틀린 말이다. 자기표절에서 피해자는 '저자 자신'이 아니라 독자들과 그가 속한 학계 등이기 때문이다.

반면에 정치인, 유명인, 판사 등의 경우, 이면의 저자unacknowledged ghostwriter가 쓴 표현을 자기 명의로 직접 발표하거나 공개하는 일이 많은데, 이런 저술은 아무에게도 피해를 주지 않는다는 점에서 표절이라고 규정짓지 않는다. 유령작가가 허용되는 영역이다. 그 이유는 그와 같은 사람들이 자신의 저작물을 만들 것이라는 문화적 기대cultural expectation가 없기 때문이다.[430]

이상에서 보는 바와 같이 표절과 저작권침해의 차이를 이해한다면, 자기 자신의 것을 가져다 썼음에도 표절이 되고(자기표절), 남이 대신 써주었음에도 표절이 안되는 이유(유령작가)를 쉽게 설명할 수 있다.

(5) 시효의 존부와 기산점의 차이

표절은 저작물의 작성단계에서 발생하지만 저작권침해는 저작물의 이용단계에서 발생한다고 전제한 후에, 표절로 만들어진 저작물을 이용하는 경우에 원저작물이 여전히 저작권으로 보호되는 대상이라면 그로써 저작권침해도 발생한다고 함으로써 표절과 저작권침해의 차이를 설명하는 견해도 있다.[431] 그러나 표절이 성립하려면 절취 외에 기만passing off이 필요하다는 점에서 타인의 저작물이나 독창적 아이디어를 출처표시 없이 가져다 작성한 행위만으로 표절이 성립한다고 보기는 어렵다. '자기 것인 양' 하는 기만행위는 공표라는 표출행위를 전제로 하기 때문이다. 반면에 저작권침해는 복제권침해를 예로 든다면, 타인의 저작재산권을 복제의 방법으로 침해한 자는 저작권침해죄가 성립하게 되는데,[432] 이때 '복제행위'에는 반드시

---

430. 위 같은 면.
431. 임원선, 『실무자를 위한 저작권법』, 한국저작권위원회, 2012, 447-448면.
432. 저작권법
　　제136조(벌칙) ① 다음 각 호의 어느 하나에 해당하는 자는 5년 이하의 징역 또는 5천만 원 이하의 벌금에 처하거나 이를 병과할 수 있다.
　　1. 저작재산권, 그 밖에 이 법에 따라 보호되는 재산적 권리(제93조에 따른 권리는 제외한다)를 복제, 공연, 공중송신, 전시, 배포, 대여, 2차적저작물 작성의 방법으로 침해한 자

공표라는 표출행위가 필요하지 않다. 즉 표절이 성립하려면 공표행위가 요구되고, 저작권침해(복제권침해)가 성립하려면 복제행위로 족하며 별도로 공표행위가 요구되지 않는다.[433] 따라서 표절과 저작권침해를 작성단계와 이용단계로 구별하는 데는 동의하기 어렵다.

표절과 저작권침해는 위와 같은 성립요건과 관련하여 오히려 시효제도에서 차이를 발견할 수 있다. 저작권침해는 민형사상 책임을 수반하므로 민사상 손해배상청구권의 소멸시효와 형사상 공소시효 같은 시효제도와 친숙하다. 그런데 법적 책임이 아닌 윤리적 책임으로서 표절에 시효가 문제 되는 것은 표절이라는 비위행위에 대한 징계시효 또는 검증시효인데, 결론적으로 말하면 표절에는 시효제도가 적용될 수 없다.[434]

가사 표절에 시효제도가 적용될 수 있다고 하더라도 시효 기산점에서 저작권침해와 표절은 전혀 다르다. 저작권침해죄의 공소시효와 표절의 징계시효 또는 검증시효를 비교한다면, 공소시효는 범죄행위가 종료한 때부터 진행되는데,[435] 저작재산권침해죄는 타인의 저작재산권을 복제, 공연, 공중송신, 전시, 배포, 대여, 2차적 저작물 작성의 방법으로 침해함으로써 종료했으므로, 이때가 공소시효의 기산점이 된다.

그러나 표절은 위에서 본 바와 같이 기만적 요소도 성립요건이기 때문에 표절물이 시중에 유통되거나 도서관에서 대출되어 독자들이 지속적으로 그 표절물을 읽을 수 있는 상태에 있다면 기만행위, 즉 '자기 것인 양' 속이는 행위는 계속 일어나게 된다. 따라서 해당 표절물이 절판되거나 시중 또는 도서관 등에서 완전히 회수되었다고 할 때 비로소 범죄의 피해가 더는 발생하지 않게 된다는 점에서, 그때를 표절이라는 비위행위의 종료시점으로 보아야 한다. 표절에 징계시효나 검증시효를 인정한다고 하더라도 위와 같이 표절물이 시중에서 절판 등의 사유로 더는 독자들이 읽을 수 없게 된다는 것은 사실상 불가능에 가깝다. 결국 표절의 징계시효나 검증시효의 기산점을 이렇게 보는 한 표절에 시효제도는 인정되지 않는 것이나

---

433. 물론 복제만 하고 외부로 공표되지 않았다면 저작권침해(죄)에 대한 입증의 문제가 있지만 이는 별론으로 한다.
434. 표절의 검증시효에 대해서는 뒤에서 자세히 논한다. 주 927 – 991 해당 면.
435. 형사소송법
　　　제252조(시효의 기산점) ① 시효는 범죄행위의 종료한 때로부터 진행한다.

다름없다.

이상에서 보는 바와 같이 표절과 저작권침해는 제도의 취지 및 성립요건의 차이로 시효제도의 적용 여부가 다르고, 표절에 시효제도가 인정된다 하더라도 시효의 기산점에서 양자는 확연히 다른 점이 있다. 이 점에서 표절과 저작권침해를 구별하는 실익이 분명히 있다.

마. 저작권법 제37조(출처의 명시)
- 저작권침해와 표절의 연결고리

저작권법 제37조제1항 본문은 다음과 같이 규정하고 있다.

"이 관의 규정에 따라 저작물을 이용하는 자는 그 출처를 명시하여야 한다."

이 조항을 위반하면 어떤 효과가 발생하는지와 관련하여 다음 두 가지 견해가 있을 수 있다. 제37조상의 출처명시의무[436]를 저작재산권 제한의 요건이라고 본다면 출처명시의무를 따르지 않을 경우 저작재산권 제한에 해당하지 않아 저작재산권침해가 될 것이다. 반면, 저작재산권 제한에 따른 부수적 의무로 본다면 출처명시의무를 지키지 않았다고 해서 저작재산권 제한 요건을 갖추지 못했다거나 저작재산권침해 결과가 바로 발생하는 것은 아닐 것이다.

제37조제1항에 따라 출처명시의무가 있는 제28조의 경우를 예로 들면, 공표된 저작물을 연구 등의 목적으로 정당한 범위 안에서 가져다 쓰면서도 합리적 출처표시를 하지 않을 경우, 제37조에 따른 출처명시의무를 어떻게 이해하느냐에 따라 결과가 달라진다. ① 요건으로 이해할 경우, 저작재산권침해가 된다. ② 부수적 의무로 이해할 경우, 저작재산권침해는 되지 않으나, 합리적 출처명시의무 위반이

---

436. 저작권법에서는 '출처의 명시'라는 용어를 쓰는데, 일반에서는 '출처표시'라는 말이 더 잘 쓰인다. 특별히 다른 뜻이 아니므로 이 책에서는 혼용한다.

된다.

위 ②의 경우를 좀 더 깊이 들여다본다. 저작권법은 제37조에 이어서 제38조에서 "이 관 각 조의 규정은 저작인격권에 영향을 미치는 것으로 해석되어서는 아니된다"라고 규정하고 있다. 따라서 출처명시의무를 지키지 않는 경우 저작인격권침해에 해당할 수 있다. 구체적으로는 미공표저작물을 가져다 쓴다면 공표권침해, 출처를 밝히지 않는다면 성명표시권침해로 볼 소지가 있다. 그런데 이와 같이 공표권침해 또는 성명표시권침해에 해당한다고 하려면 타인의 저작물을 전부 또는 상당부분 가져다 써야 한다.[437] 그렇지 않고 일부분을 가져오는 경우, 특히 여기에서 논의하는 것은 제28조의 요건, 즉 정당한 범위 내에서 가져다 쓴 경우를 전제하므로, 그런 경우까지 성명표시권침해로 구성하기는 어렵다. 즉 양립불가능하다는 말이다. 따라서 여기에서 논의 대상으로 하는 경우, 즉 정당한 범위 안에서 타인의 공표된 저작물을 연구 등의 목적에서 가져다 쓰면서도 출처표시를 하지 않은 경우에는 저작인격권(성명표시권)침해에 해당하기 어렵다. 문제는 바로 여기에 있다. 이와 같이 저작권법이 정하고 있는 '출처의 명시의무'(제37조)를 위반했는데도 저작재산권이나 저작인격권 침해가 되지 않는 불합리한 경우를 어떻게 해결 또는 해소하느냐의 문제가 생긴다. 한편 출처명시의무(제37조) 위반의 경우 형사적 제재 조항이 있다(제138조제2호 출처명시위반죄). 출처명시위반죄는 피해자인 저작권자의 고소가 있어야 공소가 가능한 친고죄다(제140조). 따라서 출처명시의무를 위반했는데도 저작권자가 고소하지 않으면 형사책임은 물론 저작재산권침해나 저작인격권침해로도 책임을 물을 수 없는 상황이 생긴다. 제37조가 사실상 법적으로 효력을 발휘하지 못하는 '빈 공간'이 생긴 것이다.

이 '빈 공간'을 없애기 위해, 달리 표현하면 '빈 공간을 채우기 위해' 제37조에 따른 출처명시의무를 저작재산권 제한의 요건으로 봐야 한다는 견해(위 ①의 견해)가 힘을 얻을 수 있다. 그러나 다음과 같은 이유에서 ①의 견해, 즉 출처명시의무가 저작재산권 제한의 요건이 된다는 견해는 취하기 어렵다.

첫째, 제37조제1항에 대한 문리해석상 출처명시의무가 저작재산권 제한의 요건으로 되기 어렵다. 제37조제1항은 '이 관의 규정에 따라 저작물을 이용하는 자'

---

437. 한편, 제28조는 공표된 저작물을 전제로 하므로 공표권침해 논의는 여기에 해당되지 않는다. 성명표시권침해만을 대상으로 계속 논의를 이어간다.

에게 출처명시의무를 부여하고 있는바, 출처명시의무의 대상은 저작재산권 제한을 전제로 하고 있다고 해석되기 때문이다. 둘째, 제37조제2항은 "출처 명시는 저작물의 이용 상황에 따라 합리적이라고 인정되는 방법으로 하여야 하며(이하 후략)"라고 규정하고 있는데, 출처명시의무는 그 이행 여부가 '합리적이라고 인정되는 방법'을 어떻게 보느냐에 따라 달라질 가능성을 열어놓고 있다. 이와 같이 불확정 개념에 따라 저작재산권 제한 성립 여부가 달라지게 하는 것은 법적 안정성을 해칠 우려가 있다는 점에서도 저작재산권 제한 성립과 출처명시의무 이행 여부를 달리 보는 것이 타당하다. 셋째, 베른협약에도 우리 저작권법 제37조와 같은 출처명시의무 조항을 두고 있는데(제10조제3항),**438** 출처명시의무는 저작재산권 제한을 전제로 하고 있다는 점에서 출처명시가 저작재산권 제한의 요건이라고 볼 수 없다.

그렇다면 '빈 공간'은 ②의 견해에 따라 부수적 의무가 적용되는 영역으로 보지 않을 수 없다. 부수적 의무는 현행 저작권법으로는 저작재산권 제한의 요건으로 되지 않고, 의무 위반이 저작인격권침해로도 되지 않는, 저작권법이라는 규범 내에서는 강제력이 수반되지 않는 그야말로 '빈 공간'에 던져진 것이다. 여기에서 바로 표절이 빛을 발한다. 이와 같은 '빈 공간'에 법규범은 아닐지라도 윤리 규범으로 표절 금지윤리가 적용된다면, 부수적 의무가 무용無用한 것이 아니게 된다.

또 위 '빈 공간'에 해당하는 사안, 예를 들어 정당한 범위 내에서 타인의 공표된 저작물을 연구 등의 목적으로 가져다 쓰는 경우, 합리적 출처명시의무를 지키지 않았다는 이유로 저작재산권 제한에 해당하지 않는다고 함으로써 바로 민형사 책임이 따르는 저작재산권침해로 구성한다거나, 저작물의 전부 또는 상당 부분을 가져다 쓴 것이 아니고 일부분을 가져다 쓰면서 출처표시를 하지 않았다고 해서 저작인격권(성명표시권)침해로 구성하는 것은, 둘 다 지나치게 가혹하여 현실에 맞지 않을

---

438. 베른협약 제10조
 (1) 이미 적법하게 공중에 제공된 저작물을 인용하는 것은 허용된다. 다만, 그 인용이 공정한 관행과 양립하고, 그 범위가 목적에 의하여 정당화되는 범위를 넘지 않아야 하며 이 경우 언론요약의 형태로, 신문기사와 정기간행물을 인용하는 것을 포함한다.
 (2) 정당화되는 범위내에서, 교육을 위하여 문학 또는 예술적 저작물을 도해로서 발행·방송 또는 녹음이나 사용하도록 허락하는 것은 동맹국의 입법, 그리고 동맹국들 사이에 존재하고 있는, 또는 체결될 특별 협정에 맡긴다. 다만, 그러한 사용은 공정한 관행과 양립하여야 한다.
 (3) 이 조의 전항들에 따라 저작물이 사용되는 경우에, 출처와 저작물 위에 저작자의 성명이 나타나게 되면 그 성명을 명시한다.

뿐더러 학문영역에서 반드시 그렇게 하는 것이 타당하지도 않다는 점에서 법규범
(저작권법)으로 규율하기보다는, 표절금지윤리라는 윤리 규범으로 규율하는 것이 바람직하다. 즉 비록 법에서 의무를 규정하고는 있지만(제37조) 그 위반에 법적 강제력을 동원하기보다는 학계에 통용되는 표절금지윤리가 적용되게 하는 것이 저작권법이라는 법규범을 넘어 우리 사회의 전체적 규범 질서에도 부합한다.

바로 위와 같은 논의에서 보는 바와 같이 저작권법과 표절금지윤리는 매우 밀접하고도 유기적으로 관련되어 있다.[439]

바. 소결론

이상에서 본 바와 같이 표절은 저작권침해와 명백히 구별되는 개념으로, 그 차이를 명확히 인식하는 것이 표절을 제대로 이해하고 논의를 합리적으로 하는 첫걸음이다.

오늘날 대학이 지나치게 연구결과물에 대해 지적재산권으로 보호받고 통제하려는 경향을 '학문 자본주의Academic Capitalism'라고 비판하고[440] 대학을 지적재산권이라는 같은 배를 탄 운명공동체로 보아 대학과 지적재산권 제도의 존재이유가 얽혀있다고 지적한 견해는 매우 참신하다.[441] 이러한 지적과 궤를 같이하여 지적재산권 또는 저작권의 과도한 보호와 행사를 제한하려는 시도가 있어왔다는 것은 주지하는 사실이다.

그런데도 표절과 저작권침해를 명백히 구분하는 견지에서 보면, 학문윤리 또는 명예적인 측면honor approach의 표절 논의는 대학의 과도한 저작권보호 움직임과 그에 대한 반성 또는 반발작용의 영향을 받을 수 없고, 받아서도 안 될 것이다.

---

439. 주 445 해당 면.
440. Corynne McSherry, 『Who Owns Academic Work? – Battling for Control of Intellectual Property』, Harvard University Press, 2001, 7면.
441. 위의 책, 37면, 65면.

III

법학 일반의 방법론

윤리 영역인 표절금지윤리와 법 영역인 저작권침해는 규범이라는 점에서 공통점이 있다. 그런데 윤리 규범 위반에 해당할지라도 표절은 강제규범인 법 영역으로 논의가 옮겨지는 경우가 많다. 여기에서 법학 일반의 전문지식이 필요하다.

1. 법학적 접근

가. 실체법

표절 연구는 저작권법학에서만 접근할 수 있는 것이 아니라 법학 일반에서도 접근할 수 있다. 정확히 말하면 저작권법학만으로는 부족하고 그 밖의 법 영역으로 헌법, 민법, 형법, 행정법 등 여러 분야의 지식이 필요하다. 헌법은 최고 법규범이라는 추상성 외에도 구체적으로 표절 논의에 개입한다. 예를 들어 표절 또는 저작권침해 판정 여부에서 가장 중요한 '표현의 자유'와의 관계 문제, 표절 판정 절차 또는 표절을 비위사실로 하는 징계절차에서 '적법절차due process' 문제,[442] 헌법상 보장된 '학문의 자유' 또는 '대학 자치'와 관련하여 사법판단의 개입 정도 등에서 헌법적 논의가 필요하다.

민사법적 배경지식은 더욱 중요하다. 저작권은 준물권準物權인 무체재산권의 일종으로 파악된다는 점에서 저작권법은 민법의 특별법적 지위를 갖고 있다. 따라서 저작권법으로 해결되지 않으면 일반법인 민법에 의존해야 하는 경우가 있다. 예를 들어 〈도표 1〉에서 저작권침해를 수반하지 않는 표절(B부분)의 경우, 윤리 영역이라고 하지만 이 말은 법적 책임을 배제하는 것이 아니다. 아이디어는 저작권 보호대상이 아니므로 출처표시 없이 가져다 쓴다 해도 저작권침해가 되지 않는다. 그러나 그 아이디어가 일반지식이 아닌 특정인이 독창적으로 창안한 것이라면 표절 대상이 될 수 있다. 이때 저작권침해가 되지 않는다 하여 법적으로는 전혀 책임을 물을 수 없는가? 그렇지 않다. 민법상 불법행위가 성립할 수 있기 때문이다.[443] 최근 들어 권리가 아닌 법률상 보호가치가 있는 이익의 침해를 불법행위로 인정하는 예가 많다. 대표적으로 조망眺望의 이익이 그것이다.[444] 그에 앞서 일조권日照權은 법률상 이익으로 보호되다가 권리로 격상되었다. 이처럼 법률상 보호할 가치가 있는 이익의 범위가 확장되거나 권리로 격상되는 현상에 더하여, 이러한 이익의 침해를 불법행위로 인정하는 법원 판례의 경향 그리고 인격권 보호 경향을 종합하면, 비록 표현이 아닌 아이디어 영역이라 할지라도 그것이 독창적인 경우 창안자를 표시하지 않고 자신의 것인 양 가져다 쓰는 표절은 불법행위가 성립될 가능성이 있다.

---

442. 이에 대해서는 주 1065-1110 해당 면 참조.
443. 법원은 가정적 판단이기는 하지만, 저작권침해가 되지 않는 경우에도 법률상 보호할 가치가 있는 이익을 전제로 민법상 불법행위 책임을 물을 수 있다고 판결했다. 서울고법 2012.12.20. 선고 2012나17150 판결(이하 '드라마 선덕여왕 사건 항소심 판결'이라 한다) 참조. 이 판결은 대법원에서 파기돼 서울고법에 환송됐다. 대법원은 이 부분의 법률판단을 명확히 하지 않은 채 피고의 행위가 원고의 법률상 보호할 가치가 있는 이익을 침해하는 것으로서 민법상 불법행위를 구성한다고 본 것은 법리오해라고만 했다. 대법원 2014.7.24. 선고 2013다8984 판결(이하 '드라마 선덕여왕 사건 판결'이라 한다). 그러나 이로써 대법원이 저작권침해가 되지 않는 경우 민법상 불법행위도 성립하지 않는다고 판단한 것은 아니라고 생각한다. 한편, 미국에서도 저작권침해가 아닌 표절에 대해 손해배상책임을 물을 수 있다는 판결이 선고된 적이 있다. INS v. AP 사건 판결(주 390).
444. 인근 건물의 신축 과정에서 발생하는 분쟁 중에 일조방해 행위에 대해 우리 법원은 사법상 일조권이라는 권리 침해의 문제로 보기도 하지만, 시야 차단에 따른 폐쇄감이나 압박감 등의 생활이익의 침해에 대해서는 조망권이 아닌 조망의 이익에 대한 침해로 보았다. 한편 조망의 이익도 법률상 보호 가능한 이익으로서 침해에 대해 불법행위가 성립하는 것은 당연하다. 대법원 2014.2.27. 선고 2009다40462 판결 참조.

한편, 앞에서 보는 바와 같이 표절은 저작권법 제37조에 따른 합리적 출처명시 의무 위반으로 논리를 구성할 수도 있다.[445] 이러한 의무 위반에 위법성이 인정되어 민법상 불법행위 책임을 물을 수도 있다.

일반적으로 법적 책임이 아닌 윤리책임으로 알려져 있는 표절에 대해 민법상 불법행위책임이 성립할 수 있다는 것 외에 표절 피해자의 구제와 관련하여 금지청구의 일종으로 복제·배포 금지, 표절물 회수 등과 같은 것이 가능한지에 관한 논의는 민사법이 관여하는 부분이다.

표절은 저작권침해와 달리 그 자체만으로는 형사적 제재의 대상이 아니다. 그러나 표절이 원인이 되어 명예훼손죄로 발전하는 경우가 있는데, 명예훼손죄 성립 여부 판단에서 표절 여부가 선결 쟁점이 되기도 한다. 표절에 대한 제재는 징계일 뿐이지만 당사자에게는 직역의 특성상 형벌 이상의 효과가 발생하기도 한다는 점에서 형사법상의 제도인 행위시법주의, 공소시효제도, 기타 절차상 인권보호 조항을 차용할 필요가 있다. 형사처벌과 징계는 엄연히 차이가 있어 유추 적용할 수는 없지만, 표절 논의에 형사법적 논의와 정신을 차용할 수는 있다고 본다.

이상에서 본 바와 같이 표절은 저작권법 외에도 법학 전반에 걸쳐 전문지식이 상당히 필요한 고도의 전문 분야라 할 수 있으므로, 법학적 접근이 다른 학문적 접근에 비해 상대적으로 유용한 방법론이라고 할 수 있다.

나. 절차법

표절은 징계사유로, 해당 기관의 징계절차에 회부되어 그 안에서 종결되는 경우도 있지만 일방이 불복하여 재판에까지 나아가는 경우가 있다. 명예훼손 등의 민사 또는 형사 재판에서 표절이 선결 쟁점이 되어 판정 여하에 따라 책임이 달라지는 경

---

445. 이 점에서 저작권법 제37조(출처의 명시)는 저작권침해와 표절의 연결고리 역할을 한다. 주 439 해당 면 참조.

우도 있다. 이처럼 '광의의 표절'뿐만 아니라 '협의의 표절'도 표절 여부가 재판의 쟁점이 되는 경우가 많은데 이를 유형별로 정리하면 다음과 같다.

① 표절을 비위사실로 하는 징계 재판

예를 들어 교원이 표절을 이유로 징계를 당한 경우(면직, 감봉, 견책, 경고 등), 신분상 불이익을 당한 경우(승진 또는 재임용 탈락, 재계약 거부), 교원이 되고자 하는 자가 표절을 이유로 임용이 거부되거나 취소된 경우에 그 징계 등의 무효 또는 취소를 구하는 재판에서 표절 여부 판단은 징계 등 위법성 판단의 선결 요건이 된다.[446] 물론 징계의 효력을 다투는 재판은 징계사유에 해당한다고 하더라도 징계양정 과정에서 표절 판단 결과와 달라질 수 있지만, 이런 재판에서 가장 중요한 것이 표절 여부 판단임은 분명하다. 이 점에서 저작권침해가 수반되는 표절(위 A부분)은 말할 필요도 없고, 저작권침해가 수반되지 않는 표절(위 B부분)도 사법판단의 대상이 될 수 있다.

② 표절이 재판의 선결 쟁점이 되는 재판

징계재판 외에 표절 여부가 민사 또는 형사 재판의 선결 쟁점이 되기도 한다. 특정인에게 표절자라고 하거나 그가 쓴 저술에 표절이 있다고 함으로써 발언자가 명예훼손죄로 피소된 형사재판에서 표절 여부에 따라 적용법조가 달라지기도 하고 위법성 조각 여부가 달라지기도 한다. 표절이 사실로 확인되면 '사실 적시에 의한 명예훼손죄'(형법 제307조제1항), 허위로 확인되면 '허위 사실에 의한 명예훼손죄'(같은 조 제2항)가 되어 법정형이 달라진다. 표절이 사실로 확인되고 표절자가 공인인 경우에는 위법성이 조각되어 무죄가 될 수 있다(제310조). 실제로 명예훼손죄 사건에서 표절 여부가 재판의 선결 쟁점이 되기도 하고,[447] 표절자가 피표절자와 언론인을 상대로 제기한 명예훼손을 이유로 하는 손해배상청구사건에서 소재와 아이디어를 가져다 쓴 것이 표절에 해당하는지가 재판의 선결 쟁점이 되기도 했다.[448]

저작권침해가 수반되는 표절(위 A부분)은 말할 필요도 없고, 저작권침해가 수반

---

446. 이상 여러 분쟁 유형에 대해서는 주 1074 참조.
447. 의정부지법 2006.6.16. 선고 2005노1161 판결(이하 '명예훼손 사건 판결'이라 한다) 등.
448. 대법원 2012.5.9. 선고 2010다12630 판결(이하 『일본은 없다』 사건 판결'이라 한다).

되지 않는 표절(위 B부분)도 위와 같이 재판의 선결 쟁점이 되는 경우가 많다. 문제는 표절에 대한 사회적 관심이 비등할 뿐만 아니라 논문 등 저술의 데이터베이스화와 표절 검색 소프트웨어의 개발·보급으로 표절 의혹 제기가 전에 비해 획기적으로 늘어나고 있는데, 이로 인한 명예훼손 등 재판에서 표절 여부가 선결 쟁점이 되는 사례도 늘고 있다는 것이다.

③ 표절 여부 확인이 소송물인 재판

드물기는 하지만, ①, ②와 달리 표절 여부 자체의 판정을 구하는 재판이 있을 수 있다. 표절 여부에 관해 당사자 사이에 다툼이 있는 경우 법원에 그 판정을 구하는 재판이다. 여기에서 표절 여부에 다툼이 있는 '당사자 사이'라 함은 표절자와 피표절자 사이, 표절자와 소속 기관 사이, 피표절자와 표절자의 소속 기관 사이 등을 상정할 수 있다. 재판 형태로는 문제의 저술에 대해 피표절자가 표절물이라는 확인을 구하는 '적극적 확인 청구'와 표절자가 표절물이 아니라는 확인을 구하는 '소극적 확인 청구'가 있을 수 있다.

확인의 소에서는 권리보호요건으로 확인의 이익이 있어야 하는데, 확인의 이익은 원고의 권리 또는 법률상 지위에 현존하는 불안, 위험이 있고 그 불안, 위험을 제거함에는 피고를 상대로 확인판결을 받는 것이 가장 유효적절한 수단일 때에만 인정된다.[449] 저작권침해가 수반되는 표절(위 A부분)은 표절 여부에 따라 저작권자의 지위에 현존하는 불안 또는 위험이 있음은 말할 필요도 없다. 그런데 이 경우에는 손해배상청구 또는 금지청구 등 이행의 소가 가능하기 때문에 위에서 말하는 '가장 유효적절한 수단일 때'에 해당하지 않아 확인의 이익이 인정되지 않을 수 있다. 오히려 저작권침해가 수반되지 않는 표절(위 B부분)에서 확인의 이익이 인정될 가능성이 더 높다.

저작권침해가 수반되는 표절은 저작권침해에 따른 손해배상 또는 금지청구가 가능하고, 저작권침해가 수반되지 않는 표절(위 B부분)은 표절 여부에 대한 적극적 또는 소극적 확인의 소가 가능하다는 점에서 표절문제는 그 자체로 재판 대상이 될 수 있다.

---

449. 대법원 1991.12.10. 선고 92다14420 판결.

다. 소결론

이상에서 본 바와 같이 실체법과 절차법 등 법학 전 분야에 걸친 배경지식이 없이 표절 논의를 하는 데는 한계가 있다. 법학에서 표절을 연구하는 이점은 다른 학문 분야보다 매우 크다.

2. 판결 사례연구^{case study}

표절 연구방법론은 연역적인 것과 귀납적인 것으로 크게 나눌 수도 있다. 지식은 특정인의 전유물이 될 수 있는가, 학문이란 무엇인가, 윤리란 무엇인가 같은 근본적이고 본질적인 논의에서 표절을 연구해 표절 관련 규정을 도출하는 것을 연역적 방법론이라 한다면, 구체적인 사례, 예를 들어 표절에 관한 각종 기관의 징계사례나 법원 판결 등을 연구해 표절 판정 기준이나 규정을 도출하는 것을 귀납적 방법론이라고 할 수 있다.

대학 또는 학회의 표절 징계사례는 표절 연구에 매우 중요한 자료가 될 수 있는데, 문제는 이를 구하기가 어렵다는 것이다. 징계절차는 공개적으로 진행되지 않고, 소속 기관으로서는 이를 공개함으로써 피징계자로부터 법적 책임을 추궁당할 수 있을 뿐만 아니라 소속 기관의 평판이 저하될 수 있다는 점에서 적극적으로 공개할 이유가 없기 때문이다.

드물지만 언론기관의 취재로 대학 또는 학회에 들어온 표절 제보나 판정 결과가 외부에 공개되기도 한다. 그러나 보편적인 것은 아니며, 나아가 전체가 공개되지 않기 때문에 부분적 정보만을 연구자료로 삼기에는 부족할 뿐 아니라 위험하기도 하다.

이에 비하면 표절 시비가 법정으로 간 경우에는 다음에서 보는 바와 같이 재판 결과물인 판결이 표절 연구에 중요한 자료가 될 수 있다.

가. 판결 연구의 이점

사례연구를 통해 기준을 도출하고자 할 때 사례로서 판례만큼 효과적인 연구자료
는 없다. 그 이유는 다음과 같다.

(1) 기관 징계 사례연구의 한계

합리적 진실을 발견하기 위한 대립당사자 구조로 되어 있는 재판절차에서 쌍방이
변론을 통해 표절 여부를 치열하게 다툰 결과물이라는 점에서 판결은 표절의 기준
을 도출하기 위한 합리적 자료가 될 수 있다. 반면 특정 기관 내부의 징계사례는 재
판과 같은 대립당사자 구조로 되어 있지 않을 뿐만 아니라, 다음과 같은 사정으로
그 결과물을 일반적인 표절 판단 자료로 삼기에 어려운 점이 있다.

첫째, 표절 시비의 진위를 떠나 표절 혐의자가 개인 사정으로 문제가 확대되지
않기를 바라면서 징계를 다투지 않아 확정되는 경우가 있다. 둘째, 징계기관이 대
외신인도나 징계혐의자(표절 혐의자)와의 관계를 고려해 표절 여부를 판단하거나,
징계수위를 정하면서 사안을 왜곡(경감하는 쪽으로 왜곡)하거나 표절 규정을 좁게 해
석함으로써 이른바 '제 식구 감싸기' 또는 '팔이 안으로 굽는' 결정을 내릴 여지가
있다. 셋째, 일종의 '마녀 사냥'인 셈인데, 최근 표절을 엄단하라는 사회분위기에 편
승하여 매우 엄격한 잣대를 적용함으로써 표절 혐의자에게 억울한 결과를 초래할
수도 있다. 넷째, 징계결정이 후속절차(교원소청심사위원회 절차 또는 재판절차)에서 취
소되는 경우도 있는데 이 경우 취소된 사례를 가지고 연구한다는 것이 타당하지 않
을 수 있다.

(2) 판결 연구의 장점

재판절차는 대립당사자 구조로 되어 있어 표절이라고 주장하는 쪽과 그렇지 않다
고 주장하는 쪽이 치열하게 다투기 때문에 결과물인 판결에 상당한 신뢰가 담보된
다. 따라서 표절 연구자료로서 기관 징계사례는 판결을 따를 수 없다.

여기에서 대립당사자는 첫째, 피표절자와 표절 혐의자를 상정할 수 있다. 피표

절자가 원고가 되어 적극적으로 표절물의 출판·배포 금지를 청구하거나 손해배상을 청구할 수 있으며, 표절 혐의자가 표절이 아님을 또는 피표절자가 표절에 해당함을 확인해달라는 형태의 청구소송을 제기할 수도 있다. 어떤 경우든 표절에 관한 한 이해관계가 가장 첨예하게 대립하는 양 당사자가 재판절차를 통해 표절 여부를 다투기 때문에 그 결과물에 대한 공정성이 담보될 수 있다. 여기에는 피표절자가 고소하여 표절자가 저작권법위반죄로 형사재판을 받는 경우도 포함된다. 고소인의 경우 형사소송의 당사자가 아니고 그의 이익을 검찰이 대변하지만, 이와 같은 종류의 형사소송에서 표절 쟁점에 관한 한 사실상 당사자는 고소인과 피고인이라 할 수 있기 때문이다.

둘째, 표절 혐의자와 징계기관을 들 수 있다. 일반적으로 표절 사유로 징계받은 사람이 그 징계의 효력을 다투는 재판절차에서 대립당사자는 표절 혐의자와 학교 등 징계기관일 것이다. 그런데 피표절자가 징계기관의 승소를 위해 재판에 보조참가하는 경우가 있다. 이 경우 사실상 학교 등 징계기관은 피표절자 또는 징계를 주도하는 소속 기관(예컨대 단과대학)의 조언을 얻어 재판을 진행할 것이다.

셋째, 표절 혐의자와 교원소청심사위원회, 또는 학교기관과 교원소청심사위원회가 각기 대립당사자가 될 수도 있다. 학교기관의 징계결정에 불복한 표절 혐의자가 교원소청심사위원회에 소청심사청구를 했는데 기각된 경우 그 결정을 다투는 행정소송에서 표절 혐의자와 교원소청심사위원회는 대립당사자가 될 수 있다(이 경우 학교기관은 위원회의 승소를 위해 보조참가할 수 있음). 한편, 교원소청심사위원회가 표절 혐의자의 소청심사청구를 받아들여 학교기관의 징계결정을 취소한 경우 학교기관이 그 취소결정을 취소해달라는 행정소송을 제기할 때에는 학교기관과 교원소청심사위원회가 대립당사자가 될 수 있다(이 경우 표절 혐의자는 위원회의 승소를 위해 보조참가할 수 있음).

어떤 경우든 표절 여부에 따라 신분상 지위 변동을 초래하는 이와 같은 종류의 재판에서 표절 쟁점은 심하게 다투어질 수밖에 없다는 점에서 그 결과물인 판결에 상당한 공정성이 담보된다.

(3) 해외 사례연구의 중요성

사례연구에서 빼놓을 수 없는 것은 해외사례다. 여기에는 장단점이 있을 수 있다. 먼저 학문의 세계화라는 점에서 국지적 연구윤리가 더는 발붙일 수 없다는 데 동의한다. 최근 자연과학 분야에서 외국 유력 학회지에 실린 우리나라 학자의 논문이 표절로 판명되어 취소되는 사례가 심심치 않게 있다. 이 경우 우리나라의 연구윤리 규정이 적용되어야 한다고는 할 수 없다. 그런 점에서 표절/인용의 기준을 도출하기 위해 해외사례를 참고할 필요가 있다.

기본적으로 표절/인용의 기준 또는 사회적 규범은 속인주의보다는 속지주의가 적용되는 영역이라고 보는 것이 맞다. 아무리 세계화된 학문 영역이라 하더라도 표절 윤리는 해당 분야 연구자들이나 학술지 등이 속한 그 나라 규범을 떠나서 존재할 수 없기 때문이다. 학문·연구 윤리는 그 사회의 전통, 관습과 단절될 수 없을 뿐 아니라 깊은 연관을 맺고 있다. 표절과 유사한 저작권침해에서 면책 요건인 저작권법 제28조의 공정한 관행이라는 것도 우리 사회의 관행이지 세계적 관행이 아님은 분명하다. 그런 점에서 표절/인용의 기준을 도출하기 위한 사례연구는 국내사례에 집중되어야 하는 것이 맞다. 그런데 앞서 말한 바와 같이 학문의 세계화가 촉진되고 있고, 학문 또는 연구의 근본에서 동서와 고금을 막론하고 보편타당하게 적용될 수밖에 없는 공통핵심이 있다. 따라서 해외사례도 표절 연구의 중요한 자료가 된다. 이 책에서는 국내 사례연구를 중심으로 하되, 지나친 국지성이라는 한계를 보완하는 차원에서 해외사례를 다룬다.

해외사례의 경우, 주로 외국법원이 내린 판결을 다루겠지만, 이를 우리 연구에 가져올 때는 비교법적 고찰이라는 여과장치를 거쳐야 한다. 법률과 관할이 다른 국가에서 발생된 사례를 우리나라에 적용하는 데 여러 다른 변수를 고려하지 않으면 안 되기 때문이다.

국내사례를 통한 표절 연구에서 해외사례의 비교법적 고찰은 국내 연구의 과학적 합리성을 더욱 보장할 수 있다는 점에서 특히 중요하다. 왜냐하면, 학술저작물의 경우 표절 대상이 국내에 한정되지 않고 외국 자료에도 미치기 때문이다. 또 표절 주체(학자, 연구자)가 국내뿐만 아니라 외국의 교육기관 또는 연구기관에 채용되기도 한다는 점에서, 학술저작물의 표절문제는 국내적 한계를 넘어 국제적 적용을 위한 과학적 합리성을 갖추어야 한다고 보기 때문이다.

뒤에서 다루겠지만 표절의 검증시효 같은 것이 대표적인 예다.[450] 학문 선진국에서는 표절에 관해 검증시효를 두지 않는데, 우리나라에는 검증시효가 있다고 해서 국내 학자에게 표절당한 외국 학자가 국내 기관에 표절 제보를 했을 때 우리의 검증시효 규정을 들어 표절 조사를 하지 않을 수 있겠는가? 표절문제는 국지성도 있지만 학문 선진국이라면 일반적으로 통용되고 합의된 규칙이 있다. 바로 이런 점에서 해외사례를 연구할 실익이 분명히 있다.

다만, 해외사례도 판결 외에 구하기 어려운 것은 우리나라와 마찬가지다. 물론 우리나라에 비해 학문 선진국의 경우 교육을 통해 어려서부터 표절해서는 안 된다는 의식이 자리 잡혀 있어 학술저작물의 표절 사건이 상대적으로 덜 일어난다. 또한 공개에 따른 법적 책임 문제를 피하고 소속 기관의 평판 저하를 우려하여 재판으로 진전된 경우를 제외하고는 대부분 비공개로 해당 기관 내에서 처리하기 때문에 자료를 구하기가 어렵다.[451] 그렇더라도 절대적인 양에서 우리나라보다는 판결례가 훨씬 많다.

(4) 시대별 기준의 보고實庫

과거 특정 시점에 공표된 저술이 당대 기준에 의하면 표절이 되지 않는데 후에 강화된 표절 기준에 의하면 표절이 된다고 할 때, 이를 표절이라고 할 수는 없다. 당대에 형성된 도덕관념과 법적 확신이 행위의 준거가 되고, 이러한 준거에 따른 것을 법적 또는 윤리적으로 비난할 수 없기 때문이다. 이와 같이 표절 여부 판단에 적용되는 규범(기준)은 문제 된 저술을 공표할 때를 기준으로 해야 한다는 점에서 형법에서 말하는 행위시법주의와 그 정신을 같이한다고 할 수 있다.[452] 문제는 행위

---

450. 주 980 – 982 해당 면.
451. 미국에서는 표절이 발생하면 대체로 비정년 교원의 경우 계약갱신을 거절하고 정년보장 교원의 경우 해고하여 고용관계를 해소하는 방식으로 관계를 정리한다. 이 과정에서 당사자의 프라이버시 침해, 명예훼손, 절차위반 등으로 인한 법적 책임을 피하기 위해 절차를 철저히 비공개로 진행하기 때문에 당사자가 불복하여 소송으로 진행되는 경우를 제외하고는 외부에 알려지는 경우는 거의 없다고 한다. Billings, 앞의 논문(주 376), 403 – 409면.
452. 주 994 – 1000 해당 면 참조.

시법에 해당하는 과거의 표절 판단 기준을 찾기가 쉽지 않다는 데 있다. 특히 우리나라와 같이 비교적 최근 들어 표절 관련 규정을 만드는 상황에서는 더욱 그렇다.

재판은 이미 일어난 과거의 사건을 판단하는 제도이므로 특정 저술이 표절인지를 판단하는 법관으로서는 해당 표절 의혹물이 공표되었을 당시 기준을 찾는 작업을 해야 한다. 과거 특정 시점의 표절 판단 규정이나 기준이 없다고 해서 포기하거나 현재 규범을 적용한다는 것은 법원의 임무를 방기하거나 태만히 하는 것으로써 있을 수 없는 일이다. 어떻게 해서라도 과거의 규정 또는 기준을 찾아야 하는데, 이때 표절 관련 판결은 매우 유용한 참고자료가 될 수 있다. 즉 표절 여부가 쟁점인 재판에서 법원은 표절 관련 판결을 통해 과거기준을 추적할 수 있다.

판결 연구가 지속적으로 행해진다면 표절 관련 판결이 시기별로 집적될 것이므로, 표절사례 연구물은 일종의 '연혁 법령'과 같은 역할을 할 수도 있다. 판결은 시대별 기준의 보고寶庫인 셈이다. 이 점에서 판결을 통한 표절 연구는 중단될 수 없다.

나. 판결 연구의 한계와 극복

판결을 통한 표절 사례연구에 위와 같은 유용성만 있는 것이 아니다. 한계도 명백히 있다. 첫째, 표절 사건 특히 학술저작물의 표절 사건은 주로 학자, 연구자 사이에서 발생되고, 개인의 명예, 프라이버시, 신분상 문제와 직결되기 때문에 외부에 공개되는 예가 매우 드물다. 따라서 재판이나 징계위원회 같은 절차를 거치는 사례가 적다. 연구과정에서 접근이 가능한 것은 재판과 같이 결과물(판결)이 외부에 공개되는 절차에 국한되는데, 표절 사건이 재판까지 가는 일이 매우 드물다는 점에서 연구 대상으로 삼을 사례가 많지 않다. 그러나 기관의 징계사례에 비해서 판결 수집이 상대적으로 쉽다는 점에서는 다행이라고 할 수 있다.

둘째, 판결사례 중에서도 상급심 판결보다는 하급심 판결이 주를 이룬다는 점에서 어떤 기준을 도출하기에는 성급하다는 지적이 있을 수 있다. 우리나라의 경우 법원판결에 법원성法源性을 인정하는, 이른바 선례구속의 원칙이 적용되는 법제를 채택하지 않으므로, 판결사례를 통해 어떤 기준을 도출한다는 것은 한계가 있다. 그러나 법원판결이 사실상 법원法源으로서 기능을 수행한다는 데 의문을 표하기 어려울 정도로 오늘날 재판실무에서는 동일 또는 유사 쟁점에 대한 선행 판결의 영향력을 무시할 수 없다.[453] 판결을 통한 사례연구 결과물은 재판실무에 좋은 참고자료가 된다.

셋째, 표절이나 저작권침해를 이유로 표절물 또는 저작권침해물의 출판, 배포의 금지를 구하거나 손해배상을 구하는 재판에서는 표절 또는 저작권침해 여부가 재판의 핵심 쟁점이므로 판단 여하에 따라 재판의 성패가 달라진다. 그런데 표절이 재판의 선결 쟁점의 하나인 경우에는 표절 판단과 재판의 결론이 다를 수 있어 주의가 필요하다. ① 표절로 인한 징계를 다투는 재판(승진, 재임용 탈락을 다투는 재판 포함)에서는 표절 여부의 판단과 재판 결과가 반드시 일치하지 않을 수도 있다. 징계양정이라는 과정에서 표절에 해당한다고 하더라도 징계가 무겁다는 이유로 징계결정을 취소하는 일도 있기 때문이다. 이러한 경우에는 판결의 주문과 별도로 표절쟁점에 대한 판시이유 부분이 더욱 중요하게 된다. 그런데 문제는 법원으로서는 궁극적 판단의 대상이 징계처분의 적법성 또는 적절성에 있지 표절 여부에 있지 않으므로, 경우에 따라서는 표절 여부 판단이라는 선결 쟁점을 판단할 때 사실상 징계양정에 관한 판단을 섞기도 한다. 이것이 판결을 통한 사례연구의 가장 위험한 부분이라고 할 수 있다. 즉 표절에는 해당하나 징계양정을 통해 징계 효력을 상실시키는 판결을 한 경우, 결론 중심으로 판결을 피상적으로 읽으면 표절이 아니라고 단정할 수 있기 때문이다. 표절이 재판의 선결 쟁점이 되는 징계재판의 경우 대부분 정상참작 사유에 대한 주장이 있고 법원은 이에 대해 판단하게 된다. 표절 여부에 관한 판단과 정상참작 사유, 즉 징계양정에 관한 판단이 나뉘어 있으면 문제가 되지 않지만, 표절 여부를 판단할 때 정상참작까지 해버리면 표절에 관한 판단 부분만 정확히 추려내기가 쉽지 않다. ② 표절 여부가 명예훼손 재판의 선결 쟁점이 되는 경우가 있다.[454] 표절이라고 발설한 자가 명예훼손죄로 피소된 재판에서 사실

---

453. 대륙법계에 속하는 우리나라에서는 원칙적으로 선례구속의 원칙이 적용되지 않으나 실제 재판에서는 영향을 많이 미친다. 우리나라 법원판결의 사실상 법원(法源)으로서의 기능은 송상현 교수의 다음 논문 참조. Sang‐Hyun Song, 「The Structure and Approach of Korean Legal Scholarship : Special Problems in Studying Korean Law」, edited by Sang‐Hyun Song 『Korean Law in the Global Economy』, Bak Young Sa, 1996, 189‐190면.

454. 특정인의 표절을 문제 삼아 공연히 적시한 경우 명예훼손이 될 수 있다. 다만 표절이 사실이고 그것을 알린 것이 공공의 이익에 부합한 경우에는 위법성이 조각되어 명예훼손죄가 성립하지 않을 수 있다(형법 제310조).

에 의한 명예훼손인지, 허위사실에 의한 명예훼손인지를 가리기 위해 표절 여부가 재판의 선결 쟁점이 된다. 그런데 표절 여부 판단이 위법성 조각사유 판단 단계를 거치면서 재판의 유무죄라는 결론과 일관되지 않을 수 있다. 예를 들어 법원은 표절이 아니라고 판단했어도 발설자(명예훼손죄 피고인)가 표절이라고 믿은 데 정당한 사유가 있다고 인정하면 위법성이 조각되어 무죄를 선고할 수 있다. 이 경우 ①에서와 마찬가지로 재판의 결론(주문)만으로 표절 여부를 판단하기가 어렵게 된다. 이러한 경우에는 판결 이유 중 표절 여부에 관한 법원의 판단을 정확히 추려내지 않으면 안 된다. 판례분석에서 이런 복잡한 과정은 판례를 통한 사례연구를 회피하게 만들 수 있지만 판례분석의 전문성이 뒷받침된다면 충분히 극복할 수 있는 문제다. 한편 이와 같은 재판에서 법원이 표절 여부에 관하여 직접적 판단을 유보하거나 확정적 판단을 내리지 않는 일이 많아서 표절 사례 연구자료로 바로 쓰기에 부적합할 때도 있다. 신중한 접근이 필요한 부분이다.

끝으로 위와 같은 판례를 통한 사례연구에 한계가 있고 이를 극복할 수 있다고 하더라도 몇 개 안 되는 대법원판결과 하급심판결이 중심인 판결사례를 통해 표절의 규범/기준을 도출한다는 것이 무리가 아닌가 생각할 수 있다. 몇몇 하급심판결로써 법원이 표절에 관하여 특정한 입장을 갖고 있다고 단정하는 것은 매우 위험하기 때문이다. 법관 개개인의 판단기준이 다를 수 있다는 점에서 법원판결이 최종적으로 수렴되는 대법원판결이라면 몰라도 하급심판결의 집적集積만으로 법원의 일반적인 견해를 대변한다고 말하기는 곤란한 점이 분명 있다. 또 선례구속의 원칙을 채택하지 않은 우리나라와 같은 대륙법계 국가에서 법원은 법을 만드는law making 기관이 아니라 개별 사건에 법률을 적용하는 기관이라는 점에서 판결을 구속성 있는 선례로 보기는 어렵다. 그러나 재판실무에서 하급심 법원의 판사들이 판결을 선고할 때 관련 쟁점의 선행 판결을 조사하는 것이 보편화되어 있고, 법적 쟁점이 공통될 때 앞선 판결에 상당 부분 영향을 받는 것이 사실이라는 점도 결코 무시할 수 없다.

판결을 통한 사례연구는 바로 이러한 흐름 또는 경향을 얻는 데 있으므로, 그런 견지에서 보면 하급심판결이라도 결코 가볍게 볼 수 없다. 어떤 하급심판결도 특정 학교 등 기관의 징계사례보다 덜 중요하다고 할 수는 없다. 법원판결을 통해 법원의 일관된 견해를 도출하기가 어렵다고 할 수 있지만, 통시적通時的으로 표절/인용

기준에 관한 법원판결의 흐름을 읽을 수만 있다면 이 연구방법은 결코 의미가 작지 않다.

사전에 위와 같은 한계를 노출하고 이를 극복할 수 있음을 밝힌 것은 이러한 한계가 있다는 것을 알고 연구하는 것과 그렇지 않은 것에는 큰 차이가 있기 때문이다. 결론적으로, 표절 관련 규범/기준을 도출하기 위한 판결연구 방법론은 한계가 있지만 유용성이 훨씬 더 크다. 구체적 사례라는 점, 그것이 재판제도를 통해 공정성이 담보된다는 점을 종합해보면, 판결을 통한 사례연구는 표절에 관한 중요한 연구방법론이 될 수 있다. 나아가 법학 외의 연구방법론에 사례를 제공한다는 점에서 학제적 연구에도 기여할 수 있다.

IV

학제적 연구

앞에서 기존 연구방법론을 비판하고 법학적 연구방법, 특히 저작권법적 연구방법론의 우월성을 논의했다. 그런데 이 주장은 법학, 특히 저작권법학에서 표절 연구를 독점해야 한다는 것이 아니다. 결론적으로 말하면 학제적 연구가 필요하다는 것인데, 그 학제적 연구에서 법학 또는 저작권법학의 역할을 강조한 것으로 이해하면 충분하다.

1. 학제적 연구의 필요성

표절 연구는 대체로 표절에 관한 문제의식에서 출발해 주로 선행연구에 대한 논의를 중심으로 이루어진다.[455] 이 과정에서 최근에 만들어진 각 대학의 연구윤리규정, 표절/인용 관련 규정을 검토하기도 한다. 표절 연구는 주로 연구윤리를 중심으로 논의되어온 탓에 윤리학[456] 또는 문헌정보학 분야 연구자들이 논의를 이끌어온 측면이 있다.[457]

그런데 최근 발생되는 표절 시비는 단순한 연구윤리 차원에서 끝나지 않고 법정 소송으로 비화하는 경우가 많다. 저작권침해에 따른 민사 또는 형사상 책임을 물을 뿐만 아니라, 표절을 징계사유로 한 징계처분의 효력을 다투거나 그 밖에 표절 시비 중 명예훼손 사건으로 번짐으로써 각 분쟁에서 표절 여부가 핵심 쟁점이 되기도 한다. 그러다 보니 표절문제를 윤리학 또는 문헌정보학 차원에서 접근하는 경우 법원에서 다투어지는 표절에 관한 법적 논의를 충분히 담아내는 데 한계가 있다. 지식과 정보의 공유共有, 공유公有, 사유私有성에 관해서는 철학적 연구가 도움이 되고, 지식과 정보의 사용과 유통에 대해서는 문헌정보학적 연구가 도움이 되는 것은 분명하다. 그러나 표절 여부가 최종적으로 사법심사를 거쳐 가려지는 경우 이러한 판결을 통해 표절 기준과 인용 기준을 도출하는 데는 법학적 접근이 반드시 필요하다. 게다가 표절의 상당부분은 저작물에 관한 것으로, 저작권침해가 되는 경우도 많으므로, 저작권법에 대한 지식과 식견은 그 연구에 매우 유용하다. 따라서 표절과 인용의 기준을 도출하기 위한 연구는 철학/윤리학, 문헌정보학, 법학(저작권법학) 등 어느 하나만으로는 부족하며 학제적 연구가 필요하다.

그런데 이와 같은 학제적 연구는 윤리학, 문헌정보학, 저작권법학 등 여러 분야의 개별연구가 어느 정도 된 후에야 가능하다. 처음부터 바로 통합적인 연구가 이루어지기를 기대하기 어렵기 때문이다. 그런 점에서 최근 법학, 특히 저작권법학 분야에서 표절/인용의 기준을 도출하기 위한 연구가 시도되는 것은 상대적으로 다른 분야에 비하여 뒤늦었지만 전체적으로 학제적 연구의 토대를 마련한다는 점에서 의미가 작지 않다.[458] 다만, 법학 분야의 연구 중에는 기존의 다른 연구와 마찬가

---

455. 그간 우리나라의 표절 연구는 다음 세 단계로 나눌 수 있다는 견해가 있다.
   ① 1980년대~1990년대 전반 : 초보적 수준의 단계
   ② 1990년대 후반~2000년대 전반 : 생명윤리를 중심으로 연구윤리 논의가 확대된 시기로, 학문연구자 내부에 국한되는 특성
   ③ 그 이후(황우석 사건 이후) : 사회 전체 차원에서 연구윤리에 대한 집중적 관심과 논의에 이어 본격적인 대책이 마련된 시기
   이상, 최용성, 「황우석 · 김병준 · 이필상 사례에서 배우는 연구윤리교육적 교훈」, 철학연구 제105집, 2008.2, 96면 중 각주 1(원전 : 송성수, 「과학윤리의 범위 설정과 한국사회에서의 논의」, ELSI 연구 제5권 제1호, 2007, 13 – 14면) 참조.
456. 연구자의 전공을 기준으로 볼 때 윤리학 쪽에는 최훈, 신중섭, 이인재 교수 등이 있다.
457. 문헌정보학자인 곽동철 교수에 따르면, 자기표절을 포함한 '표절의 유형과 올바른 인용 방식'이라는 부분은 상대적으로 다른 학문 분야보다는 문헌정보학 분야와 관련성이 크다고 한다. 곽동철, 앞의 논문(주 307), 104면.
458. 정진근 등, 앞의 논문(주 392);정상조, 앞의 논문(주 371);계승균, 「표절과 저작권」, 계간저작권 제72호, 2005 겨울 등.

지로 이론적 접근을 주로 하되, 법학적 연구방법의 장점이라 할 수 있는 사례연구를 도외시한 것이 있어 아쉽다. 앞으로 법원 판결을 분석하고 여기에서 이론을 정립해가는 노력을 더 많이 해야 할 것으로 본다.

2. 인문·사회과학 중심의 연구

사회가 발전될수록 학문의 분파성, 분과학성分科學性이 심화된다. 학문의 지나친 분화와 학문 간의 대화 단절을 지적하고 이를 극복하려는 과학사회학의 노력과 학제적 연구의 중요성이 강조되는 것은 이 때문이다. 이런 현대학문의 분화라는 현실에서 모든 학문 분야에 소통할 수 있는 표절금지윤리 또는 표절 판정에 관한 기준을 마련한다는 것은 사실상 불가능에 가까운 일이다. 바꾸어 말하면 통일기준을 만들어도 개별 학문 분야에서 이를 채용하기를 기대하기가 어렵다.

그렇다고 개별 학문 별로 표절 연구가 진행되는 것도 바람직하지 않다. 앞서 본 바와 같이 학문은 달라도 공통된 사상이 있기 때문이다. 이에 필자는 인문·사회과학 분야와 자연과학 분야 정도로 크게 나누는 것은 양해할 수 있다고 생각한다.

일반적으로 인문·사회과학 분야는 아이디어와 함께 표현을 중시한다고 한다면, 자연과학 분야는 표현보다는 아이디어를 중시하는 경향이 있다.[459] 그렇다 보니 인문·사회과학 분야는 저작권과 표절을 같이 논의하는 것이 바람직하지만, 자연과학 분야는 특허권과 표절을 함께 논의하는 것이 바람직하다. 한편 자연과학 분야는 연구결과물이 특허권으로 보호되는 경향이 많기 때문에 단지 출처표시만 제시하고 인용하는 것으로는 부족하고 이용허락을 받아야 하는 경우도 있다. 그런데 이와 같은 차이를 고려하지 않고 포괄하여 규율하다 보니 지속적으로 엇박자가 나고 논의에 혼선이 빚어진다.

---

459. 물론 이런 구별이 반드시 타당한 것은 아니다. 예컨대 건축학은 자연과학으로 분류되지만 저작권법에서 건축저작물이 보호된다는 점에서 반드시 특허권이 중시되는 학문이라고 단정할 수는 없다. 인문·사회과학 분야에서도 수리 또는 수학적 방법론이 강조되는 경제학이나 경영학의 일부 분야에서는 표현보다 독창적 아이디어 보호가 더욱 중시되기도 한다.

이 책에서는 모든 학문 분야에 대해 차별 없이 적용가능한 표절 논의를 진행하려고 하지만, 경우에 따라서는 자연과학 분야에서는 통용될 수 없는 논의도 있음을 미리 밝힌다.

3. 학제적 연구와 저작권법학의 역할

표절 연구는 기본적으로 학제적 연구가 필요한 분야다. '정직한 글쓰기'는 어느 한 학문 분야에서 다루기 어렵고 그 자체가 하나의 전공 분야로 되기도 어렵다. 결국 윤리학, 문헌정보학, 교육학, 국어국문학(글쓰기 윤리), 법학(저작권법학) 등의 학제적 연구가 필요하다. 앞서 논의한 법학(저작권법학)적 접근의 이점에 더하여 학제적 연구에서 법학(저작권법학)적 접근이 차선책으로 가장 비교우위에 있음을 논증하고자 한다.

먼저 저작권침해가 수반되는 표절(위 A부분) 여부 판정에서 저작권침해가 성립되기 위해서는 첫째, 피표절물이 저작물이어야 하고, 둘째, 비교대상이 되는 양자 사이에 실질적 유사성이 있어야 하며,[460] 셋째, 그것이 공정 이용에 해당하지 않아야 한다. 여기에서 저작물성, 실질적 유사성, 공정 이용은 모두 저작권법에서 매우 중요하고 복잡한 논의가 필요한 개념으로, 비전공자는 진입하기가 쉽지 않다.

한편 저작권침해가 수반되지 않는 표절(위 B부분) 여부 판정에서 표절이 성립되기 위해서는 첫째, '일반지식'이 아니어야 하고, 둘째, 출처표시 없이 자기 것인 양 하는 '기만'이 필요하다. 여기에서 일반지식, 기만은 법학적 지식만으로는 판정하기 어렵다.

① 일반지식인지는 개별 학문 분야에서 판정할 수 있는 것으로, 모든 학문 분야에 통용되는 일반지식은 여기에서 큰 의미가 없다. 예를 들어 행정학 분야의 일반

---

460. 물론 저작권침해가 성립하려면 객관적 요건으로 '실질적 유사성'이, 주관적 요건으로 '의거성', 즉 침해자(표절자)가 저작물(피표절물)에 의거해서 작성해야 하지만, 여기에서는 논의의 편의상 객관적 요건만을 들기로 한다.

지식이 경제학 분야에서도 반드시 일반지식은 아니다. 그러니 경제학자로서 연구 윤리에 관심 있는 학자가 행정학 분야의 표절 판정을 할 때 일반지식 여부를 가려 낸다는 것은 어려운 일일 뿐 아니라 타당하지도 않다. 결국 일반지식에 해당하는지 는 그 분야 전공자가 판정할 수밖에 없다. 모든 학문 분야의 일반지식을 통찰하기 어렵다는 점에서 어느 특정 학문 분야, 예컨대 문헌정보학, 윤리학, 교육학이나 법 학이 각기 해당 학문 분야의 일반지식 여부를 판정할 수는 있지만, 이를 넘어 모든 학문 분야에 통용될 수 있는 일반지식 여부를 판정하는 데는 다른 학문 분야보다 비교우위에 있다고 말하기는 어렵다.[461]

② 기만적 요소 판단에는 약간 민감한 문제가 있다. 표절이 성립하려면 '자기 것인 양' 하는 기만적 요소가 필요한데, 원칙적으로 출처표시를 한다면 이와 같은 기만행위는 없다고 볼 수 있다. 그러나 출처표시가 없다고 해서 모두 기만행위로 단정할 수는 없다. 먼저 일반지식이라면 출처표시가 필요 없으므로 출처표시를 하 지 않았다 하여 기만행위가 있다고 할 수 없다. 일반지식에 해당하지 않는 특정인 의 독창적 아이디어라면 표절을 피하기 위해 반드시 출처표시를 해야 하는가? 반 드시 그렇지는 않다. 문학, 예술의 장르적 표현 방식의 일환으로 출처표시를 생략 해도 기만행위라고 볼 수 없는 경우가 있기 때문이다. 예를 들어, 오마주hommage, 패 스티시pastiche, 패러디parody 같은 표현기법에서 출처표시를 하지 않는다 하여 표절 이라고 하지는 않는다. 그와 같은 문학 또는 예술 표현이 성공했는지, 아니면 성공 하지 못한 저열한 표현으로서 표절 외에 달리 설명할 수 없는지가 문제라고 할 수 있다. 이와 같은 문학, 예술 표현의 기법에 대한 이해는 해당 분야 전공자가 가장 잘 알 수 있는 것으로, 법학(저작권법학)적 접근만으로는 부족할 수 있다.

정리하면 표절 연구에는 기본적으로 학제적 연구가 필요하다. 그러나 법학(저작 권법학)이 이를 주도하는 것이 매우 유리하다. 저작권침해가 수반되는 표절에서는 당연히 가장 유리한 위치에 있고, 저작권침해가 수반되지 않는 표절에서도 일반지 식 여부 판정에서는 다른 학문 분야가 법학과 동일선상에 있다고 할 수 있기 때문 이다. 나아가, 기만적 요소 판정에서 문학, 예술 분야의 장르적 표현에 법학이 반드 시 유리한 위치에 있다고 할 수 없지만, 이 책은 학술적 글쓰기 영역을 다룰 뿐 문

---

461. 이는 특허권 성립요건 논의 중에서 '공지된 기술'이 해당 기술의 특정 분야에만 적용되는 것과 유사하다.

학 또는 예술 분야를 대상으로 하지 않으므로, 표절 논의에서 법학(저작권법학)적 접근은 최선은 아니지만 차선은 될 수 있다.

또한 표절 연구결과에서 도출되는 표절 판정에 관한 가이드라인 또는 표절 판정 절차 등을 만들거나 해석할 때, 규범을 다루는 데 익숙한 법학자의 이점도 있다. 표절 판정과 징계에서 절차문제는 법의 문제이기도 하다. 표절 판정에 관한 법적 절차가 진행되는 과정에서 개인의 프라이버시 침해 문제 등이 자주 거론된다는 점에서도 표절 논의에서 법학적 접근의 중요성을 엿볼 수 있다.

위와 같은 여러 이유에서 미국 등 서구 선진국에서는 표절 논의를 지적재산권 또는 저작권 분야 전문가들이 주도하는 경향이 있다. 물론 이렇게 된 데는 지적재산권 또는 저작권을 강하게 보호하는 분위기의 영향이 크지만, 표절 논의가 법적 쟁점을 많이 내포하고 있기 때문이기도 하다.

제2부

각 론

제1장

표절의 정의

1. 전통적 관점의 표절

표절을 어떻게 정의하느냐에 따라 표절 여부 판단이 달라진다는 점에서 표절의 정의는 표절 논의의 처음이자 마지막이라고 할 수 있다. 이는 마치 저작권법의 저작물성copyrightability, 즉 저작물로 보호되기 위한 요건을 어떻게 보느냐에 따라 저작권침해 여부 판단이 달라질 수 있는 것과 비슷하다. 비교대상 저작물에서 동일하거나 유사하다고 인정되는 부분이 있다고 해도 그 부분에 저작물성이 인정되는지에 따라 저작권침해 여부가 달라지는 것처럼, 표절을 어떻게 정의하느냐에 따라 표절 판단의 결론이 달라진다.

그런데 논자마다 표절의 정의가 제각기 다르고 표절 판정에 관한 각종 가이드라인에서도 표절의 정의가 일치하지 않는다는 것은 표절 논의를 공전空轉시킬 수 있다는 점에서 심각한 문제가 아닐 수 없다. 한편으로는 표절을 정의하는 작업이 그만큼 어렵다는 반증이기도 하다.

일반적으로 표절은 단순한 복제행위를 넘어 절취와 기만을 요소로 한다. 사전적 의미는 다음과 같다.

표준국어대사전

표절剽竊

"시나 글, 노래 따위를 지을 때에 남의 작품의 일부를 몰래 따다 쓰는 행위"[462]

옥스퍼드 영어사전

plagiarism

"the practice of taking someone else's work or ideas and passing them off as one's own : there were accusations of plagiarism [count noun] : it claims there are similar plagiarisms in the software produced at the university"[463]

웹스터 영어사전

plagiarism

"the act of using another person's words or ideas without giving credit to that person: the act of plagiarizing something"[464]

2. 현대적 관점의 표절

제1부에서 논의한 바와 같이[465] 표절과 저작권침해의 차이만 제대로 알아도 표절 정의 작업의 중요한 가지치기가 끝났다고 할 수 있을 만큼, 기존 표절의 개념과 정의에 관한 논의는 합리성과 논리성을 결여한 점이 있다. 그런데 그것만으로 표절의 범위가 확정되는 것은 아니다. 최근에 들어와서 표절문제는 자기표절, 중복게재, 부당저자표시 등으로 논의가 확산되고 있는데, 종래의 표절 정의로는 이를 설명하기

---

462. http://stdweb2.korean.go.kr/search/View.jsp (2013.12.12. 방문).
463. http://www.oxforddictionaries.com/ (2013.12.12. 방문).
464. http://www.merriam-webster.com/dictionary/plagiarism?show=0&t=1386745564 (2013.12.12. 방문).
465. 주 362-441 해당 면.

곤란한 점이 있다. 이에 이들을 포섭하는 표절 개념 정의가 필요하게 되었다.

종래의 표절 개념 정의는 출처표시 누락 여부를 중심으로 이루어졌다. 그러다 보니 최근 표절의 범주에 포함시켜 논의하는 자기표절, 중복게재, 부당저자표시 같은 행위를 포섭하기 어렵다. 외국에서는 다음에서 보는 바와 같이 출처표시 누락으로 표절이 되는 경우Sources Not Cited와 출처표시를 해도 여전히 표절이 되는 경우 Sources Cited But Still Plagiarized로 나누어 설명하기도 한다.[466]

Sources Not Cited (출처표시 누락에 따른 표절 유형)

① The Ghost Writer

　타인의 저술을 문자 그대로 자기 것으로 내는 행위

② The Photocopy

　특정 한 문헌에서 상당한 분량을 변경 없이 그대로 가져오는 행위

③ The Potluck Paper

　여러 다른 문헌에서 복제하면서도 그 문장들을 조금씩 개조하여 표절임을 숨기는 행위

④ The Poor Disguise

　피인용문헌의 핵심을 그대로 가져오면서 중요한 단어와 절을 사소하게 변경하여 저술의 외양을 바꾸는 행위

⑤ The Labor of Laziness

　자신의 독창적 저술이 되도록 노력을 기울이는 대신, 다른 출처들로부터 거의 대부분을 가져와서 패러프레이징하고 그것들이 서로 연결되도록 하는 데 시간을 다 쓴 저술 행위

⑥ The Self-Stealer

　독창성을 기대하는 투고지침에 위반하여 자신의 이전 저술에서 가져온 행위

---

466. 이하 표절의 유형은 http://www.plagiarism.org 참조(2012.5.19. 방문). 이 홈페이지는 턴잇인Turnitin 제작사로 알려진 iParadigms에서 제공하는 무료 사이트다.

Sources Cited (But Still Plagiarized) (출처표시 누락과 관계없는 표절 유형)

① The Forgotten Footnote

출처표시에서 저자 이름은 밝혔지만 해당 문헌의 출처 정보를 의도적으로 빠뜨려 표절혐의를 가린 행위

② The Misinformer

출처를 찾기가 불가능하도록 부정확한 정보를 제공하는 행위

③ The Too-Perfect Paraphrase

단어 하나씩 완벽하게 (직접)인용했으면서도 '직접인용' 방식을 채택하지 않은 행위(직접인용을 하면서 간접인용인 것처럼 속인 행위)

④ The Resourceful Citer

인용이 너무 많아 독창성이 없는 경우

⑤ The Perfect Crime

부분적으로는 출처표시를 제대로 해 마치 전체적으로 제대로 한 것처럼 속이는 행위

이 중에는 우리의 현실과 규범 수준에 비추어 표절로 보기 어려운 것도 있다. 다만 표절을 출처표시 누락 여부만으로 파악하지 않는다는 점은 참고할 만하다.[467] 이에 필자는 출처표시 누락을 핵심으로 하는 '전형적 표절'과 그 외의 '비전형적 표절'로 나누어 논의를 전개한다. 제3부에서 제시하는 가이드라인의 '표절의 정의와 유형'을 먼저 소개하면 다음과 같다.

제4조(표절의 정의와 유형)

이 규정에서 말하는 표절에는 '전형적 표절'과 '비전형적 표절'이 있다.

① 전형적 표절

해당 분야의 일반지식이 아닌 타인의 저작물 또는 독창적 아이디어를 적절한 출처표시 없이 자기 것인 양 부당하게 사용하는 행위를 말한다.

---

467. 위 두 범주의 표절이 필자가 이 책에서 시도하는 분류, 즉 '전형적 표절'과 '비전형적 표절'과 반드시 일치하는 것은 아니지만, 표절에 관한 외국의 유력 사이트에서도 출처표시 유무만으로 표절을 논하지 않음은 분명하다.

② 비전형적 표절

'전형적 표절'이 아닌 경우로서 표절로 보는 행위를 예시하면 다음과 같다.

1. 출처표시를 제대로 했더라도 정당한 범위를 벗어난 경우

2. 자기표절

3. 중복게재

4. 부당저자표시

일반적으로 타인의 글이나 아이디어를 자기 것인 양 출처표시 없이 가져다 쓴 것을 표절이라고 정의한다면, 〈도표 1〉의 C부분, 즉 저작권침해를 담아내지 못한다. 출처를 일일이 표시했기 때문이다. 그런데도 정당한 범위를 벗어남으로써 저작권침해에 해당하는 행위는 표절(협의의 표절)에는 들어가지 않지만 광의의 표절에는 포함시켜 논의할 수 있다.[468]

우리 사회에서 표절과 관련하여 가장 많이 거론되는 것으로 자기표절이나 중복게재를 일반적인 표절 정의에 대입해보면, 역시 정확히 맞아떨어지지 않는다. 자기표절이나 중복게재에서 출처표시를 하지 않아서 문제 되는 선행 저술은 다름 아닌 자신의 것이기 때문이다. 따라서 위에서 말하는 표절(전형적 표절) 정의의 "타인의 저작물 또는 독창적 아이디어를…"에 맞지 않는다. 한편, 논문 작성에 기여가 없음에도 저자로 표시되어 문제가 되는 부당저자표시나 유령작가 논의 등 이른바 '저자성' 문제도 출처표시와 직접 관련이 없다.

그런데 위 세 가지 경우(저작권침해형 표절, 자기표절/중복게재, 부당저자표시)도 군이 따져본다면 출처표시와 무관하지 않다. '저작권침해형 표절'의 경우 타인의 저술에서 지나치게 많이 인용함으로써 저작권법 제28조의 '정당한 범위'를 일탈한 것이므로, 이는 자신의 것이라기보다는 오히려 타인의 저술이라고 하는 것이 마땅하다는 점에서 출처표시를 일일이 달았다는 것으로 책임을 피할 수는 없다. 즉 인용문헌의 출처를 개별적으로는 달았지만 자신의 저술이 아예 타인의 것이라고 할 만하다는 점에서 그 저술에 자신의 이름을 표기하는 것이 부적절하다고 할 것이어서 출

---

468. 이를 뒤에서는 저작권침해형 표절이라고 하여 비전형적 표절의 하나로 설명한다. 뒤에서 자세히 보겠지만, 이는 위 두 번째 유형의 ④ The Resourceful Citer (인용이 너무 많아 독창성이 없는 경우)에 비교될 수 있다. 주 760 – 786 해당 면 참조.

처표시를 넘어 성명표시를 잘못한 것이라고 볼 여지가 있다.

'자기표절/중복게재'의 경우, 후행 저술에서 자신의 선행 저술을 출처로 일일이 밝힌다면 출처표시 위반 문제를 피할 수 있다. 또한 자신의 선행 저술에서 타인의 저술을 인용하고 있을 때 재인용 방식에 따라 타인의 저술을 원출처로, 자신의 선행 저술을 2차출처로 밝힌다면 출처표시 위반 문제는 피할 수 있다. 그러나 어떤 경우든 선행 저술을 출처로 밝혔어도 그 선행 저술이 자신의 것이므로 저작권침해 문제는 발생하지 않지만, 후행 저술이 선행 저술과 대동소이하다는 점에서 앞서 말한 저작권침해형 표절에 비견될 수 있다. 한편 어떤 경우든 자신의 선행 저술을 출처로 표시하지 않는다 해도 자기표절/중복게재를 비난할 수 없는 경우가 있다. 뒤에서 자세히 논하겠지만, 자신의 선행 저술에 대해 출처표시를 하지 않는 것에 자기표절/중복게재에 대한 비난의 핵심이 있지는 않기 때문이다. 어쨌든 여러 가지 점에서 자기표절/중복게재 문제도 출처표시와 무관하다고 볼 수 없다.

'저자성' 문제의 경우, 출처표시와 가장 관련이 없어 보이기는 하지만, 앞서 저작권침해형 표절에서 언급한 바와 같이 성명표시를 잘못했다는 점에서 보면 이 역시 출처표시와 관련지을 수 있다.

이와 같이 표절로 논의되는 것에는 크게 보면 출처표시와 직접 관련이 있는 표절과 직접 관련은 없지만 우리 사회에서 일반적으로 표절로 논의하는 표절이 있다. 여기에서 저작권침해형 표절, 자기표절/중복게재, 부당저자표시 등을 논의할 새로운 장이 필요하게 되었다. 표절 정의를 건드리지 않으면서도 이러한 논의가 가능하도록 출처표시 누락을 핵심으로 하는 전통적 의미의 표절을 '전형적 표절'로 정의하되, 위와 같은 새로운 유형의 표절을 '비전형적 표절'이라는 범주로 묶어 논의한다.

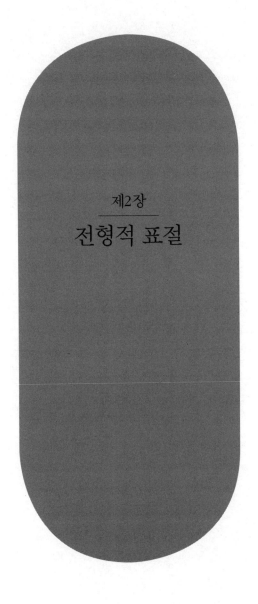

제2장

전형적 표절

출처표시와 직접 관련이 있는 '전형적 표절'은 출처표시를 누락한 것과 출처표시를 했으되 부적절하게 한 것으로 나눠볼 수 있다. 나아가 출처표시를 누락했지만 그것이 허용되는 경우도 있다. 이처럼 출처표시와 직접 관련이 있지만 출처표시 유무만으로 표절 여부를 판정할 수 없다는 데 표절 논의의 어려움이 있다. 이 점에서 전형적 표절 논의를 인용의 목적에서 시작하고자 한다. 이어서 출처표시의 상세를 살펴본 후 관련된 몇 가지 쟁점을 차례대로 논의한다.

I

인용의 목적

고대 이집트의 파피루스Egyptian papyri에도 '난외 주marginal or interlinear notes'가 있었는데, 이는 오늘날과 같은 주석 역할을 한 것은 아니고 수정 또는 교정의 의미였다고 한다.[469] 인쇄시대 이전의 '난외 주'에서 오늘날의 저작권 또는 인용의 개념을 도출하기는 어려워 보인다.

일반적으로 오늘날 인용引用은 표절의 상대 개념으로 이해된다. 예를 들어 표절을 피하려면 인용을 철저히 하라든지, 인용을 제대로 하지 않으면 표절에 해당한다든지 하는 일반의 생각이 이를 뒷받침한다. 물론 앞서 지적한 바와 같이 인용에 따른 출처표시를 철저히 했다고 해서 표절(광의의 표절: '저작권침해형 표절'을 포함하는 개념으로서의 표절) 위험에서 완전히 벗어나는 것은 아니다(〈도표 1〉의 C부분). 한편, 인용에 따른 출처표시를 하지 않아도 반드시 표절이 되는 것은 아닐 때가 있다.[470] 이처럼 예외적인 경우를 제외한다면 인용을 표절의 상대개념으로 보아도 크게 틀리지 않을 것이다.

---

469. Francis A. Burkle-Young and Saundra Rose Maley, 『The Art of the Footnote : The Intelligent Student's Guide to the Art and Science of Annotating Texts』, University Press of America, 1996, 9면.
470. 뒤에서 보는 바와 같이 인용에 따른 출처표시를 생략해도 표절이 안 되는 경우가 있다. 숨기는 것이 표절의 핵심인가에 관해서는 주 669-680 해당 면 참조.

그렇다면 남의 글이나 독창적인 생각을 가져다 쓸 때, 가져다 쓴다는 표시, 즉 인용은 왜 해야 하는가 하는 물음에 봉착하지 않을 수 없다. 이 물음, 즉 인용 목적을 정확히 이해하는 것은 출처표시를 언제 어떻게 해야 하는지와 직결된다. 인용 목적을 제대로 이해하면 인용할 때 출처표시를 생략해도 표절이 안 되는 이유를 설명할 수 있다.

현존 이탈리아 철학자이자 소설가이기도 한 에코는 일찍이 논문 작성에 관한 책을 저술한 적이 있다. 이 책에서 그는 논문을 작성할 때 인용하는 것은 비평적 문헌의 권위로 논문 작성자의 주장을 뒷받침하거나 확인하기 위한 것이라고 주장했다.[471] 이를 기초로 생각을 좀 더 발전시키면 인용의 목적은 크게 '권위의 원천 제시'와 '검증 편의 제공'이라는 적극적인 것과 '표절 회피'라는 소극적인 것으로 나누어볼 수 있으며, 나아가 몇 가지 부수적 목적도 생각할 수 있다.

한편, 인용과 출처표시는 사실상 같은 뜻으로 쓰이는데, 엄밀히 따져보면 전자는 '끌어다 쓴다'는 뜻에서 인용의 적극적 목적에 부합한다고 볼 수 있는 반면, 후자는 다분히 표절 책임을 피하기 위해 출처를 밝히는 측면이 있다는 점에서 인용의 소극적 목적에 부합하는 측면이 있다. 그러나 이하에서는 인용과 출처표시를 구별하지 않고 혼용하되, 필요한 곳에서 그 의미를 달리해 사용한다.

1. 권위의 원천 제시

불완전한 인간인 저자는 자기보다 더 강한 권위를 가져와서 자기주장의 근거로 삼고자 한다. 이는 저자를 잘 모르는 독자로 하여금 저자 주장을 믿게 하기 위한 가장 효율적인 방법이다. 역으로 이렇게 설명해보자. "태초에 하나님이 천지를 창조하시니라"라는 말씀은 성서(The Holy Bible)의 맨 첫 장인 창세기 1장 1절에 나온다. 그런데 이 말씀 끝에 주[注]를 달아 이 말씀이 진실임을 증명하기 위한 근거를 제시하지는 않는다. 아니 그럴 필요가 없다. 성서를 경전으로 삼는 기독교 교인들에게 이 말

---

471. 에코, 앞의 책(주 37), 225 – 226면.

씀은 다른 근거가 필요 없는 사실이요, 믿음의 대상이기 때문이다. 그 자체가 절대 권위이기 때문에 이를 뒷받침할 다른 권위가 필요하지 않다는 말이다.

창세기형[최] 논문

그러나 논리적이고 학술적인 글을 쓰는 이가 어떤 주장을 하면서 주를 달지 않는다는 것은, "이 글은 진리이니 믿어라"라는 것과 다름없다.[472] 이 책이 대상으로 하는 학술적 글쓰기에서 주가 필요 없을 때는 없다고 해도 지나친 말이 아니다. 고도로 복잡다단한 현대 사회에서 자신의 주장을 세우기 위해 자기보다 더 높은 권위를 가져올 필요가 없는 학자나 연구자는 거의 없기 때문이다.

게재횟수보다 피인용횟수가 더 중요

최근 주요 언론사가 발표하는 대학 순위에 각 대학이 민감하게 반응하며 경쟁하는데, 주요 심사지표 중 하나가 소속 교원들이 SCI, SSCI[사회과학논문 인용색인]급에 있는 세계적 유력 논문집에 논문을 몇 편 게재했느냐다. 그런데 이 지표는 열심히 연구하는 학자들이 얼마나 많은지를 보여줄 수는 있지만, 반드시 세계적으로 권위 있는 학자들이 얼마나 많은지를 보여주지는 못한다. 언론사가 나서서 대학 순위와 서열을 매기는 일이 반드시 필요하다거나 그 의도에 동의하는 것은 아니지만, 이런 작업이 제대로 되려면 세계적 학술지에의 게재횟수보다는 그와 같은 논문집에 수록된 논문에 의한 인용횟수를 지표로 삼는 것이 취지에 더욱 맞다. 대학의 잠재력을 평가하는 것이 아니라 현재 위상을 평가하는 것이라면 그 대학에 소속된 교수들이 세계적으로 개별 학문 분야에서 얼마나 높은 권위를 갖고 있는지가 더 중요하기 때문이다.

본문보다 각주가 더 중요해

이와 같이 '피인용횟수'가 '게재횟수'보다 중요하다는 것은 권위 있는 학술지에서 인용되는 학자의 권위가 저자의 권위보다 더 높다는 것에 근거한다. 학문세계의 권위와 평판이라는 점에서 보면 '본문보다 각주가 더 중요'한 셈이다. 이는 앞에서

---

472. 설명의 편의를 위해 이와 같은 논문을 '창세기형[최] 논문'이라고 부르고자 한다.

제시한 '대가이론'과도 일맥상통한다. 특허권이나 상표권과 달리 저작권에서는 공표된 저작물을 일정한 요건 아래 허락받지 않고 쓸 수 있으나, 출처표시 의무가 있다. 특허권이나 상표권에서 선행 특허발명이나 상표를 사용할 때 특허권자나 상표권자에게 사용료(로열티)를 지급하는 것과 마찬가지로 저작권에서는 각주에 선행 저술을 기재해주는 것이 곧 선행 저자의 평판이나 권위를 올려주는 것이다. 일종의 대가代價 지불 행위에 해당한다고 하는 대가이론은 학계에서 '본문보다 각주가 더 중시'되는 이유를 잘 설명해준다. 학문하는 사람은 '자신의 이름이 각주에 들어가기 위해 공부하는 사람'이라고 말해도 크게 틀리지 않는다.

이상에서 본 바와 같이 인용의 가장 중요한 목적 중 하나는 저자의 주장을 뒷받침하려고 그 분야에서 저자보다 권위가 뛰어난 학자와 그의 주장을 권위의 원천으로 제시하는 것이다.

2. 검증 편의 제공

학술정보의 특징 중 하나인 '누적성'[473]에 따라 학문과정은 누적작용이라 할 수 있다. 앞선 논의의 토대 위에 자신의 주장을 세우고, 그 위에 또 다른 후학자의 논의가 쌓임으로써 학문이 완성돼가는 것이기 때문이다. 거대한 피라미드를 생각해보자. 어떤 저자가 자신의 새로운 주장이라는 벽돌을 기존의 주장 위에 올렸는데, 그가 터 잡고 있는 바로 밑의 벽돌이 부실하다면 얼마 되지 않아 그 건조물은 무너지고 말 것이다. 만약 그 건조물에 사람이 살고 있다면 건조물 붕괴는 인명피해를 가져올 수도 있다.

자연과학 분야뿐만 아니라, 인문·사회과학 분야에서도 잘못된 이론이나 주장은 큰 폐해를 가져올 수 있다. 일반적으로 자연과학 분야의 주장을 담은 저술은 수치, 실험 등 객관적 증빙으로 비교적 검증하기 쉽다. 반면 인문·사회과학 분야의 저술

---

473. 누적성에 대해서는 주 310 - 314 해당 면 참조.

은 과학 분야에 비해 주관성이 상대적으로 강하기 때문에 객관적 검증의 중요성이 소홀히 취급되는 경향이 있다. 그런데 인문·사회과학 분야의 저술도 잘못된 주장임이 추후 밝혀진다면 그로 인한 폐해는 좀 더 간접적이고 오랜 시일에 걸쳐 나타난다는 점에서 결코 검증을 소홀히 할 일이 아니다. 예컨대 잘못된 경제학 이론에 터잡은 정책으로 세계경제, 국가경제 또는 기업이나 가계 부문에 회복하기 어려운 손해가 발생할 수 있다. 사회학 분야의 잘못된 이론으로 사회갈등이 초래되고 그로써 전쟁, 학살이 일어난 예도 많다. 법학의 경우에도 오류로 밝혀진 이론이나 학설에 근거한 법원판결로 피해를 입은 분쟁당사자들이 얼마나 많은지 헤아릴 수 없다. 물론 학문이 사회현상에 미치는 영향이 반드시 직접적인 것은 아니고 다른 여러 요인과 복합적으로 작용하기 때문에 인과관계를 명확히 증명해내기는 어려울지도 모른다. 그러나 잘못된 이론이나 주장이 직접 또는 간접적으로 가져오는 사회적 파장은 매우 심각하기 때문에 현실 적용 이전 단계에서 이론 검증은 철저히 해야 한다.

그런데 학술적 글인데도 인용이 제대로 되어 있지 않아 출처표시가 부실하다면, 검증하려고 해도 할 수 없게 된다. 그럴듯한 주장이 있어서 이를 다른 사람이 자기주장의 근거로 삼거나, 나아가 현실 정책에 반영하고 싶어도 그 주장을 뒷받침하는 근거 주장이나 논거가 나타나 있지 않다면, 사려 깊은 학자나 신중한 정책입안자는 이를 가져다 쓰는 데 주저할 것이다. 그렇지 않고 무턱대고 갖다 쓸 경우 기초가 부실하여 언제 붕괴될지 모르는 건축물을 짓는 것과 같다. 따라서 어떤 새로운 주장이 발표되고 그것이 논쟁거리를 제공할 정도로 괜찮아 보인다면 검증해야 한다. 검증은 저자가 제공한 주註를 통해 할 수 있다. 저자가 자신의 논문 등 저술에서 자기주장을 뒷받침하기 위해 제시한 주가 얼마나 탄탄하냐에 따라 그 위에 올린 저자의 주장은 힘을 받는 정도가 다르게 된다. 만약 그 분야에서 이미 폐기된 이론이나 신뢰성에 의문이 있는 학자의 주장을 논거로 주에 밝혔다면, 저자의 주장은 그만큼 힘을 얻지 못할 것이다.

여기에서 인용이나 출처표시가 부실하더라도 전혀 없는 것보다는 낫지 않느냐는 의견이 제시될 수 있다. 전적으로 타당한 의견이다. 출처표시가 없는 글은 검증하려 해도 할 수 없지만, 출처표시가 부실한 글은 최소한 검증이 가능하기 때문이다. 검증을 거쳐 옥석을 가릴 수 있다는 점에서 학문세계에 끼치는 폐해가 상대적으로 작다고 할 수 있다.

이와 같이 학문세계에서 검증이라는 과정은 학문발전을 위해 필수적이다. 그런데 검증이 가능하려면 인용과 출처표시가 선행되어야 한다. 즉 인용은 검증을 위해 반드시 필요하다.

한편 '권위의 원천'을 가져오는 작업이라는 인용의 첫 번째 목적은 결국 그 권위의 원천이 진정한지 가리기 위한 '검증 편의 제공'이라는 인용의 두 번째 목적과 동전의 앞뒤 관계에 있다.

각주脚註 없는 사회

인용이 부실하여 검증이라는 학문과정이 철저하지 못하게 되면 학문의 대외의 존도를 높이게 된다. 그간 우리 학계는 주註가 부실한 논문이 난무하다 보니 국내 문헌은 믿지 못하고 해외 문헌만 신봉하게 됨으로써 해방 후 60년이 지났건만 여전히 서구와 일본의 문헌을 주에 달아야 인정받고 국내 문헌은 천대받는다. 이는 자신이 읽지 않았음에도 외국 문헌을 읽고 참고한 것처럼 주와 참고문헌에 외국 문헌을 잔뜩 나열하여 장식裝飾함으로써 표절을 낳는 악순환을 이어가게 된다. '거인보다 멀리 보는 난쟁이'라는 말에서 알 수 있듯 학문은 앞선 자의 어깨에 올라타는 것이고 후학자는 다시 그 어깨 위에 올라 더 멀리 내다보는 것이라고 할 수 있다(학술정보의 누적성). 벽돌을 한 장씩 쌓아올리듯 학문과 문화가 그렇게 진전되는데, 인용을 제대로 하지 않으면 검증되지 않은 벽돌을 쌓은 셈이 되어 매번 허물고 다시 짓는 악순환이 반복된다.[474] 그로 인한 학문발전의 저해와 비효율은 말할 필요도 없다.

우리나라 판결 중에는 자료 수집의 어려움 때문에 출처표시를 하지 못했다는 주장에 대해 그것이 표절을 정당화할 사유가 될 수 없음을 확인하면서, 이를 용인할 경우 대학 구성원과 학문에 대한 신뢰에 큰 타격을 주게 된다는 것을 그 이유로 든 것이 있다.[475] 여기에서 학문에 대한 신뢰에 타격을 준다는 것은 해당 저술을 믿을지 말지 불확실하다는 데서 연유한다. 인용에 따른 출처표시가 명확히 되어 있다면 해당 출처를 확인함으로써 저술의 신뢰성을 검증할 수 있으나 그렇지 않다는 것

---

474. 남형두, 「각주脚註 없는 사회」, 조선일보, 2008.3.4. 칼럼.

은 저술의 신뢰성을 검증할 수 없다는 것으로, 이 판결은 인용의 목적을 정확히 간파한 것이다.

한편, 재판제도에서 증인을 신청한 당사자의 반대쪽 당사자가 해당 증인을 반대신문할 수 있도록 반대신문권을 보장하는 것과 같은 논리에서 인용의 목적을 이해하는 견해가 있다.[476] 인용을 독자가 저자 주장의 타당성을 검증하는 수단의 제공이라고 이해하는 것인데, 이는 '검증 편의 제공'이라는 인용의 목적과 궤를 같이하는 것으로, 전적으로 타당한 주장이다.

3. 표절 회피 – 면책 목적

인용의 본래적 목적이 아니라고 할 수 있으나 갈수록 중요한 목적의 하나로 되는 것이 '표절 회피', 즉 '면책'이다. 뒤에서 자세히 언급하겠지만, 자기표절 또는 중복게재에서 자신의 선행 논문을 출처로 밝히는 것은 위에서 언급한 인용의 목적인 '권위의 원천 제시' 또는 '검증 편의 제공' 어디에도 해당하지 않는다.

먼저 자기표절/중복게재 논문에서 자기 선행 논문의 출처를 밝히는 것을 인용의 제1 목적인 권위의 원천을 가져오는 것에 적용해보면, 자기 자신을 권위자로 내세우는 셈이 되어 반드시 인용의 목적에 부합하는 것은 아니다.[477] 또 선행 논문에서 제3의 다른 문헌을 인용한 경우 자신의 선행 논문은 2차출처에 해당하는데, 이를 일일이 밝혀 재인용 방식으로 하지 않고 원출처(위에서 말한 '제3의 다른 문헌')만 밝히더라도 검증 편의 제공이라는 인용의 목적은 다한 셈이다. 따라서 자기표절/중복게재가 문제 되는 후행 논문에서 자기 선행 논문의 출처를 밝히는 것은 앞서 제시

---

475. 대전지법 2008.7.23. 선고 2008가합1112 판결(이하 '연구년실적물 민사사건 판결'이라 한다). 이 사건에서 원고는 경찰행정학 전공 교수로서 연구년 기간에 우리나라와 중국의 경찰 조직을 비교·연구한 논문을 발표했는데 대학은 이 논문을 표절로 인정하여 징계했다. 이 징계처분을 다툰 소송에서 원고는 중국 공안조직의 폐쇄성 때문에 자료를 수집하기가 어려웠다고 주장했으나 법원은 이를 받아들이지 않았다.

476. 강정희, 「반대신문과 표절」, 대한변협신문 제401호, 2012.6.4. 칼럼.

477. 물론 자신이 해당 분야의 권위자라면 후행 논문을 작성할 때 자신의 선행 논문을 권위의 원천으로 가져오는 것은 어색한 일이 아닐 것이라는 점에서 본문에서 부분 부정 표현을 사용했다.

한 인용의 목적 두 가지 모두에 부합하는 것은 아니다.

그럼에도 자기표절과 중복게재가 문제 되는 논문을 작성할 때 저술자로서는 예상되는 비난을 피하기 위해서 자기 선행 논문의 존재를 밝히는 것이 안전하다. 이는 출처표시/인용의 소극적 목적인 '표절 회피' 또는 '면책'에 해당한다. 비난을 피하기 위해서 출처표시를 하지만, 독자들도 그 논문(후행 논문)이 새로운 것이 아님을 알게 된다는 점에서 순기능도 있다.

표절을 회피하기 위한 인용은 교육과정에서 강조될 수 있다. 뒤에서 살펴보겠지만 표절 판정에서 어려운 것 중 하나는 출처표시 의무가 면제되는 '일반지식'에 해당하는지 판단하는 것이다. 해당 분야 전문가들 사이에서는 일반지식인지 판단하는 것이 어느 정도 가능하고 합의할 수 있는 부분이 있다. 그러나 교육과정에 있는 학생들의 경우 판단하기가 어렵다는 점에서 일반지식인지가 불확실하다고 생각될 경우 자기 방어 차원에서 출처표시를 하는 것이 안전하다. 프린스턴대학교 학문윤리Academic Integrity 규정에도 다음에서 보는 바와 같이 "인용을 해야 할지 말지 의문이 있으면 인용하라"라는 조항이 있다.

Even more fundamental, however, is this general rule: when in doubt, cite. You'll certainly never find yourself in trouble if you acknowledge a source when it's not absolutely necessary; it's always preferable to err on the side of caution and completeness. Better still, if you're unsure about whether or not to cite a source, ask your professor or preceptor for guidance before submitting the paper or report.[478]

심지어 어떤 사실이나 생각이 일반지식일지 모른다고 해서 출처표시를 누락해서는 안 되며, 표절 책임에 대한 항변이 될 수 없다고 분명히 밝히고 있다.

The belief that an idea or fact may be "common knowledge" is no reason not to cite your source. It's certainly not a defense against the charge of

---

478. Princeton University, Academic Integrity, "When to Cite Sources", http://www.princeton.edu/pr/pub/integrity/pages/cite/ (2013.12.16. 방문).

plagiarism, although many students offer that excuse during the disciplinary process.[479]

프린스턴대학교 규정에 있는 인용은 표절 회피 또는 면책을 위한 것이라고 할 수 있다.

표절 회피가 인용의 목적이 된다는 현실은 학문, 예술의 자유로운 발전 측면에서 볼 때 지나치게 규범적이고 답답하다고 느껴질 수도 있다. 특히 예술적 표현 또는 표현 기법에 따라서는 출처표시를 생략하기도 하고, 학문 종류에 따라서는 출처표시 의무의 수준과 정도가 다를 수 있다는 점을 고려하면, 지나치게 방어적이거나 다양성을 무시하는 것이라는 비판이 제기될 수 있다. 그러나 표절 검증으로 온 나라가 살벌해진 상황[480]에서는 인용의 본래적 목적이 아니지만 표절 책임으로부터 자유로워지기 위한 이 목적이 한동안은 중시될 것으로 보인다. 덧붙이는 말이지만, 이런 과도기적 현상이 끝나고 학문 발전이 성숙한 단계로 진입하기 위해서라도 표절 검증과 판단은 고도의 전문적 영역이라는 데에 대한 사회적 합의가 필요하다.

한편 표절 회피라는 인용의 목적에서 보면, 자기표절/중복게재의 경우 비난을 피하기 위해 일일이 출처표시를 하는 수고로움 대신 모두冒頭에 주annotation를 달아 선행 논문의 존재를 밝히는 것으로도 표절이라는 비난을 피할 수 있게 한다거나, 뒤에서 보는 바와 같이[481] 출처표시의 기본 단위는 '문장'이지만, 논의를 전개하는 과정에서 불가피하게 자신이 쓴 선행 논문의 상당 부분을 그대로 가져와야 하는 경

---

479. Princeton University, Academic Integrity, "Not-So-Common Knowledge", http://www.princeton.edu/pr/pub/integrity/pages/notcommon/ (2013.12.16. 방문).
480. 필자는 이런 사회 분위기를 다음과 같이 표현한 적이 있다.
　　지난 십수 년 사이 표절이 사회적으로 심각하게 회자되었음에도 불구하고 표절 시비가 끊이지 않는 이유는 무엇인가? 표절이 갑자기 늘어서라기보다는 컴퓨터의 발달 때문이다. 거의 모든 논문이 데이터베이스로 구축되어 누구라도 쉽게 검색할 수 있을 뿐 아니라, 표절 검색 소프트웨어를 적용하면 유사도를 구체적인 퍼센트로 산출할 수 있게 됐다. 이로써 누구나 표절을 쉽게 검증할 수 있다고 생각하고 있고 실제로 언론이 선도하는 표절 검증의 광풍은 앞으로도 계속 불어 닥칠 것으로 예상된다. 이제 학위가 있거나 논문을 발표한 적이 있는 사람은 각기 뇌관을 하나씩 품고 있는 셈이 됐고, 더욱 자조적으로 말하자면 단두대에 목을 내놓고 있는 형국이라고 할 것이다.
　　남형두, 「표절문제를 다루는 가벼움에 대하여」, 연세춘추, 2013.4.1. 칼럼.
481. 주 596-597 해당 면 참조.

우, 자기표절이라는 비난을 피하기 위해서 인용되는 첫 부분에 - 그것이 제목이라 할지라도 - 주를 달아 그 사정을 밝히는 것으로 충분하다고 보는 것[482]은 바로 인용의 목적 중 표절 회피에서 연유한다고 보면 합리적 이해가 가능하다.

4. 부수적 목적 - 학계 선순환

인용의 본래 목적은 아니지만 인용이 잘 지켜지면 따라오는 좋은 효과가 있다. 일종의 부수적 목적이라 할 수 있는데, 인용과 출처표시를 제대로 한다면 학계뿐만 아니라 사회에 여러 가지 선순환 효과가 나타난다.

가. 신진 또는 소장 학자의 보호

인용과 출처표시 문화가 자리를 잡으면 학문세계에 새로운 이론이나 주장을 제시하는 신진 학자나 연구자가 학계에 성공적으로 뿌리 내릴 수 있다. 이는 학계에 바람직한 학문적 권위의 수립과 세대교체라는 좋은 전통이 정착되는 데 크게 기여한다.

좋은 예로 미국의 사례를 소개한다. 하버드 로스쿨을 졸업한 젊은 두 변호사 워런Samuel D. Warren과 브랜다이스Louis D. Brandeis는 1890년에 개인적 경험을 바탕으로 「The Right to Privacy」라는 논문을 이 학교 학술지Harvard Law Review에 발표했다.[483] 28페이지 분량의 이 짧은 논문은 미국 법학논문 역사상 가장 많이 인용된 논문으로, 심지어 이 논문이 미국 법학에 끼친 영향을 연구한 논문이 있을 정도다.[484] 될성부른 나무는 떡잎부터 알아본다고 했던가, 훗날 브랜다이스 변호사는 미국 연방대법원 대법관이 된다. 학문을 주업으로 하는 교수도 아닌 30대 소장 실무변호사들이 쓴 논문이 3세기에 걸쳐 다른 논문에 지대한 영향을 미칠 수 있었던 요인은 논문

---

482. 이는 '문장 단위'로 출처표시를 해야 한다는 원칙에 대한 예외가 된다.
483. Samuel D. Warren and Louis D. Brandeis, *The Right to Privacy*, 4 Harv. L. Rev. 193 (1890).

간 연결통로인 인용과 출처표시를 철저히 했기 때문이다. 후속 연구자들이 이 논문을 인용하면서 끊임없이 각주에서 출처를 밝힘으로써 이 논문은 살아남았을 뿐만 아니라 논문의 존재가 빛이 났다. 만약 젊은 소장학자들이 쓴 이전에 없던 독창성 있는 논문을 그들보다 권위 있는 학자가 가져다 쓰면서 출처표시를 하지 않았다면, 아마도 후속 논의에서 그 권위 있는 학자의 것으로 여겨지고 소장학자들의 이름은 기억에서 사라졌을지도 모른다. 그런데 어느 누구도 그렇게 하지 않았기에 이 논문은 3세기에 걸쳐 미국 법학계뿐만 아니라 우리나라에까지 영향을 미쳤다.

아무리 소장학자라 하더라도 자기 연구결과가 학계에서 검증된 후 인정받게 되면 자신의 이론과 생각이 해당 분야의 후속 논의로 이어질 수 있다는 확신이 있을 때, 더욱 깊이 있는 연구를 할 수 있다. 그런데 연구결과를 스승이나 자신보다 더 권위 있는 학자가 표절할 경우, 우리나라 학계의 분위기상 이에 문제 제기를 하기 어렵다는 점을 고려하면, 애초부터 연구에 임하는 자세가 흐트러질 수 있다. 이는 부실한 연구를 초래할 수 있고, 부실한 연구를 해온 소장학자가 후에 중견 또는 원로가 될 경우 자신이 당한 일을 반복하는 악순환을 불러올 수 있다.

몇 해 전에 교수 논문을 수십 편 대필해온 한 시간강사가 자기 처지를 비관한 나머지 자살한 사건이 있었다. 그 시간강사는 자기 이름이 아닌, 자신에 대한 교수 임용 권한을 가진 대학교수 이름으로 논문을 써온 것이다. 학계의 오래되고 잘못된

---

484. 배런Barron이라는 학자가 대표적인데, 워런과 브랜다이스의 공저 논문 자체를 연구대상으로 삼은 논문을 발표했다. 위 공저 논문을 평가한 다음 부분을 직접 소개한다.

Since its publication in the December 15, 1890 issue of Harvard Law Review, the piece has assumed a hallowed place in both legal literature and history. Subsequent legal scholars have referred to it with reverence : "perhaps the most influential law journal piece ever published"; "that unique law review article which launched a tort"; "the outstanding example of the influence of legal periodicals upon the American law." Courts have frequently cited the work as an authoritative source. Roscoe Pound described the article as having done "nothing less than add a chapter to our law." Harry Kalven, although disputing the substantive validity of the Warren – Brandeis thesis, nonetheless considered the piece the "most influential law review article of all."

James H. Barron, *Warren and Brandeis, the Right to Privacy, 4 Harv. L. Rev. 193 (1890)*: *Demystifying a Landmark Citation*, 13 Suffolk U. L. Rev. 875, 876 (1979). 특히 당대 유명한 법학자 로스코 파운드가 이 논문에 대해 미국 법학의 한 장chapter을 더했다고 평가한 것이 눈에 띈다. 한편, 위 키피디아에서 하버드 로리뷰Harvard Law Review를 검색하면 다양한 자료가 있는데, 그중 가장 많이 인용된 논문Highly cited articles의 첫 번째로 위 Warren & Brandeis 논문이 나오는 것을 보더라도 이 논문의 영향력이 현재까지 이어지고 있음을 알 수 있다. http://en.wikipedia.org/wiki/Harvard_Law_Review (2014.8.4. 방문).

권위주의의 일면을 보는 것 같아 씁쓸하다.[485] 이와 같은 논문 가로채기, 특히 제자 논문 가로채기, 논문 상납 관행은 그간 우리 학계에 독버섯처럼 만연해 있었다.

그런데 최근 우리나라 법원은 이런 관행이 잘못됐다고 분명히 못 박았다. 심지어 논문을 투고할 때 제한이 있어서 실제 연구자인 자기 제자(석사과정생) 이름을 공저자로 넣지 않았다는 그럴듯한 주장에 대해, 법원은 그런 경우라도 각주 등에서 그런 취지를 밝힐 수 있었는데도 그렇게 하지 않았다는 이유로 표절에 해당한다고 판결한 적이 있다.[486] 박사학위 논문 심사에 간여한 교수가 논문지도학생과 공동명의로 논문을 발표한 것이 학계관행이라고 하더라도, 학계의 왜곡된 현상일 뿐 표절에 해당한다는 판결도 선고되었다.[487] 제자와 함께 연구한 논문을 발표하면서도 교수 단독 명의로 하거나, 논문지도 외 논문작성에 간여하지 않았음에도 공저 논문으로 하는 것이 더는 학계의 관행이라는 이름으로 정당화될 수 없는 환경이 우리나라에도 조성되었다고 할 수 있다.

나. 독창적 연구와 학문의 선순환

독창성 있는 연구를 해도 쉽게 표절해버리고, 표절 행위에 관대한 문화가 온존한다면 독창성 있는 연구는 괴멸될 것이다. 그러나 표절금지윤리가 잘 지켜지고 저작권 준수 의식이 고양되어 인용이 적절하게 지켜진다면, 최초 아이디어 창안자와 개발자가 누구인지 명확히 알게 되어 학계와 학문연구결과를 응용하는 정부를 포함한 실무계에서 수평적 또는 수직적 상호작용이 매우 활발히 전개될 것이다.

인용과 출처표시가 준수되는 문화가 정착되면 일종의 '아이디어 실명제'와 같은 효과를 거두게 될 것이다. 이는 마치 농산물의 원산지표시와 같이 농산물 최종

---

485. 남형두, 「학자의 진정한 권위」, 한국일보, 2010.6.3. 칼럼. 필자는 이 칼럼에서 수년 간 다른 교수 명의로 논문을 무려 54편 써온 한 대학 시간강사가 전임교수가 되지 못한 신세를 비관하여 자살한 사건을 모티브로 해서 논문 대필 관행을 비판하고 학자의 진정한 권위가 무엇인지를 지적했다. 필자는 논문 명의의 도용은 '영혼의 강탈'과도 같다는 다소 과격한 표현을 썼으나 앞선 헤겔의 인격이론에 따르면 이는 지극히 당연한 것이다.

486. 서울고법 2008.1.25. 선고 2007누15973 판결(이하 '연구소원 공동논문 사건 판결'이라 한다).

487. 대구고법 2005.1.27. 선고 2004나1173 판결(이하 '박사학위 논문지도 사건 판결'이라 한다). 남형두, 「"외 1인" – 교수와 학생의 공저 논문 논의에 부쳐」, 출판문화 제584호, 2014.7. 참조.

소비자에게 자신의 이름이 공개됨으로써 생산자가 더욱 책임감을 갖고 농산물을 재배하고 출하하는 것에 비유할 수 있다. 연구자는 자기 연구결과물에 자신의 이름이 붙은 채 학계와 실무계에서 논의된다고 할 때, 좀 더 책임 있는 자세로 연구에 임할 것이다. 이는 다시 더욱 독창적이고 정직한 연구에 박차를 가하게 하는 선순환 효과를 가져올 것이다. 자기 이름을 드러내놓고 하는 연구기반이 조성되면 익명 속에 숨지 않는 문화가 정착되고, 그렇게 되면 학계의 같은 전문 분야 동료그룹 사이에 진지한 학문적 토론이 활성화될 것이다. 결론적으로 독창적 연구가 인용으로 잘 보호되면 연구자는 더욱 독창적이고 정직한 연구를 하게 되는 선순환 구조를 낳게 된다.

인터넷 발전에 따라 표절자 숨을 곳 사라져

한편 인터넷을 통한 소통 활성화는 학계에도 큰 영향을 미쳤다. 과거에는 학위 논문이 책으로 제본되어 도서관에 납본되고, 논문이나 책도 마찬가지로 아날로그 형태로 보존되었다. 이런 환경에서 표절 의혹을 밝혀낸다는 것은 대단히 어려운 일이 아닐 수 없었다. 그러나 오늘날에는 거의 모든 자료가 처음부터 디지털로 작성되거나born digitally 아날로그 형태 자료도 디지털로 변환하여 보존한다. 이와 같이 디지털화된 정보는 DB 구축을 가능하게 했고, 여러 기관이 경쟁적으로 개발한 표절 검색 소프트웨어는 정성적定性的, qualitative 부분에서는 여전히 미흡하지만 정량적定量的, quantitative 부분에서는 실질적으로 유사한 부분을 기계적 또는 산술적으로 가려내는 데 성공하고 있다. 인터넷과 기술의 발전으로 표절자가 숨을 곳이 사라지게 된 것이다.

특히 국가 또는 지자체가 운영하는 도서관과 대학도서관은 정보화가 진전되어 정보도서관화되고 있다. 학술지는 대부분 각 도서관이 제공하는 학술정보 DB를 통하거나, 자체 전자저널 서비스를 통해 독자들이 온라인에서 디지털 형태 문서로 접근할 수 있게 되었다.

한편 국가정보화 기본법에 따라 정부는 공공정보의 민간활용을 촉진하는데 그 대상이 되는 국가가 생성한 공공정보에는 정부 또는 정부가 출연하여 설립·운영되는 각종 정부출연연구기관의 연구결과가 포함되어 있다.[488] 대학교수나 이들 연구기관 소속 연구자들의 연구결과물이 공공정보로 분류되어 일반인의 접근이 가능하

게 됨으로써 표절 검색은 더욱 쉽게 되었다.[489]

그간 정부출연연구기관의 자체 연구나 이들 연구기관과 연구용역계약을 체결한 대학교수 등의 연구는 정부를 수요자로 하기 때문에 외부에 공표되지 않아 표절이 난무해도 알려지지 않는다는 지적이 있었다. 2010년 국정감사와 주요 언론 기관의 보도에서 정부출연연구기관의 연구보고서에 표절 등 연구윤리 위반이 심각하다는 지적이 있었다.[490] 그런데 위와 같이 국가정보화 기본법에 따라 이런 연구결과물에 대한 정부나 정부출연연구기관 외에 일반인의 접근이 허용됨으로써 앞으로 이러한 연구결과물에 표절이 발견될 가능성은 더욱 높아졌다. 특히 공공정보 민간활용 사업으로 일반인도 인터넷을 통해 위와 같은 연구결과물에 접근할 수 있게 되었기 때문에 표절 시비가 잦아질 수 있다.

이와 같이 인터넷 기술의 발전과 공공정보를 DB 형태로 구축하여 일반에 적극 이용하도록 하는 정부정책으로 표절은 갈수록 발붙일 곳이 없어지고 있다. 인용을 제대로 함으로써 얻는 독창적 연구의 제고와 학문의 선순환은 인터넷 기술의 발전과 학술 및 연구정보의 자료화에 이은 표절 검색 소프트웨어의 개발과 발전으로 더욱 가속화될 수 있다.

---

488. 국가정보화 기본법 제3조제10호가목, 공공기관의 운영에 관한 법률 제4조제1호, 정부출연연구기관 등의 설립·운영 및 육성에 관한 법률 제8조제1항 별표에 따르면, 현재 총 23개 정부출연연구기관으로 한국개발연구원, 한국조세연구원, 대외경제정책연구원, 통일연구원, 한국형사정책연구원, 한국행정연구원, 한국교육과정평가원, 산업연구원, 에너지경제연구원, 정보통신정책연구원, 한국보건사회연구원, 한국노동연구원, 한국직업능력개발원, 한국해양수산개발원, 한국법제연구원, 한국여성정책연구원, 한국청소년정책연구원, 한국교통연구원, 한국환경정책·평가연구원, 한국교육개발원, 한국농촌경제연구원, 국토연구원, 과학기술정책연구원 등의 연구결과물이 민간활용 촉진 대상이 되는 공공정보에 해당한다. 이들 23개 정부출연연구기관은 인문·사회과학 분야 연구를 통해 정책 아이디어를 개발하거나 지원업무를 수행하는데, 해마다 수많은 연구결과물을 생산해낸다.

489. 필자는 일찍이 공공정보의 민간활용 촉진에서 암초가 될 수 있는 것으로 저작권 문제와 개인정보(프라이버시 포함) 침해 가능성 문제를 제기한 적이 있다. 남형두, 「'평평한 세상'의 그림자」, 한국일보, 2010.7.15. 칼럼.

490. 2010년 국정감사와 주요 언론 기관의 보도에서 정부출연연구기관의 연구보고서에 표절 등 연구윤리 위반이 심각하다는 지적이 있었다. 장익창, 「국감 – 국책 연구기관 연구논문 중복과 예산 낭비 심각」, 경제투데이, 2010.10.7. 기사, http://www.eto.co.kr/news/outview.asp?Code=20101007141617860&ts=125136 (2012.9.22. 방문).

다. 학계와 실무계의 산학연계

인용과 출처표시가 잘 지켜지면 학계와 실무계가 서로 좋은 의미에서 상승작용을 일으킬 수 있다. 이하에서는 대표적으로 실무 분야가 명확히 존재하는 법학의 경우와 정부정책이라는 실무를 두고 있는 사회과학 전반으로 나누어 논의를 전개한다.

(1) 사례 1 : 법학계와 법실무계의 산학연계

판결에서 인용과 출처표시를 잘 지키면 판결의 정당성과 대국민 사법만족도를 높이는 본래 기능 외에 부산물로 법학 발전에도 큰 도움을 줄 수 있다.

우리나라 사법제도가 선례구속의 원칙을 따르지는 않지만, 현실에서는 사실상 판결이 법원法源 역할을 한다는 것을 부인하기 어렵다. 이와 같이 권위가 있는 판결에서 자신이 쓴 논문 등 저술이 인용된다면, 학자로서 매우 큰 영광이 아닐 수 없다. 법학은 현실의 문제를 해결하기 위한 실용학문의 성격이 강하기 때문에 자신의 이론이 이론에 머무르지 않고 현실문제가 부딪치는 치열한 재판과정의 결론인 판결문의 논거로 사용된다면, 학자로서는 학문적 성과가 공인되는 것이라 할 수 있다.

이와 같이 자신의 저술이 판결에 인용됨으로써, 해당 분야 소수 학자들에게만 읽히는 데 그치지 않고 동시대 다른 학자들이나 비전문가인 국민에게까지 알려지고(수평적), 더 나아가 학술지와는 비교되지 않을 정도로 전파력이 강한 판례집 또는 판례 DB를 통해 후세에까지 전파된다고 하면(수직적), 정신이 바짝 들 만한 일이 아닐 수 없다. 판결에서 인용했을 때는 알려지지 않았는데, 나중에 알고 보니 표절논문이었음이 밝혀진다면, 앞서 얻은 영광에 비교조차 할 수 없는 불명예를 지기 때문이다. 따라서 뜻이 있는 학자라면 위와 같은 영광과 불명예를 아울러 생각하여, 표절은 꿈도 꾸지 않을 것이며 나아가 판결에서 인용될 수 있는 더욱 독창적이면서도 합리적인 주장을 펼치기 위해 학문적 정진을 할 것이다. 이로써 초래된 법학발전은 다시 재판에 도움이 되고, 최종적으로 국민을 이롭게 할 것이다. 이처럼 큰 일이 작은 일, 즉 판결에서 학자들의 저술을 인용하는 일에서 시작될 수 있다는 점에서, 판결에서 인용과 출처표시는 매우 중요하다. 가히 법학계와 법실무계의 산학연계라 할 만하다.[491]

(2) 사례 2 : 정부정책과 사회과학 일반

이 책이 주요 대상으로 삼는 인문·사회과학 분야에는 연구기관이 많다. 특히 정부
출연연구기관의 경우 연구결과물이 정부의 정책 또는 입법에 반영되기도 한다. 정
부출연연구기관 연구원 외에 일반 대학교수들의 연구물도 정부정책 수립이나 입법
과정에서 이용되기도 한다.

정부정책 수립이나 입법과정에서 각종 보고서 등을 만들 때, 대학교수들이나
연구기관 연구자들의 저술을 가져다 쓰면서 인용과 출처표시를 적절히 한다면, 정
책적 아이디어 실명제가 뿌리를 내려 실무계(정부, 국회)와 학계의 소통이 원활해짐
으로써 책임소재를 명확히 하고 해당 분야 전문가를 쉽게 찾을 수 있어 결과적으
로 예산지출을 줄이고 국민에게 혜택이 돌아가게 된다. 특히 우리나라는 정부 공무
원이나 국회 전문위원의 잦은 자리 변동으로 정책의 일관성이 유지되지 않는 경우
가 많다. 이때 전임자가 작성한 보고서에 정책적 아이디어의 출처가 누구인지 간단
하게라도 기재되어 있다면 후임 공무원은 업무를 빠르게 파악할 수 있을 뿐 아니라
출처로 명시된 전문가(대학교수, 연구원)에게 직접 연락해 업무를 일관되게 진행할 수
있다.

그런데 정부 정책보고서나 국회 입법자료에서 인용과 출처표시가 제대로 되지
않을 경우, 후임 공무원은 해당 분야 전문가 또는 해당 정책적 아이디어의 출처를
알지 못해 허둥대다가 같은 건으로 또다시 연구용역을 외부에 발주함으로써 예산
낭비를 초래할 수 있다. 실제 우리나라에서 정부와 정부출연연구기관의 연구용역
중복 발주로 인한 예산낭비가 매우 심각한 것으로 나타나고 있다.[492] 이런 비효율
과 낭비는 결국 '소통의 부재'에서 비롯하는데, 이는 인용과 출처표시로 간단히 해
결할 수 있다.

한편, 정부의 내부자료나 국회의 입법자료에 쓰기 위한 정책보고서 등에 출처
표시를 요구하는 것이 무리가 아닌가 하는 생각이 들 수 있다. 그러나 일반 학술문
헌에서 요구하는 수준의 출처표시가 아니라 정부나 국회 그리고 정부출연연구기관

---

491. 남형두, 「판결문작성과 저작권법의 존중 – 산학연계의 실험 2」, 대한변협신문, 2005.8.22.
492. 이근영, 「예산절감 방법? '연구자 난장'선 보이겠죠」, 한겨레, 2012.3.27. 기사, http://www.hani.co.kr/
    arti/science/science_general/525305.html (2012.9.29. 방문).

의 특성에 맞게 간략한 형태의 출처표시로도 충분하다. 이것이 저작권법 제37조제2항에서 말하는 '합리적이라고 인정되는 방법'의 출처표시가 될 것이다. 이에 대해서는 뒤의 출처표시 부분에서 상술한다.

5. 인용의 폐해와 이에 대한 반론

주[註] 남용에 대한 우려

타인의 글을 많이 인용하거나 출처표시를 상세하게 다는 것이 오히려 학문의 권위를 떨어뜨린다는 견해가 있다. 독창적이지 않게 보이도록 한다거나, 지나친 현학에서 비롯했을 수 있다는 견해도 있다. 나아가 인용이 불필요한 일반지식에까지 인용함으로써 일반지식을 특정인의 것으로 만들 우려가 있다는 지적이 있다. 인용의 폐해 또는 '주[註] 남용'을 우려하는 것이다. 이 중 일부는 타당하지만 아직까지 우리 현실에서는 인용과 주가 많아서 생기는 부작용보다는 너무 없어서 생기는 문제가 더 크다는 점에서 제기된 지적을 하나씩 살펴볼 필요가 있다.

가. 인용이 많으면 글의 권위가 떨어지는가?

일반적으로 학술적 저술에서는 인용이 많은 글이 권위가 떨어진다고 평가되지는 않는다. 그런데 판결문에서 인용에 따른 출처를 표시하는 것이 반드시 판결문 간소화에 역행하는 것이 아닌데도, 판결문은 인용이 많으면 권위가 떨어진다고 생각하는 경향이 있다. 이는 매우 권위주의적인 것으로, 오늘날 민주주의 국가, 국민주권 이념에 비추어볼 때, 구태의연하다는 비판을 받기에 충분하다. 국민주권 국가에서 사법제도 역시 공적 서비스기관 중 하나다. 사법기관에 대한 국민의 만족도를 높이기 위해 법관이 판결 주문에 이르게 된 논거를 친절히 설명하되 그 논거를 다른 곳에서 빌려왔다면 밝히는 것이 타당하다.

사회가 복잡해짐에 따라 전문적 영역의 분쟁이 많이 일어나고 있다. 이에 판결문을 작성하면서 해당 분야 전문가의 저술을 참고하는 것은 점점 불가피해지고 있다. 이런 상황에서 타인의 저술을 참고하면서도 판결에 아무런 출처를 밝히지 않는 것이 법원과 판결의 권위를 높인다는 생각보다는, 해당 분야의 권위 있는 학자를 출처로 밝힘으로써 판결의 권위가 올라간다는 생각이 민주주의 이념에 더욱 부합할 뿐 아니라, 헌법과 사법제도의 취지에도 맞는다.

나. 인용은 글의 독창성을 떨어뜨리는가?

인용을 자주하면 타인의 저술을 옮겨 쓴 것으로 생각되고 독창성이 떨어지는 저술로 보일 수 있다는 지적이 있다.[493] 그러나 오히려 인용과 그에 따른 출처표시를 정확히 하면, 인용한 부분과 자신의 집필 부분이 구분됨으로써 자기 저술의 독창성을 돋보이게 할 수 있다.[494]

저자나 독자 모두 표절하지 않고 타인의 생각과 글에 대한 인용과 출처표시를 정확히 하는 문화가 정착된다면, 글 중 출처표시가 없는 부분은 곧 저자의 독창적 생각을 담은 부분일 것이므로 저자의 생각을 알기 위해서는 오히려 이 부분(출처표시가 없는 부분)을 주의 깊게 읽을 것이다. 물론 글의 목적에 따라 다를 수 있다. 독자가 저자의 생각보다는 선행 저술이나 이론에 더욱 관심이 있다면 인용된 부분과 그것의 출처로 제시된 자료에 집중할 수도 있다. 출처로 표시된 자료는 앞서 본 바와 같이 저자의 논의를 뒷받침하기 위해 제시된 일종의 권위를 갖는 문헌들이기 때문이다. 그러나 일반 독자가 아니라 이미 해당 분야의 배경지식을 두루 섭렵한 가운데 저자의 생각을 알기 위해 해당 글을 읽는 독자라면, 오히려 인용과 출처표시가 없는 부분을 집중해서 읽을 것이다. 왜냐하면 그 부분에 바로 해당 저자의 독창성 있는 견해가 제시되었을 것이기 때문이다.

그러나 지금까지의 논의는 인용과 출처표시가 제대로 지켜지는 문화가 정착되었을 때를 전제로 한다. 출처표시를 누락한 표절물을 대할 때 자칫 이런 생각은 위

---

493. 미국의 유력한 표절 관련 웹사이트에서 다음과 같은 문제 제기를 적절히 했다. "Doesn't citing sources make my work seem less original?" www.plagiarism.org (2012.10.1. 방문).
494. 위 사이트.

험할 수 있다. 작금의 우리나라 현실과 같이 표절이 난무하는 풍토에서는 인용과 출처표시가 없는 부분에 저자의 독창적 견해가 드러나 있다고 단정하기 어렵기 때문이다. 현실이 그렇다고 해서 정직한 글쓰기 문화를 포기할 수는 없다. 시작이 어려울 뿐 인용과 출처표시를 제대로 하면, 오히려 독창성 있는 부분을 구별해내기 쉬운 장점이 있고, 이것이 인용 목적 중 하나다.

다. 인용은 현학衒學의 표현인가?

에코는 주를 많이 다는 것이 박식함을 자랑하려는 속물근성의 표현이며 독자를 현혹하려는 시도라는 견해에 일부 동의하면서, 풍부한 주로 자신의 연구를 포장하고 비본질적 자료들로 주를 가득 채우기도 한다고 비판한다.[495] 그러나 그렇다고 해서 이런 것이 주가 올바로 사용될 경우의 이점을 상쇄할 수는 없다고 한다.[496] 일찍이 표절연구에 깊은 관심을 기울여온 박성호 교수도 "그러나 '주註 남용濫用'으로 인한 폐해가 아무리 심하다 해도 남의 것을 자기 것으로 꾸미는 표절보다야 심하지 않을 것이다. 주의 과잉은 '학문을 뽐내는 것(衒學)'에 그치지만 표절은 '학문을 훔치는 것'이기 때문이다"라고 지적했는데,[497] 우리 학계의 현실을 정확히 진단한 것으로 생각한다. 우리나라의 현실은 아직까지는 주를 지나치게 많이 다는 것이 문제가 아니라 주를 생략하여 표절하는 것이 더욱 큰 문제이기 때문이다. 간혹 주의 폐해를 주장하는 학자들이 있는데, 이는 우리 현실에 맞지 않는다. 아직까지 우리는 주의 폐단보다는 표절의 폐단을 더 경계해야 하는 시대와 학문적 풍토에 살고 있기 때문이다.

현학이 표절보다는 낫다

주의 남용이 현학이라는 주장은 자칫 표절물을 옹호하는 쪽으로 기울어질 수

---

495. 에코, 앞의 책(주 37), 241면.
496. 같은 면.
497. 박성호 교수는 에코와 같은 견지에서 우리나라의 잦은 표절 사건을 방지하기 위해 우리의 인용기준을 확립해야 한다고 역설했다. 박성호, 「표절이란 무엇인가」, 시민과변호사 제37호, 1997.2, 163 – 165면.

있다. 현학을 위해 주를 남용하는 경우가 있는 것은 사실이다. 그러나 표절이 현학보다 더욱 위험한 우리의 학문풍토에서는 이러한 주장에 동의하는 것이 도리어 위험하다. 이는 마치 장애인 주차면에 비장애인들이 주차하는 경우가 있다고 해서 장애인 주차면을 없애자는 논리와 흡사하다. 장애인 주차면에 주차하는 비장애인들이 있다면 이를 규제하고 사후에 제재하는 것이 맞지, 장애인 주차면을 없애는 식으로 해결할 일이 아니다. 현학을 위해 주를 남용하는 이들이 있다면 이들에 대한 학계의 제재, 예컨대 '낮은 평가'로써 경종을 울리는 것이 바람직하지, 이를 핑계로 출처표시가 많은 것을 탓하고 표절물을 옹호할 일은 아니다.

한편 미국의 유력한 표절 관련 웹사이트에 따르면, 인용 목적으로 연구자가 그동안 해온 연구의 양을 보여주려는 측면도 있다고 한다.[498] '현학'과 '연구량 과시'의 경계가 모호하기는 하지만 아주 심한 현학에 이르지 않으면서도 연구과정을 보여주는 정도에서 자신이 검토하고 참고한 자료를 주에 출처로 밝히는 것은 결코 비난받을 일이 아니다. 여전히 표절이 횡행하는 우리나라 현실에 비추어볼 때, 이 정도 현학은 우려할 일이 아니다.

6. 인용과 에디톨로지 – 인터넷 시대 '정직한 글쓰기'에 대한 새로운 도전과 기회

앞서 표절과 인용에 관한 우리 사상을 살펴보는 곳에서 우리의 전통사상에도 표절에 관대한 문화가 있었던 것이 아님을 논증한 바 있다.[499] 대표적으로 다산의 글쓰기 방법론이 표절을 옹호했다고 생각하는 것은 서로 다른 글쓰기 환경context을 고려하지 않은 것으로 잘못된 사고임을 명백히 했다. 소수의 지식인이 소수의 책을 바탕으로 학문과 시문을 논하고 저술하는 시대에 살았던 다산은 출처표시를 명확히 하는 것이 불필요할 뿐만 아니라 때로는 글의 수준을 떨어뜨리기도 한다고 생각했

---

498. "citing sources shows the amount of research you've done." www.plagiarism.org (2012.10.1. 방문).
499. 주 270 – 277 해당 면.

던 것 같다. 그런데 학문적 글쓰기를 하는 사람의 수와 지식정보 양이 다산의 시대와는 비교할 수 없을 정도로 늘어난 오늘날에 다산의 생각을 그대로 적용한다면, 이는 대단히 왜곡된 결과를 초래할 수 있어 위험하다.

인터넷 시대에 손쉽게 지식정보에 접근할 수 있게 됨에 따라 글쓰기에 관한 새로운 윤리가 요구된다면서, 과거 인용 방식을 더는 적용하지 않아도 된다는 의견이 제시되기도 한다. 이런 견해의 앞뒤에 이른바 에디톨로지Editology라는 새로운 학문 방법론이 더해짐으로써 인터넷을 통해 다량의 지식을 손쉽게 수집·편집하여 새롭고도 유익한 창작물 또는 저술이 나올 수 있음을 강변하기도 한다.[500] 한편 에디톨로지를 제창하는 사람들이 모두 동의하는 것은 아니지만, 이런 학문 방법론과 글쓰기에서 종래의 인용 방식을 더는 불필요하다거나 거추장스러운 것으로 폄하하기도 한다.[501]

에디톨로지가 주는 유익을 부정하는 것은 아니다. 사실 에디톨로지라는 방법론은 갑자기 생긴 것이 아니라 과거에도 있었던 것으로, 학문이나 예술의 자연스러운 과정일 뿐이다. 그러나 인용과 표절 논의에 관한 근본을 뒤흔들 수 있는 주장에 에디톨로지를 끌어들이려는 데는 결코 동의할 수 없다.

에디톨로지가 성공하려면 오히려 인용을 철저히 해야

첫째, 인터넷을 통해 전 세계의 지식정보에 쉽게 접근할 수 있고, 과거와는 비교할 수 없을 정도로 지식정보가 많다는 것이 출처표시를 생략해도 좋다는 근거가 될 수는 없다. 이런 현상은 오히려 출처표시를 제시하는 인용 방식의 글쓰기 윤리가 더욱 필요하다는 근거가 될 수 있고, 그래야 한다. 그렇게 보지 않는다면, 분명히

---

500. 에디톨로지Editology는 본래 벨기에 철학자 보데Jean C. Baudet가 발전시킨 인식론체계인데, 2011년 문화심리학자 김정운이 통섭, 융합을 뛰어넘는 개념으로 새롭게 해석했다. 그의 정의를 옮겨보면 다음과 같다.
　　신문이나 잡지의 편집자가 원고를 모아 지면에 맞게 재구성하는 것처럼 또는 영화 편집자가 거친 녹화자료들을 모아 속도나 장면의 길이를 편집해 전혀 다른 경험을 가능케 하는 것처럼 우리는 세상의 모든 사건과 의미를 각자 방식으로 편집한다. 그 구체적인 편집의 방법론을 나는 '에디톨로지'라고 명명한다.
　　김정운, 「① 왜 에디톨로지Editology인가? 보고 싶은 것만 보다 한 방에 가는 수가 있다」, 중앙선데이 제233호, 2011.8.28. 칼럼.
501. 김정운의 에디톨로지를 소설가 남정욱이 지지하고 있는데, 그는 '세상의 모든 작가들은 가공加工업자'라는 표현을 통해 문학의 글쓰기에도 에디톨로지의 정신이 적극 활용되어야 한다고 주장한다. 남정욱, 「남정욱 교수의 명랑笑說 – 문학이란 … 가공可恐할 만한 가공加工의 스킬이다」, 조선일보, 2012.3.10. 칼럼.

근거 없는 주장과 설이 난무할 것이다.[502] 검증되지 않은, 인터넷상에서 떠돌아다니는 논의가 학문의 장에 그대로 들어옴으로써 진정한 논의가 어려워지게 되면 학문이 쇠퇴할지도 모른다. 앞에서 본 인용의 목적을 상기하고 출처표시가 없을 때의 부정적 상황을 고려한다면, 인터넷을 통해 접할 수 있는 지식정보의 양이 상상을 초월할 정도가 된 오늘날, 에디톨로지가 주는 유익을 취하려면 오히려 적절한 인용이 더욱 필요하다. 즉 에디톨로지라는 방법론에 따르더라도 내 것과 남의 것을 분별하는 '정직한 글쓰기'의 가치는 결코 퇴색될 수 없다.

둘째, 에디톨로지라는 방법론에 따라 만들어진 결과물인 저술을 다른 사람이 그대로 베낀다면 그 편집자가 묵과할지 의문이다. 편집물로서 소재의 선택·배열 또는 구성에 창작성이 있는 것을 편집저작물이라고 하는데(저작권법 제2조제18호), 편집저작물은 독자적인 저작물로서 보호된다(제6조제1항). 따라서 편집저작물의 구성 부분이 되는 소재의 저작권과 별도로 편집저작물은 저작권법에 따라 보호되는데, 이를 편집자 동의 없이 가져다 쓰면 저작재산권 제한사유(제23조 내지 제35조의3)에 해당하지 않는 한, 저작권침해 책임에서 자유로울 수 없다. 또 편집저작물에서 창작성 있는 부분인 소재의 선택·배열 또는 구성을 마치 자신이 한 것인 양 하는 행위는 표절에 해당할 수도 있다. 이와 같이 에디톨로지라는 방법론 또는 편집 결과 발생한 새로운 저작물은 분명히 저작권법상 보호되는 저작물이 될 뿐 아니라 여기에도 표절금지윤리가 적용된다. 그럼에도 에디톨로지라는 방법론으로 글을 쓰는 사람은 자신이 취하는 원재료에 대해 저작권과 표절금지윤리를 지키지 않아도 무방하다는 식의 논리는, 유리한 것은 취하고 불리한 것은 취하지 않으려는 지극히 편의적 발상이라 하지 않을 수 없다.

결론적으로 오늘날 광범위하게 벌어지는 에디톨로지 또는 편집행위에 출처표시를 제시하는 인용 방식의 글쓰기 윤리가 적용되지 않을 이유는 없다.

한편 앞으로 방대한 양의 학술정보DB가 디지털로 구축되고 인터넷을 통한 검색

---

502. 심지어 학계가 아닌 언론계에서도 위키피디아Wikipedia를 출처로 인용하는 것을 금하는 경우가 있다. 이른 바 집단지성이라고 불리는 이런 지식검색 사이트의 정확성은 상당한 것으로 알려져 있어 어느 정도 신뢰를 받고 있는데도 미국의 유력 일간지 중 일부는 기사작성 과정에서 위키피디아 인용을 금지하는 것으로 알려져 있다.

기술이 획기적으로 발전한다면, 자료를 검색하기 위해 도서관을 찾는 일은 지금보다 훨씬 더 줄어들 것이고 학술적 저술의 대부분은 컴퓨터 앞에서 인터넷을 이용하여 할지도 모른다. 여기에서 더 나아가 지금은 타인의 표절 여부를 검증하기 위해 사용되는 표절 검색 소프트웨어를 자신의 글에 적용해서 글쓰기에 도움을 얻는 방법을 생각할 수 있다. 즉 저술자는 인터넷을 통해 구한 각종 학술정보를 출처표시 없이 자신의 논문 일부로 편입시켜 빠르게 쓸 수 있다. 이 과정에서 인용작업을 하지 않더라도, 그렇게 논문 초고를 완성한 후 표절 검색 소프트웨어를 자신의 논문(초고)에 적용하면 소프트웨어가 인용과 출처표시 작업을 대체해주는 미래를 상상할 수 있다. 표절 검색 소프트웨어가 표절을 발견하기 위해 적용되는 것이 아니라 일종의 자가 검증 수단 또는 인용 대체 수단으로 활용되는 셈이다. 이것이 과연 수작업으로 하는 인용을 대체할 수 있을까?[503]

미래의 학문 문화와 그에 대한 평가가 오늘날과 달라질 것이라는 점은 예상할 수 있지만, 학술적 저술이라는 학문과정에서 인용이라는 작업은 학문이 존재하는 한 사라질 수 없다. 앞서 본 인용의 목적, 즉, '권위의 원천 제시', '검증 편의 제공', '표절 회피'라는 측면에서 본다면, 수작업을 대체하는 소프트웨어의 도움을 받는 인용작업은 인용 목적에 배치되지 않는다고 할 수 있다. 남는 것은 수작업보다 정확도가 떨어질 것이라는 점과 학문하는 사람 또는 저술자의 태도만 문제가 될 것이다. 가정이지만 기술이 발전함에 따라 인용작업에서 수작업을 대체하는 소프트웨어가 지속적으로 개발되어 패러프레이징까지도 출처표시를 댈 수 있는 수준까지 발전된다면, 그와 같은 문명의 이기利器를 활용하는 것이 저술자의 학문 태도에 바람직하지 않다고 단정할 것인지 생각해볼 점이 있다.

결론적으로 말해서, 이는 인용작업과 같은 결과가 나오는 것과 인용하는 것 사이에 차이를 두느냐의 문제다.

---

503. 이 부분 논의는 필자의 제자인 이일호 연구원(독일 막스플랑크 연구소)의 문제 제기에서 비롯했음을 밝힌다.

II

출처표시

전형적 표절은 타인의 글이나 독창적 아이디어를 가져오면서도 출처를 표시하지 않음으로써 자기 것인 양 속인 것을 말한다. 그런데 현실에서 생기는 문제는 그렇게 단순하지 않다. 출처표시 누락이 표절이 된다면 출처표시는 언제 하여야 하는지, 어느 정도로 해야 하는지, 어떻게 해야 하는지에 대한 논의가 선결돼야 한다. 출처표시를 하지 않아도 되는 경우에는 출처표시 누락이 표절이 될 수 없고, 출처표시를 했어도 제대로 하지 않았다면 표절이 될 수 있기 때문이다.

I장이 출처표시를 왜 해야 하는지에 대한 논의였다면, II장은 언제, 어디에, 어떻게 해야 하는지에 대한 논의라고 할 수 있다. I장에서 출처표시/인용에 대한 원론적 논의를 마쳤으므로 여기에서는 이를 발전시킨 구체적 논의가 가능하게 되었다.

1. 아이디어

아이디어 중에는 일반적으로 널리 알려져 있어 특별히 누구 것이라고 밝힐 필요가 없는 것이 있다. 즉 특정인의 아이디어라고 인식되지 않는 평범한 아이디어는 출처를 밝히지 않더라도 표절에 해당하지 않는다. 특정 분야의 일반이론이나 그 분야 저술을 집필할 때 전형적 또는 필수적으로 거론되는 것은 출처표시를 하지 않아도 표절이 아니다.[504] 일반지식이 아닌 아이디어, 즉 독창적인 생각을 도용하여 자신의 것인 양 사용하는 행위는 당연히 표절이다.

가. 용어 문제

앞서 본 바와 같이 표절과 저작권침해의 중요한 차이 중 하나는 아이디어가 보호 대상이 되는가에 있다. 즉 표절의 경우 타인의 독창적 아이디어를 도용하여 자기 것인 양 하면 성립하지만, 저작권침해의 경우에는 표현이 아닌 아이디어는 저작권 보호 대상이 되지 않으므로 아이디어에 대한 저작권침해는 성립할 수 없다. 따라서 저작권침해와 달리 표절에서 아이디어는 매우 중요한 논의 대상이 된다.

한편 이 책에서 '생각'이라는 말보다는 '아이디어'라는 말을 쓰는 이유를 설명 한다. 우리말에서 '생각'이라 하면, 독창적인 것부터 누구 것이라고 할 수 없는 것 까지 매우 다양한 의미가 포함될 수 있다. 반면 '아이디어'라고 하면 그 자체에 '독 창성'이 내재된 뜻으로 사용된다. 표절 대상이 되는 '생각'은 이와 같은 '독창적 생 각'이지, 누구 것이라고 할 수 없는 생각까지 포함하는 것은 아니다. 물론 '독창적' 이라는 말 자체가 불확정 개념인 것은 사실이다. 즉 어느 정도여야 독창적이고 그 렇지 않느냐에 대한 명확한 기준이 없다는 말이다. 그러나 표절 개념 정의에서 수 반되는 불가피한 것으로 달리 대안이 없다. 다만 '일반지식이 아닌'이라는 수식어 를 통해 해당 분야에서 일반지식으로 분류되지 않는 정도를 '독창적'이라고 할 수 있다. 따라서 표절의 정의에서 '일반지식이 아닌'이라는 수식어는 표현과 아이디어 를 함께 꾸며준다.

표절 정의에 나오는 표현 또는 아이디어에서 전자는 저작권법 보호대상으로 보 아 크게 틀림이 없고, 후자는 저작권법적 보호를 받지 못하는 것으로, 그에 준하는 정도의 보호 필요성이 있는 '독창성 있는 아이디어'라고 보면 된다. 나아가 아이디

---

504. 명예훼손 사건 판결(주 447).

어는 이미 외래어가 된 지 오래되었기 때문에 정의에서 이를 쓰는 데 별다른 문제가 없다.

나. 저작권과의 관계

저작권의 보호대상은 표현expression일 뿐 아이디어idea는 아니다. 그러나 아이디어라고 해서 무조건 가져다 쓸 수 있는 것은 아니다. 저작권침해에는 해당하지 않지만 표절이 될 수 있기 때문이다. 표절 또는 저작권침해에 해당하는지와 관련하여 중요한 경계가 되는 표현과 아이디어를 구별하기는 매우 어려운데, 사실 이는 저작권법의 가장 중요한 논점에 해당한다. 저작물성 개념에서 시작하여 저작권침해에 이르기까지 저작권법의 모든 쟁점은 바로 아이디어와 표현의 이분법에서 시작해서 끝난다고 해도 지나친 말이 아니다.

표현 중에도 저작권법상 보호받지 못하는 것이 있다. 예를 들어 아이디어를 표현할 수 있는 방법이 극히 제한된 경우에는 표현을 보호하는 것이 곧 특정 아이디어를 보호하는 결과를 낳게 되어 저작권법 취지에 반하게 된다는 이른바 '합체의 원칙Merger Doctrine'이 적용되는 경우다. 또 '필수장면 이론Scènes à Faire'이 적용되는 경우인데, 어떤 장르의 저작물에서 전개과정에 필수적으로 등장하는 표현은 그것이 표현일지라도 저작권 보호대상으로 보지 않는다. 위와 같이 '합체의 원칙'이나 '필수장면 이론'이 적용되는 표현은 더는 저작권법의 보호대상이 아닌데, 여기에서 표절 대상으로도 되지 않는가라는 점에 주의를 기울일 필요가 있다.

이들이 표현으로는 보호받지 못하지만 아이디어로 독창성이 있다면 표절 대상은 될 수 있다. 이 점에서 이 논의는 자연스럽게 '아이디어의 독창성' 논의로 연결된다. 그런데 필수장면에 해당하는 표현은 특정 장르의 저작물에서 거의 약방의 감초처럼 사용되는 것이니 독창성을 갖추기 어렵다. 다만 합체의 원칙이 적용되는 영역에서는 특정 아이디어를 표현해낼 수 있는 방법이 극히 제한되어 있더라도 아이디어 자체가 독창성이 있다면 저작권법상 표현으로는 보호받을 수 없지만, 표절 대상이 되는 독창성 있는 아이디어에는 해당할 수 있다.

다. 일반지식과의 관계

표절로부터 보호되는 아이디어는 평범하지 않고 독창성이 있어야 한다. 평범한 아이디어, 또는 누구 것인지 확인할 수 없어 이미 공유 상태^{public domain}로 편입되어버린 일반지식은 출처를 표시하지 않아도 된다. 그런데 문제는 어떤 아이디어 또는 지식이 일반지식인지 또는 독창성이 있는지를 구분하기가 매우 어렵다는 데 있다. 어떤 점에서는 아이디어/표현을 구별하는 것보다 더 어려울지도 모른다. 학문별로 다르고, 같은 학문 안에서도 판단자의 지식수준에 따라 일반지식인지를 다르게 볼 수 있기 때문이다.

프린스턴대학교의 학문윤리규정에 따르면, 일반지식인지가 불분명하다고 생각되는 경우 학생은 교수에게 문의하도록 하고 있다. 그리고 "의심되면 인용하라"라고 한다.

> Keeping in mind that your professor is the primary audience for your work, you should ask your professor for guidance if you're uncertain. If you don't have that opportunity, fall back on the fundamental rule: when in doubt, cite. It's too risky to make assumptions about what's expected or permissible.[505]

학생들은 교수한테 문의해서라도 일반지식인지를 판단하는 데 도움을 얻을 수 있지만, 교수나 연구자 등은 학술적 저술을 하는 과정에서 출처표시와 관련하여 일반지식인지를 매번 다른 권위자에게 확인한다는 것이 사실상 불가능하다. 결국 이는 학자의 양심에 맡겨져 있는 영역이다. 출처표시 누락으로 표절 시비가 판단 대상으로 놓이게 될 때, 표절 의혹 당사자는 일반지식이라 출처표시를 생략했다고 강변할 것이고 표절이라고 보는 쪽에서는 일반지식이 아닌 타인의 독창성 있는 아이디어라고 주장할 것이다. 이 과정에서 표절 혐의를 벗기 위해 타인의 독창성 있는 아이디어를 /일반지식이라고 폄훼하는 것은 표절 행위 못지않은 비양심적 행위로 비난받아 마땅하다. 따라서 출처표시 누락으로 인한 표절 여부 판단에서 일반지식

---

505. 주 478, 479 해당 면 참조.

인지에 대한 판단이 선행되어야 하는데, 이는 대단히 전문적 영역으로서 반드시 제3자의 객관적 판단이 필요하다. 표절 여부를 판단하는 위원회에 반드시 해당 분야 전문가가 들어가야 하는 이유가 여기에 있다. 표절 의혹물이 속하는 분야 전문가라야 비로소 권위를 가지고 문제 된 지식 또는 아이디어가 일반지식인지 여부를 판단할 수 있기 때문이다.

일반지식의 특정인 소유화^{所有化}

역으로, 표절 시비를 피하기 위해서 또는 학문의 깊이가 부족해 일반지식인데도 독창성 있는 아이디어 또는 지식으로 착각한 나머지, 자신이 접한 저술을 출처로 표시하는 경우 일반지식을 특정인의 독창적 아이디어로 만들 우려가 있다.

에코는 일반적으로 알려진 개념에 대해서는 참고자료나 출전을 제시해서는 안 된다고 주장한다.[506] 일반지식에 대해 특정인의 저술을 출처로 하여 인용할 경우, 이 저술을 읽는 후속 학자들이 자칫 그 일반지식을 그 특정인이 창안했다고 오인할 우려가 있기 때문이다. 이는 대단히 부당한 것으로, 인용의 폐해로 볼 수 있다. 자신의 글이 매우 정직한 글처럼 보이게 할 요량으로 널리 알려진 일반 개념임에도 불필요하게 각주를 다는 경우가 더러 있다. 이는 단지 그 글 하나만의 문제가 아니라 이런 글이 쌓이다 보면 자칫 일반적 지식 또는 개념이 특정인의 것으로 잘못 굳어질 수 있다는 점에서 문제가 있다.

일반지식이라 함은 오랜 기간에 걸쳐 학계에서 더는 이론^{異論}의 여지 없이 확립된 개념이나 구성, 상식화된 이론^{理論}이라고 할 수 있다. 이와 같은 일종의 거대 지식을 특정인의 저술에서 보았다는 이유로 그 특정인을 출처로 표시하는 것은 의도성이 있다면 더욱 비난가능성이 높겠지만 의도성이 없다 하더라도 학계에 좋지 않은 영향을 미친다.

이런 일이 일어나는 데는 나름대로 이유가 있다. 글을 쓰는 처지에서는 표절을 피하기 위해 일반지식인지가 불명확하면 자신이 참고한 저술을 출처로 표시하는 경향이 있다. 물론 이것이 일반지식이 아님에도 주관적 판단 아래 일반지식으로 생각하여 출처표시를 하지 않는 경우보다야 낫다고 할 수 있다. 그러나 이와 같이 일

---

506. 에코, 앞의 책(주 37), 256면.

반지식인지가 불명확한 경우를 넘어 그 분야에 식견이 조금 있기만 해도 일반지식인지 어렵지 않게 판가름할 수 있는 것에 대해서까지 출처를 표시하는 것은 일반지식을 특정인의 것으로 만드는 폐해를 낳는다.

그러나 이런 폐해가 있다고 하더라도 그 이유를 들어 인용에 따른 출처표시를 게을리하거나 출처표시가 없는 표절물을 옹호할 수는 없다. 이는 앞서 본 현학이 차라리 표절보다 낫다는 논의[507]와 궤를 같이한다. 다만 일반지식임이 거의 명백한 것에 대해서까지 그것이 일반지식인지 몰라 인용 출처를 표시한 글은 스스로 지식 부족의 한계를 드러낸 것으로 학계의 '낮은 평가'를 받을 수밖에 없다.

라. 공표되지 않은 아이디어의 경우

지금까지의 논의는 '공표된published' 아이디어를 전제로 했다. 그렇다면 '공표되지 않은unpublished' 아이디어는 공표된 아이디어와 다른 보호를 받는가? 다시 말해 공표된 아이디어는 가져다 쓰면서 적절한 출처표시를 하지 않고 자기 것인 양 사용하면 표절이 성립할 수 있는데, 공표되지 않는 아이디어는 그렇지 않은가? 여기에서 공표publication의 정의를 어떻게 하느냐에 따라 '공표되지 않은 아이디어'의 범주가 달라질 수 있겠으나 이하에서는 논의의 편의를 위해 다음 두 가지로 나누어 본다.

책(전자책 포함)의 형태로 출판되지 않은 경우로는 첫째, 세미나 등에서 발표된 경우와 둘째, 세미나 등에서조차 발표되지 않은 경우가 있다. 이렇게 나눈 것은 일반적으로 아이디어 도용에 따른 표절 논의는 책 형태로 출판된 저술 안에 있는 아이디어를 전제로 하기 때문에 '출판되지 않은 아이디어'를 '공표되지 않은 아이디어'로 본다면, 이 책이 대상으로 삼는 학술저작물의 표절에서 공표되지 않은 아이디어는 창작행위가 완료된 상태에서 공식적으로 발표된 시점을 전후로 다시 세분할 수 있다. 이를 좀 더 알기 쉽게 흐름도를 사용하여 설명한다.

---

507. 주 495 – 498 해당 면. 굳이 구분하면, '현학이 표절보다 낫다고 한 경우'는 학문적 허세를 부리기 위해 과도하게 출처표시를 한 것으로 적극적인 경우라 할 것이고, 여기의 '일반지식인지 여부를 몰라 출처표시를 한 경우'는 표절 책임을 피하기 위한 것으로 소극적인 경우라 할 것이다.

아이디어 착상 ──→ 아이디어 완성 ──→ 아이디어 발표 ──→ 아이디어 출판
　└ ① ┘　　　　　└ ② ┘　　　　└ ③ ┘　　　└ ④

　여기에서 '아이디어 착상'부터 '아이디어 완성'에 이르기까지 아이디어 형성은 발상자 내부에서 일어난다. 물론 착상에서 완성에 이르기까지 타인과 의견을 교환해 영향을 받기도 하고, 착상 자체도 타인의 영향을 받기도 하지만, 언제 아이디어를 표절했는가 하는 논의의 편의를 위해 단순화하기로 한다. 아이디어 완성 후 아이디어 발상자는 이를 바로 책으로 출판하기도 한다. 이때 '아이디어 발표'와 '아이디어 출판'이라는 단계는 하나로 합쳐진다. 그러나 이 책이 대상으로 하는 학술저작물의 경우 대다수 학자는 자신의 아이디어(독창적인 생각)를 바로 책으로 출판하기보다는 세미나 등을 통해 발표하기도 한다. 바로 이와 같은 일반적 학술행위 과정을 고려하여 아이디어 발표와 아이디어 출판을 다른 단계로 나눈다. 아이디어가 발상자 내부에 있다가 외부로 표출된 단계를 아이디어 발표 단계와 아이디어 출판 단계로 나누게 되면, 아이디어 표절도 이 두 단계에서 각기 발생할 수 있는데, 특히 아이디어 발표 이후 아이디어 출판 이전까지의 기간(위 ③에 해당하는 기간)에 외부에 노출된 아이디어 표절 논의가 의미를 가질 수 있다(이하 (1)의 논의).

　나아가 아이디어 완성 이후 아이디어 발표 이전까지 기간(위 ②에 해당하는 기간) 또는 아이디어 발표와 아이디어 출판이 하나로 합쳐진 경우에는 아이디어 완성 이후 아이디어 발표(출판) 이전까지의 기간(위 ②과 ③을 합친 기간)은 발상자 아이디어가 외부로 표출되기 전인데, 이 기간에 대해서도 발상자 아이디어가 표절 대상이 될 수 있을까? 표절에 대하여 "해당 분야의 일반지식이 아닌 타인의 저작물 또는 독창적 아이디어를 적절한 출처표시 없이 자기 것인 양 부당하게 사용하는 행위"라는 일반적 정의에 따를 때, '타인의 독창적 아이디어'를 반드시 발표 또는 출판된 것에 한정하지 않는다는 점에서 미발표/미출판 아이디어도 표절 대상으로 삼고 논의할 필요가 있다(이하 (2)의 논의).

(1) 세미나 등에서 발표된 경우 : 위 ③에 해당하는 기간

1980년대 대학 정원의 급격한 증가는 교수 인원의 팽창을 가져왔고, 국가 경제 규

모의 성장과 재정 확대는 기업부설연구소와 정부출연연구기관의 설립을 촉진하여 연구자 집단의 기하급수적 확장을 초래했다. 이와 같이 교수와 연구자 수가 급격히 늘어남에 따라 지난 30여 년 사이 연구결과를 발표하는 각종 학회, 세미나, 심포지엄이 많아졌다. 그러다 보니 학회 등에서 접하여 알게 된 발표·토론 내용을 자기 것인 양 다른 곳에서 발표하는 일이 심심치 않게 일어나고 있다.

이때 발제자가 자신의 아이디어를 논문, 책 등 저술물로 출판한 후 발표했다면 이를 가져다가 자기 것인 양 발표한 경우 표절 또는 저작권침해가 될 가능성이 높고 판정에 어려움이 없다. 여기에서 '가능성이 높다'고 말한 것은 출판되지 않은 것에 비하여 표절을 입증하기가 상대적으로 쉽기 때문이다.

그런데 앞서도 설명한 바와 같이 새로운 내용이라면 출판에 앞서 학회 등에서 먼저 발표하는 것이 학계의 일반적 관행이라고 할 수 있다. 즉 이전에 발표되지 않은 새로운 학술적 내용을 발표하는 경우에는 학회나 세미나 일정에 맞춰 완성된 형태의 논문을 제출하지 않은 채 간단한 피피티ppt 자료나 미완성 논문을 요약된 유인물 형태로 발표회장에서 배포하고 구두로 발표한 후 학회 등에서 나온 의견을 정리·보완하여 최종 논문이나 책으로 출간하는 것이 통상적이다. 앞의 흐름도에서 말한 ③에 해당하는 기간, 즉 독창적 아이디어가 세미나 등에서 발표된 후 출판되기 전에도 이론상 표절이 가능하다. 그런데 그간 표절 논의가 주로 출판물을 중심(위 흐름도의 ④기간)으로 이루어졌다는 점에서 이 기간(위 흐름도의 ③기간)은 표절 논의에서 사각지대나 다름없었다.[508]

이하에서는 바로 이 부분에 해당하는 기간에도 표절이 가능한지 경우를 나누어 논증한다.

(가) 저작권침해 문제

우리나라 저작권법은 고정fixation을 저작물성의 요건으로 하지 않기 때문에, 세미나·학회 등에서 발표한 것이 종이에 인쇄되어 출간되거나 녹음·녹화되지 않더

---

508. 국내 표절 논의의 빈약함을 생각할 때, 미간행 지적재산의 도용을 표절 논의에 끌어들인 교수신문의 다음 기사는 매우 좋은 문제 제기에 이은 타당한 결론이라고 생각한다. 최장순, 「'잘못된 관행, 표절의 생태학 : ② 인용의 원칙' 마련 시급 … 미간행 지적재산 도용도 표절」, 교수신문, 2006.9.11. 기사. 그러나 이 기사는 미간행 상태에서도 표절이 가능하다는 결론만 제시했을 뿐, 그 결론에 이르게 된 논리전개가 충분하지 않다는 점이 아쉽다. 집중탐사 보도의 한계라고 생각한다.

라도 다른 저작물성의 요건, 즉 창작성 등을 갖추면 저작물로 보호받을 수 있다. 이는 고정을 요건으로 하는 미국 저작권법과 다른 부분이다. 따라서 세미나·학회 등에서 발표된 내용이 저작물성의 요건을 갖추고 있다면 이를 합리적 출처표시 없이 가져다 쓸 경우 표절 이전에 저작권침해가 될 수 있다.

(나) 표절이 문제 되는 경우

발표 내용이 저작물성을 갖추지 못한 경우로, 표현이 아닌 아이디어 영역에 속하는 것이라면 고정이라는 요건을 논할 것 없이 저작권침해는 되지 않는다. 그러나 그 아이디어가 일반지식에 속하지 않는 것으로서 독창성이 있고 학문적 가치가 있다면, 출처표시 없이 자기 것인 양 가져다 쓰는 것은 표절에 해당할 수도 있다.

특히 세미나 등에서 발표한 후 논문이나 책으로 출판하기 위해 준비 중인데 제3자가 먼저 가져다 쓰면서 출처표시를 하지 않으면 그 피해는 심각하게 된다. 세미나 등에서 발표는 먼저 했지만 출판 기준으로 보면 표절자가 앞설 수 있기 때문에 일종의 역혼동 현상reverse passing off, 즉 진정한 발표자가 오히려 표절자로 오인되는 극히 불합리한 일이 일어날 수 있다는 점에서 그 폐해가 작지 않다.

세미나 등 학술발표회는 행사의 취지나 학문의 종류에 따라 의도하는 바가 다를 수 있다. 연구자가 일방적으로 자기 연구결과를 발표하는 경우도 있지만, 연구결과를 발표하고 서로 토론하는 경우도 있다. 일반적으로 대학교수나 연구소 연구자들은 연구 과정에서 소통하지 않을 경우 독단에 빠지기 쉽기 때문에 학계 동료peer group와 의견을 교환해 자기주장을 더욱 완벽하게 다듬어갈 수 있다. 세미나 등 학술발표회는 바로 이런 기회를 제공한다. 발표자 입장에서 보면 자신의 연구결과에 더욱 깊은 논리성과 합리성을 부여하는 기회가 된다. 따라서 세미나 등에서 발표한 후, 발제자는 토론 과정에서 드러난 자기주장의 미흡한 점을 보완하는 작업이 필요하게 마련이다. 진지한 연구자라면 세미나 등에서 발표한 자신의 주장에 대한 토론과 반론을 경청하고 이를 최종 저술(논문 또는 책)에 반영할 것이기 때문이다.

세미나만 쫓아다니며 타인의 미간행 독창적 아이디어를 표절해 먼저 출간하는 학계의 공적公敵

그런데 세미나 등 학술발표회만 다니면서 타인의 독창적인 좋은 아이디어가 미

출간 상태인 것을 기화로 표절해서 먼저 출판해버리는 것은 정직한 학계 풍토에서 추방해야 할 '적敵'이다. 이들은 연구실 책상에서 정직하게 연구하기보다는 세미나 등 학술발표회장만 쫓아다니면서 그것으로 연구를 대신한다. 이런 사람들이 많아지면, 정직한 연구자들은 표절당할 것을 우려한 나머지 독창적이고 학술적 가치가 있는 아이디어를 세미나 등에서 발표하기를 주저하게 될 것이다. 실제로 세미나 등 학술발표회에서 이런 사례는 많이 목격되며, 정직한 연구자들은 이런 주장에 충분히 공감할 것이다.

세미나 등 학술발표회에서 발표된 미간행 독창적 아이디어를 표절하는 문화가 만연할 경우 정직한 연구자들은 정작 자신의 중요한 발표를 숨기게 될 것이다. 그렇게 되면 학술발표회 본연의 취지는 퇴색한다. 표절이 가져오는 심각한 폐해라 아니할 수 없다.

(다) 자연과학 분야의 경우

이 책은 인문·사회과학 분야의 학술적 저술을 주요 대상으로 한다. 자연과학 분야에서 주로 거론되는 연구윤리는 표절보다는 위조 또는 변조이기 때문이다. 그런데 자연과학 분야에서도 표절이 문제 되는 경우가 있다면, 이 책에서 다루지 않을 이유가 없다. 이하의 논의는 바로 그런 경우, 즉 자연과학 분야라 할지라도 표절이 문제 될 수 있는 경우를 다룬다.

사실 세미나 등에서 발표된 아이디어 표절의 해악과 위험성은 아이디어(특허법 상 용어로는 '기술적 사상') 자체를 법으로 보호하는 - 특허권이 기능하는 - 자연과학 영역에서 더욱 심각하다. 자신의 연구결과를 학술대회에서 발표하는 것이 매우 활성화된 자연과학 분야에서는 아이디어 상당수가 특허권으로 보호받을 뿐만 아니라 상용화되기도 해서 침해로 인한 피해가 좀 더 구체적이기 때문이다. 물론 이 경우 발명자를 보호하기 위해 '신규성 의제'라는 제도(특허법 제30조제1항)가 있어 아이디어를 특허권으로 보호받고자 하는 자에게 피해가 발생하지 않게 한다.

그런데 학술대회에서 발표된 타인의 아이디어를, 그것도 특허로 보호될 수 있는 발명적 사상(아이디어)을 후발자가 특허발명으로 보호받으려는 절차를 취하지 않고 단지 학술 논문으로만 발표한 경우 또는 특허발명으로 보호받기 위해 특허출원 절차에까지 나아가는 경우에는 표절이라는 비난이 가해질 수 있다. 이를 나누어 설명한다.

1) 후발자[509]가 특허출원까지는 하지 않은 경우 : 단지 학술 논문으로만 발표한 경우

후발자 자신이 먼저 특허출원을 해서 특허권을 취득하려는 의사를 갖지 않고, 단지 발명적 사상을 학술 논문으로만 발표하더라도, 자칫 발표자(원 발명자)로서는 '공지(公知)의 발명'으로 되어 발명적 사상을 최초로 발표하고 나중에 특허출원절차를 거쳐 특허권을 취득하는 데 어려움이 있을 수 있다. 신규성이 상실될 가능성이 있기 때문이다.[510] 특허권을 취득하기 위해서 발명자는 특허법이 정한 절차를 지켜야 하는 등 스스로 노력해야 할 부분이 분명히 있는데도 이를 게을리하여 권리보호를 받지 못했다면, 타인(위에서 말하는 후발자)을 탓할 것이 아니라 특허법을 숙지하여 스스로 자신의 권리보호를 위해 노력하지 않은 자신을 탓해야 한다. 이것이 특허법의 정신이다.

그러나 이는 어디까지나 특허권을 부여받고자 하는 발명자와 이를 쓰고자 하는 이용자 사이에 첨예하게 대립하는 이해관계를 조정함으로써 기술발전을 촉진하여 산업발전에 이바지하는 것을 목적으로 하는 특허법에서의 논의다. 특허법은 잘 정해진 틀에서 발명자와 후발 발명자, 그 밖의 이용자들 간의 권리의무관계를 규율하지만, 이는 어디까지나 법이라는 강제규범에서 논의할 일일 뿐이다. 특허법에 따른 제재가 가해지지 않는다고 하더라도 학문윤리에 의한 비난까지 면제하는 것은 아니다.

---

509. 편의상 세미나, 학회 등에서 타인의 아이디어를 듣고 먼저 발표한 사람을 발표자(발명자)와 구별하여 '후발자'라고 정의한다.

510. 여기에서 '가능성'이라고 한 것은 앞서 말한 바와 같이 원 발명자는 세미나 등에서 발표한 후 12개월 내에 특허출원을 하면 후발자가 그 발명적 사상을 먼저 학술 논문 등에 발표했더라도 원 발명자가 세미나 등에서 먼저 발표한 것을 입증함으로써 후발자의 학술 논문 발표와 무관하게 신규성이 의제되어, 즉 신규성을 상실당하지 않고 특허성 요건을 갖출 수 있기 때문이다. 그러나 12개월을 도과시킨 경우로 다음 두 가지를 상정할 수 있다. ① 후발자의 학술 논문 같은 것이 발표되지 않았다면, 원 발명자는 굳이 자신의 발명적 사상을 학회, 세미나 등에 발표한 것을 밝히지 않고 그 발명적 사상을 특허출원하여 특허를 받을 수 있다. 물론 이 경우에도 원 발명자의 특허출원과 취득에 이해관계가 있는 제3자가 특허심사과정에서 원 발명자의 학회, 세미나에서의 발표사실을 밝혀내고 그 사실이 특허심사관에게 알려지면 특허등록이 어렵게 될 것이다. ② 후발자의 학술 논문 같은 것이 발표되었다면, ①보다는 원 발명자가 특허출원을 통해 신규성을 인정받기는 더욱 어려울 것이다.

따라서 후발자가 세미나 등에서 알게 된 아이디어를 가지고 먼저 특허출원을 하지 아니했다고 하더라도 그 발명적 사상을 발표자에 앞서 학술 논문에 발표하고 그 과정에서 출처표시를 하지 않는다면, 특허권을 받으려는 것이 아니므로 특허출원거절이라는 법적 불이익을 받지는 않겠지만, 표절이라는 비난을 받는 것은 당연하다.

2) 후발자가 특허출원까지 한 경우

후발자가 1)과 같이 원 발명자에 앞서 학술 논문을 발표하는 데 그치지 않고 적극적으로 특허출원까지 한 경우다. 물론 이 경우에도 원 발명자는 첫 발표 후 12개월 이내에만 특허출원을 하게 되면 특허권을 받을 수 있다. 즉 신규성을 상실하지 않는다(특허법 제30조제1항). 이 경우 특허법의 관심은 원 발명자의 특허성, 즉 신규성 상실 여부에 있다. 학술대회에서 듣거나 보게 된 타인의 발명적 사상을 먼저 특허출원하는 후발자를 윤리적으로 비난할 수는 있어도 이를 특허법이 관여해 제재를 가하는 것은 특허법 영역을 벗어나는 것이다.

그런데 표절을 연구하는 이 책의 관심은 후발자 부분이다. 후발자의 행위는 특허법에 위반되는 것이 아니며, 단지 원 발명자의 신규성 상실 사유로 되는지에만 관련이 있을 뿐이다. 이 점에서 후발자가 원 발명자와 같은 학문 분야에 종사하는 사람으로서 학자 또는 연구자에게 요구되는 일반적 연구윤리, 특히 표절 윤리에 위반되었는지 살펴보는 것은 의미가 있다.

표절 대상은 표현과 같은 저작물만이 아니라 독창적 아이디어도 될 수 있다. 따라서 여기에서 논의하는 특허 대상이 되는 발명적 사상이라는 아이디어는 표절이 대상이 될 수 있으므로 원 발명자의 발표를 세미나 등에서 접한 후 자기 것인 양 먼저 특허출원을 한 행위는 표절 책임을 피할 수 없다. 특히 발명적 사상이라는 아이디어 중에는 경제적 가치가 큰 특허권으로 발전될 수도 있는데[511] 단순한 표절이 아니라 타인의 재산권을 가로채려 한 것이라는 점에서 비난가능성이 더욱 크다.

---

511. 물론 위와 같이 발명자가 아닌 후발자가, 발명자가 세미나 등에서 발표한 발명적 아이디어를 먼저 특허출원하는 것을 '모인출원冒認出願'이라고 하여 특허거절사유가 되고(제62조제2호), 등록된 후에는 특허무효심판사유가 되므로(제133조제1항제2호), 진정한 발명자가 요건을 갖추면(제34조, 제35조) 권리를 보호받을 수 있다.

3) 소결

어떤 발명적 사상을 특허권을 통해 보호받고자 하는 원 발명자가 있고, 이를 세미나 등 학술대회에서 발표하는 것을 접하여 알게 된 후발자가 있는 경우는 자연과학 분야에서 쉽게 상정할 수 있는 상황이다. 원 발명자가 학술지에 발표하기에 앞서 후발자가 학술 논문으로 발표한 경우(위 1)의 경우) 또는 원 발명자가 특허출원을 하기에 앞서 후발자가 특허출원한 경우(위 2)의 경우)는, 원 발명자가 그로써 신규성이 상실되어 특허출원이 거절되는 피해를 입든, 신규성 의제 조항에 해당하는 조치를 취함으로써 특허등록이 가능하게 되어 결과적으로 피해를 입지 않든 간에, 다시 말해 특허법상 법률관계 형성 여하에 관계없이 위 1)과 2)의 경우는 모두 표절금지 윤리라는 연구윤리에 위반되는 것이라고 할 수 있다.

만약 이렇게 보지 않는다면, 자신이 발표한 아이디어를 언제나 또는 누구든 베껴서 자기 것으로 할 수 있다는 우려 때문에, 학회·세미나 같은 학문공론의 장에 발표하지 않는 풍토가 만연할 것이다. 이는 길게 보면 학문발전에 크나큰 걸림돌이 된다. 이를 막기 위해 특허법은 신규성 의제 같은 제도를 둠으로써 발명자를 보호한다. 그러나 이에서 더 나아가 발명적 사상으로서 독창성 있는 아이디어를 도용하는 후발자를 적극적으로 제재하지 않는다면 학문발전에 장애가 초래될 수 있다는 점에서 이러한 경우 표절로 제재하는 것이 바람직하다.

(라) 토론자 보호

발제자는 완성된 형태의 논문으로 출판하기 전에 세미나 등 공개석상에서 먼저 발표한 후 세미나 등에서 나온 토론자 의견을 자기 논문에 반영하여 출판하는 경우가 있다. 이는 앞서도 설명한 바와 같이 세미나 등 학술대회 취지에 부합하는 것으로서 이와 같은 발제자를 탓할 일이 아니다.

토론자의 의견도 구두로 발표됐건, 인쇄물로 제시됐건 간에 공개석상에서 발표된 것이므로 저작물이라 할 수 있다. 발제자가 자신의 논거를 뒷받침하는 것이건 반대하는 것이건 간에 세미나 후 토론자의 토론을 발제자 자신의 발표문에 반영하여 논문을 최종 완성했다면, 발제자로서는 해당 부분에서 토론자의 의견과 지적을 출처로 표시해야 한다.[512] 그런데 토론자 토론이 발제자 논문의 특정 부분에 반영된 것이 아니고 다만 전체적 완성도를 높이는 데 기여한 것이라면, 발제자 논문의 특정 부분에 출처표시를 하는 대신, 논문의 모두冒頭 같은 곳에서 토론자의 토론에 감사를 표하는 것이 바람직하다.

만약 위와 같은 어떤 표시도 하지 않는다면, 타인의 아이디어를 자신의 것인 양 하는 셈이 되어 표절에 해당한다고 할 수 있다. 참고로 하버드 로리뷰에서 펴내는 『The Bluebook』에서는 이런 경우에 대한 출처표시 방법도 예정해놓았다.[513] 세미나 등에서 지정토론자로 섭외되는 사람은 통상 발제자의 발표를 토론할 만한 자리에 있는 사람으로, 해당 분야 전문가다. 때로는 지정토론자가 발제자 못지않은 해당 분야의 연구업적과 지식을 갖고 있는 경우가 있으며, 지정토론자는 토론과정에서 창안한 독창적 아이디어를 이용하여 발제자의 논문과 별개로 자기 논문을 집필하여 발표할 수도 있다. 그런데 이때 발제자에게 표절되어, 즉 발제자 것으로 흡수되어버린 후라면, 지정토론자는 독창적 아이디어로 논문을 발표했음에도 마치 발제자 논문을 표절한 것으로 오인되는 역혼동 현상의 피해자가 될 수 있다. 토론자의 아이디어를 표절하는 발제자와 성실하게 토론에 임하는 지정토론자가 만날 경우, 지정토론자는 발제자의 표절을 우려하여 토론과정에서 자신의 독창적 아이디어를 개진하기를 꺼려하는 상황이 발생할 수 있다. 이는 앞서도 지적한 바와 같이 표절이 초래하는 학술발표회의 퇴행적 양상이라는 점에서 결코 가볍게 볼 일이 아니다.

따라서 세미나 등 학술발표회가 진정한 학문의 장이 되려면, 발제자는 토론자의 독창적 아이디어가 담긴 토론을 자신의 발표문(최종 출판물 포함)에 인용할 때 반드시 논문 어딘가에 감사 인사를 표시하는 방식으로 출처를 표시하는 것이 필요하다.

(마) 소결론

완성된 논문이나 책으로 출판되기 전에 세미나 등에서 발표된 아이디어나 토론

---

512. 토론자의 토론(문)이 정식 출판된 것이 아니므로 출처표시를 하는 데 어려움이 있을 수 있지만, 어떤 형식으로든 토론자 의견이라는 점을 밝히는 것이 중요하다.

513. Columbia Law Review, Harvard Law Review, University of Pennsylvania Law Review, and Yale Law Journal, 『The Bluebook - A Uniform System of Citation Nineteenth Edition』, Harvard Law Review Association, 2010, 161 - 162면. 블루북에 대한 상세는 주 627 참조.

자의 의견 등도 표절 대상이 될 수 있다. 만약 그렇게 보지 않는다면 표절을 두려워한 나머지 논문 등으로 출판하기 전 단계에 있는 발제자는 세미나 등에서 자신의 아이디어를 발표하기를 주저하게 될 것이고, 토론자도 자신의 독창적 의견(토론)을 발제자가 자신의 것으로 가져다 쓸 것을 우려하여 제대로 된 토론을 하지 않을 수 있다. 이는 건전한 학문발전을 위해 바람직하지 않은 현상이다. 학문이 발전하려면 소통이 원활해야 한다.

골방이나 연구실에서 혼자 생각하고 책이나 논문으로 출판하는 것도 좋지만, 출판 이전에 발표와 토론이라는 의사교환을 통해 검증기회를 갖는 것은 학문발전을 위해 더욱 바람직하다. 이와 같은 학문적 의견의 소통을 원활하게 하는 제도적 보장으로, 세미나 등에서 발표되고 교환되는 의견도 표절 대상으로 보고, 표절에 해당할 경우 적극적으로 제재하는 것이 학문발전을 위한 표절금지윤리 수립의 중요한 목적을 실현하는 방법 중 하나다.

(2) 세미나 등에서조차 발표되지 않은 경우 : ②에 해당하는 기간

위의 (1)과 달리 출판뿐만 아니라 세미나 등에서도 발표되지 않은 아이디어가 표절의 대상이 될 수 있는가? 위 흐름도에서 보면 ②에 해당하는 기간이 문제 된다. 이에 대한 설명을 쉽게 하기 위해 저작물부터 다룬다.

공표되지 않은 저작물 : 미공표 저작물

창작행위가 완성됨으로써 저작물은 성립하지만 아직 외부에 공표되기 전이므로 미공표 저작물에 대해서는 저작권침해나 표절 위험이 거의 없다고 할 수 있다. 그런데 예외적이긴 하지만 이런 일이 간혹 일어나기도 한다.[514] 입증에 성공한다면 저작권침해가 되는 데에 문제가 없다. 저작권의 경우 창작이 완료되면 저작권이 발생하므로(저작권법 제10조제2항), 창작 완료 후 공표 전이라도 이를 무단 도용하면 저작권침해가 성립한다. 이때에는 저작재산권침해 외에 저작인격권으로서 공표권침해가 성립한다(제11조제1항).

---

514. 『일본은 없다』 사건 판결(주 448).

공표되지 않은 아이디어

다음으로 아이디어에 대해 살펴본다. 아이디어는 인용하는 것이 윤리적으로는 옳지만 그렇게 하지 않는다 해도 연구자를 표절로 몰기에는 어려운 점이 있다는 견해가 있다.[515] 현실적인 문제를 고려했다는 점에서 이해할 수는 있지만, 입증의 어려움을 제외하고는 '공표되지 않은 아이디어의 표절'을 '공표된 아이디어의 표절'과 다르게 볼 이유가 없다는 점에서 동의하기 어렵다.

일반적으로 '공표되지 않은 아이디어의 표절'은 주로 학자나 연구자들 사이에서 오가는 사적 대화에서 발생한다. 저작권법위반을 비롯한 여타의 법률위반이 발생되지는 않지만, 타인의 독창적 아이디어를 자기 것인 양 가져다 썼다는 점에서는 '공표된 아이디어의 표절'과 다를 바 없으므로 표절이 아니라고 할 수는 없다.

'공표되지 않은 아이디어'를 표절 대상으로 삼는 데 어려움이 있는 이유 중 하나로 입증 곤란을 들 수 있다. '공표되지 않은 저작물'은 저작물(표현) 창작이 완성되었으나 단지 외부에 공표되지 않은 것으로, 표현물이 있다는 점에서 '공표되지 않은 아이디어'보다는 입증하기가 어렵지 않다.[516] 그러나 공표되지 않았을 뿐만 아니라 아이디어라는 점에서 '공표되지 않은 아이디어'는 표절을 입증하기가 쉽지 않다.

그러나 어떤 방법으로든 입증되었다는 전제하에 본다면 표절 성립 여부에서 '공표된 아이디어'와 달리 볼 이유가 없다. 입증만 된다면 경우에 따라서는 '공표된 아이디어'를 도용하는 것보다 비난가능성이 더 큰 경우도 있다. 범죄행위가 수반되는 것이 바로 그런 경우다. 공표된 경우에는 표절자 외에 다른 사람들이 그 아이디어에 접할 기회가 있겠지만, 공표되지 않았으면 그 아이디어에 접하기 위해서 범죄행위, 예컨대 절도, 해킹, 주거침입, 손괴, 영업비밀침해 등 범죄행위가 수반될 가능성이 있기 때문이다.

더러는 비밀유지약정을 맺고도 타인의 공표되지 않은 아이디어를 자기 것인 양 발표하는 일이 있다. 이때는 계약위반의 책임을 지거나, 부정경쟁방지 및 영업비밀 보호에 관한 법률 위반에 따른 민형사상 책임을 질 수도 있다. 기망행위를 해서 타

---

515. 최장순, 앞의 기사(주 508).
516. 공표되지 않은 저작물이라도 저작권이 성립되었음을 입증해두기 위해 저작권위원회에 저작물로 등록하는 경우가 있다. 물론 등록행위로 공표행위가 있다고 볼 수는 없다.

인의 공표되지 않은 아이디어를 알아내는 일도 있다. 따라서 이와 같이 범죄행위가 수반될 수 있는 '공표되지 않은 아이디어' 도용도 그 사실이 입증만 된다면 표절 책임 또는 연구윤리책임을 묻지 않을 이유가 없다.

마. 신문 등 대중매체상의 아이디어

인문·사회과학 분야 학자들의 학술적 아이디어가 많이 교류되는 장場으로는 세미나, 학회 등 학술 발표회 못지않게 신문 등 대중의 접근이 가능한 언론매체가 많이 활용된다. 이는 언론매체가 전에 비해 많이 늘어나기도 했지만 학자들이 언론매체를 통해 자기 생각을 적극적으로 펼치는 경향도 강해졌기 때문이다.

학자들의 경우 자신의 전공 분야에서 이미 연구를 끝내고 책 또는 논문을 출판한 후 그중 일부 또는 요약물을 언론매체에 칼럼 등으로 게재하는 경우가 있다. 특히 경제학, 사회학, 정치학 등 사회과학 분야의 교수나 연구자들은 현안에 따라 언론매체로부터 원고를 청탁받기도 하고, 때로는 스스로 자신의 전공과 관련된 내용의 칼럼을 기고하기도 한다. 이와 같이 이미 단행본이나 논문 형태로 출판된 이후 언론매체에 글을 게재할 때는 그 안에 독창적 아이디어가 있다면 기존 단행본이나 논문에 있는 내용일 것이므로, 타인이 이를 자기 것인 양 출처표시 없이 가져다 쓰면 표절이 되는 데 큰 문제가 없다.

그런데 학자 중에는 특정 주제에 대한 연구를 시작하자마자 또는 연구 도중에 독창적 아이디어를 언론매체에 미리 공개하는 이들이 있다. 일종의 '씨앗'과도 같은 연구주제와 소재물을 정식으로 연구결과물로 공표하기에 앞서 지상에 칼럼 등의 형식으로 선뵈는 것이다. 전에 거론된 적이 없는 기발한 착상이나 아이디어가 지상에 공개되었다고 할 때, '먼저 본 사람이 임자'라는 식으로 그런 아이디어를 함부로 가져다 쓰는 것은 문제가 될 수 있다. 이런 풍토가 만연하다 보면 신문 등 매체에 참신한 아이디어를 발표하기를 꺼리게 되어 결과적으로 언론매체를 통해 지식이 소통되는 순기능을 저해할 우려가 있다. 또 해당 칼럼을 쓴 학자가 나중에 이를 토대로[517] 학문적 성과물을 냈을 때, 이전 칼럼에 나온 아이디어나 표현을 제3자가 표절하여 발표했다면 오히려 해당 학자가 표절자라는 누명을 쓸 수 있다. 이른바 역혼동이 일어나는 것이다. 여기에서 출판되지 아니한 독창적 아이디어를 언론 매체에 발표했을 때 표절로부터 보호할 필요가 있다.

언론매체의 칼럼 등 기사와 관련한 표절문제는 세 가지로 나누어볼 수 있다. 첫째, 언론매체에 공개된 독창적 아이디어를 학술저작물에서 표절하는 경우, 둘째, 언론매체에 공개된 독창적 아이디어를 다른 언론매체에서 표절하는 경우, 셋째, 학술저작물을 언론매체에서 표절하는 경우다.

앞질러 말하면 셋째는 다음에 나오는 한국신문윤리위원회 신문윤리실천요강 제8조제3항(타 출판물의 표절금지)에 해당한다. 그런데 〈표 1〉에서 보는 바와 같이 제8조제3항 위반에 따른 한국신문윤리위원회의 심의실적은 다른 것에 비해 현저히 적다. 이는 실제로 언론매체(신문)가 타인의 학술저작물을 비롯한 타 출판물을 표절한 사례가 거의 없어서라기보다는 학술저작물 저작자가 언론매체를 상대로 표절문제를 제기하는 예가 드물기 때문이라고 보는 것이 합리적이다. 그 이유는 학술저작물 간에도 표절 시비를 제기하는 것에 저작자들이 부담감이 큰데 하물며 언론매체를 상대로 문제 제기를 하는 것은 우리나라 학계와 언론계의 현실에 비추어볼 때 쉽지 않기 때문이다. 한편, 여기에서는 언론매체에 공개된 독창적 아이디어가 표절 대상이 되는지를 논의하는 자리이므로, 학술저작물을 언론매체에서 표절하는 것(셋째의 경우)을 논의 대상으로 삼기에도 적당하지 않다. 따라서 셋째의 경우는 이 책의 논의 범위를 벗어나거나 이 책이 다루기에 시기상조라고 보아 다른 기회에 연구하기로 한다.

이하에서는 언론매체에 공개된 독창적 아이디어의 표절을 첫째, 학술저작물에서 사용하는 경우와 둘째, 언론매체에서 사용하는 경우로 나누어 논의한다.

(1) 학술저작물 등에서 사용하는 경우

학술저작물에서 신문 등 언론매체에 나온 독창적 아이디어나 표현을 출처표시 없이 가져다 쓰는 것은 표절금지윤리로 해결할 수 있다. 신문 등에 발표된 독창적 아이디어나 표현이라고 해서 표절금지대상으로 보호받지 못할 이유가 없기 때문이

---

517. 앞에서 '씨앗'이란 표현을 쓴 것은 바로 이 때문이다.

다. 블루북에서 신문 등 저널에 대한 출처표시 방법[518]까지 구비한 것도 이를 뒷받침한다.

신문기사(칼럼 포함)에서 알게 된 독창적 아이디어를 자신의 논문 등 저술에 활용하면서 출처를 밝히지 않아도 된다면, 결국 신문칼럼 등에 독창적 아이디어를 밝히기 꺼려하는 문화가 생길 것이다. 그렇게 되면 신문칼럼 등의 수준이 떨어지고, 신문칼럼 등을 인용하는 학술저작물을 높게 보지 않는 풍토가 조성되는 악순환이 일어날 것이다.

이와 같은 악순환의 고리를 끊기 위해서라도 신문 등 언론매체에 발표된 독창적 아이디어나 표현도 학술저작물과 마찬가지로 표절로부터 보호할 필요가 있다. 급변하는 현대 사회에서 언론의 역할은 갈수록 커지고 있으며 언론매체에 학술적 성격의 독창적 아이디어가 활발히 소통되고 있다는 점에서도 이를 표절로부터 보호할 필요성은 더욱 크다.

입법 또는 정책에 사용하는 경우

한편 신문칼럼 등에 나온 아이디어를 학술저작물에 가져다 쓰는 경우에서 더 나아가 국회나 정부가 각종 법안이나 정책을 수립할 때 이를 적극적으로 채용하는 사례가 많은데 이때도 표절이라고 할 수 있을까? 결론적으로 말해 표절이라고 볼 수는 없다. 공공의 이익을 위한 법안이나 정책을 수립하는 과정에서 정보를 수집할 때 신문 등에 공표된 아이디어를 가져다 쓰는 것은 흔히 있는 일로 이에 대해서까지 '정직한 글쓰기'라는 표절금지윤리를 적용할 것은 아니다. 다만 공포된 법률이나 시행되는 정책에 중요한 독창적 아이디어를 넘으로써 기여한 학자나 전문가를 출처로 밝힌다는 것은 애초에 불가능하고 타당하지도 않지만, 어떤 형태로든 아이디어 창출자에게 상응하는 대우를 하는 것이 창의적 아이디어의 재생산과 소통을 위한 선순환에 도움이 된다.[519]

---

518. Bluebook (주 513), 151-152면.
519. 예컨대 입법이나 정책수립 과정에서 작성하는 입법보고서, 정책보고서 등에는 특정 학자나 전문가의 독창적 아이디어임을 밝힐 수 있을 것이다. 이에 대한 추가 논의는 다음 참조. 남형두, 「성인용 영상물의 저작권 보호 문제」, 저작권문화 제182호, 2009.10, 9면 중 각주 3.

(2) 언론매체에서 사용하는 경우

신문기사나 칼럼을 작성할 때, 신문 등 언론매체에 나온 독창적 아이디어나 표현을 가져다 쓰면서 출처를 대기는 쉽지 않다. 이는 작성자 탓이라기보다는 신문이라는 매체의 특성에서 그 원인을 찾는 것이 더욱 타당한지도 모르겠다. 신문기사(칼럼 포함) 등에서 출처를 밝히면 기사의 간결성을 해쳐 기사작성 원칙에 위배되고, 그렇다고 밝히지 않으면 표절이라는 비난을 피할 수 없는 딜레마에 처하게 된다. 여기에서 출처를 밝히지 않으면서도 표절을 피하여 기사를 쓰는 것을 이상적이지만 영원히 도달할 수 없는 '성배Holy Grail 찾기'에 비유하기도 한다.[520]

사실 지면의 성격상 출처를 일일이 댈 수 없는 것이 언론매체의 특성이자 한계인 것은 분명하다. 그렇다고 해서 거리낌 없이 가져다 쓰는 것이 옳다고 볼 수는 없다. 이는 결국 신문윤리강령 등 해당 매체가 속한 연합단체의 윤리 규정에 의존해서 해결할 수밖에 없다.[521]

한국신문윤리위원회 신문윤리실천요강(2009.3.4. 개정)

제8조(출판물의 전재와 인용) 언론사와 언론인은 신문, 통신, 잡지 등 기타 정기간행물, 저작권 있는 출판물, 사진, 그림, 음악, 기타 시청각물의 내용을 표절해서는 안 되며 내용을 전재 또는 인용할 때에는 그 출처를 밝혀야 한다.

① (통신 기사의 출처 명시) 언론사와 언론인은 통신 기사를 자사 기사와 구별하여 출처를 밝혀 사용하여야 하며 사소한 내용을 변경하여 자사 기사로 바꿔서는 안 된다.

② (타 언론사 보도 등의 표절금지) 언론사와 기자는 타 언론사의 보도와 논평을 표절해서는 안 되며 출처를 명시하지 않고 실체적 내용을 인용해서는 안 된다. 복수의 매체나 웹사이트 등을 통해 공개된 정보는 예외로 하며, 출처가 여럿일 경우 이를 포괄적으로 명시할 수 있다.

③ (타 출판물의 표절금지) 언론사와 언론인은 타인의 저작권을 침해해서는 안 되며

---

520. 강남준·이종영·오지연, 「신문기사의 표절 가능성 여부 판정에 관한 연구: 컴퓨터를 활용한 형태소 매 칭기법을 중심으로」, 한국신문학보 제52권 1호, 2008.2, 442면 중 각주 3[원출처: Norman P. Lewis, Paradigm disguise: Systematic influence on newspaper plagiarism, Unpublished Doctorial Dissertation(2007)].

521. 위 같은 면.

저작자의 동의 아래 인용할 경우 그 출처를 밝혀야 한다.

④ (사진 및 기타 시청각물의 저작권 보호) 언론사와 언론인은 개인이나 단체의 사진, 그림, 음악, 기타 시청각물의 저작권을 보호해야 하며 보도나 평론에 사용할 경우 그 출처를 밝혀야 한다.

표절에 관한 윤리 규정을 위반하면 장기적으로는 신문사 간의 판매부수에 영향을 미칠 수 있을 뿐만 아니라 기자들 간의 글쓰기 질서가 문란해지게 되어 전체적으로 신문매체의 신뢰도를 떨어뜨리게 된다. 실제로 우리나라 신문의 표절문제는 매우 심각한 것으로 알려져 있다. 다음은 한국신문윤리위원회가 홈페이지에 공개한 기사 심의실적으로서 규제에 관한 것이다. 이는 필자가 신문기사 작성에서 표절의 심각성을 나타내기 위해 한국신문윤리위원회의 공개자료를 참조하여 2007년부터 2013년까지의 전체 규제 건수와 신문윤리실천요강 제8조 "출판물의 전재와 인용" 위반을, "통신기사의 출처명시 위반"(제1항), "타 언론사 보도 등의 표절금지 위반"(제2항), "타 출판물의 표절금지 위반"(제3항), "사진 및 기타 시청각물 저작권보호 위반"(제4항)으로 나누어 집계한 것이다.

〈표 1〉 한국신문윤리위원회 심의사업 실적(2007~2013)[522]

	2007	2008	2009	2010	2011	2012	2013
통신기사의 출처명시	82	188	61	38	208	178	116
타 언론사 보도 등의 표절금지	356	134	49	21	69	122	171
타 출판물의 표절금지	1				8		
사진 및 기타 시청각물 저작권보호	61	144	78	123	9	14	12
제8조 소계	500	466	188	182	294	314	299
규제 총 건수	931	750	606	760	837	1,099	1,583
제8조 위반 건수/규제 총 건수(%)	53.7	62.1	31.0	23.9	35.1	28.5	18.8

※ 규제 총 건수에서 차지하는 제8조 위반 건수의 비율은 소수 둘째자리 이하 버림

---

522. 한국신문윤리위원회 홈페이지 http://www.ikpec.or.kr 참조(2014.6.6. 방문).

표에서 보는 바와 같이 한국신문윤리위원회의 심의실적 가운데 출판물의 전재와 인용 위반으로 징계결정이 지속적으로 많이 발생하고 있음을 알 수 있다. 보도와 평론, 언론의 자유·책임·독립, 보도준칙, 취재원의 명시와 보호, 범죄보도와 인권존중, 출판물의 전재와 인용, 편집 지침, 명예와 신용존중, 사생활 보호, 어린이 보호 등 여러 가지 규제이유 중에서 표절과 관련된 출판물의 전재와 인용(제8조) 위반으로 인한 규제 건수 비율이 낮게는 18.8%에서 높게는 62.1%까지 매우 큰 비중을 차지하고 있다. 이는 비단 신문만의 문제가 아니라 언론매체 전반의 표절에 대한 인식이 얼마나 부족한지를 보여주는 것이다.[523]

(3) 정리

위에서 본 바와 같이 언론에 공표된 독창적 아이디어가 논문 등 학술저작물에 표절되거나, 다른 언론매체에 표절되는 현상은 매우 심각한 수준이다. 이는 학문과 언론계의 건전한 소통을 저해하는 요소가 되고 있다. 앞서 지적한 바와 같이 우리나라 언론계 현실에서 이 문제가 본격적으로 다루어지기에는 어려운 점이 있다. 하지만 언론매체 간 경쟁이 치열해지다 보면 조만간 이 문제가 일반 여론에서도 수면 위에 오르게 되고 한동안 언론계 내부에서 큰 홍역을 치를 것이다.

이 책에서는 일반적인 기사표절은 다루지 않았다. 이에 관해 더 궁금한 독자들은 미국 언론계를 떠들썩하게 했던 뉴욕타임스와 워싱턴포스트의 표절 사건을 다룬 필자의 소논문[524]을 참고하기 바란다.

---

523. 필자는 신문기사 표절이 만연하고 있음을 지적하고 기자윤리 회복을 역설한 적이 있다. 남형두, 「기사표절과 기자윤리」, 한국일보, 2010.8.5. 칼럼.
524. 남형두, 「사건, 그 후 – 기사표절에 관대한 한국」, 언론중재 제127호, 2013 여름, 24 – 31면. 이 소논문은 퓰리처상을 수상한 워싱턴포스트 기자의 표절과 뉴욕타임스의 블레어 기자 표절 사건을 중심으로 기사표절을 다루었다. 특히 우리나라 언론계에서 기사표절과 관련하여 크게 혼동하고 있는 것 중 하나는 '스트레이트 기사'는 저작권보호 대상이 아니라는 판결(대법원 2006.9.14. 선고 2004도5350 판결)이 표절에도 적용된다고 이해하는 것이다. 이 논문에서는 스트레이트 기사도 표절 대상이 될 수 있음을 논증했다.

바. 아이디어 왜곡

아이디어 도용과 표절은 아니지만 이와 유사한 것으로 '아이디어 왜곡distorting ideas'
도 정직한 글쓰기에 반한다.[525] 타인의 아이디어를 인용할 때는 인용문의 핵심적
생각을 훼손해서는 안 된다. 그 이유는 첫째, 연구활동의 정직성을 확보하기 위해
서다. 이는 아이디어 왜곡을 표절의 한 유형으로 파악하는 근거가 될 수 있다. 둘째,
다른 연구자들의 생각을 자신에게 유리한 쪽으로 조작하지 않으면서 자신의 생각
과 다른 연구자의 생각을 비교하는 것이야말로 혹독하고 공정한 시험을 통과함으
로써 자기 연구방법의 우수성을 증명하는 것이기 때문이다.[526] 립슨Lipson의 주장에
따르면, 논문 작성자는 자신이 쉽게 논박할 목적으로 인용문에서 논리적 근거가 빈
약한 부분만 제시해서는 안 된다고 한다.[527] 이는 실제로 논문 작성자가 쉽게 빠질
수 있는 유혹으로, 정직한 글쓰기에서 반드시 유의해야 할 대목이다. 학문의 정치
성精緻性, 학자의 치밀성과 관련하여 포기할 수 없는 가치라는 점에서 립슨의 주장에
전적으로 동의한다.

새로운 판edition으로 의견을 변경한 경우 이전 판을 인용하는 것은 부적절

어느 저자의 글이 거듭하여 변경되어온 경우, 앞선 이론을 폐기한 것이 분명한
이상 최종 견해, 즉 비판 대상이 되는 논문 등 저술의 최종 판final edition[528]을 비판하
는 것이 타당한데, 현실에서는 그렇지 않은 경우가 많다. 명백히 그다음 판이 있는
데도 이전 판을 인용하여 비판하는 것은 아이디어 왜곡에 해당할 여지가 있다.[529]
국내 학자 중에는 자신이 비판하는 글이 그 저자의 최종 견해가 아니라 분명히 새
로운 판의 논문 또는 저서가 나왔는데도 의도적이건 불성실해서이건 자신이 다루
기 좋은 이전 판 글을 비판하는 일이 종종 있다. 이는 학자적 양심에 반하는 것으로
부적절하다.

물론 잦은 학설(견해) 변경을 비판하려고 이전 판을 언급해야 할 때도 있으나 이

---

525. 립슨, 앞의 책(주 415), 83 – 84면.
526. 위의 책, 84면.
527. 위 같은 면.
528. 비판하는 대상(논문)의 최종 판을 말한다.
529. 에코도 '최종 판'을 언급하는 것이 학자적 양심에 부합한다고 주장한다. 에코, 앞의 책(주 37), 258면.

런 목적이 아니라면 자신이 비판하고자 하는 저술을 인용할 때는 최종 판을 대상으로 하는 것이 바람직하다.

만약 이와 같이 하지 않을 때 이를 표절이라고 할 수 있는가? 이는 '부적절한 인용'이 표절에 해당하느냐 하는 문제다. 표절은 기본적으로 '타인의 것을 자신의 것인 양 하는 것'을 요건으로 한다. 그런 점에서 타인의 아이디어를 자기 것인 양 하는 것은 아니므로 아이디어 왜곡 같은 부적절한 인용을 표절이라고 할 수는 없다. 그러나 학문세계에서 정치精緻한 논문 또는 저술이라는 평가를 받기는 어렵다.

한번 왜곡된 인용은 지속적으로 왜곡을 낳아

나아가 아이디어 왜곡은 지속적으로 장기간에 걸쳐 폐해를 낳을 수 있다. 예를 들어 A가 B의 논문에 인용돼 있는 C의 논문 또는 독창적 아이디어를 알게 되었다고 가정하자. A는 뒤에서 보는 바와 같은 재인용 방식에 맞게 C를 원출처로, B를 2차출처로 출처표시를 했다. 그런데 만약 A가 참고한 B의 논문에서 B가 C의 주장을 왜곡하여 인용했다면, 그리고 A가 원출처인 C의 논문을 직접 확인하지 않고 B가 인용한 C의 주장을 그대로 자기 논문에 인용하여 소개했다면, C의 주장은 A와 그에 이은 후속 학자들에 의해 지속적으로 왜곡 전달될 가능성이 높다. 한 사람(B)이 왜곡 인용함으로써 다른 한 사람(C)의 독창적 아이디어가 지속적으로 왜곡되는 결과를 초래하는데, 이와 같은 아이디어 왜곡을 표절이라고 할 수는 없지만, 학문세계에 끼치는 폐해는 표절 못지않게 크다. 따라서 타인의 아이디어를 왜곡한 논문을 학계에서 낮게 평가함으로써 일종의 제재가 가해지는 것이 타당하다.

2. 간접인용(패러프레이징)

가. 학술적 글쓰기의 원칙

원칙은 간접인용, 예외적으로 직접인용

학술적 글쓰기를 할 때, 타인의 글을 인용하는 것은 피할 수 없다. 완전히 새로운 창작물이라면 인용이 없겠지만, 독자를 논리적으로 설득하여 자기주장을 피력하는 글에서 타인의 글을 인용하지 않는다는 것은 불가능하다. 이때 타인의 글을 토씨 하나 틀리지 않게 원문 그대로 인용하는 것(직접인용)과 생각을 차용하면서도 표현을 바꾸는 것(간접인용, 바꿔쓰기,[530] 쉽게 풀어쓰기,[531] 패러프레이징paraphrasing 등의 말로 쓰이나 모두 같은 뜻임. 이하 간접인용 또는 패러프레이징으로 씀)의 선택은 저자의 글쓰기 취향이다. 그러나 따옴표와 들여쓰기를 자주 하면서 직접인용을 남용하면 전체 글의 가치가 떨어지므로 직접인용이 필요한 다음 몇 가지 경우를 제외하고는 자신의 표현으로 바꾸는 것, 즉 패러프레이징이 글쓰기의 기본이다.[532] 인문·사회과학 분야에서 타인의 저술을 인용할 때는 간접인용, 패러프레이징이 원칙이고 예외적으로 직접인용을 하는 것이 타당하다.

① 저자의 문체가 강한 매력을 품고 있거나 인용문 자체가 논문을 쓰는 사람에게 중요한 의미가 있을 때로, 예컨대 연설문이 있다.[533]

② 비판 대상으로 삼기 위해 원저술을 그대로 가져와야만 할 때, 즉 간접인용을 함으로써 원저술을 왜곡할 여지가 있을 때다. 비판 대상이 되는 글의 특정 표현이 중요한 상황이라면 그 표현을 임의로 변형, 왜곡하고 이에 대해 논박하면 합리성을 잃을 수 있다. 이때 왜곡 인용되어 논박당하는 원저자의 강력한 비판에 직면할 수 있다.

③ 문체나 문장이 아니라 특정 단어나 문구도 직접인용이 필요할 수 있다. 원저술에서 원저자가 특별한 의미를 부여하기 위해 독창적으로 만든 특별한 단어나 단어의 결합으로 이루어진 구句가 그렇다. 이것이 그 분야에 중요한 의미가 있다면, 바꿔쓰기나 풀어쓰기를 함으로써 원저자가 그 단어나 문구를 통해 상징하려는 의도를 왜곡할 수 있고, 함축적인 단어와 문구를 만드느라

---

530. 유재원·장지호·최창수·최봉석, 「행정학회 표절 규정 제정을 위한 기초연구」, 한국행정학회 2005년도 하계공동학술대회 발표논문집(V), 2005, 350면.

531. 립슨, 앞의 책(주 415), 77면.

532. 위의 책, 78면 참조.

533. 위 같은 면 참조.

수고한 원저자의 노력을 간과할 우려가 있다는 점에서 반드시 직접인용을 해야 한다.[534]

나. 출처표시 의무는 직접인용에만 적용되는가?

여기에서 인용의 정의와 관련해 직접인용만 인용으로 볼지, 간접인용도 인용으로 볼지는 중요하지 않다. 출처표시와 관련해 직접인용 외에 간접인용에도 출처표시 의무가 있느냐가 중요하다.

흔히 타인의 독창적 아이디어나 표현을 가져올 때, 즉 인용할 때 출처표시 의무가 있다는 점을 인식하면서도 직접인용에만 적용되고 간접인용(패러프레이징)에는 출처표시를 하지 않아도 된다는 생각이 널리 퍼져 있다. 표절의 정의에 비추어보면 간접인용에도 당연히 출처표시를 해야 하는데도, 이렇게 생각하는 데는 표현을 달리하면 저작권침해를 피할 수 있다는 사고가 저변에 깔려 있기 때문이다. 이를 합리적으로 설명하기 위해서라도 저작권침해와 표절을 명확히 구별할 필요가 있음은 앞서 지적한 바와 같다.[535]

이 문제는 '아이디어 표절'과 동일선상에서 볼 수도 있다. 표현을 바꾸더라도 아이디어는 유지해야 패러프레이징이 되는데, 아이디어에 표절이 성립하는 이상 간접인용(패러프레이징)에도 출처표시를 하지 않으면 표절이 성립되는 것은 당연하기 때문이다.

직접인용이건 간접인용이건 타인의 표현이나 아이디어를 가져다 쓰면서 출처표시를 하지 않고 자기 것인 양 하면 표절에 해당한다는 점에서 직접인용과 간접인용을 다르게 볼 이유가 없다. 실제 프린스턴대학교의 규정에 따르면 패러프레이징이 출처표시 의무를 경감시키지 않는다고 명시하고 있다.

Any material which is paraphrased or summarized must also be

---

534. 여기에서 고유단어를 인용부호 없이 그대로 사용하거나, 원문에서 사용된 중요한 단어를 인용부호 없이 그대로 사용해도 표절이라는 견해가 있다. 유재원 등, 앞의 논문(주 530), 350면.
535. 주 384 해당 면 참조.

specifically acknowledged in a footnote or in the text. A thorough rewording or rearrangement of an author's text does not relieve one of this responsibility.[536]

따라서 표절의 상대개념으로 인용을 말할 때는 직접인용과 간접인용 모두를 인용으로 보는 것이 타당하므로, 간접인용이라 해서 출처표시 의무에서 면제되는 것이 아니다.

더 나아가 바꿔쓰기의 경우에도 표절의 위험성을 경고하면서, 저작권소유자에게서 서면허가를 받으려고 노력해야 하며 각주에 바꿔쓰기한 것을 밝혀야 한다는 견해가 있다.[537] 바꿔쓰기, 즉 패러프레이징 또는 간접인용에서 출처표시를 하는 것을 넘어 저자에게서 서면허가까지 받아야 한다는 주장이 무슨 근거에서 나왔는지 이해하기 힘들지만, 저술 전체의 동일성유지권침해 문제나 2차적저작물 작성권 침해 문제가 발생하는 특별한 사정이 없는 한, 바꿔쓰기의 경우 저자의 허락을 받을 필요는 없다. 특히 '서면' 허가는 우리 법제 아래에서 특별히 요구된다고도 볼 수 없어 동의하기 어렵다.

직접인용을 해야 하는데 풀어쓴 경우, 즉 위에서 직접인용을 해야 하는 예외적인 경우에 해당되는데도 패러프레이징을 했다면, - 물론 그에 따른 출처표시를 했다는 가정하에 - 출처표시를 했으므로 표절이라고 보기는 어렵겠지만, 저자가 고심하여 창작해낸 문구를 함부로 개작함으로써 이후 제3자에게 다시 인용될 때 원저자의 고유한 표현과 문구가 사라질 가능성이 있다는 점에서 바람직한 글쓰기라 할 수는 없다.[538]

---

536. Princeton University, Rights, Rules, Responsibilities, 2.4.6. General Requirements for the Acknowledgment of Sources in Academic Work, Paraphrasing, http://www.princeton.edu/pub/rrr/part2/index.xml#comp23 (2013.12.16. 방문).
537. 이인재, 앞의 논문(주 358), 12 - 13면.

다. 간접인용이 도를 넘은 경우

학술적 글쓰기에서 특별한 경우를 제외하고는 패러프레이징(간접인용) 방식이 원칙이라 할 수 있으며, 이때 출처표시 의무가 면제되지 않는다. 그런데 간접인용의 경우 많이 변형될수록 인용표시를 생략할 가능성이 있다. 변형되더라도 원저술에 근거한 것이 분명하다면, 출처표시를 하는 것이 표절을 피하는 방법이 될 것이다. 이는 고도의 윤리적 문제가 기능하는 부분으로 글쓰는 이의 양심이 작동하는 개인적 영역에 속한다고 볼 수 있지만, 표절 여부 판단은 객관적으로 이루어지므로 가볍게 생각해서는 안 된다.

3. 재인용

가. 의의

학술정보의 특성인 '누적성'을 상징적으로 표현하는 '거인의 어깨 위에 올라선 난쟁이'에서 보듯, 학문과정이란 선행 연구의 토대 위에 쌓아올려진다. 그런데 여기에서 '선행 연구'는 연구자가 직접 접한 문헌뿐만 아니라 그 문헌이 토대로 하는 '또 다른 선행 연구'를 포함한다. 선행 연구를 통해 '또 다른 선행 연구'를 알게 된

---

538. 예컨대, 필자는 유명인의 이름, 초상 등 인격표지를 상업적으로 이용할 수 있는 권리로 근래에 법원에서 인정되기 시작한 퍼블리시티권Right of Publicity에 관한 논문을 발표한 적이 있다. 논문에서 퍼블리시티권이 초상권이나 인격권과 다른 특성으로 양도성과 상속성을 가진다는 점을 강조하기 위한 상징적이면서도 인상적인 표현이 없을까 고민하던 끝에, 증권법 분야에서 널리 사용되어 법학 전공자들이라면 쉽게 이해할 수 있는 '자산 유동화資産 流動化'라는 용어에서 착안하여, '자산' 대신 '인격'을 넣어 '인격의 유동화人格의 流動化'라는 개념을 창안했다. 인격과 분리되어 독립적인 거래 대상이 되는 퍼블리시티권은 인격권 분야에서 '상업적 가치가 있는 인격의 유동화'에 해당할 수 있겠다는 생각으로, 증권법 분야와 동떨어져 있는 인격권 또는 지적재산권 분야의 퍼블리시티권 논의에 이 개념을 가져온 것이다. 남형두, 앞의 논문(주 95 한류), 89면 중 각주 9. 한편, '인격의 유동화'라는 개념 또는 문구는 이전에는 없었던 것으로서 일종의 아이디어에 해당해 저작물성이 인정되기는 어렵다. 그러나 독창적 아이디어로서 표절 대상은 될 수 있다. 따라서 이를 가져다 쓸 때는 출처표시가 필요한데, 인용 방식에서는 그 문구가 의도하는 상징성, 독창성을 존중한다는 점에서 풀어쓰기보다는 직접인용하는 방식이 바람직하다.

연구자는 자기 저술에서 '또 다른 선행 연구'를 인용하고자 할 때, 사려 깊은 연구자라면 '또 다른 선행 연구'를 직접 읽어볼 것이다.[539]

선행 연구가 종적으로 복수 존재하는 경우 재인용 문제가 생기는데, 출처표시와 관련하여 몇 가지 생각해볼 점이 있다. 첫째, 원출처를 밝히지 않고 2차출처만 밝히는 것이 타당한가? 둘째, 연구자가 직접 접하지 않았음에도 원출처를 읽은 것처럼 인용하는 것이 타당한가? 셋째, 사려 깊은 연구자로서 2차출처를 통해 알게 된 원출처를 직접 읽은 후 이를 인용하면서 원출처 외에 2차출처도 아울러 밝혀야 하는가?

위 세 가지는 크게 다음 두 가지로 나누어볼 수 있다. 첫째와 둘째는 원출처를 직접 확인하지 않는다는 점에서 하나로 묶을 수 있다. 다만 2차출처만 출처로 제시하느냐 아니면 원출처만 출처로 제시하느냐의 차이가 있을 뿐이다. 셋째는 원출처를 직접 확인한 경우다. 이하에서는 원출처를 직접 확인하지 않은 경우(위 첫째와 둘째 경우)와 확인한 경우(위 셋째 경우)로 나누어 논의를 전개한다.

나. 원출처를 확인하지 않은 경우

사려 깊은 연구자라면 기본적으로 자신이 읽은 문헌(2차출처)에서 인용한 다른 문헌(원출처)의 내용에 관심을 갖게 된 경우 원출처를 찾아 확인하는 것이 마땅하다. 그렇게 하지 않았다면 연구자로서 올바른 태도라고 할 수 없다. 고려대학교 교원연구윤리지침[540]에는 이런 상황에 대해 명백한 규정을 두고 있다.

> 제25조제2항 저자는 출처표시와 참고문헌 목록 작성의 정확성을 기하여야 한다. 저
> 자는 인용의 모든 요소(저자명, 학술지의 권·호수, 페이지, 출간년도 등)를 2차 출처에
> 의존하지 말고 원 논문에서 직접 확인해야 하며, 다만 불가피한 경우에는 재인용을

---

539. 이후 논의의 편의를 위해 최종적으로 인용하고자 하는 '또 다른 선행 연구'를 원출처, '선행 연구'를 2차
출처secondary source라 한다.
540. 고려대학교의 교원연구윤리지침(2007.9.1. 제정) 제4장 연구부정행위 및 기타 비윤리적 연구행위, 제1절
인용방법 및 원칙 제25조.

밝히고 인용할 수 있다.

이에 따르면, 2차출처를 통해 원출처의 존재를 알았다면 원출처를 직접 확인해야 한다는 것으로 이해된다. 학문의 원칙상 당연한 것을 확인했다고 본다. 원출처를 보지 않고도 바로 인용하거나(아래 (2)항), 2차출처만 밝히는 경우(아래 (1)항)는 모두 연구부정행위에 해당하게 된다. 이를 좀 더 구체적으로 살펴본다.

(1) 원출처를 밝히지 않고 2차출처만 밝히는 것이 타당한가?

권위의 원천 제시와 검증 편의 제공이라는 인용의 본래 목적에서 보면, 어떤 경우이든 반드시 원출처를 밝혀야 한다. 원출처의 내용을 가져다 쓰면서도 원출처를 밝히지 않고 2차출처만 밝히는 것은 올바른 학문 태도가 아니며 정직한 글쓰기라고 볼 수 없다. 그런데 학술문헌, 특히 학위논문의 데이터베이스 구축과 검색기술의 발전은 자료의 방대성과 검색의 용이성이라는 연구에 좋은 풍토를 제공해준 반면, 독창성 있는 원시자료 또는 원시정보를 찾으려는 노력을 쉽게 포기하게 만들고 있다. 예를 들어 어떤 연구자가 인터넷을 통해 검색된 특수대학원 석사학위 논문에서 자신의 논문에 인용할 만한 좋은 정보를 얻었다고 하자. 그런데 그 정보가 석사학위 논문 작성자의 것이 아니라 다른 권위 있는 학자의 것이었다고 할 때, 당연히 후자의 저술을 찾아 읽은 뒤 인용해야 하지만, 신중하지 않은 연구자는 검색해서 먼저 찾아진 것을 인용하고 마는 경향이 있다. 디지털 정보화와 인터넷 검색 기술이 가져온 어두운 면이라 할 수 있다. 이와 같이 논문을 쉽게 쓰려는 풍토가 고착되면 정보의 옥석이 가려지지 않고 악화惡貨가 양화良貨를 구축驅逐하는 폐해가 발생한다.

학위논문을 인용하는 저술의 부적절성

학위논문은 독창적인 원시자료인 경우도 있지만, 대개는 기존의 연구를 모으고 그 위에 자신의 생각을 더하는 구조로 되어 있어 관련 자료와 논의가 방대하게 모여 있게 마련이다. 따라서 연구자가 자신의 연구주제에 맞는 학위논문을 찾았는데, 그것이 대체로 2차출처에 불과하고 원출처가 따로 있는 일이 흔하다. 이때 사려 깊지 않은 연구자들은 곧바로 2차출처에 불과한 학위논문만 출처로 표시하면서 인용의무를 다했다고 생각하는 경향이 있는데, 대단히 옳지 않은 학문방법론이다. 학위논문을 출처로 인용하는 것을 그 학위논문 작성자의 독창적인 부분을 가져오는 경우를 제외하고는 바람직하다고 볼 수 없는 이유가 여기에 있다.

(2) 원출처를 읽은 것처럼 인용하는 것이 타당한가?

원출처를 직접 접하지 않고 2차출처에서 간접적으로 접했는데도 원출처를 직접 접한 것처럼 2차출처를 배제하고 원출처를 직접인용하는 것이 옳은가? 립슨이 말한 학문의 정직성 3대 원칙[541]을 다시 옮겨온다.

① 자신의 이름으로 제출하거나 발표하는 모든 연구실적은 실제로 자신이 연구한 것이어야 한다.
② 다른 연구자의 연구실적을 인용하거나 참고했을 때에는 반드시 그 출처를 밝혀야 한다. 단지 학술 용어를 인용한 것이라도 예외가 될 수 없다.
③ 연구자료는 정확하고 정직하게 제시해야 한다. 연구실적과 관련이 있는 모든 자료는 그것이 어떤 형태의 것이든지 예외가 될 수 없다.

연구자가 읽은 것은 2차출처이지 원출처가 아닌 상황에 위 원칙을 적용해보면, 연구자가 원출처를 인용하고 출처표시하는 것은 위 원칙에 위배된다. 자신이 직접 읽지 않았음에도 원출처를 출처로 표시하거나 참고문헌에 열거하는 것은 그 원출처가 주로 외국 문헌이거나 권위 있는 학자의 것일 때 연구자의 논문을 장식^{裝飾}하는 효과가 있다. 일종의 '학문적 허영'이다.

학문적 허영

바로 앞의 (1)에서는 학위논문만 2차출처로 접한 경우 2차출처(해당 학위논문)만 출처로 밝히고 그것이 인용한 원출처를 밝히지 않은 것을 지적했는데, 이와 달리 자신이 접한 학위논문(2차출처)을 배제하고 접하지도 않은 원출처만 기재하는 경우

---

541. 주 415.

가 여기에 해당한다. 인용과 관련하여 가장 대표적인 학문적 허영 사례다.

다. 원출처를 확인한 경우

2차출처를 통해 원출처의 존재를 알았으면 원출처를 직접 확인하는 것이 사려 깊은 학자로서 당연한 학문적 태도다. 이 경우 재인용에 따른 출처표시를 어떻게 하느냐가 문제다.

고려대학교 규정은 2차출처를 통해 원출처의 존재를 확인했으면 원출처를 직접 확인한 뒤 인용해야 하고, 불가피한 경우에 한해 원출처를 직접 확인하지 않았더라도 재인용임을 밝히고 인용해도 좋다는 것으로 해석된다. 이를 재인용 방식에 적용해보면, 2차출처를 밝히지 않고 원출처만 밝혀도 좋다는 것으로 해석될 수 있다. 실제 재인용 방식에서 이렇게 보는 경우가 있다(김기태 교수).[542] 반면 똑같은 사안에서 2차출처를 생략하고 원출처만 밝히는 경우를 표절유형의 하나로 제시하는 견해도 있다(곽동철 교수).[543] 이에 따르면 양심이 있는 사람들은 재인용에서 2차출처와 원출처를 동시에 기재하지만, 원출처만 밝히는 경우에는 표절문제가 생길 수 있다고 한다.[544]

결국 2차출처를 생략하고 원출처만 밝히는 것에 대하여 전자(김기태 교수, 고려대 규정의 해석)는 표절이 아니라고 보고, 후자(곽동철 교수, 한국행정학회)는 표절이라고 보는 점에서 극명하게 대비된다.

한편, 포스너 교수도 이례적으로 재인용에 대한 의견을 피력하고 있다. 2차자료 속에 인용된 1차자료(필자가 말하는 원출처와 같은 개념)를 재인용하면서도 그런 사실을 밝히지 않은 것이 진정한 표절인지 아니면 표절 개념의 모호함을 드러내는 전형적

---

542. 김기태, 「사회지도층의 표절문제, 어떻게 극복할 것인가」, 출판문화, 2008.7, 22면.
543. 곽동철, 앞의 논문(주 307), 108면. 2차 자료에 의존했으면서 1차 자료를 인용한 것으로 출처를 표시하는 것이 표절에 해당한다는 주장(한국행정학회)도 같은 맥락이라고 할 수 있다. 한편 여기에서 말하는 '1차 자료'는 필자가 위에서 말하는 '원출처'에 해당한다. 유재원 등, 앞의 논문(주 530), 350면. 유재원 등은 2차출처 외에 원출처도 함께 본문의 각주뿐만 아니라 참고문헌에 명기해야 한다고 한다. 같은 논문, 352면.
544. 곽동철, 앞의 논문(주 307), 110면(원출처: 최장순, 「잘못된 관행, 표절의 생태학 ② - 어디까지가 표절인가」, 교수신문, 2006.9.21. 기사).

사례인지 문제를 제기한다.[545] 포스너 교수는 특정 분야, 예를 들어 법학 분야와 같이 인용은 좋아하되 독창성은 크게 중시하지 않는 분야에서는 2차자료를 적시하는 것으로 그치고 1차자료를 찾아 인용하는 것을 중요하게 생각하지 않는다고 비판하면서, 이것은 1차자료를 찾아내는 힘든 작업을 자신이 직접 한 것처럼 속이는 것으로 표절에 해당한다고 주장한다.[546] 인용을 단지 현학적인 것으로 치부할 수 없다는 점에서 타당한 견해라고 생각한다. 다만 학문 분야별로 상대적이긴 하지만, 법학 분야가 반드시 독창성을 중시하지 않는다는 점에는 동의하기 어렵다. 실제로 법학 분야 교과서와 관련된 몇몇 표절 사건에서 표절 의혹 당사자는 법학교과서를 수험서로서 독창성이 없는 일종의 기능적 저작물이라고 항변한 적이 있었다.[547] 재판 중에 나온 주장이지만 포스너 교수의 진단과 일치하는 것이 흥미롭다. 그러나 현존하는 위대한 법학자 중 한 사람인 포스너 교수의 법학이라는 학문에 대한 진단은 우리나라와 미국의 학문 풍토 차이라는 맥락에서 이해해야지, 특정 언급만으로 속단할 것은 아니다.

2차출처를 생략하고 원출처만 밝히는 것이 표절에 해당하는지는 표절의 개념 정의로 돌아가 논할 필요가 있다. 즉, 표절이 타인의 독창적 아이디어나 표현을 자기 것인 양 출처표시를 하지 않고 발표하는 것이라고 할 때, 2차출처를 밝히지 않고 원출처만 밝히는 것이 반드시 표절이라고 볼 수는 없다. 특히 원출처가 일반적으로 누구 것인지 해당 분야에서 익히 알려져 있는 경우 2차출처를 통해 재인용 방식으로 원출처를 인용하는 것이 오히려 생경해 보일 수 있기 때문이다. 그러나 그런 경우 외에 다음 몇 가지는 2차출처를 생략하는 것이 2차출처 저자의 아이디어 등을 자기 것인 양 발표하는 표절에 해당할 수 있다. 여기에서 논의는 어느 경우 원출처 외에 2차출처를 밝혀야 하느냐로 넘어간다.

---

545. 포스너, 앞의 책(주 58), 38 – 39면.
546. 위의 책, 39 – 40면.
547. 법학교과서 I 사건 항소심 판결(주 377) ; 서울중앙지법 2007.8.17. 선고 2006가합66789 판결(이하 '법학 교과서 II 사건 판결'이라 한다) 등 참조.

(1) 원출처가 일반에 널리 알려지지 않은 경우

잘 알려지지 않은 원출처를 발굴하여 자신의 논의에 끌어온 2차출처 저자의 노고
는 단순한 아이디어를 넘어 저작물로 보호받기에 충분하다. 저작권법은 편집저작
물을 보호하는데,[548] 그 이유는 소재의 선택과 배열에 창작성이 있기 때문이다. 이
때 '소재'는 반드시 저작물일 필요가 없다는 것이 일반적인 해석이다. 이와 같이 편
집저작물을 소재(저작물)와 별개의 독립적 저작물로 보호하는 저작권법 정신에 비
추어볼 때(제6조제2항), 잘 알려지지 않는 문헌(원출처)을 논의에 가져온 2차출처 저
자의 기여는 후속 논의에서 기억해줌이 마땅하다. 이 경우 2차출처의 출처표시를
생략하고 원출처의 출처표시만 한다면 이는 저작권침해가 되거나 최소한 표절에
해당할 가능성이 높다.[549] 인용에 관한 대가이론에 따르면 위와 같은 2차출처 저자
를 원출처 저자와 별도로 출처표시를 해줌으로써 일반에 널리 알려지지 않은 원출
처를 발굴한 2차출처 저자의 노력에 대한 대가를 지급하는 것이 타당하다.

예를 들어 설명해보자.[550] 미국 연방대법원에서 지금까지 퍼블리시티권Right of
Publicity에 관하여 선고한 유일무이한 판결은 이른바 재키니Zacchini 판결[551]이다. 이
판결에서 연방대법원은 퍼블리시티권을 인정하는 이론적 기초로 부당이득금지
prevention of unjust enrichment를 들었는데, 판결 중 시카고 로스쿨 칼벤Kalven 교수의 논문
을 인용했다.[552] 한편 퍼블리시티권에 관한 논문을 쓰는 연구자가 이 권리의 이론
적 근거를 서술하는 과정에서 재키니 판결을 접했다고 가정하자. 물론 본 항의 논
의는 원출처를 확인한 경우이므로 연구자는 재키니 판결(2차출처)을 접한 후 그 판

---

548. 저작권법
  제2조제18호
  편집저작물은 편집물로서 그 소재의 선택·배열 또는 구성에 창작성이 있는 것을 말한다.
  제6조(편집저작물)
  ① 편집저작물은 독자적인 저작물로서 보호된다.
  ② 편집저작물의 보호는 그 편집저작물의 구성부분이 되는 소재의 저작권 그 밖에 이 법에 따라 보호되는
    권리에 영향을 미치지 아니한다.
549. 뒤(주 620 해당 면)에서 보는 '부적절한 출처표시'에 의한 표절을 말한다.
550. 이하의 예는 필자의 전공인 지적재산권법에서 선택했다.
551. Zacchini v. Scripps-Howard Broadcasting Co., 433 U.S. 564 (1977).

결에서 인용한 칼벤 교수의 논문(원출처)을 읽어보았음을 전제로 한다. 이때 연구자가 칼벤 교수의 논문(원출처)만 인용하거나 재키니 판결(2차출처)만 인용하는 것은 어느 경우도 최선이라고 볼 수 없다. 재키니 판결 선고 이전에 칼벤 교수 논문이 퍼블리시티권에 관한 논의에서 자주 거론되지 않았다면,[553] 칼벤 교수의 논문을 발굴하여 퍼블리시티권 판결에 최초로 인용한 재키니 판결을 2차출처로 표시해야 한다.[554] 물론 여기에서 2차출처가 판결인 경우를 예로 들었는데, 2차출처가 논문이라면 원출처 발굴에 기여가 큰 2차출처(논문)의 출처를 표시해야 한다는 주장에 더욱 설득력이 실린다.

법학에서는 이런 현상이 주로 비교법 연구comparative law study에서 많이 발생한다. 특정 제도에 관하여 외국의 법제 또는 판례를 연구해 소개하는 비교법 연구자들의 논문을 통해 실질적으로 도움을 받은 후, 2차출처라고 할 수 있는 비교법 연구논문에 대한 출처표시를 생략하고 곧바로 원전인 그 외국 문헌(원출처)을 자기 논문에 가져다 쓰는 일이 법학계에 만연되어 있다. 이런 현상은 비단 법학계에만 있는 것은 아니다. 예를 들어 국문학계의 '고문古文 연구', 어학 분야의 '고대어 연구',[555] 사

---

552. 위 판결, 576면.
   "[n]o social purpose is served by having the defendant get free some aspect of the plaintiff that would have market value and for which he would normally pay." [quoting Harry Kalven, Jr., *Privacy in Tortlaw–Were Warren and Brandeis Wrong?*, 31 Law & Contemp. Probs. 326, 331(1966)].
   따옴표 안의 내용이 칼벤 교수 논문에서 인용한 부분인데 연방대법원 판결은 괄호 안에서 그 출처를 밝히고 있다.

553. 필자는 칼벤 교수의 논문(1966년)을 '원출처가 일반에 널리 알려지지 않은 경우'의 예로 들었다. 따라서 재키니 판결이 선고될 당시(1977년)에 이 논문이 미국에서 이미 널리 알려져 있었던 것으로 밝혀져도, 중요한 것은 일반에 널리 알려져 있지 않은 문헌(원출처)을 최초로 발굴하여 인용한 사람(2차출처 저자)의 노고를 기억해야 한다는 데 있음을 밝혀둔다.

554. 물론 퍼블리시티권의 인정에 관하여 부당이득금지이론을 최초로 개발한 학자가 칼벤이라면 그를 인용하지 않고 재키니 판결만 인용하는 것이 부당함은 더 말할 필요가 없다. 판결(2차출처) 외에 그 판결에서 인용한 학자의 논문(원출처)을 같이 인용하여 출처표시를 하려면 판결에서 학자의 논문을 인용하고 출처표시하는 것이 전제되어야 한다. 그런데 우리나라 판결에서는 학자의 논문을 인용하는 예가 적을 뿐 아니라 꺼리는 경향도 있다. 중요한 이론과 논거를 제시한 학자의 논문이 판결에 인용되고도 출처표시가 누락되면, 이후 학계 논의에서는 판결만 인용되고 해당 학자의 논문이 원출처라는 점은 잊힌다. 실제 이런 일이 우리나라에서는 비일비재하다. 이런 상황이 계속되다 보면 독창적인 이론을 만들기보다 표절을 부추기는 문화가 팽배해질 우려가 있다. 판결에서 학자의 논문을 가져다 쓸 때 인용에 따른 출처표시를 하는 것이 바람직하다고 주장한 것은 이 때문이다. 주 491 해당 면.

555. 최장순, 앞의 기사(주 508). 이에 따르면 많은 사람이 고대어와 같은 분야의 원출처를 해독하기 어려운 나머지 이를 소개한 2차출처에 의존하는 경향이 강하다고 한다.

회과학 전반의 '사상사思想史 연구'에서 이런 잘못된 관행의 존재는 어렵지 않게 짐작할 수 있다. 그뿐만 아니라 수많은 사료史料를 고증하는 역사학계는 이런 현상이 더욱 많을 것이다.

그런데 원출처를 발굴한 데 대한 보상으로 2차출처 저자에 대해 출처표시를 함으로써 그의 노고를 기억해야 한다는 논리는 대체로 학문의 유통과 왕래가 훨씬 자유롭고 국제화 경향이 강한 자연과학 분야보다는 상대적으로 그런 경향이 약할 뿐만 아니라 특정 국가 또는 지역의 문화, 전통, 습속習俗에 터 잡는 경향이 강한 인문·사회과학 분야에서 더욱 타당할 수 있다.[556] 따라서 2차출처의 출처표시를 원출처와 함께 병기하는 방식의 재인용은 인문·사회과학에서 더욱 필요하다.

(2) 원출처가 해당 분야에 널리 알려졌어도 끌어다 쓰는 분야에서 생소한 경우

이는 주로 학제적 연구interdisciplinary research에서 발생하는데, 현재 논의가 진행되고 있는 분야와 동떨어진[557] 분야의 문헌(원출처)을 가져다 쓰는 경우 역시 위 (1)과 마찬가지로 발굴한 자(2차출처 저자)의 창작적 노력을 기억하고 보상해야 할 필요가 있다. 이것이 (1)과 다른 것은 원출처가 (1)에서와 달리 해당 분야(원출처가 속한 학문 분야)에서 널리 알려져 있다는 것이다. 이와 같이 원출처가 해당 분야에 널리 알려져 있다면 같은 해당 분야에 속하는 2차출처 저자가 원출처를 그 해당 분야에서 쓰기 위해 가져올 때 특별히 그 2차출처 저자를 기억하거나 원출처 발굴·소개에 대한 노력을 보상해야 할 필요성이 없거나 미미하다고 할 수 있다. 그러나 어떤 자료(원출처)가 특정 전문 분야에서 널리 알려졌어도 그와 동떨어진 분야에서는 생소하다면, 이를 그 생소한 분야의 논의를 위해 소개한 2차출처 저자는 (1) 못지않게 학문

---

556. 이 말은 철학이나 종교학, 심리학 같은 학문의 보편성universality을 부인하는 것이 아니다. 이와 같은 학문 역시 인종, 국가, 문화에 관계없이 인간의 본성과 보편성을 추구하는 학문의 성격을 갖는 것이 분명하다. 그러나 수학, 물리학, 화학, 생물학 같은 자연계 또는 자연현상을 다루는 학문이나 이를 응용한 공학 분야, 나아가 인체를 다루는 의학 같은 자연과학 분야는 인문·사회과학 분야에 비하여 국지성이 상대적으로 덜하다는 것을 말하려는 것이다.
557. 물론 학문세계의 유기성에서 보면 학문 간에 동떨어져 독자적으로 존재하는 학문이란 있을 수 없으나, 여기에서 '동떨어진'이라는 표현은 상대적인 의미에서 쓴 것이다.

발전에 크게 기여했다고 할 수 있다.

예를 들어본다.[558] 지금은 지적재산권법 또는 저작권법 학계에 널리 알려진 '공유지의 비극'이라는 이론[559]은 세계적으로 유명한 과학 잡지 《사이언스》에 실린 한 식물학자의 논문[560]에서 비롯했다. 공유지에 양들을 풀어서 방목했더니 얼마 후 양들이 굶어죽었다는 실증적인 예를 들어 환경론적 견지에서 인구통제와 지구의 자원관리를 주장한 논문이다. 그런데 이 논문이 자유주의 경제학자들의 손을 거쳐 지적재산권을 보호해야 하는 이론적 근거로 쓰이게 되었다. 하딘[Hardin]의 논문이 생물학, 환경학, 경제학, 법경제학, 지적재산권법학이라는 서로 이질적인 학문의 벽을 넘어 영향을 미치게 된 데는 전혀 다른 학문세계에 이를 끌어들인 학자들이 기여한 바가 크다.[561] 그 후 이 논문과 특히 논문 제목은 오히려 지적재산권 분야에서 인구에 회자될 정도로 보편적 개념이 되었다.[562] 이제 지적재산권법계에서 '공유지의 비극'이라는 이론을 서술할 때 하딘의 원전을 새삼스레 인용할 필요조차 없을 정도이니 이를 지적재산권법학에 처음으로 끌어들인 학자를 인용해 기억해줄 필요가 없어졌다고 할 수 있다. 그러나 하딘의 논의가 지적재산권법에 소개되어 지적재산권법학 발전에 기여하게 된 데는, 하딘의 이론을 처음으로 지적재산권 논의에 끌어들여온 학자의 기여가 작지 않다. 굳이 대가이론을 들지 않더라도 이 경우 원출처 외에 2차출처 저자에 대한 출처표시를 하는 것은 매우 당연하다.

표절금지윤리 또는 저작권이 학술정보 이용을 촉진하고 학문발전에 이바지할 수 있다는 필자 주장은 바로 위와 같은 논의로 더욱 공고해질 수 있다. 위와 같은 재인용의 준수는 학제적 연구를 더욱 활성화할 것이 분명하고, 활발한 학제적 연구

---

558. 아래 예는 필자가 연구한 것으로서, 구체적인 점에서 사실과 일부 다른 것이 나중에 밝혀져도, 중요한 것은 학제적 연구에서 이종 학문 분야 간에 처음 인용이 발생한 경우 처음 인용한 사람(2차출처 저자)의 노고를 기억해야 한다는 데 있음을 밝혀둔다.

559. 공유 상태[public domain]에 있는 자원은 한계효용이 영[zero]이 될 때까지 과소비하는 경향이 있으므로, 자원을 효율적으로 이용하기 위해서는 인위적 희소화[artificial scarcity]가 필요하다는 이론이다. 남형두, 「퍼블리시티권의 철학적 기반(하) - '호사유피 인사유명'의 현대적 변용」, 저스티스 제98호, 2007.6, 87-88면 중 각주 123, 124[원출처:Matthews v. Wozencraft, 15 F3d 432, 437-438 (Fed. Cir. 1994)] 참조.

560. Garret Hardin, *The Tragedy of Commons*, 162 Science 1243 (1968).

561. 대표적으로 렘리 같은 학자를 들 수 있다. '공유지의 비극' 이론을 저작권 정당화이론에 소개해 접목을 시도한 렘리의 다음 논문 참조. Lemley, 앞의 논문(주 177), 141면; 윌리엄 번스타인, 『부의 탄생』, 김현구 옮김, 시아출판사, 2005, 134-135면 참조.

562. 하딘의 논문 제목 "Tragedy of Commons"를 의식하면서 변형한 것으로 보이는 논문 제목에 대해서는 주 337, 338 참조.

야말로 학문발전에 없어서는 안 될 중요한 연구방법론이기 때문이다.[563]

(3) 2차출처 저자의 창작적 노력이 가미된 경우

2차출처의 저자가 원출처를 분석하고 가공하는 과정에서 자기 생각을 가미했으니 2차출처를 밝히는 것이 당연한 경우다. 이때 2차출처의 저자가 가미한 부분이 있는데도 이 부분까지 논문에 끌어다 쓰면서 오로지 원출처만 밝히고 2차출처를 생략한다면, 2차출처 저자의 생각(원출처에는 없고 2차출처 저자가 가미한 부분임)을 자기 생각인 양 발표한 것으로 표절에 해당한다.

여기에서 '가공' 또는 '가미'의 범위를 어떻게 보느냐는 것이 문제 될 수 있다. 명시적으로 가공 또는 가미한 것으로, 그것이 독자적으로 학술적 가치가 있는 경우에는 원출처 외에 2차출처 저자도 보호받을 가치가 충분하다. 그런데 가공 또는 가미 정도가 명시적으로 두드러지지 않고 단지 2차출처 저자가 자기 논의를 전개하는 과정에서 원출처를 가져다 쓴 정도라면 과연 이를 위에서 말하는 가공 또는 가미에 해당한다고 볼지가 문제다.

적극적으로 말하면 원출처를 2차출처 저자가 자기 논의를 전개하는 과정에서 가져다 쓴 것 자체가 해당 학문 분야 발전에 기여한, 일종의 가공 또는 가미에 해당한다고 못 볼 바는 아니므로, 위 (1)과 (2)도 모두 이에 해당한다고 할 수 있다(이하 '적극적 견해'라 한다). 그런데 소극적으로 보면 원출처를 자기 논의에 끌어들이는 것은 누구나 할 수 있는 것으로서, 이와 같은 2차출처 저자의 노고는 반드시 기억해야 할 정도는 아니라고 보아 2차출처를 밝히지 않아도 된다고 볼 수 있다(이하 '소극적 견해'라 한다). 특히 원출처를 가져다 쓴 것 외에 명시적 가공 또는 가미가 없는데도 2차출처를 표시해야 한다면, 재인용 단계가 너무 많아지는 폐단이 있을 수 있다는 것이 소극적 견해를 뒷받침할 수 있다.

---

563. 한 식물학자의 환경에 관한 논문이 저작권법과 엔터테인먼트법의 철학적 기초로 활용된다는 것은 매우 흥미로운 현상이다. 하딘의 논문이 퍼블리시티권 논의에 이르기까지의 '학문의 소통' 또는 '통섭通攝 현상'에 대해서는 다음 논문 참조. 남형두, 앞의 논문(주 95 한류), 88-89면 중 각주 6. 이와 같이 학문 간 영역을 넘나드는 학문 연구방법이 미국 등 선진국에서는 매우 활발하다. 최근 우리나라 학계 일각에서 주장되는 학문 간 통섭도 학제적 연구로 이루어지는 것으로, 일시적 통섭 또는 학제적 연구가 아닌 지속적 통섭과 학제적 연구가 이루어지려면 위와 같은 재인용 방식의 준수가 필수적이다.

예컨대 A라는 원출처를 B가 인용하여 쓰고, 이를 다시 C가 인용한 후 D가 C를 통해 B와 A를 알게 된 경우, 적극적 견해에 따르면 D는 원출처인 A 외에 2차출처인 B와 C도 밝혀야 한다. 학문의 연속성상 이러한 일이 반복되면, 재인용 단계는 3단계, 4단계, 5단계를 훨씬 뛰어넘을 수 있다. 아무리 저작권과 표절금지윤리를 철저히 한다고 해도 이렇게까지 해야 한다는 것은 다소 지나치다고 할 수 있다. 이러한 견지에 설 경우 적극적 견해는 취하기 곤란해질 수 있다. 그러나 이런 번거로움 때문에 앞의 두 가지, 즉 (1)과 (2)는 물론 이 항의 논의 중 원출처를 인용한 것 외에 2차출처 저자의 생각이 명시적으로 가미된 경우조차 재인용(원출처 외에 2차출처를 기재하는 것)을 생략하는 것이 정당화될 수는 없다.

세 가지 예를 들어본다. 첫째, 분석 자체가 의미가 매우 큰 경우다. 앞서 본 바와 같이 앨퍼드 교수는 중국, 대만 등 동아시아 국가들이 미국의 지적재산권을 침해하는 원인을 그들 국가의 공통된 전통사상인 유학사상에서 찾았다.[564] 여기에서 공자의『논어』는 중국과 대만 등 동아시아국가에서 매우 보편적인 사상서로, 이 나라에 속하는 학자들은 굳이 미국 학자(앨퍼드)의 도움을 받지 않아도『논어』에 쉽게 접근할 수 있다. 그러나『논어』를 분석하고 지적재산권에 관한 공유정신을 찾아 이를 공통적인 전통사상으로 삼고 있는 나라들의 박약한 지적재산권 보호의식의 원인으로 분석한 것은 매우 탁월한 연구다. 그러니 원출처인『논어』가 일반에 널리 알려진 저술이라 하더라도 이를 분석하여 특정 주장을 뒷받침하는 자료로 쓴 저술자(앨퍼드)의 글은『논어』를 원출처라고 한다면 2차출처에 해당하지만, 결코 생략할 수 없는 2차출처다. 분석과 적용이 위에서 말한 '가공'과 '가미'에 해당하기 때문이다. 물론 이 경우는 (2)에도 해당한다.

둘째, 우리나라에는 크게 활성화되어 있지 않지만 외국에서는 서평Book Review이 하나의 중요한 저술로 자리를 잡고 있다. 주로 신간을 중심으로 독자에게 소개하는 형식의 이 장르는 단지 소개 정도에 그치기도 하지만, 서평자의 분석과 평가가 돋보일 때도 있다. 대표적인 예로 위에서 든 하버드 로스쿨 앨퍼드 교수의 저술(1995)에 대한 오코Ocko 교수(노스캐롤라이나 주립대학 역사학)의 서평 "Copying, Culture,

---

564. 주 18 해당 면.

and Control: Chinese Intellectual Property Law in Historical Context, 8 Yale J.L. & Human, 559 (1996)"을 들 수 있다. 이 서평은 앨퍼드 교수의 책 못지않게 뛰어난 논문으로 평가를 받고 있다. 따라서 이 서평(논문)에서 서평자는 일종의 2차출처 저자에 해당하고 앨퍼드 교수의 책은 원출처에 해당하는데, 원출처에 대한 분석과 평가가 독특한 의미를 지닌 서평자의 글과 아이디어를 가져다 쓰고자 할 때에는 서평자를 2차출처 저자로 표시하는 것이 마땅하다. 참고로 하버드 로리뷰의 블루북에는 이와 같은 서평Book Review 인용 방식을 별도로 마련해두고 있는데,[565] 이로 보더라도 2차출처(서평자)를 원출처와 별개로 또는 병기하여 출처표시를 하는 것이 타당하다는 근거를 찾을 수 있다. 서평에서 원전을 소개하는 것을 넘어 비판과 비평을 추가한 것은 가공과 가미에 해당한다.

셋째, 번역이다. 원전을 번역했을 때 원전은 원출처, 번역물은 2차출처에 해당하는데, 그 번역물을 가져다 쓰는 경우 원전과 함께 번역물의 출처를 밝히는 것이 타당하다. 번역은 고도의 학문적 노력이 필요한 작업으로, 가공 또는 가미로 보기에 충분하기 때문이다.[566]

(4) 정리

거인보다 멀리 보는 난쟁이는 '거인의 어깨 위에 앉은 난쟁이'다. 학문세계에서 보면 '거인'에 해당하는 업적은 하루아침에 만들어지지 않는다. 무릎, 허리, 어깨까지 세운 수많은 작은 거인의 노력이 있었기에 거인의 어깨에 앉아 멀리 볼 수 있다. 이때 무릎, 허리, 어깨를 형성하게 된 과정에 원출처 외에 2차출처 저자의 노력이 기여한 바가 있다면, 이를 기억해주는 것이 재인용의 취지이며, 2차출처 저자를 기억해야 할 이유가 된다.

이런 관점에서 보면 2차출처를 통해 원출처를 알게 되어 원출처를 인용할 때, 출처표시를 어떻게 할지와 관련하여 원출처만 표시하면 된다는 견해(위 김기태 교수 견해)에 따르면, (1), (2), (3)과 같이 특별한 경우 2차출처 저자의 기여를 기억해야

565. Bluebook (주 513), 154면.
566. '번역물 표절 – 재인용 문제'에 대해서는 주 734 – 738 해당 면 참조.

함에도 2차출처를 밝히지 않아도 된다고 하는 셈이 된다.[567] 결국 2차출처를 우회하는 것을 오히려 정당화한 것으로서 타당하지 않다. 원출처와 2차출처를 모두 밝혀야 한다는 견해(위 곽동철 교수 견해)도 2차출처의 경중, 즉 (1), (2), (3)과 같은 특별한 경우를 가리지 않고, 항상 2차출처를 원출처와 함께 밝히도록 해서 인용의 취지에 맞지 않을뿐더러, 다음에서 보는 바와 같은 '재인용의 딜레마'에 빠질 우려가 있으므로 동의하기 어렵다.

결론적으로 2차출처를 통해 원출처를 알게 되어 그 원출처를 인용하여 논문을 쓰는 경우, 2차출처 저자가 기여한 것이 있어 이를 밝혀야 하는 경우[위 (1), (2), (3)]에는 원출처와 함께 2차출처를 모두 밝혀야 하고, 그 외의 경우에는 원출처만 출처로 기재해도 무방하다. 물론 이 경우 원출처를 반드시 확인해야 함은 말할 나위도 없다. 다만, 원출처가 사라졌거나 찾는 데 어려움이 상당해 원출처를 직접 확인할 수 없는 합리적 이유[568]가 있는 경우에는 예외적으로 2차출처에 의존할 수밖에 없다.

정리하면 재인용사례에서 비난가능성 측면에서 볼 때, 최악은 2차출처로 원출처를 알게 되었으나 원출처를 확인해보지 않았는데도 2차출처를 생략하고 원출처만 출처로 표시한 경우(나. (2)의 경우)라고 할 수 있다. 이 경우 간혹 2차출처 저자가 원출처를 인용하는 과정에서 저지른 실수(오탈자)가 새로 작성되는 논문에 그대로 남게 되는 소극(笑劇)이 발생하기도 한다.[569] 차악(次惡)은 원출처를 밝히지 않고 2차출처만 밝히는 경우(나. (1)의 경우)다. 이 경우 논문의 품격을 떨어뜨리게 됨은 말할 나위도 없다. 전자를 후자보다 더 나쁘게 본 것은 원출처를 확인하지 않았다는 점에서는 둘 다 공통되지만, 전자의 경우 '학문적 허영'이 더해졌기 때문이다.

재인용에 관한 최선(最善)의 방법은, 2차출처를 통해 원출처를 알게 되어 그 원출

---

567. 김기태 교수가 찬동하는 고려대학교 규정에서도 '불가피한 경우' 재인용 방식을 인정하고 있으나, 이는 문면상 원출처를 찾지 못하거나 찾는 데 어려움이 있는 등 원출처를 밝힐 수 없는 특별한 사정이 있는 경우 2차출처만 밝혀도 무방하다는 것으로 해석될 뿐이다.

568. 예컨대 원출처가 웹(web) 자료인 경우 해당 웹사이트가 폐쇄되거나 업데이트됨으로써 더는 원출처를 확인할 수 없는 경우도 있다.

569. 저작권법에서는 이를 이른바 '공통의 오류(common errors)'라고 하는데, 원작의 실수가 침해 의혹물에도 있으면 침해에 고의가 없다는 항변을 할 수 없게 된다는 이론이다.

처를 인용하고자 할 때, 2차출처 저자의 기여를 기억해야 할 사정이 있다면 2차출처를 원출처와 함께 밝히고, 그럴만한 사정이 객관적으로 존재하지 않는다면 원출처만 기재하는 것이다.

(5) 재인용의 딜레마

위와 같이 정리한다고 하더라도 재인용해야 하는 경우와 그 방식에 관하여 여전히 불확정적인 부분이 남게 된다. 예컨대 (1)에서 '일반적으로 알려진 경우', (2)에서 '학문 간 이격 정도', (3)에서 '2차출처 저자가 가미 또는 가공한 정도'를 어떻게 보느냐 하는 문제가 있기 때문이다.

그러나 표절 논의를 시작하자마자 그 기준이 바로 명확히 도출될 거라고 기대하는 것은 일종의 연목구어緣木求魚에 해당할 수 있다. 비록 초기 단계이긴 하지만 이런 논의를 통해 재인용을 왜 해야 하는지, 재인용에 관한 기준이 어떠해야 하는지를 논의하는 것만으로도 의미가 없지 않다. 나아가 위와 같은 논의는 표절 여부를 떠나 논문의 품격, 수준, 질과 관련하여 참고할 만한 점이 있다.[570]

한편 원출처가 제2, 제3으로 계속 재인용되다 보면, 그 과정에서 원출처만 살아남고 2차출처(제2, 제3 등의 인용으로서 위에서 예를 든 원출처 A와 최종 이용자 D 사이에 존재하는 B, C 등을 말함)가 사라지는 경우가 있을 수 있다.[571] 이는 어떤 점에서는 자연스러운 현상일지도 모르겠다. 특별히 새로운 논의로 각인되는 경우가 아닌 2차출처는 인류의 문화유산을 형성하는 데 일정 부분 기여하고는 공유 영역으로 사라지는 것이기 때문이다.[572] 다만, 그렇게 사라지는 데 일정한 시간이 필요하고 그 기간에는 재인용 방식으로 2차출처 저자를 기억해주는 것이 타당하다. 이는 저작권에 관한 철학이론 중 이른바 유인이론으로도 뒷받침된다. 2차출처 저자가 원출처를 발

---

570. 어느 단계에 접어들면 표절이냐 아니냐의 문제보다는, 얼마나 수준이 높은 저술이냐 아니냐의 문제로 접어들게 된다. 즉 위에서 제시한 재인용 방식을 따르지 않는다고 해서 표절이라고 단정할 수 없는 경우가 있지만, 논리성, 논문의 정직성, 자료제시의 충실성 등에서 차별적 평가가 가능하다는 뜻이다.
571. 역으로 2차출처 중 일부가 원출처의 권위와 인지도를 압도해 그것만이 살아남을 수도 있다.
572. 본문 (3)을 예로 들면, 2차출처 저자가 조금 더한 부분이 원출처의 가치에 녹아버려 새로운 이론으로 존재하지 못하고 한데 어우러지는 경우도 있다. 이는 학문의 거대한 틀에서 보면 병가지상사兵家之常事라고 할 수 있다. 이때 2차출처 저자는 그 존재가 사라지기 전까지는 재인용 방식에 따른 출처표시로 그 기여에 대한 대가가 보상되었다고 할 수 있다.

굴하여 자신의 논거로 쓰는 것에는 자기 저술의 신뢰도를 높이기 위한 점도 있지만, 그렇게 함으로써 자기 저술이 해당 학계뿐만 아니라 사회문화계에 기여하도록 탄탄한 논거를 마련하기 위한 점도 있다. 이런 좋은 저술을 남기게 유인하려고 사회는 저작권이라는 제도로 저자의 저술을 보호해주는 것이다(유인이론). 한편 그것이 저작물로 보호될 수 없는 것이라면(아이디어 영역), 표절금지윤리로라도 보호해주는 것이 유인이론과 같은 맥락에서 필요하다.

라. 자기표절/중복게재의 경우

자기표절/중복게재가 표절과 관련하여 어떤 평가를 받는지는 뒤에서 자세히 논의하는데,[573] 개략적으로 말하면 이들 중에는 표절로 비난받을 수 있는 것과 그렇지 않은 것이 있다. 여기에서 재인용과 관련하여 자기표절/중복게재를 논의할 때는 자기표절/중복게재 자체가 표절로 비난받지 않는 경우를 전제로 한다.

자기표절/중복게재 저술의 경우, 즉 자신이 이미 한번 발표한 저술(선행 저술)의 일부를 새로운 저술(후행 저술)에서 중복하여 쓰거나 일부 변형하여 쓸 때, 선행 저술이 그에 앞선 타인의 저술을 인용했다면,[574] 자신의 선행 저술이 여기에서 말하는 2차출처에 해당하는가가 문제 될 수 있다. 자기표절/중복게재에서 타인의 저술과 마찬가지로 엄격한 잣대를 적용하면 자신의 선행 저술이 2차출처에 해당해 원출처(위에서 말한 '타인의 저술')와 함께 자신을 2차출처 저자로 새로운 저술(후행 저술)에서 밝혀야 하느냐는 문제가 생긴다.

결론적으로 말하면, 통상의 재인용과 달리 2차출처 저자가 자기 자신이 되는 자기표절/중복게재 논문에서 출처표시는 결국 원출처의 표시로 족하지 자신의 선

---

573. 주 787, 788 해당 면.
574. 여기에서 강조한 것은 자기표절/중복게재에서 재인용 문제가 항상 따르지는 않는다는 것을 밝히기 위해서다. 즉 후행 저술이 가져다 쓰는 선행 저술이 저술자 본인의 글이라면 재인용 문제는 발생하지 않는다. 그러나 본문에서 말하는 바와 같이 '선행 저술이 그에 앞선 타인의 저술을 인용한 경우' 그 선행 저술을 후행 저술이 가져다 쓸 때 비로소 재인용 문제가 발생하고, 자기 자신(선행 저술의 저자)이 2차출처 저자가 되는 문제가 생긴다.

행 저술을 출처로 표시하지 않는 것은 크게 비난할 일이 못 된다. 다만 후행 저술의 서두 또는 주^{annotation}에서 선행 저술의 존재를 밝히는 것으로 충분하고, 본문에서는 원출처만 표시하면 되지 자신의 선행 저술을 일일이 2차출처로 밝히는 재인용 방식을 취할 필요는 없다고 본다.

이는 대가이론으로도 설명이 가능하다. 2차출처 저자를 표시하는 것은 2차출처 저자의 노고에 대한 보답인데, 2차출처 저자가 후행 저술의 저자 본인이 되므로 불필요할 뿐만 아니라, 경우에 따라서는 부당한 자기인용^{self citation}575이 될 수도 있다는 점에서 자기표절/중복게재 저술의 경우 원출처에 대한 출처표시로 족하고 자기 자신을 2차출처 저자로 표시하는 것은 생략해도 무방하다.576

마. 재인용할 때 출처표시 방식

에코에 따르면 2차출처에서는 인용하지 않는 것이 좋다고 한다.577 그러나 이어서 2차출처를 인용하는 방법을 제시하고 있는데, 이는 문헌을 인용할 때 가급적 원출처에 의지하는 것이 좋고 2차출처에만 의존하는 것은 좋지 않다는 뜻으로 이해할 수 있다. 에코가 말하는 2차출처를 인용해야 할 때는 다음 두 가지 경우다.578

① 독자/화자의 관심이 2차출처 저자가 원출처 주장을 자기 것으로 책임지고 있다는 사실에 쏟아질 때
② 독자/화자의 관심이 원출처에 있고 다만 2차출처 저자를 전혀 언급하지 않는 것이 양심에 가책이 되는 것을 무마하고자 할 때

이는 앞서 본 2차출처를 원출처와 별도로 표시해야 한다는 견해와 맥락이 같다.

---

575. '부당한 자기인용'에 대해서는 주 844 – 848 해당 면.
576. 자기표절의 경우 출처표시를 법적으로 강제할 필요는 없다고 한 견해[정진근 등, 앞의 논문(주 392), 660 면]는 필자의 생각과 같은 연장선에 있다고 생각한다. 다만 정진근 교수는 이 결론의 논거를 충분히 제시하고 있지 않다. 위에서 본 바와 같이 대가이론에 따르면 합리적으로 설명이 가능하다.
577. 에코, 앞의 책(주 37), 257면.
578. 위의 책, 257 – 258면.

차이가 있다면 필자의 주장은 대가이론에 입각하여 원출처가 2차출처를 통해 일반에 알려지게 된 과정에서 2차출처 저자의 노고를 기억해야 한다는 점에 주목한 데 반해, 에코의 주장은 최종 독자의 관점에 좀 더 주목하고 있다. 다시 말해 재인용에 관한 필자의 견해는 이른바 대가이론에 근거한 것으로 저작권 또는 지적재산권 정당화이론에 기반을 둔 시각이라면, 에코의 견해는 학문세계의 신뢰^{credit}에 더 집중한 시각이라고 할 수 있다.

한편, 에코는 자신이 말한 두 가지 경우에 각주와 참고문헌의 인용 방식을 달리해야 한다고 한다. 즉, ①에서는 2차출처를 먼저 쓰고 괄호 안에 원출처를 표시하는 방식을 취하는 반면, ②에서는 반대로, 즉 원출처를 먼저 쓰고 괄호 안에 2차출처에서 재인용했다는 뜻을 밝히는 방식을 제시했다.[579] 재인용할 때 원출처와 2차출처를 같이 밝히는 것이 좋은데, 그 이유는 충분히 설명했다. 나아가 2차출처를 밝혀야 하는 이유에 따라 출처표시 방식을 달리해야 한다는 에코의 주장은 매우 설득력 있는 것으로, 인용 가이드라인을 만들 때 반영할 수 있다고 생각한다.

4. 출처표시의 단위

가. 논의의 의의와 전제

원칙적으로 저술자는 타인의 글을 자기 것처럼 주장해서는 안 되고 인용할 때마다 출처를 밝혀야 한다. 그런데 구체적으로 타인의 표현이나 아이디어를 가져올 때 출처표시를 해야 하는 최소 단위를 어떻게 정하느냐는 결국 이를 지키지 않으면 표절에 해당하는 표절 판정의 기준이 될 수 있다는 점에서 매우 중요하다. 본래 인용과 표절은 동전의 앞뒷면 같은 것으로, 인용의 단위는 곧 표절 인정의 최소 단위와 같다.

타인의 글을 가져다 쓰면서 출처표시를 하지 않으면 표절이 될 수 있는 최소한

---

579. 위의 책, 258면.

의 단위를 어떻게 설정할까? 물론 이때 '타인의 글'은 '아이디어'보다는 '표현'에 관한 것이다. 아이디어에 관한 것은 이와 다를 수 있다. 아이디어도 표절 대상이 될 수 있으나, 표현과 달리 아이디어는 단위가 매우 신축적이어서 여기에서 논의하는 정량적 분석이 적합하지 않기 때문이다.

또 하나의 전제는, 표현은 저작권법상 '보호받을 수 있는 표현'으로 국한해야 한다는 것이다. 그렇지 않고 일반 공중의 영역에 속해 누구나 쓸 수 있는 것에는 여기에서 말하는 출처표시 단위가 반드시 적용된다고 할 수 없다. 여기에서 다시 '보호받을 수 있는 표현'과 '보호받을 수 없는 표현 또는 아이디어'의 경계를 어떻게 정하느냐는 문제가 생긴다. 이는 정성적 판단 영역에 속하므로, 여기에서는 논외로 한다. 다시 말해 여기서 논의하고자 하는 출처표시 단위는 '보호받을 수 있는 표현'을 전제로 한다.

정량분석의 단위로서 저작권법상 보호받을 수 있는 표현 전제

한편, '출처표시의 단위' 논의는 뒤에 나오는 '부적절한 출처표시' 중 '부분적/한정적 출처표시' 논의와 다르다. 부분적/한정적 출처표시는 출처표시의 불균일성 不均一性에 비난가능성이 모아지는 것이고, 여기에서의 논의는 출처표시의 균일 여부를 떠나 출처표시의 최소 단위를 논한다는 점에서 차이가 있다. 예를 들어, 어떤 표절 의혹 당사자가 표절 의혹물 전체에서 문단 단위로 출처표시를 붙였다면 불균일한 것은 아니다. 문단 단위로 일관되게 출처표시를 했기 때문이다. 문제는 이런 출처표시가 타당한가에 있다. 인용의 목적과 출처표시 제도의 취지에 비추어 판단할 부분으로, 이 항의 논의는 바로 여기에 초점이 맞춰져 있다.

나. 논의의 한계

결론적으로 필자가 출처표시 단위로 '문장 단위'를 제안하는 것은 불가피한 선택이다. 뒤에서 보는 바와 같이 기존 몇 가지 논의가 너무 불합리하게 진행되고 있어 이를 좌시할 수 없는 상황이고, 나아가 현실적 요구에 답할 수 없다는 것이 무책임한 측면도 있어 부득이하게 제안한 것이니 '하나의 기준'으로 이해하면 좋겠다.

따라서 필자의 문장 단위 제안은 표절 판정의 결정적 기준이라기보다는 하나의 판단자료로 제시한 것이다. 결정적 기준이라고 하기에는 학문의 다양성, 아이디어/표현, 일반지식, 저작권법에 따른 보호 대상으로서 표현, 자기표절/중복게재형 논문, 직접/간접인용, 들여쓰기 여부, 시대별 기준 등 고려해야 할 요소가 많기 때문이다.

이 책 독자에게 양해를 구할 것은 이 부분 논의만으로 표절 여부를 재단하기는 위험하다는 점이다. 앞서 언급한 바와 같이 출처표시 단위를 제시한다는 것은 어려운 작업이나 현실의 요구에 부응하기 위한 불가피한 선택이라는 점을 다시 한 번 강조한다.

다. 기존 논의와 비판

학문이 다양한데도 표절 판단의 근거가 될 수 있는 출처표시의 최소 단위를 정량적으로 제시한다는 것 자체가 매우 어려운 일이다. 그러나 현실의 질문에 대해 답변을 회피하기에는 현실적 요구가 너무도 강력하다. 이에 백가쟁명百家爭鳴식으로 많은 의견이 제시되고 있다.

대체로 미국에서는 연구자가 인용부호나 정확한 언급 없이 원자료에서 4-8개 이상 단어를 있는 그대로 옮기면 학술상 표절로 간주한다고 알려져 있다.[580] 미국의 예를 소개함으로써 우리의 경우에도 거의 비슷한 수준으로 적용되어야 한다는 주장이 있다.[581] 그런가 하면 어느 정도 분량의 글에 각주를 달아야 하느냐에 대하여 국내에 통일된 원칙은 없으나 문단마다 각주표시를 하는 것이 적당하다는 견해도 있다.[582] 한편, 획일적으로 숫자나 비율로 정하기 어렵다는 전제하에 상식적으로 판단해도 자신이 쓴 분량에서 내 것이 남의 것을 인용한 것보다 적다면 문제가 된

---

580. 유재원 등, 앞의 논문(주 530), 347면.
581. 이인재, 앞의 논문(주 358), 12면;이정민, 「인문사회과학 분야에서의 표절 판정 기준 모색」, 이인재 책임 집필, 『인문·사회과학 분야 표절 가이드라인 제정을 위한 기초 연구』, 한국학술진흥재단, 2007, 60 - 79면 등 참조.
582. 한국법학교수회, 앞의 책(356), 9면.

다는 견해가 있다.[583]

여러 논의를 크게 보면 '연속된 몇 개 단어' 제안과 '문단 단위' 제안으로 나누어볼 수 있다. 문제는 이런 제안이 배경이나 합리적 근거에 대한 설명 없이 매우 빠르게 학계뿐만 아니라 일반에 확산되고 있다는 점이다. 이하에서는 대표적으로 위 두 가지 제안을 비판한 후 항을 달리하여 필자의 대안을 제시한다.

(1) 연속된 몇 개 단어 제안

'4 내지 6단어 연속' 또는 '8단어 연속'과 같이 연속된 몇 개 단어가 동일하면 표절로 본다는 제안은 학문의 다양성을 무시한 것이라는 비판을 하지 않더라도 최소한 우리나라에서는 채택하기 어렵다. 단어의 의미가 문법에 따라 달라지고 띄어쓰기 문법도 다르다는 점에서 이와 같은 미국식 제안은 우리나라에 적용하기 어렵다. 연속된 일정 단어 수 이내를 출처표시 단위로 하려면 띄어쓰기가 명확한 문법을 가진 언어구조여야 한다. 영어는 예외적으로 하이픈hyphen을 사용하는 경우를 제외하고는 띄어쓰기가 명확하기 때문에 연속된 단어 수를 기준으로 출처표시의 최소 단위를 정하더라도 나름 합리성이 담보된다. 하지만 우리는 띄어쓰기 문법이 매우 불명확하다는 점에서 채용하기 곤란하다. 저자에 따라서는 띄어쓰기 문법을 무시하고 자신의 글쓰기 방식을 고집하는 경우도 있다. 이런 것을 무조건 비판할 수 없는 것은 글쓰기 과정에서 강조방식 또는 독자의 호흡 등을 고려해 띄어쓰기를 조정하는 예가 많기 때문이다.

한편, 이정민 교수는 학문 선진국에서는 '5단어 이상more than four words'[584] 연속으로 두 군데 이상 거듭해서 남의 글에서 옮겨왔거나, '8단어 연속'이면 표절에 해당한다는 주장을 소개하고 있다.[585] '말뭉치corpus'를 가지고 보면 영어는 네 단어, 우

---

583. 이인재, 앞의 논문(주 358), 16면. 이인재 교수의 고민은 이해되지만 정량적 기준으로 출처표시의 최소 단위를 정하는 논의에는 큰 도움이 되지 않는다고 여겨지므로 이하 논의에서 다루지 않는다.

584. 이 부분은 이정민 교수가 Irving Hexham Web Site의 'more than four words'를 번역한 것으로서 '4단어 이상'의 오기로 보인다. 이정민, 앞의 논문(주 581), 60–61면. 이와 관련하여 캐나다 캘거리대 정치학과의 경우 네 단어 이상을 사용하면 반드시 인용부호를 넣고 해당 출처를 명기해야 한다고 되어 있다. 최장순, 「잘못된 관행, 표절의 생태학 ① 기획을 시작하며」, 교수신문, 2006.9.4. 기사 참조.

585. 이정민, 앞의 논문(주 581), 60–61면.

리말에서는 세 단어가 연속으로 나오는 경우는 많지만, 우리말이나 영어에서 여섯 단어가 연쇄적으로 동일하게 나오는 예는 거의 없다고 보아 여섯 단어의 연쇄적 사용을 표절 기준으로 제시한 것으로 보인다.[586] 이정민 교수는 언어학자답게 말뭉치라는 도구를 이용하여 관용적으로 쓰이는 연속단어를 세 단어 또는 네 단어로 보고, 여섯 단어가 연쇄적으로 우연히 같이 사용될 가능성을 일축했다. 언어학자의 분석으로 귀 기울일 만하다고 생각된다. 그러나 우리말처럼 띄어쓰기가 과학적이지 않은 언어에서[587] 관용적으로 쓰이는 말뭉치를 여섯 단어 미만으로 제한해 표절 판정 가이드라인으로 삼는 것은 대단히 위험하다.

게다가 연속되는 몇 개 단어를 기준으로 출처표시 단위를 정하는 것은 마치 직접인용에만 출처표시를 해야 하는 것으로 비춰질 수 있어 부당하기도 하다. 앞서 본 바와 같이 간접인용도 출처표시 의무가 면제되지 않는데, 피인용물에 있는 연속된 몇 단어를 가져오는 경우에만 출처표시를 해야 한다면, 피인용물의 표현을 바꿔 쓴 간접인용은 표절이 성립하지 않는다고 해석될 수 있어 받아들이기 어렵다.

(2) 문단 단위 제안

문단 단위로 출처표시를 해야 한다는 견해에 따르면, 그렇게 함으로써 본문에 있는 각주의 수를 줄여 시간과 지면을 절약하고 인쇄된 외관을 좋게 할 수 있다면서, 한 문단에서 인용을 여러 개 포함한 경우 마지막 부분에 각주번호를 붙이고 하나의 각주에 전부를 인용하는 것도 허용된다고 한다.[588] 그러나 이는 다음 몇 가지 이유에서 동의하기 어렵다.

---

586. 위 논문, 61면. 이정민 교수는 영어의 예로 "I don't know it", "I want you to" 같은 것을, 우리말에서는 "할 수 있다", "될 수 있다" 같은 것을, 네 단어 또는 세 단어가 연쇄적으로 나오는 흔한 표현으로 들고 있다.

587. 전문 학술 분야에 따라서는 관례적으로 또는 의미를 강조하기 위해 띄어쓰기를 문법과 다르게 하기도 하는데 문법을 내세워 이를 틀렸다고 하지는 않는다. 예를 들어 '판결선고'처럼 붙여 쓰기도 하고 '판결 선고'처럼 띄어쓰기도 한다. 또 다른 예로 "성공보수금액", "성공 보수 금액", "성공보수 금액" 또는 "성공 보수금액" 등으로 띄어쓰기가 제각각인 경우도 심심치 않게 볼 수 있다. 물론 국문법에는 정확한 띄어쓰기 용례가 있겠지만, 용처에 따라 예컨대 교과서와 신문기사 등에서 각기 사용하는 띄어쓰기 방식이 다른 것이 우리말의 현실이다.

588. 한국법학교수회, 앞의 책(주 356), 17면.

첫째, 출처표시의 본래 목적과 기능에 부합하지 않는다. 문단 단위로 표시된 하나의 각주 안에 여러 문헌 주 또는 내용 주가 있으면, 정확히 어떤 본문에 어떤 주가 연결matching되는지 알 수 없어 혼란이 초래되고 결국 출처표시 본래 기능을 수행하지 못하게 될 우려가 있다.

둘째, 독자를 표절 위험에 노출시킬 우려가 있다. 한 문단이 여러 문장으로 되어 있을 때 문단 끝에 각주가 붙어 있으면 맨 마지막 문장만 인용했는지, 그 문단 전부를 인용했는지 독자가 분별하기는 어려워, 자칫 이런 글을 인용하는 후속 학자를 표절 위험에 노출시킬 수 있다. 특히 같은 저자에게서 여러 문장을 가져오면서도 그것을 한 문단으로 묶고 문단 끝에 출처표시를 하면 독자로서는 각주가 붙은 문장을 제외한 그 문단 내 다른 문장은 저자의 글이라고 오인할 우려가 있다. 이는 전형적으로 타인의 글을 자기 것인 양 하는 표절에 해당한다.

*id.*가 남발되는 글, 수준 높은 글로 볼 수 없어

셋째, 저술 수준을 떨어뜨릴 우려가 있다. 통상 저술자로서는 특정인의 저술에 심하게 의존해 글을 쓸 때, 의존도를 낮게 보이려고 이와 같이 문단 단위로 출처표시를 하고 싶은 유혹을 느끼는 것이 사실이다. 특정인의 저술로부터 여러 문장을 가져다 쓰면서도 문단 끝에 단 한 번 출처표시를 하는 것으로 충분하다고 하면, 저술자로서는 문단을 한없이 길게 하는 글을 쓴다거나 심지어 하나의 '항'이나 '절' 단위로 출처표시를 하는 지경에까지 이를 수 있다. 한마디로 도덕적 해이가 올 수 있다. 만약 이를 뒤에서 제시하는 필자 제안과 같이 '문장 단위' 출처표시로 환원하면, 각주는 온통 '*id.*', 즉 '위의 글'이 반복될 것이다. 이는 곧 특정 문헌에 지나치게 의존했음을 자백하는 꼴이 되기 때문에, 사려 깊은 저술자로서는 이를 피하기 위해 특정 문헌 외에 다른 문헌을 추가로 인용하도록 스스로에게 요구할 것이다. 이렇게 되면, 하나의 문헌에 의존하는 저술보다는 여러 문헌을 참고하는 저술이 되는데, 이로써 저술 수준이 높아지는 것은 당연하다. '형식을 갖춤으로써 질적 수준이 향상'되는 결과를 낳은 것인데, 정직한 글쓰기의 순기능이라고 할 수 있다.

형식을 갖추려 하면 질도 높아져

끝으로 우리나라 판결 중에도 문단 단위로 출처표시한 것을 표절이라고 한 것이 있어 소개한다.

> 원고는 피인용저서의 해당부분의 내용을 그대로 혹은 약간의 수정을 거쳐 본문의
> 내용으로 삼고 있을 뿐 독창적인 내용은 거의 쓰지 아니하였고, 하나의 단락 또는
> 전체 문장을 인용하였음에도 하나의 문장에만 또는 문장의 중간에만 인용표시를 하
> 였으므로 표절한 것으로 봄이 상당하고, 그 인용의 정도에 비추어 볼 때 참고문헌에
> 피인용 저서를 표시하였다는 것만으로 달리 볼 수 없다. 이러한 표절은 학자로서 중
> 대한 징계사유에 해당한다.[589]

(3) 공통분모형 출처표시 : 장/절/항 단위 출처표시

문단 단위의 출처표시가 지나치면 '장'이나 '절', '항' 전체를 타인에게서 가져오면
서 그 제목에만 출처표시를 하는 경우가 있다. 이것이 더욱 지나치면 뒤에서 보는
바와 같이 서문에 하는 '포괄적/개괄적 출처표시'로 진전될 수 있다. 하나의 장/절/
항에 속하는 몇 개 문단 또는 문장을 특정 출처에서 가져올 경우, 문단 단위 제안이
나 뒤의 문장 단위 제안에 따르면 문단마다 또는 문장마다 출처표시를 달아야 한
다. 이때 같은 출처를 계속 나열할 수밖에 없다. 이를 피하고자 공통된 하나의 출처
를 장/절/항의 제목 뒤로 뽑아 달았다는 점에서 '공통분모형 출처표시'라고 부르고
싶다.

　공통분모형 출처표시 방법의 일환으로 장/절/항의 제목에 출처표시를 하는 것
은 문단 단위 출처표시보다 좋지 않으며, 대표적으로 출처표시 누락에 따른 표절이
라고 할 수 있다. 컴퓨터 글쓰기가 보편화된 오늘날 학생들의 리포트 등에서 이런
현상을 쉽게 발견할 수 있다. 이른바 '오려붙이기'cut and paste'가 극에 달하면 이와 같
이 하나의 장/절/항을 통째로 특정 출처에서 가져오면서 이와 같은 공통분모형 출
처표시 유혹에 빠지게 된다. 표절 의혹 당사자로서는 장/절/항의 말미에 출처표시
를 하는 것이 자칫 맨 마지막 문장만 인용한 것으로 오인될 것을 우려해, 이와 같은
공통분모형 출처표시를 하는 것으로 이해할 수 있다. 그러나 그런 의도가 정당화될

---

589. 연구년실적물 민사사건 판결(주 475).

수는 없다.

허용되는 자기표절/중복게재의 경우

그런데 장/절/항 단위의 공통분모형 출처표시가 용인되는 경우가 있다. 선행 저술이 자기 것인 때로서 이른바 '허용되는 자기표절' 또는 '비난가능성 없는 자기표절'[590] 논문인 경우, 논의 전개상 자기 선행 저술의 특정 부분(장, 절, 또는 항 전체)을 거의 그대로 가져와야 할 때가 있는데, 이때는 공통분모형 출처표시가 불가피하다.[591] 물론 이때는 후행 저술의 논의 전개상 부득이하게 자기 선행 저술의 특정 부분 전체를 가져올 수밖에 없음을 밝혀야 한다.

장/절/항의 제목 자체를 인용한 경우

한편, '장/절/항 등 제목 끝에 각주를 붙이는 경우'가 항상 틀린 것은 아니다. 그 제목의 고유한 표현이나 아이디어를 특정인에게서 가져온 경우에는 적절한 출처표시라고 할 수 있다. 엄밀하게 말하면 이 경우는 부적절한 출처표시의 하나로 논의되는 공통분모형 출처표시가 아니라고 할 수 있다. 동일한 출처표시를 피하기 위해 제목에 출처를 밝힌 것이 아니기 때문이다.

라. 대안 – 문장 단위

(1) 원칙

위에서 본 바와 같이 '연속된 몇 개 단어' 제안과 '문단 단위' 제안은 출처표시 단위로 채택하기 어렵다. 불가피하게 제안해야 한다면, '연속된 몇 개 단어'를 대체할 만한 것으로 문화적 차이를 감안한 것이 '문장 단위'다.

문장에 따라서는 8단어 이상인 것이 일반적이라 할 수 있지만,[592] 현실적으로

---

590. 비난가능성 있는 자기표절과 비난가능성 없는 자기표절에 대해서는 주 802 – 808 해당 면 참조.
591. 문장 단위 출처표시에 대한 예외가 인정되는 경우다. 주 596 – 597 해당 면.
592. 특히 학술적 저술의 경우 일반 구어체 문장에 비해 한 문장이 대개 길다.

다른 대안을 찾기 어렵고 명확성이라는 장점이 있어 원칙적으로 문장 단위를 출처 표시 단위로 제안한다. 물론 문장 단위 출처표시 단위를 악용하는 경우, 즉 동일한 출처표시의 반복을 줄이기 위해 억지로 한 문장을 만드는 과정에서 복문이나 중문을 지나치게 많이 사용하는 것은 옳지 않다. 이 경우에는 절이 문장을 대체한다고 보는 것이 좋다. 즉, 두 개 이상 문장으로 써야 할 것을 문장 단위에 집착한 나머지 한 문장으로 만들다 보니 여러 절이 사용된다면 절 별로 출처표시를 하는 것이 타당하다.

(2) 예외 1 : 의도와 맥락

위에서 '원칙적으로'라고 한 것은 전후 맥락으로 볼 때 속일 의도 없이 두 개 이상 문장을 연이어 인용한 후 출처표시를 마지막에만 달아도 허용되는 경우가 있기 때문이다. 피인용문의 특정 표현 또는 독특한 아이디어를 가져오는 과정에서 그것이 한 문장으로 되어 있지 않은 경우가 있다. 문장마다 모두 독특한 아이디어나 표현으로 되어 있지 않고, 특정 문장의 독특한 아이디어를 설명하기 위한 도입으로 일반지식을 나열하거나 부연으로 반복하는 경우가 있다. 이때에는 여러 문장을 가져오면서도 핵심 아이디어 또는 위와 같은 논리 흐름에서 결론으로 집중 조명받는 문장에만 출처표시를 해도 무방하다. 이 경우 문장마다 출처표시를 해야 한다면, 일반지식에 대해 출처표시를 함으로써 일반지식을 특정인의 것으로 만드는 우를 범할 수 있다.

피인용문에서 한 문장을 가져오는 경우에도 인용자의 글쓰기 방식에 따라서는 이를 여러 문장으로 나눌 수 있다. 이때 피인용문의 문장을 쪼개 쓴 인용문의 문장마다 동일한 출처표시를 하는 것이 마땅하다고 볼 수 있지만, 반드시 그렇게 하지 않아도 된다. 피인용문의 핵심적 아이디어가 남아 있는 인용문 말미에만 출처표시를 달아도 무방하다. 간접인용도 마찬가지다.

출처표시 단위로 문장 단위를 결정적 기준으로 제시하기 어려운 점이 바로 이 부분 때문이다. 결국 저술자의 의도와 전체 맥락 등을 고려하여 출처표시 누락 여부를 판정해야 한다. 즉, 일부 문장에 문장 단위로 출처를 표시하지 않았다 하더라도 그것이 위에서 지적한 바와 같이 일반지식에 해당하는 부분이나, 피인용물의 핵심적 사상을 가져오는 과정에서 그 도입 또는 부연에 해당하는 부분이라면, 그러한 누락을 들어 문장 단위로 출처표시를 하지 않았으므로 표절이라고 단정하는 일은 자제해야 한다.

(3) 예외 2 : 들여쓰기 방식에 따른 직접인용의 경우

앞서 학술적 저술에서 타인의 글을 인용할 때 원칙은 간접인용이고, 예외적으로 직접인용을 하는 것이 좋다는 의견을 피력했다. 그런데 여러 문장을 한꺼번에 인용해야 할 때가 있다. 핵심 사상이나 독특한 표현이 문장마다 나뉘어 있어 위와 같이 그중 하나에만 출처표시를 다는 것이 부적절한 경우다. 이때는 전체를 하나의 따옴표로 묶거나 들여쓰기를 하기도 하고, 글자 크기나 글자체를 달리한 후 끝에 출처표시를 하나 달아 자신의 것이 아님을 밝히는 것으로 충분하다.[593]

한편 본문 중 '따옴표로 묶는 방식'과 '들여쓰기 방식' 모두 원문(피인용문)을 그대로 가져온 것이라는 점에서 같은 직접인용이라고 할 수 있는데, 일정한 길이 이내이면 '따옴표 방식'으로, 이상이면 이른바 '긴 인용'으로 보아 들여쓰기 방식을 취하기로 하는 학계의 합의가 있는 것 같다. 대체로 3문장까지는 따옴표 방식으로, 4문장부터는 들여쓰기 방식으로 해야 한다는 견해가 있는가 하면,[594] 들여쓰기 방식을 구획인용이라 부르고 구획인용의 경우 50개 또는 그 이상 낱말을 인용할 때 해야 하는 것으로서 인용부호 없이 왼쪽과 오른쪽을 들여쓰기로 해야 한다는 견해도 있다.[595]

---

593. '들여쓰기'를 하지 않아 크게 곤혹을 치른 사례가 있어 이를 소개한다. 소설가 공지영의 『의자놀이』라는 책에서 특정인의 칼럼을 별도 인용표시 없이 그대로 쓴 것이 표절 시비에 오른 적이 있다. 이에 대해 공지영은 신문 인터뷰에서 다음과 같이 언급했다.

　　25년 만에 처음 듣는 표절이라는 단어에 자존심이 상했고, 화가 났어요. (중략) 인용하는 부분의 활자 크기를 다르게 했으면 문제가 아니었는데, 활자가 똑같았어요. 좋은 일을 하는 과정에서 나온 출판사의 간단한 실수였어요. (후략)

　　최우리, 「'운명에 대한 질투'는 내가 안고 갈 십자가」, [토요판] 김두식의 고백 - 소설가 공지영(상), 한겨레, 2012.10.13. 기사.

594. www.plagiarism.org (2012.5.17. 방문). 이 사이트에 따르면, 4문장부터는 좌우측에 들여쓰기[indent]를 주되, 글자 크기도 작게 해야 하며, 인용문 전체의 시작과 끝에는 반행을 더 띄우라고 권한다. 즉 본문의 행간이 'single space'였다면 들여쓰기로 인용하는 부분의 각각 전후에 본문과 간격(행간)을 '1.5space'로 하는 것이 좋다는 것이다. 나아가 위와 같이 함으로써 본문과 차별이 생겼기 때문에 따옴표는 따로 필요하지 않다고 한다.

긴 인용, 들여쓰기 방식, 구획인용 등 용어는 제각각 다르지만 뜻은 같다. 그리고 대체로 4문장 이상이면 50개 이상 단어 분량이라고 할 수도 있다. 구체적 방식은 차이가 있지만 중요한 것은 그와 같이 길게 인용하더라도 따옴표를 따로 붙이지 않고도 글자 크기, 들여쓰기 등으로 본문과 차이를 둔다는 점에서 공통점이 있다.

그런데 주의할 점은 들여쓰기 방식 또는 구획인용 방식이 항상 위와 같이 문장 수나 단어 수같이 인용문의 양을 기준으로 하는 것이 아니라는 것이다. 저자의 필요에 따라서는 3문장 이하 또는 50개 단어 미만을 인용하는 경우에도, 강조 의미에서라든지, 지속적으로 뒷부분에서 언급되는 논의를 특별히 돋보이게 할 필요가 있다든지 할 때는 따옴표 방식이 아닌 들여쓰기 방식 또는 구획인용 방식을 쓸 수도 있다는 것이다. 예컨대 판결문 인용이 좋은 예다. 법학 논문에서 판결문의 꽤 긴 부분을 인용할 때는 들여쓰기 방식, 구획인용 방식이 선호되는데, 길지 않더라도 위와 같은 특별한 이유가 있는 때에는 본문과 구별되게 하는 들여쓰기 방식 등이 사용되기도 한다.

(4) 예외 3 : 자기표절/중복게재 관련

앞에서 자기표절/중복게재 논문은 선행 저술이 연구자 본인의 것이라는 점에서 선행 저술이 타인의 저술을 인용하는 경우, 후행 저술에서 재인용 방식을 엄격히 취하지 않아도 된다고 언급했다.[595] 같은 문제가 출처표시 단위 논의에서도 발생한다.

논의 과정에서 자신의 선행 저술을 상당 부분 그대로 가져와야 할 때가 있는데, 전문성이 강하고 지속성이 있는 연구 영역일수록 이런 필요성이 높다. 예컨대 정부 출연연구기관이 FTA 같은 대외경제정책이나 4대강 사업 같은 국토개발에 관한 연구를 수행할 때, 연구의 전문성으로 정권 교체 후에도 해당 기관의 특정 연구원이 계속해서 동일 주제의 연구를 맡는 일이 비일비재하다. 물론 정부정책을 수립하기

---

595. 한국법학교수회, 앞의 책(주 356), 10면. 사실 이 견해는 하버드대학교 등에서 사용하는 'A Uniform System of Citation'(Bluebook, 필자 주)에서 이렇게 규정하고 있다고 한다. 박성호, 앞의 논문(주 497), 164면. 이에 따르면 50개 미만 단어를 인용할 때는 따옴표 방식을 사용한다는 것인데, 연속된 단어 수를 기준으로 하는 것은 앞서 본 바와 같이 명확하지 않다는 점에서 선뜻 동의하기 어렵다.

596. 주 573 – 576 해당 면.

위한 정책적 아이디어를 제공하는 것이 목적인 연구보고서를 작성할 때 정부 교체, 국제질서 변화, 환경 요인 변화 등의 요인에 따라 이전 연구보고서와 다르게 작성할 수 있고, 또한 그렇게 해야 할 것이다. 그런데 그 과정에서 이전 보고서의 특정 부분으로서, 예컨대 역사적 배경이나 연구방법론, 선행연구결과, 여론조사결과 등 각종 통계자료는 그대로 차용할 수 있고, 그렇게 하는 것이 바람직한 연구라고 할 수도 있다. 이 과정에서 자신이 작성했던 이전 연구보고서의 특정 '장'이나 '절'을 새로운 연구보고서에 그대로 가져와야 하는 경우가 있다.

이 경우 자기표절로서 비난가능성이 있는지는 뒤에서 자세히 논하므로 비난가능성 여부는 별론으로 하고, 여기에서는 출처표시를 어떻게 할지만 논한다. 이런 저술 방식이 표절인지는 자기표절/중복게재 논의에서 판단하는 것으로 충분하고, 별도로 출처표시 단위에서까지 논의할 것은 아니라고 본다. 이중처벌이 되기 때문이다.

문장 단위 원칙을 고수할 경우, 자신의 선행 논문을 문장마다 출처로 제시해야 하므로 아주 거추장스러운 일이 된다. 그렇다고 들여쓰기 방식도 곤란할 수 있는데, 경우에 따라서는 들여쓰기 방식으로 처리하는 것이 적당하지 않을 정도로 많은 부분을 선행 저술에서 가져와야 하기 때문이다.

결론적으로 앞서 본 인용 목적(권위의 원천 제공, 검증 편의 제공, 표절회피)과 뒤의 자기표절/중복게재에 대한 비난가능성의 취지 등을 종합하면, 이 경우에는 자신의 선행 저술이 시작되는 항이나 절의 제목에 대한 주로 그 항이나 절에 속한 내용을 자신의 선행 저술에서 가져왔다는 점을 밝히는 것, 즉 위에서 말한 '공통분모형 출처표시'[597] 외에는 달리 대안이 없다고 생각한다.

---

597. 주 589 - 591 해당 면.

5. 부적절한 출처표시

가. 의의

그간 학술적 저술에서 표절을 피하려면 출처표시를 해야 한다는 논의는 꽤 있었다. 학술적 글쓰기를 하는 연구자들도 대부분 이를 잘 알고 있다. 그리하여 논문을 비롯한 학술적 저술에서 출처표시를 나름대로 열심히 하는 경우가 많다. 그런데 출처표시의 의의와 방법을 모르거나, 때로는 알면서 게을리하기도 하고, 더 나아가 사실상 표절에 해당하는데도 악의적으로 이를 피하려고 출처표시 흉내만 내기도 한다.

이 항은 앞에서 논의한 것에 대한 일종의 보완적 성격을 지닌다. 사실 출처표시의 최소 단위를 '문장'으로 한다는 원칙을 고수한다면 이 항의 논의는 불필요하다. 그 밖에 독창적 아이디어에 대해 출처표시를 하지 않은 경우, 간접인용이라고 하여 출처표시를 하지 않은 경우, 재인용에서 원출처를 밝히지 않거나 2차출처 저자의 기여가 있어 원출처 외에 2차출처를 밝혀야 함에도 그렇게 하지 않은 경우 등을 일반적 출처표시 누락에 따른 표절로 본다면, 더는 논의가 필요하지 않을지도 모른다. 그러나 앞에서 여러 차례 언급한 바와 같이 표절 논의는 그렇게 단순하지 않다. 현실에서 발생하는 문제는 위에서 말한 원칙적 요소가 완벽하게 갖추어지거나 결여되어 있지 않을 뿐 아니라, 서로 복합적으로 연결되어 있다. 예컨대 독창적 아이디어 인용 문제는 간접인용과 관계가 밀접하고 재인용 문제와도 관련이 있으며, 그 독창적 아이디어가 논리적으로 설명되는 과정에서 두 문장 이상으로 표현되기도 한다. 여기에서 마치 '나무' 하나하나를 뜯어보듯 출처표시 누락 여부를 살펴볼 수도 있지만, 전체적으로 '숲'을 조망하듯 학문윤리인 표절금지윤리를 위반했는지 살펴볼 필요도 있다. 여기에서 저술자의 의도와 표절 의혹 부분의 전후 맥락을 고려할 수 있다.[598] 이 과정에서 부분적으로는 출처표시 누락이 문제 되더라도 전체적으로는 해당 학문이나 동시대 관점 또는 기준에서 용인될 수도 있다. 반면에 부분

---

598. 문장 단위 출처표시 원칙을 지키지 않았어도 예외적으로 표절이라고 볼 수 없는 경우로 저술자의 의도와 맥락이 중요하다고 한 것은 주 592와 593 사이 해당 면.

적으로 출처표시 누락이 있을 뿐 아니라 전체적으로도 용인될 수 없는 수준이라면 표절 판정에 더욱 확정적 판단을 제공할 수도 있다. 지금까지 살펴본 출처표시 문제가 나무였다면 이 항의 논의는 숲에 해당한다고 할 수 있다. 그러나 출처표시 논의의 본질은 그 목적과 기능에 비추어볼 때 전자에 있기 때문에 후자, 즉 이 항의 논의는 보완적 성격을 지닌다.

또한 출처표시 의무 위반의 형태는 앞서 논의한 것 외에도 매우 다양하다. 결국 필자는 단지 몇 개 원칙을 제안하고 설명했을 뿐이다. 나머지는 '합리성'이라는 불확정 개념에 넘길 수밖에 없다. 여기에서 저작권법상 출처표시 규정의 정신이 표절에도 적용되어야 한다.

제37조(출처의 명시)

① 이 관에 따라 저작물을 이용하는 자는 그 출처를 명시하여야 한다. 다만, 제26조, 제29조부터 제32조까지, 제34조 및 제35조의2의 경우에는 그러하지 아니하다.

② 출처의 명시는 저작물의 이용 상황에 따라 <u>합리적이라고 인정되는 방법</u>으로 하여야 하며, 저작자의 실명 또는 이명이 표시된 저작물인 경우에는 그 실명 또는 이명을 명시하여야 한다.

제37조제2항의 '저작물의 이용 상황에 따라 합리적이라고 인정되는 방법'은 표절금지윤리의 출처표시 적정성 판단에 그대로 가져와도 무방하다. 실제로 '합리적 출처표시'를 위반했는지가 재판에서 쟁점이 된 적이 심심치 않게 있다.

이 항에서는 판결을 중심으로 출처표시 의무 위반 문제를 살펴보는데, 출처표시 의무 위반이라는 점에서 전형적 표절인 '출처표시 누락'에 포함시킬 수 있다. 그러나 부족하지만 출처표시를 전혀 하지 않은 것은 아니라는 점에서 '부적절한 출처표시'라는 제목으로 논의하려 한다. 이 항의 논의는 예시적인 것이다. 앞으로도 사례 발굴에 따라 새로운 유형의 부적절한 출처표시 논의가 추가될 수 있다.

나. 포괄적/개괄적 출처표시

학술적 저술의 본문에서 출처표시를 제대로 하지 않았어도 서문에 개괄적으로 특정 저술에 의존해서 썼다고 밝혔다면 출처표시 의무를 다했다고 할 수 있을까? 인용 목적, 출처표시 기능에 비추어보면 있을 수 없는 일이다. 이와 관련된 판결을 여러 건 소개한다.

먼저 대표적으로 법학교과서 I 사건에서 대법원은 다음과 같이 판시한 적이 있다.

> 원고가 집필하여 출간한 저서들의 내용에 정당한 범위를 초과하여 독일 학자들의 저서를 인용한 부분이 포함되어 있지만 저서의 성격과 대상, 인용한 부분의 내용, 원고가 출처를 개괄적으로 표시한 점 등에 비추어 원고의 위 집필·출간 행위가 소정의 징계사유에 해당하지 않고 (후략)[599]

위 대법원판결에서 "출처를 개괄적으로 표시한 것"이 징계사유, 즉 표절에 해당하지 않는다고 한 사실관계를 원심판결에서 좀 더 자세히 보면 다음 두 가지로 나누어볼 수 있다. ① 저서의 머리말에 개괄적으로 피인용저서를 밝히는 방법, ② 저서의 각 장 및 절에 출처인 자신의 논문을 기재하는 것 외에 본문에서는 구체적으로 출처표시를 하지 않는 방법(단, 피인용된 자신의 논문에는 인용 부분마다 각주를 다는 등의 방법으로 인용했다)이 그것이다. 원심법원은 이러한 출처표시 방법이 '충실한' 것은 못 되지만 표절로 볼 정도는 아니라는 취지로 판결했다.

> 원고는 독자가 이 사건 각 저서의 해당부분이 이 사건 각 원저서를 인용하였다는 사실을 알 수 있을 정도로 그 출처를 머리말, 논문 등을 통하여 표시하였다고 할 것인바(다만, 본문의 각 해당부분마다 구체적으로 출처를 표시하는 방법과 비교할 때, 위와 같은 출처표시방법이 '충실한' 출처표시 방법이라고 할 수는 없다), 이러한 사정에 비추어 보면 비록 원고가 타인의 저작물을 인용함에 있어서 공정한 관행에 합치되지 못하는 방법을 사용하기는 하였지만, 진정한 저작자를 은닉한 채 자신의 저작물인 것처

---

599. 대법원 2006.12.22. 선고 2005다41009 판결(이하 '법학교과서 I 사건 판결'이라 한다).

럼 제시할 의도는 전혀 없었다고 보여지므로 그와 같은 행위를 표절(법률용어가 아니어서 그 정확한 개념 정의가 곤란하나, 일반적으로 원저작물과 거의 동일하게 복제하여 이를 자신의 것으로 발표하는 것을 의미하는 것(도작盜作과 같은 의미) 같다)에 해당한다고 평가할 수는 없을 것이며, 나아가 이를 두고 교수로서의 윤리적 규범이나 품위를 손상하는 행위라고 볼 수 없다.[600]

그러나 안타깝게도 법학교과서 I 사건의 원심판결을 포함한 대법원판결은 인용의 목적과 합리적 출처표시 방법에 대하여 제대로 이해하지 않은 것으로 보인다. 다시 인용의 목적으로 돌아가보자. 인용의 본래 목적은 독자로 하여금 해당 저술이 어떤 선행(인용) 자료에 지지되는지를 밝힘으로써 해당 저술의 신뢰도를 높이고(권위의 원천 제공), 그 선행 자료의 권위 정도에 따라 해당 저술의 신뢰도를 검증할 기회를 독자들에게 제공하기 위한 것(검증 편의 제공)이다.[601] 이 판결이 주목하는 것은 표절 의혹 당사자(원고)가 서문에 개괄적으로나마 피인용저서의 존재를 밝혔기 때문에 진정으로 피인용저서를 숨기고 자기 저작물인 것처럼 제시할 의도는 없었다는 데 있다. 이는 인용의 목적 중 '표절 회피'[602]로 해석될 여지가 있다. 그러나 인용의 본래 목적은 도외시하고 소극적 목적(표절 회피)에만 - 그것도 '충실한' 것이 아니라는 점을 인정하고 있음 - 치중하여 표절이 아니라고 본 것은 타당하지 않다.[603]

이 판결대로라면 앞으로 저술자들은 본문에서 인용한 저술(피인용저서)의 출처를 일일이 각주로 제시하지 않아도 피인용저서의 존재를 서문에 밝히기만 하면 표절 책임에서 자유롭게 될 것이다. 학문세계에서 이와 같은 저술방식이 통용되리라 생각한다면 한마디로 지나치게 순진하다는 평가를 받을 것이다. 이는 우리나라 학문 수준의 저열함을 스스로 드러내는 것으로, 사법부가 표절에 관해 이런 결론을 내린 것에 결코 동의하기 어렵다.

---

600. 법학교과서 I 사건 항소심 판결(주 377).
601. 주 471 – 476 해당 면.
602. 주 477 – 482 해당 면.
603. 이 사건에서 원고는 단지 자신이 인용한 저서를 서문에서 밝혔다는 것으로, '표절 책임 회피'라는 인용의 소극적 목적을 그것도 아주 부실하게 달성했을 뿐이다. 인용의 목적을 적극적인 것과 소극적인 것으로 분류한 것은 주 471 해당 면 참조.

다행히 법원은 대법원판결 선고 전후로 이 판결이 매우 독특한 판결로 보이게 할 정도로 이와 다른 판결을 여러 차례 선고[604]했다는 점에서, 이 대법원판결에 대한 필자의 강력한 이의제기에 힘을 실어주고 있다.

'박사학위 논문지도 사건'(2005년 판결)에서 대구고등법원은 서문에 출처를 게재함으로써 출처표시를 생략할 수 있다는 교육계의 일반적 합의지침이 존재하지 않는다고 명시적으로 판결한 적이 있다.

> 나아가 위와 같은 각 머리말의 기재로써 피인용저작물의 거시를 대신한다거나, 인용의 목적, 저작물의 성질, 독자의 일반적 관념 등을 고려하여 피인용저작물의 거시를 생략할 수 있다는 교육계의 일반적인 합의지침 등이 존재한다고 인정할 만한 증거도 없어, 이를 '공표된 저작물의 인용'에 해당한다고 볼 수도 없다.[605]

이뿐만 아니라 '예술철학 사건 판결'(2004년)에서 서울행정법원은 본문에서 각주 등을 통해 구체적으로 출처표시를 하는 대신, 머리말에서 위 피인용저서를 참고했다고 한 것만으로는 부족하고, 말 그대로 단순히 참고만 하여 자신의 저서를 저술한 것으로 오해할 소지가 있다는 점을 표절 인정 근거로 삼기도 했다.

> 원고는 이 사건 서적의 "머리말"에서 '서론에서 제4장까지는 〈○○○〉의 내용을 참조하였으며, 제5장에서 제8장까지는 〈○○○○〉의 내용을' 참조하였다고 기재하였고, 이 사건 서적 말미의 참고문헌란에도 이 사건 비교대상 서적들을 다른 참고문헌들과 함께 기재하였을 뿐 각주 등을 통하여 구체적인 인용범위와 내용을 표시하지는 아니하였다. (중략) 이 사건 비교대상 서적을 단순히 참고하는 정도를 넘어서서 인용근거를 밝히지 아니한 채 직접 서술하는 형식으로 인용하였는데, 이는 이른바 표절에 해당한다고 봄이 상당한 점, 그럼에도 원고는 서적의 저자로서 인용방법을 사용함에 있어 인용근거를 정확하고 분명하게 적시하지 아니하여, 결과적으로 독자로 하여금 원고가 이 사건 비교대상 서적을 원고가 "머리말"에서 기재한 그대로 단

---

604. 법학교과서 II 사건 판결(주 547);박사학위 논문지도 사건 판결(주 487);서울행정 2004.7.13. 선고 2004 구합6297 판결(이하 '예술철학 사건 판결'이라 한다) 등.
605. 박사학위 논문지도 사건 판결(주 487).

순히 참고만 하여 이 사건 서적을 저술한 것으로 오해할 여지가 있는 점 등을 알 수 있는바 (후략)[606]

이 사건에서 법원은 표절 책임을 피하기 위해서는 머리말에서 본문의 장별로 참조한 문헌을 제시한 것으로는 부족하고 인용근거를 정확하고 분명하게 적시해야 한다는 취지로 판결했다. 이는 법학교과서 I 사건 판결과 극명히 대비되는 것으로, 인용 목적을 제대로 파악한 지극히 타당한 결론이다. 특히 머리말에서 기재한 대로 '단순히 참고만 한 것으로' 오해할 소지가 있다는 점을 출처표시 부당성의 근거로 든 것은 매우 참신하다.

한편 판결의 경향에서 판결 선고시점 못지않게 표절이 문제 되는 저서의 출판시기가 중요하다. 최근에 선고된 판결이라도 표절 의혹 저서의 출판시기가 1980년대 또는 1990년대라면, 그보다 이전에 선고된 판결사안의 저서가 2000년대 출간된 것에 비하여 반드시 더욱 엄격한 출처표시 기준을 적용했다고 기대할 수 없기 때문이다. 이는 저작권침해 판단의 공정한 관행에 대한 기준이나 표절에서 표절 판정 기준은 판결 선고시점이 아닌 저술 또는 출판시기를 기준으로 삼아야 한다는 점에서 그렇다.[607] 법학교과서 I 사건의 대법원판결이 2006년에 선고됐지만, 이 사건에서 표절 의혹 저서 3권은 1989년부터 1992년 사이에 최초로 출간되어 1998년부터 1999년 사이에 재출간됐고, 2004년 선고된 예술철학 사건의 표절 의혹 저서는 1998년에, 2005년 선고된 박사학위 논문지도 사건의 표절 의혹 저서는 1996~2001년에, 2007년 선고된 법학교과서 II 사건의 표절 의혹 저서는 2005년에 출간됐다. 판결선고일이 아닌 표절 의혹 저서의 출판일을 기준으로 하면 우리 법원 판결은 최근 출판된 저서에 대하여 출처표시 기준을 과거 출판된 저서보다 더 엄격히 적용했다고 할 수 있다.

학은형[學恩型] 출처표시

개괄적 출처표시의 정도가 심해지면 서문에 피인용저서의 저자에 대한 고마움

---

606. 예술철학 사건 판결(주 604).
607. 이는 뒤에서 자세히 논의하는 바와 같이 표절 여부 판단의 이른바 '행위시법주의', 즉 표절 행위 시의 표절 판정 기준을 준거기준으로 적용해야 한다는 것과 관련이 있다. 주 994 – 1000 해당 면 참조.

을 표한 것으로 출처표시라고 주장하게 될 수도 있다. 법학교과서 I 사건 항소심 판결에 따르면 저자가 피인용저서의 존재를 숨기지 않고 적극적으로 드러냈으니 출처표시가 전혀 없다고 볼 수 없다는 논리가 가능하기 때문이다. 필자는 비판 차원에서 이와 같은 '개괄적 출처표시'를 '학은형學恩型 출처표시'라고 부르고 싶다.[608] 실제 이와 관련된 사건이 발생한 적이 있다. 법학교과서 II 사건 판결에 다음과 같은 부분이 있다.

> 다만 이 사건 저서의 서문에 "이러한 이론적인 근거는 존경하는 ○○대학교 ○○○ 교수님의 가르침에 기인하는 바가 크다.", "본서가 출간됨에 있어서 학문적으로 많은 가르침과 도움을 주신 ○○○ 교수님께 깊은 감사를 드린다. 또한 동료 교수로서 많은 학문적 깨우침을 준 ×××교수님에게도 깊은 감사를 드린다."라고 기재되어 있다.[609]

법원은 저서의 서문에 감사의 인사를 한 것에 대해 정당한 출처표시로 인정하지 않았다. 당연한 결론이지만, 법학교과서 I 사건에서 개별적 출처표시 대신 서문에서 개괄적으로 출처표시를 한 것에 대해 표절이 아니라고 판결한 것과 대조된다.

한편 개괄적 출처표시와 관련해 포스너 교수도 특정인의 저술에서 폭넓게 인용하면서 서술의 흐름을 방해하고 독자의 시선을 산만하게 하는 인용부호 없이 인용한다는 내용을 서문에서 밝힌 경우, 그 특정인의 저작권이 살아 있거나 그와 같은 사용을 허락하지 않았다면 이는 저작권침해에 대한 자백에 해당한다면서도 그것이 표절에 해당한다고 단언하기 어렵다는 견해를 피력했다.[610] 포스너 교수의 이 말로써 서문에 하는 '개괄적 출처표시'가 저작권침해 여부는 별론으로 하고 표절은 아니라는 논거가 될 수 있을까?

그러나 그렇게 볼 수 없다. 포스너 교수가 예로 든 사안은 케네디家를 다룬 책

---

608. 법학교과서 I 사건에서 대법원이 표절이 아니라고 한 '서문에 하는 개괄적 출처표시'가 용인될 수 있다면, 통상적으로 우리나라 학자들이 저서의 서문에 즐겨 쓰는 "○○○ 스승의 학은學恩에 힘입은 바 크다"라는 것도 개괄적 출처표시로 볼 수 있지 않느냐는 너스레도 가능할 것으로 보인다.

609. 법학교과서 II 사건 판결(주 547).

610. 포스너, 앞의 책(주 58), 117면.

으로, 일종의 전기류傳記類라고 할 수 있는데, 통상 일반인을 대상으로 하는 비슷한 전기서가 많이 출간된다는 점에 비추어볼 때, 이런 종류의 전기류와 법학교과서 I 사건 또는 법학교과서 II 사건에서와 같은 학술적 성격의 저술을 같이 논할 수 없기 때문이다. 학술적 성격의 저술, 특히 고도의 전문성을 지닌 저술에서 적용되는 출처표시 정도를 전기작가들이 일반인을 대상으로 펴낸 전기류 저술에 적용되는 출처표시 의무 수준으로 낮출 수는 없다. 전기류 저술에서 독자들이 주목하고 기대하는 것은 전기류 작가의 독창성, 개성보다는 전기에 등장하는 주인공과 관련된 사실 자체인 데 반해, 학술적 성격의 저술, 특히 고도의 전문성이 필요한 저술에서 독자들이 주목하는 것은 그와 달리 저자의 창의성과 개성이기 때문이다. 바로 이런 점에서 출처표시도 저술의 성격, 장르에 따라 다르다는 것을 알 수 있다.

다. 부분적/한정적 출처표시

표절자의 심리 중에는 저술의 일부에서만 출처표시를 제대로 함으로써 마치 저술 전체를 정직한 것처럼 보이고자 한 것이 있다. 이는 독자를 속이는 것으로, 부적절한 출처표시에 해당한다. 유명 표절 전문사이트에 따르면, 이런 경우를 '완전범죄 The Perfect Crime'라고 하여 출처를 표시했는데도 표절이 되는 유형의 하나로 규정하고 있다.[611] 우리나라에서는 저술 전체적으로 출처표시가 균일하지 않고 특정 부분만 집중적으로 출처표시가 행해진 경우를 '부분적/한정적 출처표시'라고 하는데, 법원 판결 중에는 이를 합리적 출처표시로 인정하지 않은 것(법학교과서 II 사건 판결)이 있어 눈길을 끈다. 특히 그 이유로 출처표시가 없는 부분은 저자 고유의 것으로 오인될 수 있다는 점을 들었는데 타당한 판단이다.

> 원고는 몇 부분에 한정하여 각주로서 피인용저서를 출처로 표시하는 외에는 일체의 출처표시를 하지 않은 점(이와 같은 한정적·부분적 출처표시로 인하여 오히려 출처를 표시하지 않은 다른 부분은 원고 자신이 직접 저술한 것처럼 보일 개연성이 크다)[612]

---

611. "Sources Cited (But Still Plagiarized)", www.plagiarism.org (2013.7.27. 방문) 참조.

서울행정법원도 2008년 선고한 사건에서 부분적 출처표시에 대해 인용 부분과 저술자의 독창적 연구 부분이 구분되지 않는다는 점을 이유로 표절로 판단했다.

참가인은 위 논문에서 이미 발표된 위 저서들을 참고문헌으로 표시하였고 인용한 내용 중 일부분에 대하여는 각주로 인용표시를 하였으나, 일부분에 대하여는 아예 인용표시 없이 인용하거나 인용한 내용 전체에 관하여 인용표시를 하지 않고 인용 내용 중 하나의 문장 또는 문장 중간에 인용표시를 하여, 인용한 부분과 참가인의 독창적인 연구실적 부분을 제대로 구분하지 않았다. (중략) 이 사건에 관하여 보건 대, 참가인은 이 사건 논문을 작성함에 있어 타인의 저서 4권을 짜깁기하는 방식으로 적절한 인용도 없이 표절하였는바, (후략)[613]

한편, 한국행정학회의 지침도 '인용한 부분의 일부분에 대해서만 인용표시를 한 경우'를 표절에 해당하는 경우로 예시하고 있다.[614] 출처표시라는 외관을 갖추 었지만 표절이 될 수 있는 대표적인 경우라 할 부분적/한정적 출처표시는 앞으로 도 학술적 저술을 하는 연구자들이 매우 유의해야 할 점이다. 그렇다면 부분적/한 정적 출처표시라는 비난을 면하기 위해서 출처표시 정도는 어느 수준까지여야 하 는가 하는 물음이 따라오게 된다.

지금까지 법원판결에서 논란이 되어온 부분적/한정적 출처표시는 사실상 출처 표시라는 외관을 띠었을 뿐 출처표시라고 볼 수 없을 정도로 매우 성글고 거친 것 이었다고 할 수 있다.[615] 따라서 이런 수준의 부분적/한정적 출처표시를 표절로 보 는 데는 큰 무리가 없다. 문제는 이런 정도에 이르지 않더라도 몇 문단, 몇 문장의 출처표시를 누락할 때 부분적/한정적 출처표시라고 할 수 있는지에 있다. 이는 앞

---

612. 법학교과서 II 사건 판결(주 547).
613. 서울행정 2008.10.30. 선고 2008구합22754 판결(이하 '연구년실적물 행정사건 판결'이라 한다).
614. 유재원 등, 앞의 논문(주 530), 351면. 한편, 정해룡 교수도 인용하는 글의 부분적인 인용처리는 표절에 해당한다는 견해를 피력한다. 정해룡, 「윤리적 글쓰기의 가이드라인 - 글쓰기 윤리의 위반 사례와 모범적 글쓰기 사례」, 리처드 포스너, 『표절의 문화와 글쓰기의 윤리』, 2007, 196 - 198면(정해룡 교수는 Posner 의 『The Little Book of Plagiarism』을 번역출간하면서, 전체 책 분량의 3분의 1가량에 자신의 독자적인 의견을 할애하고 있다).
615. 대표적으로 법학교과서 II 사건 판결(주 547), 예술철학 사건 판결(주 604), 연구년실적물 행정사건 판결 (주 613)을 들 수 있다.

서 본 출처표시 단위와도 직접 연결되는 논의라는 점에서 판단하기 매우 까다로운 부분이다.

한편, 출처표시를 전면적으로 하지 않고 일부에 대해서만 한 사건('명예훼손 사건 판결')에서 법원은 논문의 세부적인 부분에서 다른 논문 인용을 누락했다고 하더라도 각주와 참고문헌에서 논문작성에 참고한 자료들을 밝혔다는 이유로 표절이 아니라고 판결했다.[616] 이는 법학교과서 II 사건 판결의 표절 판정 기준에 비해 대단히 관대한 것으로 보인다. 그런데 사안에서 문제 된 책의 발행연도가 1990년임을 고려하면, 연구년실적물 행정사건(발행시기 2007년), 법학교과서 II 사건(발행시기 2005년), 예술철학 사건(발행시기 1998년)과 비교하여 표절 판정에 관한 법원의 기준이 더욱 엄정해지고 있다는 것으로 이해할 수 있다.

소설가 공지영의 '의자놀이 표절 시비' 사건에서 작가가 실수라고 인정한 바와 같이 여러 사람의 칼럼을 인용하면서 출처표시를 했는데도, 유독 특정인의 칼럼만 출처표시를 하지 않은 것(작가 표현을 빌리면 '들여쓰기 하지 않은 것')은[617] '실수에 의한 표절' 성립 여부는 별론으로 하고, 균일하지 않은 출처표시로 부분적/한정적 출처표시의 한 예라 할 것이다.

라. 간접적 출처표시

본문에서 해당되는 부분마다 구체적으로 출처표시를 하지 않고 장/절/항 별로 몰아서 인용문헌을 기재하는 것을 적절한 출처표시로 볼 수 있는가? 이는 앞서 본 바와 같이 장/절/항 등 저술의 상당 부분을 특정 저술에서 가져온 경우 문장마다 출처표시를 하는 대신 장/절/항의 제목에 출처표시를 하는 '공통분모형 출처표시'[618]와 구별되는 것으로서, 출처표시가 제대로 된 자신의 선행 저술을 장/절/항 등의 처음 또는 말미에 밝힘으로써 해당 저술에서 일일이 출처를 표시하는 수고를 대체하는 것이다. 공통분모형 출처표시가 특정인의 한 문헌을 출처로 표시한 것이라면, 지

---

616. 명예훼손 사건 판결(주 447).
617. 최성진, 앞의 기사(주 13) 참조.
618. 주 589 – 591 해당 면.

금 논의하는 출처표시 방식은 여러 출처로부터 가져다쓰면서도 일일이 출처를 표시하지 않고 출처표시가 제대로 된 자신의 선행 저술을 밝힌 것이라는 점에서 다르다. 즉, 피인용물에 대해 직접 출처표시를 하지 않고 출처표시가 제대로 된 자신의 선행 저술을 밝힌 것으로 대신한다는 점에서 '간접적 출처표시'라고 부르고 싶다.

인용의 목적, 즉 권위의 원천을 가져오고 검증을 용이하게 하기 위한 것이라는 점에서, 이와 같은 간접적 출처표시를 합리적 출처표시라고 보기 어렵다. 앞에서 본 법학교과서 I 사건 항소심 판결에서도 법원은 이를 '충실한' 출처표시 방법이 아니라고 판단했다.[619]

출처표시가 된 선행 논문을 표시하는 것으로 족한가?

법학교과서 I 사건 항소심 판결에서 표절 의혹 당사자는 출처표시가 제대로 된 자신의 선행 논문을 본문의 각 장 또는 각 절의 한 곳에 몰아서 기재했는데, 이에 대해 법원은 '충실한' 출처표시는 아니라고 하면서도, 최종 결론은 표절이 아니라고 했다. 위 판결에 따르면 출처표시를 제대로 한 자신의 논문을 서두에 제시하고 그 논문을 참고했다고 하기만 하면 후행 저술은 모두 출처표시 의무를 다한 것으로 된다는 셈인데, 이것이 학계에서 '합리적이라고 인정되는 방법'의 출처표시로 받아들여질지는 미지수다.

이는 출처표시 의무와도 관련되고 자기표절 또는 중복게재와도 연관되는 쟁점인데, 이 판결 하나만으로 우리 법원의 태도를 단정할 수는 없지만, 법원은 표절 판단에서 표절 의혹 당사자의 의도를 중시한 것으로 이해할 수 있다. 부실하지만 출처를 개괄적으로 밝힘으로써 자기 것인 양 하려는 의도가 없었다고 본 것이다. 그러나 인용 목적이 권위의 원천을 가져오고 검증을 용이하게 하기 위한 것이라는 점에서, 이런 출처표시를 합리적 출처표시라고 보기 어렵다. 나아가 이와 같은 출처표시로 출처표시 의무를 다했다거나 표절 책임을 면할 수 있다면, 출처표시를 제대로 한 자신의 논문 한 편만 가지고도 향후 논문을 쉽게 중복하여 발표할 수 있게 된다는 점에서 수긍하기 어렵다.

학문발전이라는 큰 틀에서 본다면 위와 같이 선행 논문을 기재하는 것으로써

---

619. 주 600.

합리적 출처표시를 다했다고 보기는 어렵다. 또 구체적이고 개별적 내용에 결부되지 않는 개괄적 참고문헌 표기는 본문내용을 '자기의 생각 또는 표현인 양' 하려는 의도가 없었다고 보기도 어려우므로 법학교과서 I 사건 판결을 일반화하기는 쉽지 않을 것이다.

마. 재인용의 출처표시 문제

앞서 본 바와 같이 2차출처를 통해 원출처의 존재를 알게 되어 원출처를 가져다 쓰게 되었다면, 원출처를 직접 확인해야 한다. 그런데 원출처를 확인하지 않고 2차출처만 밝히는 것에 그친다든지, 원출처만 밝히는 경우는 부적절한 출처표시에 해당한다.

나아가 원출처를 확인한 경우 2차출처를 밝혀야 하는 특별한 사정[620]이 있다면, 원출처와 함께 2차출처를 밝혀야 하는데, 원출처만 밝힌 것도 부적절한 출처표시에 해당한다. 물론 이 경우 2차출처만 밝힌 것이 부적절한 출처표시임은 더 말할 나위도 없다.

바. 부정확한 인용 용례

자신의 것이 아닌 타인의 글에서 인용한 경우 출처표시를 해야 한다는 점에는 공감대가 형성되어 있다. 그러나 구체적으로 각주 등에 이를 어떻게 표시할지는 충분한 이해가 있다고 보기 어렵다. 그런 가운데 이와 관련하여 매우 의미 있는 우리나라 판결이 있어 소개한다.

예술철학 사건에서 법원은 실제로 표절 의혹 저서는 침해물에서 상당 부분을 그대로 가져다 썼는데도 서문에서 단지 이를 참조했다고 함으로써 말 그대로 참조만 하여 자신이 저술한 것으로 오해될 소지가 있다는 점을 표절 판단의 근거로

---

620. 원출처와 함께 2차출처를 반드시 표시해야 하는 경우에 대해서는 주 548-569 해당 면 참조.

삼았다.[621] 표절을 피하려면 출처표시를 하는 것만으로 부족하고 각주에서 출처표시를 하되 어떤 용례로 가져왔는지 명확하게 표시까지 해야 하는 것으로 이해할 수 있다.

하버드 로리뷰의 블루북에서는 타인의 글을 그대로 가져왔는지, 아니면 이를 참조하여 자기 생각에 더했는지에 관하여 인용 용례를 달리 표시하도록 하고 있다. 예컨대 각주에 아무런 '별도 표시 없이'[no signal] 출처를 표시하는 것과 'see' 표시 후 출처를 표시하는 것은 다르다. ① 본문의 주장을 직접 언급하는 출처를 표시하거나, ② 본문 중 직접인용한 출처를 표시하거나, ③ 본문내용에서 언급된 출처를 표시할 때는 아무런 표시 없이 바로 출처를 각주에 기재하면 된다[cited authority]. 그러나 본문 주장을 뒷받침하는 추가 출처를 표시하는 경우에는 'see'라고 기재한 후 그 출처를 표시해야 한다고 규정한다.[622] 우리말로 하면 'see'는 '참조'에 해당한다. 이를 예술철학 사건에 적용해보면, 단순히 참고하는 정도를 넘어서서 직접 서술하는 형식으로 인용했는데도 머리말에서 기재한 그대로 단순히 참고만 해서 저술한 것으로 오해할 여지가 있다는 점을 들어 표절이라고 인정했으니, 결국 'see'를 붙이지 말았어야 했는데 붙인 것이 적절한 출처표시가 아니라고 본 것이다.

우리도 앞으로 블루북 같은 인용지침을 만들 때 예술철학 사건 판결은 '참조' 용례에 대한 좋은 근거가 될 것이다.

사. 역표절과 제3의 표절

전형적 표절의 하나인 부적절한 출처표시로 '역표절'과 '제3의 표절'도 논의해볼 수 있다. 국내에는 이에 관한 논의가 충분하지 않으나 일단 아래에서 개념 정의를 분명히 함으로써, 향후 관련 논의를 기대해본다.

---

621. 예술철학 사건 판결에서 서문의 '개괄적 출처표시'의 적절성도 표절에 관한 중요한 쟁점으로 앞에서 살펴보았는데, 여기에서는 '인용 용례의 적절성'만 논한다. 주 606.
622. Bluebook (주 513), 54면.

(1) 역표절

통상의 표절은 '남의 것을 자기 것인 양' 하는 것인데, 역표절reverse plagiarism은 반대로 '자기 것을 남의 것인 양' 하는 것이다. 이는 자신의 주장을 권위 있는 다른 사람의 주장으로 둔갑시킴으로써 독자를 속였다는 점에서 표절과 달리 볼 이유가 없다. 또 자기 생각이 아닌데도 자기 생각으로 둔갑된 사람(위 '다른 사람')은 표절자의 글이 수준이 낮다면, 학문의 권위, 평판이 저하되고 명예가 훼손되는 피해를 입게 된다는 점에서 통상의 표절 못지않게 비윤리적 행위에 해당한다. 이 경우 법적 책임도 물을 수 있다. 뒤에서 보는 바와 같이 역표절 정도가 저서 전체로 확장되면 – 예컨대 A가 저술한 후 그 분야 권위자인 B의 저술로 발표하거나 A와 B 공저로 발표하는 경우 – 뒤에서 보는 부당저자표시로, 이른바 '저자 끼워넣기'가 된다.[623]

한편, 역표절은 '역혼동'과 혼동해서는 안 된다. 역혼동은 권위자가 표절하면 오히려 원저자가 그 권위자를 표절한 것으로 혼동되는 현상을 말하는 것으로 표절의 악영향 중 하나다. 즉 역표절은 표절 유형 중 하나이고, 역혼동은 표절의 부정적 효과 중 하나라는 점에서 다르다.

(2) 제3의 표절

인용 목적에 비추어볼 때, 다음과 같이 부적절하게 인용하는 것도 표절금지윤리에 위반되는 것에 포함시킬 수 있다. 어떤 저자(A)가 다른 사람(B)의 생각이라고 인용했는데, 연구자의 고의 또는 부주의로 그 저자(A)의 것으로 잘못 인용하는 경우다.[624] 표절이란 타인의 글을 자기 것인 양 하는 것으로, 이 경우 연구자로서는 자신과 무관한 타인들(위 예에서 A와 B) 간의 문제로 볼 수 있지만, 글(생각)의 귀속을 잘못함으로써 다음과 같은 폐해를 낳을 수 있다.

① 그 글(생각)이 그 분야에서 중요한 가치가 있는 경우 지속적으로 A의 것으로

---

623. 주 891 해당 면 참조.
624. 에코, 앞의 책(주 37), 256면. 에코는 이 경우를 표절이라고 단정하지는 않지만, 어떤 저자가 다른 사람의 생각이라고 인용한 생각을 바로 그 저자 것으로 돌려서는 안 된다고 강조한다.

잘못 알려짐으로써 B에게 피해를 줄 수 있다.

② 그 글(생각)이 그 분야에서 비판받는 것이라면, A도 자신의 것으로 알려지는 것을 적극적으로 원하지 않는 경우 A에게 피해를 줄 수 있다.

한편 위 A와 B 외에도 어떤 경우든 이 글을 접하는 이들에게는 연구자 잘못으로 글(생각)의 귀속을 오인하게 되므로, 통상적 표절과는 양태가 다르지만 독자들에게도 같은 해악을 끼친다는 점에서 표절 범주에 넣을 수 있다. 통상의 표절, 역표절과 구별하기 위해 이를 '제3의 표절'이라고 부르기로 한다.

위에서 본 세 가지 표절 개념, 즉 역표절, 역혼동, 제3의 표절의 공통점은 모두 일반 독자, 해당 분야 학계에 있는 연구자들에게 어떤 글(생각)의 귀속(출처)을 오인, 혼동케 한다는 점에서 이를 금지해야 할 필요가 있다. 여기에서 역표절과 마찬가지로 제3의 표절도 진정한 글(생각)의 출처자에게 재산상 피해를 끼치지 않고 표절자 자신이 재산상 이익을 얻지 않는다는 점에서 저작권침해와 다르며, 이로써 저작권침해와 표절의 차이를 설명할 수도 있다.

아. 정리

이상에서 여러 가지 부적절한 출처표시에 대해 살펴보았다. 부적절한 출처표시도 출처표시 누락과 마찬가지로 표절에 해당한다. 그런데 부적절한 출처표시는 위에서 본 바와 같이 그 유형이 다양하고 해악 정도도 차이가 크다. 예컨대 재인용의 인용 방식을 틀리거나 부적절한 인용 용례를 사용한 것과 개괄적 출처표시를 같은 수준에서 보는 것은 적절하지 않다. 장/절/항을 통째로 가져오면서 출처표시를 한 번만 붙이는 공통분모형 출처표시와 일부분에서 출처표시를 누락한 부분적/한정적 출처표시를 같은 수준에서 비난하는 것도 타당하지 않다.

모두에서 지적한 바와 같이 부적절한 출처표시는 출처표시 누락에 대한 보완적 성격을 갖는데, 그 유형과 정도가 매우 다양하다는 점에서 표절에 해당한다고 하더라도 그에 따른 제재 정도는 다를 수밖에 없고, 또 달라야 한다. 경미한 표절도 표절은 맞지만 표절 판정에 따른 제재 수단을 정할 때나 그 사실을 외부에 알릴 때는 신중을 기해야 한다. 이 점에서 표절 판정과 제재의 선택은 매우 전문적 영역이라고 할 수 있다.

6. 출처표시 방식

출처표시 방식은 인용의 방식과 동전의 앞뒷면 관계에 있다. 여기에서는 앞에서 논의한 출처표시의 누락과 부적절한 출처표시 외의 것을 중심으로 인용 방식을 소개한다. 이와 아울러 참고문헌은 출처표시가 아니고 인용 방식도 아니지만 넓게 보면 인용에 따른 후속작업이라고 할 수 있으므로 여기에서 같이 논의한다.

가. 인용과 출처표시의 요소

일반적으로 인용과 출처표시에는 다음과 같은 다섯 가지 요소가 있다.[625]

① 저자 정보
② 인용되는 문헌(피인용 문헌) 제목
③ 피인용 문헌의 출처(출판사의 이름과 위치) – 논문인 경우
④ 출판일
⑤ 인용된 면(페이지)

인용 방식은 인용의 목적에 충실해야 한다. 따라서 '권위의 원천을 가져오기 위해서'라든지 '검증의 편의를 제공하기 위해서'라는 인용의 적극적 목적과 '표절 책임을 피하기 위한' 소극적 목적을 달성하기 위한 합리적이고도 효율적인 수단이면 충분하다. 그런 점에서 위 다섯 가지 요소는 이와 같은 인용 목적 달성에 필수적이

---

625. 이상, www.plagiarism.org 참조(2012.10.9. 방문).

라 할 수 있다.

그런데 모든 학문 분야에 통일적으로 적용되는 인용 방식은 현재로서는 존재하지 않는다. 학문 분야의 특성에 따라 선호되는 것이 다르다. 일반적으로 알려진 바에 따르면, 학문 분야별로 다음과 같은 인용 방식이 주로 사용되고 있다.

- 다양한 분야 : Chicago (또는 Turabian) 양식
- 인문학 분야 : MLA 양식
- 심리학, 사회학, 교육학, 공학, 경제학 분야 : APA 양식
- 생물학 분야 : CSE 양식
- 의학, 생의학, 간호학 분야 : AMA 양식
- 물리학(천체물리학, 천문학) 분야 : AIP 양식
- 수학, 전산학 분야 : AMS 양식[626]

이 책이 대상으로 삼고 있는 인문·사회과학 분야에 한정한다면, Chicago 양식, MLA 양식, APA 양식이 대표적 인용 방식이다. 그 밖에 법학 분야에서는 하버드 로스쿨 로리뷰Law Review 편집위원회가 만들어 현재까지 19판째 수정작업을 거듭한 블루북을 다른 로스쿨이나 로리뷰에서 보편적으로 차용하고 있다.[627]

우리나라에서도 이와 같은 인용 및 출처표시에 관한 통일화작업이 시도돼왔다. 학문 분야별 특징 때문에 전 학문을 아우르는 인용 방식은 처음부터 무리이고 어떤 분야든 위와 같은 다섯 가지 요소를 중심으로 인용 방식이 제정된다면 큰 문제가 없다.

그런데 우리나라에서 문제는 인용 방식 작성에 관한 시도가 너무나 많다는 데 있다. 최근 들어 각종 표절 시비가 많다 보니 학계를 넘어 정부와 일반 사회까지도

---

626. 이상, 립슨, 앞의 책(주 415), 89 - 90면.
627. 블루북은 1926년에 최초로 만들어져 2010년 19판째 개정을 거듭하여 지금까지 이어지고 있다. 처음에는 하버드 로리뷰에서 만들었지만 지금은 컬럼비아 로리뷰Columbia Law Review, 유펜 로리뷰University of Pennsylvania Law Review, 예일 로저널Yale Law Journal과 공동편집하여 하버드 로리뷰 협회Harvard Law Review Association에서 출판하고 있다. 법학 논문 작성에 관한 블루북은 미국 전역에서 보편적으로 사용하고 있는데 국내 학회지 중에도 이를 따르는 것이 있다. 한편, 표절과 인용에 지속적 관심을 기울여온 포스너는 너무 복잡하다는 이유로 블루북에 비판적이다. Richard A. Posner, *Goodbye to the Bluebook*, 53 U. Chi. L. Rev. 1343 (1986).

이에 관한 관심이 커졌다. 특히 교육계에 영향력이 강한 정부(교육부) 또는 정부의 지원을 받는 유관단체로 예컨대 한국연구재단(구 학술진흥재단) 등이 교육예산 지원과 감독권한을 가지고 대학이나 각종 학회로 하여금 표절 판정 기준(가이드라인)이나 인용, 출처표시 방식에 관한 기준을 제정하도록 압력을 행사한다. 그러다 보니 각 대학이나 학회는 충분한 고려와 고민을 하지 않은 채 일종의 구색용으로 각종 표절 판정과 인용에 관한 규정을 쏟아내고 있다. 이렇게 만들어진 규정들은 수검용으로서 장식적裝飾的 내용을 담고 있어서 실제로 기능하지 못하는 악순환을 거듭하고 있다.

위에서 예로 든 하버드 로리뷰의 블루북은 사립대학 학생들이 만들었지만, 오랜 기간 개정 작업을 해왔고 신뢰도를 확보함으로써 미국 내 다른 대학에서도 이를 차용하고 있다. 우리나라에서도 대학이나 학회별로 무조건 새로 만들 것이 아니라 잘된 규정을 차용해 씀으로써 학문 분야별로 통일된 규정 또는 규범을 만들어가는 것이 바람직하다.

법학 분야를 예로 들면, 우리나라에서도 과거 여러 차례에 걸쳐 법학 분야 논문과 판례 인용에 관한 기준이 제시된 적이 있는데, 2000년 한국법학교수회는 '논문 작성 및 문헌인용에 관한 표준안'을 제정했다.[628] 한편 대법원도 법원도서관에 근무하는 판사들을 중심으로 비슷한 작업을 한 적이 있다.[629] 그 밖에 많은 학회지가 학회지 말미에 자신들만의 고유한 인용 방식을 각기 발표하고 그 방식대로 논문을 작성해 제출할 것을 요구하고 있다. 심지어 학계와 법원이 같은 법률문헌을 이용하면서도 인용법이 통일되어 있지 않다. 예컨대 판결 인용방법에서 법원표시나 선고 연월일, 사건번호 표기 등이 제각각이다. 이러한 것이 중요하지 않다고 생각할 수도 있지만, 통일되어 있지 않음으로써 각종 법률데이터베이스 구축과 이용에 관한 전산화 작업이 늦어지고 있다. 그런데 우리나라 판결을 외국에서도 인용하는 경우

---

628. 사단법인 한국법학교수회는 『論文作成 및 文獻引用에 관한 標準案』을 마련했고, 이는 2000.10.27.~28. 개최된 제2회 한국법률가대회에 부의되어 만장일치로 채택되었다.

629. 법률문헌 인용 방식과 판례 인용 방식은 대법원 소속 법원도서관의 전신인 조사국 때부터 판례공보, 사법논집, 판례해설 등을 발간하며 조사심의관 판사들이 정리했고, 이후 매뉴얼로 전해 내려오며 조금씩 변경·개선되어오다가, 1997.12. 『법원 맞춤법 자료집』 발간으로 최초로 공식 문서화되었다. 이후 2006년, 2013년 개정판을 발간하면서 판례 및 문헌 인용 방식을 확정하여 현재에 이르고 있다. 법원도서관, 『법원 맞춤법 자료집』, 법원도서관, 2013.

가 있다는 점[630] 등을 고려한다면, 통일화작업을 마냥 미룰 것은 아니다.

나. 주(註)의 기능

주는 빚을 갚는 데 사용되며 타인의 글을 인용한다는 것은 바로 빚을 갚는 것이라고 했던 에코는 주의 필요성을 다음과 같은 여덟 가지로 정리하고 있다.[631]

① 출처표시에 이용

② 본문에서 논의된 테마에 관하여 그것을 뒷받침하는 다른 참고문헌적 표시들을 덧붙이는 데 이용

③ 내부 및 외부 참조지시에 이용, 즉 해당 논문의 다른 부분을 참조하라고 할 때 또는 외부의 다른 책이나 논문을 참조하라고 할 때

④ 뒷받침하는 인용문(본문 안에서는 방해가 될 수도 있는)을 도입하는 데 이용, 논의의 맥락이 끊이지 않게 하기 위함

⑤ 본문에서 주장한 것을 확대하는 데 이용, 즉 주변적 관찰이나 다른 관점을 소개할 때 각주에 씀으로써 본문이 무거워지는 것 방지

⑥ 본문의 주장을 수정하는 데 이용, 저자 주장에 동의하지 않는 사람의 주장을 실을 때

⑦ 외국어 문헌의 경우 본문에 원문을 실을 때 각주에 번역문을 싣거나 그 반대 경우

⑧ 빚을 갚는 데 사용[632]

한편, 우리나라에서는 드물게도 한국법학교수회의 문헌에서 주의 효용에 관해

---

630. 하버드 로리뷰의 블루북 19판 개정에는 한국편이 처음 실려 미국의 법률가나 법학자가 한국의 법체계나 판례 등을 살펴보고 인용할 수 있는 길이 처음으로 열리게 됐다. 김정욱, 「한국 법·판례 모든 자료 … 최고권위 '블루북' 등재」, 중앙일보, 2009.2.6. 기사.

631. 에코, 앞의 책(주 37), 241–243면.

632. 이 여덟 번째가 필자의 대가이론과 관련된다. 에코의 이론과 필자의 대가이론의 관계에 대해서는 주 348–349 해당 면 참조.

언급하고 있는데, 주에는 다음과 같은 네 가지 용도가 있다고 한다.[633]

 ㉠ 본문의 서술 – 원문을 그대로 인용하는 경우는 물론 특정한 사실 또는 견해를 밝
   히는 경우 포함 – 에 대한 출처를 언급하는 경우[634]
 ㉡ 참조사항cross-references을 지시하는 경우[635]
 ㉢ 본문의 논의를 확장하거나 자세히 하기 위한 부수적 서술을 하는 경우, 즉 집필
   자가 생각하기에 논문에 포함시킬 가치가 있는 내용이지만 본문에 포함시키면
   본문의 사고 흐름을 저해할 수 있는 경우[636]
 ㉣ 감사표시[637]

위와 같이 일반적으로 알려진 주의 기능 외에 필자는 다음 몇 가지를 추가하고
싶다.

첫째, '저장소 또는 메모 기능'이다.[638] 컴퓨터 글쓰기를 하는 경우 한 가지 일
을 다 끝내야만 다른 작업을 할 수 있는 것이 아니라, 때로는 여러 문서파일을 컴퓨
터 화면에 수시로 올리고 내리기도 한다. 이런 문명의 이기를 활용하다 보면 어떤
한 가지 작업을 하는 중 떠오르는 기발한 아이디어를 마치 메모하듯 다른 문서파
일에 저장할 수 있으니, 이야말로 어망홍리魚網鴻離[639]가 아닐 수 없다. 이는 "물고기
를 잡기 위해 쳐놓은 그물에 기러기가 걸렸기로 이를 버릴 것인가"라는 뜻으로, 구
하는 것이 아닌 딴 것을 얻음을 이르는 말이다. 수많은 저서를 남긴 것으로 유명한
다산 정약용은 특정 주제로 집필하는 과정에 주제를 벗어난 다른 좋은 생각이 떠오
르면 그 즉시 메모하는 습관이 있었다고 한다. 다산은 집필 과정에서 메모의 중요
성을 어망홍리라는 말로 역설했다.[640] 먹과 붓이 필요했던 다산의 시기에 비하면

---

633. 한국법학교수회, 앞의 책(주 356), 16면. 이중 ㉠과 ㉡은 문헌각주, ㉢과 ㉣은 내용각주라고 한다.
634. 에코의 ①에 해당한다.
635. 에코의 ③에 해당한다.
636. 에코의 ④, ⑤에 해당한다.
637. 에코의 ⑧과 유사하다.
638. 이는 에코의 ④, ⑤와 한국법학교수회의 ㉢과 관련이 있으나, 본문 논의의 흐름을 방해하지 않기 위한 소
   극적 목적을 넘어 추후 연구를 위한 저장이라는 보다 적극적 목적이 있다는 점에서 차이가 있다.
639. 詩經시경 邶風패풍 新臺篇신대편에 나오는 고사성어임. [네이버 지식백과] 어망홍리(원출처 : 한자성어·고사
   명언구사전, 2011.2.15, 이담북스).

오늘날 컴퓨터 글쓰기는, 말하자면 운동장만 한 종이 또는 책상이 펼쳐져 있는 것에 비유할 수 있다. 그만큼 글쓰기가 편리해졌는데 집필 중 떠오른 중요한 생각을 차후 연구를 위해 메모해두거나 다른 파일에 저장할 수도 있지만, 해당 논문 등의 주에 기재할 수도 있다. 이때 주는 일종의 '저장소 또는 메모 기능'을 수행하는 셈이 된다. 한편, 저장소 또는 메모 기능을 수행하는 주는 독자(주로 같은 학문 분야의 동료들)로서는 학문적 논의와 추가 논의에 대한 지적 호기심을 불러일으키는 통로가 되기도 한다.

둘째, 인용 목적 중 소극적인 것으로 '표절 회피' 목적이 있다는 것은 앞서 본 바와 같다. 이런 목적을 달성하기 위해서라도 주는 필요하다. 글을 쓰는 입장에서는 출처표시 누락에 따른 표절이라는 비난으로부터 자유롭기 위해 예방 차원에서 주를 붙일 수 있다.

다. 주의 방식

학문 분야에 따라서는 주의 형식을 취하지 않고 본문에서 인용하는 부분 바로 뒤의 괄호 안에 저자와 연도표시만 하는 약식 주 또는 본문 주 형태를 취하기도 한다.[641] 그러나 여기에서는 각주와 미주 방식만 비교하여 논의한다.

각주와 미주의 차이는 단지 위치가 다르다는 것밖에 없어서 독자가 끝까지 읽도록 하려면 미주, 그렇지 않으면 각주로 해도 좋다는 견해가 있다.[642] 그런데 에코는 위 '주의 기능' 중 ①, ②, ③의 목적을 위해서는 각주 방식이 좋고, ④와 ⑧의 목적을 위해서, 특히 주가 아주 길 때는 미주 방식이 좋다는 의견을 제시한다.[643] 에

---

640) 정약용, 앞의 책(주 281), 82-84면.
　　초서鈔書하는 방법은 반드시 먼저 자기의 뜻을 정해 만들 책의 규모와 편목을 세운 뒤에 남의 책에서 간추려내야 맥락이 묘미가 있게 된다. 만약 그 규모와 목차 외에도 꼭 뽑아야 할 곳이 있을 때는 별도로 책을 만들어 좋은 것이 있을 때마다 기록해 넣어야만 힘을 얻을 곳이 있게 된다. 고기 그물을 쳐놓으면 기러기란 놈도 걸리게 마련인데 어찌 버리겠느냐?
641) 인문학 분야 중에서 MLA 방식을 표준으로 하는 곳들이 있고, 심리/언론 분야에서는 APA 방식에 따른 인용을 강제하는데, 이들 양식의 경우 모두 각주 또는 미주의 제한적 사용을 권고하는 것으로 알려져 있다.
642. www.plagiarism.org (2012.10.17. 방문).
643. 에코, 앞의 책(주 37), 244면.

코는 주는 절대로 지나치게 길지 않아야 한다고 생각하는 것 같다. 물론 경우에 따라서는 용도대로 각주를 쓰다 보면 상당히 길어질 수 있다. 각주가 길어지는 것을 선호하지 않는 견해(위 에코의 견해)는 독자가 본문을 읽어 내려갈 때 끊김 현상을 주지 말아야 한다는 필요에서 나온 것으로 이해된다.

그러나 본문과 각주는 서로 다른 글자 크기로 구별되며 경계선이 있기도 하기 때문에 끊김 현상을 반드시 우려할 일은 아니다. 오히려 미주로 처리함으로써 본문과 상관관계에 있는 이른바 '내용 주^註'에 해당하는 것을 놓쳐 본문에 대한 이해를 충분히 못하게 되는 것이 우려할 일이다. 그 점에서 주의 길이에 따라 각주와 미주로 나누려는 견해에는 동의하기 어렵다. 다만 저술 성격에 따라 주의 방식을 달리하는 것은 필요하다. 예컨대 본문과 주 내용을 수시로 대조하고 점검해야 하는 방식의 저술에서는 각주 방식이 더욱 좋고, 그런 필요보다는 참고문헌적 성격의 주, 즉 어떤 문헌에 의존했는지 일목요연하게 볼 필요가 더 큰 방식의 저술에서는 미주 방식이 더 고려될 수 있다. 특히 장/절/항 단위로 미주를 달지 않고 논문이나 저술의 맨 끝에 한꺼번에 미주로 처리하기도 하는데, 이런 경우 본문과 비교해서 읽어야 하는 '내용 주^註'는 매우 불편하다. 대체로 논의가 치열하게 진행되는 경우, 즉 논쟁적 성격의 저술에서는 각주 방식이 좋고, 논쟁보다는 어떤 생각을 꽤 긴 분량으로 지속해서 서술해야 하는 성격의 저술에서는 미주 방식이 좋다.

라. 참고문헌

(1) 참고문헌의 의의

주와 별도로 논문 등 학술저작물 말미에는 참고문헌을 기재해야 한다. 참고문헌에는 일반적으로 저자명, 제호, 출판사명과 위치, 출판일 등을 필요적 기재사항으로 하나, 출판사 위치까지는 반드시 필요하지 않다.

한편, 간혹 참고문헌을 생략하기도 하고, 본문에서 인용하거나 참고하지 않은 문헌[644]을 참고문헌에 기재하기도 하는데, 모두 참고문헌의 목적을 망각하거나 오해한 것이다.

참고문헌의 생략

참고문헌을 생략하는 일은 단행본 저술보다는 저널류(학술지)에서 많다. 학술지 편집방침에 따라 참고문헌을 기재하지 않는 경우도 있다. 이는 각주가 참고문헌의 서지정보를 충분히 담고 있으므로 참고문헌을 별도로 다는 것이 중복이라고 보기 때문이다. 이 경우를 표절이라고 단정하기는 어렵다. 실제로 저널 편집방침에 따라 제출했으나 삭제당하는 경우도 있기 때문이다. 그러나 이러한 편집방침이 반드시 옳지는 않다. 뒤에서 보는 바와 같이 재인용임에도 원출처를 직접인용하는 방식으로 위장하는 경우 참고문헌에 완전한 서지정보(저자명, 제호, 출판사, 출판일)를 기재하기 어렵다. 각주에 비해 좀 더 상세한 서지정보를 기재해야 하는 참고문헌의 특성 때문이다. 그런데 각주만 달고 참고문헌을 생략해도 좋다는 견해는 위와 같은 부적절한 글을 용인하는 빌미가 될 수 있다. 그런 점에서 일부 중복되는 점이 있더라도 완전한 서지정보를 담은 참고문헌을 각주와 별도로 제시하는 것은 필요하다.

참고문헌은 '관련자료 목록'과 다르다

본문에서 인용하거나 참고하지 않았음에도 참고문헌에 기재하는 현상은 단행본이나 저널류에서 흔히 일어난다.[645] 저자 중에는 참고문헌을 '관련자료 목록' 정도로 이해한 나머지, 본문내용과 관련되는 것으로서 자신이 소장하고 있는 문헌 또는 자신이 알고 있는 문헌 전체를 기재하는 경우가 있다. 동료 연구자들이나 후학자들의 연구 편의를 위해 관련자료를 논문 등 저술 말미에 기재하는 것 자체를 비난할 수 없다. 이 점에서 참고문헌과 별도로 관련자료 목록을 논문 등 저술 말미에 첨부하는 것은 바람직한 저술방식이다. 실제로 성실하고 진지한 연구자들은 이와 같은 방식을 실천하기도 한다. 중요한 것은 본문에서 인용하거나 참고하지 않은 문헌자료를 관련자료 목록이라는 명백한 기재 없이 참고문헌 목록에 올리는 것은 자신이 인용 또는 참고하지 않았는데도 그렇게 한 것처럼 독자로 하여금 오인하게 한

---

644. '본문에서 참고한 것'이라 함은 '본문에서 인용한 것'에 대비되는 개념으로 썼다. 즉 후자는 본문에서 직접 또는 간접 인용한 문헌을 말하고, 전자는 직접 또는 간접 인용하지 않은 것으로서 본문 내용을 뒷받침하는 데 사용된 것을 말한다.

645. 여기에서 먼저 전제로 해야 할 것은 참고문헌은 미주와 다르다는 것이다. 미주는 각주와 마찬가지로 주를 표기하는 하나의 방식으로, 단지 주에서 사용된 문헌의 서지사항만 기재하는 참고문헌과는 다르기 때문이다.

다는 점에서 문제가 있다. 자신의 글에 대한 신뢰성을 참고문헌 목록에 올린 문헌(자신이 본문에서 인용 또는 참고하지 않은 문헌)으로 뒷받침하려고 한 것으로써, 독자들 또한 그렇게 오인해 그 저술을 높이 신뢰할 수 있다는 점에서 표절과 유사한 윤리위반이라고 할 수 있다. 이는 관련 분야의 유명한 학자를 본인의 허락 없이 명예저자, 교신저자, 공저자로 기재하는 것과 유사하다. 이런 행위에 적용되는 잣대를 여기에 적용한다면 표절에 해당한다고 볼 수 있는데, 표절까지는 아니더라도 최소한 정직한 글쓰기에는 해당하지 않는다고 할 수 있다.

참고문헌의 진정한 목적

위와 같은 혼선은 대부분 참고문헌의 목적 또는 의의를 오해한 데서 비롯한다. 참고문헌은 본문에서 인용 또는 참고한 자료들을 일목요연하게 보는 데 도움을 주기 위한 것으로 독자로 하여금 본문의 페이지마다에서 인용된 문헌을 찾아보도록 하는 것은 불친절한 태도라는 데서 출발한다.[646] 주는 인용문헌(참고문헌)의 판版, edition에 구애받지 않고 단지 그 내용(텍스트)을 확인시키는 것만 목적으로 하며, 그 문헌에 대한 완벽한 서지정보는 참고문헌으로 돌리는 것이 원칙이다.[647] 그 점에서 참고문헌 기재는 표절을 밝혀내는 부수적 효과를 낳기도 한다. 부주의한 표절자의 경우 재인용해야 하는데도 자신이 직접 원출처를 인용한 것처럼 하고자 할 때 2차출처의 주에만 의지해 원출처를 자기 저술의 주에 인용한다. 이 경우 2차출처의 주만으로는 원출처의 완벽한 서지정보를 알 수 없기 때문에 논문 말미에 참고문헌을 정확히 기재할 수 없게 된다. 이때 표절자는 이런 문헌을 참고문헌에 기재하지 않거나,[648] 불완전한 서지정보로 기재하게 된다.[649] 따라서 표절 여부가 논란이 될 때 각주와 참고문헌을 대조해보거나 참고문헌만 훑어봐도 표절 여부를 쉽게 알 수 있는 경우가 있다. 이 점에서 참고문헌은 표절을 적발하고, 나아가 예방하는 기능도 수행한다고 할 수 있다.

---

646. 에코, 앞의 책(주 37), 245면.
647. 위의 책, 248면,
648. 정확히 말하면 참고문헌에 기재할 수 없다고 해야 한다.
649. 따라서 참고문헌에 기재된 서지정보들이 일정한 정향성을 갖고 수준이 비슷한 정보를 제공하지 않는다면, 즉 서지정보의 양이나 수준이 들쭉날쭉하여 고르지 않다면 표절을 의심할 수 있다.

(2) 주와 참고문헌의 관계 및 그에 따른 기재 방식

주의 인용 방식에 관한 논의는 고스란히 주와 참고문헌의 관계에도 적용해볼 수 있
다. 앞서 본 바와 같이 주와 참고문헌은 각기 다른 기능을 수행한다. 그런데 기재하
는 방식에 따라서는 일부 중복되는 경우가 있다. 그 목적과 기능을 살리되 중복을
막기 위한 효과적인 기재 방식이 고려되어야 하는데, 일반적으로 크게 두 가지 방
식이 논의된다.[650]

   ① 주를 아주 간략하게 기재하는 방식[651]
   ② 주에 어느 정도 서지정보를 기재하는 방식[652]

   물론 어느 경우든 참고문헌에는 완벽한 서지정보를 기재하는 것을 전제로 한
다. 따라서 ② 방식은 다소 이중적인 작업을 초래한다. 반면 ① 방식은 본문을 많이
줄이고 주의 상당 부분을 없애줌으로써 경제적이라고 할 수 있다.[653]
   한편 위 두 방식의 장단점은 중복을 피하는 경제적 측면만으로 판단할 것은 아
니다. 저술 성격에 따라 선호되는 방식이 달라질 수 있다. 일반적으로 ① 방식은 일
정한 전제 조건을 갖춘 경우 특정한 주제에 대해 치밀하게 조사할 때 효용이 크다

---

650. 각주 또는 미주 방식을 채택하지 않고 주를 달아야 할 본문에 이어서 괄호처리 후 출처표시 등을 하는 경
우('본문 주')도 있어, 이를 포함하면 세 가지로 나눠 볼 수 있으나, 본문 주는 서지정보를 제대로 기재하
는 일이 거의 없으므로 여기서는 논의 대상으로 하지 않는다.
651. 예를 들어 에코는 '저자 - 연도 방식'을 제시한다. 즉 '내용 주'에 해당하는 것만을 주로 유지하고 '문헌
주'에 해당하는 것은 본문으로 돌리되 괄호 안에 '저자 - 연도'만 간략하게 기재하는 방식이다. 에코, 앞의
책(주 37), 249면. 물론 ① 방식에는 이와 같은 에코 방식만 있는 것이 아니다. 서지정보를 간략하게 하는
정도에는 여러 가지가 있다. 예컨대 '저자'만 기재하는 방식, '저자와 저술(책, 논문)명'만 기재하는 방식,
'저자, 저술명, 연도'까지 기재하는 방식 등이 있다. 그러나 어떤 간략한 방식이든 상당한 수준의 서지정
보를 제공하지 않는다는 점에서 ② 방식과 대비된다. 설명의 편의를 위해 '저자 - 연도 방식(에코 방식)'
을 ① 방식의 대표로 상정하여 논한다.
652. 참고문헌을 별도로 작성할 필요가 없을 만큼 주에 서지사항을 완벽하게 기재하는 방식도 있다. 대표적으
로 미국 법학 분야에서 널리 사용되는 블루북 양식이 있다. 참고문헌의 기능까지 담당하는 주의 작성 방
식이 대단히 복잡하지만 별도로 참고문헌 목록을 작성할 필요가 없다는 이점도 있다고 한다. 립슨, 앞의
책(주 415), 323면.
653. 에코에 따르면 이 방식으로 할 경우 주를 80%가량 줄일 수 있다고 한다. 저술의 종류와 분야에 따라 달라
질 수 있는데 어떤 근거로 이러한 수치를 제시했는지 알 수 없지만, 여러 권의 책을 계속하여 인용하거나
같은 책을 빈번하게 인용할 때 "id.", "op. cit." 등의 인용기호를 피할 수 있는 방책인 것은 분명하다. 에
코, 앞의 책(주 37), 250면.

고 한다.[654] ① 방식은 본문 중 연도표시가 있기 때문에 인용된 문헌 사이에 출판 선후를 바로 알 수 있고 이로써 특정 전문 분야에서 어떤 이론을 누가 처음 제시했는지, 어떤 연구를 누가 먼저 했는지 쉽게 알 수 있게 해준다.[655] 전문 분야에서 이러한 시기를 비교하는 것이 중요한 경우 ① 방식은 ② 방식에 비해 비교우위에 있는 것이 분명하다. 한편, 같은 저자의 인용문헌이 여럿 있는 경우 연도를 표시함으로써 그 인용된 저자의 주장이 달라졌다면 그 추이를 대비할 수 있는 장점도 있다.[656] 또 인용을 빠뜨렸거나 추가할 경우 ② 방식에 비해 용이한 것도 장점으로 들수 있다.[657]

한편 ① 방식에 장점만 있는 것은 아니다. '저자-연도' 정도로 간략히 표시하는 ① 방식은 언제 나온 누구 저술이 출처라는 표시 외에 구체적으로 그 저술의 해당 면수가 기재되어 있지 않은 경우도 있기 때문에, 그 주장을 검증하기 위해서 출처를 찾아야 할 때[658] 어려움이 많아 검증의 길을 확보한다는 인용의 중요한 목적을 달성하기가 쉽지 않다. 인용된 출처가 짧은 글이라면 출처표시에 면수가 기재되어 있지 않더라도 찾는 데 크게 어려움이 없다고 할 수 있다. 하지만 분량이 방대하거나 그 정도에 이르지는 않더라도 인용된 출처를 찾아서 대조해보는 데 어려움이 있는 것은 분명하며, 이것이 이 방식의 단점으로 지적될 수 있다.

위에서 주로 ① 방식에 관해서만 논의했는데 그 이유는 ① 방식이 최근에 더 많이 선호되는 추세이고,[659] ② 방식에 비해 특별한 방식이기 때문이다. 따라서 위에

---

654. 위의 책, 250 - 251면. 에코는 ① 방식을 채택하기 위한 전제조건으로 참고문헌이 다음과 같아야 한다고 한다.
    ㉠ 논문의 예상독자들이 이미 잘 알고 있는 매우 '동질적이고 전문적인 참고문헌'이어야 한다. 해당 분야 전문가들이라면 연도만으로 책을 알아 볼 수 있기 때문이다.
    ㉡ 근대적인 참고문헌 또는 최소한 지난 2세기 이내의 참고문헌이어야 한다.
    ㉢ 박식하고 과학적인 참고문헌이어야 한다.
655. 위의 책, 254면.
656. 같은 저자의 논문 중 저자의 주장과 생각이 변경 또는 보완되어 업데이트된 논문이 있다면, 최종 판edition을 인용하는 것이 좋다. 보완되거나 변경된 새로운 판의 논문 등 저술이 있는데도 부주의하거나 고의로 이전 논문 등을 인용하여 비판하는 행위는 표절까지는 아니라 할지라도 좋은 글쓰기는 아니다. 이에 대해서는 주 528 - 529 해당 면 참조. 이 점에서 연도를 본문에 표기하는 ① 방식은 정직한 글쓰기에 좀 더 유리하다.
657. 에코, 앞의 책(주 37), 255면. 근래 나온 문서작성 소프트웨어 프로그램 중에는 ② 방식에 따르더라도 주를 추가하거나 뺄 때, 달라진 주 번호를 일일이 찾아서 바꾸지 않아도 자동으로 정렬되게 하는 것이 있어서 ② 방식도 이 점에서 불편하지 않다고 할 수 있으나, ① 방식에 비해 번거로운 것은 분명하다.
658. 때로는 표절 심사를 할 때 일일이 출처를 찾아서 검증할 필요가 있다.

서 언급한 ① 방식의 장점이 효용을 발휘할 수 없는 영역에는 여전히 ② 방식이 일반적인 '주와 참고문헌 기재 방식' 내지는 '주와 참고문헌의 역할분담 방식'으로 유효하다.

인용의 기본 목적은 자신이 사용한 연구자료를 자세하게 밝혀 결과적으로 자기 주장의 신뢰성을 제고하고, 독자들이 직접 해당 자료를 찾아서 확인할 수 있도록 구체적 정보를 제공하는 데 있다.[660] 따라서 이를 주와 참고문헌으로 나누어 그 역할을 분담하게 하는 것에 하나의 통일된 방식만 있는 것이 아니며 어느 특정한 방식만이 강요되거나 추천될 수도 없다. 저널류의 경우 해당 학술지의 투고/편집 규정에 맞출 수밖에 없고, 저널류라도 특별한 편집규정을 두고 있지 않거나 단행본이라면 해당 학문 분야의 특성[661]과 저술자 자신의 글쓰는 방식에 맞게 선택하는 것이 현실적이다. 다만 어떤 방식을 선택하든 일관성을 유지하는 것이 중요하다.[662]

마. 여론餘論 – 유연한 적용

출처표시 방식은 인용 목적을 떠나서 존재할 수 없다. 인용의 목적에 부합한다면 저술의 종류나 성격에 따라 출처표시 방식은 유연성을 가질 수 있다. 중요한 것은 저술자가 인용 목적, 즉 권위의 원천 제공, 검증 편의 제공, 표절 회피에 얼마나 진실하게 노력했느냐에 있다.

예컨대 정부에 대해 정책적 아이디어를 제공하는 것을 주목적으로 설립된 정부출연연구기관은 수시로 연구보고서를 작성해 정부에 제출하기도 하고 연구보고서 형태로 외부에 출판하기도 한다. 이런 보고서는 짧게는 10페이지짜리 이슈페이퍼가 있는가 하면, 수백 페이지에 달하는 단행본 형식도 있다. 이와 같은 보고서에서도 타인의 저작물이나 독창적 아이디어에서 가져온 것이 있다면, 원칙적으로 출처표시를 하는 것이 타당하다.

---

659. 에코, 앞의 책(주 37), 247면.
660. 립슨, 앞의 책(주 415), 91면.
661. 예컨대, 법률논문의 경우 주note와 참고문헌bibliography을 사용하는 전통적인 주 작성 방식이 널리 사용된다고 한다. 한국법학교수회, 앞의 책(주 356), 15면.
662. 일관성이야말로 주석 표기의 핵심요소라고 한다. 립슨, 앞의 책(주 415), 94면.

앞서 본 바와 같이 출처표시는 원칙적으로 문장 단위로 하고, 간접인용 방식이라 하여 출처표시가 면제되지 않는다. 다만 정부출연연구기관의 특성을 감안하여 출처표시 의무를 유연하게 적용해야 할 연구결과물이 있다는 점을 인정해야 한다. 저작권법도 출처의 명시는 '저작물의 이용 상황에 따라 합리적이라고 인정되는 방법'으로 하라고 되어 있다(제37조제2항). 정부출연연구기관 또는 싱크탱크의 연구결과물 중에는 미국의 헤리티지Heritage 재단 보고서처럼 차 안에서 '읽을거리' 용으로 5~7페이지 정도 분량의 이슈페이퍼가 있다. 우리나라의 정부출연연구기관에서도 이름은 '이슈페이퍼', '이슈리포트', '정책브리프' 등으로 다르지만 짧은 보고서 형태의 결과물이 많이 쏟아져 나온다.

독자인 정부 측 편의를 위해 보고서 부피를 줄일 요량으로 개조식으로 작성되기도 하는데, 출처표시를 하는 것이 그와 같은 보고서 작성의 본질에 반하는 것으로 이해될 수도 있다. 그러나 출처표시는 간단하게 할 수도 있으므로 보고서 양을 줄이기 위해 출처표시를 생략한다는 데는 반드시 동의하기 어렵다.

한편 위와 같은 짧은 보고서가 후에 긴 보고서 형태로 출간될 수 있고, 나아가 단행본으로 출판될 수도 있는데, 먼저 발표된 짧은 보고서에 출처표시가 생략됨으로써 후속 연구결과물에 연속적으로 출처표시가 누락될 수 있다. 짧은 보고서에서는 출처표시 누락이 큰 흠이 안 될 수 있지만, 나중에 단행본 등으로 출간될 때에는 지속적인 출처표시 누락이 표절문제로 비화될 수 있다는 점에서 처음부터 아무리 짧은 보고서라도 출처표시를 하는 것이 바람직하다.

그 밖에 짧은 보고서라 하더라도 정책보고서를 받는 정부가 정책을 수립할 때, 보고서에 출처가 표시돼 있으면 보고서에 들어있는 정책 아이디어를 실제 정책에 반영할지 여부를 결정하는데 도움이 될 수 있다. 또 정책보고서를 받는 정부의 공무원이 바뀌더라도 후임자가 이 문제를 인계받아 처리할 때, 그 분야 전문가가 누구인지 쉽게 찾아갈 수 있게 하는 예상치 않은 소득도 있다.

이상의 여러 가지 점을 고려하면, 짧은 정책보고서의 경우 시간상 급하게 작성해야 할 현실적 필요성을 감안하더라도 출처표시가 당연히 면제되는 것으로 이해할 수는 없다. 다만, 보고서 종류에 따라 출처표시 방식만큼은 유연하게 할 수 있다. 이에 필자는 정부출연연구기관 연구보고서에 적용되는 표절 가이드라인을 제시하면서 출처표시 방법을 다음과 같이 제안한 적이 있다.[663]

2. [출처표시의 방법 등]

　가. 원칙적으로 출처표시는 문장 단위로 한다.

　나. 출처표시 인용의 방법은 학문 분야별 특성에 따라 달리할 수 있다. 다만 어떤
　　　방식을 따르든 일관성을 유지하여야 한다.

　다. 연구보고서의 종류별로 출처표시의 방식을 달리할 수 있다.

　라. 출처표시 의무는 간접인용(바꿔쓰기)이라고 하여 면제되지 않는다.

　마. 본문에서 인용하거나 참고하지 않은 문헌은 참고문헌으로 기재해서는 안
　　　된다.

7. 공정이용과 표절문제

공정이용이 저작재산권의 제한사유가 되는 이유 중 하나는 시장에 미치는 영향이
작아 피해가 크지 않기 때문이다. 그런데 공정이용이라는 저작권법상 예외조항을
이용하여 표절이 성행할 수 있음을 지적한 학자가 있다. 포스너 교수는 공정이용
조항이 표절의 피신처가 될 수 있다고 하면서, 경우에 따라서는 공정이용이 허용되
는 범위 내에서 타인의 저서로부터 조금씩 가져오고 출처표시를 하지 않으면서 책
한 권을 저술할 수도 있다고 한다.[664] 범주화하면, '출처표시 없는 짜깁기형 저술'이
라고 할 수 있다. 이는 다음에서 보는 바와 같이 이른바 '출처표시를 갖춘 짜깁기형
저술'과 대비되는 것으로 나누어보기로 한다.

출처표시 없는 짜깁기형 저술

포스너 교수의 주장은 일면 타당한 점이 있는데, 이 주장이 설득력이 있으려면
첫째, 포괄적인 공정이용 조항의 존재와 둘째, 공정이용의 경우 출처표시 의무의
부존재가 전제되어야 한다. 우리나라도 한미 FTA의 국내법 이행에 따른 저작권법

---

663. 정부출연연구기관 연구보고서의 표절문제를 연구하고 가이드라인을 제시한 것으로는 다음 참조. 남형두,
　　　앞의 보고서(주 353 출연연) 참조.
664. 포스너, 앞의 책(주 58), 40-41면.

개정(2011.12.2.)으로 포괄적인 공정이용 조항(제35조의3)을 두게 되었다. 이 조항이 생기기 전에는 제28조(공표된 저작물의 인용)가 그 기능 일부를 대신했으나, 이제 미국과 같은 포괄적인 공정이용 조항이 도입됨으로써 저작재산권 제한조항(제23조에서 제38조)에 해당하지 않는 경우 저작재산권침해를 피할 수 없었던 과거에 비해 저작물 이용에 관한 다소 유연한 환경이 조성되었다. 그런데 개정된 저작권법은 포괄적인 공정이용 조항(제35조의3)에서 출처표시 의무를 면제하고 있지 않다(제37조제1항). 따라서 포스너 교수의 주장이 우리나라에서는 적용되기는 어렵다.

포괄적 공정이용의 경우 출처표시 의무가 있더라도 저작물 이용 상황에 따라 합리적이라고 인정되는 방법으로 출처명시를 해야 하므로(제37조제2항), 출처표시를 생략하는 것도 여기에서 말하는 '합리적이라고 인정되는 방법'에 포함되지 않는가 생각할 수 있으나, 제37조제1항과의 관계상 제2항은 출처명시의무가 있는 경우를 전제로 한다는 점에서 '합리적이라고 인정되는 방법'에 출처표시 생략이 포함되는 것은 아니라고 이해된다.

포스너 교수의 논의는 저작권침해와 면책에 관한 것으로, 표절 논의에 들어오면 다르게 된다. 포스너 교수의 견해대로 포괄적 공정이용 조항이 출처표시 의무를 면제하는 경우가 있더라도, 이는 어디까지나 저작권침해에 관한 것일 뿐, 표절을 피하려면 출처표시 의무가 여전히 있기 때문이다. 포스너 교수도 표절에 관해서는 이에 동의하고 있다.[665]

결론적으로 신설된 '포괄적인 공정이용 조항'(제35조의3)은 저작권법상 출처명시의무 면제 여부와 무관하게 표절 논의에 영향을 줄 수 없다. 다시 말해 표절을 피하기 위해서는 출처표시를 해야 하며 저작권법상 공정이용 조항이 이를 변경할 수 없으니, '출처표시 없는 짜깁기형 저술'은 표절에 해당할 가능성이 높다.

출처표시를 갖춘 짜깁기형 저술

지금까지 논의는 출처표시를 하지 않은 경우를 전제로 한 것인데,[666] 만약 출처

---

665. 위의 책, 40면.
666. 위에서 포스너가 제기한 문제, 즉 공정이용 범위 내에서 타인의 저서에서 조금씩 가져오고 출처표시를 하지 않으면서 책 한 권을 저술할 수도 있게 될 것이라고 한 것을 상기해보기 바란다. 주 664.

표시를 제대로 하면서 공정이용이라는 제도 뒤에 숨는다면 어떤가?(이른바 '출처표시를 갖춘 짜깁기형 저술')[667] 이는 비전형적 표절의 '저작권침해형 표절' 중 '정당한 범위와 표절'이라는 항목에서 자세히 다룬다.[668] 앞서 말하면, 출처표시 유무와 관계없이 타인의 저술에서 조금씩 가져와 작성된 논문, 즉 '짜깁기형' 저술은 특별한 사정[669]이 없는 한 표절에서 자유로울 수 없다.

결론적으로, '출처표시 없는 짜깁기형 저술'은 표절(협의의 표절)에, '출처표시를 갖춘 짜깁기형 저술'은 저작권침해형 표절(광의의 표절)에 해당할 가능성이 높다.

8. 숨기는 것이 표절의 핵심인가?

출처표시를 하지 않아도 표절이 성립되지 않는 경우가 있다. 저자(화자)나 독자(청자)가 저자의 글(표현이나 아이디어)이 저자 자신의 것이 아님을 익히 알고 있는 경우다. 여기에는 속이거나 속는 관계가 형성되지 않기 때문에 표절의 핵심 요소인 기만행위가 발생하지 않는다.

예를 들어 패러디 형식의 경우, 출처표시를 하지 않아도 표절이라고 하지 않는다. 패러디라는 용어는 분야별로 개념 정의가 다를 수 있다. 문학, 예술에서 일반적으로 사용하는 개념이기도 하지만, 저작권법에서도 실정법상 용어는 아닐지라도 판례에서 공정이용의 한 태양態樣으로 인정된다. 원고(저작권자)의 저작권침해 주장에 대해 피고(이용자)는 패러디 항변을 하는 경우가 많다. 패러디 항변이 성공하면 이용자는 저작권침해 책임을 면하지만, 실패하면 책임을 지게 된다.

저작권침해와 패러디

우리나라 판례 중 패러디의 성립요건을 비교적 상세히 설시한 것이 있다. 서

---

667. 주 775 해당 면 참조.
668. 주 774 – 786 해당 면 참조.
669. 소재의 선택, 배열, 구성에 창작성이 있고, 나아가 편집저작물임을 밝힌다면 이와 같은 짜깁기형 저술은 편집저작물로 성립할 수 있다.

태지와 아이들의 노래 〈COME BACK HOME〉을 〈컴배콤〉이라는 노래로 변형하여 부른 뮤직비디오에 대해 서태지 등은 자신들의 저작권을 침해했다는 이유로 패러디 가수(이재수)와 음반사를 상대로 판매금지등가처분 신청을 했다. 피신청인들은 자신들의 개사곡은 서태지 노래에 담긴 진지한 고민을 풍자하고 희화화함으로써 대중에게 비평이나 새로운 웃음을 선사한 것으로, 패러디에 해당하므로 일부 변형은 정당한 이용으로 허용돼야 한다고 맞섰다. 이에 대해 법원은 우리 저작권법상 패러디 항변의 가능 여부와 패러디 항변의 성립요건을 다음과 같이 설시했다.

> 기존의 저작물에 풍자나 비평 등으로 새로운 창작적 노력을 부가함으로써 사회전체적으로 유용한 이익을 가져다줄 수 있는 점이나 저작권법 제25조[670]에서 '공표된 저작물은 보도·비평·교육·연구 등을 위하여는 정당한 범위 안에서 공정한 관행에 합치되게 이를 인용할 수 있다'고 규정하고 있는 점 등에 비추어 이른바 패러디가 당해 저작물에 대한 자유이용의 범주로서 허용될 여지가 있음은 부인할 수 없다 하겠으나, 그러나 패러디는 우리 저작권법이 인정하고 있는 저작권자의 동일성유지권과 필연적으로 충돌할 수밖에 없는 이상 그러한 동일성유지권의 본질적인 부분을 침해하지 않는 범위 내에서 예외적으로만 허용되는 것으로 보아야 할 것이고, 이러한 관점에서 패러디로서 저작물의 변형적 이용이 허용되는 경우인지 여부는 저작권법 제25조 및 제13조제2항의 규정취지에 비추어 원저작물에 대한 비평·풍자 여부, 원저작물의 이용 목적과 성격, 이용된 부분의 분량과 질, 이용된 방법과 형태, 소비자들의 일반적인 관념, 원저작물에 대한 시장수요 내지 가치에 미치는 영향 등을 종합적으로 고려하여 신중하게 판단하여야 할 것이다.[671]

이 사건에서 법원은 이재수의 개사곡이 위와 같은 패러디의 요건을 갖추지 못했다는 이유로 패러디 항변을 배척하고 서태지의 가처분신청을 인용했다.

패러디 작가는 자신의 작품 속 여러 곳에 원작의 단서를 분명히 심어놓기 때문에[672] 이에 따라 독자들도 그것이 패러디작품인지 알 수 있다. 만약 독자가 패러디

---

670. 이는 현행 저작권법 제28조(공표된 저작물의 인용)로 바뀌기 전의 조항임.
671. 서태지 패러디 사건 결정(주 303).
672. 포스너, 앞의 책(주 58), 42면.

작품을 패러디로 인식하지 못한다면 이는 이른바 '실패한 패러디'가 된다. 그런데 위 사건에서 이재수의 패러디 항변이 실패로 돌아간 것은 독자(시청자)가 패러디작품으로 인식하지 못해서가 아니라 패러디 항변의 다른 요소, 즉 원곡 자체에 대한 직접적인 비평과 풍자의 부재,[673] 상업적 목적의 사용, 지나치게 많은 분량 사용 등의 요건을 갖추지 못해서였다.

표절과 패러디

서태지 패러디 사건은 어디까지나 법적 책임을 묻는 저작권침해 사건이다. 만약 법적 책임이 아닌 윤리적 제재를 묻는 표절 사건이었다면 어떤 결론이 도출되었을까? 표절 사건에서도 저작권침해 사건의 패러디 항변 요건을 참고할 수 있다. 그러나 저작권자의 경제적 이익을 고려하는 패러디 항변의 요건과 달리 표절은 그런 요건보다는 표절자의 의도와 독자 반응이 더 중요하다. 즉 앞서 본 '피해자론'이 여기에도 적용되는데, 저작권침해의 피해자는 저작권자이므로, 패러디 항변의 성공 여부는 저작권자의 경제적 이익을 고려하는 것이 당연하다. 그러나 표절의 피해자는 피표절자뿐만 아니라 독자도 포함되므로, 패러디 항변 성공 여부에서 피표절자의 경제적 이익 감소 여부에 상대적으로 덜 치중해도 된다.

위 사건에서 이재수의 〈컴배콤〉이라는 뮤직비디오를 시청자는 십중팔구 당대 최고 인기가수인 서태지의 〈COME BACK HOME〉을 개사하고 흉내 낸 것을 알아차릴 수 있다. 서태지의 당시 인지도를 고려하면 이재수가 서태지와 청중 몰래 자신의 개사곡을 순수한 창작곡으로 발표했을 리 없다. 또한 이 개사곡으로 서태지가 원곡으로 얻을 수입이 감소하지는 않았을 것이다.[674] 이상을 종합하면, 이재수의 개

---

673. 서태지 패러디 사건에서 법원은 직접패러디만 허용할 뿐, 해당 저작물을 비평의 대상으로 하지 않고 이를 수단(매개)으로 사회를 비평하는, 이른바 매개패러디는 인정하지 않았다. 판결의 해당 부분을 옮기면 다음과 같다.

> 피신청인들은 자신들의 노래에 음치가 놀림받는 우리 사회의 현실을 비판하거나 대중적으로 우상화된 신청인도 한 인간에 불과하다는 등의 비평과 풍자가 담겨 있다고 주장하나, 패러디로서 보호되는 것은 당해 저작물에 대한 비평이나 풍자인 경우라 할 것이고 당해 저작물이 아닌 사회현실에 대한 것까지 패러디로서 허용된다고 보기 어려우며, 이 사건 개사곡에 나타난 위와 같은 제반사정들에 비추어 이 사건 개사곡에 피신청인들 주장과 같은 비평과 풍자가 담겨 있다고 보기도 어렵다.

674. 한편 서태지 패러디 사건에서 법원은 이재수의 개사곡으로 서태지의 원곡에 대한 사회적 가치의 저하나 잠재적 수요의 하락이 전혀 없다고 보기 어렵다는 점도 패러디 항변을 배척하는 논거로 썼다. 그러나 이 부분 근거는 사족이다. 이재수 패러디 곡이 서태지 곡의 판매에 영향을 주었을 리는 없다고 보기 때문이다.

사곡은 저작권법상 패러디 항변 요건을 갖추지는 못했다 할지라도 서태지 원곡을 자기 것인 양 했다거나, 개사곡 뮤직비디오를 감상한 시청자들이 서태지 원곡으로 속았을 가능성이 거의 없다는 점에서 표절 책임은 발생하지 않는다고 봐야 한다. 결국 저작권침해 책임을 인정한 법원 판단은 수긍할 수 있지만, 표절에 해당한다고 보기는 어렵다. 이상은 음악저작물에 관한 것이지만 어문저작물, 좁혀서 이 책의 대상인 학술저작물에도 적용될 수 있다.

인유/상호텍스트성과 표절

한편 포스너 교수는 패러디 외에도 전작을 출처표시 없이 글자 그대로 가져다 쓰는 경우를 인유引喩, Allusion[675]라고 하여, 독자들이 그 사실을 알고 있으므로 표절이라고 할 수 없다고 한다.[676] 포스너 교수가 '인유'를 표절이 아니라고 본 것은 독자들이 속지 않았기 때문이다. 즉 저자도 숨김 또는 속이려는 의사가 없고, 독자들도 그 사실을 알고 있어 속지 않을 뿐만 아니라 속을 염려가 없기 때문에 표절로 보지 않는 것이다. 오히려 이와 같은 표현 양식은 문학과 예술 분야에서 수준 높은 것으로 평가되기도 한다.

이와 관련하여 표절은 상호텍스트성intertextuality과의 관계에서 논의하기도 한다. 상호텍스트성이란 모든 텍스트는 전혀 새롭게 탄생할 수 없고 이전 텍스트로부터 변조, 발전·진화된다는 것으로, 넓게 보면 표절도 상호텍스트성에 포함될 수 있다. 그러나 상호텍스트성에서는 원텍스트가 살아나고 알려지는 데 반해, 표절은 원텍스트를 은폐하려고 한다는 점에서 상호텍스트성에 포함될 수 없다고 한다.[677]

그렇다면 어떤 것이 표절로 금지되고, 어떤 것이 인유 또는 상호텍스트성으로 용인되는가? 출처표시 없이 원전을 가져다 쓴다는 점에서 표절과 인유 또는 상호텍스트성은 종이 한 장 차이라고 할 수 있다. 여기에서 표절 판단 주체의 쟁점으로 자연스럽게 연결된다.[678] '숨기는 것'이 문학과 예술 표현형식의 하나인지 아니면 독자를 속이려 한 것인지 판단하는 것은 예술 표현형식에 대한 이해가 필요하다는

---

675. 포스너 원작에 있는 'Allusion'을 번역자 정해룡은 '인유'로 옮겼다.
676. 포스너, 앞의 책(주 58), 42면.
677. 안정오, 「상호텍스트성의 관점에서 본 표절텍스트」, 텍스트언어학 제22호, 2007, 123 – 140면.
678. 뒤의 '표절 판단의 주체' 논의에서 다룰 예정이다. 주 1103 – 1105 해당 면.

점에서 일반인이 표절의 판단주체가 되어서는 안 된다는 주장의 논거가 될 수 있다. 저작권침해의 실질적 유사성 판단 이론 중 일반인이 실질적 유사성 여부를 판단해야 한다는 이른바, '청중테스트 이론'[679]을 여기에 적용할 수 없는 이유가 되기도 한다.

한편, 문학과 예술 영역이 아닌 학술적 글쓰기에서는 인유나 상호텍스트성이 자리할 틈이 별로 없어 보이거나 상대적으로 작아 보인다. 이 책이 주요 논의 대상으로 삼는 인문·사회과학 분야의 저술에서 문학, 예술 장르에서 주로 사용되는 패러디, 인유, 오마주[680] 그 밖에 상호텍스트성에 따른 표현기법이 이용될 가능성이 높지 않기 때문이다. 그러나 서적 제호나 논문 제목 등에서 패러디는 심심치 않게 발생하며, 나아가 본문에서도 그 가능성을 전혀 배제할 수 없다는 점에서 위의 논의는 충분히 의미가 있다.

결론적으로 표절이 성립하려면 출처표시 누락 또는 부적절한 출처표시가 필요한데, 경우에 따라 출처표시를 생략한다 하더라도 저술자와 독자 모두 속이거나 속는 관계가 아닌 고도의 표현기법의 하나로 쓰일 때에는 반드시 표절이 성립하는 것은 아니다.

9. 교과서 문제

가. 문제의 소재

우리나라 대학에서 사용되는 교과서[681] 중에는 출처표시를 제대로 갖추지 않은 것

---

679. 청중테스트 이론은 오승종, 앞의 책(주 39), 1003 - 1004면 참조.
680. 프랑스어 오마주Hommage는 존경, 경의의 뜻으로, 예술작품에서 어떤 작품이 다른 작품에 대한 존경 표시로 일부러 모방하는 기법을 말한다.
681. 초·중등교육법 제29조제2항에 근거한 교과용도서에 관한 규정 제2조에 따르면, 교과서는 '학교에서 교육을 위해 사용하는 학생용의 주된 교재'라고 정의하고 있다. 따라서 실정법상 용어인 교과서는 초·중·고등학교에서 학생이 사용하는 주된 교재이므로, 고등교육기관인 대학의 교재는 교과서에 해당하지 않는다. 그러나 현실에서는 대학의 교재도 교과서라고 하는 경향이 있으므로, 이하 논의에서는 '대학에서 사용하는 교재'를 포함한다.

이 상당수 있다. 최근 들어 교과서 표절 또는 저작권침해가 재판의 쟁점이 되는 일이 심심치 않게 발생한다. 실제 인용에 따른 출처표시를 제대로 하지 않아 문제가 된 경우, 저술자는 교과서의 특수성을 강변하는 경향이 있다. 재판과정에서 표절 의혹을 받는 교과서 집필자들은 대개 독자의 편의를 위해 잔글씨로 된 각주를 붙이기 어렵다거나, 고도의 학술적 성격의 저술이 아니라거나, 심지어 수험서에 불과하다는 등 자기 저술의 가치를 스스로 폄하하기도 한다.

다른 저술과 달리 교과서는 출처표시 의무를 면제하거나 경감해야 하는 특별한 사정이 있는지 또는 이를 인정해야 할 이익이 있는지 논의한다.

나. 교과서의 특수성 논의

교과서라 함은 대체로 개념을 설명하고 그 분야에서 일반적으로 인정된 체계에 따라 저술자 자신의 독자적 견해는 최소화하되 해당 분야의 확립된 이론을 소개하는 책이라 할 수 있다. 그러나 이와 달리 기존 체계를 따르지 않거나, 해당 분야의 확립된 이론을 소개하기보다는 이를 비판하거나 독자적 견해를 밝히는 데 치중하는 것도 얼마든지 있다. 이와 같은 성향이 강하면 강할수록 이른바 '표준화된 교과서' 성격은 약해지고 '전문서' 성격이 강해진다. 이처럼 대학에서 사용되는 교재라도 성격이 다양하기 때문에 표절 논의에서 교과서라는 하나의 범주로 묶어 논의하는 데 어려움이 있다는 점을 전제해야 한다.

다만, 일반적으로 볼 때 교과서에는 개념에 대한 설명과 확립된 이론에 이르기까지의 과정에 대한 연혁적·역사적 고찰, 이론과 그 철학적 배경, 현재도 해결되지 않는 논의, 향후 전망 등이 담겨 있다. 따라서 개성과 독창성보다는 포괄성, 정확성, 표준성이 더욱 중시되는 저술이라고 할 수 있다.

여기에서 개념을 상세히 다루는 교과서는 독창성보다는 검증된 정확성이 더 중요하므로 출처나 기원이 중요하지 않다는 견해가 있다(포스너).[682] 일반적인 의미에서 볼 때, 교과서 내용(체계 포함)은 상당 부분이 '일반지식'에 해당하므로, 이를 가

---

682. 포스너, 앞의 책(주 58), 42 – 43면.

져다 쓸 때 출처표시를 하면 오히려 일반지식을 해당 교과서 저자의 것으로 만들 우려가 있음은 앞에서 '일반지식의 특정인 소유화化'라는 개념으로 설명했다.[683] 마찬가지로 교과서 저자도 자신의 독창적 견해를 펼치기보다는 해당 분야의 일반적 논의를 정리한 것이라면 그 부분에 한해 출처표시를 생략하는 것이 정당화될 수 있다.

실제로 우리나라에서 법학, 경제학, 정치학, 행정학, 경영학, 사회학 등 사회과학 분야의 이른바 교과서로 쓰이는 교재를 보면 대체로 대학 수업에서 사용할 뿐만 아니라 국가고시 등 각종 공무원시험 준비에 활용되는 경우가 많아서, 교재 저자가 이런 수요를 감안해 집필 방향을 정하기도 한다. 이에 따라 교재의 독창성보다는 포괄성, 표준성, 정확성 등에 치중하는 경향이 있다. 교과서 표절 사건에서 표절 의혹을 받는 교과서 집필자들이 표절 책임을 피하기 위해 자신의 교과서를 일종의 기능저작물로 깎아내리는 근거가 여기에 있다. 실제 교과서 표절로 징계를 받은 교수 (원고)가 징계무효확인을 청구한 재판의 판결에 기재된 원고 주장의 한 부분을 소개한다.

> 원고는 이 사건 각 저서의 초판 머리말에 (중략) '각주를 다른 類書와 마찬가지로 맨 하단에 따로 두지 않고서 꼭 필요하다고 생각되는 것만을 본문 속에 넣었다. 그동안 ○○법과 □□법 등을 강의해오면서 학생들과 얘기를 나눈 결과 각주가 따로 밑에 있으면 읽지 않게 되기 때문이며, 또한 학문적인 연구 논문이 아니고 대학생의 학습을 위한 대학교재라는 기본목적에도 부합하기 때문이다'(중략)라고 기재한 사실 (후략)[684]

포스너 교수의 논의를 좀 더 이어간다. 그에 따르면 미국에서도 정도 차이는 있지만 법학교수들이 아이디어와 출처를 철저히 밝히지 않는데, 이는 독창성을 중시하지 않기 때문이라고 한다.[685] 그런데 포스너 교수의 논의를 우리나라에 적용할 때 주의할 점이 있다.

---

683. 주 506 – 507 해당 면.
684. 서울중앙지법 2004.6.10. 선고 2002가합7003 판결(이하 '법학교과서 I 사건 1심 판결'이라 한다).

첫째, 미국과 우리나라 학문 풍토가 많이 다르다는 점을 고려해야 한다. 정확히 말하면 교과서 집필층과 집필 목적, 그리고 교과서가 학계에서 차지하는 비중 등에 차이가 크다. 포스너 교수가 예로 든 법학의 경우, 미국에서 학자들의 학문적 역량은 대체로 논문이나 전문서를 통해 평가를 받는 반면, 우리나라에서는 아직까지 교과서 비중이 작지 않다. 미국에서 일반적으로 유명한 학자들은 교과서를 집필하지 않는데, 우리나라의 이름 난 학자 중에는 교과서를 집필한 경우가 많다. 그러다 보니 교과서를 집필하는 목적이 학생들을 위한 수업교재를 넘어 동료 학자들 간에 자기주장을 펼치는 장이 되는 것이 엄연한 현실이다. 그 결과 학자들 사이의 논쟁이 교과서에서 이루어지는 경우가 많기 때문에 학술적 논의의 장에서 교과서를 인용하는 비중이 미국보다 상대적으로 높다.

둘째, 포스너 교수도 인정하는 바와 같이 아무리 교과서라 하더라도 그대로 베끼는 경우 표절이 될 수 있다.[686] 교과서에서 일반적으로 사용되는 개념이나 표현이 아닌 저자의 개성과 독창성이 드러난 부분은 표절뿐만 아니라 저작권침해 대상이 될 수 있기 때문이다.

법학 분야에 국한해서 볼 때, 우리나라에서 교과서 표절 사건이 발생하면 표절 의심을 받는 학자들은 대체로 법학교과서를 수험서로서 일종의 기능저작물과 같은 것이라는 취지로 항변한다. 이는 포스너 교수의 주장, 곧 독창성보다는 일반 개념을 중시한다는 주장과 같은 맥락에서 이해할 수 있다. 그러나 위와 같이 포스너 교수의 주장이 우리나라에 바로 적용되기에는 어려운 점이 있으므로, 우리나라에서 교과서에 출처표시 의무를 면제하거나 경감해야 한다는 논거로 가감없이 쓰이기에는 문제가 있어 보인다.

---

685. 포스너, 앞의 책(주 58), 46면.
686. 위의 책, 43면.

다. 판례 검토와 비판

우리나라 법원은 교과서 표절 사건에서 다양한 판결을 선고하고 있다. 그러므로 법원의 일정한 입장을 알기가 쉽지 않다. 학문의 종류와 성격을 고려했다기보다는 시기별로 또는 법관의 관점에 따라 달랐다고 말하는 것이 솔직할 정도다.

교과서 표절로 징계를 받았으나 법원에서 그 징계가 무효로 확인된 사건부터 비판적으로 소개한다(법학교과서 I 사건 판결).[687] 법원은 이 사건 각 저서가 학습교재 또는 수험서라는 점을 고려하여, 본문의 해당 부분에서 출처표시를 하지 않고 그 출처를 머리말, 논문 등에 표시했다고 하더라도 표절이 아니라고 판결했다(법학교과서 I 사건 1심 판결). 이후 항소심과 대법원판결도 이 점에 관한 판단을 그대로 유지했다.

표절 여부를 판단할 때 공정한 관행에 대한 고려요소로 '저술의 성격과 대상'을 든 것은 타당하다. 저술의 성격과 대상에 따라 관행이 다를 수 있고, 이에 대한 공정성도 달라질 수 있기 때문이다. 저술의 성격과 대상에는 전공구분에 따른 차이도 들어갈 수 있고, 학위논문, 학술논문, 교과서 등 저술 목적도 포함될 수 있다. 그리고 이와 같은 저술 성격에 따라 양적·질적 주종관계 형성의 범위라든지 출처표시의 엄격성은 달라질 수 있다. 그런 점에서 대학의 교재 또는 사법시험 대비 수험서라는 집필목적이 저술의 성격과 대상으로서 고려되는 것은 타당하다. 나아가 법학이라는 전공의 특성, 즉 독일에서 시작되어 일본을 거쳐 한국에 들어오게 된 법률의 계수 과정을 고려해 독일과 우리의 법학교과서가 이론상 비슷할 수밖에 없는 점이 고려되었는데, 이 또한 어느 정도 설득력이 있다.

문제는 위와 같은 저술의 성격과 대상이 공정한 관행의 고려요소가 될 수 있다는 것과 이 사건에서 공정한 관행에 합치될 정도로 결론을 좌우할 수 있는 요소인지는 별개라는 것이다. 뒤에서 보는 바와 같이 법학교과서 II 사건의 경우 세부 전공이 다를 뿐 법학교과서라는 점에서 법학교과서 I 사건과 비교가 가능한데, 법원은 법학교과서 I 사건과 전혀 다른 판단을 하고 있다.

④ '이론적 공유관계'나 법학 교과서의 특수한 성격 등과 같은 추상적인 사유만으로

---

687. 주 599. 이하에서 사실관계는 1심 판결(주 684)과 항소심 판결(주 377)을 토대로 요약 정리한 것이다.

타인 저작물 인용 시 출처표시의 정도가 완화된다거나 면제된다고 볼 아무런 근거가 없고, 우리나라 법학 교과서 저술시 출처표시 의무가 완화되어온 관행이 있음을 인정할 증거도 없는 점, ⑤ 이 사건 저서는 피인용저서와 다루고 있는 내용, 대상 수요자층 등이 거의 동일하여 수요적으로 직접적인 대체관계에 있다고 인정되는 점 등을 종합할 때, 원고가 피인용저서를 이 사건 저서에 게재한 것이 구 저작권법 제25조에 의해 허용되는 행위에 해당한다고 보기도 어렵다.[688]

이에서 보는 바와 같이 법학교과서 II 사건에서 표절 의혹을 받은 교수(원고)는 법학교과서 I 사건에서와 같은 주장을 했으나, 법원은 법학교과서를 저술할 때 출처표시 완화 관행이 없다고 판시했다. 나아가 법학교과서 II 사건 판결은 오히려 수요자층에서 직접적으로 시장대체관계에 있다고 함으로써, 사법시험 등 각종 시험을 대비한 수험서 시장에서 수요대체가 일어날 수 있음을 지적하기도 했다. 이를 통해 교과서, 특히 법학교과서에 대하여 공정한 관행 또는 출처표시 기준을 다른 저술보다 완화할 이유가 없다는 점을 분명히 했는데, 이는 위 법학교과서 I 사건 판결과 배치背馳된다. 다만, 법학교과서 I 사건 판결의 경우 피표절작이 국내 교과서나 수험서가 아니라 외국저서이므로 시장대체관계에 있다고 보기 어려우므로, 위 법학교과서 II 사건 판결과 완전히 배치되는 것은 아니라고 할 수 있다. 그러나 우리나라에서 일반적으로 수험서로 쓰이는 법학교과서의 경우 출처표시 완화 관행의 존재에 대하여 법원 간에 상반된 판결이 선고되고 있는 것만은 분명하다.

위 두 사건보다 나중에 발생한 또 다른 법학교과서 표절 사건(2009년 선고)에서 법원은 방송통신대학교 교수진이 집필한 교재 내용이 독창적이지 않더라도 학생들이 쉽게 이해할 수 있도록 내용을 정리하고 나름대로 표현방식에 따라 저술한 것에 창작성을 인정했다. 이어서 한국방송통신대학교 학생들에게 판매할 목적으로 편집부 편저 형식으로 위 교재(법학교과서도 포함되어 있음)를 요약 정리해 출판한 피고 출판사에 저작권침해를 인정했다.

원고들의 이 사건 각 교재는 방송통신대학교 학생들의 수업교재로 사용하기 위하

---

688. 법학교과서 II 사건 판결(주 547).

여 방송통신대학교 교수진이 집필한 것으로 그 내용이 그 자체로 독창적인 것은 아니고 기존의 서적, 논문 등과 공통되거나 공지의 사실을 기초로 하고 있다고 하더라도 이를 기술하는 방식 및 구체적인 표현은 저자의 창작적 노력에 따라 다를 수 있는 것이므로, 원고들이 자신의 경험 등을 토대로 방송통신대학교 학생들이 쉽게 이해할 수 있도록 내용을 정리하고, 도표 등의 나름대로의 표현방식에 따라 관련 과목을 설명하는 방식으로 저술한 이 사건 각 교재는 창작성이 인정된다고 할 것이어서 저작권법에 의하여 보호되는 저작물이라고 할 것이다.[689]

그 밖에 세무회계학 분야의 교과서에서도 저작권으로 보호될 만한 부분을 가져다 쓸 경우 저작권침해가 될 수 있음을 명시적으로 인정한 판결이 있다.[690] 법원은 다음과 같이 저작권침해에 관한 일반론을 개진하고 있다.

특히 학술의 범위에 속하는 저작물의 경우 그 학술적인 내용은 만인에게 공통되는 것이고 누구에 대하여도 자유로운 이용이 허용되어야 하는 것으로서 그 저작권의 보호는 창작적인 표현 형식에 있지 학술적인 내용에 있는 것은 아니므로, 저작권의 침해 여부를 가리기 위하여 두 저작물 사이에 실질적인 유사성이 있는가의 여부를 판단함에 있어서도 창작적인 표현 형식에 해당하는 것만을 가지고 대비하여야 한다. (중략) 원칙적으로 표현 내용이 되는 아이디어나 그 기초 이론 등에 있어서의 유사성은 그에 아무런 영향을 미칠 수 없을 뿐만 아니라 표현 형식에 해당하는 부분이라 하여도 창작성이 인정되지 아니하는 부분은 이를 고려할 여지가 없다(대법원 1999.11.26 선고 98다46259 판결; 대법원 1999.10.22 선고 98도112 판결 등 참조).

그리고 고소인(저작권자)이 침해당했다고 주장하는 저술 부분에 대해 개별적으로 창작성이 있는지 판단했는데, 다음 한 부분을 제외하고는 창작성이 있는 표현에 해당하지 않는다는 이유로 피고인 저술에 같은 부분이 있더라도 저작권침해에 해당하지 않는다고 했다. 창작성을 인정한 부분의 판시는 다음과 같다.

---

689. 서울중앙지법 2009.5.14. 선고 2007가합14280 판결(이하 '방송통신대 교재 사건 판결'이라 한다).
690. 서울서부지법 2009.6.18. 선고 2009노104 판결(이하 'M&A 교재 사건 판결'이라 한다).

⑧ 항목의 내용은 위임장 대결과 관련하여 실무상 고려할 사항을 기술한 것으로 비록 기존의 다른 서적들이 이와 유사한 내용을 다루고는 있으나, 고소인 서적은 그러한 내용들을 체계적으로 정리하여 고소인 나름대로의 표현 형식에 따라 위 내용을 기술하였다고 보이므로 이 부분 표현 형식의 창작성은 충분히 인정될 수 있고, 특히 피고인 서적은 다른 부분과는 달리 위 부분의 구체적인 표현까지 그대로 베낀 것으로 보이며, 복제한 분량 역시 단편적인 어구나 문장에 그치지 않고 서술체계상 소항목 전체에 이른다고 볼 수 있어 실질적 유사성 역시 충분히 인정된다.[691]

이 판결에 따르면, 다분히 실용적 성격의 교과서인데도 저작권침해 판단의 전제가 되는 '보호받을 수 있는 표현'을 중심으로 창작성, 실질적 유사성을 검토했다는 점에서 의의가 있고, 이후 유사 사건에 참고자료가 될 만하다고 생각한다. 다만, 이 판결에서 창작적 표현이 아니라고 하여 저작권침해 혐의를 인정하지 않은 것 중에서, 예컨대 단기매매차익의 계산방법과 관련해 고소인의 서적이 예로 들고 있는 국내 특정 회사의 사례(도표로 정리된 것)가 피고인 서적에도 고스란히 나타난 것이 있다. 그 회사의 일자별 주가자료표를 신문에서 일반적으로 구할 수 있다고 하더라도 증권거래소 시장에 상장되거나 공개된 회사는 수백 개가 넘는데, 어떤 이론 또는 자신의 주장을 설명하려고 그중에서 특정 회사의 사례를 선택하고 그것을 도표로 만든 것은 자기주장을 뒷받침하기 위한 소재(사례) 선택에 창작성이 있다고 할 수 있다. 그런데도 이 점을 간과한 채 일반인도 쉽게 구할 수 있는 자료라는 이유만으로 저작권보호대상이 아니라고 한 것은 쉽게 납득할 수 없다.

또 이 사건은 표절이 아닌 저작권침해가 쟁점인 재판이라는 점에서 표절 사건에 그대로 적용될 수 없다. 표현이 아닌 독창적 아이디어로서 학술적으로 인정받을 수 있는 것은 저작권침해는 아니더라도 표절 대상이 될 수 있다는 점에서 저작권침해 형사사건에 관한 이 판결을 표절 논의에까지 확장 적용할 수는 없다.

한편, 기계공학 분야 교과서 사건에서도 법원은 교과서에 창작성을 인정하고 저작권침해를 인정한 사례가 있다.

---

691. 위 판결.

(전략) 원고 서적 부분은, 대학에서 학생들을 가르치는 교수인 원고가 원고 서적을 통하여 기계설계학 분야를 공부하는 사람들에게 각 해당부분에 대한 이해를 돕고, 관련 지식을 습득할 수 있도록 자신의 경험 및 전문지식을 바탕으로 나름의 고민을 통하여 전체적인 체계를 정하고, 창작 또는 보완한 표와 그림 등을 적절하게 배치한 후 이에 대하여 자신의 표현으로 설명을 하는 방식으로 스스로 구성한 것으로서 적어도 저작권법에서 요구하는 최소한의 창작성은 인정된다고 할 것이다.[692]

이 판결에서 보는 바와 같이 교과서라 할지라도 전체적 체계를 정하는 것과 효과적 이해를 위해 표와 그림을 적절히 배치하는 것에 창작성을 인정한 것이 돋보인다. 한편, 이 판결은 창작성이 인정되지 아니하여 저작권침해에는 해당되지 않아도 노동력과 비용을 들이고 자신의 전문지식을 활용·수정해 만든 수식, 도표 등에 법적 가치가 있다고 보아 이를 무단 사용한 것에 민법상 불법행위가 성립된다고 했다.

위 인정사실에 따르면, 별지2 기재 원고 서적 부분 중 위 1)의 ②항을 제외한 부분은 논리적 사고의 필연적 표현으로 보이는 수식이거나, 표현이 극히 제한되는 도식, 도표이거나, 표준화된 기계설계규격(KS, JIS, JSO)에 관한 것으로 그 표현된 내용의 취사선택에 있어 제한이 큰 경우이거나, 보편적으로 통용되는 기호이거나, 또는 이들을 약간 변형시킨 것에 불과하여 창작성이 인정되지 않는다고 보여지고, 따라서 저작권법에 의하여 보호받지 못한다고 할 것이다.

그러나 위 부분 역시 앞서 본 바와 같이 대학교수인 원고가 자신의 강의에 사용하거나 서적으로 출간할 목적으로 국내외 자료를 종합하여 나름의 노동력과 비용을 들이고, 자신의 전문지식을 활용하여 오류가 있는 부분을 수정하는 등의 노력으로 수식, 도식, 도표 및 규격 등과 관련된 내용을 논리적으로 정리한 부분으로서 법적 보호의 가치가 있는 이익에 해당하는 것으로 보이고, 피고들이 원고 서적의 상당 부분을 차지하는 위 부분들을 무단으로 동일하게 또는 유사하게 도용하여 피고 초판 또는 개정판에 사용하여 판매한 행위는 공정하고 자유로운 경쟁원리에 의해 성립하는

---

692. 서울중앙지법 2009.11.19. 선고 2008가합62460(본소), 2009가합3567(반소) 판결(이하 '기계공학 교재 사건 판결'이라 한다).

거래사회에 있어서 현저하게 불공정한 수단을 사용함으로써 사회적으로 허용되는 한도를 넘는 것으로서 원고의 법적으로 보호할 가치 있는 무형의 이익을 침해하는 위법행위라고 평가할 수 있으므로, 피고들의 위와 같은 행위는 원고에 대하여 민법 제750조의 불법행위를 구성한다.[693]

논란의 여지가 없지 않으나 표절에 따른 윤리적 제재나 저작권침해에 따른 법적 책임과는 별개로 민법상 불법행위가 성립할 수 있음을 인정한 것으로 매우 독특하고 참신한 판결이다. 그러나 이 부분 판시만으로 보더라도 저자의 노력으로 수식, 도식, 도표, 규격 등과 관련된 내용을 논리적으로 정리한 부분은 소재 선택과 배열에 창작성이 있는 편집저작물로 볼 수 있지 않을까 하는 생각이 든다. 이와 같이 편집저작물로 본다면 그러한 편집물을 그대로 사용한 피고에게 저작권침해 책임을 물을 수 있었을 것이다.

나아가 수식, 도식, 도표 등이 저작물이 될 수 없더라도 저자의 독창적 아이디어에 해당한다면, 출처표시 없이 가져다 쓴 행위는 표절에 해당할 수 있음은 물론이다.

라. 정리

이상에서 본 바와 같이 교과서라 하여 출처표시 의무가 면제된다거나 표절금지윤리를 적용할 때 특별한 기준이 적용되어야 한다고는 할 수 없다. 다만 교과서의 특성상 일반화된 개념을 설명하고 해당 분야에서 일반적으로 인정된 체계를 따라 기존에 확립된 이론을 정리하고 소개하는 경우에는 출처표시가 필요하지 않을 수 있다. 이 논의는 교과서 집필자에게만 적용되는 것이 아니라, 이렇게 저술된 교과서를 이용하는 사람에게도 적용되어야 한다. 다시 말해 일반지식의 나열에 불과한 교과서를 가져다 쓸 때에는 출처표시를 할 필요가 없다.[694] 결론적으로 교과서가 일

---

693. 위 판결.
694. '일반지식의 특정인 소유화所有化'에 관한 논의는 주 506 – 507 해당 면 참조.

반지식을 다루는 한 집필자로서는 출처표시 의무가 없고, 이를 이용하는 사람으로서도 교과서는 출처표시 대상이 아니다.

그러나 기존과 다른 체계에 따라 집필하거나 방법론을 포함하여 독창적인 견해를 제시하면 그 부분에 한해 저작권보호 대상이 되거나 표절 대상이 될 수 있다. 또 이론이나 체계에서 독창성이 없어도 확립된 기존 이론을 설명할 때 저술자 나름의 독창적 소재 선택, 예증, 표, 도표, 도식, 수식 등을 사용한 것은 저작권보호 대상이 될 수 있고, 그렇지 못하더라도 최소한 표절 대상은 될 수 있으므로 출처표시 없이 가져다 쓸 경우 표절에 해당할 수 있다.

결론적으로, 교과서 집필자의 출처표시 의무 존재 여부, 이용대상으로서 교과서에 대한 출처표시 여부는 해당 교과서가 일반지식만 일반화된 체계에 따라 집필되었는지, 아니면 독창적 체계에 따라 개성 있는 견해가 얼마나 들어 있는지에 따라 달라질 수 있다.

마. 여론餘論 – 교과서 집필에 관한 학계 풍토 비판

학계 풍토와 문화가 나라마다 다르고 우리나라에서도 학문 종류에 따라 다르기 때문에 일반화해서 말하기 어렵지만, 우리나라의 경우 아직까지는 대체로 인문·사회과학 분야의 학자들이 학문적 성과를 논문이나 전문서를 통해 펼치기보다는 교과서를 출판하거나 교과서 개정작업을 통해 달성하려는 경향이 강하다.

그런데 미국, 유럽 등 학문 선진국에서는 대체로 해당 학문 분야에서 큰 업적을 이룬 학자들이 반드시 교과서를 집필하거나 교과서로 역량이 인정되는 문화가 아니다. 논문이나 단행본 형태의 전문서를 통해 해당 학계에서 평가받고 권위가 인정된다. 강의 교재 또는 공무원 기타 각종 자격시험을 위한 수험서가 학문 선진국이라고 없는 것은 아니나, 이런 저술은 해당 분야에서 어느 정도 평판이 있는 학자들의 몫이 아니다.

우리나라도 근대화와 해방 후 현대화 과정을 거치면서 학문의 발전이 있었지만, 비교적 최근까지도 외국 학문의 무분별한 도입과 대학이라는 교육기관이 각종 자격시험을 위한 예비기관으로 전락했던 구태를 벗지 못했다. 그런 연유로 많은 학자가 논문보다는 교과서 집필에 매달렸던 것이 사실이다.

그런데 교과서는 해당 분야의 일반지식을 체계적으로 정리하는 데 주목적이 있기 때문에 자신의 독창적 견해나 학설을 강하게 요구하지 않는다. 교과서 집필자의 경우 자신의 학술 분야 이력을 제시할 때, 교과서를 맨 앞에 내세우다가도 교과서 표절 사건이 일어나면 자신의 저서를 마치 기능적 저작물이나 되는 양 그 가치를 스스로 폄하하는 주장을 하기도 한다. 위기를 모면하기 위한 것으로 이해할 수는 있지만 조삼모사朝三暮四격 주장으로, 감탄고토甘呑苦吐라는 비판을 피하기 어렵다.

게다가 법원은 이런 주장을 받아들여 표절로 인한 징계양정을 할 때 정상참작 사유로 삼고 있으니, 우리의 부끄러운 자화상이라고 하지 않을 수 없다. 과거 학계의 관행과 달리 이제 우리나라 학문 수준이 어느 정도 올라갔다면, 아니 올라가려면 학문의 초기단계와 달리 교과서보다는 전문서와 논문 위주 저술로 학계 분위기가 일신되는 것도 좋겠다.

아울러 일반적 논의를 이해하기 쉽게 정리한 것에 불과한 교과서에 대해 학문적 업적으로 높이 평가하는 학계의 문화는 재고해야 한다. 학계 풍토와 분위기를 갑자기 바꿀 수는 없지만, 위 표절 논의와 같이 교과서라는 저술의 성격과 위상을 고려한다면, 교과서 집필 또는 보유에 대한 학계와 교육계의 인정 또는 평판부여는 현재보다 훨씬 낮은 수준이 되어야 한다. 나아가 전문 영역, 고도의 학술적 논의에서 교과서를 인용하는 것도 최소화해야 한다. 이는 두 가지 점에서 그렇다. 첫째, '일반지식의 특정인 소유화化'를 막기 위해서와 둘째, 학문의 수준이 높아진다면 일반지식 수준의 논의를 넘어야 하기 때문이다.

III

몇 가지 쟁점

1. 표절이 성립하려면
표절자의 주관적 인식이 필요한가?

표절자의 인식상태는 여러 단계로 나누어 살펴볼 수 있다. 이를 위해 표절의 일반적 정의를 다시 살펴보자.

> 해당 분야의 일반지식이 아닌 타인의 저작물 또는 독창적 아이디어를 적절한 출처
> 표시 없이 자기 것인 양 부당하게 사용하는 행위를 말한다.

구체적으로 보면 표절자의 자기 행위에 대한 인식 대상으로는 다음을 상정할 수 있다.

① 일반지식인지 여부
② 타인의 저작물인지 여부
③ 독창적 아이디어인지 여부

④ 출처표시가 필요한지 여부

⑤ 자기 것인 양 한 행위에 대한 인식 여부

⑥ 부당한 것인지 여부

먼저 ①에서 ④는 행위자의 주관적 인식과 관계없이 객관적 평가로 결정될 사항이다. 일반지식이 아니어서 출처표시가 필요한데도 표절자의 독단적 판단으로 일반지식이라고 생각했다고 해서 표절 책임을 피할 수 없기 때문이다. 마찬가지로 타인의 저작물인지 여부, 독창적 아이디어인지 여부, 출처표시가 필요한지 여부 역시 표절자의 주관적 인식으로 좌우될 성질이 아니라, 객관적 평가가 필요한 부분이다. 따라서 주관적 인식이 필요한지를 논할 대상이 아니라 각기 해당 항목에서 객관적으로 평가하면 되는 것으로서 이미 앞에서 살펴본 바와 같다.

결국 표절 의혹 당사자의 주관적 인식 여부가 표절 성립과 관련해 문제 될 수 있는 것은 '⑤ 자기 것인 양 한 행위에 대한 인식 여부'와 '⑥ 부당한 것인지 여부'다. 그런데 이 두 가지는 성질이 다르다. 전자가 '사실'에 관한 것이라면, 후자는 '규범'에 관한 것이다. 이 두 가지를 나누는 것은 인식 여부에 따라 표절 성립 여부가 달라지기 때문이다. 원칙적인 결론을 먼저 말하면, 전자의 경우 주관적 인식, 즉 고의가 없다면 표절이 성립하지 않지만, 후자의 경우 주관적 인식, 즉 자신의 행위가 부당한 것이라는 인식 여부와 관계없이 표절이 성립될 수 있다.

이른바 '몰랐다'로 통칭되는 표절 의혹 당사자의 항변은 그것이 표절 행위(사실)에 대한 부지^{不知}의 항변인지, 아니면 문제가 되는 행위는 했지만 그것이 표절규범 위반 여부(규범)에 대한 부지의 항변인지 가려보아야 한다. 그렇게 함으로써 그것이 전자라면 표절이 성립하지 않을 수 있으나, 후자라면 표절이 성립할 가능성이 높게 될 것이다.

가. 사실 인식

표절의 요건 중 '자기 것인 양 한 행위'에 대해 표절자의 주관적 인식이 필요한가 하는 것은 '자기 것인 양 한 행위'에 대한 인식의 지배 여부를 말하는 것으로, 여기에는 두 가지 인식의 지배를 상정할 수 있다. 첫째, 타인의 것을 '베낀다'는 행위에 대한 인식의 지배와 둘째, 출처표시 의무가 있는데도 이를 하지 않음으로써 자기 것인 양 '속인다'는 행위에 대한 인식의 지배다. 전자는 '절취행위'에 대한 인식이고, 후자는 '기만행위'에 대한 인식이다.

(1) 절취행위 인식

표절이 성립하려면 절취행위, 즉 베낌에 대한 인식이 있어야 한다. 따라서 타인의 것을 베끼지 않았는데 우연히 같은 경우는 원칙적으로 표절이라고 하기 어렵다. 베낌에 대한 주관적 인식이 필요하다는 것을 저작권침해 법리에서 유추할 수도 있다. 저작권침해에서도 베낌에 대한 인식, 즉 '의거성'이 요구되는데, 이는 저작권법의 입법목적과도 관련이 있다.

저작권법과 특허법의 관계에서 논의를 시작해보자. 저작권법은 모든 작품을 저작권 보호대상으로 하지 않고 일정한 요건, 즉 저작물성copyrightability이라는 요건을 갖춘 경우에만 저작권으로 보호한다. 특허법에서도 모든 발명을 특허권 대상으로 하지 않고, 일정한 요건, 즉 특허성patentability이라는 요건을 갖춘 경우에만 특허권으로 보호한다. 저작물성에 관해서는 저작권법이 다음과 같이 규정하고 있다.

제2조 1. '저작물'은 인간의 사상 또는 감정을 표현한 창작물을 말한다.

특허성에 관해서는 특허법이 다음과 같이 규정하고 있다.

제29조(특허요건) ① 산업상 이용할 수 있는 발명으로서 다음 각 호의 어느 하나에 해당하는 것을 제외하고는 그 발명에 대하여 특허를 받을 수 있다.
1. 특허출원 전에 국내 또는 국외에서 공지되었거나 공연히 실시된 발명
2. 특허출원 전에 국내 또는 국외에서 반포된 간행물에 게재되었거나 전기통신회선을 통하여 공중公衆이 이용할 수 있는 발명
② 특허출원 전에 그 발명이 속하는 기술 분야에서 통상의 지식을 가진 사람이 제1항 각 호의 어느 하나에 해당하는 발명에 의하여 쉽게 발명할 수 있으면 그 발명

에 대해서는 제1항에도 불구하고 특허를 받을 수 없다.

저작권법의 '창작성'과 특허법의 '신규성'(특허법 제29조제1항)은 얼핏 보면 같지만 중요한 차이가 있다. 저작물성의 요건으로 창작성은 "남의 것을 단순히 모방한 것이 아니고 작자 자신의 독자적 사상 또는 감정의 표현을 담고 있음"을 의미하는 것으로서(대법원 1995.11.14 선고 94도2238 판결), 베낀 것이 아닌데 우연히 같다면 저작권법에서는 창작성이 인정되어 저작물성을 갖추게 된다. 반면 특허법에서는 일단 어떤 발명이 공개되어 있는 이상 그 사실을 알지 못한 채 우연히 같은 발명을 했더라도 이에 특허권을 부여하지 않는다.[695]

지적창작물을 보호한다는 점에서 공통점이 있는 두 법이 왜 이 부분에서 다른가? 그것은 두 법의 입법목적에서 원인을 찾을 수 있다. 저작권법은 '문화 및 관련산업의 향상발전에 이바지하는 것'을, 특허법은 '기술의 발전을 촉진하여 산업발전에 이바지하는 것'을 법의 목적으로 한다.

여기에서 베끼지 않았는데 우연히 같은 것에 창작성을 인정하는 저작권법과 신규성을 인정하지 않는 특허법의 차이는, 바로 저작권법의 목적이 말하는 '문화'와 특허법의 목적이 말하는 '기술' 또는 '산업'의 차이에서 찾을 수 있다.[696] 일반적으로 문화는 주관적이고 기술이나 산업은 객관적이라고 할 수 있다. 문화는 창작자, 감상자, 향유자의 주관적 평가에 따라 좋아함과 싫어함이 다를 수 있다. 반면, 기술은 문화보다는 주관적 평가가 용인되지 않는다. 다시 말해 좋은 기술 또는 앞선 기술이 사람의 평가에 따라 크게 달라지지 않는다는 것이다. 기술 또는 기술적 사상을 다루는 특허법은 아예 진보성 판단에서 발명자의 주관적 평가를 배제하기 위해 가상적 주체로 '그 발명이 속하는 기술 분야에서 통상의 지식을 가진 자'를 설정해 놓기도 한다(특허법 제29조제2항).[697]

---

695. 조영선, 『특허법』, 박영사, 2009, 114면. 조영선 교수는 이를 '특허법 고유의 법적 결단'이라고 한다.
696. 물론 저작권법에서도 '관련산업'이라 하여 '문화산업'을 입법목적에서 다룸으로써 '산업'을 언급하지만, 이는 2008년 저작권법 개정 때 추가된 것으로 그 이전에는 '문화의 향상발전'이라고만 되어 있었다. 그러나 '관련산업'이 추가되었다고 하더라도 크게 달라지지 않는다. 그 산업은 '문화산업'을 염두에 둔 것으로 기술을 다루는 특허법상 '산업'과는 같지 않기 때문이다.
697. 대법원 2007.9.6. 선고 2005후3338 판결에 따르면, "그 출원에 관한 발명이 속하는 기술 분야에서 보통 정도의 기술적 이해력을 가진 자"를 통상의 기술자로 이해한다.

정리하면 기술발전을 촉진하여 산업발전에 이바지함을 목적으로 하는 특허법에서 기존 기술에 비해 새로운 것인지 따질 때 발명자의 주관적 인식 상태를 고려하지 않고 '선행 기술' 대 '발명 기술'을 비교해 객관적으로 평가한다. 그렇게 함으로써 기술발전이 촉진될 수 있다고 보기 때문이다. 그러나 저작권법이 문화의 향상 발전에 이바지함을 목적으로 한다고 할 때, 문화는 속성상 다양성을 전제로 하므로 객관적 잣대를 적용하면 획일성을 가져올 수 있다는 고려 아래 위와 같이 베끼지만 않았다면 기존의 것과 같더라도 창작성을 인정하기도 하는 대법원판결이 나온 것으로 이해할 수 있다.

다시 표절 논의로 돌아온다. 저작권과 특허권을 표절과 비교할 때 그 제도로 추구하는 목적 면에서 표절은 특허(법)보다는 저작권(법)에 훨씬 가깝다는 데 이론異論이 있을 수 없다. 표절금지윤리를 통해 추구하는 목적은 학문발전과 학문윤리의 정립 등인데, 이는 기술보다는 문화에 가깝기 때문이다. 물론 학술 분야 중에는 특허법이 기능하는 이공계 학문도 있다는 점에서 반드시 표절이 특허법보다 저작권법에 친숙하다고 말하기는 어렵다. 또 특허 대상이 되는 발명, 특히 발명적 아이디어도 표절 대상이 되기 때문이다. 그러나 크게 보면 특허법보다는 저작권법이 표절에 가깝다고 할 수 있다. 표절과 저작권침해는 상당 부분 같은 영역을 공유하며, 타인의 것을 훔친다는 점에서 '절취'라는 요건을 같이하기 때문이다.

베낀다는 것이 저작권법위반이 되거나 표절에 해당하는 것은 주관적 악성 때문이다. 남의 것인 줄 알면서도 허락받지 않고 훔쳐 쓰는 것에 양자는 공통점이 있다. 그런데 여기에서 '훔친다는 행위', 즉 절취행위를 비난하고 그것에 법적 또는 윤리적 제재를 가하는 것은 행위자가 '훔친다는 행위'에 대한 인식이 있기 때문이다. 그 인식 중에서도 훔침의 대상이 자기 것이 아닌 '타인의 것'이라는 점이 가장 중요하다. 따라서 어떤 창작행위를 했는데 그것이 알고 보니 우연하게도 타인의 것과 같다면, 이는 '훔친다는 행위'에 대한 인식이 결여된 것이다.

이제 결론을 내릴 때가 됐다. 표절이 성립하려면 저작권침해에서와 마찬가지로 '베낀다는 행위'에 대한 주관적 인식이 필요하다. 좀 더 구체적으로 말하면, 자기의 것(표현 또는 아이디어)이 아닌 타인 것인 줄 알면서도 가져다 쓰는 행위에 대한 인식이 필요하다. 따라서 그와 같은 주관적 인식이 없는 '우연한 표절'이라는 것은 표절이 될 수 없다. 일부에서는 표절을 '의도적 표절intentional plagiarism'과 '우연한 표절 accidental plagiarism'로 나누어 설명하지만,[698] 표절은 '타인의 것을 자기 것인 양' 하려는 명백한 인식을 전제로 한다는 점에서, 아이디어나 표현이 우연히 같다면 표절의 가장 기본적 요건을 결한 것이 되므로 이를 표절이라 비난할 수 없다.

'우연한 표절'은 항상 표절 책임에서 자유로운가?

앞서 본 바와 같이 표절이 성립하려면 '의도적 표절'이어야지 '우연한 표절'은 표절이 될 수 없다. 그러나 이는 어디까지나 원칙을 말한 것으로 예외적으로 표절 의혹 당사자의 우연한 표절이라는 항변이 받아들여지지 않는 경우가 있다.

설명의 편의를 위해 표절과 비교 가능한 저작권침해 논의를 여기에 가져온다. 저작권침해가 성립하려면 주관적 요건으로 '의거성', 객관적 요건으로 '실질적 유사성'이 필요하다. 의거성은 타인의 저작물에 의지하여 작성한 것이라는 뜻으로, 일반적으로 '베낀 것'을 말한다. 따라서 베끼지 않았는데 우연히 표현이 같거나 비슷하다면 저작권침해의 주관적 요건인 의거성이 없어서 저작권침해가 성립하지 않는다. 여기까지는 앞서 말한 바와 같다.

그런데 침해자의 항변, 즉 베끼지 않았는데 우연히 같은 것이라는 주장에도, 객관적으로 볼 때 베끼지 않고는 도저히 그렇게 같을 수 없을 정도로 현저하게 유사한 경우현저한 유사성, strikingly similarity에는 의거성이라는 요건이 강하게 추정된다고 보는 것이 판례와 학계의 일반적 태도다. 일반적으로 현저한 유사성으로 인정되는 것으로는 '공통의 오류', '에피소드의 동일성', '심미적 동일성' 등이 있다.[699] 이를 표절 논의에 가져온다면, 표절 의혹 당사자가 우연히 같을 뿐이라고 주장하더라도, 피표절물과 표절 의혹물의 표현이나 아이디어가 독창적이어서 우연히 같을 수 있는 것이 아니라면 표절 의혹 당사자의 우연한 표절이라는 항변은 힘을 얻지 못한다. 나누어 설명하면 저작권침해는 표현을 대상으로 하므로, 비교대상이 되는 두 저작물의 표현에 공통의 오류, 에피소드의 동일성, 심미적 동일성이 있다면 우연한 저작

---

698. 립슨, 앞의 책(주 415), 62면 중 각주 1.
699. 현저한 유사성에 관해서는 오승종, 앞의 책(주 39), 1092-1094면 참조. 이른바 '여우와 솜사탕 사건 판결'[서울남부지법 2004.3.18. 선고 2002가합4017 판결, 서울고법 2005.9.13. 선고 2004나27480 판결(원심 확정)]에 대한 평석에서 현저한 유사성을 분석 비평한 것으로는 다음 참조. 남형두, 판례평석 「드라마 대본에 관한 저작권침해의 구체적 기준 - 이른바 '여우와 솜사탕' 사건」, 저작권문화 제117호, 2004.5.

권침해 또는 우연한 표절이라는 항변이 성립하기 어렵다. 저작권침해와 달리 표절은 독창적 아이디어도 보호대상으로 하므로, 차용된 아이디어의 독창성이 높으면 높을수록 우연한 표절이라는 항변이 무력화되기 쉽다.

2012년 국회의원 선거 전후에 여야 간에 뜨겁게 공방을 벌인 문대성 의원의 박사학위 논문 표절 사건에서 문 의원의 박사학위 논문에 피표절 논문의 오자·오류가 고스란히 드러난 것을 두고 표절의 강력한 증거라는 주장이 제기되었던 것은 위에서 언급한 '공통의 오류' 논의에서 보면 쉽게 이해할 수 있다. 문 의원이 베끼지 않았다고 주장했지만 피표절 논문에 있는 실수가 자기 논문에도 그대로 나타난 마당에 그의 주장은 설득력을 잃고 말았다. 문 의원 사건 이전에도 표절 시비가 일어나면 언론은 비문, 오자, 잘못된 띄어쓰기 등에 주목했는데, 이는 우연한 표절이라는 표절 의혹 당사자의 항변을 무력화하는 데 가장 결정적이고 효율적인 무기가 되기 때문이다.[700]

내면화 항변

표절 사건에 휘말리면 자신이 오래전에 읽었기 때문에 그것이 타인 것인 줄 모르고 부지불식간에 가져다 쓰는 바람에 출처표시를 하지 않았다는 항변을 할 때가 있다. 이른바 내면화되었다는 주장인데, 프린스턴대학교 규정은 표절에 유효한 항변이 될 수 없음을 분명히 하고 있다.

Occasionally, students maintain that they have read a source long before they wrote their papers and have unwittingly duplicated some of its phrases or ideas. This is not a valid excuse. The student is responsible for taking adequate notes so that debts of phrasing may be acknowledged where they are due.[701]

---

700. 공통의 오류와 같은 현저한 유사성 이론은 저작권침해뿐만 아니라 표절에서도 우연한 표절이라는 항변을 배척하는 데 매우 효과적인 것은 분명하다. 그럼에도 같은 부분이 일반지식에 해당하거나 출처표시가 반드시 필요한 것이 아니라면 최종적으로 표절이라고 단정할 수 없다. 바로 이런 점에서 표절 판단이 어려운데, 언론을 비롯한 일반인의 검증에서는 이런 문제를 종합적으로 판단하지 않는다는 위험성이 항상 도사리고 있다.

실제로 표절 의혹 당사자 중에는 객관적으로 표절이라고 볼 수밖에 없을 정도로 거의 동일한 것에 대해 이른바 '내면화 항변'을 하는 경우가 있다. 2006년 하버드대학교 교내신문 크림슨Crimson에서 보도해 미국을 떠들썩하게 했던 비스와나탄 사례를 살펴보자.

비스와나탄Kaavya Viswanathan은 당시 하버드대학교 2학년 학생이었는데, 『How Opal Mehta Got Kissed, Got Wild, and Got a Life』라는 소설책을 써서 대단한 호평을 받고 어린 나이에 갑자기 유명인사가 됐다. 그런데 크림슨이 지적한 바와 같이 이 책은 맥카퍼티Megan McCafferty의 소설 『Sloppy Firsts』와 『Second Helpings』를 표절했다고 강하게 추정됐다.[702] 이에 대해 비스와나탄은 피표절자의 작품을 내면화했을 뿐 표절하지 않았다고 항변했다. 그러나 40개 이상 문장이 피표절작에 있는 것과 매우 유사한 상황에서, 많은 책을 읽고 내면화한 것이 우연히 나온 것이라고 한 비스와나탄의 항변은 설득력을 얻기 어려웠다.[703]

실수에 의한 표절?

실수로 표절이 가능한가? 앞서 본 바와 같이 표절에는 표절자의 주관적 인식으로 '훔친다'는 것에 대한 인식이 필요하다. 여기에서 과실로도 표절이 가능한지 논의한다. 형법은 절도죄에서 과실에 의한 절도를 인정하지 않고 오로지 고의범만 처벌하는데, 표절금지윤리에서는 과실에 의한 표절도 성립할 수 있는지 생각해보자는 것이다.

원칙적으로 절도범과 마찬가지로 표절에서도 타인 저술의 표현이나 독창적 아이디어를 훔쳐 자기 것인 양 한다고 할 때, 훔치는 행위에 대한 인식은 고의를 말하는 것이지 과실로도 성립할 수 있다고 말하기는 어렵다. 그러나 경우에 따라서는 과실로 표절이 성립하는지가 문제 될 수 있다.

---

701. 앞의 웹사이트(주 536).
702. David Zhou, 「Examples of Similar Passages Between Viswanathan's Book and McCafferty's Two Novels」, The Harvard Crimson, April 23, 2006, http://www.thecrimson.com/article/2006/4/23/examples-of-similar-passages-between-viswanathans/ (2014.8.4. 방문).
703. 비스와나탄은 드림웍스와 영화계약을 하고 출판사(Little, Brown & Company)와 출판계약을 체결했으나 이 사건 이후 출판사와의 출판계약이 파기되었다. Ann Graham Gaines, 『Don't Steal Copyrighted Stuff!』, Enslow Publishers, 2008, 4-8면.

2004년에 하버드 로스쿨에서 발생한 오글트리Charles J. Ogletree, Jr. 교수의 표절사례를 살펴보자. 표절 의혹 당사자인 오글트리 교수[704]는 하버드 로스쿨 교수로 예일 로스쿨 교수인 잭 발킨Jack M. Balkin의 저서에서 6문단을 거의 그대로 베껴온 것이 문제 되어 징계를 받았다.[705] 오글트리 교수는 자기 책임을 인정했는데 표절의 경위는 이렇다.

먼저 오글트리 교수는 발킨 교수의 저서 중 베낀 부분을 읽은 적이 없다. 그의 한 조교(이하 '조교 1'이라 한다)는 교수 지시에 따라 발킨 교수의 저술 부분을 오글트리 교수 원고에 넣으면서 또 다른 조교(이하 '조교 2'라 한다)가 그 문구를 요약할 것을 기대했는데 그 과정에서 실수로 뒤따옴표(닫는 따옴표)를 빠뜨렸다. 그런데 조교 2도 원고를 검토하던 중 우연히 발킨 교수의 출처표시를 지워버렸고, 오글트리 교수는 이 사실을 모른 채, 즉 발킨 교수의 저술 부분이 자기 저술 부분이 아니라는 것을 알아차리지 못한 채 이 책을 출간했다.[706] 결국 오글트리 교수는 조교들의 실수가 경합되어 인용문의 따옴표가 지워진 것을 알지 못하고 자기 명의로 저서를 출간한 것인데, 저자로서 표절 책임을 받아들였다.

오글트리 교수 사례는 저술자 자신이 계획적으로 저지른 것이 아니라 자신의 감독 아래 있는 여러 조교의 실수가 경합되어 발생했다. 그러나 저술에 관한 최종 책임이 있는 교수가 이를 알아차리지 못하고 타인의 저술을 인용표시 없이 가져다 쓴 결과에 책임을 진 것으로, 학문의 규칙을 위반한 해악이 적지 않다고 보았기 때문이다. 다만 그 과정에 참작할 여지가 있다는 점에서 우연성이 제재 수준을 정하는 데 고려요소가 될 것이다.

여기의 '실수에 의한 표절', '과실에 의한 표절'은 공동 작업에서 다른 공저자 또는 협업자의 표절 감독의무 태만 또는 공저자로서 주의의무 태만 같은 과실책임을 묻는 과정에서 생긴 것으로, 표절자 자신의 행위에 대한 과실이 아니라는 점에

---

704. 오글트리 교수는 인종문제와 형법학 분야의 저명한 학자로서 The National Law Journal이 선정한 2000년도 전미 100대 영향력 있는 변호사에 이름을 올렸고, Savoy Magazine은 그를 2003년도 전미 100대 영향력 있는 흑인으로 선정하기도 했다. Stephen M. Marks, 「Ogletree Faces Discipline for Copying Text」, The Harvard Crimson, September 13, 2004 참조.

705. 피표절작은 『What Brown v. Board of Education Should Have Said』(2001)이고 표절작은 『All Deliberate Speed』(2004)이다. 위 기사.

706. 위 기사.

서 앞서 말한 표절의 성립요건으로서 표절 의혹 당사자의 고의라는 주관적 인식이 필요하다는 것과 배치되지 않는다.

일부에서는 표절을 정의할 때 '고의적이든, 그렇지 않든 간에'라는 표현을 쓰는데,[707] 이는 적절하지 않다. 표절은 어디까지나 저술자의 고의라는 주관적 인식이 원칙적으로 필요하기 때문이다. 그러나 공동작업에서 다른 공저자의 표절 가능성에 대한 주의의무 태만이나 감독의무 태만 같은 책임을 물어 표절로 제재하는 것은 별론으로 한다.

(2) 기만행위 인식

표절 요건에서 사실에 관한 두 번째 요소는 '기만행위'다. 표절이 성립하려면 기만행위에 대한 주관적 인식, 즉 고의가 필요하다. 타인 저술의 표현이나 독창적 아이디어를 훔쳐 쓰면서, '자기 것인 양' 하는 속이는 행위를 고의적으로 해야 한다는 것이다. 일반적으로 말하면 출처표시를 통해 타인 것임을 밝혀야 하는데, 그렇지 않으면 기만행위라는 요소에 대한 주관적 인식이 있다고 할 것이다.

그런데 앞서 본 바와 같이 경우에 따라서는 출처표시를 하지 않더라도 기만행위가 아니라고 보는 때가 있다.[708] 예컨대 일반지식에 해당하기 때문에 출처표시를 할 필요가 없거나, 오마주, 패러디 같은 예술표현 형식에 따라 굳이 출처를 밝히지 않는 경우도 있다. 이런 경우 기만행위에 고의성이 있다고 말할 수는 없다. 따라서 이 문제는 이 항의 모두에서 언급한 '① 일반지식인지 여부', '④ 출처표시가 필요한지 여부' 논의와 밀접하게 관련되어 있다. 즉 일반지식이어서 출처표시를 할 필요가 없다든지, 오마주 등이 성립하여 출처표시 의무가 없다든지 하는 결론은 그것이 일반지식에 해당하는지 또는 오마주 등이 성립하는지 같은 문제가 선결되어야한다. 이와 같이 법적 평가가 객관적으로 이루어져야 하는 부분으로서 표절자의 주관적 인식 여하에 따라 달라질 것은 아니다.

기만행위에 대한 고의 문제는 출처표시 의무와 동전의 앞뒤 관계에 있다. 남의

---

707. 립슨, 앞의 책(주 415), 62면 중 각주 1. 유재원 등, 앞의 논문(주 530), 353면에서도 표절을 정의할 때 "고의적이든, 그렇지 않든 간에 …"라고 함으로써 고의를 반드시 요하지 않는다고 했다.
708. 주 670-680 해당 면 참조.

것을 가져다 쓰면서(절취행위) 출처표시를 하지 않았다면 둘 중 하나다. 자기 것인 양 속이려 했거나 그렇지 않은 경우다. 후자에 해당하려면 출처표시 의무가 면제되는 경우 또는 출처표시 누락이 허용되는 경우라야 한다. 결국 기만행위 인식이라는 것은 사실에 대한 주관적 인식 지배 문제가 아니라 객관적 평가 문제라는 것이다.

그렇다면, '자기 것인 양 하는 행위'에 절취행위와 기만행위가 있다고 하면서도 전자에 대한 인식은 주관적 인식 지배 문제로 보면서 후자에 대해서는 객관적 평가 문제로 보는 것은 왜인가?

절취 행위는 타인의 것(표현, 독창적 아이디어)을 자기 글에 가져온 것으로, 물리적 또는 객관적으로 인식이 가능하다. 그런데 기만이라는 행위는 기만자의 의식에서 이루어지는 것으로, 객관적으로 외부에서 인식할 수 없다. 따라서 절취와 기만이라는 행위에 대한 행위자의 인식 지배가 그 행위를 벌하는 금지규범의 적용에서 요소가 되느냐를 논할 때, 전자의 경우 객관적 대상에 대한 주관적 인식 지배가 가능하지만, 후자의 경우 주관적 인식 지배의 대상이 되는 객관적 대상이 존재하지 않는다는 점에서 달리 볼 필요가 있다.[709] 여기에서 기만행위 부분은 행위자의 주관적 인식 지배가 표절 성립의 요소로 될 수 없고, 다만 객관적으로 평가할 수밖에 없다.

이 점에서 표절의 성립과 관련하여 기만행위에 대한 인식 또는 고의는 별도로 논의할 수 없고, 앞서 본 '일반지식 여부', '출처표시 필요 여부'에 대한 논의로 충분하다. 따라서 절취행위 인식과 달리 기만행위 인식 여부는 표절 성립을 좌우할 수 없다. 표절 의혹 당사자의 주관적 인식 상태를 고려하지 않고 객관적으로 평가할 수밖에 없다는 뜻이다.

나. 규범 인식

표절이 성립하려면 타인 저술의 표현이나 독창적 아이디어를 베긴다는 것에 대한 주관적 인식 외에 규범적 판단이 필요한 부분에 대한 인식까지 필요한지 살펴본다.

---

709. 물론 베끼는 것에 대한 주관적 인식이 없다면, 기만행위 자체를 인식하지 못하므로 기만행위 자체가 성립하지 않는 것은 당연하다.

표절이라는 사실에 대한 고의 또는 인식이 아니라 그러한 행위가 표절에 해당하는가, 즉 표절규범에 위반하는가에 대한 인식 문제로, 형법학의 논의로 보면 '위법성 인식의 착오', '금지의 착오'에 해당한다.[710] 베꼈는데 그것이 표절에 해당하는지 몰랐다는 항변이 논의 대상이다. 베낀다는 행위에 대한 인식인 고의성은 있으나, 그것이 공정한 관행에 반하지 않는다고 생각하거나, 표절규범에 위반하지 않는다고 보는 것이 여기에 해당한다. 표절이 형법상 문제는 아니지만, 표절 성립과 관련하여 표절 의혹 당사자가 제기하는 규범 인식 문제는 형법의 '금지의 착오'와 상당히 유사하다는 점에서 이를 유추하여 논의한다. 형법은 제16조에서 '법률의 착오'라는 조문 명으로 다음과 같이 규정하고 있다.

자기의 행위가 법령에 의하여 죄가 되지 아니하는 것으로 오인한 행위는 그 오인에 정당한 이유가 있는 때에 한하여 벌하지 아니한다.

표절 의혹 당사자가 표절규범의 존재를 몰랐다든지, 자기 행위가 표절규범에 위반되는 행위인지 몰랐다고 항변할 때, 결국 그 부지不知에 정당한 이유가 있는지가 중요하다. 일반적으로 학계, 연구계, 교육계에서 연구하고 가르치는 일에 종사하거나, 일정한 교육기관 이상의 기관에서 배우거나 수학한 경험이 있다면 표절규범의 존재를 알고 있다는 강한 추정이 가능하다. 몇 가지 사례를 소개한다.

람베리스Lamberis(이하 '피심인')는 현직 미국 변호사로 미국 노스웨스턴Northwestern 로스쿨의 LL.M. 과정에 입학하여 소정의 과정을 마치고 졸업논문을 제출했다. 이 논문은 총 93페이지로 되어 있는데, 그중 13-59면에서 두 논문을 출처표시하지 않고 문자 그대로 가져다 쓴 것으로 드러났다. 이에 로스쿨은 피심인 논문의 본질적 부분이 타인 것임을 인정하고, 학칙에 따라 피심인의 자퇴신청을 거부하고 퇴교조치를 했다. 로스쿨은 이에 그치지 않고 피심인이 속한 일리노이 주 변호사협회에 그 사실을 통보했으며, 이 변호사협회는 피심인 징계를 결정했다. 이에 불복한 피심인은 이 사건을 법원에 제소했고, 법원에서 그는 혐의사실을 모두 인정하면서도

---

710. 형법학에서는 '위법성 인식에 대한 착오'와 '금지에 대한 착오'를 같은 개념으로 쓰나, 표절금지규범이 법은 아니므로 이를 위반했다고 해서 위법이라고 하지 않는다는 점에서, 후자로 쓰는 것이 타당하다.

자기 행위가 학문적 게으름^{academic laziness}에 해당할 수는 있지만 논문심사위원들을 속일 의도는 없었으므로 고의적 표절 행위^{knowingly plagiarized}에는 해당하지 않는다고 주장했다. 이에 대해 법원은 대학의 학부와 로스쿨을 졸업한 사람(피심인)이 표절을 모른다는 것은 터무니없다고 일축한 후 피심인의 높은 교육경력과 문자 그대로 베껴 쓴 표절 행위는 양립할 수 없는, 즉 설명이 불가능한 것이라고 판단했다.[711]

이 사건에서와 같이 대학을 졸업한 사람이 표절금지윤리 또는 표절 행위를 잘 모르는 것은 있을 수 없는 일이라 했으니, 규범에 대한 인식 부재 항변을 배척한 것이나 다름없다.

'학계 관행'이라는 항변

규범에 대한 부지 또는 금지윤리의 존재에 대한 부지 항변은 때로 '학계의 관행이었다'는 항변 형태로 나타나기도 한다. 사회의 이목을 끄는 표절 사건에서는 거의 예외 없이 과거에는 표절금지 규범이 없었다거나 있었더라도 현재와 같이 강력하지 않았다는 식의 항변을 늘어놓는 것이 상례화되어 있다. 이는 자신의 표절 의혹을 무마하기 위해 '학계 관행'을 주장하는 것과 궤를 같이한다. 이와 관련하여 우리 법원은 매우 이례적으로 그와 같은 잘못된 관행을 따른 것이 결코 정당화될 수 없음을 명백히 한 판결을 선고한 적이 있다.

학위과정에 있는 학생을 논문작성에 관한 통상적 지도 범위 내에서 논문 지도를 한 교수가 해당 학생의 박사학위 논문에 대한 출처표시를 생략한 채 자기 창작물인 것처럼 학술지에 게재한 행위와 학위취득자 논문을 교수와의 공저 논문 형태로 발표한 행위에 대해 표절 등 비위행위에 해당한다고 보아 징계를 내린 사안에서 징계받은 원고(교수)는 그 징계의 무효를 다투었다. 법원은 학술지의 논문 심사가 엄격해 논문 게재율이 낮아 학위취득자들이 통상 지도교수와 공동명의로 발표하는 것이 관례화되었다거나, 지도교수를 예우하는 차원에서 학위논문을 학술지에 수정하여 게재하는 경우 지도교수를 공동저자로 기재하는 관행이 있다는 취지의 원고 주장에 대해 이는 "학계의 왜곡된 현상일 뿐이고, 그런 학계의 사정으로 박사학위 취득을 위한 연구가 당연히 지도교수인 원고의 연구가 된다고 볼 수 없다"라고 판

---

711. 이상, 람베리스 변호사 판결(주 417) 참조.

단했다.[712]

법원은 학계의 타성에 가까운 관행이었다는 원고 측 주장에 이례적으로 다음과 같이 매우 상세히 그 주장을 배척했다.

> 먼저 항상 사표가 될 품성과 자질의 향상에 힘쓰며 학문의 연찬 및 교육의 원리와 방법을 탐구·연마하여 학생의 교육에 전심전력하여야 할 의무가 있는 원고가 위와 같이 성실의무 및 품위유지의무에 위반한 것은 비난받아 마땅하고, 그중 일부 행위는 그동안 정립된 기준이 없는 상태에서 학계의 타성에 가까운 관행에 따른 것이었다고 하더라도 이제 그러한 행위도 위와 같은 의무 위반이라고 판단되는 이상 종전의 관행에 따랐다는 사정만으로 그 책임을 면할 수는 없다 할 것이다.[713]

학계의 관행을 따랐다는 표절 의혹 당사자 주장은 일종의 법률의 부지 또는 여기에서 말하는 금지의 착오 항변에 해당한다. 그런데 법원은 이런 주장 또는 항변을 배척했다. 잘못된 관행의 존재와 그런 관행을 따랐다는 사실이 금지의 착오가 성립하기 위한 '정당한 이유'에 해당하지 않는다고 본 것이다.

그렇다면, 표절금지 교육을 한 번도 받아본 적이 없다거나 잘못된 교육을 받았다면, 그로써 자신의 행위가 표절에 해당하지 않는다고 굳게 믿었다면, 표절 책임을 면할 수 있는가? 이론상으로는 가능하다. 그러나 과거에는 표절금지 교육을 체계적으로 받지 않은 경우가 있었을지라도, 학계 또는 교육계에 몸담고 있는 이상 그와 같은 규범, 윤리의 존재를 모른다는 것이 정당성을 갖기는 어렵다. 표절과 관련해 사회적 관심을 끄는 사건이 빈발하는 오늘날과 장래에는 이런 항변이 더욱 설 땅이 없어질 것이다. 과거와 달리 우리나라에서도 근래에 들어 상당수 각급 교육기관에서 표절 예방 교육을 하며, 특히 학위가 수여되는 고등교육기관에서는 이를 교과과정에 필수교과로 지정하는 경우가 많다. 이런 상황에서 표절금지윤리의 존재를 몰랐다는 항변은 점차 불가능해질 것이다. 역으로 금지의 착오 항변을 사전에 봉쇄하기 위해서라도 대학에서 표절금지 등 연구윤리에 대한 교육을 시행할 필요

---

712. 박사학위 논문지도 사건 판결(주 487).
713. 위 판결.

가 있다.

계약 법리에 따라 금지의 착오 항변을 사전 봉쇄하는 방법

위와 같은 '부지의 항변' 또는 '금지의 착오 항변'에서 정당한 이유를 근원적으로 제거하기 위해 계약의 법리 또는 단체법의 법리로 푸는 경우도 있다. 미국에서 있었던 세 가지 사례를 소개한다.

미국의 한 커뮤니티 칼리지 총장이 되기 위해 제출한 지원서에 표절이 있음이 밝혀져 문제가 된 경우가 있다. 2003년에 학장으로 재직 중인 길버트[Fred Gilbert] 교수는 그 캠퍼스가 소속되어 있는 대학교 총장이 되기 위해 지원서를 냈고 총장후보심사위원회의 심사과정에서 그가 제출한 지원서 기술 중 상당 부분이 교과서 두 건에서 글자 하나 틀리지 않고 그대로 옮겨져 있는 것이 발각되었다. 이로써 총장후보에서 탈락한 것은 물론 학장직에서도 면직당하여 한직으로 보직 발령을 받자, 이에 불복하여 소를 제기한 사건에서 교수가 패소했다. 이 사건에서 학교는 표절은 학문세계에서 심각한 문제이므로, 해당 교수가 학생들의 표절을 심사하는 자리에 있어서는 안 된다고 결정했으며, 법원은 이 결정을 지지했다.[714] 표절자는 지원서를 작성하려고 컨설턴트를 고용했으며 자신이 모르는 사이에 표절 행위가 있었다는 일종의 부지 항변을 했으나, 표절자는 총장지원서의 다음 문구, 즉 "I understand that any misrepresentation or omission may be grounds for rejection of my application for current and future employment or for termination if I have been employed"라는 문구에 서명했음이 밝혀져 법원은 표절자의 항변을 받아들이지 않았다.[715]

미네소타 주 소재 고등학교 학생 젤먼[Zellman]은 역사과목에서 영점[zero score]을 받았는데, 참고서에서 글자 하나 안 틀리고 그대로 베낀 것이 표절로 인정되었기 때문이다. 이 고등학교의 학칙은 첫 번째 표절에 대해서 영점을 주도록 규정되어 있었다. 이에 대해 학생의 아버지는 이 학칙이 일방적 계약[unilateral contract]이므로 무효라고 주장하며 주 법원에 소송을 제기했지만, 주 지방법원과 주 항소법원은 일방적

---

714. 이상 사실관계와 경위는 Gilbert v. Des Moines Area Community College, 495 F.3d 906, 911 – 913(2007) (이하 '길버트 총장후보 판결'이라 한다)을 정리한 것임.
715. 위 판결, 912면.

계약이 아니라고 하여 원고의 청구를 기각했다.[716]

2003년 뉴저지 주 무어스타운 고등학교 학생 혼스타인Blair Hornstine은 수석 졸업과 함께 하버드대학교 입학을 앞두고 있었다. 그런데 이 학생이 재학 중 지역 신문에 기고했던 글 다섯 건이 클린턴 전 대통령의 연설과 연방대법관들의 저술에서 많은 구절을 그대로 가져왔음이 밝혀졌다. 문제가 되자 이 학생은 출처를 밝히지 않은 것을 저널리스트로서 경험 부족 탓으로 돌리며 신문에 기고하는 글은 그래도 되는 것으로 알았다고 변명했다. 그러나 온라인에서 입학 취소 서명운동이 일어나자 하버드대학교는 전격적으로 입학허가를 취소하기에 이른다. 하버드에 입학허가를 받은 학생은 정직성, 도덕성 등에 흠결이 드러날 경우 입학이 취소될 수 있다는 문건에 서명하도록 요청받는데, 이 학생도 입학허가를 받은 후 이 문건에 서명했기 때문에 계약법리에 따라 입학이 취소된 것이다.[717]

위 사례들에서 보는 바와 같이 표절 의혹 당사자가 부지를 항변하거나 금지의 착오에서 정당한 이유가 있다는 항변을 할 경우를 예상하여, 본인이 제출하는 총장 지원서, 입학지원서 등에 표절 등이 밝혀질 경우 책임지겠다는 내용의 계약 문구에 서명하도록 함으로써 계약 법리로 위와 같은 항변을 사전에 봉쇄하는 방법은 추후 표절 판정 절차를 간명하게 하는 방책이 될 수 있다.

미국에서는 일반적으로 대학 구성원(교수, 학생, 행정직원) 간의 합의로 제정된 윤리 규범(명예규약)에 다음과 같은 내용이 들어 있다.[718]

- 동료의 부정행위를 알게 되었을 때 위원회에 보고하겠다고 서약하는 제도적 차원의 윤리의식
- 다른 사람의 부정행위에 대해서도 보고해야 하는 책임
- 학문적 부정직 행위에 대하여 비판하기

---

716. Zellman v. Independent School District No. 2758, 594 N.W.2d 216 (1999)(이하 '젤먼 학생 판결'이라 한다). 계약위반breach of contract이 쟁점이 된 또 다른 표절 사건으로는 Tedeschi v. Wagner College, 417 N.Y.S.2d 521 (N.Y. App. Div. 1979) 참조.
717. 혼스타인 학생 사례(주 416).
718. 김성수, 「미국 대학의 '학문적 정직성' 정책에 대한 연구 - 대학 글쓰기에서 '표절' 문제를 중심으로」, 작문연구 제6호, 2008, 213면.

위 내용에 따르면 표절금지윤리를 적용받는 교수, 학생, 직원은 서로 표절 행위를 알면서 묵인하면 그 자체가 윤리위반에 해당하고, 적극적으로 그 사실을 학교 측에 신고할 의무를 부담하는데, 이는 학문세계에 있는 사람들이 지켜야 할 최소한 도의 도리 또는 윤리로 보기 때문이다. 이런 윤리 규범도 금지의 착오에 대한 정당한 이유 항변을 배척하는 자료가 될 수 있다.

다. 의도가 필요한가?

표절이 성립하려면 사실과 규범에 대한 인식을 넘어 표절이라는 행위를 적극적으로 받아들이는 인식으로서 의도^{intention}가 필요한가?

실수(과실)의 상대개념은 인지(고의)이지 의도가 아니다. 어떤 행위를 인지하면서도 결과를 의도하지 않는 것(비의도성)과 의도하는 것(의도성)이 있을 수 있다. 형법에서 특별한 경우가 아닌 한 의도성은 범죄성립 요건이 아니다. 고의범 처벌에서 양형量刑 사유가 될 뿐이다. 그런데 표절은 조금 독특하다. 표절을 "일반지식이 아닌 타인의 저작물 또는 독창적 아이디어를 적절한 출처표시 없이 자기 것인 양 부당하게 사용하는 행위"라고 정의할 때, 사실과 규범에 대한 인식을 넘어 적극적 의도가 있어야 성립하는 것으로 이해되기도 하기 때문이다.

타인의 저작물에서 상당 부분을 가져오면서 출처표시를 하지 않고 자기 글의 일부로 만들어 독자들로 하여금 그 부분이 마치 저자 자신의 것인 양 믿게 한 행위가 표절로 성립한다고 할 때, 저자는 베낀다(타인의 글에서 가져온다)는 행위에 인식이 있었고, 출처표시 의무가 면제되는 경우가 아니라면, 사실에 대한 인식은 갖춘 셈이다. 그리고 저자가 상당한 수준의 교육을 받은 자로, 표절금지윤리를 모른다고 할 수 없는 이상, 그와 같은 행위가 표절이 된다는 것을 몰랐다는 항변은 받아들이기 어렵다. 위에서 본 바에 따르면 이로써 표절은 성립하는데, 이와 별도로 표절이라는 결과를 의도해야 표절이 최종 성립하는가? 그럴 수 없다고 본다. 만약 그렇게 본다면 표절 의혹 당사자는 사실과 규범에 대한 인식이 있는데도 최종적으로는 의도하지 않았다는 것으로 표절 책임으로부터 빠져나갈 수 있기 때문이다.

백보를 양보하여 의도가 표절 성립의 요건이라 하더라도 의도는 객관적으로 드러난 사실을 통해 판단해야지, 표절 의혹 당사자의 주관적 의사 상태로 판단할 것은 아니다. 그런 점에서 법학교과서 I 사건의 항소심 판결을 다시 한 번 살펴본다.

> 원고는 독자가 이 사건 각 저서의 해당부분이 이 사건 각 원저서를 인용하였다는 사실을 알 수 있을 정도로 그 출처를 머리말, 논문 등을 통하여 표시하였다고 할 것인바(다만, 본문의 각 해당부분마다 구체적으로 출처를 표시하는 방법과 비교할 때, 위와 같은 출처표시방법이 '충실한' 출처표시 방법이라고 할 수는 없다), 이러한 사정에 비추어 보면 비록 원고가 타인의 저작물을 인용함에 있어서 공정한 관행에 합치되지 못하는 방법을 사용하기는 하였지만, 진정한 저작자를 은닉한 채 자신의 저작물인 것처럼 제시할 의도는 전혀 없었다고 보여지므로 그와 같은 행위를 표절(법률용어가 아니어서 그 정확한 개념 정의가 곤란하나, 일반적으로 원저작물과 거의 동일하게 복제하여 이를 자신의 것으로 발표하는 것을 의미하는 것(도작盜作과 같은 의미) 같다)에 해당한다고 평가할 수는 없을 것이며, 나아가 이를 두고 교수로서의 윤리적 규범이나 품위를 손상하는 행위라고 볼 수 없다.[719]

앞서 자세히 본 바와 같이 이 사건에서 표절 의혹 당사자는 본문에서 인용하는 부분마다 출처표시를 하지 않고 머리말 등에 개괄적으로 출처표시를 했으므로, 판결도 인정하는 것처럼 출처표시를 '충실히' 하지 않았다. 그렇게 판단했다면 그 자체로 표절이 성립하는데 법원은 이어서 의도가 없었다는 점을 들어 최종적으로 표절이 아니라고 판단했다. 출처표시가 충실하지 않았다면 표절 의혹 당사자의 의도는 객관적으로 충분히 인정된다고 해야 함에도, 사실상 변명에 해당할 가능성이 높은 표절 의혹 당사자의 주관적 의사 상태에 대한 주장을 받아들여 의도가 없다고 한 점은 동의하기 어렵다.

한편, 의도성은 표절의 성립요건이 아니라고 판결한 미국 사례를 소개한다. 조지타운대학교의 찬다무리Chandamuri라는 학생은 고급생화학 과목을 수강했는데, B⁺ 학점을 받아 화학과에 이의를 제기했으나 성적을 올리는 데 실패하고, 동일한 교수

---

719. 법학교과서 I 사건 항소심 판결(주 377).

의 같은 과목을 재수강하게 되었다. 그런데 이 수업에서 제출한 페이퍼에 표절이 있다는 이유로 담당교수가 윤리위원회Honor Council에 회부했다. 구체적인 표절혐의 는 인용 따옴표 없이 이미 발간된 논문을 옮겨왔다는 것인데, 여러 절차를 거쳐 재 판으로 진행된 사건에서, 연방지방법원은 <u>의도적이건 아니건</u> 다른 사람의 저술을 자기 아이디어인 양 표시하는 행위는 표절에 해당한다는 학교 윤리규정이 정당한 것임을 인정하여, 의도성이 없으므로 표절이 성립하지 않는다는 원고 주장을 기각 했다.[720] 좀 더 직접적으로 의도성 유무는 표절 성립에 영향을 미치지 않는다고 한 판결도 있다.[721] 표절이 성립하려면 의도성이 필요하지 않다고 한 위 미국 연방법 원 판결들은 우리에게도 시사하는 바가 크다.

2. 표절이 성립하려면 출판행위가 있어야 하는가?

표절이 성립하려면 출판행위가 있어야 하는가? 역으로 말하면 출판물이 전제되지 않은 발표행위에서는 표절이 성립하지 않는가? 다시 표절의 정의로 돌아가 보자.

해당 분야의 일반지식이 아닌 타인의 저작물 또는 독창적 아이디어를 적절한 출처 표시 없이 자기 것인 양 부당하게 사용하는 행위를 말한다.

결론부터 말하면 여기에서 '… 사용하는 행위'라 함은 반드시 출판물 형태로 고 정fixation될 것을 요구하지는 않는다.

판결 중에는 마치 단행본이나 최종본 형태의 출판물로 사용될 때 비로소 표절 이 성립하는 것으로 이해되는 것이 있다. 2011년에 선고된 국방연구원 소속 연구 원의 표절 사건에서 표절 행위로 징계받은 원고는 자기 논문이 피고(국방연구원)에 의해 단행본으로 발간될 줄 몰랐다고 주장했는데, 이에 대해 법원은 피고의 간행물

---

720. 이상, Chandamuri v. Georgetown University, 274 F.Supp. 2d. 71, 78 – 80 (2003) 참조.
721. Newman v. Burgin, 930 F.2d 955, 962 (1991) (이하 '뉴먼 교수 판결'이라 한다).

발간 방침과 발간 내역 등에 비추어 원고가 이 사건 논문이 단행본으로 발간될 줄 알고 있었다고 보인다고 하여 이를 징계사유, 곧 표절 여부 판단의 한 근거로 제시했다.[722]

만약 이 사건에서 원고가 이 사건 논문을 학술회의에서 발표하기만 하고 별도로 단행본으로 발간하지 않았다면, 나아가 원고의 의사를 무시하고 피고가 발간했다면 표절 여부 판단이 달라질 수 있겠는가 하는 점이 문제가 된다. 결국 표절이 성립하려면 발간(출판)이라는 공표행위가 요구되느냐는 문제다. 이를 해결하기 위해 저작권법의 논의를 차용해보자.

저작권은 창작행위가 완료된 때 발생하며 별도로 공표행위가 필요하지 않다(저작권법 제10조제2항). 저작권침해 역시 타인의 저작물을 허락 없이 복제하는 등의 행위를 함으로써 발생하고, 그것이 저작권법상 저작재산권 제한 사유에 해당하지 않으면 그 자체로 저작권침해에 해당한다. 따라서 공표행위가 있어야 할 것을 요건으로 하지 않는다.

한편, 표절의 성립요건인 '자기 것인 양 하는 행위'에는 공표행위가 수반됨은 이미 설명한 바와 같다.[723] 그런데 여기에서 공표행위인, '자기 것인 양 외부에 표출하는 행위'는 반드시 출판행위를 의미하는 것은 아니다.

결국 표절에 관한 여타 성립요건을 다 갖추었다는 전제하에 국방연구원 사건 판결을 살펴보면, 원고는 이 사건 논문을 작성한 행위에 이어 학술회의에서 발표하는 행위로써 저작권침해 또는 표절의 요건을 충족하게 된다. 논문 발표 후 다시 이를 단행본으로 발간함으로써 저작권침해 또는 표절의 요건을 갖추게 되는 것이 아닌데도, 이 판결은 표절 논문을 단행본으로 발간하는 것을 원고와 피고가 모두 알고 있었다는 점을 표절 판단의 요소로 삼고 있다. 이는 다소 오해를 불러일으킬 소지가 있어 부적절한 판단이라고 생각한다. 표절 논문이 세미나에서 발표된 후 단행본으로 발간되리라는 사실을 알았는지 여부가 표절 행위 성립과 관련되는 것

---

722. 서울중앙지법 2011.2.10. 선고 2010가합57966 판결(이하 '국방연구원 사건 1심 판결'이라 한다). 이 사건은 피고의 항소가 받아들여져 원심판결이 취소되었다(서울고법 2012.2.10. 선고 2011나22377 판결, 이하 '국방연구원 사건 판결'이라 한다). 항소심에서 결론이 바뀐 것은 징계양정을 달리했기 때문이다. 즉 표절에 관한 판단은 동일하다. 따라서 이하 사실관계는 1심 판결을 기준으로 정리했다.
723. 주 431 – 433 해당 면 참조.

처럼 본 판단은 납득하기 어렵다. 저작권침해와 마찬가지로 표절도 발간(출판)이라는 공표행위와 관계없이 성립한다고 보아야 한다. 이는 다음 판결을 보면 더욱 명확해진다.

공식 출판이 아닌 세미나 자료집 발간으로도 표절 성립 가능

통상 학자들이 학술발표대회에서 논문을 발표할 때에는 최종본으로 하지 않고 요약형태의 논문으로 하기도 한다. 학술발표 후 논문을 최종적으로 완성하여 논문집 등에 발표하는데, 이때 최종적으로 논문집에 게재된 논문이 아닌 학술발표대회에서 발표된 요약 논문에 표절이 밝혀져 문제가 된 사건이 있다. 이에 대한 법원의 판단을 옮겨보면 다음과 같다.

> 원고는 위 요약 논문은 임시 논문으로서 설사 논문에 문제가 있다고 하더라도 차후 이를 수정할 수 있는 것으로서 정식 논문과는 차원을 달리하여 표절 여부를 가려야 한다는 취지의 주장을 하고 있으나, 요약 논문이 한국호텔경영학회 발표논문집에 수록되어 500여 부가 배포되고 정식으로 발표되었으며, 원논문 또한 ○○대학교에 원고 및 ***의 명의로 정식제출된 사정을 감안하면 요약 논문이라 하여 표절 여부를 달리 볼 이유가 없다고 할 것이다.[724]

이 판결에서와 같이 정식 논문집으로 출간되지 않고 세미나 자료집에 요약 논문 형태로 발표되었더라도 그 안에 표절내용이 있다면 표절은 성립한다.

세미나 등에서 구술발표만으로도 표절 성립 가능

더 나아가 세미나 자료집이 아닌 그냥 구술발표만으로도 발표에 표절 내용이 있다면 표절이 성립할 수 있는가? 입증 문제일 뿐 다르게 볼 이유는 없다. 출판물, 그것이 최종 논문집이건 세미나발표집과 같이 중간적 성격의 팸플릿 형태이건 간에 인쇄물 형태로 발표된 경우는 그 내용에 표절이 있으면 입증하기가 더 쉽겠지만, 그와 같이 고정되어 있지 않다면 표절을 입증하기가 어려울 뿐이다.

---

724. 서울고법 2001.7.12. 선고 2001누3800 판결(이하 '호텔관광학 논문 사건 판결'이라 한다).

그렇다면 이와 같은 구술발표에서 표절을 피하려면 출처표시를 어떻게 하는지에 의문을 표할 수 있다. 출판물에 게재하여 발표하는 것에 비해 출처표시에 어려움이 있는 것은 사실이지만, 발표자가 의지만 있다면 얼마든지 발표행위 중에도 타인 저술의 표현 또는 독창적 아이디어임을 밝힐 수 있다. 예컨대, '누구의 주장에 따르면'이라든지, '누구는 이렇게 말했다'라든지 하는 방식이 사용될 수 있다.

만약 출판물 형태가 아닌 구술발표에서는 표절해도 표절 책임을 묻지 않는다고 하면 표절이 성행할 것이다. 이에 따라 표절물을 구술발표하는데도 그 사실을 알지 못한 발표 장소(세미나장)에 있는 청취자는 발표 내용이 발제자 것인 줄 생각하여 자신이 작성하는 논문 등에서 그 발제자 것으로 인용할 가능성이 있다.[725] 이때 발생되는 해악은 출판물에 의한 표절과 다를 바 없다. 즉 출판물이건 구술발표건 간에, 그 내용에 표절이 있다면 표절이 성립한다는 것은 달리 볼 이유가 없다. 단지 입증 문제일 뿐이다.

출판물이 아닌 단지 구술발표만으로도 표절이 성립할 수 있다고 보는 것의 실익은 무엇인가? 구술발표 때 타인 저술의 표현 또는 독창적 아이디어를 출처표시 없이 자기 것인 양 발표한 후 피표절자에게서 지적을 받자 최종 논문집에 게재할 때에는 그 지적을 수용해 표절 의혹 부분을 수정한다면, 이 발표자는 표절 책임을 피할 수 있는가? 그렇지 않다고 본다. 앞서 본 바와 같이 표절내용을 구술로 발표함으로써, 이미 표절에 따른 피해는 발생했기 때문이다. 바로 이 점에서 구술발표만으로도 표절이 성립할 수 있다고 보는 것의 실익은 분명히 있다.

한편, 필자는 세미나 등에서 발표된 것도 표절의 대상이 될 수 있음을 논증한 적이 있다.[726] 이 항에서의 논의는 세미나 등의 발표도 별도 출판행위 없이 표절이 성립될 수 있다는 것으로서, 세미나 발표가 전자(앞부분 논의)에서는 표절의 대상이 되는 데 반해, 후자(이 항 논의)에서는 표절 행위 자체가 된다는 점에서 구별된다.

---

725. 블루북에는 출판물이 아닌 강연이나 즉흥 연설 등(Speeches and Addresses)에도 출처표시 방법을 예정해놓고 있다. Bluebook (주 513), 161–162면.
726. 주 508–513 해당 면.

3. 번역과 표절

번역은 학문과정에서 매우 중요한 학문 행위다. 우리 언어를 기준으로 본다면 번역에는 고전古典의 한역韓譯 또는 국역, 곧 현대어 번역과 같은 시간적 개념이 개입되기도 하고, 다른 나라 언어 간 번역과 같이 장소적 개념이 개입되기도 한다. 학술정보의 누적성[727] 측면에서 고전에 대한 국역 작업이나 학문의 국제적 소통 측면에서 이종異種 언어 간 번역 작업은 학문 활동에서 빠질 수 없다. 심지어 철학자 김용옥 교수는 번역을 토대로 하지 않은 지적 활동은 공중누각에 불과하다고 일갈함으로써 번역의 중요성을 역설했다.[728]

번역과 관련하여 표절 시비가 일어나는 일은 적지 않다. 그런데 번역의 특성을 고려하지 않고 바로 표절 논의를 적용하는 데 어려움이 있다. 이 항에서는 번역과 관련된 표절문제에 국한하여 살펴본다. 번역을 둘러싼 표절문제는 크게 두 가지로 나눌 수 있다. 원전(이하 고전 포함)에 대한 표절(원전 표절)과 번역물에 대한 표절(번역물 표절)이다. '원전 표절'은 원전이 피표절물이 되는 경우이고, '번역물 표절'은 번역물이 피표절물이 되는 경우다. 나아가 자기가 쓴 저술에 대한 번역도 중복게재의 관점에서 표절 논의에 포함시킬 수 있다.

가. 원전 표절

원전 표절 논의는 원전 전체를 번역할 때와 부분적으로 번역하여 이용할 때로 나누어볼 수 있다.

---

727. 주 310 – 314 해당 면.
728. 김용옥, 앞의 책(256), 34면.

(1) 전체 번역

먼저 원전이 저작권보호기간 내에 있다면 원전 저자 또는 그에게서 저작재산권을 승계한 자의 허락을 받지 않은 경우 저작재산권자의 2차적저작물 작성권 침해가 될 수 있다. 번역은 대표적인 2차적저작물이기 때문이다. 이러한 저작권침해도 광의의 표절에 속함은 물론이다.[729] 따라서 저작권침해에 따른 법적 책임(민사와 형사)까지 지게 된다. 다만 원전의 저작재산권이 보호기간 만료 등으로 소멸한 경우 저작권침해 문제는 발생하지 않는다.

원전 저자의 허락을 받아 번역한 경우 그 번역물에는 원전 저자와 역자를 표시하는 것이 원칙이고 실제 출판관행도 그렇다. 그런데 허락을 받지 않고 번역하는 경우, 간혹 '역자' 표시를 하지 않을 뿐 아니라, 더 나아가 역자 자신을 '저자'로 표시하는 때가 있다. 둘 다 법적 또는 윤리적 책임을 면할 수 없는데, 전자가 아무런 '역할어' 표시를 하지 않음으로써 자신이 저자로 보일 수도 있게 했다는 점에서 소극적인 경우에 해당하는 데 반해, 후자는 자신의 역할을 명시적으로 '저자'로 밝혔다는 점에서 적극적인 경우라 할 것이다.

대체로 원전의 저작재산권이 소멸했거나 원전 저자 몰래 번역하는 경우에 이런 일이 일어난다. 저작재산권(2차적저작물 작성권) 침해 외에 경우에 따라서 원전 저자의 저작인격권(성명표시권) 침해가 일어날 수 있으며, 표절문제도 발생할 수 있다. 자신이 저술한 것이 아닌데도 자신이 저자인 양 출판했으므로 표절, 정확히 말하면 부당저자표시에 해당한다. 이 부분은 이 책의 편제상 '비전형적 표절'에 해당하므로 논의의 중복을 피하기 위해 뒷부분(저자성의 문제, 저자 가로채기, 부당한 역할표시)에서 자세히 다룬다.[730]

(2) 부분 번역

번역과 관련해 표절이 가장 문제가 되는 것은 원전을 번역하여 이용하면서도 원전

---

729. 주 363 해당 면.
730. 주 889－890 해당 면 참조.

의 출처표시를 누락하는 경우다. 타인의 저작물 또는 독창적 아이디어를 가져다 쓸 때 출처표시를 하지 않으면 표절에 해당한다는 논의는 번역에도 그대로 적용된다.

저작권법적 측면에서 보면 저작재산권 보호기간 내에 있는 원전의 일부분을 연구, 교육, 비평 목적으로 번역하여 이용하는 것은 저작권자의 허락을 받을 필요가 없다. 저작권법은 저작재산권의 제한에서 '공표된 저작물의 인용'(제28조) 규정에 따라 저작물을 이용하는 경우에는 그 저작물을 번역하여 이용할 수 있다(제36조제2항)고 정하고 있기 때문이다. 그런데 이 경우 출처명시 의무가 있다고 규정하고 있으므로(제37조제1항), 원전 일부를 번역하여 자기 저술에 가져다 쓸 경우 저작권자 허락을 받을 필요는 없지만 원전의 출처를 표시해야 한다.

표절에서 국내 문헌과 외국 문헌을 달리 취급할 이유가 전혀 없다는 점에서, 위와 같은 저작권법 규정이 없더라도 표절금지윤리에 따라 외국 문헌을 번역 이용할 때 출처표시를 해야 함은 당연하다. 그런데 위 저작권법 규정에 따라 외국 문헌을 번역 이용할 때 출처표시를 밝히지 않는 행위가 표절(〈도표 1〉의 A부분)에 해당할 수 있음이 더욱 분명해졌다.

서설에서 언급한, 김윤식 교수가 가라타니 고진의 원전 상당 부분을 사실상 번역하여 가져다 썼음에도 출처를 밝히지 않은 것을 비판하는 이명원 교수의 지적[731]은 여기에서 말하는 표절 논의와 정확히 맞아떨어진다.

한편, 국내 문헌에 대한 출처표시 누락 못지않게 외국 문헌(원전)을 번역 이용하면서 출처표시를 누락하여 표절하는 경우가 많은 이유는 무엇인가? 크게 두 가지 측면에서 살펴볼 수 있다.

첫째, 독자들이 외국 문헌의 존재를 잘 모를 것이라는 생각에서 연유한다. 연구하는 중 외국 문헌에서 매우 중요한 아이디어를 얻게 된 경우 이에 대한 출처를 밝히고 쓰는 것이 당연한데도 국내에 잘 알려지지 않은 만큼 그 기발한 아이디어를 자기 것인 양 하고 싶은 심리가 표절자들에게 있다. 매우 악의적인 표절의 한 유형으로 비난가능성이 충분하다.

둘째, 외국 문헌에서 일부를 자신의 저술에 가져다 쓰기 위해 어렵게 번역했

731. 주 11 해당 면.

어도 후학자들이 자신의 번역물을 함부로 가져다 쓰기 때문에 출처표시를 생략하는 경우도 있다. 번역하여 가져다 쓸 때 정직하게 원전 출처를 밝혔는데 후학자들이 자기 번역을 그대로 이용하면서도 출처표시를 달지 않거나 곧바로 원전을 인용해버리는 경우, 쉽지 않은 번역 작업에 상당한 노력을 기울인 저자로서는 좌절감을 느끼게 된다. 이는 다음의 '번역물 표절'에서 논의하는 바와 같이 번역을 저작권침해 또는 표절로부터 보호해야 한다는 것과 동전의 앞뒤 관계로 서로 맞물려 있다. 그러나 후학자가 자신의 번역을 표절할 것을 우려한 나머지 번역인데도 번역이 아닌 것처럼 보이려고 원전의 출처표시를 누락한다는 논리는 결코 정당화될 수 없다.

지금은 많이 사라졌지만 특정 국가의 문헌을 번역 이용할 때 원전의 상당 부분을 번역하여 이용함에도 출처표시를 하지 않는 경우가 있었다. 일본이 그 대표적인 국가라고 할 수 있다. 근대화 과정에서 일본 지배를 받은 우리 학문의 어두운 과거 때문이기도 하다. 김용옥 교수의 표현을 빌리면 우리나라 20세기는 "학문의 황무지, 자생적 축적이 거의 없는 텅 빈 시간의 창고"라는 것인데,[732] 이를 채우기 위해 일본 문헌에 심각하게 의존한 경우가 있었음을 부인하기 어렵다. 일본어 원전을 거의 그대로 번역하면서도 번역서라고 하지 않고 버젓이 저서로 내는가 하면, 상당 부분을 번역하여 전재하면서도 원전의 출처를 표시하지 않았던 이전 세대 학자들의 저술을 찾기는 전혀 어렵지 않다.[733] 물론 학문 종류에 따라 다른 잣대가 적용될 수 있고, 오늘날 표절금지윤리를 그대로 적용하기에 어려운 점이 있는 것은 사실이지만, 이를 두고 '정직한 글쓰기'는 고사하고 '떳떳한 글쓰기'라고 할 수는 없다. 그러나 그와 같은 시대적 상황에서 벗어난 오늘날에도 여전히 같은 방식의 글쓰기를 한다면 이는 같은 잣대로 넘길 일은 아니다. 잘못은 잘못이고 이를 극복하려는 노력이 필요한데도 과거의 잘못된 관행에 안주해서는 안 되기 때문이다. 그 점에서 일제강점기 법학이 해방 후 우리나라 법학계에 어떤 영향을 끼쳤는지 표절의 병리 측면에서 철저히 파헤친 한상범 교수의 노력은 높이 평가할 만하다.[734] 학문윤리에

---

732. 김용옥, 앞의 책(주 256), 31면. 한편, 김용옥 교수는, 서양 학자들의 저술은 자랑스럽게 출전을 밝히면서도 일본 학자들의 것은 몽땅 베끼다시피 해도 출처를 밝히지 않는 국내 학계의 풍토를 들어 학자들의 양면성을 비판하고 있다. 위 같은 책, 38면.
733. 한상범, 앞의 논문(주 351), 190-195면에서 이를 잘 지적하고 있다.

서 과거의 잘못된 관행에 대한 지적과 검증은 미래 학문발전을 위해 필요하다는 점에서, 이른바 '과거사 정리'는 정치 영역에만 해당되는 것이 아니라, 표절을 둘러싼 학문윤리에도 적용되어야 한다.

나. 번역물 표절 – 재인용 문제

번역물이 피표절물이 되는 '번역물 표절'도 '원전 표절'에서와 마찬가지로 번역물 전체를 베낀 경우와 부분적으로 베낀 경우로 나누어볼 수 있다. 그런데 이런 구분에 앞서 보호대상인 번역물이 원전을 전체 번역했는지(전체 번역물), 부분 번역했는지(부분 번역물)로 또 나누어보아야 한다. 이를 표로 구성하면 다음과 같다.

〈표 2〉 번역물 표절의 유형

이용 형태 \ 보호대상	전체 번역물	부분 번역물
전부 베낀 경우	a	c
일부 베낀 경우	b	d

번역자 허락 없이 번역물 전체를 베껴 자기 이름으로 출판한다면(위 a), 번역물은 2차적저작물이므로 번역자에 대해 저작재산권침해와 성명표시권침해의 책임을 지게 된다. 그런데 현실에서 이와 같은 저작권침해가 명백한 사건이 발생할 가능성은 거의 없다. 문제는 전체 번역물의 일부를 베끼거나(위 b), 부분 번역물의 전부(위 c) 또는 일부(위 d)를 베낀 경우다. 위 b, c, d의 경우는 일반적 표절 논의와 다를 바 없다. 한 가지 다른 점은 번역물 외에 원전이 존재한다는 것이다. 원전을 번역하면서 원전의 출처를 명백히 밝힌 경우, 그 번역물을 접한 사람으로서는 원전을 인용할 때, 앞서 논의한 '재인용 문제'[735]가 발생한다. 즉 재인용 논의를 번역물 인용에

---

734. 위 논문.
735. 주 539 해당 면.

적용하면, 원전이 원출처, 번역물이 2차출처가 된다.

　번역물을 통해 원전을 알게 된 사람이 자신이 직접 번역하지 않았음에도 번역물을 가져다 쓰면서 출처표시는 원전(원출처)만 하는 경우가 많다. 또는 원전의 존재를 알면서도 번역물(2차출처)만 출처표시하는 경우도 있다. 앞서 본 재인용 논의에서 2차출처를 통해 원출처를 접한 사람이 원출처와 함께 2차출처를 출처로 밝혀야 하는 세 가지 예외가 있다고 했다.[736] 그중 첫째, 둘째는 일반적인 재인용 논의로 족하므로 여기에서 논할 필요가 없다. 다만, 번역이라는 작업의 어려움[737]과 창작성을 감안한다면, 번역은 원출처와 함께 2차출처를 반드시 밝혀야 하는 세 번째 예외적 사유로서 '2차출처 저자의 창작적 노력이 가미된 경우'[738]에 해당한다고 할 것이므로 원전과 함께 번역물의 출처를 밝히는 것이 타당하다.

　일반적으로 학문 선진국으로 알려진 미국이나 유럽, 일본의 언어권과 언어가 다른 우리나라 학자가 이들 국가 언어로 되어 있는 원전을 찾아 국내 논의에 가져오기 위해 번역한다는 것이 쉬운 일은 아니다. 번역을 제대로 하려면 해당 언어에 대한 해독력뿐만 아니라 원전이 속한 전공 분야에 대한 완전한 이해가 필요하다.

---

736. 주 548 - 566 해당 면.
737. 김용옥 교수는 『東洋學 어떻게 할 것인가』라는 저서에서 번역의 고도성과 어려움을 다음과 같이 역설했다. 그의 생각을 가감 없이 전달하기 위해 본문의 논의와 관련된 부분을 직접인용한다.
　　일본학계에서는 한 학자를 평가하는 데 있어 번역을 제일의 업적으로 평가한다. … 번역이 학문활동 중에서 가장 긴 시간과 가장 높은 수준의 스칼라십을 요구하기 때문이다. 정약용의 역학易學에 관해 논문을 쓰는 일보다 정약용의 「周易」 해석인 주역사전周易四箋을 완역하는 일이 훨씬 어렵다는 사실을 아무도 부인하지 못할 것이다. 〈관한 논문〉을 쓰는 일은 그것에 대한 철저한 지식이 없어도 가능하다. 해석이 안 되는 부분은 슬쩍 넘어갈 수도 있고, 또 책을 다 읽지 않더라도 동초서초東抄西抄하여 적당히 일관된 논리의 구색만 갖추면 훌륭한 논문이 될 수도 있다. 허나 번역의 경우는 전혀 이야기가 다르다. 그 작품의 문자 그대로 〈완전한〉 이해가 없이는 불가능하다. 모르는 부분을 슬쩍 넘어갈 수 없고 또 전체에 대한 지식이 없이는 부분의 철저한 해석조차도 불가능하다. 그리고 모든 인용 출전에 대한 완전한 조사를 강요당한다. 그야말로 에누리없이 그 번역자의 스칼라십이 완전히 노출된다. 이러한 〈노출〉을 두려워한 한국 학자들은 여태까지 '창조적 논문'이라는 표절 행각에만 분주했던 것이다. 이런 현상은 비단 동양학계에만 국한되지는 않는다고 본다. 이런 문맥에서 해방 후 30년간의 한국학계를 넓은 의미로 〈표절의 시대〉라 불러 무방할 것이다.
　　김용옥, 앞의 책(주 256), 39면. 한편, 사사키 아타루는 번역의 어려움을 다음과 같이 생생하게 묘사했다. 누구나 말하고 또 누구나 생각하는 것이지만, 번역이란 철저한 독서입니다. 한 자도 소홀히 할 수 없는, 벌거벗은 '읽기'의 노정입니다. (중략) 손으로 잡거나 발판이 될 만한 요철 하나 없는 판판한 절벽을 일상복을 입은 채 기어오르려는 것과 같은 일입니다. 이 이상의 '읽기'는 있을 수 없습니다.
　　사사키 아타루, 앞의 책(주 51), 37면
738. 주 566 해당 면.

이렇게 많은 시간과 노력을 기울여 번역한 것을 마치 자신이 번역한 것인 양 원전 출처만 표시한 채 번역자를 출처표시에서 제외한다면, 이는 학문윤리에 반한다고 하지 않을 수 없다. 원전을 자신이 직접 번역하지 않고 타인의 번역물을 가져다 쓰거나, 그 과정에서 일부 번역표현을 바꾸는 경우, 즉 번역물을 간접인용해도 어떤 경우나 자신이 직접 원전을 번역한 것이 아니므로 원전 외에 번역물의 출처표시를 해야 한다.

다. 자기 저술에 대한 번역(자기번역) - 중복게재 문제

번역문학계에서는 저자가 직접 자신이 쓴 원작을 다른 언어로 번역하는 것을 자기 번역self-translation이라고 한다.[739] 저자와 번역자가 동일인인 셈인데, 원천 언어와 목표 언어에 능통한 몇몇 작가가 시도하고 있다.[740] 그런데 비교적 최근 자기번역은 문학보다는 주로 학자들 사이에서 비교적 널리 성행하는데, 학자들은 자신이 쓴 학술 논문이나 저서를 국제학술회의에서 발표하거나 외국 저널 등에 싣기 위해 직접 번역하는 경우가 많다.[741] 반대로 외국어로 써서 발표한 것을 우리말로 번역하여 국내 학술지에 발표하는 경우도 있다.

이처럼 우리말로 쓴 논문을 직접 외국어로 번역해 출판하거나, 처음부터 외국어로 작성한 논문을 우리말로 번역하는 경우, 중복게재에 해당하는지 문제가 있다. 이에 대해서는 비전형적 표절의 일종인 중복게재에서 논의한다.[742]

---

739. 김욱동, 『오역의 문화』, 소명출판, 2014, 204면(원출처:Anton Popovič, Dictionary for the Analysis of Literary Translation, Edmonton:Department of Comparative Literature, University of Alberta, 1976, p.19)
740. 아일랜드 태생의 프랑스 극작가 베케트, 노벨 문학상 수상자 인도의 타고르, 러시아 출신으로 미국으로 망명해 활동한 나보코프 등이 있다. 우리나라에는 소설 『하얀전쟁』(우리말로 쓴 후 영어로 번역 출간)의 안정효, 소설 『순교자』(영어로 쓴 후 우리말로 번역 출간)의 저자이자 한국계 작가로서 처음으로 노벨 문학상 후보에 올랐던 김은국(미국명:Richard E. Kim) 등이 있다. 위의 책, 207 - 234면.
741. 위의 책, 209면.
742. 주 830 - 834 해당 면.

4. 공저의 특수성

앞서 살펴본 표절에 관한 여러 쟁점은 기본적으로 단독저술을 전제로 한다. 공저라 하여 달리 볼 것은 아니지만, 공저의 특수성에서 생기는 몇 가지 쟁점이 있다. 공저의 형태와 종류의 차이에서 비롯한 것도 있지만, 공저 자체의 고유한 문제도 있다. 예컨대 공저자 중 일부 저자가 공저물을 이용해 단독저술로 출판할 경우 발생하는 저작권침해 또는 표절문제, 공저자 중 일부 저자의 집필 부분에 저작권침해 또는 표절이 있는 경우 다른 공저자는 어떤 책임을 지게 되는가 하는 것 등이다.

가. 학계 풍토로 본 공저 계기

대학의 서열화와 이를 부추기는 사회 여론의 영향으로 학자들의 논문 쓰기, 정확히 말하면 논문 편수 늘리기 경쟁이 과도하다 싶을 정도로 치열하다. 이와 같은 학문 풍토에서 집필하는 데 시간이 오래 걸리는 전문서를 단행본으로 내기보다는 단기간에 특정의 작은 주제에 관한 논문을 내는 경향이 강해지고 있다. 논문 위주의 학문 풍토가 나쁜 것만은 아니다. 오히려 전문가 집단이 충분히 형성되지 못한 탓에 전문서보다는 해당 전문 분야의 일반지식을 정리해놓은 교과서류에 치중했던 과거에 비하면 논문 저술이 활성화되고 있는 요즈음 상황은 학문 발전이라는 측면에서 볼 때 진일보했다는 평가를 받을 수 있다.

문제는 양적 경쟁에 있다. 오랜 기간 한 주제를 파고들어 특정 분야 논의의 물꼬를 트는 그야말로 기념비적 논문[743]이라면 어떤 단행본 저술보다 영향력이 있을 뿐 아니라 학문세계에 기여하는 바가 크다. 그런데 최근 우리나라의 논문 위주 학문풍토는 질적 경쟁보다는 양적 경쟁에 치우치는 측면이 있다. 그렇다 보니 말 그대로 '유효기간'이 길지 않은 가벼운 논문이 성행한다. 한편 적시성適時性 측면에서

---

743. 앞서 본 바와 같이 미국의 철학자 파운드Roscoe Pound가 미국 법학 역사의 한 장을 더했다고 평가했던 워런과 브랜다이스의 공저 논문 「The Right to Privacy」가 그런 예다. 주 484 참조.

보면 이와 같은 논문 형태 저술의 유용성이 작지 않을 때가 있다. 사회환경의 빠른 변화를 따라가려면 작성하는 데 오랜 기간이 걸리는 단행본 형태의 전문서보다는 논문 형태의 저술이 더 적합할 수 있기 때문이다.

위와 같은 우리나라 학계의 저술과 집필 풍토에 대한 비판을 전제로 양산되는 논문을 모아서 하나의 책(단행본)으로 내는 것을 이 책의 주제인 표절 관점에서 고찰한다. 물론 이 항에서의 논의는 '공저'를 전제로 하므로, 한 저자가 자신이 이미 발표한 여러 논문을 모아서 내는 것은 제외하고, 여러 저자의 여러 논문을 단행본 형태로 출판하는 것을 대상으로 한다.

한편 위와 같이 여러 논문을 모아서 단행본으로 내는 목적은 크게 두 가지다. 첫째, 학문 수준이 높지 않아 학자 간 소통이 원활하지 않은 시대 또는 사회에서는 개별 논문이 해당 전문 분야 내외에서 잘 읽히지 않는데, 그 이유는 논문 검색이 잘 되지 않아서일 수도 있고, 논문심사 등이 철저하지 않은 탓에 논문 수준에 대한 신뢰도가 낮기 때문일 수도 있다. 그렇다 보니 좋은 논문을 쓰고도 해당 분야 전문가 집단을 포함한 독자들에게 제대로 평가받지 못하고 사라져가는 경우가 많다. 논문 저자로서는 이와 같이 자신의 논문이 사라지는 것을 막기 위해, 정확히 말하면 그 논문이 더 널리 읽히게 할 목적으로 단행본 형태로 ― 그것이 자신의 여러 논문을 한데 묶은 것이건, 이 항의 논의에서와 같이 여러 저자와 함께 공저 형태로 묶은 것이건 ― 출판하려는 열망이 있다. 단행본이 논문보다는 항상성恒常性 또는 가독성可讀性이 뛰어나기 때문이다.

둘째, 여러 논문을 하나의 주제(상위 주제)로 묶어 단행본을 내는 것은 학문 선진국의 보편화된 현상이다. 이는 단행본의 항상성과 가독성 때문만이 아니라, 일종의 체계화된 전문서로서 해당 전문 분야의 논의에 크게 기여하기 때문이다. 이런 목적으로 출판하는 공저에는 사전에 특정 주제에 대해 공저자를 섭외하여 내기도 하지만, 이미 출판된 여러 저자의 논문을 특정 주제에 맞게 모아서 내기도 한다.

나. 공저의 유형

학문의 분과성分科性과 전문성이 진전됨에 따라 단독저술보다는 공동저술이 늘어나는 것은 현대 학문 저술의 한 특징이라고 할 수 있다. 혼자 감당하기 어려운 주제에 여럿이 공동으로 연구해서 저술하거나 각자 세분화된 주제를 분담해서 저술하기도 하고, 실험과 조사가 수반되는 연구에서는 역할 분담에 따른 공동저술이 불가피한 경우도 있다. 이와 같이 학문적 목적으로 공동저술을 하는 경우 외에 저술의 신뢰도를 높이기 위해 또는 스승과 제자의 특수한 관계 등에서 공저 형태 저술이 나오기도 한다.

위와 같이 공저자들의 인적 관계를 중심으로 공저 형태를 볼 수도 있지만, 개별 저술자들이 저술하는 집필 부분 간의 관계 또는 결합도에 따라 공저 형태를 나누어 볼 수도 있다. 공저자 간의 공동연구라는 인적 결합도가 높고, 저술자 간의 집필 부분을 분리할 수 없을 정도로 내용이나 형식이 유기적으로 결합되어 있는 경우, 즉 집필 전에 충분히 논의를 거쳐 나누어 집필한 후 공저자 간에 검토와 수정작업이 진행된 경우에는 각자의 기여분이 완전하게 합체된 것으로, '각자 이바지한 부분을 분리하여 이용할 수 없는 경우'에 해당하여 공동저작물이라고 할 수 있다.[744] 반면에 각자 기여분을 분리해 이용할 수 있는 경우에는 결합저작물에 해당한다.[745]

일반적으로 공동저작물과 결합저작물을 구분하는 실익은 저작재산권 보호기간을 산정할 때 각각 따로 정하는가 아니면 최종 생존자의 사망시점을 기준으로 정하는가, 이용·허락할 때 다른 공저자의 동의가 있어야 하는가에 있다. 그런데 표절과 관련하여 뒤(다.항)에서 보는 바와 같이 양자를 구별하는 또 다른 실익이 있다.

한편, 공저는 위와 같이 처음부터 특정 주제를 선정하고 개별 저자들을 섭외해 집필을 의뢰한 후 그 논문들을 모아서 단행본으로 내는 경우[746]도 있지만, 이미 발표된 논문을 특정 주제에 맞게 모아서 단행본으로 내는 경우도 있다. 특정 주제를

---

744. 공동저작물과 결합저작물은 여러 저작자가 외관상 하나의 저작물을 작성했다는 점에서 공통되지만, 저작물 전체의 창작에 관여한 저작자 사이에 공동관계가 인정되지 않고 각자 기여분이 분리되어 이용될 수 있다는 점에서 단독저작물의 결합인 결합저작물과 공동저작물은 구분된다. 오승종, 앞의 책(주 39), 135–136, 311–312면.

745. 법학 분야를 예로 들면, 민법에 관한 대표적 주석서인 『民法注解』(곽윤직 편저, 박영사)와 『註釋民法』(박준서 편저, 한국사법행정학회)은 각기 민법 조문의 순서에 따라 집필자를 정하여 각자 맡은 부분을 책임 집필하는 형식으로 되어 있는데(집필 부분별로 집필자 이름 기재), 각 집필 부분이 독립적인 논문 형식으로 되어 있다는 점에서 결합저작물에 해당한다고 할 수 있다.

746. 예를 들어 비교법 관련 단행본을 낼 때, 나라별로 집필자를 정해 그 나라의 법제도를 소개하는 이른바 'Book Chapter' 형식의 저술이 여기에 해당한다.

정한 후 개별 저자에게 논문 작성을 의뢰하느냐, 특정 주제에 따라 기존 논문을 모아서 공저물을 내느냐 하는 것은 공저물 출간 이전에 그 공저물을 이루는 개별 논문이 존재하는지에 따라 달라진다. 따라서 전자를 사전공저물, 후자를 사후공저물이라고 할 수 있다.

그런데 공동저작물이나 결합저작물과 달리 또 다른 공저 유형인 편집저작물은 사전공저물이 불가능하다. 왜냐하면 편집저작물은 그 정의 규정에서 보는 바와 같이 '소재의 선택·배열 또는 구성에 창작성'이 있어야 하는 것으로 소재, 즉 개별 논문의 존재를 전제로 하기 때문이다. 한편 결합저작물/공동저작물은 단행본의 주제를 정하고 그 전후에 공저자로 될 저자를 선정해 개별 저자들에게 집필을 의뢰한다는 점에서 사전공저물이 원칙이라고 할 수 있으나, 편집저작물과 마찬가지로 기존의 개별 논문의 존재를 전제로 저자들을 섭외한 후 이미 발표된 개별 논문을 단행본 주제에 맞게 수정하도록 하는 경우에는 사후공저물도 가능하다.[747] 편집저작물/결합저작물/공동저작물과 관련해 사전/사후 공저물을 알기 쉽게 표로 설명하면 다음과 같다.

〈표 3〉 공저유형에 따른 사전/사후 공저 가능 여부

	사전공저 가능 여부	사후공저 가능 여부
편집저작물	×	○
결합저작물	○	○×
공동저작물	○	○×

다. 공저 유형에 따른 표절 쟁점

위에서 본 바와 같이 공동저술은 공저의 동기와 목적, 공저 집필의 형태, 공저자의 역할 등에 따라 종류가 다양하다. 공저자의 표절 책임을 논하기에 앞서 공저의 종류

---

747. 그런 취지에서 위 표에서 '○×'로 표기했다.

를 살펴보는 것은 공저의 종류와 형태에 따라 공저자의 책임이 달라지기 때문이다.

한편 이하 논의 대상은 공저의 특수성에서 기인한 것으로, 표절 일반의 문제는 다루지 않는다. 다시 말해 결합저작물이나 편집저작물을 구성하는 개별 논문에 표절이 있는 경우 그 개별 논문의 저자가 책임을 지는 문제 또는 이미 발표된 개별 논문이 결합저작물이나 편집저작물 형태의 공저물에 편입되는 경우(사후공저물), 개별 논문 저자의 중복게재/자기표절 문제는 표절의 일반론에서 다루기로 하고 여기에서는 논의하지 않는다. 그러나 위와 같은 경우 해당 개별 논문의 저자가 아닌 다른 공저자의 책임은 여기에서 논의 대상으로 한다.

(1) 사전공저물에서 단독저술을 만들 경우 공저자의 책임 문제

일반적으로 공저라고 알려진 저작물은 편집저작물, 결합저작물, 공동저작물로 분류될 수 있는데, 공동저자 중 일부가 단독저술을 하면서 자신의 집필 부분을 이용한 경우 이를 저작권침해 또는 표절로 보느냐에 있어 크게 차이가 난다.

먼저 공저자 중 일부가 공저에서 독립해 단독저서를 내는 경우로는 다음 몇 가지를 상정할 수 있다. ① 공저자 일부가 사망해 개정 작업이 불가능한 경우, ② 공저를 더 유지할 수 없을 정도로 학문적 견해가 달라진 경우, ③ 인세 등 배분에서 갈등이 생기는 경우 등을 들 수 있다. 이 중 ②, ③은 최초 집필 때와 달리 공저자 간의 관계가 악화된 경우가 많을 테니 그만큼 단독저서를 출판하는 과정에서 저작권침해 또는 표절 시비가 일어날 가능성이 높다. 실제로 저작권침해 또는 표절로 갈등을 겪는 경우가 많아 공저자 간에 학계에서 관계가 악화된 상태로 지내거나 심하면 갈등이 법정 소송으로 비화된 경우도 있다.[748]

(가) 저작권침해
1) 자신의 집필 부분으로 단독저술을 내는 경우
편집저작물 유형의 공저라면 소재가 되는 저작물을 작성한 사람이 자기 저작물

---

748. 대표적으로 공저에서 출발해 단독저서를 내는 과정에서 발생한 사건으로 법학교과서 II 사건(주 547)을 들 수 있다.

을 이용해 단독저술을 내는 데 아무런 지장이 없다. 편집저작물의 보호는 그 구성 부분이 되는 소재의 저작권에 영향을 미치지 않기 때문이다(저작권법 제6조제2항). 이 경우 표절문제도 따로 발생하지 않는다.

결합저작물 유형의 공저는 공동저작물에 관한 저작권법 제15조(공동저작물의 저작인격권), 제48조(공동저작물의 저작재산권의 행사) 등의 특칙이 적용되지 않기 때문에, 각각의 공저자는 자신의 저작 부분을 자유롭게 이용할 수 있다. 즉 다른 공저자의 허락을 받지 않고 자기 저술 부분을 이용해 단독저술로 하는 데 특별한 문제가 있을 수 없다.

그런데 공동저작물 유형의 공저는 저작권법 제15조, 제48조가 민법 공유 규정에 대한 특칙으로 적용되기 때문에, 내부적으로 집필 부분이 정해져 있고 주도적으로 집필한 부분이라 하더라도 다른 공저자 동의를 얻지 않고는 이를 이용해 단독저술을 낼 수 없다. 동의 없이 단독저술을 내는 경우 저작권침해에 해당할 수 있다.

정리하면, 공저에서 자신의 집필 부분을 기초로 단독저술을 만들 경우 공저 형태가 편집저작물 또는 결합저작물이라면 저작권침해 책임이 없으나, 공동저작물 형태라면 저작권침해에 해당할 소지가 있다. 따라서 공동저작물의 개별 공저자가 자기 집필 부분을 기초로 단독저술을 내고자 할 때는 다른 공저자의 동의를 받아두는 것이 안전하다.

2) 다른 공저자의 집필 부분까지 이용해 단독저술을 내는 경우

나아가 공저에서 자신의 집필 부분을 넘어 다른 공저자의 집필 부분 전부 또는 일부를 이용해 단독저술로 만들 경우, 공저 형태를 불문하고 저작권침해 책임이 있음은 일반의 경우와 다르지 않다. 즉 다른 공저자 집필 부분을 인용하면서 정당한 범위를 벗어났다면 저작권법 제28조에 해당하지 아니하여 저작권침해 책임을 피할 수 없다.

(나) 표절 – 공저인 경우 출처표시 의무가 완화되나?

1) 자신의 집필 부분으로 단독저술을 내는 경우

이는 뒷부분에서 따로 다룰 예정인 자기표절/중복게재 문제일 뿐, 출처표시 문제가 아니므로 이에 대한 논의는 생략한다.

2) 다른 공저자의 집필 부분까지 이용해 단독저술을 내는 경우

공저에서 자신의 집필 부분을 넘어 다른 공저자 집필 부분의 전부 또는 일부를 이용해 단독저술을 만들 경우, 공저자 사이에는 단독저자 간에 적용되는 것과 다른 출처표시 의무가 부과되어야 하지 않나 하는 생각이 들 수 있다. 특히 공동저작물의 경우 편집저작물이나 결합저작물보다 공저자 상호 집필에서 신뢰관계가 더욱 두텁다고 할 수 있다. 실제 특정 부분 집필 여하를 떠나 다른 공저자 집필 부분에도 일정 부분 기여했다는 점에서 자신의 집필 부분을 넘는 다른 공저자 집필 부분을 가져다 쓸 때 출처표시 의무를 엄격히 해서는 안 된다고 볼 수 있기 때문이다.

그러나 판결 중에는 공저저술에서 단독저술을 만드는 과정에서 자신의 집필 부분을 넘어서 다른 공저자의 집필 부분을 인용하면서 출처표시를 부실하게 한 경우, 공저자 간에는 출처표시가 완화돼야 한다는 원고 주장을 배척한 것이 있다(법학교과서 II 사건 판결). 한편 명예훼손 사건 판결에서는 자신이 공저자로 되어 있는 공저 논문을 자기 단독저술 논문에 이용하면서 출처표시를 부실하게 한 것에 대해 법원은 표절이 아니라고 보았다. 그러나 명예훼손 사건 판결에서 문제 된 저술(1990년 발행, 경영학 분야)은 법학교과서 II 사건의 저술(2005년 발행, 법학 분야)보다 훨씬 이전에 발행된 것으로, 앞으로 유사 사건에서는 법학교과서 II 사건 판결이 더욱 큰 영향을 미칠 것이다.

정리하면, 편집저작물이나 결합저작물 유형의 공저에서 한 공저자가 독립해 단독저술을 낼 경우, 그 공저자가 자기 집필 부분을 넘어 다른 공저자의 집필 부분을 출처표시 없이 가져다 쓴다면, 이는 당연히 표절 책임을 져야 하며 공저자 사이의 문제라는 것이 그 책임을 경감시킬 사유가 되기에는 부족하다. 공동저작물 유형의 공저는 집필 부분과 기여 부분이 구분되지 않는다는 점에서 편집저작물/결합저작물 유형의 공저보다 표절 책임을 똑같이 묻기는 어렵다고 볼 수 있으나, 이 경우에도 단독저술로 독립한 공저자 혼자만의 저술이 아닌 것은 분명하므로 단독저술에서 공저 부분을 가져올 때에는 출처표시를 하는 것이 타당하다.

(2) 다른 공저자의 집필 부분에 대한 책임 문제

앞서 언급한 바와 같이 공저물 일부에 저작권침해 또는 표절 책임이 있는 경우 해당 부분 집필자가 저작권침해 또는 표절 책임을 지는 것은 당연한데, 이는 표절 일반론의 문제이므로 이 항 논의의 대상에서 제외한다. 그런데 여기에서 더 나아가 공저자 전체에게 책임이 있는가 또는 집필 부분을 특정할 수 있는 경우 문제된 부분의 집필자를 넘어 다른 집필자에게도 책임이 있는가 하는 문제가 제기될 수 있다.

드물지만 이에 관한 법원 판결이 있다.[749] 정년퇴임교수(A)와 교수(원고)가 함께 연구논문을 쓰기로 하고 각기 부분을 나누어 집필했는데, A교수가 자신이 맡은 부분을 집필하면서 인근 대학 석사학위 논문을 표절했다. 원고는 그 사실을 농담처럼 들었을 뿐이다. 논문을 발표하기 위해 조교가 정리하는 과정에서 원고 집필 부분은 모두 빠지고 A교수 집필 부분만 남게 되었는데, 이 사실을 원고는 발표 직전에 알았지만 그대로 발표했다. 이에 대해 법원은 원고에게 A가 작성한 부분에 대해 공동집필자이자 연구책임자로서 해야 할 검토, 의견교환 등을 전혀 행하지 않은 점 등을 고려하여 논문 작성의 책임자로서 공동연구자인 A의 표절 행위를 제대로 감독하지 않은 중대한 과실이 있다고 인정했다.[750] 이 사건은 공저자 일부의 집필 부분에 표절이 있는 경우 다른 공저자에게 표절에 관한 일종의 연대책임을 인정했다는 점에서 의의가 있다.

한편, 이 사건의 논리는 공저 종류에서 공동저작물 유형에 해당하는 경우에는 의문의 여지없이 적용된다고 할 수 있으나, 편집저작물 또는 결합저작물 유형에까지 그대로 적용될지는 미지수다. 소재저작물(공저를 구성하는 개별 논문) 저자들 사이에 아무런 공동창작이 없는 편집저작물 유형은 말할 것도 없고, 공저자 각자 기여분이 분리되어 이용가능한 결합저작물 유형에까지 연대책임을 묻는 것은 가혹하다고 볼 수 있기 때문이다.

따라서 공저를 펴내면서 각기 집필 부분을 달리할 경우, 다른 공저자 집필 부분에 저작권침해 또는 표절 우려가 있으나 이에 대해 감독 또는 검토할 상황이 아니라면, 자신에게 돌아올 책임을 피하기 위해 집필 부분을 구분하고 집필자를 명백히 기재하는 것이 바람직하다. 이를 구분하지 않으면 대외적으로 책임을 피하기 어려

---

749. 호텔관광학 논문 사건 판결(주 724).
750. 법원은, 다만 원고가 공모하여 표절 행위를 했다거나 A의 표절 사실을 알고도 이를 묵인했다는 점을 인정할 수 없다고 하여 징계양정에서 해임처분은 재량권을 일탈했다고 보았다.

울 수도 있다.[751]

일부 공저자의 중복게재에 대한 다른 공저자 책임 여부

뒤에서 보는 바와 같이 표절에는 출처표시 누락 여부를 중심으로 하는 전형적 표절 외에도 자기표절/중복게재 같은 문제를 포괄하는 비전형적 표절이 있다.[752] 공저물(결합저작물 또는 편집저작물)을 구성하는 일부 논문이 공저물에 편입되는 과정에서 일부 저자는 중복게재 문제를 피하기 위해 주에서 이미 발표된 적이 있는 논문임을 밝혔지만 일부 논문의 저자는 이를 밝히지 않은 경우, 밝히지 않은 저자는 중복게재의 책임을 질 가능성이 있다. 그런데 이때 다른 공저자도 이에 책임(비전형적 표절인 중복게재 책임)을 져야 하는가?

앞의 경우와 마찬가지로 결합저작물이나 편집저작물 형태의 공저를 이루는 개별 논문저자에게 자기 집필 부분을 넘어 책임을 물을 수는 없다. 다만 이 경우 편저자는 이미 발표된 논문을 모아 공저물(단행본)을 내는 것이므로 개별 논문의 저자들로 하여금 중복게재 사실 여부를 밝히도록 지시할 책임이 있다. 바람직하기는 편저자가 머리말 등에서 수록된 개별 논문의 일부 또는 전체에 중복게재가 있다는 점을 밝히는 것이 편저자와 중복게재 책임이 없는 다른 공저자의 책임을 면하게 하는 방법이다.

---

751. 이와 관련한 연구윤리 위반 사건을 소개한다. 심장기형 수술에 관한 의학 논문 작성 과정에서 4개 병원의 자료가 제시되었는데, 논문을 작성한 일부 병원 의사들이 자료를 제공한 다른 병원의 환자생존율을 조작한 것이 밝혀져 연구윤리 위반으로 판정되었다. 그런데 이 과정에서 자료를 제공한 다른 병원 의사들은 자신들이 공저자로 되어 있을 뿐, 논문 게재 과정에는 전혀 간여한 바가 없다면서 부정행위와 관련한 내용을 부인했다. 공저자라면 당연히 논문 게재 전 서명과 사전 감수를 거쳤어야 했으나 그런 과정을 거치지 않았고 논문 게재 후에야 이 사실을 파악하게 되었다고 항변했다. 이상 사안의 출처는 http://www.rapportian.com/n_news/news/view.html?no=15075 (2013.12.21. 방문). 항변 내용이 사실이라면 항변자가 속한 해당 소속 기관에서 연구윤리 위반에 따른 책임을 경감시키는 사유가 되겠지만, 대외적으로 연구윤리 위반에 따른 해당 저널의 논문철회 등 제재와 그에 따른 책임을 피하기는 어려울 것으로 보인다.
752. 주 759 해당 면.

5. '표'의 인용

타인의 저술을 인용하는 과정에서 때로는 타인의 저술에서 사용된 '표(이하 도표, 그림 포함)'를 가져와야 할 때가 있다. 그런데 이때 표를 작성한 원저자 허락을 얻어야 한다든지[753] 허락 없는 이용이 저작권법에 위반된다든지[754] 하는 다양한 견해가 있다. 이들 견해의 공통점은 표의 인용을 일반적 인용과 다르게 본다는 것이다.

표, 그림^{diagram}, 사진은 출처표시만으로는 안 되고 허락을 받아야 하는가?

결론부터 말하면, 인용하고자 하는 부분이 표라고 해서 다른 부분과 달리 볼 이유가 없다. 다시 말해 '표'도 출처표시를 명확히 하여 인용할 수 있으며 그것으로 표절 책임을 면할 수 있다. 다만, 경우에 따라서는 표의 인용이 정당한 범위(주로 질적 주종관계)를 넘어 저작권침해에 해당할 여지가 있다는 데 유의해야 한다.

어떤 주장을 설명하기에 매우 좋은 표가 있다고 가정하자. 그런데 저작권법상 '공표된 저작물의 인용'(제28조)에 따라 출처표시를 한 후 인용하는 것이 안 되고 반드시 원저자의 허락이 필요하다는 견지에 서는 경우, 만약 그 표의 저자가 이용을 허락하지 않거나 받아들이기 힘든 조건을 제시함으로써 사실상 허락에 따른 이용이 불가능하게 된다면, 저작권침해 또는 표절을 무릅쓰지 않고는 이용할 수 없는가?

해석상 학문발전도 입법목적에 들어 있다고 볼 수 있는 저작권법의 정신을 굳이 들지 않더라도 이런 상황은 학문연구윤리에 맞지 않을뿐더러 학문발전 과정에 비추어보아도 받아들이기 어렵다. 표는 대단히 기능적인 것으로, 논자가 자신의 주장을 효율적으로 설명하기 위해 문장 형식으로 되어 있는 내용을 표라는 형식으로 압축하여 나타낸 것이다.[755] 즉 저술의 형식이 '문장'이 아닌 '표'로 되어 있을 뿐 본

---

753. 심지어 도형, 그림, 표 등을 활용할 경우 저작권자의 서면 승인이 필요하다는 견해도 있다. 유재원 등, 앞의 논문(주 530), 352면. 그런데 만일 동의가 필요하다고 하더라도 어떤 근거로 서면 승인이 필요하다고 하는지 알 수가 없다. 저작권자 등의 동의가 필요하다고 하더라도 특별한 형식이 필요한 '요식계약要式契約'이라고 할 수 없기 때문이다. 한편, Praeger's Guide에서는 도표나 지도를 인용하는 경우에는 저자의 동의를 받도록 요구한다면서(유병화, 『법학입문』, 진성사, 1990), 이런 미국 방식을 적극 참고해야 한다는 견해도 있다. 박성호, 앞의 논문(주 497), 164면.

754. 한국법학교수회, 앞의 책(주 356), 9면. 때로는 그림이나 표와 같은 것 전체를 사용하는 것은 저작권법상 공정한 관행에 합치되지 않는다고 한다.

문 내용의 일부인 점에는 차이가 없다.

예를 들어 이 책에서 자주 사용하는, 표절과 저작권침해의 관계를 나타내는 〈도표 1〉은 표절과 저작권침해가 동일한 의미로 잘못 사용되는 것을 비판하고, 둘의 관계를 효과적으로 설명하기 위해 필자가 고안해낸 것이다.

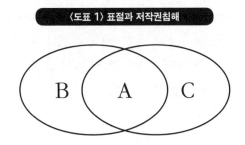

〈도표 1〉 표절과 저작권침해

A+B로 구성된 원 안이 표절(협의의 표절),
A+C로 구성된 원 안이 저작권침해라고 가정할 때, A+B+C 전체는 광의의 표절임

물론 표절과 저작권침해의 관계를 "같은 부분이 있지만, 저작권침해가 안 되면서도 표절이 되는 경우, 표절이 안 되면서도 저작권침해가 되는 경우가 있다"라고 글로 풀어 설명할 수 있다. 그러나 위와 같이 그림으로 나타내면 시각적인 도움을 받아 독자를 훨씬 쉽게 이해시킬 수 있다. 나아가 세 부분을 그림에 A, B, C로 특정함으로써 이후 논의에서 반복 설명을 하지 않고도 이 기호만으로 독자를 쉽게 이해시킬 수 있다. 이처럼 어떤 것을 설명하는 과정에서 그림(표, 도표도 마찬가지)은 매우 유용한 수단이 된다.

그런데 글로 풀어 쓴 것은 출처를 표시하고 인용해 쓸 수 있는 데 반해, 그림 등은 저자 허가를 받아야만 쓸 수 있다면 그것은 합리적 차별이라고 하기 어렵다. 그림 등은 어떤 주장을 효과적으로 설명하기 위한 하나의 '표현'으로, '글'과 다르게 볼 이유가 없다. 즉 출처를 표시하고 쓰면 된다. 그 점에서 타인의 표현 또는 독창

---

755. 예를 들어 뒷부분에 나오는 '〈표 4〉 저작권침해 산식과 표절 산식'(주 779 해당 면)과 '〈표 5〉 감수자 역할을 수행함이 없이 감수자로 등재한 경우의 책임'(주 901)을 들 수 있다.

적 아이디어에 해당하는 그림 등을 가져다 쓰면서 출처표시를 하지 않으면 표절에 해당한다는 견해[756]는 지극히 타당하다.

다만 표, 특히 도표나 그림 표현이 매우 독특하여 그 자체로 저작권법적 보호를 받거나, 발명적 사상으로 특허법적 보호를 받는다면 달리 볼 수도 있다. 먼저 특허법적 보호를 받을 때는 당연히 저자(발명자)의 동의를 얻어야만 그 표를 사용할 수 있다. 그러나 표가 특허법적 보호를 받는 일은 쉽게 상정하기 어렵다. 표라는 특별한 표현형식이 저작권법적 보호를 받으면 일반 본문내용과 마찬가지로 공표된 저작물의 인용(저작권법 제28조) 요건에 맞게 사용할 수 있다. 물론 이는 저작재산권의 제한에 해당하므로 표 저작권자의 허락을 받을 필요가 없다.

한편 표의 인용이 정당한 범위를 벗어나, 특히 '질적 주종관계'를 역으로 형성하는 경우에는 저작권침해가 될 수 있다.[757] 저작권침해의 비교대상 저술 사이에 양적 주종관계가 역으로 형성되지 않더라도, 어느 특정 부분에서 특정 논문을 집중적으로 가져다 쓴 경우 질적 주종관계가 역으로 형성되었다고 하는데,[758] 표를 인용해 쓰는 경우 바로 이와 같은 질적 주종관계가 역으로 형성될 우려가 있다. 질적 주종관계를 판단할 때 문제의 표가 원저술과 인용저술에서 차지하는 중요성, 그 표를 문장형식으로 풀어쓰는 것이 불가능한지 등이 고려요소가 된다.

결론적으로 말해 표를 허락 없이 가져다 쓸 경우, 출처표시만 제대로 한다면 극히 예외적으로 일부 저작권침해가 발생할 여지가 없지는 않지만, 최소한 표절 책임을 질 가능성은 거의 없다.

---

756. Gaines, 앞의 책(주 703), 93면. 실제 필자가 고안한 〈도표 1〉은 표절을 연구하는 몇몇 학자가 강의자료로 쓰는데, 필자를 출처로 표시한 경우는 거의 없다. 다만, 그중 일부는 필자의 지적이 있은 후로 도표를 사용할 때 필자를 출처자로 표시하고 있다.
757. 단지 한두 개 표의 인용으로 '양적 주종관계' 문제가 발생하지는 않을 것이다. 양적 주종관계는 '이용된 부분(표가 될 것임) / 침해된 저작물'의 비율로 나타나므로, 표로 양적 주종관계가 형성되는 경우는 거의 상정하기 어렵다.
758. 질적 주종관계에 대해서는 오승종, 앞의 책(주 39), 595-596면 참조.

제3장

비전형적 표절

일반적으로 표절이라고 하면 해당 분야의 일반지식이 아닌 타인의 글이나 독창적 아이디어를 가져다 쓰면서 출처표시를 누락하거나 부적절하게 한 것을 말한다. 이를 '전형적 표절'로 묶어 앞에서 설명했다. 그런데 표절로 논의되는 비윤리적 또는 위법적 글쓰기 중에는 위와 같은 전형적 표절만 있는 것이 아니다. 예를 들어 출처표시는 제대로 했으나 그 정도가 정당한 범위를 벗어난 경우('저작권침해형 표절'), 자기표절/중복게재, 저자성著者性, authorship과 관련된 표절문제 등이 더 있다.

저작권침해형 표절이 광의의 표절에 해당함은 앞에서 본 바와 같다.[759] 자기표절/중복게재를 표절에서 논의할 수 있는 것은 새로울 것이 없는데 새로운 것인 양 속였다는 점에서 새로운 것에 대한 독자의 기대를 저버렸기 때문이며, 저자성 문제 역시 저술한 사람의 이름을 저자로 기재하지 않은 것으로, 넓게 보면 후 2자(자기표절/중복게재, 저자성 문제)는 출처표시 문제로 치환할 수 있다.

그러나 비전형적 표절 중에서 저작권침해형 표절(〈도표 2〉의 C부분)은 광의의 표절에 속하고, 자기표절/중복게재 역시 협의의 표절에서 전제인 타인성他人性을 갖추지 않았으므로 협의의 표절에 속하지 않는다(〈도표 2〉의 D부분). 저자성 문제는 출처

---

759. 주 363 해당 면.

표시 문제로 치환할 수 있지만 협의의 표절에서 말하는 전형적 출처표시 누락이나 부적절한 출처표시에 해당한다고 말하기는 어렵다(〈도표 2〉의 D 또는 B부분).

그리하여 전형적 표절과 비전형적 표절의 관계를 앞의 〈도표 1〉을 이용해 새롭게 그림으로 나타내면 다음과 같다.

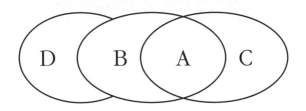

〈도표 2〉 표절(전형/비전형)과 저작권침해

A+B로 구성된 원 안이 표절(협의의 표절),
A+C로 구성된 원 안이 저작권침해 여기까지는 〈도표 1〉과 동일,
D는 '비난가능성 있는 자기표절/중복게재'라고 가정할 때,
A+B로 구성된 원 안은 '전형적 표절', C와 D는 '비전형적 표절'에 해당함

그런데 위에서 언급한 세 가지 유형의 비전형적 표절은 표절(협의의 표절)과 전혀 무관하지 않을 뿐 아니라 오히려 최근에는 전형적 표절보다 더 많이 논의되고 있다. 따라서 이를 표절 논의에 포함시켜 같이 논의할 필요가 있다. 그러나 아직까지 이와 같은 유형의 비윤리적 글쓰기를 표절의 한 유형으로 편입해 논의하는 것에 대한 이론적 근거가 충분히 제시되어 있지 않다 보니 비전형적 표절 논의가 합리적으로 진행되지 않은 측면이 있다. 대표적으로 자기표절/중복게재 논의가 그 예다. 표절이라고 비난은 하지만 일반적인 표절 정의의 전제인 타인성을 갖추지 않았기 때문에 전문가들 사이에서조차 자기표절에 대한 견해가 다르다.

이상과 같은 이유에서 위 세 가지 유형의 비윤리적 글쓰기를 전형적 표절과 구별해 '비전형적 표절'이라는 그룹으로 묶어 논의한다. 이하 이 장에서는 비전형적 표절을 유형별로 하나씩 살펴보고 허용될 수 있는 것과 그렇지 않은 것, 즉 표절로 비난받을 수 있는 것을 구별해본다.

I

저작권침해형 표절 - 정당한 범위 일탈

1. 문제 제기

표절에 관한 잘못된 이해 중 하나는 "출처표시만 제대로 하면 표절을 피할 수 있다"라는 것이다. 타인의 글이나 생각을 가져오면서 출처표시를 제대로 한다면, 자기 것인 양 하려는 기만행위가 없다는 점에서 표절이 아니라고 볼 수도 있다.

그러나 그렇게 타인에게서 가져온 것이 자기 글 전체에서 차지하는 비중이 정당한 범위를 넘으면 개별적으로는 출처표시를 누락한 것이 아니어서 표절(협의의 표절)이 아니라고 할 수 있지만, 논문 전체로 보면 자기 창작물이라고 할 수 없으므로 자기 이름으로 공표한다는 것은 곧 '자기 것인 양' 한 것이라고 볼 수 있다.

표절에 관한 현대적 관점에서 살펴본 바와 같이 '출처표시를 했어도 표절이 되는 경우[Sources Cited (But Still Plagiarized)]'의 하나로 '인용이 너무 많아 독창성이 없는 경우The Resourceful Citer'가 있다.[760] 독창성이 거의 없음에도 이런 논문이 오히려 잘된 연구로 보일 수 있다는 점에서 표절의 한 유형으로 파악했는데,[761] 인용이

---

760. 주 466과 주 467 사이 해당 면.

정당한 범위를 벗어났다면 여기에서 말하는 표절과 같은 것으로 볼 수 있다. 따라서 이것도 표절(광의의 표절) 범주에 포함시키되, 출처표시 누락에 따른 전형적 표절과 구별해 '저작권침해형 표절'이라 부르기로 한다.

출처표시만 제대로 하면 표절이 아니다?

출처표시를 제대로 했기 때문에 전형적 표절에는 해당하지 않지만 인용이 정당한 범위를 벗어남으로써 저작권침해에 해당하는 경우〈도표 2〉중 C부분에 해당한다. 그런데 이러한 저작권침해형 표절도 표절(협의의 표절) 개념으로 설명하는 것이 불가능하지는 않다. '나무' 하나하나는 출처표시를 달아 타인 귀속을 인정했지만, 전체 '숲'은 자기 이름으로 했다는 점에서 큰 틀에서 보면 타인의 저작물을 자기 것인 양 했다고 볼 수 있기 때문이다. 즉 전형적 표절을 피하기 위해 출처표시라는 외관은 갖추었지만, 실질은 표절과 다를 바 없다는 것이다. 이 점에서 출처표시 누락에 따른 전형적 표절이 나무에 비유된다면, 비전형적 표절에서 저작권침해형 표절은 숲에 비유될 수 있다.

광의의 표절로 보든 협의의 표절로 보든 저작권침해형 표절은 법적·윤리적 책임을 피할 수 없는 중대한 비위행위다. 여기에서 중요한 것은 정당한 범위의 문제인데, 저작권법상 저작재산권의 제한사유 중 하나인 공표된 저작물의 인용(제28조)의 한 요건인 정당한 범위를 어떻게 볼지 주로 판례를 중심으로 논의한다. 나아가 이러한 정당한 범위 논의를 저작권침해가 아닌 표절금지윤리에도 적용할 수 있는지, 있다면 그 논거는 무엇인지와 그 한계도 살펴본다.

---

761. www.plagiarism.org (2013.7.29. 방문). 우리나라에서도 출처표시를 정확히 했으나 자신의 창의적 내용이 없다면 표절에 해당한다는 견해가 있다. 유재원 등, 앞의 논문(주 530), 351면. 그러나 유재원 등이 한 국행정학회에 제출한 위 논문(보고서)은 결론에는 수긍이 가지만 그 결론에 이르게 된 설명이 충분하지 않아 아쉽다.

2. 정당한 범위

저작권법 제28조(공표된 저작물의 인용)는 다음과 같이 규정하고 있다.

공표된 저작물은 보도·비평·교육·연구 등을 위하여는 정당한 범위 안에서 공정한 관행에 합치되게 이를 인용할 수 있다.

여기에서 정당한 범위가 구체적으로 무엇을 의미하는지에 대해 포괄적 공정이용 조항(제35조의3)에서 이를 암시하는 내용이 있을 뿐, 그 밖에 저작권법은 침묵하고 있고 달리 다른 법률이나 규범이 이를 보완하고 있지도 않다. 사실 정당한 범위를 따로 정한다는 것 또한 우스운 일이다. 질적인 측면을 고려하지 않고 양적으로만 정할 수도 없을 뿐 아니라, 학문의 종류나 저술의 특징을 감안하지 않고 일률적 기준을 정할 수도 없기 때문이다. 결국 이는 학자들의 논의와 판결의 집적으로 보충될 수밖에 없다. 그렇다면 이런 대략의 기준이 정해질 때까지 손을 놓고 있어야 하는가? 그렇지는 않다. 학계의 논의와 판례의 올바른 집적을 위해 합리적 논의의 틀을 만들 수 있고, 또 만들어야 하기 때문이다. 이하에서는 이러한 논의의 틀과 미약하지만 지금까지 형성된 판례의 기준을 제시하는 것으로 논의를 시작하고자 한다.

일반적으로 학계에서는 정당한 범위를 논할 때 주종관계 이론과 양적/질적 분류를 활용해 접근한다. 즉 침해된 저술에서 인용된 부분이 차지하는 비중을 단지 양적으로 따져본다든가, 아니면 특정 부분에서 집중적으로 의존하는지를 따져, 침해의혹 저서가 주主가 되고 피인용물이 종從이 되면 괜찮지만(정당한 범위 내), 반대로 인용된 부분이 주가 되고 침해의혹 저술이 종된 관계에 놓이면, 주종관계가 역으로 형성되어 정당한 범위를 벗어났다고 이해한다(정당한 범위 일탈).

한편 위에서 말한 논의의 틀은 매우 중요하다. 특히 저작권침해와 표절은 주안점이 다르기 때문에 주종관계 비율의 산식이 다르다. 그로써 구체적 쟁점, 예컨대 '짜깁기형 저술'에 대한 평가가 달라질 수 있다.

정당한 범위는 결국 공정이용과 매우 밀접하게 관련되어 있어 동전의 양면과 같은데, 우리나라 저작권법에도 이른바 포괄적 공정이용 조항(제35조의3)이 신설되었다(2011.12.2. 개정, 2012.3.15. 시행).

> 제35조의3(저작물의 공정한 이용) ① 제23조부터 제35조의2까지, 제101조의3부터 제101조의5까지의 경우 외에 저작물의 통상적인 이용 방법과 충돌하지 아니하고 저작자의 정당한 이익을 부당하게 해치지 아니하는 경우에는 보도·비평·교육·연구 등을 위하여 저작물을 이용할 수 있다.
>
> ② 저작물 이용 행위가 제1항에 해당하는지를 판단할 때에는 다음 각 호의 사항 등을 고려하여야 한다.
>
> 1. 영리성 또는 비영리성 등 이용의 목적 및 성격
>
> 2. 저작물의 종류 및 용도
>
> 3. 이용된 부분이 저작물 전체에서 차지하는 비중과 그 중요성
>
> 4. 저작물의 이용이 그 저작물의 현재 시장 또는 가치나 잠재적인 시장 또는 가치에 미치는 영향

위 조항이 사실상 모델로 삼은 미국 저작권법상 공정이용fair use 조항[762]에서도 참작사유로 드는 네 가지는 우리 저작권법 제35조의3제2항과 대동소이하다. 그중에 정당한 범위와 관련이 있는 제3호 '이용된 부분이 저작물 전체에서 차지하는 비

---

762. 미국 저작권법 제107조(Limitations on exclusive rights : Fair use)

Notwithstanding the provisions of sections 106 and 106A, the fair use of a copyrighted work, including such use by reproduction in copies or phonorecords or by any other means specified by that section, for purposes such as criticism, comment, news reporting, teaching (including multiple copies for classroom use), scholarship, or research, is not an infringement of copyright. In determining whether the use made of a work in any particular case is a fair use the factors to be considered shall include −

(1) the purpose and character of the use, including whether such use is of a commercial nature or is for nonprofit educational purposes ;

(2) the nature of the copyrighted work ;

(3) the amount and substantiality of the portion used in relation to the copyrighted work as a whole ; and

(4) the effect of the use upon the potential market for or value of the copyrighted work.

The fact that a work is unpublished shall not itself bar a finding of fair use if such finding is made upon consideration of all the above factors.

중과 그 중요성'에 해당하는 것이 'the amount and substantiality of the portion used in relation to the copyrighted work as a whole'이다. 두 법에서 말하는 비중amount of the portion과 중요성substantiality of the portion은 정당한 범위의 양적 주종관계와 질적 주종관계에 해당한다.

2011년 저작권법 개정으로 포괄적 공정이용 조항이 들어오기 전까지는 제28조의 정당한 범위가 구체적으로 무엇을 가리키는지에 대해 저작권법은 제시한 바가 없고 오로지 학계의 논의에 맡겨져 있었다. 이제 제35조의3을 신설함으로써 우리 저작권법도 양적/질적 주종관계의 근거규정을 갖게 되었다.

여기에서 중요한 것은 양적/질적 주종관계의 비율 산정에 관한 구체적 산식을 법이 명확히 했다는 점이다. 우리 법이나 미국 법이나 공히 다음과 같은 산식을 예정했다.

$$\text{주종관계 형성 비율} = \text{이용된 부분} / \text{저작물}^{763} \text{ 전체}$$

가. 양적 주종관계

정당한 범위 판단 요소 중 하나인 양적 주종관계에서 주종이 비교되는 대상은 침해된 저작물과 그 저술에서 이용된 부분이다. 그런데 우리나라 판결 중에는 표절(협의의 표절을 말함)을 비위사실로 하는 징계 관련 사건에서 표절 여부를 판단할 때 저작권침해의 정당한 범위에 관한 위 산식을 그대로 차용하는가 하면, 저작권침해를 비위사실로 하는 징계관련 사건에서 저작권침해 여부를 판단할 때, 저작권침해의 정당한 범위에 관한 위 산식이 아닌 다른 산식(뒤에서 말하는 '표절 산식')을 사용하는 등 매우 혼란스럽다. 위에서 논의의 틀만이라도 바로잡는다면 정당한 범위의 구체적 비율을 제시하지는 못한다 하더라도 표절 논의에 크게 도움이 될 것이라고 한 것은 바로 이를 염두에 둔 것이다.

---

763. 여기서 저작물이라 함은 '침해된 저작물'로 재판에서는 주로 '원고의 저작물'이 될 것이다.

법원 판결에 나타난 구체적 사례 몇 가지를 소개한다.

(i) 전쟁사 사건[764]

표절 의혹으로 해임당한 교수(원고)가 대학(피고)을 상대로 해임처분무효확인을 구한 사건에서 표절 여부가 쟁점이 되었다. 원고의 저술은 80% 정도가 일본 학자 ○○○의 글을 직역했고, 5~6% 정도는 연구자의 이력을 몇 자 첨언했거나 ○○○의 서술에 기초하여 약간 변형을 가한 번안에 불과하면서도 인용 요건을 전혀 갖추지 못했다는 혐의로 징계청구되었고, 피고 대학은 표절을 인정하여 해임결정을 했다. 법원은 징계처분이 과중해 재량권을 일탈한 위법이 있다는 이유로 원고 승소판결을 내렸다. 그런데 여기에서 중요한 것은 사실상 표절임을 판단한 근거가 되는 비율 80%의 산식이다. 판결에 따르면, 이 산식은

이용된 부분 / 원고(표절 의혹 당사자)의 저술

이라는 점에서 '저작권침해 산식'이 아닌 '표절 산식'을 적용했다는 것이다. 이것이 왜 표절 산식인지는 뒤에서 자세히 언급한다.

(ii) 법학교과서 I 사건

이미 여러 차례 분석한 이 판결은 저작권법상 정당한 범위를 초과해 인용한 점을 인정했다. 그런데도 징계비위사실인 표절은 아니라고 보았고, 이에 해당한다 하더라도 징계재량권 범위를 넘은 것으로 위법하다고 판단했다. 여기에서 주목하는 것은 어느 정도를 인용했기에 법원이 정당한 범위를 벗어났다고 보았느냐다. 그리고 법원이 그 판단에서 어떤 방법(산식)을 동원했느냐다. 먼저 원심판결 중에서 인용과 관련한 양적 비율 판결내용은 다음과 같다.

---

764. 서울중앙지법 2007.10.5. 선고 2007가합20827 판결(이하 '전쟁사 사건 판결'이라 한다).

어음수표법은 독일어음수표법 중 약 45% 상당의 분량을 한국의 법질서에 맞게 그대로 우리말로 옮긴 번역서이고(어음수표법에서는 약 22% 상당의 분량에 해당한다), 회사법은 독일회사법 중 약 48% 상당의 분량을 거의 그대로 우리말로 옮기면서 지엽적인 부분만 우리 실정에 맞게 수정한 것이며(회사법에서는 약 10% 상당의 분량에 해당한다), 상법총칙은 독일상법총칙 중 약 10% 상당의 분량을 그대로 번역하되 다만 독일의 법규정은 우리나라의 법규정으로 대치하고 있다(상법총칙에서는 약 6% 상당의 분량에 해당한다).[765]

위와 같이 사실을 인정한 후 원심법원은 다음과 같은 이유로 정당한 범위를 벗어났다고 판단했다.

위 인정사실에 따르면 (1) 인용의 분량에 있어서, 원고는 이 사건 각 저서에서 전체 분량의 적지 않은 부분에 관하여 이 사건 각 원저서를 인용하였고, 별지 내용분석표 기재와 같이 적게는 한두 쪽에서 많게는 30-40쪽가량의 분량을 연속하여 인용하고 있으며, (중략) 결국 원고가 이 사건 각 저서를 집필하면서 위와 같이 이 사건 각 저서를 번역·인용한 행위는 일응 정당한 범위 안에서 공정한 관행에 합치되는 행위라 보기는 어렵다 할 것이다.[766]

그리고 정당한 범위를 벗어나서 인용했다는 부분에 관한 원심판단은 다음에서 보는 바와 같이 대법원에서도 그대로 유지되었다.

원고가 집필하여 출간한 저서들의 내용에 정당한 범위를 초과하여 독일 학자들의 저서를 인용한 부분이 포함되어 있지만 (후략)[767]

---

765. 법학교과서 I 사건 항소심 판결(주 377). 판시 내용의 구체적 비율과 수치는 피고 학교법인이 타 대학 동일 전공교수 3인에게 진위조사를 의뢰해 그 3인이 의견서로 제출한 것으로 법원이 사실로 인정한 것이다.
766. 위 판결. 법원은 정당한 범위를 양적 주종관계와 질적 주종관계로 나누어 판단했다.
767. 법학교과서 I 사건 판결(주 599). 이 판시 뒷부분은 정당한 범위를 초과했더라도 징계사유에 해당하지 않으며, 해당한다 하더라도 징계재량권을 일탈·남용한 것으로 위법하다는 판단이 이어지나, 정당한 범위 판단은 원심을 따랐기에 생략했다.

이상 원심판결과 대법원판결을 종합해보면, 법원은 정당한 범위의 중요한 요소인 양적 주종관계의 판단에서 '독일 학자들의 저서' 중에서 '어느 정도를 인용했는지' 분석 대상으로 삼았음을 알 수 있다. 이것은 필자가 위에서 말한 양적 주종관계에 관한 '저작권침해 산식'과 정확히 일치하는 것으로, 위 원심판결에 나오는 비율 어음수표법 45%, 회사법 48%, 상법총칙 10%는 바로 이 저작권침해 산식에 해당한다. 한편, 위 판시 중 각 괄호 안의 비율 22%, 10%, 6%는 뒤에서 언급하는 '표절 산식'에 가깝다.

저작권침해 여부 판단에서 양적 주종관계 형성 비율(저작권침해 산식)
= 이용된 부분 / 저작물 전체

(iii) 정리 - *id.*형 저술

특정 저술에 집중적으로 의존하면서도 출처표시를 제대로 했다면, 각주는 온통 '*id.*' 또는 '위의 글' 표시로 덮일 것이다. 이와 같은 저술을 '*id.*형 저술'이라고 할 수 있는데, 이는 저작권침해형 표절이 되기 쉽다.

나. 질적 주종관계

정당한 범위 판단의 또 다른 요소인 '질적 주종관계'는 '양적 주종관계'와 달리 주종관계를 내용적으로 본다. 즉 자신의 저술이 내용적으로 주主가 되고 피인용물이 종從인 관계가 된다면 질적인 면에서 정당한 범위 내라고 할 수 있지만, 그 반대인 경우라면 정당한 범위를 벗어났다고 본다. 자신의 저술이 내용적으로 주가 된다는 것은 저작물 전체에서 인용 부분을 제외하고도 저작물로서 독자적 의의를 갖는 창작 부분이 있다는 것을 말하고, 피인용물이 내용적으로 종이 된다는 것은 인용 부분만으로는 독자적 의의를 갖지 못하고 인용저작물(자신의 저술)과 연관될 때에야 비로소 존재이유가 있는 경우를 말한다.[768] 이를 판례는 다음과 같이 정리하고 있다.

인용의 정당한 범위는 인용저작물의 표현 형식상 피인용저작물이 보족, 부연, 예증, 참고자료 등으로 이용되어 인용저작물에 대하여 부종적 성질을 가지는 관계(즉 인용 저작물이 주이고 피인용저작물이 종인 관계)에 있다고 인정되어야 할 것이고 (후략)[769]

이 판결은 내용적 측면에서 피인용저작물이 인용저작물에 보족, 부연, 예증, 참고자료 정도로 이용되어야 하지, 이를 넘는다면 인용저작물과 피인용저작물의 주종관계가 역전되어 정당한 범위를 벗어난다는 취지로 이해된다. 그런데 여기에서 반대의 경우, 즉 인용저작물이 피인용저작물에 대해 보족, 부연, 예증, 참고자료 등으로 이용되어 피인용저작물에 대해 부종적 관계에 있다면, 위 대법원판결에 대한 반대해석상 질적 주종관계를 벗어났다고 할 것인가? 경우에 따라서는 보족, 부연, 예증, 참고자료가 독창적이어서 피인용저작물의 주장 또는 논거를 더욱 강하게 지지하는 논거로 작용함으로써, 그 점이 해당 분야에 새롭게 기여한 것이 될 수도 있다. 즉, 주요 주장은 기존의 피인용저작물에 따르되 저술자의 저작물(인용저작물)에서 기존에 없던 새로운 통계자료, 예증 등을 제시함으로써 피인용저작물의 이론(주장)을 더욱 강하게 하는 것이 이에 해당한다.

학술정보의 특징 중 '누적성' 측면에서 본다면, 학문 발전은 이와 같이 벽돌을 한 장 한 장 쌓아올리듯 선행 연구 위에 쌓아올려지는 것이지 전혀 새롭게 처음부터 만들어지는 것만이 아니라는 점에서, 위와 같은 보족, 부연, 예증, 참고자료가 그 분야의 '중요한 벽돌'이 되어 그 위에 또 다른 벽돌이 쌓아올려지는 토대가 될 수도 있다. 따라서 거의 판례로 자리 잡은 대법원판결의 '보족, 부연, 예증, 참고자료' 법리를 해당 학문의 특성이나 발전 정도를 고려하지 않고 무비판적으로 적용하다 보면 경우에 따라 매우 위험한 결론이 초래될 수도 있다.

학문의 과정을 거대한 집을 짓는 과정이라는 가정 아래 논의를 계속한다. 인용저작물이 피인용저작물에 대해 보족, 부연, 예증, 참고자료 관계에 있는 경우, 어떤 보족 등(벽돌)은 의미 없는 사족과 같은 것이라면, 질적 주종관계에서 정당한 범위를 벗어났다고 볼 수 있다. 그러나 어떤 보족 등(벽돌)은 피인용저작물의 주장 또는

---

768. 오승종, 앞의 책(주 39), 626 – 627면[원출처 : 이형하, 「저작권법상의 자유이용」, 『지적소유권에 관한 제문 제(하)』, 재판자료 제57집, 1992, 366면].

769. 대법원 1998.7.10. 선고 97다34839 판결.

논거를 더욱 강하게 지지하는 논거로 작용함으로써, 그 점이 해당 분야에 새롭게 기여한 것이라면, 질적 주종관계에서 정당한 범위를 벗어나지 않았다고 볼 수 있다. 여기에서 집을 짓는 데 어떤 벽돌이 의미 있고 어떤 벽돌이 의미 없는지에 대해 학문 분야별로 여러 가지 논의가 있겠지만, 필자는 특허법의 이른바 '촉매발명' 논의를 여기에 끌어다 설명하고자 한다.

화학반응에서 촉매는 반응에 관여해 반응속도나 수율 등에 영향을 줄 뿐 반응 후에는 그대로 남아 있고 목적물질의 화학적 구조에는 기여하지 아니하는 것을 말한다. 과거에는 촉매를 사용함으로써 종전의 제조방법에 비하여 작용효과가 향상된 화학물의 제조방법을 촉매를 사용하지 아니한 종전의 제조방법과 서로 다른 발명으로 보아 보호해주는 것이 법원 견해였다.[770] 나아가 화학물 제조과정에서 촉매를 사용하는 것과 사용하지 않는 것은 기술사상을 현저히 달리하므로, 촉매 사용에 대한 언급이 없는 특허제조방법과 촉매를 사용해 행하는 제조방법은 비록 출발물질과 생성물질이 같다고 하더라도, 그 촉매 사용이 작용효과상 우월성을 얻기 위한 것이 아니라 무가치한 공정을 부가한 것에 지나지 않는다고 인정되는 경우를 제외하고는 서로 다른 방법이라고 인정했다.[771] 그런데 2000년대 들어서 대법원판결에 따르면 촉매를 부가해 수율에 현저한 상승을 가져왔다 하더라도 달리 특별한 사정이 없는 한, 선행 특허발명의 기술적 요지를 그대로 포함하는 이용발명에 해당한다고 하여,[772] 별개의 특허발명으로 보호하지 않게 되었다.

이와 같은 촉매발명에 대한 대법원판결 변화는 우리나라 산업발전과 관련이 있다. 즉 선진국의 발명을 사실상 이용하되 촉매를 추가하는 새로운 방법이 특허로 보호받거나 선행발명을 침해하지 않아야 국내의 유치산업 보호에 도움이 된다. 따라서 법원이 촉매발명을 하나의 독자적 발명으로 인정한 것은 이러한 산업적 필요를 사실상 감안한 것이었다. 그런데 우리 산업이 상당히 발전하여 선진국 기술수준과 어깨를 나란히 하게 되자 산업계 목소리도 이용자 입장에서 발명자 입장으로 급속히 전환되어갔고, 법원도 이에 맞추어 촉매발명을 새로운 발명으로 보지 않기에

---

770. 대법원 1991.11.26. 선고 90후1499 판결.
771. 대법원 1994.10.11. 선고 92후1202 판결.
772. 대법원 2001.8.21. 선고 98후522 판결.

이르렀다고 평가할 수 있다.

이를 촉매의 역할에 따라 단계별로 나누어보면, ① 무가치한 공정을 부가한 것에 지나지 않는 것, ② 작용효과상 우월성을 얻기 위한 것, ③ 그 이상의 것으로 나누어볼 수 있다. 법원은 ①에 대해서는 별도 특허로 보호하지 않았고, ②에 대해서는 별도 특허로 보호하다가 보호를 거두는 쪽으로 변화하여, 현재는 ③ 단계, 즉 작용효과상 우월성을 얻기 위한 것 이상의 특별한 것이 있어야 촉매발명을 새로운 발명으로 인정하겠다는 쪽으로 변화해왔다.

이상의 논의를 다시 '질적 주종관계' 논의에 끌어들여 본다. 촉매가 무의미하고 무가치한 공정을 더하는 것에 불과한 경우 법원이 이를 별도 특허로 보호하지 않는 것처럼, 학문 세계에서 새롭게 쌓아올린 '벽돌 한 장'이 새로운 논문으로 보이게 하기 위해 더해진 것으로 '무의미하고 무가치한 것'에 지나지 않는다면 그와 같은 보족, 부연, 예증, 참고자료 등은 위에서 말한 사소한 것에 불과하다고 할 수 있다.

그렇다면 '의미 있고 가치 있는 것'이 무엇이냐는 물음이 이어질 수 있다. 결론적으로 정당한 범위를 판단하는 것은 해당 분야 전문가와 표절문제 전문가로 구성된 위원회 몫이 될 수밖에 없다.[773] 그러나 특허법 논의에서처럼 정당한 범위가 고정적 개념이 아니라 학문의 특성, 발전 정도에 따라 다소 유동적일 수 있다는 점만은 인식할 필요가 있다. 다시 말해 '보족, 부연, 예증, 참고자료'에 관한 판례의 법리는 개념에 치우쳐 형식논리로 접근해서는 안 되며, 해당 학문 분야 특성을 고려해 실질적으로 살펴야 한다.

다. 양적 주종관계와 질적 주종관계의 관계

정당한 범위 내에서 인용하면 저작권침해 책임을 피할 수 있는데, 그러려면 양적 주종관계와 질적 주종관계 두 가지 점에서 모두 역의 주종관계가 형성되어서는 안

---

773. 논의가 여기까지 이르게 되면 이와 같이 대단히 주관적이고 유동적인 논의에 회의가 들 수 있다. 그러나 이는 '학문의 어려움'으로 이해해야 하지, 무의미한 것으로 치부할 것은 아니라고 생각한다.

된다. 다시 말해 두 가지 주종관계 요소 중 어느 하나에서라도 역으로 주종관계가 형성되면 저작권침해 책임을 피할 수 없다.

3. 정당한 범위와 표절
– 이른바 '표절 산식'에 관한 논의

가. 논의에 앞선 배경 설명

일반적으로 표절은 출처표시를 제대로 하지 않아서 문제가 된다. 그래서 학술적 저술을 하는 연구자들은 표절 책임에서 벗어나기 위해 출처표시만 제대로 하면 되지 않느냐고 생각하는 경향이 있다. 그렇다면 과연 출처표시만 제대로 하면 표절에 해당하지 않을까?

출처표시를 제대로 했더라도 정당한 범위를 벗어났다면 저작권침해에 해당한다는 것은 앞에서 본 바와 같다. 이때 정당한 범위를 결정하는 중요 요소인 '양적 주종관계 비율(저작권침해 산식)'이 '이용된 부분 / 피해저작물(피인용저작물)'인 이유도 자세히 살펴보았다. 그런데 여기서 이른바 '짜깁기형 저술'을 어떻게 보느냐는 문제가 생긴다.

두 가지 유형의 '짜깁기형 저술'

짜깁기형 저술은 일반적으로 자신의 주장은 거의 없이 여러 저자의 저술에서[774] 조금씩 가져와 작성한 논문 등을 말하는데, 출처표시 유무를 묻지 않는다. 엄밀히 말하면 이는 출처표시를 제대로 한 경우('출처표시를 갖춘 짜깁기형 저술')와 그마저 하지 않은 경우('출처표시 없는 짜깁기형 저술')로 나누어볼 수 있다. 후자는 전자에 비해

---

774. 여기서 말하는 것은 여러 저자에게서 조금씩 인용하는 것을 말하는데, 논문을 기준으로 한다면 특정인의 여러 논문도 이에 해당할 수 있다. 특정 저자의 여러 논문에서 조금씩 인용하는 것을 여기의 짜깁기형 저술에서 다룰지, 아니면 한 사람의 저자에게서 가져왔다는 점에서 그 여러 논문을 하나로 보아 이를 분모로 합쳐 저작권침해의 정당한 범위를 벗어났다고 판단할지의 문제가 제기될 수 있다.

출처표시조차 제대로 하지 않았다는 점에서 비난가능성이 훨씬 크다. 전자의 경우 각주만 보더라도 짜깁기형 저술임을 외관상 쉽게 알아차릴 수 있으나, 후자의 경우 면밀히 검토하지 않는 한 쉽게 알아차릴 수 없고 오히려 창의적 저술로 오인할 소지가 있다는 점에서, 저자가 행한 잘못의 정도와 학계에 미치는 해악이 전자에 비교되지 않을 정도로 크다.

따라서 '출처표시 없는 짜깁기형 저술'의 경우 표절이라는 점에는 논란의 여지가 없다. 여기에서는 전자, 즉 '출처표시를 갖춘 짜깁기형 저술'을 중심으로 논의한다.[775]

'출처표시를 갖춘 짜깁기형 저술' – 정직한 글인가, 정직한 글을 가장한 표절물인가?

'출처표시를 갖춘 짜깁기형' 저술의 경우 단순히 표절물로 규정하기에 다소 논란의 여지가 있다. 출처표시를 했다는 점에서 표절은 아니라고 할 수 있지만, 짜깁기형 저술의 속성상 저술자 자신의 독창성이 거의 없다는 점에서 이런 저술에 자기 이름을 저자로 표시한다는 것 자체가 표절이라고 볼 수도 있기 때문이다. 정직한 글인가 아니면 정직한 글을 가장한 표절물인가 하는 매우 민감한 경계확정의 문제가 여기에 있다.

나. 표절 책임

여러 저술에서 일부씩 가져오고 출처표시를 정확히 한다면, 침해된 저작물별로 산정되는 '양적 주종관계 비율(저작권침해 산식)'은 크지 않을 수 있어 '정당한 범위' 내에 해당할 가능성이 크다. 이 경우 개별 저작권자(피해자)들로서는 피해가 크지 않다고 볼 수 있기 때문이다. 따라서 여러 저술에서 일부씩 가져온 짜깁기형 저술은 출처표시만 제대로 한다면 저작권침해의 책임에서 벗어날 수 있다. 그러나 이 경우 표절 책임에서 자유롭기는 어렵다.

---

775. 짜깁기형 저술 중에 출처표시조차 제대로 하지 않은 경우는 앞서 '공정이용과 표절문제' 중 '출처표시 없는 짜깁기형 저술'(주 664 – 665 해당 면)에서 다루었다.

앞서 정당한 범위 판단에서 저작권침해 산식과 표절 산식은 다르다고 암시했는데, 이를 대비하면 다음과 같다.

저작권침해 산식 = 이용된 부분 / 피해저작물(피인용저작물)

표절 산식 = 이용된 부분(의 총합) / 표절물(인용저작물)

위 두 산식은 두 가지 점에서 큰 차이가 있다. 첫째, 분모가 '피해저작물'과 '표절물'로 다르다. 둘째, 분자도 단일 저술을 전제로 하는 '이용된 부분'과 여러 저술을 전제로 하는 '이용된 부분의 총합'으로 다르다. 정당한 범위를 논하면서 저작권침해와 표절을 왜 다르게 보아야 하는지 이 두 가지 점을 나누어 설명한다.

(1) 비율 산정의 기준이 되는 저작물 – 분모의 차이

이 차이를 극명하게 보여주는 좋은 예가 우리나라 대법원판결에 있다. 1993년 말 시행된 연세대, 고려대, 서강대, 성균관대 입학본고사 입시문제를 대입학원에서 대학입시용 문제집으로 제작 출판하면서 각 대학의 허락을 받지 않고 본고사 문제 전부를 수록하여 저작권법위반 여부가 문제 된 사건이다.[776] 이 사건은 저작권법위반으로 고소된 형사사건이므로 명백히 표절(협의의 표절)이 아닌 저작권침해 여부가 핵심 쟁점이었다.

이 사건 피고인들이 대법원에 제기한 상고이유에 따르면, 피고인들은 자신들의 이용이 저작권법상 정당한 범위 내에 해당한다고 하면서 다음과 같이 주장했다.

> 피고인들이 '95대학별고사 국어'란 ○○대학입시용 문제집을 제작함에 있어서 위 각 대학의 본고사 국어 문제 전부를 인용한 것을 비롯하여, 같은 형식의 논술, 영어, 수학 등의 문제집에도 위 각 대학의 논술, 영어, 수학 등의 본고사 문제 전부를 인용하였다고 하더라도, 피고인의 ○○대학진학지도라는 교육목적을 위한 것이고 또 위 문제집에서 차지하는 위 각 대학의 본고사 문제의 비율이 국어 9.7%, 논술 2.8%, 영

---

776. 대입본고사 입시문제 사건 판결(주 303)이라 한다.

어 6.9%, 수학Ⅰ 9.9%, 수학Ⅱ 9.7%에 불과하므로, 저작권법 제25조가 정하는 공표된 저작물의 정당한 사용에 해당한다는 것이다.[777]

피고인들은 저작권침해 책임을 면하기 위해 정당한 범위에 다음과 같은 산식을 적용함으로써, 각기 2.8%에서 9.9%까지 상대적으로 낮은 비율을 도출한 것으로 보인다.

피고인들이 적용한 산식 = 이용된 부분 / 침해의혹 저술(피고인들의 저술)

그런데 이에 대한 대법원의 판단은 명확하지 않지만 정당한 범위 판단에서 피고인들이 주장한 산식을 채용하지 않고, 저작권침해 산식, 즉 '주종관계 형성 비율 = 이용된 부분 / 피해저작물(침해된 저작물)'을 적용했다.

특히 위 대학입시용 ○○학교법인들이 저작권을 갖는 본고사 문제를 전부 수록함으로써 (중략) 이와 같은 인용을 가리켜 교육을 위한 정당한 범위 안에서의 공정한 관행에 합치되는 인용이라고는 볼 수 없다 할 것이고, (후략)[778]

이 사건은 앞서 말한 바와 같이 저작권법위반 형사사건으로 표절 여부가 쟁점이 아니라 저작권침해 여부가 쟁점이었으므로, 정당한 범위 여부를 판단할 때 위에서 말한 저작권침해 산식을 적용해 그 비율이 100%에 해당한다고 한 것(위 판시 중 '전부 수록'은 그 뜻임)은 지극히 타당하며, 그런 전제하에 정당한 범위 내의 인용이 아니라고 본 것은 올바른 판단이다. 피고인들이 제작한 입시문제집을 기준으로 보면 이에서 차지하는 각 대학의 입시문제(이용된 부분) 비중이 각각 10% 이내일지라도 침해된 저작물 기준으로 보면 전부가 수록된 것이므로 그 비중은 100%에 해당한다는 점에서 분모를 어떤 것으로 하느냐에 따라 비율이 천양지차가 된다.[779]

만약 이 사건에서 저작권침해 산식을 쓰지 않고 피고인들이 주장한 산식을 적

---

777. 인용문 중 저작권법 제25조는 현행법에서 제28조다.
778. 인용문 중 '전부 수록'에 중요한 의미가 들어 있다.

용하여 마치 10%도 되지 않는 비율이라고 가볍게 생각한 나머지 정당한 범위 내라고 본다면 결론이 달라질 수도 있었다는 점에서 논의의 틀(산식)을 정하는 것이 정당한 범위를 판단하는 데 얼마나 중요한지 일깨워준 사건이다.

(2) 이용된 부분을 합칠 것인지 여부 - 분자의 차이

가상적인 예를 들어 설명한다. 갑은 A라는 저술을 했다. 그런데 저술 A는 B, C, D, E, F 다섯 개 저술(침해된 저작물)을 사실상 짜깁기한 것으로 밝혀졌다. 저술 A에서 이 다섯 저술로부터 가져온 부분을 제외하면 10% 분량이 남지만, 여기에 독창성 있는 내용이 전혀 들어 있지 않으며, 이 다섯 저술을 선택하고 편집한 것에 창작성 또한 없다고 가정한다. 물론 출처표시는 제대로 했다고 전제한다. B, C, D, E, F 저술에서 A 저술이 이용한 부분을 b, c, d, e, f라고 할 때, 이용된 부분들이 침해된 저작물에서 차지하는 비율(저작권침해 산식)과 저술 A에서 차지하는 비율(표절 산식)을 표로 구성하면 다음과 같다(아래 수치는 임의로 정한 것임).

〈표 4〉 저작권침해 산식과 표절 산식

저작권침해 산식		표절 산식	
b/B	40%	b/A	50%
c/C	3%	c/A	10%
d/D	2%	d/A	10%
e/E	1%	e/A	10%
f/F	0.5%	f/A	10%

갑은 B, C, D, E, F 저술의 저자들에게서 저작권침해를 이유로 형사고소를 당하거나 민사상 책임을 추궁당할 때, 저작권법상 정당한 범위 내 사용이라고 항변할

---

779. 다시 말해 분자는 같아도 분모 크기가 다름으로써 산출되는 비율이 달라진다. 이는 앞서 본 법학교과서 I 사건 판결에서도 확인했다. 즉, 주 765의 판시 부분에서 보는 바와 같이 가져다 쓴 양(분자)은 동일하지만, 그와 대비되는 책(분모)을 침해된 저작물(독일 책) 또는 침해의혹 저작물(한국 책) 중 어느 것으로 놓느냐에 따라 비율이 달라진다.

수 있다. 이때 정당한 범위 이내인지는 저작권법 제35조의3(저작물의 공정한 이용)제2
항제3호에서 도출된 저작권침해 산식에 따른 비율, 즉 위 표에서 왼쪽 편의 비율이
중요한 고려요소가 된다. 그런데 위 예에서 보면, 저술 B를 제외한 C에서 F까지는
각기 0.5%에서 3% 정도로 다른 특별한 사정을 고려하지 않는다면 정당한 범위 내
에 든다고 볼 수 있다. 다만 저술 B는 양적 주종관계 비율이 40%로 정당한 범위를
벗어났다고 볼 수 있다. 그러나 저작권침해에 따른 민사 또는 형사 책임은 오로지
B 저자의 의사에 달려 있으므로 B 저자가 문제를 삼지 않는다면 갑은 C, D, E, F
저자를 포함한 어느 누구에게도 저작권침해 책임을 지지 않는다.[780]

한편 B, C, D, E, F 저술의 저자들이나 다른 제3의 제보로, 저술 A에 대한 표절
시비가 일어날 수도 있다. 이때 저술 A가 표절에 해당하는지는 위 표에서 오른편
비율의 합계인 90%를 기준으로 한다는 점이 중요하다.

왜 이런 차이가 생기는가? 이는 저작권침해와 표절의 본질적 차이에서 비롯하
는데, 피해자론을 적용하면 쉽게 이해할 수 있다. 즉 저작권침해에서 피해자는 저
작권자임에 반해, 표절에서 피해자는 피표절자(저작권자) 외에도 독자, 동료 등 학계
전반이다. 따라서 저작권침해에서는 정당한 범위를 벗어났는지를 논할 때 피해자
인 저작권자의 저작물을 중심으로 비율을 논하기 때문에 분모에는 피해저작물을,
분자에는 피해저작물의 이용된 부분을 놓아야 한다. 그러나 표절에서는 특정 저작
권자를 중심으로 보기보다는 표절 의혹 당사자의 잘못에 비난이 맞춰진다는 점에
서 분모에는 표절 의혹 당사자의 저술을, 분자에는 여러 저술에서 인용된 부분의
총합을 놓아야 한다.

구체적으로 이렇게 나누어보는 것의 실익은 이른바 짜깁기형 저술을 다룰 때
나타난다. 짜깁기형 저술의 경우 여러 논문에서 조금씩 인용한다면 이는 공정이용
fair use이 될 수 있다. 앞서 포스너 교수의 지적, 즉 공정이용이라는 제도 속에 표절
자들이 숨을 수 있다는 것은 바로 이를 우려한 것이다.[781] 그러나 이 경우 특정인에
대한 저작권침해가 일어나지 않더라도 학계 윤리 영역인 표절에는 해당할 수 있다.

---

780. 갑의 저작권침해 행위에 영리 목적이나 상습성이 있다고 인정하기 어려우므로 현행 저작권법하에서도
여전히 친고죄다. 따라서 위 경우 피해자인 B 저자가 처벌을 원하지 않아 고소하지 않는다면 갑은 저작
권침해 행위에 대하여 형사적 제재를 받지 않게 된다.
781. 주 664.

타인의 저술만으로 이루어져 독창성이라고는 찾아볼 수 없는 저술을 자신의 저작물로 공표함으로써 독자들을 속인 행위는 표절에 해당하기 때문이다.

이와 같이 짜깁기형 저술에 대한 평가에서 저작권침해와 표절이 극명하게 차이를 보인다는 점에서도 저작권침해와 표절을 구별하는 실익이 있다.

4. 정당한 범위에 관한 저작권침해와 표절 판단 재고再考

지금까지 비전형적 표절의 첫 번째 유형으로 저작권침해형 표절을 설명하는 과정에서, 정당한 범위의 양적 주종관계 비율을 산정할 때 구체적 산식, 즉 분모와 분자에 무엇이 놓여야 하는지 논의했다. 그런데 이 논의 중 뜻하지 않게 법원판결이 비교대상(분모와 분자)을 그때마다 다르게 놓는다는 것을 발견했다. 이는 법원판결에서도 저작권침해와 표절을 혼동하고 있음을 반증한다.[782] 그런데 표절과 가장 가까울 뿐만 아니라 일부 겹치기도 하는 저작권침해의 판단요소인 정당한 범위, 양적 주종관계 비율 논의를 표절 논의에 차용하는 것이 크게 잘못되었다고 말할 수 없다. 또 표절 판정에서 달리 유용한 방법론(산식)을 찾기 어렵다는 점에서 오히려 도움이 많이 된다고 할 수 있다. 미국 저작권법상 저작재산권을 제한하는 공정이용의 네 가지 요소는 그 밖에 다른 요소를 배제하지는 않는데, 기타 요소로 피고 저작물 전체에서 그 이용된 부분이 차지하는 양적/질적 상당성이 거론되기도 한다.[783] 이는 저작권침해 사건의 정당한 범위 판단에서 표절 산식을 기타 요소로 고려할 수 있다는 것과 크게 다르지 않다. 이로써 표절을 판단할 때 저작권침해 산식에서 표절 산식 개념을 도출한 필자의 논리는 근거가 확보된다.

문제는 저작권침해와 표절의 취지, 요건이 상당 부분 다르다는 점에서 논의의

---

782. 대표적으로 법학교과서 I 사건 판결(주 599)이나 법학교과서 II 사건 판결(주 547)은 공히 표절에 따른 징계처분을 다투는 사건인데도 저작권법상 정당한 범위와 주종관계 이론을 적용했다.

783. 오승종, 앞의 책(주 39), 754면. 위 본문에서 말하는 '기타 요소'는 '이용된 부분(의 총합) / 표절물(침해 의혹 저작물)'의 비율과 유사하다.

차용은 그 차이에 따른 변형이 수반되어야 한다는 것이다. 그 점에서 저작권침해 산식과 표절 산식을 각기 그에 맞는 저작권침해와 표절 사건에 적용하는 것이 무엇보다 중요하다. 서로 엇갈려 적용하는 것은 전혀 엉뚱한 결론을 가져올 수 있기 때문이다.[784]

또 한 가지 중요한 것으로는 정당한 범위를 벗어났다고 보는 비율에서, 저작권침해와 표절을 단순비교해서는 안 된다는 점이다. 순전히 가상적인 수치로 예를 들어본다. 양적 주종관계의 비율이 40%일 경우, 그것이 저작권침해에서라면(앞의 표에서 b/B=40%) 주종관계가 역으로 형성되어 저작권침해라고 볼 여지가 있다. 그런데 이 비율이 표절에서라면(앞의 표를 변형하여 b+c+d+e+f/A=40%라고 가정한다면) 표절로 판정하기는 쉽지 않다. 출처표시를 제대로 했다면 자신의 저술 전체에서 40% 정도를 타인의 저술들[785]에서 인용한 것을 비윤리적이라고 탓할 수 없기 때문이다. 오히려 학문의 종류, 저술의 성격, 특히 내용의 독창성을 추구한 저술인지 아니면 기존 연구를 집적해 편집하는 데 주안점이 있는 저술인지 등에 따라 이 비율(표절 산식에 의한 비율)은 매우 유동적일 수 있다. 상대적으로 저작권침해 산식에 따른 비율은 그보다는 비유동적이고 낮은 비율로도 저작권침해라는 판단이 가능할 수도 있다.

'출처표시를 갖춘 짜깁기형 저술'이 정직한 글인가, 아니면 정직한 글을 가장한 표절물인가에 대한 판단은 위와 같은 고려 아래 신중하게 해야 한다. 학술정보의 특성 중 하나인 '누적성'이라는 관점에서 볼 때, 인문·사회과학 분야의 학술적 글쓰기에서 학문 발전이 어느 정도 이루어진 뒤에는 독창성 있는 저술이 매번 새롭게 등장할 수 없다는 점, 자신의 독창적 견해를 피력하기 위해 전 단계로 기존의 논의를 소개할 필요가 있다는 점 등을 고려하면 짜깁기형 저술이 출처표시만 제대로 갖춘다면 크게 비난할 것이 없다고 볼 수도 있다. 그러나 도가 지나쳐 저자의 독창성이라고는 찾아보기 어려우면서도 편집자라고 표기하지 않고 저자로 기재한 짜깁기형 저술을 표절이라고 비난할 수는 있다. 여기에서 '출처표시를 갖춘 짜깁기형' 저

---

784. 대입본고사 입시문제 사건 판결(주 303)에서 피고인들의 주장(상고이유)이 대표적인 예다.
785. 복수형에 주목하기 바란다.

술이 정직한 글인가, 아니면 정직한 글을 가장한 표절물인가 하는 경계를 확정하는 어려움이 있다.[786] 이때 표절 산식의 의미를 정확히 이해한다면 합리적으로 논의하고 설득력 있는 결론을 내리는 데 크게 도움이 될 것이다.

---

786. 그 판단은 뒤에서 보는 바와 같은 공정한 관행을 담보할 수 있는 위원회, 즉 해당 분야 전문가와 표절문제 전문가로 이루어진 위원회 몫으로 돌아갈 것이다.

II

자기표절/중복게재

1. 개관

가. 비전형적 표절의 일종

자신의 선행 저술(이하 논의의 편의상 '선행 저술' 또는 '선행 논문'이라 한다)을 그대로 또는 상당 부분 거의 그대로 가져다 새로운 저술(이하 논의의 편의상 '후행 저술' 또는 '후행 논문'이라 한다)로 발표하는 자기표절/중복게재 문제는 일단 선행 저술에 대한 출처표시 문제로 볼 수 있다. 후행 저술에서 선행 저술을 가져다 쓸 때 출처표시를 하지 않은 것으로 볼 수 있기 때문이다. 따라서 타인의 저술을 인용할 때처럼 선행 저술을 일일이 인용한다면 최소한 출처표시 누락이라는 비난은 피할 수 있다.

그러나 그렇다고 해서 자기표절/중복게재 문제가 모두 해결되는 것은 아니다. 단지 출처표시를 누락했다는 비난을 피하기 위해서라면 후행 저술의 문장마다[787] 선행 저술의 해당 부분을 출처로 밝히면 되겠지만, 이 경우 후행 저술의 각주는 온

---

787. 필자는 인용의 단위로 '문장 단위'가 타당함을 앞에서 밝혔다. 주 592-597 해당 면.

통 자신의 선행 저술로 채워질 것이다. 나아가 선행 저술이 타인의 저술을 인용한 부분에서는 선행 저술이 모조리 2차출처로 바뀌는 재인용 방식의 저술이 될 것이다. 자기표절/중복게재 문제의 본질을 출처표시 누락에 있다고 보면 위와 같은 기이한 저술을 용인하게 된다는 점에서 받아들일 수 없다.

자기표절/중복게재 논의의 핵심은 출처표시 여부가 아니라 '새로운 것에 대한 독자의 기대'를 저버렸는지에 있다고 보는 것이 타당하다.[788] 이와 같은 이유로 자기표절/중복게재를 출처표시 누락 또는 부적절한 출처표시를 전제로 하는 '전형적 표절'이 아닌 '비전형적 표절'에서 다루게 되었다.

나. 이성적 논의의 필요성

지난 몇 년 사이 우리나라에서 표절이 학계를 넘어 사회적 관심사가 된 적이 여러 번 있었다. 그중에서도 가장 뜨거운 감자는 자기표절이라고 할 수 있다. 표절을 연구하는 학자들 간에도 논란이 많은 이 용어가 일반 국민에게까지 회자될 정도였다는 것은 표절에 대한 우리 사회의 높은 관심을 보여주기도 하지만, 이 개념을 정확히 이해하고 사용하는지 의문이 들게도 한다.

표절 논의 중에서도 자기표절이 가장 많이 논의되는 이유는 여러 가지 있지만, 그중에서 가장 큰 이유는 적발하기가 쉽기 때문이 아닐까 생각한다. 특정 학자를 검증하기로 하고 저술 목록을 뽑아보면 전문영역이 있는 학자 또는 연구자의 경우 비슷한 주제와 제목의 저술이 다수 발견된다. 그렇다면 굳이 다른 학자의 논문과 비교할 것도 없이 같은 저자의 논문 간에 유사도를 확인하는 것이 간편하다.

자기표절과 관련된 최근 논의를 보면, 자신의 선행 논문과 몇 문장, 몇 단어가 같은지를 기계적으로 비교해 전체에서 몇 퍼센트가 동일하므로 자기표절에 해당한다는 식으로 무분별하게 진행되는 경우가 있다. 그러다 보니 글을 쓰는 사람은 늘 이 문제를 의식하게 되는데, 이해를 잘못해서 정상적인 연구와 글쓰기가 방해받는

---

788. 이에 대해서는 '자기표절/중복게재의 해악(비난가능성)' 부분(주 802 – 808 해당 면)에서 자세히 논의한다.

경우도 있다. 글쓰기를 두려워하거나 주저하는 것은 정직한 글쓰기에서는 어느 정도 필요한 자세이지만 굳이 그럴 필요가 없는데도 그런 현상이 일어난다면 학문의 건전한 발전이 저해된다.

자기표절을 피하려면 출처표시를 하면 된다거나, 아예 자기표절을 하면 안 된다고 주장하기도 한다. 그러나 자기표절은 출처표시 누락만으로는 설명하기 어렵다. 표절 논의를 통해 달성하려는 목적에는 정직성만 있는 것이 아니라 학문의 발전도 있다. 그런데 정직성에만 매달려 오해가 될 만한 일은 아예 하지 말라는 차원에서 선행 논문과 중복된 표현이나 아이디어를 써서는 안 된다고 이해한다면, 표절 금지윤리를 통해 달성하려는 최종 목적인 '학문의 진정한 발전'을 도외시하는 결과가 된다.

자기표절이라는 비난을 피하기 위해서 매번 이전 논문과 중복되지 않는 새로운 것을 써야 한다면, 그는 그림, 조각, 건축, 의학에 조예가 깊었을 뿐만 아니라 심지어 비행기까지 고안한 레오나르도 다빈치^{Leonardo da Vinci, 1452~1519} 같은 천재이거나, 자기 생각도 없이 여기저기서 매번 새로운 것을 말하고 써내는, 깊이가 매우 얕거나 일관성이 없는 – 학자라고도 할 수 없는 – 사람일 것이다. 매번 새로운 아이디어와 표현으로만 논문을 써야 한다면, 이는 학문과 문화 발전에도 도움이 되지 않는다. 자신의 이론적 토대를 유지하면서 개별 사안 또는 상황에 적용하는 것, 즉 이론과 현실의 접합이 학자와 학문의 중요한 역할이라고 할 때, 이와 같은 적용과정에서 반복되고 중복되는 아이디어와 표현은 불가피한 것으로, 오히려 진작해야 할 대상이지 비난할 대상이 아니다. 이를 자기표절로 비난하고 단죄한다면, 학자들은 벌이 이 꽃 저 꽃 옮겨 다니듯 매번 새로운 것을 추구하느라 뿌리를 내리지 못하고 얕은 학문만 양산하게 될 우려가 있다.

모름지기 좋은 학자는 자기 전문 분야에서 세상을 보는 자기만의 눈이 있어야 한다. 이를 흔히 패러다임 또는 핵심적 사상이라 한다. 원칙적으로 말해서 자신의 패러다임[789]을 가지고 그것을 인문·사회·자연 과학 각 분야에서 개별적이고 구체적인 문제에 적용하는 것이 학자의 책무라고 한다면, 이 과정에서 자기 생각이 중

---

789. 모든 학자가 자신만의 패러다임을 다 갖는 것은 아니며, 패러다임마다 수준 차이가 있을 수 있음은 물론이다.

복 표현되는 것은 피할 수 없다.[790] 그런데도 중복되어 나타나는 표현 또는 생각이 해당 학자의 패러다임에 속하는 것인지 아닌지를 불문하고 몇 문장만 같으면 자기표절이라고 낙인찍는 것은 대단히 비이성적인 주장이다. 또한 패러다임까지는 아니라도 논의 전개 과정에서 선행 논문의 내용이 일정 부분 원용될 수밖에 없는 상황도 있는데, 자기표절을 우려한 나머지 선행 논문 가져다 쓰기를 주저한다면 독자들은 논리가 결여된 논문으로 생각할 수 있다. 나아가 이해하기가 매우 어려운 불친절한 논문으로 학문 발전이 저해될 수도 있다.

이와 같이 저술 내용에 자신의 선행 저술이 일정 부분 나오기만 하면 무조건 자기표절이라고 비판하는 것은 타당하지 않다. 이런 잘못된 문화가 지속되면 자기표절을 두려워하는 나머지 말(발표)하기를 두려워하거나 주저하게 될 수 있다. 이는 정당한 지식의 유포를 방해하는 것으로, 저작권법이 목표로 삼고 있는 문화와 학문의 발전도 저해된다.

따라서 학자가 자기 사상을 확대·심화하는 과정에서 이전 자신의 핵심 사상, 패러다임을 반복해 사용하는 것은 학문의 속성상 피할 수 없는 것이다. 아무리 자기표절이라는 용어가 가치중립적으로 사용된다 하더라도, 이러한 경우를 자기표절의 범주에 넣고 논의하는 것은 옳지 않다. 이는 한 설문조사 결과에서도 뒷받침되고 있다. 전·현직 학술지 편집위원에 대한 설문조사에 따르면, 이전 논문의 연구방법론을 그대로 유지한 채 연구대상만 달리해서 논문을 작성한 경우, 설문에 응한 편집위원의 대다수인 89.6%가 자기복제가 아니라고 응답했다고 한다.[791]

물론 그렇다고 해서 위와 같은 자기의 핵심 사상, 패러다임을 가져다 쓰는 것 외에 전작의 표현이나 생각을 대다수 가져다 씀으로써 신작에 새로운 것이 거의 없는 경우까지 자기표절의 논의에서 제외하자고 주장하는 것은 아니다.

---

790. 예를 들어본다. 우리나라 출신의 세계적 경제학자인 케임브리지대학교 장하준 교수는 매우 의욕적으로 여러 권의 저서를 내고 있다. 장 교수는 이른바 신자유주의 경제질서에 비판적 태도를 견지하는 것으로 알려져 있는데, 우리나라에도 번역 출판된 『사다리 걷어차기Kicking Away the Ladder』나 『나쁜 사마리아인 Bad Samaritan』 같은 저서는 그의 이런 사상이 기조를 이루고 있다. 이와 같은 저서들을 기계적으로 비교하면 그 안에서는 서로 같은 생각과 비슷한 문장 또는 문구를 여럿 발견할 수 있다. 이는 장 교수의 핵심 사상 또는 패러다임이 개별 이슈에 적용되는 과정에서 불가피하게 일어나는 일로, 이를 자기표절이라고 하지는 않는다.

791. 신정민 등, 앞의 기사(주 354).

다. 저작권침해와의 관계

자기표절을 자기 것에 대한 절도로 이해해 문제가 되지 않는다고 주장하는 경우가 있다. 하지만 표절과 저작권침해의 차이를 명확히 이해한다면, 이 주장이 타당하지 않음을 알 수 있다. 앞에서 본 바와 같이 표절은 동의보다는 피해에 집중한다.[792] 따라서 피표절자의 동의가 있더라도 면책되지 않는다.[793] 그런데 특정인이 자기 지배 아래 있는 자기 것을 사용하거나 처분한다는 것은 자신의 동의가 수반되므로, '동의 없는 사용'을 요건으로 하는 저작권침해에서는 자신의 선행 저술을 이용해 후행 저술을 만드는 자기표절을 규율대상으로 하지 않는다. 저작권침해의 전제가 되는 저작물은 타인의 저술일 뿐 자신의 저술이 아니라는 말이다. 이처럼 명백히 침해대상물의 타인성他人性을 요건으로 하는 저작권침해와 타인성을 요건으로 하지 않는 표절은 '자기표절'에서 극명한 차이를 보인다. 이 점에서 앞에서 본 〈도표 2〉는 자기표절이 타인성을 요건으로 하는 협의의 표절이나 전형적 표절과 구분됨을 보여주었다.[794]

한편, 이미 발표한 것을 그대로 베끼는 행위가 표절의 한 유형이 되는 이유로는 자기 이름으로 발표된 것도 공론의 장에 던져졌기 때문에 더는 내 것이 아니라는 견해가 있다.[795] 이는 자기표절을 '자기 것'에 대한 절취행위로 파악하는 한, 이것이 비윤리적 행위라는 것을 쉽게 납득시키기 어렵기 때문에 나온 고육지책의 이론으로, 일리가 있다고 생각한다. 그러나 자기표절의 경우 반드시 타인성을 전제로 하지 않는다고 이해하면 이런 논리구조가 필요하지 않으며, 저작권 측면에서 보면 공론의 장에 던져졌다고 하더라도 여전히 저작권법의 보호를 받기 때문에 '더는 내 것이 아니다'라는 말도 성립하지 않는다는 점에서 충분하지 않다.

이상에서 본 바와 같이 자기표절을 타인성과 절도의 법리에서 보면, 명확히 이해하기가 어렵다. 다시 말해, '내 것이기 때문에' 문제가 되지 않는다거나, '내 것이 아니기 때문에' 문제가 된다는 논의 구조로는 자기표절을 제대로 설명할 수 없다.

---

792. 주 427.
793. 주 419 – 426 해당 면 참조.
794. 주 759 해당 면과 〈도표 2〉 참조.
795. 이인재, 앞의 논문(주 358), 16면.

자기표절은 표절의 피해자론, 즉 표절은 저작권자 외에도 동료, 학계, 독자 등을 모두 피해자로 보아야 한다는 이론을 통해서 비로소 명확히 실체를 파악할 수 있는 것이지, 자기표절에 사용되는 선행 저술이 자기 것이냐 아니냐는 논의로 설명할 수 있는 것이 아니다.

한편, 국내 학자들의 논의 중 표절과 저작권침해의 관계에 대하여 법학자의 시각에서 비교적 명쾌하게 개념을 정리한 것으로 정진근 교수의 논문을 들 수 있다.[796] 정 교수는 이 둘을 구별하면서 저작권침해가 되지 않는 표절의 한 예로 자기표절을 들고 있다. 그에 따르면 대표적으로 연구실적 부풀리기 같은 행위는 연구실적을 신뢰한 소속 기관이나 제3자에게서 도덕적·윤리적 비난을 받을 여지가 있다고 한다.[797] 그런데 자기표절의 피해가 연구실적을 부풀릴 때에만 발생하는 것 같아 이 설명 역시 반드시 타당하다고 할 수는 없다. 예컨대 자기표절 논문을 썼으나 연구실적으로 활용하지 않았다면, 이 견해에서는 누구에게도 피해를 끼치지 않고 비난가능성도 없다고 볼 여지가 있다. 그러나 표절 피해는 연구실적 부풀리기 같은 데서만 발생하는 것이 아니다. 표절 피해자에는 앞서 본 바와 같이 여러 군群이 있고 그중에는 독자도 있다. 따라서 연구실적을 부풀리지 않더라도 자기표절은 독자(표절자의 소속 기관이 아닌 또 다른 피해자)에게서 윤리적 비난을 받을 개연성이 있다. 즉, 자기표절 논문을 연구실적으로 쓰기 전 단계와 연구실적으로 쓴 이후 단계로 나누어볼 때, 전자의 단계만으로도 비난가능성이 있다는 점에서 이 주장은 충분하지 않다.

---

796. 정진근 교수는 '저작권침해 행위를 수반하는 표절'과 '저작권침해 행위 밖의 표절'을 구분하고, 전자는 개인적 법익을 훼손하는 행위, 후자는 사회적 법익을 훼손하는 행위로 구분했다는 점에서 기존의 논의와 차별성이 있다. 정진근 등, 앞의 논문(주 392), 668면. 정 교수의 견해를 〈도표 1〉(주 363 해당 면)로 설명하면, 전자는 A부분, 후자는 B부분에 해당한다고 볼 수 있는데, C부분에 해당하는 행위, 즉 '표절에는 해당되지 않지만 저작권침해에는 해당되는 영역'에 대한 설명이 빠져 있다는 점에서 필자의 견해와 다르다.

797. 위 논문, 660면.

라. 자기표절과 중복게재를 묶어서 논의하는 이유

자신의 선행 저술과 동일하거나 유사한 저술을 새로운 저술로 다시 공표하는 행위를 가리키는 용어로 자기표절과 중복게재 외에도 중복제출, 이중게재,[798] 이중제출 등 여러 가지가 사용된다. 논자에 따라서는 이것들의 구별을 매우 중요하게 여기기도 하지만, 필자는 선행 저술이 타인의 것이 아니라 자기 자신의 것이라는 점, 선행 저술과 후행 저술이 동일하거나 상당 부분이 유사하다는 점에서 이것들을 하나의 범주로 묶을 수 있다고 본다.

한편 위와 같은 공통점 외에 이들 개념 사이에 미묘한 차이가 있기는 하다. 그러나 이들 개념의 차이를 논하는 것은 그 차이가 표절 논의에서 달리 취급해야 할 정도로 본질적인 것은 아니라는 점을 역설하기 위해서다. 다시 말해 여러 유사한 개념을 분리해 논의하는 것보다 하나의 범주로 묶어 논의하는 것이 합리적이라는 것을 논증하기 위해서 그 차이의 의미를 살펴보려 한다.

(1) 중복게재, 중복제출, 이중게재, 이중제출

중복게재, 중복제출, 이중게재, 이중제출은 사실상 동의어로 봐도 무방할 정도로 같은 개념이다. '중복重複'이나 '이중二重'은 '거듭한다'는 뜻에서 같다. 물론 전자는 삼중三重 이상, 즉 두 번 이상 거듭하는 것까지 포함한다는 점에서 이중과 차이가 있지만, 한번 게재한 논문을 다시 게재하는 것(이중게재)과 또다시 게재하는 것(삼중게재)이 표절에서 법적·윤리적 평가를 질적으로 달라지게 하지는 않으므로 이 둘의 차이를 논할 실익은 없다.

'게재'와 '제출' 역시 표절 논의에서 큰 차이가 없다. 굳이 따지면 게재는 제출 이후의 단계로 저자가 논문을 제출하면 일정한 논문집(저널 등)의 심사 등 소정의 절차를 거쳐 게재된다. 제출은 저자가 하는 행위이고 게재는 저자의 자력만으로는 불가능하다. 결국 이 차이가 의미를 갖게 되는 것은 저자가 논문을 제출했으나, 심

---

798. 서울대 규정에서는 '이중게재'라는 용어를 쓰기도 한다. 서울대학교 연구지침 제3장제2절 4.(이중게재) ①에 따르면, "연구자 본인의 동일한 연구결과를 인용표시 없이 동일 언어 또는 다른 언어로 중복하여 출간하는 경우, 이중게재로 연구부적절행위에 해당할 수 있다"라고 되어 있다.

사에서 탈락되어 게재되지 못했을 때다. 그런데 이러한 경우는 게재에 이르지 못하여 일반에 공개되지 않기 때문에 표절을 논의할 실익이 크지 않다.

물론 일반 공개가 반드시 수반되는 것이 아닌 저술행위도 있다. 학생들의 과제(리포트)나 연구용역계약에 따른 연구보고서 같은 저술이 그 예다.[799] 이 경우 표절에 따른 피해자군##에는 일반 공개를 전제로 하는 독자가 빠지므로 표절 논의의 실익이 반감된다. 하지만 전자의 경우 표절 리포트를 읽는 교수(교사), 표절 리포트 등으로 피해를 입는 동료 학생들, 후자의 경우 표절 보고서를 제출받은 연구용역 발주기관이 여전히 표절 피해자가 될 수 있다. 특히 전자의 경우는 표절자가 정직한 글쓰기를 배우고 실천해야 하는 학생이라는 점, 후자의 경우는 경제적 이익이 개입되어 있다는 점에서 결코 가볍게 다룰 사안이 아니다. 다만, 학생의 경우 학칙 위반으로, 연구용역자의 경우 계약위반 문제로 처리되는 경우가 많고, 일반인(독자)에게 끼치는 해악은 거의 없다는 점에서 큰 틀에서 보면 이 책의 표절 논의에서는 예외적으로 처리할 수 있다. 이 말은 중복(이중) 제출이 중요하지 않다는 것이 아니라 용어와 개념을 논의하는 장에서는 제출과 게재를 질적으로 다르게 보아 별도로 논의할 실익이 크지 않다는 뜻이다.

이상에서 보면, 중복과 이중, 게재와 제출은 크게 다르지 않은 개념으로 보아도 무방하다. 다시 말해 자기표절을 제외한 중복게재, 중복제출, 이중게재, 이중제출은 예외적으로 논의하는 경우를 제외하고는 같은 범주로 묶어도 된다.

(2) 자기표절과 중복게재

자기표절은 '중복(이중)게재(제출)(이하 논의 편의상 '중복게재'라고만 한다)'와 같은 범주로 묶을 수 없는 상대적으로 분명한 차이가 있다.

자기표절self plagiarism이라는 용어는 표절plagiarism이라는 말의 부정적 이미지로 가치중립적이기 어려운 개념이라고 할 수 있다. 반면 중복게재라는 개념은 가치보다

---

799. 연구용역보고서의 경우 발주기관 내부검토로 그 목적을 다하기도 하지만, 대부분 앞서 언급한 바와 같이 (주 488 – 490 해당 면) 공공정보로 분류되어 일반인이 접근가능한 전송서비스로 제공된다는 점에서, 단순히 제출만 하고 게재되지 않는 경우에 해당한다고 볼 수 없는 면이 있다. 연구용역보고서 중에서 이와 같이 일반에 공개되는 경우는 위 본문의 논의에서 빠져야 한다. 따라서 위 본문에서 논의 대상으로 하는 연구용역보고서는 발주기관 내부에서 검토하는 것으로 끝날 뿐, 외부에 공개되지 않는 것만 말한다.

는 사실에 충실한 개념이라고 할 수 있다. 그 용어 중 중복 또는 이중이라는 말이 있어 가치가 내재되었다고 못 볼 바는 아니지만, 자기표절처럼 표절이라는 부정적 이미지가 바로 노출되는 용어로 조합되어 있지 않다는 점에서 자기표절보다는 상대적으로 가치중립적 개념이라고 할 수 있다. 따라서 중복게재는 다른 사정과 결합해야만 정당/부당 또는 합법/불법의 가치판단이 가능하게 된다.[800] 이 점에서 자기표절과 중복게재는 가치판단의 내포 여부에 차이가 있다. 그러나 뒤에서 자세히 살펴보겠지만, 자기표절을 가치중립적 개념으로 보는 한 이 두 개념을 구분해 논의할 질적 차이는 크지 않다. 따라서 자기표절과 중복게재는 양적 문제로 볼 수 있다.

자기표절과 중복게재는 양적 차이

자기표절과 중복게재를 가치중립적 개념이라는 관점에서 보면, 선행 저술과 후행 저술이 동일하거나 거의 동일한 때 이를 중복게재라고 하고, 이에 미치지 못할 때 자기표절이라고 하는 것이 일반적이다. 예를 들어 설명해보자. 일반적으로 선행 저술과 후행 저술이 동일하거나 사소한 차이밖에 없다면, 이를 중복게재라고 하지만 자기표절이라는 용어를 쓰기도 한다. 그런데 선행 저술에서 특정 부분, 예컨대 총 5개 장chapter으로 되어 있는 선행 논문 중 1개 장이 후행 논문에 고스란히 반복된 경우, 자기표절로는 논의해도 중복게재로는 논의하지 않는다.

한편, 후행 저술이 선행 저술과 완전히 동일한 중복게재는 사실상 존재할 가능성이 별로 없다. 예컨대 같은 논문을 두 곳 이상 학술지에 제출해 두 곳 이상 학술지로부터 게재통보를 받은 경우 게재를 희망하는 학술지 외에 다른 학술지에는 그 사실을 알리고 게재 신청을 철회하는 것이 학계의 상례. 따라서 저자가 실수로 게재 신청을 철회하지 않은 경우가 아니라면 동일한 논문이 두 곳 이상에 게재되는 상황은 상식선에서 볼 때 일어나기 어렵다. 그런 점에서 일반적으로 중복게재가 문제 되는 것은 완전히 동일한 경우보다는, 제목이나 내용의 일부가 바뀐 거의 같은 경우[801]라고 보아야 한다.

두 논문이 완전히 동일하다면 자기표절 관점에서 볼 때, 새롭게 추가된 부분이

---

800. 여기에서 '다른 사정'이라 함은 예컨대 연구업적으로 중복하여 산정한다든지, 해당 학술지의 편집규정에 위반하는 경우 등을 말한다. 발표되지 않은 논문만을 게재하는 것을 편집원칙으로 삼는 학술지에 투고할 때 이미 발표된 적이 있다는 사실을 알리지 않은 채 투고한다면 이에 해당할 수 있다.

전혀 없는 경우(zero인 경우)라고 볼 수 있다. 그런데 중복게재 중에는 새롭게 추가하지 않고 일부를 삭제한 경우도 있을 수 있다. 이 경우는 자기표절 관점에서 볼 때 새롭게 추가된 부분이 마이너스인 경우라고 할 수 있다. 즉 중복게재가 문제로 되는 후행 저술이 선행 저술과 동일하거나 선행 저술에서 일부를 삭제해 만든 저작물이라 할지라도 자신의 선행 저술을 이용하여 새롭게 만든 저작물이라는 점에서, 중복게재는 넓게 보면 자기표절에 포섭된다고 할 수 있다.

이상에서 보면, 자기표절과 중복게재는 동일인의 두 저술, 즉 선행 저술과 후행 저술의 동일성 또는 유사성 정도 차이, 즉 '양적 차이'일 뿐 '질적 차이'는 아니다. 그러므로 표절 논의에서 본질적 차이를 가져오지 않음에도 굳이 나누어 논의하는 과정에서 복잡과 혼란을 초래하기보다는 큰 틀에서 같은 범주로 묶어 논의하는 편이 낫다고 생각한다. 다만, 자기표절과 중복게재가 '정도 차이'를 넘어 피해자론의 관점에서 미묘하게 차이 나는 경우가 있기는 하다. 그러나 자기표절/중복게재라는 큰 범주에서 보는 것이 양자의 이해와 그 차이를 논하는 데 오히려 도움이 되므로, 같은 범주에서 논의하되 차이가 있을 때만 따로 구별하여 논의한다.

2. 자기표절 / 중복게재의 해악(비난가능성)

가. 자기표절 비난가능성의 핵심

자기표절을 표절의 한 유형으로 보는 것은, 다른 제목으로 다른 기회에 발표된 저술이라면 기존 연구물과 차별된 새로운 것이 포함되어 있으리라 기대하게 되는데 그것이 없기 때문이다. 그런 점에서 단지 기존 연구물에 대한 출처표시를 하지 않았다는 이유만으로 비난이 쏟아진다고 볼 수 없다.[802] 만약 출처표시 누락이 자기표절을 비난하는 핵심 이유라면, 자신의 선행 저술에 대한 출처표시를 제대로 했

---

801. 예를 들어 서울행정 2005.12.28. 선고 2005구합5499 판결(이하 '독문학 사건 판결'이라 한다)에서 기존 논문을 논문 소재의 시간 순서대로 나열하고 머리말을 추가한 것 외에 새롭게 추가한 것이 없는 저서에 대해 새로운 저술로 보지 않았는데, 이런 것이 중복게재의 대표적 사례라고 할 수 있다.

지만 새로 가미된 내용이 거의 없는 후행 저술은 자기표절이 아니라고 해야 한다. 그러나 과연 그렇게 볼 수 있는가?

자기표절 논문에서 인용이 문제 된다면 자신의 선행 저술을 일일이 출처로 표시해야 할 것이다. 이는 자기인용self citation 문제로 귀착되는데, 특히 선행 저술이 타인의 저술을 인용하고 있는 때는 재인용 문제로 귀착되기도 한다. 보기 드물게 법원 판결 중 자기표절과 중복게재를 구별하고 자기표절이 재인용 문제와 밀접한 관련이 있음을 인정한 것이 있어 소개한다.

> 원고는 그 부분을 이미 위 박사학위 논문에서 발표했으나 출처를 밝히지 않고 그대로 인용하였고, "시조와 가사에 나타난 ○○○ 음주시의 수용양상"은 이미 발표한 중국어로 된 논문을 한국어로 번역하여 발표하면서 작품의 출처를 일부 밝히기는 했으나 재인용했다는 표시는 없으므로, 이른바 자기표절이 표절인지에 관하여는 논란의 여지가 있지만 기존에 발표한 위 논문에 대한 중복논문으로 보아야 한다.[803]

한편 자기표절 논문에서 자신의 선행 논문을 출처로 표시해야 한다면, 이와 같은 출처표시는 저자가 자기 자신에게 공功을 돌리거나 대가代價를 지급하는 셈이 되어 출처표시 또는 인용의 본래 목적에 맞지 않는다. 다음에서 보는 바와 같이 자기표절이 비난받는 좀 더 근본적인 이유는 다른 데 있는데도, 각주에 자기 이름만 잔뜩 기재한 것으로 비난을 피할 수 있다고 하면, 자기표절 논의의 본질을 놓친 것이다.

---

802. 한편, 이인재, 앞의 보고서(주 581)에서 제시한 인문·사회과학 분야 표절방지에 관한 지침(안) 제3조(정의) 제6호에 따르면, 자기표절을 다음과 같이 정의함으로써 자기표절의 해악이 출처표시를 하지 않은 것에 맞춰져 있음을 알 수 있다.
'자기표절'이란 자신이 과거 창작한 저작물의 전부 또는 일부를 새로 창작하는 저작물에 다시 이용하면서 정당한 방법으로 출처표시를 하지 않은 행위를 말한다.

803. 서울행정 2006.11.29. 선고 2006구합14490 판결(이하 '중문학 사건 1심 판결'이라 한다). 이 판결은 항소심[서울고법 2007.8.22. 선고 2007누391 판결(이하 '중문학 사건 항소심 판결'이라 한다)]에서 취소되어 결론이 바뀌었다. 즉 1심에서는 중복논문으로 표절이라고 보았고, 항소심은 중복논문으로 볼 수 없다고 했다. 비록 취소됐지만, 1심 판결 중 자기표절과 중복게재를 나누고 자기표절 쟁점에서 자기표절 여부를 재인용 쟁점과 연결 지은 것은 매우 이례적인 것으로, 항소심판결과 별개로 중요한 의미가 있다고 보아 본문에 인용했다. 중문학 사건은 대법원 2007.12.14. 선고 2007두18383 판결(이하 '중문학 사건 판결'이라 한다)에서 심리불속행으로 상고 기각되어 원심(항소심) 판결이 확정됐다.

추가된 부분(= 후행 저술 - 선행 저술)의 독창성과 기여도

자기표절을 표절의 한 유형으로 볼 것인가의 근본적 관건은 출처표시 누락에 있다기보다는 선행 저술에 없는 것으로 후행 저술에 추가된 부분이 독창성이 있으며, 그것이 해당 분야에 기여할 만한 것인지에 있다. 앞에서 자기표절에 표절이라는 용어가 들어 있는데도 가치중립적 개념으로 보아야 하는 것은, 자기표절에는 비난가능성이 있는 경우와 비난가능성이 없는 경우가 있기 때문이라고 설명했다. 학문과정에서 자신의 선행 저술 일부분을 후행 저술에서 이용하는 것은 불가피하다. 자기표절에 비난이 쏟아지는 이유는 이용행위에 있지 않고 선행 저술과 차별되는 후행 저술의 독창성이 없다는 점과 그로써 결국 해당 학문 분야에 기여하지 못한다는 데 있다.

동일인의 두 논문, 즉 선행 논문 A와 후행 논문 B가 상당 부분 유사하다는 전제하에 B논문의 자기표절 여부를 논의해 본다. A논문에서 B논문에 이용된 부분을 a로 표시하고, B논문에서 a부분을 제외한 나머지 부분을 b라고 하자. 즉 b=B-a가 된다.

자기표절에 비난이 쏟아지는 것은 후행 논문(B)이 선행 논문(A)을 이용한 행위와 그 정도에 있는 것이 아니라, 그 부분을 제외한 나머지 부분, 즉 B논문에서 A논문과 달리 새롭게 추가한 부분(b)이 얼마나 독창적인지, 나아가 해당 학문 분야에 얼마나 기여가 큰지에 달려 있다. 이를 산식으로 논의하면 다음과 같다.

B논문이 '비난가능성 있는 자기표절'에 해당하는지 판단할 때 가장 중요한 고려요소는 'a/A의 비율'[804]이 아니라, b부분의 독창성과 그것이 해당 학문 분야에 어떤 기여점이 있느냐에 달려 있다. 한편 'b/B', 즉 '(B-a)/B의 비율'[805]은 이 판단에서 아주 중요한 요소는 아니다.[806] 여기에서의 논의는 자기표절이므로 b/B 비율은 낮을 수밖에 없다는 것이 기본 전제로 깔려 있기 때문이다. 물론 b/B 비율이 높을

---

804. 이는 위 정당한 범위 논의에서 본 '저작권침해 산식'에 해당한다. 주 763 해당 면.
805. 이는 위 '표절 산식'과 관련된다. 엄밀히 말하면 표절 산식은 a/B의 비율이다(주 776 해당 면). 그런데 a=B-b이므로, 본문에서 든 b/B의 비율[=(B-a)/B]은 표절 산식 a/B의 비율[=(B-b)/B]과 동전의 앞뒤면 관계인 셈이다. 그래서 필자는 위 본문 바로 다음에서 b/B의 비율을 '표절 산식에 관련된 비율'이라고 표현했다.

수록 비난가능성 있는 자기표절에 해당할 확률이 낮아지겠지만, b/B 비율이 낮다고 하더라도 b부분의 독창성과 기여도에 따라서는 자기표절이라는 비난을 피할 수 있다. 따라서 자기표절 논의의 초점은 a/A의 비율(저작권침해 산식)이나 b/B의 비율('표절 산식에 관련된 비율')에 모아지기보다는 b부분의 독창성과 해당 학문 분야에서 기여도에 맞춰지는 것이 합리적이다.

이를 뒷받침할 만한 판결[807]이 있다. 먼저 사건을 정확히 이해하기 위해 사안을 간략히 설명한다. 대학교원 신규채용에서 떨어진 교수지원자(원고)가 대학총장(피고)을 상대로 교수공개채용심사 불합격처분 취소를 구하고, 합격한 교수가 피고 총장의 보조참가인으로 소송에 참가한 사건이다. 이 대학은 지원자들에게 학위논문 1편과 일반논문 2편을 제출하게 했는데, 탈락자인 원고는 자신의 일반논문은 박사학위 논문에 대한 중복논문이 아닌데도 피고 대학(총장)이 중복논문이라고 인정해 채용에서 탈락시켰고, 자신과 경쟁해서 합격한 교수들의 일반논문은 그들의 박사학위 논문과 중복논문인데도 중복논문이 아니라고 보아 합격시켰다고 주장했다. 이에 법원은 원고(탈락 교수)와 피고보조참가인(최종 합격한 교수), 그리고 또 다른 교수(서류 합격 후 최종 불합격한 지원자)가 제출한 일반논문의 박사학위 논문과의 중복성 여부를 일일이 판단했다.

---

806. 위에서 든 예는 정진근 교수 논문에서 든 예를 발전시킨 것이다. 정진근 교수가 든 예를 여기에 옮겨보면 다음과 같다(필자가 쓰는 예와 비교하면 A와 B가 바뀌어 있다).
　　예를 들어, A라는 논문을 작성하면서 논문의 핵심 부분이 아닌 극히 일부에 과거 창작한 B라는 논문 일부를 이용한 경우에는, A는 B와는 다른 새로운 논문으로 평가될 수 있으므로, 비난할 이유가 없기 때문이다. 물론 이 경우에도 B에서 차용한 부분에 대해 합리적 출처를 명시하는 것이 바람직할 것이지만, 법적 규제가 필요한 것으로까지 보는 것은 지나치다고 판단된다.
　　정진근 등, 앞의 논문(주 392), 660면. 한편 정 교수의 논의는 동일인의 A논문(후행 논문)이 B논문(선행 논문)과 다른 새로운 논문으로 평가될 수 있는 근거로 'A논문의 핵심 부분이 아닌 극히 일부'를 B논문에서 가져왔기 때문임을 전제로 한다. 물론 이 뜻에는 양적인 비중에만 치중한 것이 아니라 질적인 점도 고려한 것으로 보인다. 그러나 A논문에 대한 비난가능성이 없는 것은 B논문에서 '극히 일부'를 가져왔기 때문이라기보다는 B논문에서 가져온 부분을 제외한 나머지 부분의 독창성과 기여도에 있다는 점에서 재고가 필요하다고 생각한다.
807. 대전지법 2008.8.13. 선고 2007구합4324 판결(이하 '박사학위논문과 일반논문 간의 중복사건 판결'이라 한다).

원고(탈락자) 논문의 중복 여부

원고는 일반논문 A를 먼저 발표한 후, 그 내용 중 박사학위 논문에 필요 없는 개론적인 부분만 빼고 실질적인 주된 부분의 주제와 내용, 표현을 약간 수정하여 위 박사학위 논문에 포함시켰고, 일반논문 B는 위 박사학위 논문 중 '○○○'이라는 주제를 다룬 해당 부분을 발췌한 후 표현만 다소 수정하여 하나의 논문으로 만든 것이며, 그 본문 중 일부 새로운 내용이 들어갔더라도 특별히 독자적인 가치를 부여할 수 있을 정도로 의미가 있는 것은 아니므로, 2차 심사위원들이 각 논문의 표현과 내용의 동일성뿐만 아니라 주제의 동일성, 실질적인 새로운 견해를 포함하고 있는지 여부 등을 기준으로, 일반논문 A, B는 이미 모두 박사학위 논문으로 그 연구실적을 충분히 평가받았으므로, 이를 박사학위 논문과 별개의 연구실적물로 보기 어렵다는 이유로 양적 평가대상에서 제외한 것에 어떤 잘못이 있다고 보이지 않는다.

×××(서류 합격, 최종 불합격 지원자) 논문의 중복 여부

×××의 일반논문 중 '○○○'의 서론의 내용은 별지(4)와 같고, 이는 박사학위 논문에 없었던 완전히 새로운 것이다. 그러나 라메트리, 디드로, 엘베시우스의 자연법 개념에 관한 본론과 결론 부분은 대체로 박사학위 논문을 그대로 발췌하여 번역한 것으로서 새로운 내용이 전혀 없으므로, 과연 위 서론 부분을 어떻게 평가하고 그 결과에 따라 위 일반논문에 독자적인 가치를 부여할 수 있는지 여부가 관건이 된다. (중략) 비록 이를 위하여 기존 박사학위 논문에서 연구가 이루어진 라메트리, 디드로, 엘베시우스의 자연법 개념을 발췌해서 사용하고 있다고 하더라도, 이는 기존 연구에서 더 나아가 독자적인 존재가치를 인정할 만한 새로운 해석 내지 독창적인 논지를 포함하고 있는 것으로 보아야 한다. 따라서 심사위원들이 이에 관하여 중복이라고 판정하지 않은 것은 원고의 경우와 비교하여 자의적인 차별에 해당한다고 할 수 없다.

YYY(피고보조참가인: 최종 합격한 교수) 논문의 중복 여부

일반논문 A는 절반 이상이 ○○○에 대한 논의로서 이는 박사학위 논문에 없는 내용이며, 일반논문 B의 주제와 논점은 박사학위 논문에 없는 전혀 새로운 것이고, 위 두 편의 일반논문과 박사학위 논문은 목차에서도 크게 다르다. 위 2편의 일반논문과 박

사학위 논문은 분석 대상이 동일한 경우 일부 인용문 등에서 같은 부분이 있기는 하나, 각각의 주제와 분석내용이 완전히 다르므로, 심사위원들이 이를 중복으로 판정하지 않은 것은 정당하고, 여기에 원고의 경우와 비교하여 어떤 자의적인 차별이 있었다고 할 수 없다.

위 판결에 따르면, 자기표절이 비난받아야 하는 중요한 이유는 후행 논문(이 사안의 '일반 논문')이 선행 논문(이 사안의 '박사학위 논문')과 차별되는 독창성이나 해당 학문 분야에서의 기여가 없기 때문이라는 필자 주장과 거의 일치한다.[808]

자신의 박사학위 논문을 심화·발전시켜 새로운 연구논문을 발표하는 경우 자기표절 또는 중복게재 논문으로 볼 것인가 아닌가는 실무상 자주 부딪치는 문제다. 일반적으로 박사학위를 받은 학자들이 이어서 후속논문을 내는 경우 박사학위 논문과의 중복성을 어느 정도는 피하기가 어려운데, 이에 대하여 위 '박사학위논문과 일반논문 간의 중복사건'에서 법원은 '학문의 심화과정'으로서 학계의 자연스러운 일로 인정한 후 중복 여부 판단에서 새로 쓰인 일반논문에 기존 연구(박사학위 논문)에 없는 독자적 존재가치를 인정할 만한 새로운 주제와 논점이 있는지를 중요하게 보았다.

만약 이와 같이 가려보지 않고 박사학위 논문을 발전시켜 일반논문으로 발표하는 것에 대해 무조건 자기표절이라고 비난한다면, 박사학위를 취득한 사람은 자신의 학위논문과 같은 주제로는 학문연구를 하지 말라는 것이나 다름없다. 자기표절을 피하기 위해서는 박사학위 논문 주제로 삼은 전공이나 주제와 다른 논문을 써야 하므로, 박사학위가 없는 사람이 학문 연구를 위해서는 더 좋은 위치에 있게 되는 기이한 결과를 낳는다. 표절 논의의 목적이 종국적으로 학문 발전에 있는데, 위와 같은 결과는 오히려 학문의 심화과정이라는 자연스러운 학문풍토를 저해하게 된다는 점에서 부당하다. 결국 박사학위 논문을 일반논문으로 발전시킨 경우 학문의 심화

---

808. 판결에 나오는 교원채용 경쟁자 중 원고의 경우만 유일하게 박사학위 논문이 후행 논문이면서 선행 논문이기도 하다. 즉 원고의 박사학위 논문은 일반논문 A에 대해서는 후행 논문이 되고, 일반논문 B에 대해서는 선행 논문이 된다. 알기 쉽게 원고의 논문을 시간 순으로 말하면, A논문, 박사학위 논문, B논문 순이 된다.

과정이라는 측면에서 논문의 중복성 여부를 나누어본 이 판결은 지극히 타당하다.

결론적으로 자기표절에 대한 비난가능성의 초점은 선행 논문과 얼마나 많이 중복되는가(a/B의 비율)에 있는 것이 아니라 선행 논문에 없는 것(b부분)이 얼마나 독창적이고 그 분야에 기여할 만한 것인가에 있다. 어떤 논문이든지 이미 발표된 것이라는 특별한 주석이 없으면 독자들은 당연히 새로운 논문으로 인식한다. 그 이면에 '창의성의 기대'가 전제되어 있기 때문이다. b부분이 새롭고 창의적인 것으로 해당 분야에서 의미가 있다면, a/B 비율이 아무리 높다 하더라도 자기표절 논문을 비난할 수 없다. 반대로 b부분이 특별한 의미를 가질 수 없다면, 후행 논문(B)은 독자의 창의성에 대한 기대를 저버린 것으로서 비난받아 마땅하다.

자기표절을 다루는 언론의 접근은 a/B 비율에 집중

이 점에서 최근 자기표절을 다루는 대다수 언론의 접근방법은 상당히 문제가 있다. 특정인의 논문에 대하여 자기표절이라고 비판하는 기사에서, 선행 저술과 후행 저술을 기계적으로 비교해 얼마나 같은지에 초점을 맞춰 몇십 퍼센트가 같다는 식으로 보도하는 것은 자기표절에 대한 이해가 부족한 것으로 대단히 위험한 태도다. 겉으로 보기에 선행 논문과 후행 논문이 몇십 퍼센트가 같다 하더라도 선행 논문에는 없지만 후행 논문에 있는 부분(b)이 얼마나 독창적이고 해당 분야에서 가치가 있는지에 따라 오히려 높게 평가받을 수도 있다는 점에서 신중한 논의가 필요하다.

나. 중복게재 - 자기표절과 다른 관점

큰 틀에서는 자기표절과 중복게재를 같이 묶어 논의하는 것이 합리적인데, 비난가능성에서 이 둘 사이에는 미묘한 차이가 있다. 자기표절 논의의 방점이 '새롭게 가미된 부분의 창의성과 기여도 여부'에 있다면, 중복게재 논의의 방점은 '독자의 중복 여부, 중복게재라는 점(또는 선행 저술의 존재)을 밝혔는지, 신분상/경제적 이익 여부'에 있다.

자기표절에서 '새롭게 가미된 부분의 창의성과 기여도'가 인정되지 않거나 인정되기 어렵다면, 이는 자연스럽게 중복게재 해당 여부 논의로 넘어가게 된다. 이 점에서 자기표절과 중복게재를 한 묶음으로 논의하는 실익은 여전히 존재한다.

(1) 피해자의 차이

피해자론에서 보면, 표절의 피해자는 크게 ① 피표절자, ② 독자, ③ 소속 기관, 학회 등으로 나누어볼 수 있다.[809] 자기표절과 중복게재는 자기 자신이 피표절자에 해당하므로 피표절자가 피해자가 되는 경우는 없다는 점에서 공통점이 있다. 그런데 ②와 ③의 피해자 군에서는 자기표절과 달리 중복게재의 경우에는 피해자가 발생하지 않거나 피해 범위가 작다.

중복게재 논의에서는 독자층을 달리하여 중복게재되는 경우 ②군의 피해자가 발생하지 않는다. 예컨대 박사학위 논문을 책으로 내거나 연구보고서를 논문 또는 책으로 출판하는 경우, 각 저술의 저술목적과 독자층이 다르다는 점에서 비난할 수 없기 때문이다. 또한 학회 또는 학회지의 요청에 따라 기존 발표된 논문을 중복하여 게재하는 경우,[810] ③군의 피해자도 생기지 않을 수 있다.

(2) 사후행위에 따른 비난가능성 차이

투고규정을 위반하지 않고 독자들에게 주석에서 선행 논문의 존재를 밝힌다면, 즉 중복게재임을 밝힌다면 법적 또는 윤리적 책임을 면하게 되는가? 그렇지 않을 수 있다는 데서 자기표절과 차이가 있다. 그 이유는 다음에서 보는 바와 같이 신분상 이익을 얻거나 경제적 이익을 얻는 경우 때문인데, 엄밀히 말하면 이러한 것들은 중복게재라는 행위가 발생한 이후 사정, 다시 말해 사후행위에 해당한다. 투고규정

---

809. 앞의 표절의 피해자론에서 표절의 피해자군으로 1) 피표절자, 2) 독자, 3) 논문 심사 기관, 4) 소속 기관, 5) 학계를 들었는데(주 393-418 해당 면 참조), 3), 4), 5)를 본문의 "③ 소속 기관, 학회 등"으로 묶은 것이다.

810. 통상 학회 또는 학회지의 요청으로 중복게재되는 경우는 주로 학회(지)가 기존의 논문들을 주제별로 모아서 일종의 편집물 형태로 논문집을 낼 때다. 이 경우 논문의 모두冒頭 주註에 그 뜻을 기재하는 것이 일반적이다.

을 지키고 주석에서 선행 논문의 존재를 밝혔다면 중복게재나 자기표절 모두에 대한 비난가능성을 피할 수 있어도, 사후행위로서 그 결과물을 신분상 또는 경제적 이익을 위해 사용할 경우 중복게재 논문이라면 비난받게 된다는 점에서 자기표절과 차이가 있다는 것이다.

여기에서 자기표절은 논문작성 행위와 그것이 공표(게재)됨으로써 비위행위가 종결되는 데 반해(물론 그에 따른 피해가 계속되는 것은 별론으로 함), 중복게재는 중복논문의 작성과 공표(게재) 이후에도 별도의 비난가능성과 가벌성이 추가 행위 여부, 즉 신분상/경제적 이익 취득을 위한 이용행위 여부에 따라 유동적 상태에 놓인다는 점에서 차이가 있다.

(가) 신분상의 이익 취득 – 비경제적 요인

표절에 비교적 엄격한 태도를 취하는 포스너 교수는 표절의 다른 쟁점에 비하여 자기표절에는 비교적 관대한 태도를 보인다. 그 이유로 해악이 크지 않다는 것을 든다.[811] 그런데 미국 풍토는 우리나라 학계, 특히 대학 풍토와 다르기 때문에 그대로 받아들이기 어렵다. 자기표절이 교수승진 등과 같은 비경제적 요인과 결합하거나, 연구비·연구용역 수주 같은 경제적 요인과 결합할 경우 그 해악이 적지 않기 때문이다. 특히 중복게재의 경우 문제가 심각하다.

중복게재 논문은 사실상 한 편의 논문이다. 그런데도 두 편 이상의 논문으로 계산하여 이를 교수·연구원 등 연구와 교육을 목적으로 하는 직종에 취업하는 데 유리한 자료로 쓰거나, 취업한 후에는 각종 직급승진, 예컨대 조교수에서 부교수, 부교수에서 정교수의 승진심사, 재임용심사, 정년보장심사 등에서 별개 논문으로 사용하는 것이 문제다. 이는 연구원에게도 적용될 수 있다. 예컨대 부연구위원에서 연구위원 또는 선임연구위원 승진 등에 일정한 편수의 연구논문이 필요할 때 중복논문을 두 편 이상으로 셈하는 경우다.

잘 알려진 바와 같이 우리나라는 교수채용에서 경쟁이 매우 치열하고 객관적 심사보다는 학연, 지연, 학교법인과의 관계 등에 좌지우지되는 경우가 적지 않아서 채용결과에 불복해 소송에 이르는 경우가 더러 있다. 그런데 주관적 평가가 어느

---

811. 포스너, 앞의 책(주 58), 137면.

정도 수반될 수밖에 없는 교수채용심사에서 재량범위 내에 있는 주관적 평가를 다툴 수는 없기 때문에 절차위반이나 임용요강에 따른 논문 등 업적요건의 불비 등을 다투는 일이 적지 않다. 채용과정[812]이나 승진,[813] 재임용,[814] 정년보장 심사 등에서 탈락한 자가 학교를 상대로 탈락의 위법성을 다투는 과정에서 상대적으로 이런 심사를 통과한 이들의 업적요건을 다투는 경우가 있다. 예컨대 탈락자 논문을 중복논문으로 보아 편수를 삭감했다고 한다거나, 반대로 통과자 논문이 중복논문인데도 이를 지적하지 않았다거나 하는 것이 쟁점이 된다. 앞에서 자세히 살펴본 박사학위 논문과 일반논문 간의 중복사건이 대표적인 예다.

(나) 경제적 이익

중복게재 논문은 한 편의 논문일 뿐이다. 그런데 기존에 발표한 논문을 그대로 또는 약간만 수정해 다시 공표함으로써 새로운 경제적 이익을 얻는 경우가 있다. 예컨대 대학교원의 경우 기존 논문을 이용해 새로운 것인 양 중복게재함으로써 연구비를 부당하게 두 번 수령한다거나[815] 외부기관으로부터 추가로 연구용역비를 수령하는 경우가 이에 해당한다.

이른바 '연구비환불 사건'에서 광주고등법원은 자신의 기존 논문을 그대로 외부학술지에 게재한 행위에 대하여, 자기표절이 표절에 해당하는지에 대한 판단은 피해가면서도 이 과정에서 연구비까지 신청해 수령한 행위를, '마치 새로운 것인 양' 외부학술지에 게재했음에 착안해 징계사유로 삼음이 옳다고 했다. 이와 같이 자기표절과 별도로 중복게재가 표절이 될 수 있음을 우리 법원이 확인했다는 데서 의의를 찾을 수 있다. 그러나 이 사건에서 연구비를 받지 않았더라도 같은 결론을 내렸을지, 또는 연구비를 받았다 하더라도 기존 박사학위 논문을 이용해 작성했음을 주에서 밝혔다면 같은 결론이 나왔을지는 쉽게 단정하기 어렵다.

---

812. 박사학위논문과 일반논문 간의 중복사건 판결(주 807); 대구지법 2008.10.29. 선고 2007가단103762 판결(이하 '포스터논문 중복게재 사건 판결'이라 한다) 등.
813. 서울행정 2008.3.26. 선고 2007구합14176 판결(이하 '승진시 논문중복사용 사건 판결'이라 한다).
814. 독문학 사건 판결(주 801).
815. 광주고법 2004.9.3. 선고 2004나3924 판결(이하 '연구비환불 사건 판결'이라 한다).

(3) 특수 사례 : 정부출연연구기관 등의 경우

독자층이 다르면서 경제적 또는 신분상 이익을 취하지 않고 선행 논문의 존재를 밝힌다면 중복게재를 비난할 이유가 없다. 오히려 독자의 편의를 위해서 중복게재가 필요한 경우가 있다. 특히 전파와 확산이 중요한 분야에서는 새로운 독자층을 겨냥해 매체를 달리하는 중복게재를 허용할 뿐 아니라 장려하기도 한다. 대표적인 곳이 정부출연연구기관이다.

필자가 23개 정부출연연구기관을 총괄하는 경제인문사회연구회에 제시한 '표절 판정에 관한 세부기준(안)'에 따르면 다음과 같은 중복게재 규정이 있다. 이는 연구결과의 전파와 확산을 중시하는 정부출연연구기관의 특성을 고려한 조항이라 할 수 있다. 이런 규정이 가져올 순기능 중 하나는 앞서 '이성적 논의의 필요성'에서 언급한 바와 같이[816] 표절 규정(가이드라인)이 없으면 자신의 글쓰기가 표절에 해당하는지 잘 알 수 없게 되어 글쓰기를 극도로 위축시키는 결과가 초래되기도 하는데, 오히려 이런 규정을 통해 법적 안정성, 즉 '안정적 글쓰기'가 가능하게 된다는 점이다. 그간 중복게재에 대한 오해와 그에 따른 두려움 때문에 정부출연연구기관 소속 연구자들이 자신의 연구결과를 외부 저널에 기고하거나 일반 언론매체에 요약·게재하기를 주저하는 양상이 있었다. 중복게재에 대한 이해를 바로하고 나아가 정부출연연구기관이 이와 같은 규정을 완비한다면 좀 더 편안한 마음으로 연구와 글쓰기를 할 수 있을 것으로 생각한다.

5. [자기표절·중복게재]

가. "자기표절"은 자신이 이미 발표한 저작물을 이용하여 새로운 저작물을 출간함에 있어 새롭게 가미된 부분이 해당 분야에서 독창적이거나 새로운 것으로 인정받기 어려운 경우를 말한다. 그러나 연구의 심화 및 적용 과정에서 자신의 기존 연구물의 일부를 가져다 쓰는 것은 자기표절에 해당하지 않는다. 이 경우 선행 연구물의 존재를 출처표시 등을 통해 밝혀야 한다.

나. "중복게재"는 자신이 이미 발표한 저작물과 동일 또는 실질적으로 유사한 저작

---

816. 주 788-791 해당 면 참조.

물을 동일 또는 유사한 독자층을 상대로 선행 저작물의 출간 사실을 밝히지 않은 채 다시 게재 또는 출간하는 행위를 말한다.

다. 다음에 예시하는 유형은 자기표절·중복게재에 해당하지 않는 것으로 볼 수 있다. 다만 이용된 선행 저술의 존재와 출처를 밝혀야 한다.

(1) 출간되지 않은 학위논문을 저서, 논문, 보고서의 형태로 출간하는 행위

(2) 용역보고서, 정책제안서 등과 같이 특정 기관의 요청 또는 목적에 따라 작성된 저술을 별도의 저서 또는 논문 형태로 출간하는 행위

(3) 이미 출간된 자신의 보고서, 논문 등 여러 편을 편집하여 단행본 기타 저술 형태로 출간하는 행위

(4) 이미 출간된 자신의 보고서, 논문이 편집자의 특정 목적에 따라 다른 저자의 논문 등과 함께 편집·출간되는 경우[817]

(5) 워킹 페이퍼 및 기타 이에 준하는 연구자료를 정식 출판물로 발간하는 경우

(6) 기존의 연구기관 내 자신의 연구물을 대중에게 널리 알리기 위해 교양 시사 잡지, 기타 대중매체에 기고하는 경우

(7) 기존의 연구기관 내 자신의 연구물을 독자층이 다른 외부 학술지에 게재하는 경우

라. 이미 출간된 자신의 저술을 다른 언어로 번역 출간하는 것이 중복게재에 해당하는지를 판정함에 있어서는 번역의 목적과 필요성, 해당 학문 분야의 성격, 사용된 언어 등을 종합적으로 고려하여야 한다.

이 규정은 예외규정을 예시적으로 열거하는 형식으로 만들어졌다. 자기표절/중복게재에 해당하는 유형을 적극적으로 열거하는 방식보다는 일반적으로 자기표절/중복게재 해당 여부에 대해 궁금증이 많은 유형 중에서 자기표절/중복게재에 해당하지 않는 유형을 소극적으로 배제하는 방식을 취하는 것이 더 명료할 것이라고 생각했기 때문이다. 또 예시규정 형식을 따름으로써 열거된 유형 외의 유형을 배제하지 않았고, 나아가 임의규정 형식을 따른 것은 판단에서 좀 더 유연성을 확

---

817. 바로 앞의 (3)은 자신이 편집자가 되어 자기 논문만 모아 자기 이름으로 단행본이 출간되는 경우이고, (4)는 여러 사람의 논문을 모아 편집·출간하는 경우라는 점에서 차이가 있다.

보하기 위해서다. 학위논문을 예로 들면, 나라별로 학위논문의 개념정립이 다르고 그에 따라 출판 여부가 달라지기도 하기 때문에 이를 이용해서 저서 또는 논문으로 발표하는 것에 일률적으로 자기표절/중복게재의 잣대를 적용하기 어렵다. 그런가 하면 학위논문을 '논문 쪼개기(이른바 '살라미 논문')'를 통해 필요 이상의 편수로 발표하는 것은 자기표절/중복게재에 해당할 수도 있는 등, 자기표절/중복게재 판정이 매우 어렵기 때문에 규정의 명확성을 다소 해하더라도 임의규정 형식으로 만드는 것이 타당하다고 보았다.

위에서 언급한 바와 같이 일정한 요건을 갖춘 중복게재를 허용하는 특수 사례로 정부출연연구기관을 든 것은 한 예에 불과하며, 반드시 이에 국한될 것은 아니다. 민간출연연구기관이나 그 밖에 널리 싱크탱크Think Tanks에 해당하는 기관도 여기에 포함시켜 논의할 수 있다. 연구결과물을 그것이 겨냥한 독자를 넘어 새로운 독자를 대상으로 다시 출간하는 것이 해당 기관의 설립 목적에 부합한다면 중복게재를 허용하는 데 달리 볼 이유가 없기 때문이다.

다. 학술지 투고규정의 문제

중복게재는 논문 표절과 함께 과학자들 사이에서 매우 심각하게 인식되는 연구윤리 중 하나다.[818] 먼저 기고한 저널로부터 동의받지 않은 상태에서 그 논문을 다른 저널에 기고하면서 이미 발표했던 저술임을 밝히지 않으면, 창의성의 기대에 대한 위반으로 표절에 해당한다고 한다.[819] 그러나 중복게재의 경우 선행 저술이 게재된 학술지 등의 사전 허락이 있어야 한다는 주장은 다음과 같은 이유에서 반드시 타당하지 않다.

먼저 학술지 등에 논문을 기고해서 게재되는 경우, 저작권과 관련하여 두 가지

---

818. 민병주, 『연구윤리 제고를 위한 효과적인 교육방법 및 내용연구』, 과학기술부, 2007, 52면. 이에 따르면, 과학자들 사이에서 '논문표절과 중복게재'는 '논문저자 및 연구결과물의 무임승차'(1위), '연구결과물의 과장과 불공정한 평가'(2위)에 이어 세 번째로 심각하게 인식되고 있다고 한다. 이에 이은 4위는 '연구비 횡령과 부적정 집행', 5위는 '데이터 조작 및 부실한 데이터 관리'라고 한다.
819. 유재원 등, 앞의 논문(주 530), 348면.

경우를 생각할 수 있다. 첫째, 학술지 등의 투고규정 또는 계약에 따라 저작재산권을 학술지 등에 양도해 저작재산권이 학술지 등에 귀속되도록 하는 경우, 둘째, 그와 같은 규정이나 계약이 없는 경우다.

둘째의 경우 저작재산권이 저자에게 있는 것은 다툼의 여지가 없으므로 중복게재할 때 선행 저술이 게재된 학술지의 허락을 받을 이유는 전혀 없다. 문제는 첫째의 경우다.

저작재산권(복제권, 전송권 등)을 '학술지 A'에 양도하기로 하는 투고규정이 있고 이를 수용해 투고한 첫째의 경우, 같은 논문을 '학술지 B'에 다시 게재한다면 학술지 A는 저작권침해 피해자가 될 수 있다. 투고자와 학술지 A 사이에는 투고 행위를 통해 저작재산권을 양도하기로 하는 내용의 투고규정을 계약 일부로 한다는 합의가 있었다고 볼 수 있기 때문이다. 한편 일반적으로 학술지 투고규정에는 투고 논문은 이미 발표된 것이 아니어야 한다는 규정이 있으므로 특별한 사정이 없는 한 이 경우 학술지 B는 중복게재, 즉 표절의 피해자가 될 수 있다. 학술지 B와 B의 독자들이 갖는 창의성 기대를 저버린 행위가 되기 때문이다.

정리하면 동일하거나 거의 동일한 논문을 각기 다른 두 학술지에 투고하여 게재할 경우 선행 논문을 게재한 학술지 A는 저작권침해를, 후행 논문을 게재한 학술지 B는 표절을 문제 삼을 수 있다. 이와 같이 저작권침해의 피해자(학술지 A)와 표절(중복게재)의 피해자(학술지 B와 그 독자들)가 달리 나타난다는 점에서도 저작권침해와 표절을 구별할 실익이 있다.

한편, 저자로서는 논문을 학술지 등에 투고한 후에도 해당 논문을 별도 단행본으로 출판하거나, 자신의 다른 논문과 함께 편집물 형태 단행본으로 출판하거나, 나아가 같은 주제에 관한 여러 저자의 논문을 모아 편집물 형태 단행본을 출판하는 과정에서 자기 논문을 그 편집물에 실리도록 허락해야 할 필요가 있다. 그런데 이때 선행 논문을 게재한 학술지 등의 투고규정에 논문의 저작재산권을 양도하기로 하는 내용이 있고, 그 규정에 달리 예외조항이 없다면, 그 학술지 등이 허락하지 않는 한 논문 저자는 위와 같은 행위를 할 수 없게 되는, 저자에게 지극히 불합리한 결과가 초래된다. 따라서 논문 저자로서는 투고규정을 자세히 살펴서 이와 같은 규정이 있다면, 자신의 미래 필요를 예상하여 투고규정에도 불구하고 저자에 한해 추후 중복게재 또는 중복출판 등을 허용한다는 내용의 특약을 체결할 필요가 있다.

그러나 통상 논문을 투고할 때 이와 같이 투고규정을 꼼꼼히 살피는 일은 드물다. 나아가 투고규정과 다른 특약을 체결한다는 것은 더욱 어렵고 이례적이다. 그렇다면 이 문제를 해결하는 방법으로는 투고규정을 약관으로 보아 불공정거래약관의 문제로 접근하는 것이 제안될 수 있다.

학계 스스로 편의주의에 따라 학회 또는 학술지에 유리한 방식으로 투고규정을 두고 있는데, 이는 소속 학회원, 넓게는 학자들에게 족쇄를 채우는 것이고 나아가 학문 발전에도 도움이 되지 않는다. 따라서 굳이 불공정거래약관 문제를 제기하지 않더라도, 지킬 수 없는 비현실적 투고규정을 그대로 두는 것보다는 이를 현실에 맞게 고치는 것이 바람직하다고 생각한다.

3. 중복성 판단의 기준

중복성 논란이 있는 후행 저술에 대해 판단하기는 매우 어렵다. 저술의 종류나 성격에 따라 다양해서 일률적인 기준을 제시한다는 것이 이상할 정도다. 이하에서는 구체적으로 재판의 쟁점이 되었던 사례를 중심으로 논의한다. 다만 사례를 중심으로 체계화했기 때문에 모든 경우를 망라한 것이 아니라는 점을 밝혀둔다. 향후 논의 과정에서 추가될 수도 있다.

가. 기존 논문을 모아 편집물 형태의 저서를 출간한 경우

학자들은 자신이 연구한 결과물을 논문 또는 단행본 등 다양한 유형으로 출판한다. 논문과 단행본 중 어느 한쪽만 집필하는 경우도 있지만, 대개 일정한 기간을 두고 논문과 단행본을 교차 발행한다. 예를 들어 체계화된 단행본을 먼저 저술한 후 이를 토대로 개별 쟁점을 좀 더 심층적으로 연구한 논문을 내는 사람이 있는가 하면, 논문을 먼저 쓴 후 체계화된 단행본으로 묶는 사람이 있다. 물론 유형 선택은 전적으로 저술자에게 달려 있다.

기존 논문을 모아 편집물 형태의 저서를 출간하는 것은 학계에서는 빈번한 일이다. 학자들 중에는 특정 큰 주제의 단행본 출판을 염두에 두고 그보다는 하위의 개별 주제에 관한 연구논문을 출판한 후 어느 정도 모였다고 판단되면 이를 한데 묶어 내기도 한다. 학계의 문화나 학문 분야의 특성상 논문보다는 단행본 출판이 활성화되어 있더라도 이런 현상이 발생한다. 이는 학문의 자연스러운 과정으로 이것이 문제 될 이유는 전혀 없다. 여기서 논의 주제인 중복게재 또는 중복성 문제는 주제가 같은 논문과 단행본이 출판된 후 저자가 이를 신분상 또는 경제적 이유로 별개 저술로 이용할 때 발생한다.

실제 자기 논문을 묶어서 특정 주제의 단행본을 출판했는데, 재임용 심사에서 단행본이 별개 저술로 인정받을 수 있는지가 재판 쟁점이 된 사례가 있다. 외국문학과 관련된 학과의 부교수인 원고는 재임용에서 탈락했는데, 그 이유가 재임용심사에 기존 논문을 중복제출했다는 것이었다. 구체적으로 말하면 저서를 연구실적으로 제출했는데, 그 저서가 기존에 발표된 논문을 편집한 편집물이라고 할 경우, 그것이 독립한 별개 연구실적이 될 수 있는지가 쟁점인 사안이다. 즉, 이 사건에서 쟁점은 중복논문의 판단기준이었는데, 법원은 '중복성'에 관해 다음과 같이 판시했다.

(3) 이 사건 저서가 연구실적에 해당된다는 주장에 관하여

이 사건 저서가 기존 논문과 독립된 별개의 연구실적으로 인정받기 위해서는, 기존 논문을 단순히 나열하는 것을 넘어 위 저서의 머리말에서 표방한 주제인 ○○문학에 나타난 여성 모습의 시대별 비교가 뚜렷하게 나타나도록 기존 논문을 종합하고 체계화하였다고 인정되어야만 할 것이며, 보다 구체적으로는 이 사건 저서가 기존 논문을 토대로 한 것임을 명백히 밝히고 각 논문의 나열 후 논문 속에 나타난 여성상이 이전 시대의 여성상으로부터 어떤 원인에 의하여 어떻게 변하였는지에 관한 비교·분석의 글을 실어야 하며 마지막 부분에서 여성 모습의 전체적인 변천을 체계적으로 정리하였어야만 할 것이다.

그런데 위 인정사실에 나타난 바와 같이, 이 사건 저서는 원고의 기존 논문을 논문 소재의 시간 순서대로 나열한 외에 머리말 이외에는 새롭게 추가된 내용이 없으며 그 결과 논문 속의 여성상 상호간 비교나 여성 모습의 전체적인 변천을 체계적으로 정리하는 내용이 없고, 또한 이 사건 저서에서 표방한 주제와 무관하다고 보이는 부

분(제5장 *** 문학의 공간, 제6장 *** 문학의 죽음)까지 포함하고 있어 위 저서의 전체적인 체계를 손상시키고 있으며, 이 사건 저서와 같은 시기에 작성된 두 편의 논문(제7장)을 싣고 있어 이 사건 저서를 발간한다면 굳이 이 부분을 별도의 논문으로 발표할 필요가 없었다고 보이는바, 이러한 사정에 비추어보면 이 사건 저서는 교원의 재임용 시 요구되는 연구실적으로 인정할 수 없다고 봄이 상당하다 할 것이다.[820]

법원은 새로 나온 편집물이 기존 논문과 별개의 연구실적이 되려면 ① 기존 논문의 종합 및 체계화, ② 기존 논문 내용의 비교·분석과 체계적 정리, ③ 기존 논문을 토대로 작성한 것이라는 명시적 설명이 있어야 한다고 판단했다.

반면에 이 사건은 이에 미치지 못하여 중복출판이라고 보았는데, 그 근거로는 ㉠ 머리말 외에 새롭게 추가된 것이 없다는 점, ㉡ 기존 논문을 시간 순서대로 나열했을 뿐 체계성이 없다는 점과 이에 더하여, ㉢ 전체적인 단행본 주제와 무관한 부분이 들어 있어 체계성을 손상했다는 점을 제시했다. 나아가 법원은 사안에서 단행본과 같은 시기에 발표된 논문 2편이 단행본에 실려 있다는 점을 부정적 요소로 보았다.

이 판결은 개별 사건에 관한 판단이어서 일반화하기는 어렵지만, 기존 논문을 묶어 단행본을 낼 때 그것이 중복출판이 아닌 별개 연구실적으로 인정받으려면 기존 논문의 단순한 나열을 넘어 단일 주제에 따른 체계성을 갖추고, 개별 논문을 체계적으로 정리한 것이어야 한다는 점을 분명히 했다. 이 과정에서 기존 논문을 모은 것 외에 추가되는 내용이 있어야 하는데, 머리말만으로는 부족하고 그 이상의 내용이 필요하다는 것이다.

그런데 이 판결이 지적한 바와 같이 별개 연구실적으로 인정할 수 없는 단행본에는 위와 같은 체계성과 일관성이 부족한 경우가 많다. 이와 아울러 단지 분량을 채우기 위해서 단행본 출간 즈음에 발표된 논문까지 채워 넣는 경우가 있는데, 단행본을 저술하면서 그 내용으로 넣을 수 있었는데도 별개 논문으로 발표했다는 점에서 저자(연구실적 제출자)의 불순한 의도가 충분히 인정될 수 있다. 성격상 별개 논문으로 발표할 만한 사정이 있다면, 단행본에 이미 발표된 논문을 넣지 말았어야

---

820. 독문학 사건 판결(주 801).

했다. 그런데 단행본 체계상 반드시 들어가야 할 내용이라면, 같은 시기에 별개의 논문으로 발표하지 말았거나, 아니면 이 단행본을 별개의 연구실적으로 쓰지 말았어야 옳았다. 대학에서 이런 문제가 많이 일어나고 있는데, 특히 승진 및 재임용을 앞둔 교수들이 유혹받기 쉬운 문제라는 점에서 스스로에게 엄격한 잣대를 적용하는 것이 필요하다고 생각된다.

나. 박사학위 논문을 연구논문으로 발표한 경우

지면의 한계상 이 책에서 박사학위의 목적과 학위논문의 의의를 깊이 논의할 여유는 많지 않다. 다만, 우리나라에서 박사학위가 학계에 진입하기 위한 일종의 관문이라는 점만큼은 관행화된 사실이라 할 수 있다.[821] 표절 또는 저작권침해 사건 중 박사학위 논문과 관련된 사건이 더러 있는데, 박사학위의 의의를 잘 설명한 판결이 있다.

> 침해의 대상이 된 원고의 저작물은 박사학위 논문으로서 이는 원고가 그의 경력이
> 나 연구업적 등에 관하여 대외적인 평가를 받을 경우에 주요한 하나의 판단기준이
> 되므로 통상의 학술 논문에 비해 침해의 정도가 중대하다.[822]

---

821. 물론 대학교수나 전문연구원이 되기 위해 박사학위가 반드시 필요한 것은 아니고 학문 분야에 따라서는 박사학위가 필요하지 않은 경우도 더러 있다. 그러나 대체로 대학교수나 연구원 채용 시 박사학위 소지를 요건으로 하는 예가 많기 때문에 학계 진입을 위한 관문이라는 표현을 사용했다.

822. 서울중앙지법 2008.7.24 선고 2007가합114203 판결(이하 '의학박사학위 민사사건 판결'이라 한다). 이 사건과 관련하여 형사사건도 발생했는데(서울중앙지법 2007.10.9. 선고 2006고단7358 판결;동 항소심 판결은 서울중앙지법 2008.1.10 선고 2007노3445 판결), 이들 사건은 The Scientist라는 잡지에 상세히 보도되기도 했다. 국내 유명한 대학병원이 관련된 사건으로, SCI급 잡지인 Fertility & Sterility[F&S]에 제출된 논문이 국내에 이미 출간된 논문을 영어로 번역하여 낸 것으로 명백한 표절이라는 내용의 다음 기사를 참조하기 바란다.

> The paper, published in both a Korean journal and a 2005 issue of Fertility and Sterility, described the use of polymerase chain reaction (PCR) to measure mitochondrial DNA in women with premature ovarian failure. In February, F&S editor-in-chief Alan DeCherney told The Scientist that the F&S authors, who he concluded had essentially submitted a translated version of a published Korean paper, had "perjured themselves" when they signed a statement saying the paper wouldn't appear anywhere else, and called the incident a "blight on the field."

http://classic.the-scientist.com/news/display/53061/#comments (2012.5.31. 방문).

저작권침해 대상물이 박사학위 논문인 사안에서 침해에 따른 위자료 액수를 다른 저술에 비해 고액으로 인정하기 위한 근거로 박사학위 논문의 중요성을 이례적으로 설시한 위 판결은 앞으로 유사 사례에도 영향을 줄 것으로 보인다.

한편 박사학위 취득 후 박사학위 논문을 토대로 새로운 논문을 써서 발표하는 것은 학계의 관행인데, 이것이 중복게재에 해당하는가에 관한 논의가 매우 치열하다. 이에 관해서는 '박사학위논문과 일반논문 간의 중복사건'[823]에서 자세히 다룬 적이 있는데, 이하에서는 이 문제를 직접적으로 다룬 또 다른 판결을 소개한다.

정년보장교수인 원고는 표절을 포함한 몇 가지 비위사실로 정직 3월의 징계처분을 받았다. 표절 의혹은 크게 두 가지였는데, 첫째, 자신의 박사학위 논문을 다시 연구논문으로 펴낸 것과 둘째, 외국어로 발표한 논문을 다시 우리말로 발표한 것이었다. 논문의 중복성에 대해 법원은 다음과 같이 판단했다.

> 하나의 논문이 이미 발표된 다른 논문을 확대·중복 생산한 것에 불과한지 여부는 학계 전문가의 평가를 떠나 섣불리 단정할 수 없고, 한편으로 어떤 논문발표에 대하여 연구업적을 인정받은 것이 정당한지 여부는 학교마다 나름의 연구업적 평가기준이 마련되어 있으므로 일률적으로 판단할 수 없으며, 나아가 논문의 확대·중복 생산 여부에 다툼이 있는 사안에서 논문의 확대·중복 생산과 연구업적 인정 문제를 징계 사유로까지 삼는 것이 적절한지 여부는 순수한 학술적 평가와는 또 다른 차원에서 신중하게 판단되어야 한다.
>
> 그런데 원고의 논문에 대하여 ○○○학회[824]와 ***학회[825] 회장이 상반된 심사의견을 밝혔고, ○○○학회에서도 (중략)에 관하여는 박사학위 논문에서 부족한 부분을 따로 구성하여 발표한 부분을 언급하였으며, ○○○학회에서 중복된 부분을 표시해놓은 논문을 대조해보아도 (중략) 이미 발표된 중국어 논문을 한국어로 번역하여 발표한 것이라는 위 학회의 의견은 다소 지나치다고 여겨지는 점 등에 비추어볼 때 원고의 한국어 논문 두 편이 이미 발표된 중국어 논문을 확대·중복 생산한 것에 불과하다고 단정할 수 없다.[826]

---

823. 주 807 - 808 해당 면 참조.
824. 징계를 내린 대학교가 논문의 중복성에 대해 감정을 의뢰한 학회임.
825. 징계를 받은 원고 교수가 논문의 중복성에 대해 감정을 의뢰한 학회임.

이 판결은 중복성의 기준을 '확대·중복 생산' 여부에 두었다. 즉, 두 번째 논문이 자신의 선행 논문에 대한 확대·중복 생산에 해당하면 중복게재로 보고, '새로운 차원에서 새로운 방법으로 연구'한 논문이라면 심화논문으로 본 것이다.

다. 연구논문을 박사학위 논문으로 낸 경우

연구논문을 발전시켜 박사학위 논문으로 제출하거나 연구논문 몇 편을 모아 박사학위 논문으로 제출하는 경우를 살펴본다. 이때 중복게재 논의 대상은 후행 저술인 박사학위 논문이다.

박사학위는 그 과정을 수료하는 데만 최소한 2~3년이 걸리는 최고 학위과정이다. 학사나 석사 과정과 달리 강의식 수업보다는 학생 스스로 연구가 강조되는데 이는 최종 목표인 학위논문 작성에 그 역량이 모아져야 하기 때문이다. 박사학위 과정의 성패는 박사학위 논문으로 평가되고, 학자로 활동하는 한 박사학위 논문은 평생 학위자의 진로와 평판 등에 영향을 미친다고 해도 지나친 말이 아니다.

이와 같은 중요성에 비추어볼 때 박사학위 논문은 단기간에 완성될 수 없으므로, 학문의 종류에 따라 다를 수 있지만, 박사학위 논문 제출에 앞서 일반 연구논문을 일정 편수 이상 작성해 제출하게 하는 경우가 있다. 박사학위 논문 제출자격 심사를 까다롭게 하는 경우에는 그와 같은 연구논문의 편수를 상향 조정하고, 심지어 일정 수준(등급) 이상의 학술지에 게재할 것을 요구하기도 한다. 이처럼 박사학위 논문 작성에 앞서 일반 연구논문을 작성하는 경우, 먼저 발표된 일반 연구논문(선행 논문)이 박사학위 논문(후행 논문)에 영향을 미치지 않을 수 없다. 같은 사람의 논문일 뿐 아니라 학위과정에 있는 사람으로서는 더욱이 최종 목표인 박사학위 논문을 염두에 두고 일반 연구논문을 작성하는 것이 상식이기 때문이다. 어떤 점에서 보면 박사학위 과정에 있는 사람이 박사학위 논문 주제와 동떨어진 일반 연구논문을 작성해 발표한다는 것은 쉽게 생각하기 어려운 일인지도 모른다. 이와 같이 박사학위 논문 작성에 앞서 발표되는 일반 연구논문은 박사학위 논문과 밀접하게 관련된 주

---

826. 중문학 사건 항소심 판결(원고 항소 인용, 중복 불인정, 주 803).

제를 다루기 때문에 박사학위 과정에 있는 학생으로서는 박사학위 논문을 완성해 가는 작업의 일환으로 일반 연구논문을 작성해 발표하는 것이라고 할 수도 있다.

한편, 이런 학문방법의 이점 중 하나는 학술지와 같은 외부심사를 통과함으로써 박사학위 과정생의 주장과 연구방법론이 학위논문 제출에 앞서 객관적으로 검증된다는 점이다. 사실, 박사학위 논문의 경우 박사학위 논문 심사위원회의 심사를 거치기 때문에 더욱 심도 있는 절차를 거친다고 볼 수도 있다. 하지만 경우에 따라서는 내부심사[827]라는 한계 때문에 외부 학술지 심사보다 객관성이 떨어지는 경우도 있다.

정리하면 박사학위 논문 제출에 앞서 일반 연구논문을 작성·발표하는 것은 바람직한 일로 장려할 만하다. 그렇다면 박사학위 과정의 일부로 일반 연구논문을 발표한다는 점, 학문의 일관성을 유지한다는 점 등을 종합하면 일반 연구논문의 상당 부분이 박사학위 논문에 편입되는 것은 학문방법론, 나아가 학문윤리 차원에서 비난할 일이 아니라고 할 것이다. 따라서 일반 연구논문 한 편을 발전시키거나 여러 편을 모아 체계성을 갖추어 박사학위 논문으로 제출하는 것을 중복게재라고 비난할 수는 없다. 다만, 위 독문학 사건 판결에서 본 바와 같이 '중복성 판단의 기준'을 여기에도 적용한다면, ① 기존 논문의 종합 및 체계화, ② 기존 논문 내용의 비교·분석과 체계적 정리, ③ 박사학위 논문 서문 등에서 기존 논문을 토대로 작성했다는 명시적 설명이 있어야 할 것이다.

한편, 아무리 박사학위 논문 제출에 앞서 일반 연구논문을 여러 편 발표했고 그것들이 상당한 수준을 갖추었다고 하더라도 이와 같은 개별 연구논문을 단순히 나열하는 것으로 박사학위 논문이 완성되기는 쉽지 않다. 박사학위 논문은 일반 연구논문에 비해 훨씬 큰 주제를 다루거나 최소한 학위자의 세계관, 패러다임, 독특한 연구방법론이 드러나야 한다는 점에서 종합 및 체계화라는 작업이 그렇게 간단하지 않기 때문이다. 이처럼 종합 및 체계화 과정에서 기존에 발표된 일반 연구논문은 상당히 수정되어 박사학위 논문에 편입된다. 이때 수정 정도가 작다면, 중복게재와 관련해 '사후행위에 따른 비난가능성 차이'[828]에서 본 바와 같이 일반 연구논

---

827. 물론 대체로 대학마다 박사학위 논문심사위원회에는 다른 대학교 교수가 외부위원으로 참여하도록 하는 규정을 두고 있고, 실제로 소속 대학교 외의 교수가 참여한다는 점에서 완전한 내부심사라고 할 수는 없다. 이점에서 철저히 외부심사로 진행되는 일반 학술지 심사와 구별된다고 할 것이다.

문과 박사학위 논문을 별도 저술로 평가받으려는 것은 비윤리적 행위로 비난받게 된다. 거꾸로 박사학위 논문에 편입되는 과정에서 수정이 많다면,[829] 일반 연구논문과 박사학위 논문을 별개 저술로 평가하는 것이 가능하다.

라. 번역의 경우 - 자기번역

중복게재 쟁점 중 하나는 이종異種 언어 간 논문 중복 여부다. 물론 자기가 저술한 논문을 스스로 다른 언어로 번역하는 자기번역[830]이 여기에서 중복게재 논의의 대상이다. 외국어로 발표한 논문을 우리말로 다시 발표하거나 그 반대의 경우가 종래 학계에 많았는데, 특히 과거에 학문 영역에서의 해외교류가 활발하지 않고 우리 학문이 선진국 학문에 비해 크게 뒤져 있을 때는 학문의 세계화를 위해 오히려 이런 번역작업을 장려하는 관행이 학계에 있기도 했다.[831] 독자층이 다르다는 점에서 보면 기왕에 발표한 논문을 다른 나라 언어로 번역해 발표하는 것은 비난가능성이 크지 않다고 볼 수 있다. 저작권법 측면에서 보더라도 번역은 2차적저작물의 일종으로 원작과 별도로 독자적 저작물로 보호된다는 점(저작권법 제5조제1항)에서 더욱 그렇다.

그러나 이러한 관행과 잣대가 오늘날에도 그대로 유지된다고 보기는 어렵다. 학문 중에는 이미 세계화가 상당히 진전되어 국내와 해외 구분이 거의 없는 분야가 있는가 하면, 여전히 벽이 높은 분야도 있기 때문이다. 표절금지윤리에 관한 인식이 확산됨에 따라 이와 같은 번역출판이 중복게재로서 표절금지윤리 또는 연구윤리에 위반되는 것은 아닌가 하는 논란이 일었는데, 과거와 현재의 잣대가 서로 달라 혼란이 가중되고 있다.[832]

---

828. 주 810과 811 사이 해당 면 참조.
829. 일반 연구논문 작성과 박사학위 논문 작성은 시간상으로도 상당히 떨어져 있을 수 있기 때문에 학문 종류에 따라서는 단순한 자료와 통계 등의 업데이트를 넘어 관점을 바꾸는 경우도 있다.
830. 자기번역 개념에 대해서는 주 739 해당 면 참조.
831. 영문학자이자 비평가인 김욱동 교수는 인도 수상 네루가 영어를 두고 '세계를 바라보는 창문'이라고 말한 것에 착안하여, 번역을 '지구촌 시대에 세계화의 광장에 나서는 대문'이라고 했다. 김욱동, 앞의 책(주 739), 3면. 이는 필자가 본문에서 말하는 '학문의 세계화'와 같은 뜻이다.

이례적으로 우리나라 판결 중 이종 언어로 번역 출간한 자기번역이 중복게재 또는 중복출판에 해당하는지에 대해 판단한 것이 있다(중문학 사건 판결).

나아가 외국어로 발표한 자신의 논문을 한국어로 다시 발표하는 경우, 이미 발표된 논문이라는 것을 밝혔는지 여부와는 별개로, 그 결과물은 국내의 학술연구나 교육 분야에서 통상의 번역과 다름없는 역할을 할 수 있는 점, 참가인이 아직 표절 등 연구윤리문제에 대한 지침을 마련하지 못하였고, 더구나 이른바 자기표절문제는 학계에서도 명확히 정리되지 않은 점 등의 여러 사정을 아울러 종합해보면, 원고가 논문을 확대·중복 생산하여 연구업적을 인정받았다고 보아 이를 성실의무나 품위유지 의무 위반에 해당하는 징계사유로 삼은 것은 부적절하다고 판단된다.[833]

이 판결은 외국어로 발표한 자기 논문을 한국어로 다시 발표하는 경우 중복게재에 해당하는지에 관한 기준을 제시했다는 점에서 의의가 있다. 발표된 논문이라는 점을 밝혔느냐와 별개로, 그 결과물은 국내 학술연구나 교육 분야에서 통상의 번역과 다름없는 역할을 한다는 점을 인정해 중복게재가 아니라고 한 판결은 유사한 사건에 참고가 될 만하다. 즉 자신의 외국어 논문을 국내에서 우리말로 번역 발표한 것에 별도로 학문적 의의가 있다고 본 것인데, 이 부분은 앞으로 논란의 소지가 있을 수 있지만, 표절 여부, 즉 중복성 여부 판단에서 '학문적 의의' 또는 '기여'를 고려해야 한다는 견해는 중복게재/자기표절에 관한 필자의 관점과 일치한다. 나아가 이는 저작권법의 목적에도 부합하는 것으로 매우 적절하다고 생각한다.

그러나 이 판결을 자기번역 전반에 일반화하는 데는 주의할 점이 있다. 첫째,

---

832. 대표적으로 서울대학교 연구지침 제3장제2절 4.(이중게재) ①에 따르면, "연구자 본인의 동일한 연구결과를 인용표시 없이 동일 언어 또는 다른 언어로 중복하여 출간하는 경우, 이중게재로 연구부적절행위에 해당할 수 있다"라고 되어 있다. 한편, 한국국민윤리학회 연구윤리규정(안) 제1장(연구 관련 윤리규정) 제1절(저자가 지켜야 할 윤리규정) 제3조(연구물의 중복 게재 혹은 이중 출판)에 따르면, "저자는 국내외를 막론하고 이전에 출판된 자신의 연구물(게재 예정이거나 심사 중인 연구물 포함)을 새로운 연구물인 것처럼 출판(투고)하거나 출판을 시도하지 않는다. 이미 발표된 연구물을 사용하여 출판하고자 할 경우에는, 출판하고자 하는 학술지의 편집자에게 이전 출판에 대한 정보를 제공하고 중복 게재나 이중 출판에 해당되는지 여부를 확인하여야 한다"라고 되어 있는데, 여기에서 '국내외'라고 함은 이종 언어 간 번역출판을 의미하는 것으로 해석될 수 있다.
833. 중문학 사건 항소심 판결(주 803).

학문별로 편차가 있을 수 있다. 예컨대 국문학, 역사학, 철학 등 이른바 문사철文史哲 중심의 문과 학문 중에서도 우리의 문학, 역사, 철학으로서 흔히 국학國學으로 불리는 학문 영역의 경우, 일반 사회과학이나 상경계열 학문, 나아가 이공계 학문에 비하여 국내와 해외 간 교류가 상대적으로 적은 것은 언어 간 장벽에서 비롯한 측면도 크다. 그런 점에서 그와 같은 학문 분야의 국내 논문을 외국에 번역·출간하는 것은 오히려 진작해야 할 일이지 중복게재로 비난하는 것은 학문 소통을 저해하는 것이라 볼 수 있다. 학문의 성격에 따라서는 우리말로 된 논문을 한두 편 새롭게 쓰기보다 기존 논문을 외국에 소개하기 위해 외국어로 번역·출간하는 것이 더 어려운 경우도 있다. 반면에 해외 학계와 소통이 원활하고 상대적으로 언어 간 장벽이 낮은 이공계나 상경계열 등 학문 분야에서는 이종 언어 간 번역·출판에 대해 학문적 기여가 높다고 하기 어려운 경우도 있다. 사정이 이러한데도 이종 언어 간 번역·출판을 일률적으로 중복게재로 비난하거나 허용하는 것은 위험하다.

둘째, 이종 언어 간 거리도 중요한 변수가 될 수 있다. 예컨대, '우리말과 영어' 또는 '우리말과 일본어' 사이를 '우리말과 프랑스어' 또는 '우리말과 러시아어' 사이와 같이 취급하는 것이 타당하지 않을 수도 있다. 이는 시대에 따라 또는 학문 분야에 따라 달라질 수도 있다.

이와 같이 논문을 이종 언어로 번역해 발표한 것이 중복게재에 해당하는지는 일률적으로 말하기 어렵고, 그 동기가 더욱 중요하다고 할 수 있다. 예컨대 논문편수가 늘어남으로써 유형 또는 무형의 이익을 취하려는 동기가 더욱 큰지, 아니면 사적으로는 아무런 또는 별다른 이익이 없지만 우리 학문을 외부(외국)에 소개하거나, 외국 학문을 우리에게 소개하려는 목적이 더욱 큰지가 중요하다고 할 수 있다.

이종 언어로 논문을 발표해 논문편수가 늘어나는 경우, 그것이 승진/재임용 같은 신분상 문제나 연구비 수혜 같은 금전적 동기에 해당한다고 볼지 역시 일률적으로 재단할 수는 없다. 그와 같은 사적 이익과 학문발전에 이바지하려는 동기 또는 학문발전에 기여한 정도를 종합적으로 고려해 판단하는 것이 타당하다. 중요한 것은 동종 언어 간 중복게재에 비해 이종 언어 간 중복게재(번역출간)는 달리 볼 점이 있다는 것이다. 여기에서 번역은 2차적 저작물로 원작과 별도 창작물로 인정된다는 점도 고려될 수 있다.

한편, 자기번역은 단지 번역에 그치지 않고 원천 텍스트를 수정하고 보강하는 경우도 많다. 이는 번역자가 곧 저자이기 때문에 가능한 것으로, 이를 두고 일반 번역가가 누릴 수 없는 특권이라고도 한다.[834] 이와 같이 원전을 번역하는 과정에서 수정·보강하는 경우는 새로운 창작적 요소가 가미된다는 점에서 엄밀하게 말하면 여기에서 논하는 중복게재에 해당되지 않을 수도 있다.

마. 연구용역계약에서 발생하는 특수한 문제

지난 몇 년 사이 정부 또는 정부기관 주도하에 이루어지는 연구용역과제가 많았다. 이는 갈수록 복잡해지는 현대사회에 대응하기 위해 전문가 견해를 청취하여야 하는 정부정책 및 정부사업이 많아졌기 때문이기도 하고, 정부라는 경제주체의 역량, 즉 재정이 이전에 비하여 강화되었기 때문이기도 하다. 이런 경향은 비단 정부나 정부출연연구기관만이 아니라 각종 민간기관과 민간연구기관에도 적용될 수 있는 것으로서, 민간의 연구용역 발주도 늘어나고 있다.

이 과정에서 연구용역 결과물인 연구보고서의 저작권 귀속 문제가 껄끄럽게 발생하거나 수면 밑에 잠복하는 경우가 많다.[835] 법적 분쟁으로 비화될 개연성이 높은데도 현실에서는 대체로 저작권이 발주자에게 귀속된다는 조항이 포함된 정형화된 계약서가 사용되며 '을'의 지위에 있는 연구자는 발주자가 일방적으로 만든 계약서에 사실상 날인을 강제 당하는 경우가 많다.

연구용역이 종료되어 연구보고서를 제출한 후, 연구자는 그 연구보고서를 일부 수정해 별도 논문이나 단행본으로 출간하는 경우가 많은데, 이때 저작권 귀속을 둘러싸고 용역 발주자(연구기관)와 수주자(외부 저자) 간에 미묘한 법률문제가 발생한다.

---

834. 김욱동, 앞의 책(주 739), 205면(원출처: Rainer Grutman, 「Auto‑translation」, 「Multilingualism and translation」, edited by Mona Baker, 『Encyclopedia of Translation Studies』, Routledge, 1998, 17‑20면, 157‑160면).
835. 이들 발주기관에 소속되어 있는 연구원이 작성한 연구보고서는 저작권법 제9조에 따른 업무상저작물에 해당하여 특별한 사정이 없는 한 처음부터 저작권이 그 기관에 있으므로, 여기에서의 논의는 외부에 연구용역을 발주한 경우에 한한다. 한편 소속 연구원이 자신이 작성한 연구보고서를 기초로 다시 외부에 논문 또는 단행본으로 출판하거나, 신문, 잡지 등에 게재하는 경우도 많은데, 이는 앞서 정부출연연구기관의 허용되는 중복게재 유형에서 설명했다. 주 816‑817 해당 면 참조.

발주자인 정부나 관련기관이 외부 연구자에게 적극적으로 자료를 제공하거나 연구지침을 구체적으로 제안하는 경우 또는 연구자의 연구가 학술적 성격보다는 다분히 노동집약적 여론조사나 자료수집에 치중되어 있는 경우에는 수주자인 연구자가 별도 논문이나 단행본으로 출간하는 경우는 드물고, 발주자에 대해 저작권을 주장할 가능성도 상대적으로 낮다.

그러나 연구보고서가 학술적 성격이 강한 경우 연구 집필자의 저작권 의식은 강해질 수밖에 없다. 이 경우에는 저작권이 발주자에게 귀속된다는 계약조항이 있더라도, 연구자로서는 연구결과물을 자신의 별도 저서 또는 논문으로 출간하고자 하는 의욕이 강할 수 있고, 이 과정에서 발주자와 의견충돌이 일어날 가능성이 높다. 또는 그 반대로 발주자가 연구자의 의견을 도외시하고 연구결과물을 이용할 경우 (물론 그것이 연구용역 계약에 예정되어 있다 하더라도) 연구자로서는 저작권문제를 거론할 수 있고, 그 과정에서 연구용역계약의 불공정거래약관 문제를 제기할 수도 있다.

이와 같이 정부, 정부기관 또는 민간기관이 발주한 연구용역 계약에 따라 작성된 연구용역 결과물의 이용과 관련해서 저작권 귀속과 중복활용(중복게재)을 둘러싼 법적 분쟁이 발생할 가능성이 높은 가운데, 매우 드물게 이와 관련한 판결이 있어 소개한다.[836]

원고 교수는 저작권침해 및 표절 등 몇 가지 비위행위로 징계처분을 받고 이어서 재임용심사에서 탈락했다. 이에 원고 교수는 징계처분과 재임용탈락처분의 위법성을 다투어 재판에 이르게 되었는데, 저작권침해/표절 비위사실은 다음과 같다. 원고는 국가로부터 2004년도 전문대학 특성화 사업비를 지원받아 'ㅇㅇㅇㅇ 교육 교재 개발'이라는 연구개발보고서를 제출했다. 이 보고서의 저작권은 원고가 소속된 대학의 '재정지원(국고보조금) 연구(교재) 개발관리지침'에 따라 대학에 귀속되는데도 원고는 대학 허락을 받지 않고 이 보고서를 별도 단행본으로 출판해 대학의 저작권을 침해했다는 것이다. 또한 이 단행본은 연구보고서를 인용했지만 인용에 대한 구체적 근거를 제시하지 아니했으므로 보고서를 자기표절했다는 것이 대학 측이 제시한 원고의 비위행위였다.

---

836. 서울고법 2009.11.17. 선고 2009누15076 판결(이하 '국가프로젝트 사건 판결'이라 한다). 이 판결의 원심인 서울행정 2009.4.22. 선고 2008구합32812 판결에 사실관계가 잘 정리되어 있다.

이 사건은 연구자가 속한 학교기관 내에서 연구보고서와 연구논문(저서)의 중복 활용에 관한 것이 교원의 신분과 징계 문제로 연결되어 분쟁이 발생한 것으로 위에서 언급한 연구용역계약의 발주기관과 연구자 간의 분쟁이 아니다. 그러나 학교기관의 저작권에 관한 지침이 연구용역계약의 저작권 귀속 조항과 유사하고, 실제 연구자가 자신의 연구보고서를 토대로 별도 단행본을 출간한 것이 저작권침해 또는 중복출판이 되는가 하는 쟁점은 연구용역 발주기관의 경우와 같다.

참가인 대학에서 2004.8. 시행된 2004년 재정지원 연구·(교재)개발관리지침에 따르면 '연구 성과로 발생한 제 권리(저작권, 특허권, 실용신안권 등)는 참가인 대학이 소유함을 원칙으로 한다'고 규정하고 있는 사실을 인정할 수 있다. 그런데 저작권법 제2조제2호는 저작자는 저작물을 창작한 자로서 같은 법 제10조에 따라 저작물을 창작한 때로부터 저작인격권과 저작재산권을 가지는 것으로 규정하고 있으므로, 이에 따르면 원고는 위 2004년 재정지원 연구·(교재)개발관리지침에 따라 이 사건 보고서에 관한 저작권을 참가인 대학에 양도한 것으로 볼 수 있다.

이 판결은 재정지원을 받은 소속 교수가 낸 연구결과물의 저작권이 대학에 귀속된다는 지침이 있지만 "저작권은 저작물을 창작한 때로부터 발생한다"는 저작권법 제10조제2항에 따라 저작물의 최초 귀속이 교수에게 있는 것으로 보았고, 다만 지침은 이후 저작권이 대학에 양도된 것으로 해석함으로써, 저작권법상 '창작자 발생주의'와 대학의 지침 사이에 조화를 꾀한 것으로 매우 타당하다고 생각한다. 마찬가지로 정부 등이 발주자가 되어 외부 연구자와 연구용역계약을 체결한 경우, 저작권이 발주자에게 있다는 계약조항이 있더라도 이 판결과 같이 해석할 수 있다. 즉 저작권은 외부 연구자에게 발생하되, 저작재산권이 정부 등 발주자에게 양도된다고 해석하는 것이 바람직하다.

한편 저작권 귀속 조항을 위와 같이 해석한 후 이 판결은 해당 교수가 연구개발 보고서를 수정해 별도 단행본으로 발간한 행위에 대해 다음과 같은 법적 평가를 내렸다.

그러나 저작권법 제45조 제2항은 저작재산권의 전부를 양도하는 경우에 특약이 없는 때에는 같은 법 제22조의 규정에 따른 2차적저작물을 작성하여 이용할 권리는 포함되지 아니한 것으로 추정한다고 규정하고 있고, (증거설시, 중략) 종합하면, ① 이 사건 보고서는 원고가 참가인 대학에서 강의교재로 사용하기 위하여 작성한 것으로서 수강생들이 스스로 공부할 수 있도록 여백을 제공하고 이를 정리할 수 있도록 하는 워크북 형태를 취하고 있으나 이 사건 저서는 그 하위내용을 대부분 제시하고 있어 그 체제나 성격이 다른 사실, ② 이 사건 보고서는 전체 83쪽이나 이 사건 저서는 전체 190쪽으로 그 분량이 2배 이상 증가된 사실, ③ 이 사건 저서 중 제2부 '그림책을 활용한 통합적 활동계획'은 이 사건 보고서에 존재하지 아니하던 내용이 새롭게 첨가된 것인 사실을 인정할 수 있는바, 위 인정사실에 따르면, 이 사건 저서를 이 사건 보고서에 대한 2차적저작물로 볼 수 있을뿐더러, (가정판단, 중략) 대학의 저작권을 침해하는 것으로 볼 수는 없고, 따라서 이를 징계사유로 삼은 것은 잘못된 것이다.

연구보고서를 제출한 후 이를 발전시켜 별도 단행본 또는 논문으로 내는 경우 2차적저작물에 해당하므로 단행본 또는 논문의 저작권은 연구자에게 귀속한다고 보았다. 그런데 연구보고서의 저작권이 대학 또는 발주자에게 귀속된다는 규정을 곧이곧대로 해석해 대학 또는 발주자에게 처음부터 저작권이 발생되었다고 보았다면, 별도 단행본은 대학 또는 발주자가 갖는 2차적저작물 작성권 침해가 되었을 것이다. 그러나 이 판결은 연구보고서 저작권이 교수에게 있다는 것에서 출발해 이를 토대로 작성한 별도 단행본은 2차적저작물이라는 전제 아래 원고에게 책임이 없다고 보았다. 요약하면 이 판결은 다음과 같은 논리로 이 문제를 해결했다.

① 저작권의 창작자 발생주의(저작권법 제10조)
② 저작권귀속에 관한 지침 조항을 저작재산권의 양도로 해석
③ 별도 단행본을 2차적저작물에 해당한다고 보고 포괄양도에 관한 합의가 없으므로 별도 단행본 작성에 따른 법적 책임이 없음[837]

---

837. 저작권법 제45조제2항 본문 "저작재산권의 전부를 양도하는 경우에 특약이 없는 때에는 제22조에 따른 2차적저작물을 작성하여 이용할 권리는 포함되지 아니한 것으로 추정한다."

그런데 여기에서 다음 두 가지를 계속 논의할 수 있다.

첫째, 연구용역보고서를 거의 그대로 저서(논문)로 펴내는 경우(같은 것으로 인정될 정도로 사소한 변경만 있을 뿐, 창작적 추가분이 따로 없어 2차적저작물로 인정되기 어려운 경우)

둘째, 용역계약서에 2차물활용 문구가 있어서(즉 저작권법 제45조제2항에서 예정한 특약의 존재) 그에 대한 권리마저 발주기관이 보유하는 것으로 하는 경우

용역계약 결과물인 저작물의 권리 귀속관계는 이른바 '로티 사건'[838]을 참고할 만하다. 원재료에 해당하는 연구자료를 발주기관이 얼마나 제공했는지, 연구보고서 성격이 자료수집, 통계작성, 설문조사 등 그 결과물의 객관성에 치중하는지 또는 연구자의 주관적 견해가 상대적으로 많이 들어 있고 분석적 성격이 강해 학술적 창작성이 높은지 등에 따라 달라질 수 있다. 학술적 성격이 강한 연구용역 결과물일수록 저작권이 연구자에게 귀속될 가능성이 높다. 따라서 학술적 성격이 강한 연구용역 결과물에서 위 첫째의 경우 중복게재 문제가 발생할 뿐 저작권침해 문제는 생기지 않으며, 둘째의 경우 이런 문구를 담은 용역계약은 불공정약관이 될 소지가 있다.[839]

한편, 용역계약 결과물인 연구보고서를 발주기관에 제출한 후 별도 논문 또는 저서로 출판하는 것이 저작권침해에 해당하는지가 쟁점인 국가프로젝트 사건 판결의 논의와 중복게재 논의는 반드시 궤를 같이한다고 보기는 어렵다. 연구용역계약에 따라 용역계약 결과물인 연구보고서가 별도 출판물로 일반에 공표되기도 하고, 앞서 말한 바와 같이 국가정보화 기본법에 따라 일반에 공개되기도 한다. 이런 경우 연구자가 연구보고서를 별도 단행본으로 출판하거나 논문으로 발표하는 경우 중복게재 시비에 휘말릴 수 있다. 그러나 아직까지는 위와 같은 일반 공개가 제한적이므로, 특정 독자층을 위한 논문집에 게재하면서 연구용역 결과물임을 밝히거나, 별도 단행본으로 출판하면서 역시 연구용역 결과물임을 밝힌다면, 중복게재 또

---

838. 대법원 1992.12.24. 선고 92다31309 판결(이하 '로티 사건 판결'이라 한다).
839. 남형두, 「'구름빵' 사건을 계기로 본 저작권 공정거래 문제」, 저작권문화 제231호, 2013.11, 20 – 21면 참조.

는 중복출판이라는 비판을 피할 수 있다. 물론 이 경우 신분상 이익 등을 취하지 않음을 전제로 하는 것은 당연하다.

4. 기타

가. 중복제출 문제

자기표절/중복게재와 별도로 학생들이 과제물로 한번 제출한 것을 다시 사용하는 것을 중복제출double-dipping이라고 하여 표절의 한 유형으로 논의하기도 한다.[840] 과제물 제출이 학술지 게재로 이어지는 것이 아니라는 점에서 출판을 통한 일반 공개를 전제로 하는 중복게재와 차이가 있다. 그러나 일반 독자라는 피해자군이 없다는 것을 제외하고 학생들이 과제물을 중복 제출함으로써 이를 읽는 교수나 교사가 속는 피해가 발생하고 과제물 평가에서 경쟁자가 되는 동료 학생들이 피해자가 된다는 점에서는 쟁점이 공통되므로 중복게재/자기표절에서 함께 논의할 수 있다. 특히 과제물을 제출하는 학생들이 피교육생이라는 점에서 학칙에서 엄정하게 다루는 추세다.

학생들이 저지르는 표절 중 상당수는 중복제출에서 비롯하는데, 학생이 과제로 한번 제출한 것을 다른 과목에 그대로 제출하거나 제목만 약간 수정해 제출하는 악의적인 경우 외에 상당 부분을 그대로 가져다 쓰는 경우도 함께 논의될 수 있다.

중복제출이 최근 들어 논의 대상이 된 데는 다음 두 가지 이유가 있다. 첫째, 중복제출이 과거에 비해 많이 늘어났기 때문인데, 컴퓨터로 작성한 과제물을 제출한 뒤 저장해두었다가 다시 쓰는 것이 간편해졌다. 둘째, 최근 몇몇 대학이 학생들의 과제물 표절 검색 프로그램을 개발하거나 개발된 프로그램을 제공해 교수들이 중복제출을 포함한 표절 여부를 쉽게 찾아낼 수 있게 됐다.

그러나 아직까지 우리나라에서는 학생들의 표절이나 중복제출에 대해 해당 과

---

840. 정해룡, 앞의 논문(주 614), 174 – 176면.

목에서 학점을 낮게 주는 제재 외에 학생 신분에 영향을 주는 제재를 가한 예는 찾기 어렵다. 이는 우리나라의 표절 논의가 주로 교수와 연구자를 중심으로 하는 대학과 학계에서 이루어져 상대적으로 학생들의 표절이 덜 심각하게 다뤄지기 때문이다. 그런데 학문 선진국 중 미국의 예를 들면 교수사회보다 학생들의 표절문제를 더욱 심각하게 다룬다.[841] 이는 교수사회의 경우 표절문제가 생기는 사례가 적기 때문이기도 하고, 반대로 학생들에 대한 제재가 매우 엄정하기 때문이기도 하다. 실제로 미국에서는 과제물 중복제출을 표절로 인정해서 퇴학이라는 제재가 내려진 사례도 있다.[842]

상대평가 등 엄정한 학사관리에 따라 중복제출이 문제 될 소지 높아져

상대평가 제도 아래에서는 과제물을 중복제출함으로써 피해를 보는 학생들이 있고, 학생들 사이에 갈수록 경쟁이 치열해져 중복제출로 인한 피해자들의 불만제기가 현실화될 경우, 우리나라에서도 미국에서와 같은 일이 일어날 수 있다.

나. 자기인용

자기표절이나 중복게재와는 다르지만 함께 논의해야 할 쟁점으로 '자기인용self citation'이 있다. 자신의 선행 논문을 후행 논문에서 인용하는 것인데 인용에 따른 출처표시를 한다는 것을 전제로 한다.

자기표절과 자기인용의 관계

'자기인용'은 자신의 선행 논문을 후행 논문에서 출처표시를 하지 않고 가져다 쓰는 '자기표절'과 어떤 관계에 있는가? 앞서 논의한 바와 같이 자기표절이 비난받는 것은 출처표시 누락에 있는 것이 아니라 '새로운 것에 대한 기대를 저버린' 데에 있다. 따라서 자신의 선행 논문을 출처로 밝혔다고 해서 자기표절이라는 비난을 피

---

841. 포스너, 앞의 책(주 58), 60면.
842. Childress v. Clement, 5 F. Supp. 2d 384 (E.D. Va. 1998)(이하 '차일드레스 학생 판결'이라 한다).

할 수는 없다. 이때 선행 논문을 출처로 밝히는 것도 자기인용의 일종이라 할 수 있지만, 자기인용은 자기표절에서와 같이 상당 부분에 걸쳐 광범위하게 선행 논문을 가져다 쓸 때만 발생하는 것이 아니라 통상적이고도 지극히 정상적인 범위에서 자신의 선행 논문을 인용할 때도 발생한다는 점에서 자기표절의 상대 개념도 아니고 자기표절에 반드시 수반된다고 할 수도 없다.

다시 말해 자기인용은 반드시 자기표절과 일치하거나 상반되는 개념이 아니다. 그런데 자기표절이 가치중립적인 개념으로 '비난받을 만한 자기표절'과 '비난할 수 없는 자기표절'이 있는 것과 마찬가지로 자기인용도 정상적인 것과 부당한 것으로 나누어볼 수 있다. 필자가 앞에서 자기인용을 자기표절/중복게재 항목에서 함께 논의할 필요가 있다고 한 것은 바로 이 때문이다.[843]

이와 같이 가치개념이 아닌 사실개념(가치중립적 개념)으로 파악되는 자기표절과 자기인용은 양적인 기준으로 구별할 수 있다. 자기표절은 후행 논문저술이 자신의 선행 저술과 거의 동일하거나 상당한 수준에서 동일한 경우를 말한다면, 자기인용은 통상적인 인용의 수준인 경우를 말한다고 할 수 있다. 다시 말해 자기인용은 타인의 저술을 인용하는 것처럼 자신의 선행 저술을 인용한 것이라고 할 수 있는데, 타인의 저술을 인용하면서 출처표시를 하는 것과 마찬가지로 자신의 선행 저술을 인용하면서 자기 자신을 출처로 표시한 경우를 말한다고 이해하면 된다.

(1) 정상적인 자기인용

타인의 저술을 인용하듯 자신의 선행 저술도 인용 대상이 될 수 있음은 말할 나위가 없다. 다만 양적인 측면에서 그 정도가 지나쳐 후행 논문저술이 선행 저술과 다를 바 없어 독자가 볼 때 후행 논문저술에 새로운 것이나 그 분야에 기여할 만한 점이 없다면 '비난받을 만한 자기표절'이라고 할 수 있다. 그러나 양적 측면에서 그 정도에 미치지 않고 일반적으로 타인의 저술에서 인용하는 수준(양과 빈도)에서 자신의 선행 저술을 인용하는 것은 학문과정에서 전혀 탓할 일이 아니다.

학문과정의 하나인 저술에서 저자는 자신의 저술에 논리성을 갖추기 위해 부단

---

843. 주 802 – 808 해당 면 참조.

한 노력을 기울이게 된다. 그 과정에서 선행 문헌을 인용하는 것은 당연하며, 선행 문헌이 단지 자기 자신 것인 경우가 바로 자기인용이다.

이는 주로 저술자 자신이 그 분야에서 상당한 권위자인 경우에 생기는데, 한편 그 정도 권위자가 아니더라도 집필 과정에서 논리전개상 자신의 선행 저술을 인용해야 할 필요성과 합리성이 인정된다면, 자기인용은 아무런 문제가 되지 않는다. 오히려 이와 같은 자기인용은 지극히 정상적인 학문과정이요, 저술 방식이다.

(2) 부적절한 또는 부당한 자기인용

부적절한 자기인용

위와 달리 불필요하게 자기인용을 하는 경우가 있다. 집필 과정에서 논리전개상 자신의 선행 저술을 인용해야 할 필요가 없는데도 인용하여 자신을 출처로 표시하는 것이다. 간혹 자기인용된 문헌(선행 저술)을 찾아보면 왜 인용해야 하는지 이유를 알 수 없을 때가 있는데 다분히 자기현시 또는 자기과시 욕구에서 비롯한 것이다.

자기인용에 합리성이 없는 경우도 있다. 자기 자신보다 훨씬 권위 있는 다른 사람의 저술이 있는데도 자신의 선행 저술을 인용하는 경우가 종종 있는데, 이 또한 자기과시의 한 예라 할 수 있다. 다만 인용하기에 좀 더 적절한 다른 사람의 저술이 있음에도 그 존재를 몰라서 자신의 선행 저술을 인용하는 것은 자기과시는 아니지만 전문성 부족이라는 낮은 평가를 피하기 어렵다.

위와 같이 '불필요한 자기인용', '불합리한 자기인용'은 주변에서 흔히 볼 수 있는 '부적절한 자기인용'의 한 예라 할 수 있다. 그러나 이보다 훨씬 심각한 것으로 부적절을 넘어 부당하다고 할 만한 자기인용이 있다.

부당한 자기인용

앞서 인용의 목적 중 하나로 권위의 원천을 가져오는 것을 들었다.[844] 그 점에서 SCI 또는 SSCI 같은 국제적 저명학술지에 논문을 게재하는 것보다 그와 같은 권위 있는 학술지에서 인용되는 것이 학자에게는 더욱 명예롭다. 그런데 학문의 장에서

---

844. 주 471 - 472 해당 면.

인용이 자연스럽게 이루어지지 않고 인위성이 개입된다면 이는 학계를 어지럽히는 부정행위가 된다. 자신의 논문에 대한 평판과 권위[845]를 높일 의도로 불필요하게 자기인용을 하는 것이 바로 그 예다.

부적절한 자기인용은 해당 저술과 저술자 본인에 대한 '낮은 평가'가 일종의 제재로서 기능하므로 그 밖에 피해가 크지 않다고 할 수 있지만, 부당한 자기인용은 타인에게 피해를 끼치고 학계를 혼탁하게 한다는 점에서 가볍게 볼 일이 아니다.

특히 이와 같은 부당한 자기인용은 개인뿐만 아니라 학술지 차원에서 이루어지기도 하는데 그에 따른 폐해는 더욱 크다. 특정 학술지의 평가를 인위적으로 끌어올리기 위해 학회원 또는 학술지 관여자들이 사전에 모의해 불필요하게 그 학술지에 게재된 논문을 인용(자기인용)하는 경우가 있다. 이와 같은 부당행위로 인용지수가 올라가면 국제적 학술지 평가기관으로부터 좋은 평가를 받아 등급이 높은 학술지가 될 수 있는데, 이는 학계를 오염시키는 것으로 부정행위가 특정 개인을 넘어 조직적으로 이루어진다는 점에서 더욱 심각한 문제다.

실제로 이런 불미스러운 일이 일어나 제재가 가해진 적이 있다. SCI급 국제학술지를 총괄하는 미국 톰슨사는 국내 네 개 학술지가 인용지수를 인위적으로 끌어올리기 위해 불필요하게 자기인용을 했다는 이유로 SCI 목록에서 이들 학술지의 인용지수를 표시하지 않겠다고 통보한 적이 있다.[846] 드물게 SCI급 학술지로 선정된 국내 학술지가 진정성이 없는 과도한 자기인용으로 퇴출 위기에 처한 것이다. 이는 사재기로 베스트셀러 순위를 조작한 것에 비유할 수 있는데, 베스트셀러 순위 조작의 피해가 독자와 다른 저자 또는 출판사에게 돌아가는 것처럼, 정직하게 연구하고 글을 쓰는 대다수 학자와 학술지를 피해자로 만든 것이다.[847]

진정성이 없는 과도한 자기인용을 통해 인위적으로 임팩트impact 지수를 높이고, 그렇게 함으로써 해당 학술지의 위상을 SCI, SSCI급의 국제 저명 학술지로 올리려는 행위는 이와 같은 유수 논문집에 대한 논문게재 횟수를 대학평가의 주요 지표로

---

845. 이는 구체적으로 '임팩트impact 지수'로 말할 수 있다.
846. 박건형·박성국, 「학술지 '조직공학과 …' 논문 재인용 권장 적발」, 서울신문, 2009.11.6. 기사, http://www.seoul.co.kr/news/newsView.php?id=20091106008015 (2013.8.6. 방문).
847. 남형두, 「표절위원회 출범에 즈음하여」, 한국일보, 2010.1.7. 칼럼; 「사재기와 베스트셀러」, 출판문화 제571호, 2013.6, 22 – 25면.

삼는 대학평가기관의 관행에서 비롯했다. 위와 같은 급의 학술지에 논문을 게재하기 어렵다는 판단 아래 국내 학술지를 그와 같은 급으로 인위적으로 격상시키거나 유지시키기 위한 잘못된 시도의 출발점에 대학평가 관행이 있다.

따라서 근본적으로는 이와 같은 대학평가를 지양하는 것이 바람직하나,[848] 그런 평가가 단기간에 없어질 것으로 보이지 않는 이상, 부당한 자기인용을 학문질서를 어지럽히는 일종의 반칙행위로 규정해 제재하는 것이 타당하다. 이 점에서 부당한 자기인용을 비전형적 표절의 한 유형인 중복게재에 포함시켜 비판할 수 있는 것이다.

다. 저작재산권을 양도한 후의 이용

앞서 본 바와 같이[849] 논문 투고규정이나 논문을 투고할 때 맺은 계약에 따라 학술지에 출판된 논문 사용권한의 귀속이 달라질 수 있다. 의학 분야에서는 이와 같은 원칙과 경우를 따지지 않고 무조건 출간된 논문과 논문 내의 증례, 사진, 표 등의 저작권은 학술지에 이양되어 있기 때문에 자기가 쓴 논문이라도 학술지 편집인의 허락 없이 어떤 내용도 재사용할 수 없다는 견해가 있다.[850] 의학 분야 학술지에 이런 관행이 있는지는 모르겠으나, 저작권법에 대한 이해부족에서 비롯한 것이라고 생각한다. 의학 분야 학술지에 이런 관행이 있다면, 이는 해당 학술지의 투고규정이 그렇게 정하고 있고 투고자가 투고계약을 맺을 때 이를 계약의 일부로 수용했기 때문일 뿐이다. 그와 같은 법적 의제도 없이 학술지에 투고하게 되면 저작권이 학술지에 이전되고, 저자 자신도 학술지 편집인의 허락 없이 투고 논문의 내용 가운데 일부라도 사용할 수 없다는 식으로 단정하는 것은 매우 위험하다.

다만 위의 견해 중 투고규정이나 투고할 때 맺은 계약에 따라 저작재산권을 학술지에 양도한 경우 자기가 쓴 논문이라도 그 안에 들어 있는 내용을 학술지 편집

848. 대학가에 총학생회 중심으로 언론사의 대학순위 평가를 거부하는 움직임이 확산되고 있는데 같은 맥락에서 볼 수 있다. 박기용, 「대학가에 '언론사 대학평가 거부' 확산」, 한겨레, 2014.9.27. 기사.
849. 주 818, 819 해당 면.
850. 함창곡, 「이중 게재의 문제와 과제」, 제1회 연구윤리포럼 올바른 연구 실천의 방향과 과제, 2007, 77–78면.

인의 허락 없이 재사용할 수 없느냐에 국한해서 살펴본다. 이것이 앞서 본 중복게재 논의와 다른 것은 학술지에 게재한 논문을 그대로 또는 거의 그대로 다시 게재하는 중복게재가 아니라는 점이다.

그러나 이렇게 좁혀 보더라도 학술지 등의 동의를 받지 않고 이용하는 것이 불가능한 일은 아니다. 보도·비평·교육·연구 등의 목적을 위해서는 정당한 범위 안에서 공정한 관행에 따라 이용할 수 있기 때문이다[저작권법 제28조(공표된 저작물의 인용)]. 따라서 투고규정 등에 따라 저작재산권이 저자에게서 학술지 등으로 넘어갔다 하더라도 저자는 제3자와 마찬가지로 자신의 선행 저술에서 일부를 인용할 수 있다.

한편, 교육부의 연구윤리 확보를 위한 지침에는 다음과 같은 규정이 있다.[851]

제7조(자신의 연구결과 사용) 연구자는 다음 각 호의 사항을 준수하도록 노력하여야 한다.
1. 연구논문 등 작성 시 이전에 발표하지 않은 자신의 연구결과를 사용
2. 자신의 이전 연구결과와 동일하거나 실질적으로 유사한 저작물을 게재·출간하여 본인의 연구결과 또는 성과·업적 등으로 사용하는 행위금지
3. 연구자가 자신의 이전 연구결과를 사용하고자 할 경우에는 인용사실을 표시하거나, 처음 게재한 학술지 등의 편집자 또는 발행자의 허락을 받은 후 사용

제3호에서는 어느 경우에 "처음 게재한 학술지 등의 편집자 등의 허락을 받은 후 사용할 수 있는지", "허락 없이 단지 인용표시만으로도 가능한지"에 대해 명확히 설명하지 않아서 그 뜻이 잘못 전달될 우려가 있다. 즉 투고규정 또는 투고할 때 맺은 계약에서 저작재산권 양도에 관해 어떻게 정하고 있는지에 따라 달라질 수 있을 뿐만 아니라, 가령 저자에게서 학술지 편집인에게 양도하기로 하는 내용이 들어

---

851. 연구윤리 확보를 위한 지침은 과학기술부가 2007.2.8. 훈령으로 제정 공포한 이래 몇 차례 개정되었는데, 현재로서 가장 최근 것은 교육부 훈령 제60호로 2014.3.24. 제정과 동시에 시행된 지침이다. 이 지침과 개정 전 지침, 연혁은 법제처 사이트www.moleg.go.kr에서 제공된다. 몇 차례 개정 중에는 실질적으로 지침 내용이 바뀐 경우도 있지만 정부조직 변경(예컨대 과학기술부, 교육과학기술부, 교육부 등)에 따라 형식만 바뀐 경우도 있다.

있더라도 저작권법 제28조의 요건을 갖춘 경우, 학술지 편집인의 허락 없이 이용할 수 있다는 점에서 이 규정은 좀 더 명확성을 기할 필요가 있다.

5. 제언提言

자기표절/중복게재는 매우 까다로운 문제다. 그런데도 최근 표절 논의는 출처표시 누락에 따른 전형적 표절로부터 자기표절/중복게재 쪽으로 빠르게 확산되고 있다.[852] 자기표절/중복게재에 대해서는 그간 비전문가들의 비이성적 논의와 전문가조차 그 개념과 논의 구조의 혼선에서 빚어진 오해가 있지만, 앞서의 논의로 비교적 차분하게 얘기할 토대가 어느 정도 마련되었다고 생각한다.

그런데도 가이드라인 제정에서 자기표절/중복게재 문제에 대해서는 앞서 본 출처표시 쟁점에서 필자가 제시한 '문장 단위론'과 같은 제안도 제시하기 어려운 실정이다. 여러 가지 불명확한 요소에 따라 법적·윤리적 평가가 달라질 수 있어서 일률적으로 평가하기 어렵기 때문이다. 예를 들어, 후행 저술에서 선행 저술을 가져오는 정도(양적/질적 정도), 선행/후행 저술의 성격(선행 저술이 책이고 후행 저술이 논문인가 아니면 그 반대인가, 또는 둘 다 책이나 논문인가 등),[853] 선행/후행 저술 간의 시간적 격차, 그 밖에 이종 언어 저술인 경우 이종 언어 간 거리 등 여러 가지 요소를 고려해야 한다.

---

852. 대표적으로 지난 제18대 대통령선거 당시 유력 후보자로 거론됐던 안철수 의원의 논문에 대한 자기표절/중복게재 논의가 선거의 주요 쟁점이 되기도 했는데, 최근 주요 인사에 대한 표절 논란은 출처표시 누락에 따른 전형적 표절보다는 오히려 자기표절/중복게재 같은 비전형적 표절에 초점이 맞춰지는 경향이 있다.

853. 학술지 편집위원들을 대상으로 실시한 자기표절/중복게재에 관한 어떤 설문조사 결과에 따르면, ① '저서에 실린 논문을 약간 수정해서 학술지에 게재한 경우'와 ② '학술지에 실린 자기 논문을 저서에 사용한 경우'라는 두 문항에 대해 전자는 문제가 된다는 응답이 77.6%, 문제가 되지 않는다는 응답이 22.4%인데 반해, 후자는 정반대로 문제가 된다는 응답이 22.4%, 안 된다는 응답이 77.6%로 나타났다. 신정민 등, 앞의 기사(주 354). 학술지 편집위원들이 선행/후행 저술의 성격에 따라 자기표절/중복게재의 기준을 다르게 본다는 것은 시사하는 바가 작지 않다.

한편, 학문 활동에서 자신의 논문을 지속적으로 발전시켜야 하는 필요에 따라 자기표절이 수반될 수밖에 없다는 전제하에 자기표절에 대한 무조건적 비판을 경계하면서 '업적 인정률'을 하향조정하는 것으로 해법을 제시한 견해가 있다.[854] 자기복제 또는 자기표절의 실익을 줄여 그에 대한 유인을 근원적으로 줄일 수 있다고 보는 것으로, 매우 참신하다. 그러나 이 견해에 따르면 구체적으로 어떤 경우에 어느 정도 업적 인정률을 정할지는 명확한 기준이 제시되어 있지 않다. 그럴 수밖에 없는 점은 충분히 공감하지만, 결국 이 문제는 각 학교, 연구기관별로 정해야 할 것으로 보인다.

업적 인정률과 별개로 표절방지 가이드라인을 제정할 때 앞서 언급한 바와 같이 별첨 가이드라인과 같이 자기표절/중복게재의 개념을 명확히 하고, 가이드라인을 제정하는 기관의 특성(학교, 연구소, 학회)이나 전문 분야의 특성(철학, 사학, 정치학, 경제학, 심리학, 법학 등)을 고려해 비난받는 것과 허용되는 행위 유형을 예시적으로 열거하는 수준의 규정 제정이 최선이 아닐까 생각한다. 이렇게 함으로써 무차별적으로 자행되는 자기표절/중복게재에 대한 단죄를 지양하고 연구자로서는 예측가능성을 갖고 저술활동을 하게 될 것이다.

---

854. 박남기, 「기고 – 논문 자기복제(자기표절) 완화책에 대하여」, 교수신문, 2006.9.11. 칼럼.

III

저자성 문제

1. 문제 제기

가. 비전형적 표절로 분류한 이유

표절 중 출처표시를 하지 않거나 하더라도 부적절한 경우를 '전형적 표절'로, 출처표시와 직접 관계가 없거나 연관성이 작은 것을 '비전형적 표절'로 분류했다. 그런데 비전형적 표절 역시 출처표시와 무관하지 않음을 앞에서 지적했다. 즉 저작권침해형 표절의 경우 출처표시를 했더라도 정당한 범위를 벗어난 경우를 말하고, 자기표절/중복게재 역시 출처표시 문제로 환원한다면 자신의 선행 저술에 대한 출처표시 누락과 재인용 표기 누락 문제에 해당한다.

한편 이 장의 '저자성 문제'는 하나의 논문이나 책 등 저술 전체에 대해 저자표시를 잘못한 경우를 말한다. 개개 아이디어나 문장의 출처표시를 넘어 저술 전체에 걸쳐 출처표시를 누락했으므로 비전형적 표절의 다른 유형과 마찬가지로 출처표시 문제로 환원할 수 있다. 오히려 개별적 출처표시 누락보다 훨씬 무거운 출처표시 누락이라고 할 수 있다.

그러나 이 경우 특정 아이디어나 문장 표현에 대한 출처표시 누락을 넘어, 논문이나 책 등 저술을 통째로 가로채기했다는 점에서 출처표시 문제로 보기보다는 '저자 가로채기' 문제로 접근하는 것이 합리적이다. 저자 가로채기는 저술이 이루어지는 전 과정에 대한 이해가 필요하다. 착상著想에서 최종 공표 또는 출판에 이르기까지 한 사람만에 의해 이루어진 완전한 의미의 단독저술을 제외하고, 전 과정 중 저술에 직접 참여하거나 간접적으로 영향을 미친 사람이 있는 경우 저자 범위를 어떻게 정하느냐는 매우 까다로운 문제다. 이른바 저자성著者性, authorship 문제다. 저자 가로채기는 바로 이 저자성 문제에서 분석하는 것이 바람직하다고 보아 저자성 문제를 비전형적 표절의 한 유형으로 다룬다.

나. 유형

특정 아이디어나 문장 표현에 대한 가로채기를 넘어, 논문이나 책 등 저술을 통째로 가로채기한 이른바 저자 가로채기에서 저자는 누구인가? 이를 좀 더 유형화하면 다음과 같다. 공저인데도 단독저자로 표기하거나 단독저술인데도 공저로 표기하는 것이 모두 저자 가로채기에 포함될 수 있다. 전자는 나눠야 할 것을 독차지했다는 점에서, 후자는 독차지할 것을 나누게 되었다는 점에서 저자 가로채기가 발생한다.

그런데 자세히 살펴보면 저자성 문제는 이와 같은 저자 가로채기에만 국한되지 않는다. 먼저 실질적 집필자(A)가 있는데도 집필에 관여하지 않은 사람(B)이 해당 저술에 자신을 단독저자(저자 B) 또는 공동저자(A, B 공저)로 표시하는 경우 실질적 집필자(A) 입장에서 보면 저자 가로채기라고 할 수 있다(제1그룹, '좁은 의미의 저자 가로채기').[855]

한편 집필에 관여하지 않은 사람(B)이 원치 않는데도 그의 허락 없이 실질적 집필자(A)가 해당 저술을 B 단독저술인 것처럼 발표하거나 A와 B 공저인 것처럼 발

---

855. 현실적으로 B의 단독저술로 발표하는 경우는 거의 없고, A와 B의 공저로 발표하는 경우가 대부분일 것이다.

표하는 경우다. 이는 당한 쪽, 즉 집필에 관여하지 않은 사람(B) 입장에서 소극적으로는 저자 가로채기로도 볼 수 있지만,[856] 엄밀히 말하면 A가 B를 저자로 끼워넣은 것으로 보는 것이 정확하다. 따라서 '저자 끼워넣기'가 더욱 정확한 표현이다(제2그룹). 역표절이나 명예저자가 여기에서 논의될 수 있다.

제1그룹과 제2그룹은 결과만 놓고 보면 실질 저자(A)가 아닌 명의 저자(B)의 단독저술(B 저술) 또는 공동저술(A, B 공저)이 된다는 점에서는 같다. 그런데 그와 같은 부당한 행위를 한 주체가 제1그룹에서는 명의 저자(B), 제2그룹에서는 실질 저자(A)라는 점에서 구별된다.

제1, 2그룹은 모두 저자명 기재에서 A와 B 사이에 합의가 없다는 점에서 공통점이 있다.[857] 그런데 A와 B 사이에 저자명을 왜곡 기재하기로 하는 합의가 있는 경우도 상정할 수 있다(제3그룹). 넓은 의미의 '이면 저술Ghostwriting'이 이것인데, 여기에서 유령작가도 논의될 수 있다. 엄밀히 말하면 이면裏面작가 문제는 실질 저자(A)와 명의 저자(B) 사이에 합의가 있다는 점에서 저자 가로채기에 넣기에는 불편한 점이 없지 않지만, 저자성이라는 범주에는 넣을 수 있으므로 여기에서 같이 논의한다.

한편 이면 저술에는 허용되는 것과 허용되지 않는 것이 있다. 제1, 2그룹과 제3그룹의 이면 저술 중 허용되지 않는 것을 한데 묶어 '부당저자표시'로,[858] 나머지인 제3그룹의 이면 저술 중 허용되는 것을 '사회적으로 용인되는 저자표시'로 유형을 분류할 수도 있다. 부당저자표시나 사회적으로 용인되는 저자표시의 경우 모두 실질적으로 집필에 참여하지 않은 저자가 있다는 데 공통점이 있지만, 법적 평가 또

---

856. 제1그룹에서는 B가 적극적으로 자기 이름을 저자에 올린 것이라면 제2그룹에서는 B가 자기 이름이 저자로 기재됨을 당한 것이라는 점에서 '소극적으로'라는 표현을 썼다.

857. 여기에서 '합의'는 전적으로 자유로운 의사형성이 전제되는 경우를 말한다. 예컨대 업무방해 사건 판결(주 405)에서 명의 저자는 실질 저자에게서 파일을 건네받아 자기 이름으로 단독 또는 실질 저자와 공동 명의로 발표했으므로 실질 저자의 동의 또는 권유가 있었다고 항변했지만, 법원은 그와 같은 사실이 업무방해죄 성립을 방해하지 않는다고 판결했다. 법원은 피해절자의 동의가 있었다고 하더라도 학회지 편집 및 출판에 대한 업무방해죄가 성립하는 데 아무런 지장이 없다고 보았다. 한편 이 사건에서 명의 저자는 대학교수이고 실질 저자는 같은 대학에 출강하는 시간강사라는 점에 비추어볼 때, 실질 저자(시간강사)가 명의 저자(교수)에게 파일을 건넨 것이 자유로운 의사형성 환경에서 이루어진 동의라고 보기는 어렵다. 따라서 본문에서 말하는 '합의'가 있었다고 볼 수도 없다.

858. 결국 여기의 부당저자표시를 '넓은 의미의 저자 가로채기', 제1그룹을 '좁은 의미의 저자 가로채기'라고 할 수 있다.

는 윤리적 평가에서는 전혀 다르다는 데 유형화의 실익이 있다. 즉 부당저자표시는 저작권법위반, 특히 성명표시권침해라는 법적 책임과 표절이라는 윤리적 책임의 대상이 되는 반면, 사회적으로 용인되는 저자표시는 이들 책임으로부터 모두 자유롭다는 점에서 차이가 있다.

다. 실정법상 근거 모색

이 장에서 논의하는 부당저자표시는 표절의 한 유형이다. 따라서 법적 책임을 묻는 것이 아니므로 실정법상 근거가 필요하지는 않다. 그러나 앞서 본 바와 같이 표절과 저작권침해는 서로 중복되는 부분이 있으므로, 부당저자표시에 관해 실정법에 근거가 있다면 표절 논의에도 도움이 될 수 있다.

현행법상에서 부당저자표시를 직접 언급하는 것으로는 국가연구개발사업의 관리 등에 관한 규정[859]이 있다.

> 제30조(연구부정행위의 금지 등) ① 연구자는 연구개발과제의 제안, 연구개발의 수행, 연구개발결과의 보고 및 발표 등을 할 때에 다음 각 호의 어느 하나에 해당하는 행위를 하여서는 아니 된다.
> 1. 연구자 자신의 연구개발 자료 또는 연구개발결과를 위조 또는 변조하거나 그 연구개발 자료 또는 연구개발결과에 부당한 논문저자 표시를 하는 행위
> 2. 연구자 자신의 연구개발 자료 또는 연구개발결과 등에 사용하기 위하여 다른 사람의 연구개발 자료 또는 연구개발결과 등을 표절하는 행위
> 3. 그 밖에 부정한 방법으로 연구개발을 하는 행위

이 규정에서 '부당한 논문저자 표시를 하는 행위'를 금지행위로 정하고 있다. 그런데 이 규정은 국가연구개발사업에 따른 연구개발과제에 적용되는 것으로 학문

---

859. 과학기술기본법에 따른 국가연구개발사업의 기획·관리·평가 및 활용 등에 필요한 사항을 규정한 대통령령 「국가연구개발사업의 관리 등에 관한 규정」(시행 2012.7.1. 대통령령 제23788호, 2012.5.14. 일부 개정).

전반에 걸쳐 적용되는 것이라고 볼 수 없을 뿐만 아니라, '부당한 논문저자 표시'가 무엇인지 정의하지 않아 이 규정 자체만으로는 부당 논문저자 표시 또는 이 항에서 논의할 부당저자표시 문제를 해결하는 데 큰 도움이 되지 않는다. 그렇다고 다른 법규정에 부당저자표시에 관한 규정이 있는 것도 아니다.

한편 저작권법에 성명표시권침해, 저작자 사칭을 금하고 처벌하는 규정이 있다. 먼저 저작권법은 저작인격권을 침해하여 저작자 명예를 훼손한 자에게 3년 이하의 징역 또는 3천만 원 이하의 벌금에 처하거나 이를 병과할 수 있다고 규정하고 있다(제136조제2항제1호). 그런데 이 규정은 성명표시권이 포함된 저작인격권의 주체, 즉 저작자의 명예훼손을 구성요건으로 하고 있어 표절의 유형인 부당저자표시에 반드시 적용할 수 있는 것은 아니다. 이 장에서 논의하는 표절로서 부당저자표시는 저작자에게 명예훼손이라는 피해가 발생하지 않아도 성립하기 때문이다. 앞서 피해자론에서 보는 바와 같이 독자 등도 표절의 피해자가 된다는 점에서 저작자(피표절자)에게 명예훼손이라는 피해가 발생하지 않아도 부당저자표시로 독자들이 속는 피해가 발생한다면 표절이 성립할 수 있다. 위의 예에서 실질 저자(A)와 명의 저자(B)가 짜고 A, B 공저로 할 경우, 성명표시권침해가 발생하지도 않거니와 발생한다고 하더라도 B가 적극 수용한 것으로서 B의 명예훼손이라는 결과가 생기지 않는다. 이를 표절로 비난하는 것은 독자를 속였기 때문인데, B에게 명예훼손이 발생하지 않아 저작인격권침해죄(성명표시권침해죄)를 구성하지 않는다는 점에서 저작권법의 이 규정이 표절의 한 유형인 부당저자표시에 대한 실정법상 근거가 되기에는 부족하다.

나아가 저작권법은 저작자 아닌 자를 저작자로 하여 실명·이명을 표시해 저작물을 공표한 자에 대하여 1년 이하의 징역 또는 1천만 원 이하의 벌금에 처한다고 규정하고 있다(저작자사칭죄, 제137조제1항제1호). 이 조항은 반드시 저작자의 허락 없음을 전제로 하는 것이 아니라는 점에서 저작인격권침해죄와는 다르다. 따라서 저작자 외에 독자, 학계를 피해자군으로 포함하는 표절과 일단 유사하다고 볼 수 있고, 표절의 한 유형인 부당저자표시에 적용할 수 있다. 다만, 형사처벌이 따르는 저작자사칭죄는 엄격한 요건에 따라 성립 여부를 정한다는 점, 뒤에서 보는 바와 같이 부당저자표시 또는 저자성 문제에는 사회적으로 용인되는 것도 있다는 점에서 표절의 부당저자표시와 반드시 같지 않다.

이상에서 보았듯이 표절의 한 유형인 부당저자표시는 실정법상 정확히 맞는 근거규정을 찾을 수 없다.

2. 저자 가로채기(제1그룹)

립슨이 말한 학문의 정직성 3대 원칙 중 첫 번째를 돌이켜본다.

> 자신의 이름으로 제출하거나 발표하는 모든 연구실적은 실제로 자신이 연구한 것이어야 한다.[860]

뒤집어 말하면 자신이 연구하지 않은 것은 자기 이름으로 공표해서는 안 된다는 것이다. 이는 지극히 당연한 것으로 학문의 정직성 중 으뜸가는 원칙이다. 연구에 전혀 간여하지 않은 교수가 타인(시간강사)의 논문을 제목만 살짝 바꿔 자신의 단독 논문으로 발표하거나, 그 타인과 공동명의 논문으로 발표하는 과정에서 학술지에 게재 신청을 한 경우 학술지의 편집·출판에 관한 업무방해죄에 해당하고, 이를 승진심사를 위해 대학에 제출한 경우에는 대학의 승진 임용심사 업무의 적정성이나 공정성을 해할 위험이 있어 대학에 대해서도 업무방해죄에 해당한다고 본 업무방해 사건 판결은 여기서 말하는 저자 가로채기의 전형적인 사례다. 이와 같은 사례는 극히 이례적인데,[861] 저자 가로채기 사례에서는 대개 어느 정도 논문 작성에 간여하기 때문이다.

여기에서 저자성과 관련해 논문 작성에 간여했다고 볼 수 있는 '연구' 범위를 어디까지로 보느냐는 문제는 그렇게 간단하지 않다. 학문·저술의 종류에 따라 저자로 기재할 수 있는 연구자 범위가 다르고, 나라별로 또는 학문 전통에 따라서도 다르기 때문에 일률적인 기준을 정하기가 매우 어렵다. 이하에서는 판례를 중심으

---

860. 립슨, 앞의 책(주 415), 8면.
861. 극히 이례적인 사례이기 때문에 업무방해죄라는 형사사건으로 비화되었고 유죄판결이 선고되었다고 할 수 있다. 주 405.

로 저자로 기재할 수 있는 범위를 살펴봄으로써 저자 가로채기 형태의 표절 기준을 논의한다.

가. 단순한 아이디어 제공자도 저자가 될 수 있는가?

논문 등 저술에서 아이디어를 제공한 사람도 저자로 등재될 수 있는가? 만약 아이디어 제공자도 저자가 될 수 있다면 실제 집필에 참여하지 않은 아이디어 제공자가 해당 저술을 자기 저술이라 생각해 나중에 자신의 저술에 이용한 경우 표절 또는 저작권침해가 되지 않느냐는 물음이 이어진다.

아이디어를 제공하는 목적과 형태는 다양하다.[862] ① 학위논문 작성 과정에서 지도교수가 학생에게 아이디어를 제공하는 경우, ② 대학원 수업 등에서 학생이 제시한 아이디어를 토대로 교수가 논문을 작성하거나 학생의 아이디어를 적극 채용하는 경우, ③ 비교적 평등한 지위에 있는 사람들이 공동저술을 하면서 아이디어 제공자와 집필자로 역할을 분담하는 경우, ④ 아이디어를 제공해 논문을 집필하도록 하는 논문대행의 경우에 이르기까지 매우 다양하다. 여기에서 저자로 될 수 있는 아이디어 제공자의 범위를 정하는 것은 참으로 어려운 일이다.

학문 분야에 따라 다를 수 있지만 주제만 창안했을 뿐 논문 작성에 간여하지 않았다면 특별한 사정이 없는 한 주제 창안자를 저자라고 할 수 없다. 여기에서 특별한 사정이라 함은, 예컨대 주제의 발상이 매우 독특하여 그 발상만으로도 사실상 논문의 대계大系가 마무리됨으로써 이후 작업이 매우 기능적이고 사소하게 되는 경우를 말한다. 이와 같이 주제 발상에 비해 이후 저술 과정이 큰 가치가 없는 특별한 경우를 제외하고는 일반적으로 주제 창안자나 아이디어 제공자가 최소한 단독저자로 등재되는 것은 저자 가로채기에 해당한다. 여기에서 최소한이라는 표현을 쓴 것은 경우에 따라서는 아이디어 제공자가 공저자 또는 교신저자 등의 형태가 될 가능성을 배제하지 않기 때문이다.

---

862. 이하의 논의는 아이디어가 제공됐다는 점에서 앞에서 본 '아이디어 도용'(주 504-524 해당 면)과는 다르다.

아이디어 제공자가 공동저자가 될 수 있는지에 대해 비교적 명확한 기준을 제시한 판결이 있어 소개한다.[863] 시간강사인 A는 같은 대학 전임교수인 B에게서 공저 집필 제의를 받았으나 거절하고 단독저서로 출간할 계획이 있었는데, B가 먼저 A의 편집 원고에 자신의 저술 부분을 더해 공저로 출간했다. 이에 A는 저작권침해를 주장했고, B는 공저이므로 저작권침해가 아니라고 맞선 사건에서 법원은 공저가 아니라고 보았다. 법원이 제시한 공동저자의 요건은 다음과 같다.

> 2인 이상이 저작물의 작성에 관여한 경우 그중에서 창작적인 표현 형식 자체에 기여한 자만이 그 저작물의 저작자가 되는 것이고, 창작적인 표현 형식에 기여하지 아니한 자는 비록 저작물의 작성 과정에서 아이디어나 소재 또는 필요한 자료를 제공하는 등의 관여를 하였다고 하더라도 그 저작물의 저작자가 되는 것은 아니며, 가사 저작자로 인정되는 자와 공동저작자로 표시할 것을 합의하였다고 하더라도 달리 볼 것이 아니다.

단지 아이디어를 제공하는 데 그치고 창작적인 표현 형식에 기여하지 않은 사람은 공저자가 될 수 없다. 따라서 아이디어 제공자가 자신도 공동저자의 일원이라고 생각한 나머지 실제 집필자의 허락을 받지 않고 그 저작물의 창작적 표현을 가져다 쓰게 되면 저작권침해에 해당할 가능성이 높다. 나아가 아이디어 제공자가 자신의 저술에 자신을 단독저자로 표기하지 않고 실제 집필자와 함께 공저자로 표기했다 하여 저작권침해 책임에서 자유로울 수 없다는 것이 이 판결의 취지다.

그러나 이는 어디까지나 저작권침해에 관한 것으로 표절에까지 그대로 적용될 수 있는지는 좀 더 생각해볼 필요가 있다. 예를 들어 이 사건에서 실제로 교수(B)가 아이디어를 제공한 것이 사실이라고 가정할 때,[864] 첫째, 실제 집필한 강사(A)의 행위는 B의 아이디어를 표절한 것에 해당하는지, 둘째, B의 아이디어를 토대로 A가

---

863. 대법원 2009.12.10. 선고 2007도7181 판결(이하 '공동저자 사건 판결'이라 한다). 이 사건은 형사사건이며, 그 이전에 선고된 사실관계를 같이하는 민사사건이 있었다. 부산지방법원지원 2007.8.30. 선고 2002가합2699(본소), 2003가합4098(반소) 판결(이하 '공동저자 민사사건 판결'이라 한다)이 그것인데, 이하 사실관계는 민사사건에서 차용했고 공저에 대한 판단은 형사사건의 것을 차용했다.

864. 이하의 논의는 위 공동저자 사건의 사실관계를 전제로 한 것이 아니라 가정적 예를 든 것이다. 즉 B교수가 아이디어 제공자라는 것은 가공된 사실임을 밝힌다.

쓴 창작적 표현을 B가 그대로 가져다 쓸 경우 표절에 해당하는지에 대해 논의가 필요하다. 물론 두 경우 모두 A는 B의 아이디어라는 점을, B는 A의 표현이라는 점을 출처표시에서 밝히지 않았음을 전제로 한다.

전자의 경우(A의 표절이 문제 되는 경우) ① A의 저술이 학위논문이고 B가 A의 지도교수라면, B의 아이디어 제공은 지도교수 역할에 속하므로 학문의 자연스러운 과정으로서 A의 행위를 표절이라고 단정하기는 어렵다. ② A의 저술이 학위논문이 아니라면, A는 B의 아이디어에서 도움을 받았다고 논문 서두나 관련된 부분의 각주 등에서 표시하는 것이 바람직할 뿐 아니라 표절 책임으로부터 안전하게 된다.

후자의 경우(B의 표절이 문제 되는 경우) B는 자기 아이디어이므로 A의 허락을 받지 않고 자기 아이디어를 가져다 써도 표절에 해당하지 않는다. 다만 B의 아이디어를 창작적으로 표현한 것은 A이므로, B는 아무리 아이디어 제공자라 하더라도 A의 창작적 표현을 임의로 가져다 쓸 경우 A에 대한 저작권침해가 될 수 있다는 점에 유의해야 한다.[865] 물론 아이디어 제공자인 B가 자기 아이디어를, A의 창작적 표현이 아닌 B 자신의 창작적 표현에 담아 논문 등 저술을 작성·발표하는 것은 표절뿐만 아니라 저작권침해 책임으로부터 자유롭게 될 것이다.

학위논문 지도교수가 안전하게 논문 등을 저술하는 방법은?

표절 논란이 빈발하다 보니 논문 지도교수와 학생 사이에 불신의 골이 깊어지고 있다. 학문의 권위라는 점에서 교수와 학생 사이에는 일정한 질서가 있는 것이 사실이지만, 그간 결코 평등하지 않은 이 관계에서 신뢰라는 것은 힘의 우위에 있는 교수의 편의대로 해석되어온 측면이 있다.

논문 작성과 발표에 국한해서 보면, 학위논문 지도교수가 학생에게 학문적 아이디어를 제공한 후 학생이 쓴 학위논문 일부를 자기 논문으로 하거나 자기 논문의 일부로 발표하는 일이 종종 있었다. 지도학생의 자의 또는 관행으로 학위논문 내용의 일부를 지도교수 이름으로 발표해주는 경우(이른바 '논문 상납' 관행)도 있었다. 그러나 뒤에서 보는 바와 같이 논문 상납은 이제 더는 관행이라는 이름으로 존속될 수 없다.[866] 여기에서 논문 지도교수와 학생 사이에 생긴 불신의 골은 어떤 점에서

---

865. 이 점이 위 공동저자 사건 판결 중 가정적 판단 부분의 취지다.

는 학계에서 지켜져야 할 질서가 제자리를 잡아가는 과정에서 드러난 것으로, 반드시 부정적으로 볼 것은 아니다. 이 불신의 골은 힘의 우위에 있는 교수 입장에서 생겨난 말이며, 정확히 말하면 이 '골'은 '지도교수와 학생 사이에 지켜야 할 학문의 룰'로 채워져야 한다.

논문 지도과정에서 지도교수가 학생에게 아이디어를 제공하는 것은 학문과정상 지극히 당연하고, 아이디어 제공자인 교수가 그 아이디어를 자기 학문에서 발전시켜 저술로 공표하는 것 또한 자연스러운 과정이다. 그런데도 교수와 학생 사이에 불신의 골이 깊어지는 바람에, 자기 아이디어인데도 논문 지도 후 그 아이디어를 바탕으로 논문을 쓰기가 주저된다는 볼멘소리가 교수사회에서 터져나오고 있다.[867] 그러나 공동저자 사건 판결의 취지와 '지도교수와 학생 사이에 지켜야 할 학문의 룰'이라는 측면에서 보면, 이 문제는 매우 쉽게 풀 수 있다. 지도교수는 논문 지도 과정에서 학생에게 제공한 아이디어를 토대로 자신의 창작적 표현으로 논문 등 저술을 작성하여 발표한다면, 표절 또는 저작권침해로부터 모두 자유롭게 된다. 문제는 아무리 지도교수가 아이디어 제공자라고 하더라도 지도학생의 창작적 표현이 담겨 있는 학위논문 일부를 그대로 자기 논문에 담아 발표하는 것은 허용되기 어렵다는 것이다.

이런 점을 명확히 인식한다면 교수가 논문 지도 과정에서 학문적 아이디어가 떠올랐어도 후에 자기 논문에 쓸 것을 고려한 나머지 지도학생에게 제공하기를 꺼려하는 일은 피할 수 있다. 학위논문 지도라는 고도의 학문과정이 선순환 구조로 유지되기 위해서 서로 지켜야 할 일종의 학문적 룰이 필요한 이유가 여기에 있다.

---

866. 주 868 - 872, 925 - 926 해당 면.
867. 필자는 학위논문 지도교수와 학생 사이의 공저 논문 논의에 대해 《출판문화》에 기고한 글에서 다음과 같이 언급했다. 원문 그대로 옮긴다.

> 학생이 특정 교수를 지도교수로 선택하여 학위논문을 지도받는다는 것은 지도교수가 그 분야의 권위자이거나 최소한 전공자임을 전제로 한다. 따라서 일반적인 경우라면 지도교수도 자신이 연구하고 관심 있는 분야에 관해 학생의 학위논문을 지도하면서 아이디어를 주게 될 것이므로, 후에 자신이 학생에게 제공한 아이디어를 기반으로 논문을 작성하여 발표하는 것은 흔히 있는 일이다. 사정이 이러함에도 불구하고 학생의 학위논문이 먼저 제출된 후에 지도교수의 논문이 발표된 경우 자칫 지도교수가 학생의 학위논문을 표절한 것으로 오해받는 경우가 있다. 표절 논의가 가져오는 부작용 중의 하나인데, 교수 중에는 이런 오해를 피하기 위해 자신이 연구하고 있거나 후에 발표할 가능성이 있는 주제에 대해서는 논문지도 과정에서, 심지어 지도받는 학생에게조차 중요한 아이디어를 제공하기 꺼리는 상황이 발생한다. 표절 논의는 학문의 발전을 도모하고자 함에 있는데, 본말이 전도된 현상이 되고 만 셈이다.

남형두, 앞의 글(주 487), 30면.

나. 기관의 장 이름으로 발표하는 행위

정부기관의 장職을 맡고 있는 고위 공직자나 정부출연연구기관의 장이 학술 관련 세미나 등에서 발표하거나 논문을 펴내는 경우가 더러 있다. 물론 이들 기관장이 직접 연구하여 논문 등을 작성한 그야말로 명실상부한 경우도 있겠지만, 소속 기관의 부하직원이나 연구원이 작성한 것을 자기 이름으로 발표하는 경우도 상당수 있다. 경직된 공조직의 특성과 잘못된 조직문화 속에서 이런 관행이 있었다. 저술의 작성 단계에서 실질 저자 이름을 빼고 기관장 이름만을 넣거나 공저로 하기로 하는 동의나 합의가 있었더라도, 이는 일종의 특별권력관계에서 이루어진 형식적인 것으로 자유로운 의사에 따른 동의로 보기 어렵다. 따라서 이 또한 저자 가로채기로 분류할 수 있다.

기관의 장으로서 아이디어를 제공하거나 집필 방침을 준 경우라면 공저까지는 양해할 수 있지만, 기관장의 단독저술처럼 하는 경우는 부당저자표시로 저자 가로채기에 해당한다. 이에 따른 폐해는 실질 집필자가 이를 발전시켜 자기 논문 또는 저서로 발표하는 경우 역혼동으로 나타날 수 있다. 실질 저자가 따로 있는데도 유명하고 권위 있는 기관장이 자기 이름으로 먼저 발표한 경우, 실질 저자의 후속 저술이 오히려 기관장의 저술을 표절한 것으로 오인될 수 있기 때문이다.

물론 학술적 내용이 아닌 단순한 연설문과 같은 저술이라면, 이른바 유령작가 문제로 '허용되는 이면 작가' 영역에 해당할 수 있다.

다. 박사학위 논문 지도학생의 논문 상납 관행

우리 학계 일부에서는 논문 지도를 받은 학생이 학위논문을 일반논문 형식으로 수정해 학술지에 게재할 때 지도교수를 예우하는 차원에서 지도교수와 학생 자신의 공저 논문으로 발표하는 관행이 있었다. 이와 같은 관행이 최근 '논문 상납'이라는 부정적 용어로 다시 주목을 받고 있다. 이런 관행의 옳고 그름을 떠나서 논문의 실질 저자인 학생이 자의에 의해 공저로 발표한다는 점에서 앞의 논의, 즉 지도교수가 논문 지도 과정에서 아이디어 제공자라는 이유로 지도학생의 의사와 무관하게 학위논문 일부를 가져다 자기 이름으로 발표하는 것과는 구별된다.

여기에서 자의는 논문 상납 관행에 맞설 수 없는 학계 분위기 때문에 자의라는 외피만 썼을 뿐, 사실상 강제된 경우가 있다. 따라서 여기에서 말하는 자의는 최소한 '형식적 의미의 자의'라고 보아도 무방하다. 한편 넓은 의미의 저자 가로채기로 저자성 논의를 할 때 제1그룹(좁은 의미의 저자 가로채기)과 제2그룹(저자 끼워넣기)의 차이는 실질 저자가 아닌 명의 저자가 적극적으로 자기 이름을 저자명에 넣었는가(제1그룹), 아니면 소극적으로 이를 허용했는가(제2그룹)에 있다고 했다. 이 항에서 논의하는 '박사학위 취득 후 논문 상납 관행'은 실질 저자가 적극적으로 원해서가 아니라 사실상 논문을 상납하는 관행에 따라 지도교수 단독명의 또는 공동명의로 발표한다는 점에서 제1그룹으로 분류했다. 그러나 이 항 후반부에서 보는 바와 같이 논문 상납 이유가 지도교수의 이익을 위해서가 아니라 학생의 필요, 즉 학술지 게재 성공률을 높이기 위해 지도교수와 공저 논문으로 발표하는 것이라면, 제1그룹이 아닌 제2그룹으로 분류할 수도 있다.

우리나라 판례 중에는 지도교수를 예우하는 차원에서 학위논문을 학술지에 수정·게재하는 경우 지도교수를 공동저자로 기재하는 관행이 있다 하더라도 이는 학계의 왜곡된 현상일 뿐이고, 그런 학계 사정으로 박사학위취득을 위한 연구가 당연히 지도교수의 연구가 될 수 없다고 한 것이 있다.[868] 학계의 타성에 가까운 관행이라는 주장을 배척한 이 판결에 따르면 우리 학계에서 논문 상납 관행이 더는 발붙이기 어렵게 되었음을 짐작할 수 있다.

앞서 본 바와 같이 학위논문 지도라는 고도의 학문과정을 통해 지도교수와 학생은 서로 아이디어를 교환하게 된다. 이와 같은 점에서 지도학생이 학위논문을 발전시켜 논문으로 펴낼 때 아이디어를 제공한 지도교수 이름을 공저자로 넣는 것은 용인될 수 있는 관행이라는 주장이 있었으나, 법원은 학문의 특성상 지도교수가 박사학위 논문작성에서 기여한 정도는 통상적인 지도 범위에 포함되는 것으로 보았다. 그리고 그 논거로 해당 교수에게는 논문 지도에 관한 교육업적 평가항목에서 별도 배점을 허용하는 대학의 현실을 제시했다는 점에서 합리적이라고 평가할 만하다. 나아가 이 사건에서 법원은 지도교수로서 지도 범위를 넘는 실질적 기여를

---

868. 박사학위 논문지도 사건 판결(주 487).

했으므로 공동연구라고 한 교수의 주장을 받아들이지 않았다.

살피건대, 학문 분야의 특성상 지도교수의 지도의 내용 및 정도에 다소간 차이가 있고, 교수의 지도와 연구를 구분하기 어렵다는 점을 감안하더라도, 앞서 인정한 바와 같이 원고가 ○○○, ×××의 연구과정 및 박사학위논문 작성과정에서 기여한 정도는 학위과정에 있는 학생들에 대한 연구 논문작성에 관한 통상적인 지도의 범위에 포함되는 것이라고 할 것이므로 위 각 박사학위논문은 박사학위취득자인 ○○○, ×××의 논문으로 봄이 상당하고[피고의 교원인사규정 제24조 단서가 '석사 또는 박사학위(취득자) 논문을 2인(지도교수 포함) 공동 명의로 게재한 때에도 학위취득자 단독 논문으로 인정한다'고 규정하고 있고, 논문지도에 관하여 교육업적 평가항목에서 별도의 배점기준을 정하고 있는 점도 이러한 해석을 뒷받침한다고 할 수 있다], 따라서 특별한 사정이 없는 한 원고가 ○○○의 박사학위논문을 대부분 그대로 인용한 제1 저작물을 그 출처를 표시하지 아니하고 원고의 창작물인 것처럼 학술지에 게재한 행위 및 제1, 4 저작물을 정년보장교원 심사과정에서 마치 자신의 정당한 업적물인 것처럼 기재·보고한 행위는 성실의무나 품위유지의무에 위반된다 할 것이다.

이에 대하여 원고는 ○○○와 ×××의 지도교수로서 그들의 연구과정 및 박사학위 논문 작성과정에서 지도교수로서의 지도의 범위를 넘는 실질적인 기여를 하였으므로 제1, 4 저작물은 원고와 ○○○ 또는 ×××의 공동연구라고 주장하나, 만일 위 주장과 같이 원고가 학위과정에 있는 학생들에 대한 연구 및 논문지도과정에서 주도적인 역할을 하거나 단순한 지도 이상의 역할을 하여 실질적으로 공동연구의 수준에 이르렀다면 학문적 성숙도가 보다 높은 원고와 그렇지 못한 ○○○, ×××의 관계에 비추어 볼 때 그와 같은 과정에서 작성된 학위논문은 ○○○, ×××의 논문이라기보다는 원고 본인의 저작물이라고 보아야 할 것인데, 그렇다면 ○○○, ×××가 원고의 연구 성과를 자신의 박사학위논문에 기록하여 학위를 취득하였다는 결과가 되어 그 학위의 가치에 대한 진정성을 의심할 수밖에 없을 뿐만 아니라, 원고가 ○○○, ××××의 논문지도교수 또는 논문심사위원장으로서의 역할을 제대로 수행하지 못하였다는 또 다른 비난을 불러일으킬 수 있다는 점에서도 위 주장은 받아들이기 어렵다. 그리고 학술지의 논문심사가 엄격한 관계로 논문 게재율이 낮아 학위취득자들이 통상 지도교수와 공동명의로 발표하는 것이 관례화되었다거나, 지도교수를 예우하는 차원에서 학위논문을 학술지에 수정하여 게재하는 경우 지도교수를 공동저자로 기재하는 관행이 있다 하더라도 이는 학계의 왜곡된 현상일 뿐이고, 그런 학계의 사정으로 인하여 ○○○, ×××의 박사학위취득을 위한 연구가 당연히 지도교수인 원고의 연구가 된다고 할 수는 없다 할 것이다.[869]

그간 학계에 암암리에 있었던 박사학위 논문 상납 관행을 사실상 일축했다는 점에서 박사학위 논문지도 사건 판결이 학계에 던지는 파장은 작지 않다.

물론 전항에 이어 '학위논문 지도교수가 안전하게 논문 등을 저술하는 방법'은 여기에서도 논의할 수 있다. 다시 말해 학위논문을 지도한 교수는 지도학생이 학위논문을 별도 논문으로 출간할 때 공동저자가 될 수 없는 것이 아니다. 이를 위해서는 지도교수가 아이디어를 제공하는 것을 넘어 공저 논문이 될 논문 집필에 실질적으로 관여하여야 한다. 오히려 지도교수가 이와 같이 아이디어를 제공했을 뿐만 아니라, 별도 논문의 창작적 표현에 일부에 관여한다면 아주 훌륭한 공저 논문이 될 수 있다. 이런 공저 논문과 상납 관행은 질적으로 다르다.

학생의 필요, 즉 학술지 게재 성공률을 높이려 지도교수와 공저 논문으로 발표하는 경우

학위논문 상납 관행 문제에서, 박사학위 논문지도 사건의 논점의 하나로 학술지의 논문심사를 통과하기 위해 학위취득자들이 통상 지도교수와 공저 논문으로 발표하는 관행에 대해 살펴본다.

연구소원 공동논문 사건 판결[870]에서 보는 바와 같이 학술지 출판 정책에 따라서는 일정한 학위가 없는 경우 투고 자격을 제한하거나 공동저자로도 기재하지 못하게 하는 경우가 있다. 이와 같이 논문 제출 또는 게재의 자격요건을 정해놓지 않았더라도, 학계의 관행상 교수나 알려진 학자가 아니면 사실상 게재를 허용하지 않는 학술지도 있다. 이는 우리나라 학계와 연구계의 좋지 않은 관행으로 논문게재

---

869. 위 판결.
870. 주 486, 주 887 – 888, 926 해당 면 참조.

심사의 허술함을 말해준다.[871] 이런 현실에서 유력 논문집에 게재하기 위해 박사학위 논문 지도교수와 공저 논문으로 발표하는 것도 이 항의 학위논문 상납 관행 문제에서 다룰 수 있다. 박사학위 논문지도 사건 판결에서는 논문 게재율이 낮아 학위취득자들이 통상 지도교수와 공동명의로 발표하는 것이 관례화되었다 하더라도, 이는 학계의 왜곡된 현상으로 실제 집필자가 아닌 지도교수의 연구가 된다고 할 수 없다고 함으로써 위와 같은 관행에 쐐기를 박았다.[872] 매우 타당한 판단이다.

라. 자료조사자의 지위 – 학위논문 대필 문제

학문에 따라서는 실증적 연구가 필요해 자료를 수집하거나 분석하는 일이 논문 작성에 반드시 필요한 분야가 있는가 하면, 그렇지 않은 분야가 있다. 한편 자료 수집 자체가 중요한 편집물 형태의 저술도 있지만, 여기에서 말하는 논문 등 저술은 학문에서 일반적으로 필요한 '논증'이라는 작업이 요구되는 것을 전제로 한다. 그러나 논증이라는 과정을 핵심으로 하는 학문의 성격상 실증적 연구가 필요하지 않다 하더라도 자료 수집이나 분석이 필요하지 않은 학문이나 저술은 존재하기 어렵다. 이처럼 논문 작성 과정에서 자료조사와 이에 대한 분석은 항상 따르는 일이므로, 간혹 논문집필자와 자료조사자 관계에서 저자 가로채기 문제가 발생하기도 한다.

한편 통상적인 연구논문 외에 학위논문 세계에서 이 문제는 심각한 양상으로 발전되기도 한다. 간단한 자료조사와 분석을 넘어 상당 부분을 자료조사자에게 의존하는 일이 학위논문에서 많이 발생하는데, 우리 사회에서 논문대필업이 특히 학

---

871. 법학의 경우를 예로 들면, 미국에서 법학논문집은 크게 로스쿨의 로리뷰Law Review(명칭은 Law Journal 등 여러 가지다)와 같이 학생들이 편집진이 되어 운영하는 것(student run journal)과 전문가들이 편집해 출판하는 것으로 나눌 수 있다. 그런데 학생들이 편집하는 로리뷰가 전문가들의 것에 비해 결코 수준이 떨어지지 않으며 오히려 더 유명한 것도 있다. 예컨대 하버드, 예일, 스탠퍼드 등 최상위층 로스쿨의 로리뷰는 학생들이 편집·운영하는데, 이런 로리뷰에 논문을 게재하기는 매우 어렵다. 이와 같은 로리뷰가 우리나라와 특히 다른 점은 학생들과 교수들이 제출하는 논문을 따로 분류하여 심사하지 않고 같이한다는 것이다. 교수나 학생 등 신분과 관계없이 논문만으로 게재심사를 하는 것이다. 이런 풍토에서는 우리나라에서와 같이 논문 게재율을 높이기 위해 논문 작성에 관여하지 않은 교수와 공동논문으로 발표하는 관행은 있을 수 없다. 우리나라에서도 이와 같이 실질적 논문심사로 논문게재 여부를 결정하는 문화가 정착된다면 학문발전에 크게 도움이 될 것이다.
872. 박사학위 논문지도 사건 판결(주 487).

위논문을 중심으로 성행하는 것은 학벌 중시 문화와 빗나간 학위 욕심이 빚어낸 결과라고 보아도 크게 틀리지 않을 것이다.

지금은 거의 사라졌지만, 과거 의학 분야에서는 임상연구 또는 대형병원의 실험기자재가 필요한 연구 등 실증적 연구를 요하는 주제의 경우, 박사학위 논문의 자료조사, 실험·분석 등 상당 부분을 대학병원 의국醫局의 전공의나 수련의 또는 연구강사 등이 대신 작성해주는 관행이 오랫동안 있었다.[873] 이렇다 보니 의사는 곧 박사라는 등식이 성립할 정도로 거의 모든 의사가 박사학위를 소지하는 기이한 현상이 발생했다. 그런데 이는 립슨이 말한 학문의 정직성 3대 원칙 중 "자신의 이름으로 제출하거나 발표하는 모든 연구실적은 실제로 자신이 연구한 것이어야 한다"라는 첫 번째 원칙에 위배되는 것으로, 학문의 본질상 용납할 수 없는 관행이다. 학문인 이상 학문의 정직성에 예외 지역이 있을 수 없다.

한편 논문대필이 과거와 다른 양상을 보이는데, 과거에는 특정 학문 분야의 문제였다면 최근에는 전 분야로 퍼지고 있다. 학벌중시 사회와 학위에 대한 빗나간 욕심은 어제오늘의 일이 아니나, 대학의 상업주의가 여기에 결탁함으로써 더욱 심각해졌다. 좋게 말하면 비즈니스 마인드라고 할 수 있을지 모르지만, 대학마다 경쟁적으로 재원을 마련하기 위해 박사·석사 학위 과정을 대폭 늘렸는데도 그에 걸맞은 논문 지도·심사가 따르지 못하다 보니 대학이 '학위 장사'를 한다는 오명을 쓰게 됐다. 여기에 바로 논문대필업 또는 논문대행업이 독버섯처럼 자라게 된 것이다. 실제 인터넷을 검색해보면 논문을 대필 또는 대행해준다는 글을 찾기란 어렵지 않다. 그 종류도 다양해서, 논문을 처음부터 끝까지 대신 써주는 이른바 '풀 패키지'부터 설문조사, 통계분석, 논문편집, 프레젠테이션용 PPT 제작 등에 이르기까지 천차만별이다. 돈만 주면 논문을 대신 써주는 업종이 있다 보니 학생들 중에는 유혹을 받는 이들도 있어 악순환이 지속되고 있다. 특히 생업에 종사하면서 재교육 차원에서 학위과정을 밟는 학생 중에는 학문 자체에 뜻을 두지 않고 특정 목적을 위해 학위를 이용하고자 하는 경우도 있다. 예컨대 정치지망생, 연예인, 기업인 등

---

873. 최수학, 「박사는 1000만원, 석사는 500만원… 논문대필 의대 교수들」, 한국일보, 2014.9.26. 기사. 최근에도 석·박사 학위논문을 대필해주거나 논문을 통과시켜준 의대 교수들과 이들에게 돈을 준 현직 의사들이 적발되는 사건이 발생했다.

에서 학위논문 대필이 간혹 발생함은 충분히 짐작할 수 있는 일이다.

그런데 논문 작성 과정에서 자료조사·분석 등 다른 사람의 도움을 받는 것이 항상 문제가 되는 것은 아니고 허용되는 경우도 있다. 그 경계선에 관하여 언급한 판결이 있어 소개한다.

> 일반적으로 석사학위논문 정도의 학술적 저작물을 작성함에 있어서는 논문작성 과정에서 타인으로부터 외국서적의 번역이나 자료의 통계처리 등 단순하고 기술적인 조력을 받는 것은 허용된다고 보아야 할 것이나, 그 작성자로서는 학위논문의 작성을 통하여 논문의 체제나 분류방법 등 논문 작성방법을 배우고, 지도교수가 중점적으로 지도하여 정립한 논문의 틀에 따라 필요한 문헌이나 자료를 수집하여 분석, 정리한 다음 이를 논문의 내용으로 완성하는 것이 가장 중요한 일이라 할 것이므로, 비록 논문작성자가 지도교수의 지도에 따라 논문의 제목, 주제, 목차 등을 직접 작성하였다고 하더라도 자료를 분석, 정리하여 논문의 내용을 완성하는 일의 대부분을 타인에게 의존하였다면 그 논문은 논문작성자가 주체적으로 작성한 논문이 아니라 타인에 의하여 대작된 것이라고 보아야 할 것이다.[874]

논문작성 과정에서 외국서적의 번역이나 자료의 통계처리 등 단순하고 기술적인 부분에서 타인의 조력을 받는 것은 허용되지만, 자료를 수집하여 분석·정리한 다음 이를 논문의 내용으로 완성하는 일은 대부분 자신이 직접 해야 저자가 될 수 있다는 것으로, 향후 논문의 대작 여부 판단에서 중요한 기준이 될 것으로 보인다.

한편 자료조사 등 논문작성 과정에서 일부를 타인에게 맡기거나 타인의 조력을 받는 경우 누가 저자가 될 것인가와 관련해 한 가지 덧붙이고 싶은 것은 전체 논문 통제권이 누구에게 있느냐는 점이다. 여기에서 말하는 통제권은 석사학위 논문대작 사건 판결에 나오는 '주체적으로 작성한 논문'의 주체성과 일맥상통하는 개념이다. 논문 저자가 된다는 것은 해당 논문에 따르는 권리와 함께 의무도 부담한다는 것을 의미한다. 타인의 조력을 받은 부분에서 부정행위가 있다면 그에 대한 책임을 본인이 질 때 비로소 저자가 될 수 있다. 이 점에서 논문작성 과정에서 외국 문헌에

---

874. 대법원 1996.7.30. 선고 94도2708 판결(이하 '석사학위 논문대작 사건 판결'이라 한다).

대한 번역, 자료조사, 설문조사 등 일부를 타인에게 의뢰하여 그 결과를 자기 논문의 일부로 가져오고자 하는 사람이 논문 저자가 되려면 도움을 주는 타인의 부정행위에 대한 책임을 자신이 고스란히 져야 하므로, 논문 작성 과정에서 제3자에게 특정 작업을 의뢰하고 그 결과물에 부정행위가 있는지 검수할 때 통제권을 행사해야 한다.[875] 나아가 논문이 완성되어 발표된 후 타인의 조력을 받은 부분에 부정행위가 있을 때 타인 책임이라고 회피해서는 안 된다.

제자 또는 연구보조자 탓은 전형적인 감탄고토甘吞苦吐

앞서 본 바와 같이[876] 하버드 로스쿨의 오글트리 교수 표절 사건은 조교들의 실수가 경합되어 발생했다. 그런데 오글트리 교수는 자기 지시에 따라 연구에 참여한 조교들의 실수를 내세워 자신의 표절 책임을 회피하지 않았다는 점에서는 표절과 별도로 긍정적인 평가를 받을 수 있다. 자료조사 등을 타인에게 맡기거나 타인의 조력을 받아 논문을 작성하고 자기 이름으로 발표하는 경우, 타인의 조력을 받은 부분에 부정행위가 있다면 그에 따르는 책임을 본인이 질 때 비로소 저자가 될 수 있다는 점에 비추어보면 지극히 당연하다고 할 수 있지만, 우리나라 학계와는 너무도 달라 오히려 참신하게 느껴진다.

황우석 박사 사건 이후 서울대 수의과대학에서는 줄기세포와 관련된 논문조작 시비가 끊이지 않고 발생했다. 최근 한 교수는 제자인 대학원생이 가져다준 자료로 논문을 썼을 뿐 그 자료가 조작된 것인지 몰랐다는 이유로 논문조작 결정에 불복했다.[877] 그러나 저자의 논문에 대한 통제성·주체성이라는 측면에서 볼 때, 교수가 자기 이름으로 논문을 작성해 발표한 이상, 자료조사를 한 대학원생의 부정행위를 몰랐다는 것으로 책임을 면하기는 어렵다.

설문조사 및 통계분석을 제3자에게 의뢰하는 경우

설문조사와 통계분석이 필요한 논문의 경우 이를 타인에게 작성하도록 의뢰하

---

875. 여기에서 통제권의 행사는 통제 의무라고 해도 무방하다.

876. 주 704 – 706 해당 면.

877. 양승식, 「논문 17편 조작 혐의 서울대 강수경 교수 재심요청 기각」, 조선일보, 2013.1.18. 기사, http://news.chosun.com/site/data/html_dir/2013/01/18/2013011800173.html (2014.8.4. 방문).

기도 한다. 설문 항목을 어떻게 설계할지는 매우 중요한데, 작성자마다 다를 수 있고, 그 나름의 독창성이 개입될 여지가 매우 크다. 그뿐만 아니라 같은 설문조사 결과를 놓고도 분석자에 따라 분석을 다르게 할 수 있다는 점에서, 설문조사의 설계와 결과 및 통계에 대한 분석은 결코 간단치 않다. 이를 논문 명의자가 직접 작성하지 않고 타인에게 의뢰하여 그 결과를 자기 논문에 차용하는 경우, 공저자로 표기해야 하는지가 문제 될 수 있다.

학술 논문의 논증과정에서 하나의 연구방법으로 설문이 작성되고 조사가 이루어지며 통계 작성·분석을 한다면, 반드시 공저자로까지 저자명을 기재하지는 않더라도 부당한 저자표시라고 할 수는 없다. 다만, 이 경우 저자성 문제에서 비난받지 않으려면 두 가지 점이 전제되어야 한다. 첫째, 위에서 본 바와 같이 논문에 대한 통제성·주체성이라는 관점에서, 설문·통계의 작성과 분석에서 조작이나 표절 등 부정행위가 있다면 저자는 이에 대한 책임을 회피해서는 안 되고 자기 책임으로 인수해야 한다. 둘째, 자신이 직접 수행하지 않은 부분은 논문 어디에서라도 그 사실을 밝혀야 한다.[878]

특수대학원 석사학위 논문을 둘러싼 논란

주로 야간에 개설되고 전업학생이 아니어도 입학할 수 있는 특수대학원의 학위논문에 표절 시비가 자주 일어나자 일각에서는 특수대학원의 경우 학위논문의 수준을 일반대학원과 달리 봐야 한다는 주장이 제기되기도 한다. 그러나 학위논문인 이상 일반대학원과 특수대학원을 달리 볼 이유는 없다.

특수대학원 학위논문의 표절 시비를 근절하기 위해서는 학위과정을 강화할 수도 있지만, 학위논문 제출 대신 다양한 방법으로 학위수여 요건을 정하는 것이 오히려 '직업인 또는 일반 성인을 위한 계속교육을 주된 교육목적으로 하는 대학원'[879]이라는 특수대학원 제도취지에 부합할 수 있다. 특수대학원에서는 학술학위가 아

---

878. 해당 부분에 각주 등으로 밝히거나 머리말에 감사 인사thanks comments를 적는 것을 생각할 수 있다.
879. 고등교육법
　　제29조의2(대학원의 종류) ① 대학원은 그 주된 교육목적에 따라 다음 각 호와 같이 구분한다.
　　　1. 일반대학원:학문의 기초이론과 고도의 학술연구를 주된 교육목적으로 하는 대학원
　　　2. 전문대학원:전문 직업 분야의 인력양성에 필요한 실천적 이론의 적용과 연구개발을 주된 교육목적으로 하는 대학원
　　　3. 특수대학원:직업인 또는 일반 성인을 위한 계속교육을 주된 교육목적으로 하는 대학원

닌 전문학위를 수여하도록 되어 있으며(고등교육법 시행령 제46조본문), 석사학위 중 전문학위는 학술학위와 달리 학위논문을 제출하는 대신 학칙에 따라 다른 방법으로 수여할 수 있다(동 시행령 제44조제1항단서).[880] 따라서 특수대학원의 경우 학위논문 제출 대신, 일반대학원에 비해 수업연한을 길게 하거나 졸업에 필요한 학점요건을 강화할 수 있다. 그 밖에 연구논문을 제출하게 하는 등 다양한 방식으로 학위요건을 규정할 수 있다.

마. 공저의 저자성 문제

저술에 참여한 사람을 공동저자로 기재해야 한다고 할 때 그 기준은 어디까지인가? 구체적으로 공동저자는 실질적으로 저술에 참여한 자만으로 한정되는가, 아니면 간접적으로 참여한 자도 포함될 수 있는가? 더 나아가 아이디어만 제공한 자도 포함될 수 있는가? 여러 가지 의문이 이어진다. 이와 같이 공저자에 오를 수 있는 자격과 관련한 것을 통틀어 '공저의 저자성'이라는 주제 아래 논의하고자 한다. 여기에서 이 논의를 하는 것은 공동저술에서 공저자 범위에 들어가는데도 공저자명에서 누락된다면, 저자 가로채기에 해당할 수 있기 때문이다.

(1) 공저자의 범위

공동저자 사건 판결에서 본 바와 같이 아이디어를 제공했더라도 '창작적인 표현 형

---

880. 고등교육법
    제35조(학위의 수여) ② 대학원에서 학칙으로 정하는 과정을 마친 사람에게는 해당 과정의 석사학위나 박사학위를 수여한다.
    동 시행령
    제43조(학위의 종류) ② 법 제35조제2항의 규정에 의한 석사학위 및 박사학위는 학술학위와 전문학위로 구분하되, 그 종류 및 표기방법은 교육부령으로 정한다.
    제44조(학위논문의 제출 및 심사) ① 석사학위 또는 박사학위를 취득하고자 하는 자는 학칙이 정하는 바에 따라 소정의 학점을 취득하고 일정한 시험에 합격한 후 학위논문을 제출하여야 한다. 다만, 석사학위 중 전문학위의 경우에는 학칙이 정하는 바에 따라 다른 방법에 의할 수 있다.
    제46조(대학원과정의 학위수여) 일반대학원에서는 학술학위를 수여하고, 전문대학원 및 특수대학원에서는 전문학위를 수여한다. 다만, 전문대학원의 경우(의학·치의학·한의학전문대학원의 석사학위과정의 경우는 제외한다)에는 학문의 특성상 필요한 경우 학칙이 정하는 바에 따라 학술학위를 수여할 수 있다.

식에 기여'하지 아니한 자, 즉 집필에 참여하지 않은 자는 공동저자가 될 수 없다. 그런데 서울대학교 연구지침[881]에 따르면 이 경우도 공동저자가 될 수 있다고 한다. 이 지침은 공저(공동저자)를 다음과 같이 정의하고 있다.

제3절 공동저자

1. (정의) 공동저자 또는 공동발표자란 연구에 참여한 공동연구원 및 연구보조원, 연구 수행 중 중요한 연구 정보를 상의하고 결론에 도달하는 데 기여한 자를 말한다.

2. (범위) 공동저자의 포함 범위는 연구의 계획, 개념 확립, 수행, 결과 분석 및 연구 결과의 작성에 현격히 기여한 자이다.

3. (역할) 공동저자 또는 발표자로 기재된 경우 당해 저자 또는 발표자는 해당 연구 결과물에서의 역할을 설명할 수 있어야 한다.

4. (명예저자) 연구의 계획, 수행, 개념 확립, 결과 분석 및 연구결과의 작성에 전혀 기여하지 아니한 자를 공동저자 또는 발표자에 포함하는 행위나 타인의 발표 또는 논문에 기여 없이 포함되었을 때, 이를 시정하려는 노력을 기울이지 않는 행위는 연구부적절행위에 해당한다.

공동저자 정의에서 대법원판결(공동저자 사건)과 서울대학교 연구지침이 다르다. 결론적으로 말하면 이는 학문의 차이에서 비롯한 것이라고 할 수 있다.

저자의 기준, 특히 공동저자의 기준이 학문의 종류에 따라 달라질 수 없다고 생각하는 이도 있겠으나, 필자 생각은 다르다. 서울대 연구지침의 정의는 다분히 집필보다는 연구나 결과가 중심이 되는 이공계 학문에 더 적합하다고 할 수 있다. 이공계 학문에서는 표현보다는 아이디어가 중요한 경우가 많고, 문과계 학문에서는 아이디어보다 표현이 중요한 경우가 많다. 이와 같은 학문의 차이에 따른 공동저자 정의를 다르게 보지 않고 문과계 학문에 서울대 연구지침을 적용하거나, 이공계 학문에 대법원판결의 기준을 적용할 경우 혼선이 생길 수밖에 없다. 하지만 이 책은 표절 연구를 하되 주로 인문·사회과학 분야를 중심으로 하므로, 공동저자에 관한 기준에서 서울대 연구지침보다는 대법원판결에 치중하지 않을 수 없다.

---

881. 서울대 연구처, 『연구 관련 규정집』, 서울대 연구처, 2008.

인문·사회과학 분야의 학술적 저술에서 공동저자에 기재될 수 있는 자격은 단순히 아이디어를 제공하거나 연구를 도운 것으로는 부족하고 구체적으로 집필에 참여해야 한다. 따라서 아이디어 제공자나 연구보조자로서 '창작적인 표현 형식에 기여'하지 않은 자, 즉 집필에 참여하지 않은 자는 공동저자가 되기 어렵다. 한편 집필에 일부 관여했더라도 그것이 자구수정 등 사소한 것에 그친 경우 공동저자가 될 수 없다.

> 가사 피고가 일부 관여한 부분이 있다고 하더라도 그 부분은 뒤에서 보는 바와 같이 공저 출간의 합의가 이루어진 이후에 원고의 저술작업에 자구수정 등 보조적인 작업을 한 것이거나, 일부 소재를 제공한 것에 불과한 것이어서, 원고와 피고가 공동저작하였다고는 할 수 없다고 할 것이다.[882]

그러나 아이디어 제공자나 연구보조자가 자신들이 기여한 바에 근거해 이를 발전시켜 나중에 별도로 저술할 경우 역혼동이 발생할 수 있다. 다시 말해 아이디어 제공자나 연구보조자가 자신들의 아이디어이거나 자신들이 연구한 부분인데도 표절자로 오인될 수 있다는 것이다. 이런 상황을 막을 수 있는 사람은 아이디어를 제공받고 연구보조자의 도움을 받아 저술한 저자다. 이 저자는 자기 저술에서 누구에게서 아이디어를 제공받았다거나, 누구에게서 연구의 도움을 받았다는 점을 저술 어디에서든[883] 밝힘으로써 도움을 준 사람이 나중에 역혼동의 피해자가 되지 않게 해야 한다.[884]

한편, 앞서 인문·사회과학 분야에서는 이공계 학문 분야와 달리 구체적 집필 참여를 공동저자 요건으로 한다고 했다. 그런데 인문·사회과학 분야에서도 반드시 공동저자 요건을 대법원판결(공동저자 사건)과 같이 엄격하게만 볼 것인가? 다시 말해 이공계 학문 분야에서와 같이 좀 더 완화할 수 없겠는가 하는 논의를 해볼 필요가 있다. 이는 과거와 달리 인문·사회과학 분야에서도 이공계 학문 분야 못지않게 다수 연구자가 참여하는 대규모 연구가 이루어지기도 하고, 이공계 학문과 융합하

---

882. 공동저자 민사사건 판결(주 863).
883. 예컨대 머리말에서 일반적인 감사 인사를 적거나, 본문의 해당 부분에서 누구 아이디어라고 밝힐 수 있다.
884. 이 점을 분명히 한 것이 연구소원 공동논문 사건 판결(주 486)이다.

는 연구로 이른바 학제적 연구interdisciplinary research가 활발히 수행되기 때문이다.

이공계 논문에서는 연구실 또는 실험실의 거의 모든 구성원을 공저자로 기재하는데, 심지어 연구실 회계 담당자까지 기재하는 일이 있다고 한다. 인문·사회과학 분야의 저술에서 이와 같이 할 수는 없다. 그런데 인문·사회과학 분야도 이공계 논문 못지않게 다수가 역할을 달리해 연구에 참여하는 경우가 있다. 하나의 저술이 나오기까지 연구의 착안자, 특정 분야에 대한 연구 검토자, 설문작성자, 설문조사자, 전문가 조언자, 논문 등 저술의 초안자, 초안 검토자, 교열·편집자 등에 다양한 사람이 참여하는 경우가 있다. 여기에서 공동저자로 올릴 수 있는 저자의 범위를 어디까지로 할지는 쉽지 않은 문제다. 이때 '창작적인 표현 형식 자체에 기여한 자'만 공동저자로 인정하는 대법원판결(공동저자 사건)을 모든 인문·사회과학 분야에 무차별적으로 적용할 수는 없고, 학문 성격에 따라 다소 유연성을 발휘할 필요가 있다.

(2) 각종 연구 프로젝트 수주와 관련한 계획서 작성에만 간여하는 경우

국가경제의 규모가 커지면서 정부 부문의 역할이 과거에 비해 훨씬 중요해지고 있다. 재정 규모도 과거와 비교할 수 없을 정도로 비대해졌는데, 그에 따라 정부 또는 정부출연연구기관의 정책연구를 위한 외부 용역발주가 많아졌다. 그뿐만 아니라 대기업 연구소나 비영리 공익단체 등 비정부기관의 연구용역 발주도 과거에 비해 많이 늘었다.

사정이 이렇다 보니 각 분야의 연구자, 교수 등은 마치 프로젝트 매니저처럼 연구용역을 수주하기 위해 동분서주하고 각종 제안서를 작성해 발표하기에 바쁜 경우가 많다. 한편 발주기관 역시 발주 동기가 국회 국정감사, 감사원 감사 등에서 지적받거나 정부 정책의 필요에 따라 시작되는 경우가 많다. 이와 같이 시의성이 있는 연구용역의 경우, 발주자나 수주자 모두 발주 단계에서 반짝 관심을 가질 뿐, 정작 연구결과물에 대해서는 발주기관조차 관심을 소홀히 하는 경우가 많다.[885]

---

885. 이런 현상은 발주기관이 정부 또는 정부출연연구기관인 경우에 심각한데, 결과적으로 심각한 예산낭비를 초래한다. 실례로 2010년 23개 정부출연연구기관을 통할하는 경제인문사회연구회에 대한 국회 감사 시 이에 대한 지적이 있었다. 장익창, 앞의 기사(주 490).

이런 환경에서 연구용역을 수행하는 교수나 연구자들은 제안서를 낼 때까지만 연구하고 그 이후는 조교나 연구원들 몫이 된다는 말이 공공연한 사실로 회자되고 있다. 제안서는 화려하고 충실하게 작성하되, 계약이 체결되면 그 이상 진전되는 내용이 없는 경우가 많다. 여기에서도 공저의 저자성 논의가 이어질 수 있다.

대법원판결(공동저자 사건)에 따르면, 위와 같이 연구용역 수주를 위한 연구계획서 작성 단계에만 간여하고 이후 실질적 연구와 집필은 다른 사람이 한 경우, 연구계획서 작성자를 저자 또는 공동저자로 기재하는 것은 부당하다고 할 수 있다. 물론 연구계획서의 상당한 내용이 최종 연구결과보고서에 들어갔다면 연구계획서 작성자가 공동저자로 될 수 있겠지만, 연구계획서 내용이 최종 보고서 작성에서 단지 아이디어 제공 정도에 그친다면, 이는 '창작적인 표현 형식 자체에 기여한 자'에 해당한다고 보기 어렵기 때문이다.

그간 교수가 연구계획서 작성에만 간여하고 이후 연구·집필은 조교나 다른 연구원들이 진행한 경우에도 교수 자신의 단독저술로 하거나 교수 자신을 공동저자[886]로 기재하는 관행은 매우 잘못된 것으로, 부당저자표시에 해당할 여지가 있다. 이를 표절로 보아 잘못된 관행에 쐐기를 박을 때, 비로소 책임 있는 연구가 진행될 뿐만 아니라 그로써 정부예산 등을 절감하고 목적에 맞는 효과적인 연구가 수행될 수 있다. 나아가 연구와 집필에 실질적으로 기여한 연구진에게 발생할 역혼동도 막을 수 있다.

(3) 공저자 이름 빼기

공동연구 결과 공저로 함이 마땅한데도 저자명에서 공저자 이름을 빼고 단독저술로 하거나 일부 공저자 이름을 뺀 채 공저로 발표한 경우, 저자명에서 빠진 사람으로서는 저자 가로채기를 당한 것으로 볼 수 있다. 이는 부당저자표시에 해당한다.

'공저자 이름 빼기'에는 여러 형태가 있다. 비교적 대등한 연구자 간에 발생하기도 하지만, 대개 스승과 제자 관계같이 불평등한 관계에서 발생한다. 의도적인 경우도 있지만 부득이한 사유가 있는 경우도 있다. 예를 들어 연구소원 공동논문

---

886. 주로 책임연구자로 기재하는 경우가 많다.

사건 판결[887]에서 보는 바와 같이 학술지 편집방침에 따라 일정한 학위 소지자에 한해 투고 자격을 주는 경우, 이런 요건을 갖추지 못한 제자 이름을 공저자에서 빼는 것이다. 그런데 이 사건에서 법원은 그런 경우에도 각주를 통해 '감사 인사'를 밝힐 수 있었는데도 그렇게 하지 않은 것에 대해 표절을 인정했다. 이에 비추어보면, 부득이한 사정이 없는데도 공저자에서 이름을 빼는 행위는 부당저자표시에 해당한다고 할 것이다.

미국 판결 중에도 공저자 이름을 뺀 행위를 표절로 인정해 징계한 대학의 처분이 옳다고 본 것이 있다.[888] 공동연구 결과인데도 저자명에서 공저자 이름을 빼고 단독저술로 한 정년보장 교수에 대해, 물론 다른 여러 표절 사유를 포함해, 표절 책임을 물어 해고한 대학의 행위가 정당하다는 내용의 판결이다.

바. 부당한 역할표시[889]

일반적으로 저술의 저자명에 역할을 표시하지 않는다면, 특별한 경우가 아닌 한 이는 원저자로 이해할 수밖에 없다. 번역서라면 저자명에 원저자 이름을 표기한 후 '번역자 ○○○' 또는 '○○○ 역' 등으로 병기하는 것이 맞다. 그런데 원저자명을 기재하지 않고 번역자 이름만 저자명으로 기재하면서 번역자라는 역할을 빠뜨린 경우를 어떻게 볼 것인가? 이 문제는 원저자로서는 자신의 이름이 저자명에 나오지 않기 때문에 저자 가로채기 영역에서 다룰 수 있다.

저작권침해 문제

저작자는 자신의 저작물을 원저작물로 하는 2차적저작물을 작성해 이용할 권리가 있는데(저작권법 제22조), 2차적저작물은 '원저작물을 번역·편곡·변형·각색·영상제작 그 밖의 방법으로 작성한 창작물'을 말하는 것으로(제5조제1항), 번역은 엄연

---

887. 주 486.
888. Yu v. Peterson (President of University of Utah), 13 F.3d 1413 (1993) (이하 '유[Yu] 교수 판결'이라 한다).
889. 이 항의 내용은 이 책을 집필하는 중 대한출판문화협회 기관지인 《출판문화》에 선뵌 적이 있다. 남형두, 「부당 저자표시 - 대리번역과 번역자라는 역할어 미기재」, 출판문화 제572호, 2013.7, 28 – 31면.

히 2차적저작물에 해당한다. 따라서 원저자 허락을 받지 않고 번역·출판하는 것은 원저자의 2차적저작물 작성권 침해에 해당한다.

한편 2차적저작물은 원저작물과 별도로 독자적 저작물로 보호된다(위 제5조제1항). 따라서 원저자 허락을 받지 않고 번역했더라도 원저자의 2차적저작물 작성권 침해에 따라 원저자에게 법적 책임을 지는 것과는 별개로 2차적저작물은 독자적 저작물로 보호될 수 있다. 따라서 원저자 허락을 받지 않고 번역한 사람도 번역물에 자기 이름을 번역자로 표시할 권리를 갖게 된다(성명표시권).

그런데 여기에서 원저자 이름을 생략한 채 번역자가 자기 이름만, 그것도 번역자라는 역할어를 표시하지 않고 단지 저자명으로 기재한다면 이것을 적법한 성명표시권 행사라고 할 수 있는지, 또한 원저자의 성명표시권을 침해한 것은 아닌지 의문이 제기될 수 있다. 이 둘은 동전의 앞뒤 면과 같다. 즉 번역자의 적법한 성명표시권 행사라고 한다면 원저자의 성명표시권을 침해하지 않은 것이 되고, 그렇지 않다면 침해한 것이 되기 때문이다. 따라서 한꺼번에 논의할 수 있다.

앞서 지적한 바와 같이 일반적으로 저자명에 특별한 역할어가 없다면 보통 저자(원저자)로 인식한다. 그러니 번역자라면 번역자라고 명기하는 것이 타당하다. 그러나 그렇게 하지 않았다고 해서 원저자의 성명표시권이 침해되었다고 할 수 있을까? 번역물은 어디까지나 번역자의 저작물이라고 보는 견지에서는 번역자가 저자명을 잘못 표기했다 하더라도 번역물이 원저 자체는 아니므로 원저자 성명을 저자명에서 누락한 것이 원저자의 성명표시권을 침해한 것은 아니라는 논의가 가능하다.

그러나 번역물은 어디까지나 원저를 토대로 이루어진 것이므로 번역물의 저자명에 원저자의 이름이 빠진 것은 원저자의 성명표시권을 침해한 것이라고 볼 수도 있다. 원저작물의 존재 없이 번역이라는 2차적저작물은 성립할 수 없기 때문이다.

논란의 여지가 없는 것은 아니지만 번역·출판하면서 원저자 이름을 빼고 번역자가 자기 이름만 저자명에 기재했을 뿐만 아니라 번역자라는 역할어마저 누락한 경우 원저자의 성명표시권을 침해한다고 생각된다. 물론 원저자 또는 그의 상속인 허락 없이 번역·출간한다면 2차적저작물 작성권 침해에도 해당한다.

표절문제

위에서 본 바와 같이 저작권침해라는 법적 책임은 논란의 여지가 있을 뿐만 아니라, 원저자가 사망하면 원칙적으로 성명표시권침해 문제는 발생하지 않고,[890] 그마저 사후 70년이 지나면 2차적저작물 작성권(저작재산권)은 소멸하므로 최소한 원저자 사후 70년이 지나면 저작권침해 논의는 모두 의미가 없어진다. 그렇다면 이와 같이 원저자 사후 70년이 지난 저술에 대해서는 누구든 번역·출간할 수 있으되, 저자명에 원저자 이름을 빠뜨린 채 번역자가 자기 이름을 저자명으로 넣어도 무방하다는 말이 되는가? 그렇지 않다. 물론 저작권법으로 이를 다스릴 수는 없지만, 이때 효용을 발휘하는 것이 표절이다.

부당저자표시를 비롯한 표절 논의의 핵심은 독자를 속이려는 의도성과 독자 기망 여부, 그 가능성에 있다. 따라서 원저자가 생존해 있거나 사망 후 아무리 오랜 기간이 지났다 하더라도, 번역자는 번역물의 저자명에서 원저자를 밝히지 않을 뿐만 아니라 자신을 번역자로 특정하지 않고(역할어 미기재) 단지 저자로 표기했다면, 이는 독자들에게 자신을 원저자로 속인 것이라고 볼 수 있어 표절에 해당한다.

이 점에서 역할어 미기재를 통한 부당한 역할표시는 저작권침해에 해당하지 않더라도 저자 가로채기(부당저자표시)로 표절에는 해당할 수 있다.

3. 저자 끼워넣기(제2그룹)

이 그룹은 실질적 저자가 아닌 명의상 저자가 소극적으로 자기 이름이 저자명에 들어가는 것을 당했다는 점에서 적극적으로 자기 이름을 저자명에 넣은 제1그룹(좁은 의미의 저자 가로채기)과 다르다. 그러나 허락이 없다는 점에서는 제1그룹과 같고 제3 그룹과 다르다.

저자가 누구인가 하는 것은 독자 입장에서는 저술의 신뢰도와 직결되는 것으로서 저자 입장에서 보는 독자흡입력과 동전의 앞뒷면 관계에 있다. 자신의 저술에 대한 독자의 신뢰도를 높이고 독자들을 끌어들이기 위해 저술에 관여하지 않은 타

---

890. 성명표시권은 저작인격권으로서 저작자 사망과 동시에 소멸하는 것이 원칙이다(저작권법 제14조).

인을 저자명에 끼워넣는 이런 유형의 부당저자표시는 표절의 정의에서 보면, '타인의 것을 자기 것인 양 하는 것'이 아니라 반대로 '자기 것을 타인 것인 양 하는 것'이다. 속이는 목적은 다르지만 그로써 피해는 독자와 피표절자(명의를 도용당한 자)에게 발생한다는 점에서 표절과 다르지 않다.

저자 끼워넣기에서 피해가 독자에게 발생한다는 것은 쉽게 이해할 수 있으나, 피표절자(명의를 도용당한 자)에게도 발생한다는 것은 추가 설명이 필요하다. 일반적으로 저자 끼워넣기는 실질 저자가 명의 저자의 평판과 권위를 허락 없이 가져오기 위한 것이므로, 평판이나 학문의 권위 면에서 실질 저자가 명의 저자보다 못할 것은 쉽게 예상할 수 있다. 명의 저자로서는 원치 않은 가운데 실질 저자의 저술에 자기 이름이 들어갈 경우, 그리고 그 저술이 명의 저자가 기대하는 수준에 미달될 경우, 그 저술로 자기 평판이 떨어지는 피해를 입을 수 있다. 나아가 책임 문제도 생길 수 있다. 예컨대 그 저술이 타인의 저작권을 침해했거나 표절했을 경우, 원하지 않았는데도 자기 이름이 저자명에 들어간 사람은 그에 따른 법적·윤리적 책임을 지게 될 수도 있다. 이때 명의를 도용당한 사람이 책임을 피하려면 자기 의사와 관계없이 저자 끼워넣기를 당했다는 것을 입증해야 하나, 그 과정에서 상당한 어려움이 예상된다.

저작권법은 저작물의 원본이나 복제물에 저작자로서 실명 또는 이명(예명·아호·약칭 등)으로서 널리 알려진 것이 일반적 방법으로 표시된 자는 저작자로서 그 저작물에 대한 저작권을 가지는 것으로 추정한다(제8조제1호). 본래 이 조항의 취지는 권리자에 대한 입증을 경감해주려는 것이지만, 저자 끼워넣기 논의에서 저자로서 책임을 피하기 위해 입증책임을 명의 저자가 부담한다는 것으로 해석될 수도 있다. 따라서 저자명에 자기 이름이 원치 않게 들어간 사람은 그 저술의 저작자로 추정받으므로, 자신이 저자가 아니라고 주장할 때는 오히려 그 점을 입증할 책임을 지게 된다.

저자 끼워넣기는 ① 저술에 직접 참여한 것처럼 꾸미는 경우와 ② 간접적으로 참여한 것으로 꾸미는 경우로 나눌 수 있다. 세분하면 ①은 역표절의 문제로, 실질 저자와 함께 공동저술한 것처럼 공저자로 끼워넣는 경우와 실질 저자는 저자에서 빠지고 피표절자(명의를 도용당한 자)의 단독저술로 하는 경우로, ②는 감수자, 교신저자, 명예저자의 역할을 수행하지 않았는데도 그런 역할을 한 것처럼 꾸며지는 경우로 나눌 수 있다.

가. 역표절형 저자 끼워넣기

앞에서 자기 생각에 신뢰성을 부여하기 위해 자기 생각과 주장을 유명한 저자 것인 양 발표하는 것은 통상의 표절과 다른 것으로 피표절자의 명예 또는 권위에 심각한 훼손을 초래한다는 점에서 역표절이라고 설명했다.[891] 그런데 역표절 정도가 지나쳐 저서 전체를 다른 사람 이름으로 공표하거나(단독 저서), 공동저술한 것으로 공표하는 것(공저)이 바로 여기에서 논하는 '역표절형 저자 끼워넣기'다. 그러니 역표절과 저자 끼워넣기는 저술의 특정 부분에 대한 것이냐, 저술 전체에 대한 것이냐로 나누어 설명할 수 있다.

한편, 위와 같은 저자 끼워넣기는 전형적 표절보다도 해악이 더 큰 경우가 많은데, 특히 자기 의사와 관계없이 타인 저술에 자기 이름이 저자로 들어간 사람 입장에서는 법적 책임을 물을 가능성도 있다.

부당저자표시에는 기본적으로 저작권법상 성명표시권침해 문제가 수반된다. 자신의 저작물에 자기 이름 또는 이명을 표시하거나 표시하지 않을 권리인 성명표시권은 저작권자에게 주어지는 저작인격권 중 하나다(저작권법 제12조제1항).

저자 가로채기(제1그룹)의 경우 피해자인 저작권자는 자기 저술에 자기 이름 대신 다른 사람 이름이 올라감으로써 성명표시권을 침해당하게 된다. 이에는 실질 저자 자신의 이름이 완전히 배제되는 경우(명의 저자의 단독저술) 외에도, 단독저술인데도 공동저술로 표기되는 경우(실질 저자와 명의 저자의 공저)가 있다. 전자의 경우 실질 저자의 성명표시권침해가 발생하는 것이 당연하고, 후자의 경우에도 단독저술이라면 실질 저자 이름만 표시될 수 있는데, 실질 저자 의사와 관계없이 타인(명의 저자)을 공저자로 기재함으로써 실질 저자로서는 자신의 저술(단독저술)에 자기 성명을

---

891. 주 623 해당 면 참조.

실질에 맞게 단독으로 표시할 권리를 침해받았다고 할 수 있다는 점에서 마찬가지로 성명표시권침해가 발생한다.

그런데 부당저자표시의 또 다른 유형인 저자 끼워넣기(제2그룹)는 성명표시권침해 여부에 대해 좀 더 깊이 있는 논의가 필요하다. 저자 끼워넣기 피해자로 명의를 도용당한 사람은 저술자가 아니다. 따라서 원칙적으로 성명표시권이 침해될 수 없다. 여기에서 자기 저술에 자기 이름(이명 포함)을 표시하거나 표시하지 않을 권리를 저작인격권의 하나인 성명표시권으로 인정하는 것처럼, 타인 저술에 자기 이름(이명 포함)이 본인 의사에 반하여 어떤 형태로든(단독저자, 공저자, 교신저자, 명예저자 등) 들어가지 않을 권리를 인정할지와 관련해 이른바 '부의 저작물에 대한 저작권' 논의를 먼저 해야 한다.

(1) 부(負)의 저작물에 대한 저작권 논의

이른바 '이휘소 사건'에서 원고들(망 이휘소의 유처와 유자녀)은 자신들과 이휘소의 삶 이야기를 허위로 꾸며낸 피고들(『핵물리학자 이휘소』라는 평전, 『소설 이휘소』와 『무궁화꽃이 피었습니다』라는 소설의 저자들과 출판사들)을 상대로 저작권침해를 이유로 출판금지를 구했다. 이 소송에서 처음으로 부(負)의 저작물에 대한 저작권이라는 논의가 있었다. 『소설 이휘소』의 작가는 소설에서 이휘소의 1956년 7월 1일 일기를 임의로 작성해 이휘소가 쓴 것처럼 표시했는데, 원고들은 이 일기가 이휘소의 저작물이 아닌데도 이휘소 저작물이라고 표시한 것은 이른바 부의 저작물에 관한 저작권을 침해한 것이라고 주장했다. 그러나 법원은 저작권법은 창작활동을 권장하기 위한 것으로서, 원래 만들어낸 저작물을 대상으로 하므로, 저작자가 아닌 자를 저작자로 하여 저작물을 공표했다 하더라도 이를 모용당한 자의 인격권침해가 되는지는 별론으로 하고 그의 저작권을 침해했다고 볼 수는 없다고 함으로써 '부(負)의 저작물' 개념을 인정하지 않았다.[892]

---

892. 이상, 서울지법 1995.6.23. 선고 94카합9230 판결(이하 '이휘소 사건 판결'이라 한다).

(2) 부의 저작물에 대한 인격권침해 문제

이휘소 사건 판결에서 법원은 자신의 저작물이 아닌 것에 자기 이름이 들어간 경우 인격권침해 소지가 있음을 암시했다. 이 논리를 발전시키면, 허락 없이 저자로 끼워넣기를 당하거나 뒤에서 보는 바와 같이 교신저자 또는 감수자로 그에 상응하는 역할을 하지 않았는데도 본인 의사에 반해 이와 같은 역할을 한 것처럼 꾸며 교신저자 등으로 끼워넣기를 당한 경우에도, 부의 저작물로 인한 인격권침해가 성립할 수 있다.

구체적으로 여기서 침해되는 인격권은 성명권이다. 우리나라의 경우 성명권에 관한 명시적 조항은 없는데, 독일 민법은 다음과 같이 명시적인 조항을 두고 있다.

> 독일 민법BGB
> 제12조(성명권) 성명을 사용할 수 있는 권리가 타인에게 침해되거나 성명에 대한 권리를 갖는 자의 이익이 타인이 같은 이름을 무단 사용함으로써 침해받는 경우, 침해된 자는 그 타인에게 침해 제거를 요구할 수 있다. 추가 침해가 우려되는 경우 금지청구를 할 수 있다.

독일 민법과 같은 명시 규정은 없지만 우리도 판례에서 성명권을 보호한다. 범죄사실 보도 과정에서 실명이 공개된 것을 다투는 사건에서 대법원은 성명에 관한 권리를 다음과 같이 판시했다.

> 개인은 자신의 성명의 표시 여부에 관하여 스스로 결정할 권리를 가지나, 성명의 표시행위가 공공의 이해에 관한 사실과 밀접불가분한 관계에 있고 그 목적 달성에 필요한 한도에 있으며 그 표현내용·방법이 부당한 것이 아닌 경우에는 그 성명의 표시는 위법하다고 볼 수 없다.[893]

이 판결 등의 취지에 따라서 우리나라에서도 자신이 저자로서 직접 저술하거

---

893. 대법원 2009.9.10. 선고 2007다71 판결.

나, 교신저자, 감수자 등으로 저술에 간여한 경우가 아닌데도 자기 이름이 허락 없이 저자, 교신저자, 감수자 등으로 들어간 경우, 그러한 행위가 특별히 공공의 이해와 관련이 있다고 할 수 없으므로, 성명 표시 여부를 스스로 결정할 권리로서 성명권침해에 해당한다고 할 것이다.

참고로 우리나라에서 발생한 상표권 사건 중 이와 관련된 사건 하나를 소개한다. 피카소Pablo Ruiz Picasso, 1881~1973의 유족(딸과 손자)이 피카소가 자기 저작물임을 나타내기 위해 표시해오던 서명을 피카소 유족의 허락을 받지 않았을 뿐만 아니라 피카소 작품과는 전혀 무관한 상품의 상표로 등록해 공표·사용한 우리나라 사람을 상대로 제기한 상표등록무효심판청구 사건에서 대법원은 다음과 같이 판결했다.

> 이러한 서명은 저작자인 화가가 저작권법 제12조제1항에 따른 성명표시권에 의해 자기 저작물의 내용에 대한 책임의 귀속을 명백히 함과 동시에 저작물에 주어지는 사회적 평가를 저작자 자신에게 귀속시키려는 의도로 표시하는 것이므로, 그 서명이 세계적으로 주지·저명한 화가의 것으로서 그의 미술저작물에 주로 사용해왔던 관계로 널리 알려진 경우라면, 그 서명과 동일·유사한 상표를 무단으로 출원등록하여 사용하는 행위는 저명한 화가로서의 명성을 떨어뜨려 그 화가의 저작물들에 대한 평가는 물론 그 화가의 명예를 훼손하는 것으로서, 그 유족의 고인에 대한 추모경애의 마음을 손상하는 행위에 해당하여 사회 일반의 도덕관념인 선량한 풍속에 반할 뿐만 아니라, 이러한 상표는 저명한 고인의 명성에 편승하여 수요자의 구매를 불공정하게 흡인하고자 하는 것으로서 공정하고 신용있는 상품의 유통질서를 침해할 염려가 있다 할 것이므로 이러한 상표는 상표법 제7조제1항제4호에 해당한다고 봄이 상당하다. (중략) 그 저명한 화가가 생존해 있었더라면 자신의 저작물임을 나타내기 위하여 표시해 오던 서명을 타인이 자신과 전혀 무관한 상품의 상표로 무단 등록하여 공표하고 사용하는 것은 저명한 미술저작자로서의 인격권을 침해하는 불법행위에 해당한다.[894]

---

894. 대법원 2000.4.21. 선고 97후860 판결(이하 '피카소 사건 판결'이라 한다).

이 사건은 저작권법상 성명표시권침해가 직접 쟁점은 아니었지만 위작에 자기 이름이 들어간 것에 대해 저작자의 인격권을 침해하는 불법행위에 해당한다고 본 것은 큰 의미가 있다. 이는 여기에서 논의하는 저자 끼워넣기에도 그대로 적용할 수 있는 논리로, 저자 끼워넣기를 당한 사람은 실질 저자를 상대로 인격권침해를 주장할 수 있다. 이뿐만 아니라 성명표시권을 "자기 저작물의 내용에 대한 책임의 귀속을 명백히 함과 동시에 저작물에 대하여 주어지는 사회적 평가를 저작자 자신에게 귀속시키려는 의도로 표시하는 것"으로 이해한 이 판결에 따르면, 논문 등의 저술에 기여한 바가 없는데도 자기 글의 신뢰성을 높이기 위해 저명한 학자 이름을 허락 없이 저자, 감수자, 교신저자, 명예저자로 끼워넣는 경우에도 인격권침해로 유추 적용할 수 있다.

(3) 부의 저작물에 대한 성명표시권 침해 문제 - '내가 쓰지 않은 것에 내 이름을 붙이지 말게 할 권리'

창작을 독려하려는 저작권법의 목적상 부의 저작물을 인정하기 어렵다는 이휘소 사건 판결의 취지에 따르면, 저작권 성립을 전제로 하는 성명표시권 논의는 불필요하게 된다. 그러나 저작권의 본질은 창작을 독려하려는 것이라는 인세티브이론(공리주의 전통) 외에도 인간 정신의 소산 또는 영혼의 연장선이라는 인격이론과 노동 결과로 보호해야 한다는 노동이론(이른바 자연권 전통)에서 접근하기도 한다.[895]

자신이 저술하지 않았는데도 자기 이름이 기재됨으로써 그 저술에 대한 책임과 사회적 평가가 자신에게 귀속된다면, 이는 저작권을 자연권의 하나로 보는 견지에서 지극히 부당하다. 자신의 인격 일부가 아닌데도 일부로 보이는 것을 거부할 권리는 자기 인격의 일부를 자기 것이라고 주장할 수 있는 권리와 동전의 앞뒷면 관계에 있다. 창작물 중에도 고도의 정신적 노력의 산물이라 할 수 있는 학술저작물에서 자신이 쓰지 않았는데 자기 이름이 저자로 들어갔다면 인격권침해가 되는 것은 당연하고, 부의 성명표시권침해가 성립한다고 볼 수 있다. 물론 부의 저작물을

---

895. 주 108 – 163 해당 면 참조. 자연권 전통과 공리주의 전통, 두 접근에 대한 저작권철학 이론은 다음 참조. 남형두, 「저작권의 역사와 철학」, 산업재산권 제26호, 2008.8, 271 – 297면.

인정하지 않은 이휘소 판결에 따르면 성명표시권침해가 성립할 수 없다. 그러나 저작권의 정당화이론 중 인격이론과 같은 자연권 전통에 설 경우 부의 저작물 개념을 인정할 수도 있으므로 부의 성명표시권 논의가 불가능한 것은 아니다.

학문세계에 있는 학자라면 현재 특정 저술을 하지 않았어도 장래 그 분야에서 어떤 저술을 할 가능성이 늘 있다. 여기에서 아직 저술하지는 않았지만 저술할 가능성이 있다는 점에서 '미래 저작자'라는 가상假想의 인물을 설정할 수 있다. 부의 저작물에 대한 저작권 또는 부의 성명표시권은 '미래 저작자'의 성명표시권으로도 설명할 수 있다. 예를 들어 공저자 또는 명예저자 등으로 끼워넣기를 당한 자가 만약 문제가 된 저술과 같은 주제에서 다른 저술을 준비하고 있거나 그런 저술에 관여할 가능성이 있었다면, 문제의 전작前作은 저자 끼워넣기를 당한 사람에게 족쇄가 될 것이다. 특히 문제의 전작이 자신의 학문방법론이나 학설과 다르다면, 학자로서는 자신과 무관한데도 자신이 저자로 된 전작의 존재가 평생 걸림돌이 될 수 있다. 여기에서 미래 저작자라는 가상 개념이 효용을 발휘할 수 있고 부의 저작물 개념을 인정할 필요가 있다.

원치 않게 공저자로 끼워넣기를 당한 명의 저자의 피해는 미래를 향해서만 의미가 있는 것이 아니라 과거와 현재에도 의미가 있다. 명의 저자가 과거에 문제의 저술과 관련 있는 저술을 했거나 관여한 적이 있는 경우, 문제가 된 저작물의 내용이나 수준이 현저히 낮으면 명의 저자의 명예나 평판 등 인격에 큰 피해를 줄 수 있기 때문이다.

그렇다면 여기에서 부의 성명표시권 논의를 일반 민법상 인격권(성명권) 침해와 별도로 논의할 실익이 무엇이냐는 의문을 가질 수 있다. 저작권법은 저작인격권이 저작자 일신에 전속한다고 하고 있지만 저작자가 사망한 후라도 일정한 경우에는 저작인격권을 보호할 수 있는 조항(제14조제2항)을 두고 있다. 또 저작자 사망 후 인격적 이익의 보호에 관한 특별조항을 두어 민법의 상속인과 다른 순위와 범위의 청구인을 정하고 있다(제128조). 이뿐만 아니라 저작권(저작인격권 포함) 침해에 대한 정지청구, 가처분신청에서 민법, 민사집행법과 다른 특칙(제123조)을 두고 있기도 하다. 반면 민법상으로는 사람이 사망하면 인격권도 소멸되며 상속인이나 유족이 이를 승계하지 못한다.

예를 들어 설명한다. A라는 사람은 특정 분야에서 이름이 널리 알려진 유명한 학자다. A는 처자와 모친을 남겨놓고 사망했다. B는 자신의 저술에 신뢰성을 더하기 위해 전혀 관계없는 A를 단독저자, 공저자 또는 명예저자로 기재하고 싶어 한다. B 주장에 따르면 A 생전에 A와 B는 그와 같은 합의가 있었다고 하나, B는 A의 허락을 받지 않았을 뿐만 아니라 이를 짐작하게 할 만한 사정도 없다. B의 저술은 A의 업적과 비교할 때 수준이 매우 낮아서 A가 살았더라면 이를 허락했을 가능성이 없다. A의 부인은 B의 행위에 관대한 태도를 취하는 반면, A의 모친은 그와 반대 태도를 취하고 있다.

이 예에서 부의 저작물에 대한 성명표시권이 인정된다고 하면, A의 모친은 성명표시권에 근거해 A의 부인 의사와 관계없이 B를 상대로 책의 출판 정지를 구하거나 가처분신청을 할 수 있다(저작권법 제128조는 권한 행사의 순위가 없음). 그런데 단지 민법상 인격권을 권원으로 한다면, A는 사망했으므로 인격권이 상속되거나 승계되지 않아 B의 책에 대한 출판 정지를 구할 수 없게 된다. 단지 A의 부인과 모친은 망인(A)에 대한 경애추모의 정이 침해되었다는 점을 들어 법적 구제를 받을 수 있을 뿐이다. 한편 A 생전에 허락하지 않았는데도 B 자신의 저술에 신뢰성을 더하기 위해 전혀 관계없는 A를 단독저자, 공저자 또는 명예저자로 기재했다고 해서 A의 부인과 모친의 망인(A)에 대한 경애추모의 정이 침해되었다고 보기는 어렵다. 따라서 위 예에서 부의 저작물에 대한 성명표시권이 인정되지 않는 한, 민법상 인격권으로는 B의 행위를 저지할 수 없는 경우가 발생할 수 있다.

여기에서 저작권의 본질을 창작을 독려하기 위한 것으로만 본 나머지 저작물의 존재를 전제로 해서 부의 저작물을 인정하지 않는 것은 저작권의 본질에 비추어 재고할 여지가 있다. 나아가 부의 저작물에 대한 성명표시권 역시 저작물을 창작자 인격의 일부 또는 영혼의 소산으로 보는 견지에 서거나, 최소한 저작권에 그런 요소가 있다는 점을 인정한다면 일반 인격권 외에 충분히 논의할 가치가 있다.

그러나 이휘소 사건 판결이나 다른 나라 예에서 보듯 당장 부의 저작물에 대한 성명표시권을 인정하기는 쉽지 않아 보인다. 현재까지 부의 저작물에 대한 성명표시권은 대체로 부정적인 견해가 우세하다. 독일 연방헌법재판소는 'Emil Nolde' 판결에서 1965년 독일저작권법상 저작인격권은 오직 저자와 그 작품의 관계에만 적용되므로, 위작인 경우에는 저작인격권이 적용되지 않는다고 함으로써, 부의 저

작물에 대한 성명표시권을 인정하지 않았다.[896]

따라서 자신이 전혀 관여하지 않았을 뿐만 아니라 허락하지 않았는데도 단독저자, 공저자 또는 명예저자로 이름이 올라간 경우를 효과적으로 해소하는 방법으로 부의 저작물에 대한 성명표시권은 사실상 기대하기 어렵다. 민법상 인격권은 가능하지만 이 역시 사망한 후에는 유족도 망인의 인격권을 행사할 수 없다는 점에서 법에 의한 해결이 불가능하게 된다. 바로 이 지점에서 표절금지윤리가 기능할 수 있다. 즉 유족이 민법 또는 저작권법에 의한 권리를 행사하여 저자 끼워넣기를 막을 수는 없지만, 표절금지윤리에 저촉되는 행위로 만들 수 있다는 것이다.

(4) 소결론

부의 저작물에 대한 저작권침해 문제는 앞으로 좀 더 논의가 필요하다. 그러나 저자 끼워넣기는 부의 저작물이나 부의 성명표시권 논의를 끌어들이지 않더라도 인격권침해로 구성할 수 있다. 향후 논의에 따라서는 저작권침해(부의 저작물 및 부의 성명표시권에 대한 침해)와 경합관계에 놓이게 될 수도 있다.

그럼에도 불구하고 저자 끼워넣기를 당한 저자가 사망한 경우에는 인격권침해로도 이를 막을 수 없다는 점에서 법에 의한 구제가 아니라 표절금지윤리에 의한 해법이 효과적일 수 있다.

나. 감수자, 교신저자, 명예저자 문제

저자 끼워넣기의 또 다른 예로 감수자, 교신저자, 명예저자 등의 형태가 있다. 본격적인 논의에 앞서 '명예저자'는 용례상 명예로운 저자가 아닌 것이 분명한 이상, 저술에 어떤 형태로든 관여하지 않았는데도 명예저자라는 형식으로 저자명에 끼워넣는 것은 대표적 부당저자표시에 해당한다는 점에서 더는 논의할 필요가 없다. 립슨이 말한 학문의 정직성 3대 원칙 중 "자신의 이름으로 제출하거나 발표하는 모든

---

896. BGHZ 107, 384.

연구실적은 실제로 자신이 연구한 것이어야 한다"라는 첫 번째 원칙에 비추어볼 때, 명예저자는 결코 허용되어서는 안 된다. 같은 취지에서 서울대학교 연구지침도 연구에 기여하지 않은 자를 명예저자로 포함하는 행위를 연구부적절행위의 하나로 규정하고 있다.[897]

저자 끼워넣기에서 감수자, 교신저자를 논의하는 이유는 본인의 허락을 받지 않고 감수자, 교신저자로 저자명에 기록하는 것이 저자 끼워넣기의 하나이기 때문이다. 한편 이를 역표절형 저자 끼워넣기와 구별해 따로 논의하는 것은 감수자, 교신저자의 역할이 일반 저자와 다르기 때문이다.

감수자는 말 그대로 감수監修한 사람을 가리키는 것으로, 감수는 책의 저술·편찬을 지도·감독한다는 뜻이다. 그런데 학계에서는 사전적 의미와 조금 다르게 쓴다. 즉 사전적 의미에서는 저술 중에 지도하는 것도 포함하는데, 실제 학계에서 감수자라고 하면 저술이 완료된 후 저술 전체를 읽어보고 틀린 것은 없는지, 보완할 부분은 없는지를 살펴보고 저자에게 자기 의견을 주는 사람을 말한다. 물론 넓게 보면, 이와 같은 감수행위도 저술의 한 과정으로 볼 수 있으므로 사전적 의미와 학계에서 통용되는 의미가 다르지 않다고 할 수 있다. 그러나 중요한 것은 저술이 어느 정도 완료된 후 감수자 역할이 행해진다는 점에서, 저술의 전 과정에 간여하는 연구책임자나 교신저자[898]와는 구별된다고 할 것이다.

독자들이 신뢰할 만한 권위 있는 사람을 감수자 등의 형태로 저자명에 끼워넣는 것을 비판할 때 논의의 주된 대상은 감수자 또는 교신저자 역할을 수행하지 않았는데도 본인허락 없이 이와 같은 저자로 등재된 경우다. 즉 두 가지 요건이 필요한데,

---

897. 서울대학교 연구지침 제5장 저자권 제3절 공동저자
　　4. (명예저자) 연구의 계획, 수행, 개념 확립, 결과 분석 및 연구결과의 작성에 전혀 기여하지 아니한 자를 공동저자 또는 발표자에 포함하는 행위나 타인의 발표 또는 논문에 기여 없이 포함되었을 때, 이를 시정하려는 노력을 기울이지 않는 행위는 연구부적절행위에 해당한다.
　　서울대 연구처, 앞의 책(주 881).
898. 서울대학교 연구지침 제5장 저자권 제1절 교신저자
　　1. (정의) 교신저자는 저널 투고의 전 과정을 책임지는 저자를 말한다. 일반적으로 연구책임자는 교신저자가 될 수 있다.
　　2. (역할) ① 교신저자는 공동저자의 포함 여부 및 저자 순서를 결정한다.
　　　② 교신저자는 공동저자들에게 최종 논문을 회람하여야 하고 투고 사실을 알려 확인받아야 한다. 또한 논문 심사 후 수정을 해야 하는 경우에도 교신저자는 이를 공동저자에게 알려서 승인을 받아야 한다.
　　서울대 연구처. 앞의 책(주 881).

첫째, 감수자, 교신저자 역할을 수행하지 않았을 것, 둘째, 감수자, 교신저자로 등재되는 것을 허락하지 않았을 것이라는 요건을 갖춘 경우를 논의의 대상으로 한다.

따라서 감수자 등의 역할을 수행하지 않았는데도 감수자 등으로 등재되는 것을 허락했다면 이는 일종의 이면 작가ᵘnacknowledged ghostwriter에 해당하는 것으로, 뒤에서 저자성 논의의 제3그룹인 이면 작가 논의에 포함하여 논의한다.

한편 감수자 또는 교신저자로 등재하는 것을 허락했다고 하더라도 실제로 그와 같은 역할을 수행하지 않았다면, 저자와 감수자 등과의 사이에는 법적·윤리적 문제가 생기지 않겠지만, 독자나 동료 학자들에게 논문 수준에 대한 잘못된 정보를 줄 수 있다는 점에서 문제가 있다는 지적이 있다.[899] 타당한 견해라고 생각한다. 이는 주로 과학논문에서 이른바 교신저자 등으로 해당 분야 권위자를 저자에 끼워넣는 과정에서 많이 발생하는데, 인문·사회과학 분야에도 적용할 수 있다.

또 감수자 등의 역할을 수행했으나 감수자 등이 저자명에 감수자 등으로 기재할 수 없는 특별한 사정이 있어서 등재를 허락하지 않았는데도 그 의사에 반해 감수자 등으로 기재한 경우가 있다. 예컨대 감수 등을 한 사람이 자기 저술을 출판한 출판사와의 관계상 경쟁 출판사에서 출간되는 책의 감수자로 등재되는 것을 원치 않는 경우를 상정할 수 있다. 감수자는 자기 이름을 감수자로 등재하지 않기로 하는 합의 위반 책임을 저자에게 물을 수 있다. 그러나 실제에서 이런 일이 일어날 가능성은 거의 없고, 일어난다고 해도 책임을 묻기 위해 입증하기가 쉽지 않을 것이다.

'감수자와 교신저자로 끼워넣기'에서 가장 중요한 것은 감수자 등의 역할을 수행하지 않았는데도 무단으로 감수자 등으로 저자명에 등재한 경우다. 우리나라 판결 중 교육용 CD롬 제작에서 허락 없이 감수자로 등재한 것에 성명권침해와 명예훼손 책임을 인정한 예가 있다.[900] 본인의 허락 없이 감수자로 등재한 행위는 표절(비전형적 표절 중 부당저자표시)에 해당하는 것을 넘어 성명권침해 및 명예훼손에도 해당할 수 있음을 확인한 것으로 타당하다고 여겨진다. 위와 같이 권위 있는 사람을

---

899. 민병주, 앞의 보고서(주 818), 106면 중 각주 19.
900. 서울지법 1999.7.30. 선고 99가합13985 판결(이하 '감수위원 끼워넣기 사건 판결'이라 한다). 피고가 교육용 CD롬 타이틀을 제작하면서 대학교수인 원고의 감수를 받지 않았음에도 CD롬 타이틀의 포장과 카탈로그에 원고를 감수위원으로 기재한 사안에서, 법원은 원고의 퍼블리시티권에 기한 청구는 기각했지만 성명권침해 및 명예훼손에는 해당된다고 보아 위자료 500만 원 및 명예회복에 필요한 조치청구는 인용했다.

무단으로 감수자로 등재한 경우 저자는 감수자에 대해 법적·윤리적 책임을 지는 것 외에 독자들에 대해서도 부당저자표시라는 표절 책임을 피할 수 없다. 앞서 본 바와 같이 허락을 받아 감수자로 등재했더라도 독자들에게 잘못된 정보를 준 데 대해 책임이 있다는 것과 같은 맥락이다. 더 나아가 독자들이 그 저술을 읽기로 선택한 이유가 감수자 때문이라는 것이 입증된다면 이는 기망행위에 해당해 법적 책임도 고려해볼 수 있다. 이상, 감수자 등의 역할을 수행하지 않았는데도 감수자로 등재한 경우 법적·윤리적 책임을 감수자와 독자 관계로 나누어 이해하기 쉽게 표로 정리하면 다음과 같다.

〈표 5〉 감수자 역할을 수행함이 없이 감수자로 등재한 경우 책임[901]

	저자			감수자		
감수자의 동의가 있는 경우	감수자에 대한 책임	없음		해당 없음		
	독자에 대한 책임	윤리	O	독자에 대한 책임	윤리	O
		법	△		법	△
감수자의 동의가 없는 경우	감수자에 대한 책임	윤리	O	해당 없음		
		법	O			
	독자에 대한 책임	윤리	O			
		법	△			

한편, 저술 과정에서 한 역할이 감수 또는 교신저자 정도에 불과한데, 공저자 또는 단독저자로 둔갑하는 경우도 있다. 물론 이것이 허락 없이 이루어졌다면 저자 끼워넣기에 해당하지만,[902] 상호 의사가 합치했다면 뒤의 이면 작가 논의에 포함될 수 있다. 감수자 등이 허락 없이 공저자 등으로 둔갑하는 경우는 별로 없고, 있다고

---

901. 이 표에서 '윤리'라고 한 것은 '표절 책임'을 말하고, '법'이라고 한 것은 '법적 책임'을 말한다. 법적 책임에서 △표시는 민사상 기망행위의 요건 또는 형사상 사기죄의 구성요건 충족 여부에 따라 법적 책임 여부가 달라진다는 뜻으로 썼다. 즉 감수자 역할을 수행하지 않았는데도 감수자로 등재된 사실과 독자들이 책을 구입한 행위 사이에 인과관계가 인정되면 사기가 성립하지만 그와 같은 인과관계가 인정되지 않으면 사기가 성립하지 않는다.
902. 정확히 분류하면, 저자 끼워넣기 중에서도 역표절형에 해당한다.

해도 저자 끼워넣기의 논의와 다르지 않으므로 생략한다. 상호 의사가 합치해 이루어지는 경우는 대학교재 채택에서 자주 발생한다. 출판사가 외국 서적을 전문 번역 작가로 하여금 번역하게 하고 교수가 번역 감수를 한 후 출판사와 교수가 사전에 합의한 대로 교수를 번역자로 해서 출판하는 경우가 있다.[903] 이면 작가 논의에서 보겠지만, 이는 실제 번역자의 성명표시권을 침해하는 것으로, 번역자가 자기 이름을 역자명에서 생략하기로 합의하고 그에 따른 대가를 수수했더라도 결론이 달라지지는 않는다.

4. 이면裏面 저술 문제(제3그룹)

표절과 관련한 저자성 논의에서 제3그룹 '이면 저술'은 '사회적으로 용인되는 경우'와 '허용되지 않는 경우', 즉 '부당저자표시에 해당하는 경우'로 나눌 수 있다. 두 경우 모두 실질적으로 집필한 '이면 작가'와 명의만 저자로 등재된 '명의 저자'가 있다는 점과 이면 저술에 합의가 있다는 점에서 공통점이 있지만, 이에 대한 법적 또는 윤리적 평가는 전혀 다르다. 즉 부당저자표시의 경우는 저작권법위반, 특히 성명표시권침해라는 법적 책임과 표절이라는 윤리적 책임의 대상이 되는 반면, 사회적으로 용인되는 경우는 그렇지 않다는 점에서 차이가 크다.

여기에서 이른바 '유령작가'라고도 불리는 이면 작가 중 허용되는 것과 허용되지 않는 것을 어떻게 나눌지가 문제 된다. 본격적 논의에 앞서 이면 작가 또는 유령작가의 정의를 어떻게 할지부터 논의해야 한다. 이면 작가에 대한 관점은 학문윤리, 연구방법론, 글쓰기 문화에서 나라마다 차이가 있으므로 외국의 논의를 그대로 가져오는 것이 반드시 바람직하지는 않으나, 국내에서 저작권법학이나 표절을 연구하는 학자 중 이면 작가에 대해 논의하는 것을 찾기가 쉽지 않으므로, 부득이하게 외국의 논의를 출발점으로 한다.

컬럼비아 로스쿨의 리사 러먼Lisa G. Lerman 교수는 이면 작가 또는 유령작가의 저

---

903. 남형두, 앞의 글(주 889), 28 – 29면.

술은 심각한 표절로 간주되지 않는다면서, 자발적으로 다른 사람을 위해 글을 쓰는 '유령'은 다른 사람이 그 저술을 이용하고 그의 이름으로 발표되는 것을 허락했기 때문이라고 보았다.[904] 그러나 이면 작가의 저술을 위와 같이 정의하거나 평가하는 것에 동의할 수 없으며, 이러한 논거 제시는 여기의 논의에 도움이 되지도 않는다.

첫째, 논란이 있는 개념을 정의할 때는 가능하면 가치판단을 배제하고 사실 위주로 하는 것이 좋다. 자기 이름이 저자로 드러나지 않는다는 점, 이면 작가와 명의 저자 사이에 합의가 있다는 점은 사실에 관한 사항이므로 이면 저술에 대한 정의는 이것으로 족하다. 그것이 나중에 사회적으로 용인되는지 안 되는지는 가치판단 문제로 넘기는 것이 합리적으로 논의하는 데 바람직하다. 그런데 이면 작가 개념을 가치중립적으로 파악하지 않고 '사회적으로 용인되는 것'만 있는 것으로 이해한다는 점에서 러먼의 정의는 합리적 논의에 적합하지 않다.

둘째, 러먼 정의의 초점은 이면 작가에 있지만, 필자의 관심은 명의 저자에 있다. 지금 논의되는 큰 틀은 저자성, 부당저자표시라는 점을 놓쳐서는 안 된다. 즉 이면 작가 또는 유령작가를 고용해 저술행위를 한 명의 저자에 대하여 법적 또는 윤리적 책임을 물을 수 있는가, 아니면 사회적으로 허용될 수 있는가에 대해 논의하고자 하는 것이다. 이런 관점에서 보면 러먼과 필자의 정의는 서로 다른 것을 대상으로 한다고 말할 수 있다.

위와 같이 이면 작가 또는 이면 저술을 가치중립적 개념으로 이해하면, 이면 저술은 사회적으로 용인되는 것과 그렇지 않은 것으로 나눌 수 있다. 한편 글쓰기 문화에는 국가나 사회를 초월해 같은 윤리가 적용되는 것도 있지만, 국가나 사회에 따라 다른 윤리가 적용되는 영역도 있다. 즉 어떤 사회에서나 용인되는 이면 저술과 사회에 따라 허용 여부가 달라지는 이면 저술이 있을 수 있다. 예컨대 정치인의 정견을 담은 저술이나 최고 법원의 판결문은 어느 국가에서나 이면 저술을 관행으로 용인하며 부당하게 보지 않는다고 할 수 있으나, 학계나 연구계의 학술적 글쓰기에서는 나라별로 관행에 따라 이면 저술을 용인하기도 하고 그렇지 않기도 하는

---

904. 이면 저자의 정의에 대해서는 Lisa G. Lerman, *Misattribution in Legal Scholarship : Plagiarism, Ghostwriting, and Authorship*, 42 S. Tex. L. Rev. 467, 476 (2001) 참조.

문화가 상존한다.

　이와 같이 이면 저술의 사회적 용인 여부는 절대적 기준으로 말하기 곤란한 점이 있다. 다만, 이하에서는 보편적 관점에서 우리나라에서 논란이 될 만한 이면 저술을 사례별로 나누어 논의한다.

가. 정치인의 이면 저술

　어떤 사회나 일반적으로 이면 작가의 저술에 법적·윤리적 책임을 묻지 않는 대표적인 경우로 정치인의 정견을 담은 저술을 들 수 있다. 정치인의 글에서 중요한 것은 자신이 직접 썼느냐가 아니라 기술된 내용의 진실성인데, 이는 일반적으로 저자로 나서는 것이 저술 내용에 대한 약속을 의미하기 때문이다. 이에서 정치인이 자신을 저자로 내세우는 행위를 상품에 배서endorsement하는 것에 비유하기도 한다.[905] 포스너 교수는 렘브란트를 예로 들어 설명했다. 렘브란트의 그림은 상당수가 자신이 직접 그린 것이 아니라(물론 그런 것도 있지만) 조수가 그린 다음 렘브란트가 단지 서명만 한 것들인데, 현대적 관점에서 보면 렘브란트는 분명 속이는 행위를 했지만, 당시 관점에서 보면 이 역시 배서와 같은 것이라서 표절로 보기 어렵다고 한다. 이를 저급한 상품에 유명상표를 붙이는 것에 비유한다.[906] 따라서 정치인이 자신의 정치적 견해를 표명한 글(책 또는 칼럼 등 기고문)은 비록 그 정치인이 직접 쓰지 않았더라도 그의 생각이 분명한 이상, 이면 작가를 통해 작성했다고 해서 부당저자표시라고 하지 않는다. 만약 저급한 것에 비유할 만큼 좋지 않은 내용을 담았는데도 자신의 이름으로 발표한다면 그에 따른 낮은 평가는 해당 정치인이 받게 되고, 훌륭한 내용을 담았더라도 출판 후 해당 정치인이 그에 상응하는 정치적 행위를 하지

---

905. 포스너, 앞의 책(주 58), 48면.
906. 이상, 위의 책, 49-50면. 실제 필자는 뮌헨의 한 미술관(Alte Pinakothek)에서 렘브란트 작 〈이삭의 희생Sacrifice of Isaac〉을 통해 이를 확인했다. 이 그림의 해설 중 "이 그림은 렘브란트의 제자가 그린 후 렘브란트가 수정한 것이라는 문구(영어로 번역하면 'Altered and overpainted by Rembrandt'라고 함)가 그림 하단부에 기재되어 있다"라는 설명이 들어 있었다. 우리나라에서도 유명한 만화가들이 펴내는 엄청난 양의 만화(그림)는 그들이 직접 처음부터 끝까지 다 그린 것이 아니라 팀 또는 작업실 단위로 그린 다음 유명한 만화가가 확인한 후 그들 이름으로 발표되는 것이 많다고 하는데, 렘브란트의 예와 비슷하다고 하겠다.

않는다면 믿을 수 없는 정치인이라는 낮은 평가를 받게 될 것이다. 결국 정치인이 이면 작가에게 맡겨 저술했다 하더라도 그 내용에 대한 평가와 책임은 고스란히 본인이 진다는 점에서 표절금지윤리 측면에서 표절로 비난하지 않고 허용해도 문제될 것이 없다.

정치인이 자신의 정치적 견해나 특정 정책에 식견을 갖는 것은 당연하고, 책임정치를 구현하기 위해서 정치인의 정견은 국민에게 적극적으로 전달되어야 한다. 말로써 전달할 수도 있지만 좀 더 체계적으로 전달하는 매체는 글이며, 더 정확히는 책이라 할 수 있다. 그래서 우리나라뿐 아니라 세계적으로 수많은 정치인이 정견을 담은 책을 내거나, 더러는 정치적 입지를 분명히 할 요량으로 자기 성장과정을 담은 일종의 자서전물을 낸다. 여기에 우리의 후진적 정치 현실을 감안하면 정치인들이 차분히 글을 쓰고, 책을 펴낸다는 것은 불가능하다고 해도 지나친 말이 아니다. 따라서 정치인들이 정치적 견해를 담은 글이나 정치적 입지를 강화하려고 펴내는 자서전류 책을 이면 저술이라는 이유로 비난할 수는 없다. 다시 말해 정치인이 펴낸 평론이나 기고한 칼럼 등은 그가 직접 작성했는지가 중요한 것이 아니라 나중에 그 글 내용대로 정치행위를 하는지, 즉 약속을 지키는지를 검증하는 것이 더욱 중요하다는 점에서 비록 그가 직접 저술하지 않았다고 해서 부당저자표시라고 하는 것은 적절하지 않다.[907]

이를 표절의 본질과 관련해 논의한다면, 표절의 요건인 '속이는 행위'가 결여되었다는 점에서 허용되는 것이라고 볼 수 있다. 정치인들이 책이나 칼럼 형태로 발표하는 정견은 으레 대필 작가나 비서진이 작성하는 것으로 알려져 있기 때문에 정치인이 저자성을 속이려는 의도가 있다고 보기 어렵고, 독자들도 그 정치인이 직접 썼을 것이라고 생각하지 않는다.

그러나 정치인이 썼다고 해서 모두 '허용되는 이면 저술'이라고 할 수는 없다. 첫째, 정치적 견해 표명과 관계없는 저술을 들 수 있다. 예컨대 정치인이 소설이나 시 같은 문학작품을 발표할 수도 있고, 특정 분야의 전문서적을 출판할 수도 있다.

---

907. 2011년에 한나라당 내에서 정몽준 의원이 당시 박근혜 의원을 상대로 박 의원이 미국의 외교전문지 《Foreign Affairs》에 기고한 영문 칼럼은 본인이 쓴 것이 아니라 모 대학 교수가 대필한 것이라고 비난한 적이 있다. 최우열, 『정몽준 '박근혜 美 외교지 기고문 교수가 써줘'』, 동아일보, 2011.9.3. 기사. 그런데 칼럼 내용은 전술핵 도입에 관한 것으로 박근혜 의원이 영문 칼럼을 직접 쓰지 않았더라도 정치적 견해가 본인이 맞다면, 이를 두고 표절(부당저자표시)에 해당한다고 할 수는 없다.

정치인 중에는 본래부터 정치를 직업으로 해온 사람도 있지만, 문학하는 사람이나 특정 분야 전문가도 있다. 이들이 정치인으로서 정견을 담아 국민에게 알리는 것이 아닌 문학 또는 특정 전문 분야 글을 써서 발표하는 것은 사회가 정치인에게 이면 저술을 용인해주는 범위를 벗어난 것이라 할 수 있다.

둘째, 학술 논문이다. 학술 논문은 정치적 견해를 표명한 주관적 성격의 저술과 달리 객관성과 합리성이 생명이다. 저술자 자신이 어떻게 하겠다는 생각을 담은 내용은 논문이 될 수 없다. 다만 자신의 주관적 소신을 쓰더라도 객관화해서 그것이 학계와 독자들의 끊임없는 논박 과정을 거쳐 하나의 이론으로 정립되는 것을 목적으로 하는 합리성을 갖춘다면 학술 논문이 될 수 있다. 학술 논문의 경우 대개 심사 과정이 있어서 그 과정에서 표절 여부가 걸러지게 된다. 그런데 대필 논문으로 학술지에 투고했는데도 그것이 사회적으로 용인되는 이면 저술이라고 눈감아준다면, 이는 학술 논문, 학술지의 본령에 반하는 것이다. 따라서 심사를 거치는 학술 논문의 경우 그 내용에 정치적 견해가 담겨 있다 하더라도 자신이 직접 작성한 것이 아닌 한, 이면 저술은 용납될 수 없다. 헌법이 보장하는 정치인과 국민의 참정권 측면에서 정치인의 이면 저술을 용인할 수 있다 하더라도, 학문의 정직성 중 제1의 원칙, 즉 "자신의 이름으로 제출하거나 발표하는 모든 연구실적은 실제로 자신이 연구한 것이어야 한다"라는 원칙을 앞설 수는 없기 때문이다.[908]

학술 논문 중에서 본 논의와 관련해 더욱 중요한 것은 학위논문이다. 정치인 중에는 학위를 취득한 뒤 정치인으로 입문한 이들도 있지만,[909] 정치인이 된 뒤 학위 과정을 수료하고 학위를 취득한 이들도 있다.[910] 특히 중앙 정치 무대가 아닌 지방 자치단체 선거직에서 학벌세탁의 일환으로 대학원 학력이나 학위를 내세우는 일이 더 많고, 학위논문 대필도 더욱 심각한 것으로 알려져 있다.

학위과정의 엄정성과 학위의 권위를 생각할 때, 정치인 입문 전후를 막론하고 이들의 학위논문을 일반 학위논문과 달리 볼 이유가 없다. 다시 말해 정치인 또는 정치지망생의 학위논문에는 이면 저술이 용인될 수 없다. 그 주제나 내용이 정치에 관한 것이라 해도 마찬가지다.

---

908. 립슨, 앞의 책(주 415), 8면. 예를 들어, 실제로 미국에서는 상원의원(Orrin G. Hatch)이 브리검 영BYU 로 스쿨의 교수(Thomas R. Lee, 2011년 이후 현재 유타 주 대법관)와 저작권에 관한 공저 논문(주 200)을 쓰기도 했다.

나. 고위 공직자, 연구기관장 등의 이면 저술

선출직이 아니라서 정치인으로 분류될 수 없는 정부의 장관, 차관 등 고위 공직자와 정부출연 또는 민간 연구기관의 기관장 명의로 발표되는 칼럼이나 학술 논문은 논란의 여지가 있다.

정부 정책 등을 설명하거나 국민을 상대로 설득하기 위해 일간지나 홍보 성격의 잡지에 발표한다면 본인이 직접 작성하지 않았어도 사회적으로 용인될 수 있다고 본다. 우리나라 장차관 등 고위 공직자의 상상을 초월할 정도로 바쁜 일정에 비추어볼 때, 간혹 일간지 등에 그들 명의로 게재되는 칼럼 등은 대부분 해당 부처 홍보실에서 작성했다고 보아도 된다. 이 경우 명의자로 되어 있는 해당 고위 공직자가 직접 작성했느냐보다는 그 칼럼을 통해 설명되는 정부 정책 내용의 진정성이 중요하다는 점에서 사회적으로 용인될 수 있는 이면 저술이라고 할 수 있다.

그런데 학술 논문 형식을 띠는 경우에는 논란의 여지가 있다.[911] 특히 해당 분

---

909. 2012년 4월 국회의원 총선거에서 뜨거운 쟁점이 되었던 문대성 의원의 박사학위 논문이 대표적이다. 당시 국회의원 후보였던 문 의원은 국민대학교에서 박사학위를 받고 동아대 교수로 재직 중이었다. 표절 의혹을 받았던 박사학위 청구논문은 그의 전공인 태권도에 관한 것으로, 정치인 또는 정치지망생의 국민에 대한 약속을 담은 정치적 견해의 글이 아니라는 점에서 이면 저술을 논할 이유가 전혀 없다. 박사학위 논문에는 가장 수준 높은 학문윤리, 표절금지윤리가 적용되어야 한다는 점에서, 후에 그가 국회의원이 되었다고 하여 그 논문에까지 이면 저술의 논리가 적용될 수는 없다. 결국 문대성 의원은 국회의원에 당선되기는 했지만, 박사학위 논문 표절이 문제 되어 소속 당에서 출당되기 직전 자진 탈당함으로써, 표절이 국회의원 자격에 중요한 검증요소가 될 수 있음이 확인되었다. 이후 국민대학교는 박사학위 논문의 표절을 확인했고, 문 의원이 위원으로 있는 국제올림픽조직위원회IOC에서도 이 사건의 최종 결과에 관심을 표하고 있다는 보도가 있었다. 장지영, 「'문대성 위원 거취 대학 측 결정 후에'… 로게 IOC위원장 언급」, 국민일보, 2013.2.14. 기사, http://news.kukinews.com/article/view.asp?page=1&gCode=kmi&arcid=0006901503&cp=nv (2013.8.8. 방문). 한편 서울북부지법은 문대성 의원이 학교법인 국민학원을 상대로 제기한 박사학위취소처분 무효확인 소송에서 원고의 청구를 기각했다. 서울북부지법 2014.10.16. 선고 2014가합20909 판결(서울고법 항소심 계류 중).
910. 2013년 박근혜 당시 대통령당선인이 비서실장으로 내정한 허태열 전 의원은 박사학위 논문이 거의 대필이 아니냐는 의혹을 받았다. 의혹 당사자는 이례적으로 정치적 공백기 때 박사학위를 받았으며 학자가 아니라는 점을 감안해달라는 취지의 대국민 사과문을 발표했다. 조혜정, 「허태열, 박사논문 표절·부적절한 언행 사과」, 한겨레, 2013.2.20. 기사, http://www.hani.co.kr/arti/politics/assembly/574860.html (2013.8.9. 방문).
911. 단독저술도 있지만 공저 형태도 많다. 예컨대 정부출연연구기관의 경우 기관장이 소속 연구원과 공저 형태로 학술 논문을 발표하는 경우가 대표적이다. 이 경우 실질 저자(소속 연구원)가 공저자 일부로 되어 있다는 점에서 본문에서 논하는 이면 저술이라고 할 수 없지만, 실질적으로 저술에 기여하지 않은 기관장이 공저자로 기재되어 있다는 점에서는 그 부분에 한해 이면 저술로 볼 수도 있다.

야 전문가로서 학문적 배경, 예컨대 교수 경력이나 박사학위 소지 등 특별한 사정이 있다면, 해당 학술 논문을 접하는 독자로서는 명의자가 직접 작성한 것으로 생각할 여지가 충분하다. 반면 관련 전공 분야에 대한 학문적 배경이 없는 고위 공직자나 연구기관장의 경우 독자들도 해당 논문 명의자가 작성한 것으로 속을 가능성이 거의 없다는 점에서 이면 저술에 따른 폐해가 적다고 할 수 있다.

다. 비정치계 유명인의 이면 저술

정치인은 아니지만 이면 저술 또는 유령작가 논의가 활발한 영역이 유명인celebrities 이다.[912] 일반인은 이들을 알고 싶어 하고 어떤 형태로든 그들을 소비하고 싶어 한다. 독자의 이런 요구를 충족하기 위해 출판사들은 유령작가를 동원해 유명인 명의로 책을 펴낸다. 유명인의 경우 정치적 견해나 전문적 분야의 식견에 대한 약속이 중요해 이면 저술이 허용되는 영역은 아니다. 그보다는 이들 이름으로 책이 출판되더라도 상상을 초월할 정도로 현업에 바쁜 이들이 직접 책을 쓰지 않았을 것이라는 정도는 독자들도 익히 짐작할 수 있다는 점에서 표절의 핵심인 속이는 행위가 없다는 논리가 오히려 더 설득력이 있다.

이와 같은 이면 저술은 스타산업, 대중소비 사회라는 현대사회의 특성으로 이해할 수 있으나, 학위논문이나 학술적 성격의 저술에까지 유령작가 논의가 허용된다고 볼 수는 없다. 이런 영역에까지 이면 저술이 허용된다면 이미 학문이 아니기 때문이다. 또 유명인이 직접 저술했거나 상당 부분을 저술하고 출판사 편집과정에서 윤문潤文하는 경우는 여기의 논의 대상이 아니다. 단지 유명인 이름만 내걸고 이면 작가가 작성한 경우가 논의 대상일 뿐이다.

유명인을 소비하고자 하는 일반인의 욕구와 호기심을 이용한 출판사의 마케팅이 맞물려 유명인을 내세운 출판이 성행하고 있다. 우리나라에도 유령작가 때문에 사회적 파장이 컸던 사건이 여러 건 있었다. 한편 〈유령작가The Ghost Writer〉라는 영화

---

912. 유명한 가수, 배우, 모델, 운동선수, 방송인, 그 밖에 텔레비전 등 대중매체에 의해 일반에 널리 알려진 사람들을 통칭해 유명인이라고 전제한다.

가 수입·상영되었을 뿐만 아니라, 유령작가의 삶을 소재로 하는 소설[913]이 나오기도 해서 유령작가들에 사회적 관심이 모아지기도 했다.[914]

앞서 본 바와 같이 마시멜로 이야기 사건 판결에서도 유령작가 논의를 할 수 있다.[915] 간단히 말해 이 사건에서 법원은 기망행위도 없었거니와 있었다 하더라도 독자들이 속지 않았다고 보았는데, 결국 비정치계 유명인에 대해 유령작가, 즉 이면 저술을 일정 정도 허용한 것으로 이해할 수 있다.[916]

최근 유명인의 이면 저술은 신문칼럼 등에도 더러 나타난다. 우리나라 사람으로서 세계무대에서 활약하는 유명한 운동선수나 음악연주자 명의의 칼럼이 이에 해당한다. 물론 바쁜 시간을 쪼개어 본인이 직접 썼을 수도 있지만, 그렇지 않고 단지 본인의 경험이나 의견을 토대로 기자가 대신 작성했을 수도 있다. 체육기자 또는 문화기자가 그들 명의로 써서 발표하는 것이 독자들에게 더욱 호소력이 있다고 생각하기 때문에 이런 칼럼이 성행하는데, 유명인의 허락이 있고 그 내용에 있는 에피소드와 의견이 유명인의 것이 맞는다면 직접 작성하지 않았다 하더라도, 이 정도는 사회적으로 용인할 수 있는 이면 저술로 볼 수 있다.

한편 기사나 글을 가상 대화 형식으로 쓴다면, 여기에는 처음부터 독자를 속일 의도가 없으므로 부당저자표시, 즉 이면 저술 문제는 생기지도 않을 것이다.[917]

라. 법원 판결과 이면 저술

정치인이나 유명인을 넘어 법관의 판결에 대해서까지 이면 저술이 논의되기도 한

---

913. 임영태, 『아홉 번째 집 두 번째 대문』, 뿔, 2010.
914. 지난 몇 년 사이 유령작가로 사회적 파장을 일으킨 책이 여럿 있었다. 이를 잘 정리한 것으로 다음 참조. 임종업, 「이 책의 유령작가는 누구?」, 한겨레, 2013.2.14. 기사.
915. 주 395 – 397 해당 면 참조.
916. 이 판결을 둘러싼 유령작가 논의에 대해서는 필자의 다음 글 참조. 남형두, 「저작권 유럽기행 그 첫 번째 이야기 – 유령작가Ghostwriter」, 출판문화 제559호, 2012.6.
917. 박근혜 대통령 취임식 다음 날, 한 일간지는 대처, 힐러리, 메르켈 등 세계적 여성 정치인들이 박 대통령에게 조언하는 형식의 가상 좌담 기사를 전면에 실었다. 전정윤, 「여성적 매력을 일부러 숨기지는 말라고 조언하고 싶어요」, 한겨레, 2013.2.26. 기사. 그런데 기사를 시작할 때 가상 대화라는 점을 밝혔으므로, 이면 저술 문제가 생기지 않는다고 생각한다.

다. 포스너 교수는 원저자를 표기하지 않아도 독자가 문제를 삼지 않는 경우가 있는데, 이때 독자가 속을 수도 있지만 속았다는 것 자체가 아무런 문제가 되지 않는 경우로서 유령작가를 들었다.[918] 포스너 교수는 유령작가 저술의 대표적인 예로 법원 판결의 경우 사실상 재판연구원law clerk이 쓰고 판사가 서명만 하더라도 신뢰 문제를 크게 야기하지 않기 때문에 해를 거의 끼치지 않거나 전혀 끼치지 않은 것으로 본다고 하여,[919] 판결이 사회적으로 허용된 이면 저술 중 하나임을 암시했다.

이는 판결 작성 과정을 제대로 이해하지 않으면 다소 오해할 소지가 있어 조심스럽게 접근해야 한다. 일반인이 볼 때, 정치인과 유명인은 그렇다 하더라도 판사들까지 판결의 표현과 말을 만들지 않을 것이라고 이해하기는 쉽지 않기 때문이다. 먼저 여기에서는 비전형적 표절의 하나인 저자성에 관해 논의하고 있으므로 전형적 표절인 출처표시 누락은 논의 대상이 아니다. 따라서 판결에서 타인의 글이나 특히 동료 법관의 판결을 인용하면서 출처표시를 생략하는 것의 적절성은 논하지 않는다.[920]

이해관계가 복잡하고 법률적용이 까다로운 대법원판결이 작성되는 과정에서는 사실상 대법관들을 보좌하는 재판연구관들의 역할이 매우 크다. 재판연구관들은 정해진 절차에 따라 각기 사건을 나눠 맡은 후 개별 사건을 심도 있게 검토하고 법률 쟁점을 연구한 결과를, 경우에 따라서는 사실상 판결의 초안과 함께 대법관에게 제출한다. 이렇게 작성된 판결의 초안에 대법관은 그대로 서명하거나 수정한 후 서명하기도 함으로써 하나의 대법원판결이 작성된다. 그런데 이렇게 선고되는 대법원판결 어디에도 재판연구관의 이름이 들어가지 않는다.[921] 그렇다면 대법관들이 재판연구관들의 글을 표절했다고 말할 수 있는가? 또는 대법원판결을 재판연구관의 이면 저술에 의한 부당저자표시물이라고 비판할 수 있는가? 그렇지 않다. 판결문도 일종의 저작물이지만, 이 저작물은 누가 작성했느냐보다는 누구 판단인지가

---

918. 포스너, 앞의 책(주 58), 42면.
919. 위의 책, 44-45면.
920. 이에 대해서는 위에서 본 '법학계와 법실무계의 산학연계' 부분을 참조하기 바란다. 주 491 해당 면.
921. 대법원판결과 달리 대법원 판례해설은 재판연구관 이름으로 간행되는 경우가 있다. 이는 대법원에서 선고된 사건을 연구하여 보고하는 데 간여한 재판연구관이 판결 선고 후 이를 논문 형식으로 펴내는 것으로, 이 중에는 해당 대법원판결이 나오게 된 배경을 학문적으로 깊이 있게 다룬 경우가 많다. 이를 보더라도 대법원판결문 작성 과정에서 재판연구관이 사실상 이면 저자로 깊이 간여하고 있음을 알 수 있다.

더 중요한 특성을 갖고 있기 때문이다. 판결 작성과정에서 재판연구관의 도움을 받았다 하더라도 결론(주문)과 이에 이르게 된 이유를 대법관이 자기 것으로 인수한다는 의미로 서명 날인해 공표했다면(선고를 의미함), 그 명의로 된 대법원판결이라고 할 수 있다.

법관이 쓴 논문은 일반 학술저작물에 적용되는 기준이 적용돼

법관에게 이면 저술이 일부 허용되는 것은 판결의 특성에서 비롯한다. 따라서 법관이 학술 목적으로 쓴 저술(논문, 단행본 등)에 이면 저술 또는 유령작가 논의가 적용될 여지는 없다. 일례로 미국 미시간 주 법원 판사 브레넌Thomas E. Brennan, Jr.은 논문 표절로 징계를 받고 불복했으나 최종적으로 그가 속한 법원에서 징계가 확정됐다.[922] 법관은 재판을 주재하고 판결문을 쓰는 전문가 집단이다. 판결문 작성에 관해서는 일종의 이면 저술이 허용되는 경우가 있음은 앞에서 살펴보았다. 그런데 판결문 외에 법관이 작성한 학술적 논문에는 일반적 표절금지윤리가 그대로 적용될 뿐만 아니라, 오히려 법관이라는 직업에 따른 수준 높은 정직성, 도덕성이 요구된다고 한 판결은 우리나라에도 상당 부분 영향을 미칠 수 있다. 특히 우리나라 법학 발전에 학문적 성향이 강한 판사들의 저술이 기여한 바가 매우 크고, 판사들의 논문 저술이 매우 활발하다는 점에서 반드시 짚고 넘어가야 할 부분이다.

마. 학계의 이면 저술 문제

유럽에서는 조교가 쓴 책과 논문을 교수가 자기 이름으로 출판하는 것이 관례라는 견해가 있다.[923] 교수와 조교 사이에 일종의 이면 저술 관계가 형성되어 있다고 보는 것이다. 교수의 권위가 다른 나라에 비해 높은 독일에서는 특정 교수의 연구실

---

922. In the Matter of Hon. Brennan, Jr., Judge, 55th District, Mason, Michigan, 433 Mich. 1204, 447 N.W.2d 712 (1989) (이하 '브레넌 판사 사건 판결'이라 한다). 이 판결은 징계사건에 관한 것으로 피심인respondent은 미시간 주 메이슨 소재 제55 지방법원판사다. 피심인은 자신에 대한 법관정년심사위원회의 견책결정을 수용했으며, 미시간 주대법원도 이 결정을 그대로 인정했다.
923. 포스너, 앞의 책(주 58), 54면.

에 속하는 학생들이 사실상 이면 저자로 논문을 작성해 교수 이름으로 발표하는 일이 더러 있다고 한다. 그러나 미국에서는 연구조교가 작성한 논문을 교수가 자기 이름으로 발표하는 것을 표절로 본다.[924] 심지어 조교 실수로 출처표시를 누락한 것이 분명한데도 교수가 표절 책임을 진 오글트리 교수 사례 등에 비추어보면 미국은 독일보다 교수 표절에 더욱 엄격함을 알 수 있다. 물론 몇 가지 사례만으로 나라별로 학계의 이면 저술 관행을 속단할 수는 없지만, 대체로 유럽보다 미국 학계가 엄정한 경향이 있는 것은 사실이다.

최근 우리나라에서 사회적 관심을 끄는 표절 사건 중 '교수의 제자 논문 빼앗기' 또는 '논문 상납' 사건 등이 끊이지 않는데, 법원판결에 따르면 이러한 관행을 표절로 본다.[925] 한편, 학술지나 논문집의 출판 정책에 따라서는 일정한 학위가 없으면 공동저자로 기재하지 못하게 하거나 때에 따라서는 논문 제출 자격으로 박사학위를 요구하기도 한다. 한편, 교수나 박사가 아니면 논문 게재율이 낮은 경우도 있다. 이는 우리나라 학계와 연구계의 좋지 않은 관행으로 논문게재 심사의 허술함을 말해준다. 이런 우리 학계의 관행과 사정으로 공동연구 논문인데도 공동저자로 기재할 수 없는 사정이 있을 수 있다. 그런데 이 경우 비록 공저자로 표기하지 못한다 하더라도 각주에 그 성명을 기재하는 방식으로 노고를 인정하는, 일종의 감사인사를 하는 것으로 표절 의혹에서 벗어날 수 있다는 취지로 판시한 연구소원 공동논문 사건 판결은 이른바 '익명의 공저 저술'의 표절 판단 기준을 마련한 것이라고 할 수 있다.[926]

이상에서 보았듯이, 우리나라는 교수와 조교(제자)가 공동연구한 결과물에 대해 조교 이름을 생략하거나 이면 저술을 허용하는 관행을 인정하지 않는다는 점에서, 이면 저술에 대해 좀 더 엄격한 잣대를 적용하는 미국 측 전통에 상대적으로 가깝거나 최소한 가까워지는 추세라고 할 수 있다. 나아가 박사학위 논문 상납 관행을 인정할 수 없다고 쐐기를 박은 법원 판결(박사학위 논문지도 사건 판결)에 따르면, 우리 법원은 학계의 이면 저술을 대단히 부정적으로 본다는 것을 알 수 있다.

---

924. 위의 책, 73면.
925. 박사학위 논문지도 사건 판결(주 487); 대전지법 2009.7.28. 선고 2009카합930 결정(이하 '제자 석사학위논문 표절사건 결정'이라 한다) 등.
926. 주 486 해당 면 참조.

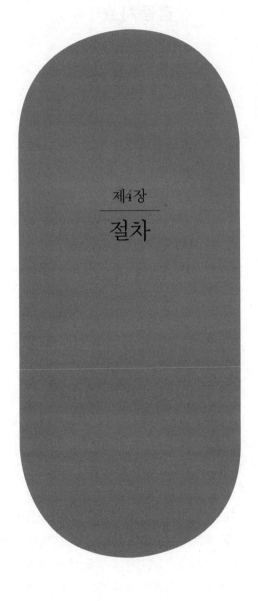

제4장

절차

I

검증시효

1. 문제 제기

학문의 진실성과 권위에서 볼 때 일정한 기간이 지나면 표절 여부를 검증할 수 없게 하는 이른바 검증시효라는 제도는 있을 수 없다. 그런데도 지난 몇 년 사이 우리나라에서는 표절 시비가 일어나면 으레 표절 의혹 당사자가 속한 소속 기관 내부의 조사와 징계절차부터 최종적으로 사법절차에 이르기까지 시효에 관한 주장과 논란이 자주 있었다.

　교육부의 연구윤리 확보를 위한 지침에 따라 폐지됐지만, 한때 그 지침에 들어 있던 검증시효 규정은 표제를 '진실성 검증시효'로 하고 있었다. 여기에서 검증시효는 곧 이 책에서 말하는 표절 시효라고 할 수 있다. 일정한 기간이 지나면 표절을 검증할 수 없다는 것은 곧 표절에 시효를 인정하는 것과 같기 때문이다.

　대체로 실무에서는 검증시효를 징계절차의 징계시효와 같게 취급해 사실상 검증시효를 인정하는 경우가 있는가 하면,[927] 조사 과정에서 시효 논란이 있었는지 알

---

927. 제자 석사학위논문 표절사건 결정(주 925); 박사학위 논문지도 사건 판결(주 487) 등.

수 없지만 시효가 지났을 것으로 보이는 사안에서도 사실상 표절 판정을 수용하여 마무리된 경우도 있다.[928] 그뿐만 아니라 검증시효 제도 자체를 부인하지 않고도 시효의 기산점起算點에 대한 해석을 통해 사실상 시효제도를 무력화한 예도 있다.[929]

이와 같이 표절에 대한 검증시효 논란은 끊이지 않는다. 표절 의혹 당사자에게는 인생이 걸린 문제인데도 시효에 관해 어떤 관점을 취하느냐에 따라 결론이 달라진다는 점에 문제의 심각성이 있다. 그런데 이 중요한 문제에 기름을 부은 것은 다름 아닌 정부(교육부, 구 교육과학기술부, 이하 특별한 경우가 아닌 한 '교육부'로 지칭함)였다.

정부 예산지원을 수단으로 대학과 각종 연구소에 막강한 영향력을 발휘하는 교육부는 비록 훈령 형식이지만 연구윤리 확보를 위한 지침을 제정했는데(2007년),[930] 이 안에 검증시효 규정을 두었다. 이후 대부분 대학과 연구소 등이 연구윤리규정을 만들 때, 이 훈령을 따라 검증시효 규정을 두게 되었다. 그런데 표절 등 연구윤리 부정행위에 대하여 검증시효를 두는 것이 마땅치 않다는 지적이 있자 교육부는 2011년 이 지침을 개정할 때, 검증시효 규정을 폐지하기에 이르렀다.[931, 932] 그런데 문제는 대학 등이 여전히 검증시효 규정을 존속하는 경우가 많다는 것이다.[933]

결국 정부가 불필요한 규정을 만들었다가 폐지하면서 혼란만 가중한 결과가 되었다. 단적인 예로 표절은 아니지만 2012년 서울대학교 수의과대학의 한 교수가 연구윤리를 위반했는지 조사할 때 이 대학 연구진실성위원회 예비조사에서 시효가 지난 건을 제외한 채 본조사에 회부했고, 본조사도 이를 토대로 진행되었다는 보도

---

928. 양승식·원선우, 「서울대 교수, 논문표절로 첫 사직」, 조선일보, 2013.3.7. 기사. 이 기사에 따르면, 문제의 교수는 2004년 한국국제정치학회에서 펴내는 《국제정치논총》에 「헤겔의 전쟁론 연구」라는 논문을 발표했는데, 2012년 12월경 미국 예일대 스미스Steven B. Smith 교수에게서 자신이 1983년에 발표한 논문 「Hegel's Views on War, the State, and International Relations」의 아이디어·내용과 상당히 유사하니 해당 논문을 검토해달라는 제보가 들어왔다고 한다. 국제정치학회 관계자에 따르면, 해당 교수는 자신의 논문 표절 의혹에 대해 학회에 소명을 하지 않았고, 오히려 자기 잘못을 인정했다고 하며, 서울대 관계자는 해당 교수가 논문 표절로 물의를 일으킨 점에 대해 사표를 제출해서 수리했다고 밝혔다. 이상 위 신문 기사를 참고하여 사실관계를 정리했다. 이하 이 사례를 '서울대 정외과 교수 사례'라 한다.

929. 국방연구원 사건 판결(주 722);법학교과서 I 사건 항소심 판결(주 377);서울동부지법 2012.2.15. 선고 2011가합20056 판결[이하 '대학총장 사건 판결'이라 한다. 이 판결은 서울고법 2012.11.9. 선고 2012나 30214 판결(항소 기각)로 확정되었는데, 사실인정과 법률적용에서 원심판결을 거의 그대로 인용했으므로, 이하 원심판결을 인용해 논의한다];회계원리 사건 판결(주 378);박사학위 논문지도 사건 판결(주 487) 등.

930. 연구윤리 확보를 위한 지침(제정 2007.2.8. 과학기술부 훈령 제236호).

931. 위 지침에 들어 있던 '진실성 검증시효' 규정(제12조)은 2011.6.2. 교육과학기술부 훈령 제218호로 폐지됐다.

가 있었다.[934] 그런데 연구윤리 위반에 시효를 적용하는 것이 부당하다는 지적이 있자 서울대는 시효기간이 지나지 않은 것으로도 이 사건을 징계할 수 있다는 의견을 발표했다.[935] 그러나 여러 연구윤리 위반 비위행위 건이 모두 시효기간이 만료되었다면 달리 결정했을지 의문이 들고, 시효 규정을 잘못 적용했다면 이 사건의 징계양정에도 영향을 미쳤을 것이라는 점에서 서울대 견해에 동의하기 어렵다.[936]

서울대 수의과 사례는 유사한 많은 사건에 악영향을 끼치고 있는데, 원인 제공자 중 하나인 정부(교육부)의 잘못을 지나칠 수 없다. 문제는 표절에서 검증시효 논란이 진행형이라는 것이다. 각 대학 또는 학회마다 표절 제보가 폭주하고 있고, 실체적 표절 판단에 앞서 검증시효 문제가 오히려 논란의 핵심이 되는 경우가 많다는 점에서, 더는 표절의 검증시효 문제를 두고 볼 수 없는 상황이 되었다. 그런데 논란의 중요성에 비해 그간 깊이 있는 논의는 많지 않았다.[937] 이하에서 이에 대해 본격적으로 논의한다.

---

932. 필자는 교육부 소속 연구윤리자문위원회 위원으로 위촉된 날인 2010.12.13.에 이 지침을 교육과학기술부 부령(규칙)으로 격상하는 내용의 연구윤리 확보를 위한 규칙 제정안을 심의하는 회의에 참석했다. 교육부의 규칙 제정안에는 기존의 지침(훈령)에 있는 검증시효 조항을 그대로 유지하되, 시효 기산점을 상세히 설명하는 규정을 두고 있었다. 이에 필자는 표절에 검증시효 제도를 인정해서는 안 되며, 시효 기산점을 논문 발표 시로 정할 경우 사실상 표절에 면죄부를 주는 결과를 낳게 되는데 국가가 나서서 잘못된 신호를 줄 필요가 있겠느냐며 반대의견을 강력히 피력했다. 그것이 원인이 되었는지 정확히 알 수 없으나, 이후 부령(규칙)은 제정되지 않았고, 기존의 훈령(연구윤리 확보를 위한 지침)에 있는 검증시효 조항도 삭제됐다. 연구윤리 확보를 위한 규칙 제정(안) 입법예고(2010.12.15. 교육과학기술부공고 제2010-403호), http://www.lawmaking.go.kr/lmSts/ogLmPp/11708 (2014.10.10. 방문); 연구부정행위 검증시효 검토계획(2010.12.15. 학술진흥과, 미출간 내부자료).

933. 뒤에서 논의하는 '정부의 오류 수정과 비가역성非可逆性' 부분(주 967-969 해당 면) 참조.

934. 차지연, 「서울대 강수경 조작논문 17편 중 6편만 징계 가능」, 연합뉴스, 2012.12.9. 기사, http://news.naver.com/main/read.nhn?mode=LSD&mid=sec&sid1=102&oid=001&aid=0005978805 (2013.8.8. 방문). 이하 '서울대 수의과 사례'라고 한다.

935. 위 기사 참조. 시효의 부당성에 대해 서울대는 논문 11편은 교육공무원법상 징계시효가 2년이 지났지만, 남은 6편으로도 충분히 징계가 가능하다고 발표했다.

936. 한편 서울대 수의과 사례는 위조, 변조 같은 연구조작 건으로 이 책이 다루는 표절과 다르지만, 시효 문제에서 표절과 달리 볼 이유는 없다. 시효 규정을 두었다가 폐지한 교육부의 연구윤리 확보를 위한 지침에서도 연구부정행위로 위조, 변조, 표절, 부당한 논문저자 표시를 들고 있다(제4조).

937. 표절의 시효 문제를 다루는 논문으로는 다음을 들 수 있다. 이인재, 앞의 보고서(주 581), 97면(정진근 집필 부분); 남형두, 「표절사례 연구-학술저작물을 중심으로」, 법조 제632호, 2009.5, 311-312면; 남형두, 앞의 논문(주 17), 613-621면.

2. 표절에 시효가 적용될 수 있는가?

가. 시효제도 일반

시효제도는 법적 개념으로, 일반적으로 형사법의 공소시효, 민사실체법의 소멸시효 또는 취득시효에서 논의된다.[938] 이 책에서 시효제도의 본질까지 깊이 다룰 수는 없지만, 통상 시효제도는 정의의 양대 가치인 '구체적 타당성'과 '법적 안정성'이 충돌할 경우 전자를 희생해서 후자를 추구하는 제도라고 할 수 있다. 시간이 흐름에 따라 '현재의 상태'가 '있어야만 하는 상태'를 압도할 만한 가치가 있을 때 시효제도의 의의가 있다. 당위라고 하는 규범적 정의가 시간의 흐름이라는 변수에 따라 달라질 수 있느냐는 물음에 그럴 수 있다고 보는 것이 시효제도의 취지다. 예컨대 '있어야만 하는 상태'가 아닌 '잘못된 상태' 위에 많은 법률관계 또는 사회적 사실이 형성된 경우, 그 기반이 되는 잘못된 상태를 바로잡는 과정에서 이미 형성된 제3자, 특히 선의의 제3자의 법적 지위를 포함한 사회적 지위가 허물어진다면 '있어야만 하는 상태'로 회복하는 것 못지않게 '현재의 상태'를 유지하는 것에 더 많은 가치가 있다고 보는 것이다.

경우에 따라서는 다른 이유가 제시되기도 한다. 오랜 시간이 흐르면 증거가 없어지기도 하고 때로는 (공소)시효제도가 없으면 수사기관이 수사를 게을리할 수 있어 수사와 기소를 독려할 필요가 있다는 것이 그것이다.

나. 표절에 적용

위에서 살펴본 시효제도의 의의를 염두에 두면서 표절에 검증시효가 적용될 수 있

---

938. 이렇게 말한다고 해서 시효제도가 형사법과 민사법에만 있다는 것은 아니다. 국세기본법, 국세징수법 등에도 시효제도가 있으며, 그 밖에 여러 법에 시효제도가 있다. 나아가 시효제도와 유사한 것으로서 제척기간도 시간의 흐름에 따라 실권失權된다는 점에서 근본 취지는 같다고 볼 수 있다. 이와 같이 윤리 규범의 세계가 아닌 강제력을 지닌 법규범의 세계에서 시효제도는 일반적인 제도라고 할 수 있다.

는지 살펴본다.

(1) 학문의 본질

학문은 진실성을 추구한다. 거짓이 있다면 학문이 아니다. 그래서 학문은 끊임없이 비판과 검증을 통해 오류가 시정되고 탄탄한 이론으로 정립되는 과정을 거친다. 비판과 검증 대상은 학문 그 자체다. 정직한 학문도 비판과 검증을 거쳐야 하는데, 하물며 표절 등 연구윤리 위반 의혹이 있는 학문에 대해서 일정한 기간이 지나면 검증할 수 없다는 것은 학문의 본질상 있을 수 없는 일이다. 진실성을 생명으로 하는 학문에서 시효라는 제도로 거짓을 덮거나 진위를 확인하려는 노력을 막을 수는 없다.

표절 행위자에 대한 징계 또는 형사처벌 절차에서 징계시효나 공소시효가 적용될 수 있다. 이는 징계시효나 공소시효 제도가 표절이라는 비위행위 또는 범죄행위에만 적용되지 않을 특별한 이유가 없기 때문이다. 그런데 여기에서 논의하고자 하는 것은 표절 행위를 한 사람이 아니라 표절 행위의 결과물, 즉 논문 등 저술이다. 이는 아무리 기간이 오래 지났더라도 학문의 본질상 표절 등 연구윤리 위반이 있는지 끝까지 추적해야 할 대상이다. 그렇게 하지 않는다면 학계에 지속적인 해악을 미치기 때문이다. 표절 검증 결과에 따른 징계 여부는 별론으로 하고 표절 자체에 대한 검증을 시효제도로 막을 수는 없다.

이는 권위의 원천 제공이라는 인용 목적을 통해서도 설명이 가능하다. 일정한 기간이 지났다 하여 표절 등 연구윤리 위반 여부를 검증할 수 없게 한다면, 그 표절물이 지속적으로 후속 학자들에게 인용됨으로써 권위의 원천이라는 지위를 지속적으로 유지할 것이다. 이처럼 거짓된 학문이 권위 있는 자리에 머물도록 용인한다면 학문 발전은 저해될 것이 분명하다.

연구윤리 위반에 검증시효를 인정한 서울대 수의과 사례와 달리 도쿄대학교에서는 시효를 인정하지 않은 사례('도쿄대 사례')가 있어 소개한다. 도쿄대는 2012년 1월, 세계적 분자생물학자 가토 시게아키加藤茂明 전 도쿄대 교수 연구팀이 발표한 논문 중 상당수에 데이터 가공 의혹이 있다는 제보를 받고, 자체 조사위원회를 만들어 약 1년 반에 걸쳐 1996~2011년 동안 발표한 논문 165편을 조사했다. 그 결과 일부에 조작이 확인되자 조사위원회는 논문 43편을 철회하고 그중 10편에 대해서는 정정을 명하기로 결정했다. 가토 전 교수도 문제를 시인하고 논문 철회를 받아들였다. 한편, 같은 보도에 따르면, 2012년에는 도호東邦대학교 전직 부교수가 20년에 걸쳐 발표한 논문 약 170편이 날조로 판명됐다고 한다.[939]

도쿄대 사례에 따르면 무려 16년이 지난 논문도 검증대상으로 삼았음을 알 수 있는데, 서울대 수의과 사례와 극명하게 대조된다. 이 사건에서 조사가 시작되자 가토 교수는 사임했다. 만약 연구윤리 위반에 따라 해당 교수를 징계하는 것이라면, 사임해서 퇴직한 교수는 도쿄대와 더는 고용관계가 없으므로 절차가 진행될 수 없다. 그런데 사임했는데도 조사를 계속해 논문 조작을 밝혀내고 이어서 전직 교수에게 논문 철회 및 정정 명령을 내린 것은, 앞서 지적한 바와 같이 논문 등에 대한 검증을 사람에게 행해지는 징계절차와 다르게 보았기 때문이다.

진실을 추구하는 학문의 본질상 진실과 거짓이 공존할 수 없다. 거짓을 밝혀내는 작업이 시효라는 제도에 막힌다는 것은 학문 자체를 포기하는 것과 같다.

(2) 학문윤리의 정립과 법적 안정성의 충돌

장기간 드러나지 않다가 밝혀진 표절 행위를 시효가 완성되었다는 이유로 덮어야 할 만큼 법적 안정성이 시급하고 중요한 가치인가?

시효제도, 즉 검증시효를 인정하지 않으면, 법적 안정성 측면에서는 불안정성이 초래될 수 있다. 언제든 과거에 쓴 글에 대해 표절 검증이 가능하기 때문이다. 그러나 법적 불안정성에도 '정직한 글쓰기', '학자의 양심', '학문의 질서' 같은 가치와 학계의 윤리, 질서는 유지되거나 회복될 수 있다. 반면에 시효제도를 인정하면 법적 안정성은 취할 수 있겠지만 학계의 윤리와 정직한 글쓰기라는 가치는 정립되기 어렵다.

법적 안정성과 학문윤리의 정립이라는 상충하는 가치 중 어느 것을 우위로 두느냐는 문제에 대한 답은 간단치 않다. 그러나 결론적으로 말하면 학문윤리 정립이 더 우위에 있다고 생각한다.

첫째, 학문세계에서는 고도의 윤리성이 필요하기 때문에 표절에 검증시효가 적

---

939. 도쿄대 사례의 구체적 내용은 박형준, 앞의 기사(주 10) 참조.

용되지 않는다는 것이 더욱 큰 경종을 울릴 수 있다. 언제든 표절이 밝혀지면 학계에서 상당한 비난을 감수해야 하고 퇴출될 수도 있다는 위기감이 학문윤리를 사실상 법률보다도 더 강한 규범으로 만드는 것이다. 실제로 박사학위 논문의 경우 논문이 통과되어 학위가 수여된 후 오랜 시일이 지났어도 표절이 밝혀져 학위가 취소되는 경우를 심심치 않게 볼 수 있다.[940] 만약 검증시효가 유효한 것이라면 이와 같은 일은 일어날 수 없을 것이다. 학위의 권위와 엄정성이 지켜지려면 학문윤리의 정립이 전제되어야 하는데, 이때 법적 안정성이라는 이유로 이를 훼손한다는 것은 있을 수 없는 일이다. 학문의 진실성은 비단 학위논문에만 해당되는 것이 아니라는 점에서 이 책이 다루는 학술적 저술의 표절문제에 검증시효를 인정하는 것은 부당하다.

둘째, 표절 피해는 장기간에 걸쳐 지속적으로 발생하기 때문에 시간이 흐름에 따라 피해가 고착된다거나 안정화되지 않는다는 점에서도 표절이라는 비윤리적 행위를 시효로 보호해줄 이유가 거의 없다.

셋째, 교육부 훈령인 연구윤리 확보를 위한 지침과 그에 따라 만들어진 각 대학과 정부출연연구기관의 표절을 포함한 연구윤리 또는 연구진실성 등에 관한 규정에 따르면 표절의 검증시효는 대체로 5년으로 되어 있다. 이 지침에서 검증시효 규정을 삭제했어도 대학 등은 여전히 이 규정을 존치하고 있는 경우가 많은데, 이 5년이라는 기간은 학문을 부정직하게 해온 사람들에게는 긴 기간일 수 있겠지만, 일반적으로 볼 때 결코 긴 기간이 아닐 뿐만 아니라 이를 일률적으로 정하는 것 자체가 타당하지 않다. 만약 5년이라는 검증시효 제도를 둔다면, 그리고 검증시효의 기산점을 논문 등을 발표한 때부터 계산한다면,[941] 부정직하게 글을 쓴 사람들로서는 5년이 속히 지나기만 바랄 것이며, 5년에서 하루만 지나도 면죄부를 받게 되는 결과가 초래될 것이다. 그런데 학문의 전통에서 볼 때, 부정직한 학자나 연구자에게

---

940. 박준철, 「교과부, 김포대 이사장·총장에 사퇴 강요」, 경향신문, 2011.9.15. 기사, http://news.khan.co.kr/kh_news/khan_art_view.html?artid=201109152145515&code=940401 (2013.3.13. 방문). 방송문화진흥회 김재우 전 이사장(재임기간 2010년 5월~2013년 3월)의 박사학위 논문에 표절이 있다는 의혹이 제기된 것은 2012년이었고 학위수여 기관인 단국대학교는 2013.3.12. 표절을 인정하여 학위를 취소했는데, 박사학위 논문은 2005년에 제출된 것이었다. 허정헌, 「김재우 방문진 이사장 사의」, 한국일보, 2013.3.13. 기사.

941. 검증시효 제도를 인정해도 그 시효의 기산점이 논문 등의 발표일이 될 수 없음은 뒤에서 자세히 언급한다. 주 952 – 962 해당 면 참조.

532 제2부 | 각론

면죄부를 준다는 것은 가당치도 않거니와 더욱이 5년이라는 기간은 너무나 짧다.

넷째, 학문의 종류가 다양한데도 검증시효를 일률적으로 적용한다는 것은 학문에 대한 몰이해에서 비롯한 것으로 부당하다. 검증시효 5년은 최신 이론이나 연구가 매우 짧은 주기로 발전하는 학문으로서, 예컨대 컴퓨터과학, 전자공학, 의학 등에서는 상대적으로 <u>긴 기간</u>일 수 있겠지만, 발전 주기가 길고 소통이 상대적으로 더딘 인문학, 사회과학 등에서는 <u>짧은 기간</u>일 수 있다. 인문학이나 사회과학 안에서도 발전 속도가 비교적 빠른 학문과 느린 학문이 있을 수 있다. 예컨대 국문학, 역사학, 민속학 등의 학문과 경영학, 경제학의 발전 속도 또는 주기가 같다고 볼 수 없다. 이와 같이 학문의 속성상 학문 내의 소통과 최신 이론이 과거 이론을 대체하는 속도가 학문별로 다를 수밖에 없다는 것은 그만큼 논문 등이 발표되어 표절로 드러나기까지 걸리는 기간 역시 다르다는 것을 의미한다. 논문 등을 발표하자마자 전 세계에서 신속하게 회람되고 읽혀 본격적 논의에 들어가는 학문이 있는가 하면, 여러 해가 지나서야 비로소 논의가 시작되거나 활발해지는 학문이 있다. 학계와 독자들에게 본격적으로 읽힐 때 비로소 표절인지 아닌지가 확인되는 경우가 많은데, 학문의 종류를 묻지 않고 일률적으로 발표한 때부터 5년이 지나면 표절 여부를 검증조차 할 수 없게 해서 결과적으로 표절자에게 면죄부를 준다는 것은 학문에 대한 건전한 이해와 상식을 지닌 사람으로서는 도저히 이해할 수 없다. 그렇다고 해서 학문마다 검증시효를 달리할 수도 없는 것은 그 많은 학문별로 검증시효에 관한 해당 학계의 공감대를 형성한다는 것이 불가능에 가깝기 때문이다. 이런 여러 이유에서 모든 학문에 일률적으로 5년이라는 검증시효를 적용하는 것은 무리이며, 이것도 표절에 대해 검증시효를 인정하는 것이 부당하다는 논거가 될 수 있다.

(3) 법학적 접근

(가) 민사법적 접근

시효제도의 법철학적 근거로 제시되는 "권리 위에 잠든 자는 법이 보호하지 아니 한다"라는 법언法諺은 권리를 장기간 행사하지 않는 자를 법의 보호 밖에 둔다는 것이지, 이로써 적극적으로 의무를 부담하는 자를 보호한다는 것은 아니다. 시효제도로 이익을 보는 사람에게 주어지는 것은 어디까지나 '반사적 이익'일 뿐 '권리'는 아니다. 법률에도 '시효이익의 포기'라는 제도[942]가 있을 뿐 '시효의 권리를 포기' 한다고 하지 않는다. 이처럼 시효제도로 얻어지는 것이 권리가 아닌 반사적 이익에 불과하다는 점에서 표절 행위에 시효제도를 적용하지 않는 것이 반드시 부당하다 고 할 수는 없다.

시효제도는 또한 재산권 영역에 적용될 수 있을 뿐 인격적 이익이나 윤리영역 에까지 적용되는 것은 아니다. 물론 재산권 영역이 아닌, 예컨대 친자관계 등의 법 률관계에서 시효가 아니라 제척기간이 적용되는 예는 있지만,[943] 이는 어디까지나 가족이라는 법률관계의 불안정을 장기간 방치하는 것을 막기 위해 일정한 기간 안 에 소를 제기하게 하고 그 기간이 지나면 소로써 다투지 못하게 하는 것이다. 따라 서 인격적 이익이 결부되어 있고 학문세계의 고도의 윤리성이 개재되어 있는 표절 사건에서 재산적 법률관계나 예외적으로 가족 간 법률관계에 적용되는 시효나 제 척 기간이 당연히 적용된다고 할 수는 없다.

(나) 형사법적 접근

먼저 윤리영역인 표절 논의에 강제력을 수반하는 규범인 형사법 원리를 가져온 다는 것은 그 자체로 뿌리를 흔드는 논리적 허점과 한계가 있다. 표절자에게 형사 적 제재가 가해진다거나 표절 피해자에게 범죄 피해자와 같은 법익 침해가 발생하 는 것은 아니다. 그러나 타인의 독창적 아이디어 또는 표현을 자기 것인 양 하는 표 절은 절취적 요소와 기만적 요소로 구성된다는 점에서 절도나 사기 범죄와 유사하 다고 말할 수는 있다. 또한 표절에 검증시효를 인정할 것인가, 인정한다면 시효의 기산점을 어떻게 볼 것인가 논의할 때 형사법상 시효제도를 가져오는 것은 준용準用 하기 위해서가 아니라 일종의 유추 또는 차용하기 위해서다. 표절금지윤리와 형사 법이 규범체계의 근본에서 다르다는 점을 인정하지만, 이 정도 유추와 차용은 학문 적 논의에서 비약이라는 비판을 피할 수 있다고 본다.

---

942. 민법
　　제184조(시효의 이익의 포기 기타) ① 소멸시효의 이익은 미리 포기하지 못한다.
　　② 소멸시효는 법률행위에 의하여 이를 배제, 연장 또는 가중할 수 없으나 이를 단축 또는 경감할 수 있다.
943. 예컨대 인지청구의 소에서 부 또는 모가 사망한 때에는 그 사망을 안 날부터 2년 내에 검사를 상대로
　　하여 인지에 대한 이의 또는 인지청구의 소를 제기할 수 있도록 한 것(민법 제864조, 제863조)이 대표적
　　제척기간 규정이다.

표절에 절도와 사기의 중간적 성격이 있다는 전제하에 표절에 대한 제재 시효를 형의 시효에 관한 형법 제78조의 예에 따라 정하는 것을 제안한 견해가 있다.[944] 표절의 해악이 범죄에 비견될 수 있다는 점에서 형사법상 시효 개념을 도입한 것은 참신한 아이디어다. 그러나 형의 시효에 관한 형법 규정은 형의 선고를 전제로 하므로,[945] 여기에서 논의하는 표절 시효에 적용할 것이 아니다. 표절문제에서 시효가 쟁점이 되는 것은 표절 사유가 발생한 후 표절에 대해 제재를 가할 수 있는 기간에 관한 것으로, 굳이 말하면 형사소송법상 공소시효 영역에 가깝다.

범죄의 공소시효는 범죄가 완성된 시점으로부터 시작되는데,[946] 표절이 형사상 범죄는 아니므로 공소시효를 적용할 것은 아니지만, 앞서 언급한 바와 같이 표절 시효 논의에 공소시효 제도의 취지를 차용한다는 전제 아래 살펴본다.

표절 행위는 언제 완성되는가? 표절을 "일반지식이 아닌 타인의 저작물 또는 독창적 아이디어를 적절한 출처표시 없이 자기 것인 양 부당하게 사용하는 행위"라고 할 때, 논문 등 저술이 출판 등의 형태로 공표된 이상 그 저술이 절판되었을 뿐만 아니라 완전히 회수되어 타인이 소지하지 않고 시중에 유통되지 않을뿐더러 도서관 등에도 비치되지 않는 아주 특별한 사정이 없는 한, 논문 등 저술은 제3자가 언제든 읽을 수 있는 상태에 놓여 있게 된다. 만약 어떤 저술이 표절물이라면 그러한 사실을 모르는 제3자(독자)는 그 저술을 읽을 때 비로소 기망 당하게 되는데, 이는 표절자가 자기 표절물에 대해 표절을 시인하고 회수하지 않은 채 유통·대출 상태에 놓아둠으로써 여전히 '자기 것인 양 사용하는 행위'를 지속하고 있기 때문으로 볼 수 있다. 더욱이 표절인 줄 모르는 후학자가 표절물을 표절자의 것으로 인용한다면 피표절자는 지속적으로 자기 저술에 피해를 입게 된다. 따라서 표절 행위는 공표로써 완성되고 그 이후는 표절이라는 상태가 지속된다고 볼 것이 아니라, 유통·대출 상태에 놓여 있어 독자들에게 지속적으로 읽힐 수 있다면 표절 행위가 지속된다고 보는 것이 타당하다.

정리하면, 표절 행위의 본질과 표절을 금하는 윤리 규범의 취지에 비추어볼 때

---

944. 이인재, 앞의 보고서(주 581), 97면(정진근 집필 부분).
945. 형법
　　제77조(시효의 효과) 형의 선고를 받은 자는 시효의 완성으로 그 집행이 면제된다.
946. 형사소송법
　　제252조(시효의 기산점) ① 시효는 범죄행위의 종료한 때로부터 진행한다.

표절 행위는 표절물이 완전히 회수되어 더는 표절물을 읽거나 인용하는 일이 일어나지 않을 때 비로소 그 행위가 종료된다고 보아야 한다. 표절물이 독자에게 읽힐 수 있는 상황이 지속되는 한 표절 행위는 완료되지 않으므로 형사소송법상 공소시효에 준하는 시효는 기산되지 않는다고 봄이 타당하다. 그런데 표절물이 완전히 회수된다는 것은 사실상 불가능하다는 점에서, 표절문제에 관한 한 시효는 없는 것이나 마찬가지다.

끝으로 시효제도의 의의 중 하나는 증거가 소멸되어 사실관계를 확인하기 어렵다는 것도 있다고 했다.[947] 시간이 많이 흐르면 범죄행위를 입증할 증빙자료가 사라져 검증하려고 해도 할 수 없다는 현실적 고려에서 나온 주장이다. 그러나 표절은 표절작과 피표절작이 아주 명백하게 출판물 형태로 남아 있기 때문에 증거가 소멸될 여지가 거의 없다.[948] 이렇게 명백하게 증거가 남아 있고 사실관계의 확정이 가능한데도 일정한 기간이 지났다고 하여 검증조차 할 수 없게 함으로써 결과적으로 부정직하게 글을 쓴 사람에게 면죄부를 주는 것은 어떤 이유로도 정당화되기 어렵다. 한편, 실험이 수반되는 자연과학(이과학) 계열 학문에서는 실험과정에서 작성하는 연구노트 같은 중간결과물은 연구가 끝나면 보존하지 않아 나중에 연구조작 등 연구윤리 위반 문제가 제기될 경우 검증에 애를 먹을 수 있다. 그렇다고 해서 이 경우에라도 시효제도를 두자는 것은 타당하지 않다. 특히 이과학 학문은 인간의 생명을 직접 다루거나(예를 들어 의생명 과학계열의 신약연구 등), 간접적으로 다루는 경우(예를 들어 각종 기계장치 개발연구 등)가 문과계열 학문에 비해 상대적으로 많기 때문에, 오히려 기간 제한을 두지 않고 끝까지 검증해야 할 필요성이 더욱 높다. 그렇지 않을 때 오는 폐해가 너무도 크기 때문이다. 요즘도 선진제국에서는 수십, 수백 년 전 가설이 검증되고 있다는 점에서, 이 문제는 연구노트 등을 효율적으로 관리·보존하는 방법을 찾는 쪽으로 풀어야지,[949] 시효제도에서 해법을 찾으려는 것은 그야

---

947. 주 938 해당 면.
948. 표절을 소재로 한 프랑스 소설 『표절』은 일종의 복수 추리극으로, 법정에 조작된 표절물을 증거로 제출함으로써 표절 의혹 당사자가 더는 표절이 아니라는 항변을 할 수 없도록 만드는 장면이 나온다. 이때 표절물(책)은 존재 자체가 무기가 된다는 역자의 말이 있다. 장 자크 피슈테르, 『표절』, 최경란 옮김, 책세상, 1994, 235면(옮긴이의 글) 참조. 역자의 말은 필자가 본문에서 말한, 표절물은 그 자체로 증거가 되기 때문에 표절물이 존재하는 한 증거가 사라질까 염려할 필요가 없다는 것과 일맥상통한다.
949. IT 기술이 발달했으니 연구노트도 하드 카피hard copy가 아닌 마이크로필름microfiche 등으로 보존하는 방법을 강구할 수 있다.

말로 본말전도라는 비난을 받지 않을 수 없다.

(4) 현실적 고려 - 업무 폭주/검증부담 문제

표절에 검증시효를 두지 않으면, 자칫 제보가 폭주해 대학 등 기관의 업무에 차질을 빚게 될 것이라는 우려가 제기되고 있다. 실제로 표절 검색 소프트웨어의 개발과 보급으로 일반인도 손쉽게 유사도 검사가 가능하여 지속적으로 대학 등에 표절을 제보하는 단체가 생기기도 했다.

검증과 제보의 목적을 떠나 표절 제보가 많아져 업무가 폭증한다고 하더라도 표절 행위를 근절해 올바른 학문 및 연구 윤리 풍토를 조성하겠다는 의지가 있는 한, 학문윤리를 정립하기 위해 우리 사회가 일정 기간[950] 감내해야 할 사회적 비용으로 인식한다면 위와 같은 우려는 크게 걱정할 것이 아니다.

다만, 합리적 근거 없이 타인을 공격하기 위해 엉터리로 제보하다 보면 업무가 폭주할 우려가 있지만, 다른 수단으로 제보의 남용을 막을지언정 검증시효로 해결할 것은 아니다.[951]

(5) 소결론

학문의 본질상 표절에 검증시효를 적용하자는 것은 크게 잘못된 것이다. 검증시효를 인정하지 않고 표절 여부를 논함으로써 발생될 법적 불안정성은, 반대로 그로써 성취될 '정직한 글쓰기', '학자의 양심', '학문의 질서' 등의 회복과 같은 이점을 고려할 때, 피해야 할 정도로 중요한 가치라고 볼 수 없다. 또한 표절이라는 비위행위의 본질에 비추어볼 때 일정한 기간이 지났다고 해서 원천적으로 표절에 대한 검증을 할 수 없게 하는 시효제도는 최소한 표절문제에는 적합하지 않다.

---

950. 여기서 '일정 기간'이라고 한 것은 표절에 대한 사회의 감시가 지속되면 일정한 기간이 지난 후 '정직한 글쓰기' 문화가 정착될 것이고, 그렇게 되면 표절 제보가 눈에 띄게 줄어들 것이기 때문이다.
951. 제보의 남용 방지에 대해서는 주 1079 - 1086 해당 면 참조.

3. 시효의 기산점 문제

표절에 검증시효 제도가 인정될 수 없다. 그런데 양보하여 표절에 시효제도가 적용될 수 있다는 전제하에 살펴본다. 시효의 완성 여부를 논할 때 시효 기산일은 매우 중요하다. 예컨대 제자 석사학위논문 표절사건 결정[952]에서 보는 바와 같이 표절에 관해 일반 징계사유처럼 시효 2년을 적용한다면,[953] 논문작성 또는 발표 후 2년이 지난 경우 표절문제를 제기할 수 없게 되어 부당하다. 표절 자체가 저작권침해를 구성하는 경우가 아닌 이른바 협의의 표절일 때, 2년이 지나면 민형사상 제재를 가할 수 없음은 물론이고 윤리적 제재인 징계까지 할 수 없다면, 심각한 문제라 할 수 있다. 이는 시효제도를 잘못 적용한 결과라고 생각한다.

통상 논문이 발표된 후 학계의 동료들이나 후학자들을 포함해 독자들에게 읽히고 반응feedback을 받으며 재반론하는 등 건전한 학문적 논쟁은 논문발표 직후 시작되는 경우가 오히려 드물고 2년 이후, 심지어 5년 이후 생기는 경우도 허다하다. 표절 사실은 주로 이와 같이 논문이 읽히는 과정에서 밝혀지므로, 논문 작성 또는 발표 후 2년이 지남으로써 시효가 완성된다고 하면 실제로 논문 등 저술이 재판절차에서 표절로 확정되는 것은 오히려 극히 예외적이라 할 수 있다. 제자 석사학위논문 표절사건 결정에서와 같이 나중에 표절이 밝혀졌더라도 시효가 완성되어 징계할 수 없는 경우가 일반적일 것이기 때문이다.

민사상 불법행위로 인한 손해배상청구권은 피해자가 그 손해 및 가해자를 안 날로부터 3년간 행사하지 아니하거나, 불법행위를 한 날로부터 10년을 경과한 때 소멸한다(민법 제766조). 한편 '불법행위를 한 날'이란 가해행위가 있었던 날이 아니라 현실적으로 손해의 결과가 발생한 날을 의미한다.[954] 즉, 불법행위의 원인발생일

---

952. 주 925. 이 사건에서 법원은 교수의 논문 표절과 연구비 부당수령행위 부분에 대해 징계시효가 지났다는 이유로 징계처분에 대한 가처분신청을 인용했다.
953. 징계기관별로 차이가 있기는 하지만 일반적으로 징계시효는 징계사유 발생일로부터 2년으로 되어 있다. 참고로 사립학교법은 징계시효의 시효에 관하여 다음과 같이 규정하고 있다.
   제66조의3(징계사유의 시효) ① 징계의결의 요구는 징계사유가 발생한 날로부터 2년(금품 및 향응수수, 공금의 횡령·유용의 경우에는 5년)을 경과한 때에는 이를 행하지 못한다.
   사립학교법 규정에 따라 각 사립대학교에서는 정관에 징계시효를 대체로 2년으로 규정하고 있다.
954. 대법원 2005.5.13. 선고 2004다71881 판결 등.

과 결과발생일이 다른 경우, 시효 기산일은 더 늦은 후자를 기준으로 한다. 이 논의를 표절 사건에 적용한다면 표절 행위의 원인발생일은 논문작성 완료일 또는 발표일에 해당하고, 표절 행위 결과는 논문발표 이후로 독자들이 그 논문을 읽을 때마다 발생한다고 할 것이다. 즉 표절물이 유통되는 한에서는 그 피해(결과)가 지속된다고 할 것이므로, 표절물이 완전히 회수되어 더는 유통되지 않는다는 특별한 사정이 없는 한, 표절에 관해서는 사실상 시효가 완성되기 어렵다고 할 것이다.

한편, 피해자론 측면에서 저작권침해와 표절의 차이를 논의한 것은 여기에도 정확히 들어맞는다. 형사소송법에서 시효는 범죄행위가 종료한 때로부터 진행한다고 되어 있는데(제252조제1항), 이를 저작권침해죄에 적용하면, 공소시효는 침해행위가 발생한 때부터 기산될 것이다. 이를 표절에 유추적용하면, 표절의 시효는 표절물이 유통되거나 독자들에게 읽힐 수 있는 상태에 있는 한, 피해가 종료되지 않으므로 그 기산일이 시작될 수 없다. 피해가 지속적으로 발생하는 한 표절이라는 비위행위가 종료되지 않는다고 보기 때문이다.

이와 같은 논리에 따르면, 사실상 표절문제에 시효제도가 인정되지 않는 것과 같은 결과가 도출된다. 즉 표절문제에 시효가 인정되지 않는다고 하기보다는 시효제도를 인정하면서도 표절물이 유통되는 한에는 결과발생이 지속된다는 논리를 취함으로써 시효제도가 사실상 무력화될 수 있다.

실제로 최근 재판에서 이와 같은 논리에 따라 시효 주장을 배척한 사례가 있다. 국방연구원의 한 연구원은 발표 논문에 표절이 발견되어 면직 처분을 받게 되었다. 이에 연구원은 법원에 징계의 효력을 다투는 재판을 청구하면서 논문을 발표한 때로부터 징계시효 기간 2년이 지났다고 주장했다. 이에 법원은 다음과 같이 판단했다.

> 피고의 징계규정 제7조제4항은 "징계심의 요구는 징계사유가 발생한 날로부터 2년(금품 및 향응 수수, 공금의 횡령·유용의 경우에는 5년)이 경과한 때에는 이를 행할 수 없다"고 규정하고 있는바, 위 규정에서 징계시효의 기산점이 되는 '징계사유가 발생한 날'이라 함은 징계사유에 해당하는 행위가 종료된 시점을 말한다고 할 것이다. 그런데 앞서 본 바와 같이 원고가 이 사건 논문을 작성한 때는 2002.1.경이고 이 사건 도서가 발간된 때는 2002.3.5.경으로 이 사건 면직은 그로부터 2년이 경과한 후

에 이루어진 징계심의 요구에 의한 것이다. 그러나 위 인정사실 및 변론 전체의 취지를 종합하여 알 수 있는 다음과 같은 사정 즉, 이 사건 도서가 발간 이후 이 사건 면직 무렵까지 시중에서 판매 내지 배포되어온 점, 원고는 이 사건 도서의 유통을 중단하기 위하여 별다른 조치를 취한 바 없는 점 등에 비추어보면, 원고의 저작권 침해행위는 이 사건 징계절차 개시 전까지 아직 종료되지 않았다고 할 것이어서 결국 이 사건 면직의 근거가 된 징계심의 요구는 징계시효 2년이 도과하기 전에 있었다고 할 것이므로, 이 사건 면직이 징계시효가 완성된 후에 이루어진 것임을 전제로 한 원고의 위 주장은 이유 없다.[955]

한편, 이 판결(국방연구원 사건 1심 판결)은 항소심에서 표절 및 시효 주장에 대한 부분의 판단을 그대로 유지했는데, 원고의 시효주장을 배척하기 위해 항소심 재판부는 다음을 추가했다.

이 사건 도서가 발간 이후 이 사건 면직처분 무렵까지 시중에서 판매 내지 배포되어 온 점, 원고는 이 사건 도서의 유통을 중단하기 위하여 별다른 조치를 취한 바 없는 점, 이 사건 논문의 작성 및 이 사건 도서의 출판 이후 다른 테러리즘 연구자들이 실제로는 원고가 표절한 이 사건 논문 중 테러리즘의 정의 및 역사 부분을 원고가 원저작자인 것으로 알고서 원저작자 ○○○의 논문이 아닌 원고의 이 사건 도서 중 이 사건 논문을 인용해오고 있는 점 등에 비추어보면, 원고의 저작권침해행위는 이 사건 징계절차 개시 전까지 아직 종료되지 않았다고 할 것이어서 결국 2년의 징계시효가 도과하기 전에 이 사건 면직처분의 근거가 된 징계심의 요구가 있었다고 할 것이므로, 이 사건 면직처분이 징계시효가 완성된 후에 이루어진 것임을 전제로 한 원고의 위 주장은 이유 없다.[956]

항소심 판결은, 표절물이 여전히 배포·유통되고 있으므로 징계사유가 종료되지 않았고, 따라서 시효기간이 시작도 되지 않았다는 논리로 원고 주장을 배척한 1

---

955. 국방연구원 사건 1심 판결(주 722).
956. 국방연구원 사건 판결(주 722).

심 판결의 이유에 추가하여, 이 주제에 관해 다른 연구자들이 표절자(원고)를 저작자로 알고 잘못 인용해오고 있다는 점을 들었다. 즉, 침해행위가 종료되지 않았다고 본 것이다. 나아가, 이 판결은 면직처분이 사회통념상 현저하게 타당성을 잃어 피고가 징계재량권을 일탈하거나 남용했다고 볼 수 없다는 사유로 여러 가지를 들었는데 그중에 다음과 같은 점을 적고 있다.

> ② 이 사건 논문의 작성 및 이 사건 도서의 출판 이후에도 다른 테러리즘 연구자들
> 이 지속적으로 원저작자인 ○○○의 이 사건 피인용저서 대신에 이를 표절한 원고의
> 이 사건 논문 중 테러리즘의 정의 및 역사 부분을 인용하여 관련 논문을 작성해오
> 고 있어 원고의 저작권 침해행위로 인한 원저작자의 피해가 계속되고 있는 점, (후
> 략)[957]

즉 피해가 지속되고 있다고 본 것이다. 이는 1심 판결에 없던 것으로 항소심 판결이 표절의 피해자론을 제대로 이해했다고 생각한다. 다만 이때 원저작자에게 피해가 생긴다고 한 것은 다분히 저작권침해 측면에서 본 것인데, 표절물을 원문인 줄 알고 인용한 데 따른 피해는 원저작자 외에 후속 논문의 저자(학계의 동료 집단)와 독자들에게도 발생하며, 오히려 이 점이 표절 피해자론의 핵심이라는 점에서 원저작자의 피해만 거론한 것은 다소 아쉽다.

국방연구원 사건 판결(1심, 항소심)에서, 표절에 시효가 적용될 수 없지만 적용될 수 있다 하더라도 표절이라는 비위행위의 기산일을 위와 같이 본 것은 표절의 본질을 명확히 이해한 것으로 매우 타당한 판결이다.[958]

앞서 본 바와 같이, 수포로 돌아갔지만 한때 정부(교육부)가 연구윤리에 관한 부령을 제정하면서 친절하게도 표절 검증시효의 기산점을 논문 발표 시라고 명시하

---

957. 위 판결. 1심 판결은 표절을 인정하고 시효주장을 기각하면서도 징계양정이 과하다는 이유로 면직처분 무효확인을 구한 원고의 청구를 받아들였다. 그런데 항소심은 사실인정과 법률판단에서는 1심과 같은 견해를 보였지만, 징계양정에 하자가 없다, 즉 면직처분이 타당하다고 보아 1심판결을 취소했다. 징계양정 판단에서 1심과 항소심이 견해를 달리한 셈인데, 그 점에서 피해가 지속되고 있다는 지적은 중요한 의미를 지닌다 할 것이다.
958. 이 판결이 필자의 앞의 논문(주 937 표절사례 연구), 311-312면에 근거했는지는 분명하지 않지만, 필자 주장이 판결로 검증되었다는 점에서 매우 다행스럽게 생각한다.

는 규정을 두려고 했다.[959] 다행히 정부의 시도가 좌절됐지만, 검증시효 제도를 둔 것도 잘못인데, 게다가 그 시효의 기산점까지 '논문 발표 시'라고 잘못 규정했더라면, 학문윤리를 땅에 떨어뜨릴 뻔했다고 생각한다. 다시는 그런 우행愚行이 반복되어서는 안 될 것이다.

사립학교법 및 국가공무원법상 징계사유의 시효 규정과의 조화로운 해석

국공립대학이나 사립대학에서 표절을 비위행위로 징계할 경우 각각 관련 법률에 있는 징계사유의 시효 규정[960]을 들어 표절이 있다 하더라도 시효로 소멸했으므로 징계할 수 없다는 주장이 제기될 수 있다. 그러나 시효는 '징계사유가 발생한 날'부터 기산되는데, 징계시효의 기산점이 되는 '징계사유가 발생한 날'이라 함은 징계사유에 해당하는 행위가 종료된 시점을 말한다.[961] 한편 비위행위가 있고 그에 따른 피해가 시차를 두고 발생하는 경우 '징계사유에 해당하는 행위가 종료된 시점'은 '피해 발생 시점'이라고 할 것이다.[962] 한편 앞서 본 바와 같이 표절의 피해는 독자들이 해당 표절물을 읽는 한 지속적으로 발생한다. 따라서 표절물이 서점의 유통경로나 도서관에서 완전히 회수되었다는 증거가 없는 이상 독자들에게 읽힐 수 있는 상황에 놓여 있으므로, 표절이라는 비위행위는 종료되지 않았다고 할 것이다. 따라서 사립학교법 또는 국가공무원법상 징계사유의 시효기간은 위와 같이 표절물이 시중에서 회수되었다는 증거가 없는 이상 시작조차 되지 않았다고 할 수 있다.

---

959. 주 932.
960. 사립대학의 경우 징계사유가 발생한 날부터 2년, 국공립대학의 경우 3년으로 정하고 있다. 사립대학의 경우 주 953 참조. 국공립대학의 경우 교육공무원법이 적용되는데, 교육공무원법은 국가공무원법에 대한 특례법으로 징계에 관해 별도 규정을 두고 있지 않으므로, 국가공무원법이 적용된다. 국가공무원법은 징계사유의 시효에 관하여 다음과 같이 규정하고 있다.
　　제83조의2(징계 및 징계부가금 부과 사유의 시효) ① 징계의결 등의 요구는 징계 등의 사유가 발생한 날부터 3년(금품 및 향응 수수, 공금의 횡령·유용의 경우에는 5년)이 지나면 하지 못한다.
961. 국방연구원 사건 1심 판결(주 722).
962. 이는 사기죄에서 기망행위와 편취의 결과가 시차를 두고 발생하는 경우 사기죄의 완성(기수 시점)은 편취의 결과발생 시점인 것에 비유할 수 있다.

4. 소급효 문제

가. 검증시효 규정 미비 – 표절 관련 규정에 시효 조항을 두지 않은 것이 소급입법인가?

　표절에 대한 제재는 민사·형사적 제재가 아닌 윤리적 책임에 관한 것이지만, 그 실제는 민형사상 제재에 못지않은 것이므로 시효제도라는 보호막을 걷어버리는 것이 지나치게 가혹하다는 의견이 있을 수 있다. 원칙적으로 '학문적 글쓰기'를 하는 사람(학자)은 부정직한 글을 써놓고도 시효제도라는 그늘 속에 숨어서는 안 된다고 생각하지만, 이러한 견해를 존중해서 반론해본다.

　표절에 검증시효 제도가 없다면, 과거의 학술적 저작물이 모두 표절 검증 대상이 될 수 있으므로 일종의 마녀사냥식 대혼란이 빚어지지 않겠는가 하는 우려 내지 문제 제기는 언뜻 설득력이 있어 보인다. 그러나 이런 우려는 기우에 불과하다. 표절문제에 시효제도가 적용돼서는 안 된다는 주장이 바로 표절 판정에 관한 준거準據 기준[963]까지 소급적용해야 한다는 것은 아니기 때문이다. 표절 여부가 다투어지는 시점에서 과거에 쓴 글을 평가하다 보면 자칫 마녀사냥이 될 수도 있지만, 표절 판정의 잣대, 즉 표절에 해당하는지 아닌지에 관한 기준은 글을 쓸 당시의 것으로 한다면, 비록 표절에 시효제도를 두지 않아도 표절 의혹 당사자에게 크게 불리하지는 않을 것이다.

　최근에 제안되는 표절방지 가이드라인에는 표절 관련 규정의 소급효를 금지하거나 제한하는 조항을 두는 것이 있다.[964] 이때 소급효 문제는 두 가지로 나눠 보아야 한다. 첫째, 표절 판단에서 실체법에 해당하는 표절 여부를 가리는 준거기준 또는 준거윤리는 소급해서는 안 된다. 표절을 판단하는 시점에 타당한 표절 규범(준거

---

963. 표절에 관한 잣대, 즉 표절 여부를 판정하는 기준(가이드라인)은 일종의 준거법(준거기준)으로서 시간과 공간에 따라 달라질 수 있다. 대체로 그 가이드라인이 학문적 글쓰기를 하는 이들(학자)에게 엄격한 쪽으로 변화해온 것이 사실이다.

964. 예컨대, 이인재, 앞의 보고서(주 581), 134면.

기준 또는 준거윤리)으로 표절 의혹물을 재단하는 것은 타당하지 않기 때문이다. 행위 당시, 즉 공표 당시의 규범을 찾는 노력이 필요하고 그 규범을 적용해야 한다. 그런 점에서 소급효가 인정되어서는 안 된다는 논리는 맞다. 둘째, 표절을 제재하는 규정을 제정했을 때, 제정 이전의 표절 행위에 전혀 제재를 가할 수 없다는 것으로 소급효금지를 이해하는 것은 타당하지 않다. 어느 시대든 표절의 요건과 효과(제재)는 다를 수 있지만, 학문적 글쓰기를 하는 사람들 사이에서 표절해서는 안 된다는 인식은 공유되어 있기 때문이다.[965] 특정 기관에 표절 관련 규정이 구체적으로 제정되기 전이라도 학계에서 일반적으로 통용되는 규범은 존재했다는 점에서 해당 기관에 새롭게 제정된 규정은 이를 확인한 것으로 이해해야 하지, 제정 이전의 표절 행위를 면책하는 것으로 해석돼서는 안 된다.

이렇게 일종의 법률불소급의 원칙 또는 행위시법주의의 원칙을 표절에 적용한다면 굳이 표절에 시효 규정을 두지 않아도, 무분별한 마녀사냥식 몰아세우기라는 부당한 결과는 막을 수 있을 것이다.

한편 ① 시효제도를 인정하지 않거나(위 2항), 기산점 논의로써 사실상 인정하지 않으면서도(위 3항) 행위 당시 즉 논문 등 발표 시점의 글쓰기 윤리(표절금지윤리)를 적용한 결과 표절이 아니라는 판정을 받는 것과, ② 시효제도를 인정하여 시효가 완성되었다고 보는 것은 결과적으로는 같으므로, 굳이 표절문제에 시효제도를 부정하는 논의(위 2, 3항)에 무슨 실익이 있느냐고 반문할 수도 있다. 그러나 경우에 따라 같은 결론이 나온다 하더라도 일단 판단 대상이 되게 한 후 실체 판단을 거쳐 표절이 아니라고 판정하는 것(①의 경우)은 <u>원천적으로</u>[966] 판단 대상에서 배제하는 것(②의 경우)과는 차이가 있다는 점에서 실익이 없지 않다. ①의 경우에 따라 검증 대상이 된 과거의 표절 의혹물 중에는 논문 발표 당시 상대적으로 느슨한 글쓰기 윤리가 적용되어 표절이 아니라는 판단이 나올 수도 있지만, 그런 윤리 아래에서도 표절이라는 판단이 나올 수 있기 때문이다.

---

965. 남형두, 앞의 기사(주 375). 표절 시비에 휘말릴 때 표절 의혹 당사자는 대개 자신이 논문 등을 썼을 당시에는 표절해서는 안 된다는 사회적 공감대가 없었다고 항변한다. 물론 세부적 측면에서는 기준이 다르고 과거에 비해 엄격해졌다고 할 수 있지만, 큰 틀에서 남의 글을 자기 것인 양 해서는 안 된다는 사회적 공감대나 규범이 갑자기 생긴 것은 아니라는 점에서 궁여지책으로 나온 변명이라고 볼 수밖에 없다.
966. 표절에 시효가 인정된다면 실체 판단을 할 필요 없어 '원천적으로'라는 표현을 썼다.

시효가 완성되었다는 이유로 표절 판단의 대상조차 되지 못하게 하는 것(②의 경우)과 표절 판단 대상으로 삼되 행위 당시 기준을 적용해 경우에 따라 표절이 아니라는 판정이 나오는 것(①의 경우)은 결코 같을 수 없다.

나. 검증시효 규정 폐지 – 연구윤리 확보를 위한 지침에서 검증시효를 폐지한 것이 소급입법인가?

(1) 정부의 오류 수정과 비가역성非可逆性

당초 정부(교육부)가 제정한 연구윤리 확보를 위한 지침(2007.2.8. 제정)에는 검증시효에 관하여 다음과 같은 규정을 두고 있었다.

> 제12조(진실성 검증시효) ① 제보의 접수일로부터 만 5년 이전의 부정행위에 대해서는 이를 접수했더라도 처리하지 않음을 원칙으로 한다.
>
> ② 5년 이전의 부정행위라 하더라도 피조사자가 그 결과를 직접 재인용하여 5년 이내에 후속 연구의 기획 및 연구비의 신청, 연구의 수행, 연구결과의 보고 및 발표에 사용했을 경우와 공공의 복지 또는 안전에 위험이 발생하거나 발생할 우려가 있는 경우에는 이를 처리하여야 한다.

그 후 교육부가 2011.6.2. 개정에서 검증시효 규정을 삭제한 것은 당초 검증시효 제도를 둔 것이 잘못이었음을 사실상 시인한 것으로, 일종의 반성적 입법이라고 할 수 있다.[967] 그런데 문제는 정부 지침에 따라 검증시효 제도를 도입한 대학 중 상당수가 폐지한 지침은 따르지 않고 있다는 것이다.[968]

교육부가 교원들에게 과거 잘못을 묻지 않겠다는 취지의 시효 규정이 포함된

---

967. 연구윤리 확보를 위한 지침 일부 개정안(2011.6.2. 교육과학기술부 훈령 제218호)에 따르면, 검증시효 폐지 부분에 대해 다음과 같이 개정 이유를 설명하고 있다.

　마. 연구부정행위 검증시효 폐지(제12조 삭제)

　(1) 연구윤리 확립에 대한 명확한 입장을 명시하기 위해 검증시효기간 5년을 삭제

지침을 제정했을 때, 그렇지 않아도 교육부가 재정 지원으로 대학에 사실상 영향력을 행사하는 우리나라의 경우 대학이 이를 환영해 받아들인 것은 불문가지라고 할

---

968. 검증시효를 처음으로 규정한 교육부의 연구윤리 확보를 위한 지침(2007.2.8 제정)에 따라 만들어졌거나 최소한 제정 과정의 논의에 영향을 받아 만들어진 것으로 보이는 다음 몇 개 대학 규정은 교육부가 검증시효 규정을 삭제하는 내용으로 훈령을 개정했는데도 여전히 해당 조항을 존속시키고 있다.

⟨1⟩ 성균관대학교

연구윤리 및 진실성 확보를 위한 규정(2007.2.15. 제정)

제16조(예비조사의 기간 및 방법) ① (생략)

② 제보의 접수일로부터 역산하여 만 2년이 경과된 부정행위에 대해서는 이를 접수하였더라도 처리하지 않음을 원칙으로 한다.

③ 예비조사에서는 다음 각 호의 사항에 대한 검토를 실시한다.

1. (생략)

2. (생략)

3. 부정행위가 제보일로부터 역산하여 만 2년이 경과되었는지 여부

http://www.skku.edu/new_home/skku/state/state_01.jsp (2014.7.19. 방문). 성균관대 규정에 따르면, 검증시효 기간이 2년으로 되어 있어 교육부 지침상 5년보다도 훨씬 단기간일 뿐만 아니라, 교육부 지침에서 예외적으로 검증시효 기간이 지났어도 조사할 수 있다고 정한 규정(제12조제2항)조차 두고 있지 않다. 따라서 현재 이 대학의 규정에 따르면 제보일로부터 2년이 지난 연구부정행위는 검증할 수 없게 된다.

⟨2⟩ 인천대학교

연구윤리위원회 운영 규정(2007.11.15. 규정 제427호)

제9조(검증시효) ① 제보의 접수일로부터 5년 이전의 연구부정행위에 대하여는 이를 접수하였더라도 처리하지 않는다.

② 5년 이전의 연구부정행위라 하더라도 피조사자가 그 결과를 직접 재인용하여 후속 연구의 기획 및 연구비의 신청, 연구의 수행, 연구결과의 보고 및 발표에 사용하였을 경우에는 이를 처리하여야 한다.

http://rule.incheon.ac.kr/sub/sub_2.jsp?idx=68&con_search=연구윤리&con_searchstring=title (2014.7.19. 방문). 인천대 규정에 따르면, 제보일로부터 5년 넘은 연구부정행위는 접수했더라도 조사하지 않는 것을 원칙으로 한다는 것이 눈길을 끈다.

⟨3⟩ 이화여자대학교

연구진실성위원회 규정(2011.10.25. 개정, 2012.8.1. 시행)

제14조(예비조사의 절차) ① 예비조사위원회는 다음 각 호의 사항에 대한 조사를 실시하여 30일 안에 위원회에 보고하여야 한다. (후략)

1. (생략)

2. (생략)

3. 제보일이 부정행위 등의 발생 시점으로부터 5년 이내인지의 여부 및 5년이 지난 부정행위 등이라 하더라도 피조사자가 그 결과를 직접 재인용하여 후속 연구의 기획 및 연구비의 신청, 연구의 수행, 연구결과의 보고 및 발표에 사용하였는지와 공공의 복지 또는 안전에 위험이 발생하거나 발생할 우려가 있는지의 여부

http://www.ewha.ac.kr/upload/rulesfile/9493_rulesfile_1368515872431.pdf (2014.7.19. 방문). 이화여대는 교육부가 지침에서 검증시효 규정을 삭제한 후에도 여전히 구 지침상 검증시효 규정을 그대로 사용하고 있다. 물론 검증시효 규정을 존치하더라도 예외적으로 검증할 수 있는 조항(위 제14조제1항 제3호)이 있으므로 무방하다고 볼 여지가 있다. 그러나 이 조항의 해석상 발생시점으로부터 5년이 지난 부정행위 중 피조사자가 직접 재인용하여 후속 연구의 기획 및 연구비 신청·수행·보고·발표에 사용하지 않았거나 공공복지/안전의 위험 발생 또는 우려가 없다면, 본조사가 진행되지 않을 수 있다. 이 점에서 검증시효 규정을 삭제하는 것과는 분명한 차이가 있다.

수 있다. 학계를 바로 세우기는 참으로 어렵고 기간도 오래 걸리는데 이를 무너뜨리는 데는 시간이 오래 걸리지 않는다. 비록 나중에 폐지했더라도 교육부가 검증시효 규정을 두었던 것은 학계에 참으로 잘못된 신호bad signal였음이 분명하다. 그것이 가져올 폐해는 이루 말할 수 없이 심대하다. 뒤늦게 정부가 지침을 고쳐 시효 규정을 삭제했어도 규정 제정 시 재빠르게 순응했던 대학이 정부가 원하는 대로 따를지는 의문이라는 점에서 이 문제는 앞으로도 한동안 비가역적非可逆的 상황을 초래할 것으로 보인다.

이처럼 정부가 전문성이 부족한데도 의욕이 넘쳐 불필요할 뿐만 아니라 부적절한 규정을 만들었다가 뒤늦게 폐지할 경우, 이미 구 규정이 대학이나 교원의 기득권으로 잘못 인식됨으로써 나중에 정부가 바꾸려 해도 잘되지 않는 비가역적 상황이 초래될 수 있다는 값비싼 교훈을 검증시효 제도 제정과 폐지에서 얻은 셈이다.

그렇다면, 정부의 지침 개정(검증시효 규정 삭제)에 따라 규정을 개정한 대학[969]의 소속 교원들이 교육부 지침 변경을 소급입법이라고 하여 구 지침상의 검증시효 규정이 여전히 유효하다고 주장할 수 있는가? 이는 정부 지침이 개정되었는데도 잘못된 구 지침에 기대어 여전히 검증시효 규정을 두고 있는 대학이 새로운 지침을 따르지 않는 이유로, 이미 소속 교원들이 시효에 대한 기대와 이익을 갖고 있기 때문(소급입법)이라고 주장하는 것과 궤를 같이한다. 이에 대해서는 항을 달리하여 설명한다.

(2) 소급금지 원칙 미위배

연구윤리 확보를 위한 지침은 2011년 개정될 때 검증시효, 즉 표절 시효 규정을 삭제했는데, 이에 대해 소급금지 원칙에 위배한 것이라는 주장이 나올 수 있다. 교육부 훈령에 따라 각 대학이 검증시효 규정을 제정했지만 교육부 훈령에서 이를 폐지했는데도 여전히 여러 대학이 검증시효 규정을 폐지하지 않은데서, 이들 대학이나 소속 교원들이 마치 교육부 구 지침을 자신들의 기득권을 보장하는 근거로 삼는

---

969. 예를 들어 연세대학교, 한양대학교, 서강대학교 등은 교육부의 검증시효 규정 폐지 지침에 따라 각기 대학의 해당 규정을 개정해 검증시효 조항을 삭제했다.

것이 아닌가 생각되기도 한다. 그러나 다음과 같은 이유에서 이런 주장이나 생각은 타당하지 않다.

첫째, 과거 규정(2007년 제정되어 2011년 개정될 때까지 유지된 2009년 규정)에 따르더라도 검증시효 기간이 지난 부정행위는 검증해서는 안 된다고 확정적으로 규정하고 있지 않다.[970]

둘째, 표절 등 연구부정행위에 대한 검증시효를 규정한 훈령이나 각 대학 등의 규정은 법률이 아니므로 소급입법금지 원칙이 적용된다고 할 수 없다.[971] 또 표절 규정은 국가형벌권을 발동시키는 것이 아니며, 나아가 재산권 또는 참정권을 박탈하는 것도 아니므로(헌법 제13조제2항), 원칙적으로 소급입법금지 원칙이 적용되는 대상이 아니라고 할 것이다.

셋째, 양보하여 법률이 아닌 훈령 또는 대학 내부의 규정, 즉 자치법규에도 소급금지 원칙이 적용된다고 하더라도, 이른바 표절은 '진정 소급효'가 적용되는 대상이 아니다. 다시 말해 소급입법이 가능한 '부진정 소급입법'의 대상이다. 과거의 사실관계 또는 법률관계를 규율하기 위한 소급입법의 태양에는 이미 과거에 완성된 사실·법률관계를 규율 대상으로 하는 이른바 '진정소급효의 입법'과 이미 과거에 시작했으나 아직 완성되지 않고 진행과정에 있는 사실·법률관계를 규율 대상으로 하는 이른바 '부진정소급효의 입법'이 있다. 헌법이 금지하는 소급입법은 진정소급효가 있는 법률만을 의미한다.[972] 위에서 본 바와 같이 표절물이 시중에서 유통되거나 도서관에서 대출 또는 열람 가능한 상태라면 표절의 피해가 지속적으로 발생하고 있는 것이므로, 사실관계 또는 법률관계가 과거에 확정된 것이 아니라 여전히 진행 중에 있다는 점에서, 표절에 관한 규정은 부진정소급효의 입법이라고 볼 수 있다. 따라서 표절의 검증시효 기간 규정을 삭제해 표절자에게 불리하게 되었다

---

970. 구 연구윤리 확보를 위한 지침
　　제12조(진실성 검증시효) ① 제보의 접수일로부터 만 5년 이전의 부정행위에 대해서는 이를 접수했더라도 처리하지 않음을 원칙으로 한다.
971. 일반적으로 소급입법 금지 원칙의 헌법상 근거는 헌법 제37조제2항(기본권 제한의 법률유보), 제13조제1항(행위시법주의)과 제2항(소급입법 금지), 제12조제1항(죄형법정주의)으로 이해되고 있다. 모두 국가의 입법행위에 의한 소급금지를 규정하고 있다.
972. 헌법재판소 1999.4.29. 선고 94바37 결정 참조.

하더라도 소급금지 원칙 위반이라고 할 수 없다.

5. 경험적 사례 – 판례 중심

우리 법원은 표절을 징계사유로 하는 징계처분의 불복을 다루는 재판에서 시효 주장을 받아들인 것이 있는가 하면 그렇지 않은 것도 있다. 그러나 앞서 본 바와 같이 시효 주장을 받아들인 사례가 반드시 표절의 검증시효를 적극적으로 인정한 것이라고 단정하기 어려울 뿐만 아니라, 그렇다 하더라도 그 판결들이 표절과 시효제도의 의의에 충실했다고 보기 어렵다.

오히려 다음에서 보는 판결 몇 건에서와 같이 우리나라에서도 표절을 징계사유로 하는 재판에서 시효를 인정하지 않거나 더욱이 판결 외의 사례에서는 표절의 검증시효를 인정하지 않음이 분명하다.

(i) 교육부의 검증시효 규정을 사실상 무력화한 판결

교육부의 지침과 이에 따라 제정된 대학의 연구진실성 규정에 있는 검증시효 규정이 재판에서 크게 문제 된 사례를 소개한다.[973] 국내 한 대학총장은 1979년에 한양대학교에서 석사학위를 받고 이어 경희대학교에서 박사학위까지 받았다. 그런데 석사학위를 받은 지 32년이 지난 후인 2011년 4월경 석사논문에 표절 의혹이 제기되어 한양대학교 연구진실성위원회는 표절 판정을 내렸으며 공학대학원 위원회의 표절 확인을 거쳐 대학원위원회는 5월경 석사학위를 취소했다. 이에 표절 판정을 받은 총장(원고)은 한양대학교(피고)를 상대로 석사학위 취소행위의 무효확인을 구하는 재판을 청구했다. 여기에서 피고 대학의 표절 판정이 검증시효에 관한 교육부의 구 연구윤리 확보를 위한 지침 제12조제1항을 위반했는지가 쟁점으로 되었는데, 이에 관한 법원의 판단을 옮겨본다.

---

973. 대학총장 사건 판결(주 929).

① 위 지침 제12조 제1항이 "제보의 접수일로부터 만 5년 이전의 부정행위에 대해서는 이를 접수하였더라도 처리하지 않음을 '원칙으로 한다'"는 표현을 사용함으로써 제보의 접수일로부터 5년 이전의 부정행위에 관하여도 조사할 수 있는 가능성을 열어두고 있는 점, ② 원고의 주장과 같이 제보의 접수일로부터 5년 이전의 부정행위에 관한 제보를 처리하지 아니하는 이유를 '증거가 제대로 보존되지 않거나 관련 참고인의 이직으로 인하여 공정한 조사가 어려울 것을 감안한 취지'에 있다고 본다 하여도, 이를 가지고 '제보의 접수일로부터 5년 이전의 부정행위에 관하여는 일률적으로 표절 심사를 할 수 없다'고 해석할 수는 없을 뿐만 아니라, 원고의 석사학위논문과 ○○○의 논문은 그 제목과 세부목차가 완전히 동일하고 내용도 거의 유사하므로(을 제2호증의 1, 2의 각 기재), 표절 여부를 판단할 자료가 충분하고, 공정한 조사가 어려울 것이라고는 보이지 않는 점에 비추어보면, 한양대학교 연구진실성위원회가 이 사건 제보의 접수일로부터 만 5년 이전에 있었던 원고의 석사학위논문 표절 사실에 관하여 이 사건 표절 결정을 하였다고 하여, 이를 위 지침 제12조 제1항을 위반하였다고 볼 수는 없다 할 것이다.

법원은 검증시효 규정은 5년이 지난 것에 대해 조사할 수 없도록 한 것이 아니라, '원칙으로 한다'는 규정일 뿐이므로 제보 접수일부터 5년 이전의 부정행위에 대해서도 조사할 수 있다고 보았다.[974] 앞서 지적한 바와 같이 교육부가 만들었다가 삭제해버린 검증시효 규정이 애초에 없었다면, 하지 않아도 될 불필요한 공방이 이루어진 셈이다. 이 점에서 표절에 대한 잘못된 이해로 만들어졌던 교육부 지침의 검증시효 규정이 표절 재판까지 혼란을 초래했음을 알 수 있다. 여하튼 법원은 이 조항을 단지 원칙규정으로 보고 제보일 기준 5년 이전에 발표된 논문도 표절 검증을 할 수 있다고 해석함으로써, 사실상 검증시효 규정을 무력화했다.

한편, 시효제도가 필요한 이유 중 하나로 기간이 오래 지나면 증거수집이 어렵기 때문이라고 하는데, 표절 사건에서는 표절물과 피표절물이 증거로 명확히 존재하므로, 표절문제에는 시효제도를 둘 필요가 없다.[975] 위 판결은 표절 사건에서 표

---

974. 다만, 이 사건에서 법원은 이 대학의 연구진실성위원회가 예비조사위원회와 본조사위원회를 열지 않고 원고에게 의견진술 기회를 부여하지 않은 채 표절 결정을 내린 절차위반을 들어 원고 청구를 인용했다.
975. 주 947 – 949 해당 면.

절의 증거가 명백히 남아 있으므로 검증시효를 배제할 필요가 없다는 필자의 주장과 같은 논지에 서 있다.

(ii) 시효의 기산점에 대한 해석으로 사실상 검증시효를 무력화한 판결

국방연구원 사건 판결은 자세히 살펴보았으므로 생략하고, 법학교과서 I 사건 항소심 판결을 살펴본다.

> 이 사건 각 저서가 이 사건 징계처분 당시까지도 계속 출간되어 시중에서 판매되어온 사실, 원고는 이 사건 각 저서의 출간·판매의 중단을 위하여 별다른 조치를 취한 바는 없었던 사실을 각 인정할 수 있는바, 이와 같이 이 사건 각 저서가 계속 출간·판매되고 있는 이상 징계사유에 해당하는 행위는 아직 종료되지 아니하였다고 할 것이어서, 결국 이 사건 징계절차는 징계시효가 완성되기 전에 개시되었다 할 것이므로 원고의 위 주장은 이유 없다.[976]

한편 이와 같지는 않지만 표절로 인한 징계시효의 기산점을 표절물을 발표한 때가 아니라 그 후로 본 판결이 여럿 있다. 대표적으로 승진하기 위해 표절물을 학교에 제출했을 때로 본 판결,[977] 정년보장교원 심사과정에서 정당한 연구업적처럼 표절물을 판단자료로 기재·보고한 때로 본 판결이 있다.[978]

(iii) 시효가 지났어도 징계양정에서 참고자료로 쓴 판결

표절을 징계사유로 하는 징계처분 불복 사건에서 표절에 시효를 적용하더라도 징계시효가 지난 비위행위를 징계양정에서 참고자료로 쓸 수 있다고 한 판결[979]은 해석하기에 따라서는 표절의 시효를 부분적으로 무력화한 것이라고 볼 수 있다.

---

976. 법학교과서 I 사건 항소심 판결(주 377).
977. 회계원리 사건 판결(주 378).
978. 박사학위 논문지도 사건 판결(주 487).
979. 연구년실적물 행정사건 판결(주 613).

징계시효가 지난 비위행위라 하더라도 징계양정에 있어서 그 참작자료로 할 수는 있는바, 참가인은 이 사건 논문 이외에도 제자의 석사 논문을 자신이 작성한 것처럼 자신의 단독 명의로 원고의 논문집에 제출하거나 조교수의 지위에 있으면서 과거 학부생이 작성한 논문을 표절하는 등 세 차례에 걸쳐 논문을 표절한 바 있고, 특히 1996년에 발표한 논문이 표절로 드러남에 따라 이미 정직 2월의 징계를 받은 전력이 있는 점, 설사 참가인이 주장하는 대로 참가인 이외의 원고 소속 교수들도 논문 등을 작성하면서 다른 문헌을 표절한 사실이 인정된다 하더라도, 그로 인하여 참가인의 표절 행위가 정당화된다거나 그 비위 정도가 희석된다고 볼 수는 없는 점. (후략)

(iv) 재판 외 사례와 해외 사례

서울대 정외과 교수 사례에 표절 검증시효가 적용된다면, 2004년에 발표된 논문은 제보 시점으로부터 무려 8년에서 9년이 지났기 때문에 표절 검증 대상이 아니라고 할 것이다. 그런데 학회는 제보자 의뢰에 따라 검증하여 표절이라는 결론을 내렸다.[980] 제보자가 유명한 외국 대학의 저명한 교수라는 이유로 검증시효가 만료됐는데도 검증했다고 설명할 것인가? 그럴 수는 없다. 오히려 예일대 교수의 표절 제보에 국내 학회가 검증시효 제도를 들어 검증을 거부했다면 국제적 망신을 당할 수 있었다고 생각한다.

미국 등 선진국의 경우 표절문제에서 검증시효를 두었다는 예를 발견하기 어렵다. 이뿐만 아니라 출간 후 시간이 오래 지났는데도 표절 의혹 당사자가 검증시효를 주장하거나, 소속 기관 또는 법원이 시효 주장을 받아들여 판단 대상에서 배제한 예를 찾기 어렵다. 오히려 출간한 지 19년이 지난 시점에 표절 사실이 발각되자 이를 인정한 사례[981]가 있는가 하면, 14년 전인 1983년 출판된 책에 표절이 있다는 주장에 대해 법원(1997년 재판)은 정년보장 교수tenured professor의 해고처분이 적법하다는 판결을 선고했는데 그 과정에서 시효 항변을 찾아볼 수가 없다.[982]

학문의 국제 교류가 활발한 상황에서 선진국에 없는 검증시효 제도를 두어 일

---

980. 양승식 등, 앞의 기사(주 928). 이 기사에 따르면 서울대 교수가 논문 표절이 밝혀져 사임한 것은 개교 이래 처음이라고 한다.

정한 기간이 지났다는 이유로 표절 검증 자체를 막아버린다면 세계 학계에서 조롱 거리가 될 수 있다.

6. 학위논문과 검증시효

가. 문제 제기

최근 대학별로 학위논문에 대한 표절 제보가 심심치 않게 있는데, 표절로 확인될 경우 예상되는 여러 문제 때문에 대학들이 그 처리를 두고 난관에 부딪히는 경우가 많다.[983] 표절로 판정할 경우 학위논문을 취소해야 하는지, 학위논문이 취소되면 학위를 취소해야 하는지 하는 문제가 이어진다는 점에서 일반논문과 다르다. 그뿐만 아니라, 학위가 취소되면 학위를 전제로 한 각종 지위와 법률관계에 영향을 미칠 수 있다. 학위취득자 개인을 넘어 학위논문 표절과 그에 따른 학위취소는 학위수여 대학의 명예와 평판에 심대한 영향을 미치기도 한다.

이와 같은 복잡한 문제로 대학은 학위논문 표절 제보에 민감할 수밖에 없는데, 이때 검증시효는 대학이 학위논문에 대한 표절 검증을 회피하는 좋은 빌미가 되고 있다. 실제 일부 대학에서는 통과된 지 일정한 기간이 지난 학위논문에 대해서는 표절 제보가 들어오더라도 검증시효가 지났다는 이유로 표절 검증을 하지 않거나, 최소한 검증하지 않을 것을 고려하는 경우가 많다.

---

981. 하버드대 로스쿨 트라이브Laurence H. Tribe 교수의 표절 사례가 대표적이다. 트라이브 교수는 1985년에 출 간된 자신의 저술에 대하여 무려 19년이 지난 2004년에 표절 의혹이 불거졌을 때, 표절 사실을 시인함 으로써 사건이 종결됐다. 이는 표절에 시효가 적용되지 않음을 단적으로 보여주는 사례다. 이 사건의 과 정 어디에도 시효가 적용되거나 주장됐다는 이야기는 없다. 남형두, 앞의 논문(주 937 표절사례 연구), 311～312면 중 각주 80(원출처:Daniel J. Hemel and Lauren A.E. Schuker, 「Prof Admits to Misusing Source－Tribe's Apology Marks Third Instance of HLS Citation Woes in Past Year」, The Harvard Crimson, 2004.9.27.).

982. Klinge v. Ithaca College, 244 A.D.2d 611, 663 N.Y.S.2d 735 (1997).

983. 예를 들어, 문대성 의원 사건의 경우 대학이 표절을 확인한 후에도 학위취소 절차를 밟지 않은 것으로 보 도됐다. 권영은, 「국민대, 문대성 학위 박탈에 뭉그적」, 한국일보, 2013.4.16. 기사.

나. 학위논문의 특성과 검증시효

석·박사학위 수여 요건으로 학위논문이 필수적인 것은 아니지만, 이하에서는 석·박사학위 논문의 제출과 심사, 합격이 학위수여 요건인 일반적 경우를 전제로 한다. 또 실제 논란이 되는 것은 주로 박사학위 논문이므로 특별한 경우를 제외하고는 박사학위 논문을 대상으로 논의한다.

박사학위와 박사학위 논문을 어떻게 보느냐에 대해서는 나라별, 학문별로 차이가 있음을 지적한 바 있다.[984] 견해 차이가 있을 수 있지만, 일반적으로 박사학위 논문은 특정 전문 분야에서 충분한 지식을 토대로 독자적 학술연구를 수행할 수 있는 능력을 나타내고, 기존 지식을 상당한 정도 수정 또는 확대하며 논지가 분명한 내용을 담아야 한다고 이해된다.[985]

박사학위는 최고 수준의 학위로서 학위제도가 있어온 수백 년 동안 박사학위의 권위가 여전히 남아 있는 것은 학위취득과 수여 과정이 철저하다는 전통이 유지되고 있기 때문이다. 다른 측면에서 보면 박사학위에 이런 권위를 부여하는 것은 박사학위 논문의 진실성이 전제되기 때문이다. 이런 학위논문에 거짓과 비윤리적 표절(대필 포함)이 들어 있다면, 위와 같은 전제와 함께 권위가 무너져 내릴 수밖에 없다.

박사학위 논문에 다른 저술보다 더욱 수준 높은 진실성을 요구하는 것은 위와 같은 학문 전통 때문이기도 하고, 그것이 전문직 등의 입문, 채용 요건이 되기 때문이기도 하다. 만약 박사학위 논문에 표절 등 연구윤리 위반이 있다면 요건 불비가 된다는 점에서 문제가 심각하다. 박사학위 논문의 성격을 어떻게 보느냐에 관해 해결되지 않은 논란이 있다. 그런데 '학문의 완성'이 아닌 '학문에 들어설 수 있는 자격 부여'라는 시각에 선다고 하더라도, 학위논문에 표절 등 연구윤리 위반이 있다고 밝혀진다면, 이는 마치 대리시험과 같은 부정행위로 사법시험에 합격한 사실이 밝혀진 판사, 검사, 변호사의 자격을 존속케 하느냐는 문제에 비유할 수도 있다.

---

984. 주 817과 818 사이 해당 면.
985. 이상은 연세대학교 대학원 학위논문에 관한 내규 제3조(학위논문)제3호나목을 참조한 것으로, 다른 대학도 대동소이할 것으로 보인다. http://graduate.yonsei.ac.kr/ (2013.8.14. 방문).

학위논문, 특히 박사학위 논문에는 다른 저술과는 비교가 되지 않을 정도로 수준 높은 도덕성이 요구된다. 중대한 표절이라면 학위논문을 취소하고 이어서 학위를 취소(박탈)하는 것이 가능할까? 가능하다면 그 근거는 무엇일까? 나아가 학위취소는 학위를 전제로 채용된 교수직 등 전문직의 지위와 그 밖의 지위에 영향을 미칠까? 이렇듯 매우 복잡한 문제의 시발始發은 표절 판정에 있고, 표절 판정 절차가 통과해야 할 첫 관문은 바로 검증시효에 있다. 이 점에서 검증시효 인정 여부의 중요성이 더욱 강조된다.

그런데 위에서 본 바와 같은 학위논문의 특성을 감안할 때, 학위논문은 일반논문보다 더욱 검증시효 제도가 적용되기 어렵다. 일반논문에 대해서도 검증시효 제도가 인정될 수 없다면 학위논문에 대해서는 더 말할 것도 없기 때문이다. 검증시효를 이유로 박사학위 논문에 대한 표절 검증을 피하거나 막을 수는 없다.

학위논문 취소가 가져올 이후 여파는 항을 달리해 살펴본다. 다만, 그 여파가 아무리 크더라도 그것이 학위논문의 표절 검증 자체를 막는 사유가 될 수는 없다고 본다.

다. 학위논문 취소에 따른 여파

학위논문이라 해서 표절에 관한 검증시효를 배제할 이유는 되지 못한다. 다만 표절 정도에 따라 학위논문을 취소하고 나아가 학위까지 취소할지는 신중을 기할 필요가 있다. 학위취소가 가져오는 여파를 생각하면, 예컨대 출처표시 일부 누락 수준의 경미한 표절과 대필 수준의 중대한 표절을 같게 볼 수는 없기 때문이다.

여기에서는 학위논문에 표절이 있는 경우 학위수여 기관(대학)이 취할 수 있는 행위와 그 근거를 살펴보려고 한다. 다만, 학위취소가 학교를 벗어나서 미칠 영향은 이 책의 범위에서 많이 벗어나므로 별도의 장場에서 논의한다.[986]

학위논문의 진실성이라는 본질에 비추어보면, 학위논문에서 대필 같은 중대한 표절이 발견되었다면 학위논문 취소는 물론 이에 기반해 수여된 학위도 취소돼야 마땅하다. 그런데 뒤에서 보는 바와 같이 표절은 정도에 따라 제재에 경중이 있다.[987] 출처표시의 일부 누락이나 재인용에 따른 출처표시 방식 위반 등과 같이 비교적 사소한 표절과 대필 또는 논문의 상당한 부분 출처표시 누락을 같이 대우할 수는 없다. 비교적 가벼운 표절이라면 학위논문을 바로 취소하기보다는 오히려 정정하도록 기회를 주는 것이 바람직하다.

그런데 중한 표절일 때는 학위논문을 취소하고 학위까지도 취소하는 것이 고려될 수 있다.[988] 이때 학위논문 취소와 학위취소를 할 수 있는 근거는 무엇인가?

첫째, 별도 규정이 없더라도 학위논문의 본질이나 성격상, 예컨대 대필임이 밝혀졌다면 학위자 본인이 작성한 것을 전제로 심사를 거쳐 통과된 학위논문은 기본 전제가 무너졌기 때문에 학위논문 취소는 당연한 것이며, 나아가 학위도 학위논문의 명의자에게 수여될 수 없었던 것이라는 점에서 취소하는 것이 마땅하다.

둘째, 고등교육법 제35조제2항에 따르면, "대학원에서 학칙으로 정하는 과정을 마친 사람에게는 해당 과정의 석사학위나 박사학위를 수여한다"라고 되어 있는데, 예컨대 대필로 작성된 학위논문을 제출한 사람은 어떤 경우에도 학칙으로 정한 과정을 마친 사람이라고 볼 수 없다. 따라서 이런 사람에게 수여된 박사학위는 요건을 갖추지 못한 것이 되므로, 학위논문과 학위취소가 가능하다.

셋째, 대학 등 학위수여 기관에는 학위논문에 표절 등 부정행위가 발견된다면 학위수여 이후라도 학위논문과 아울러 학위가 취소될 수 있다는 취지의 규정이 있는 경우가 있다. 이와 같은 규정은 학위과정에 있거나 있었던 학생에게 적용되므로, 그 규정이 무효라는 특별한 사정이 없는 한 규정에 따라 학위논문과 학위가 취소될 수 있다. 그런데 이와 같이 명확히 학위취소 규정을 두는 경우가 있는가 하면,

---

986. 예컨대 문대성 의원 사건의 경우, 박사학위 논문이 표절로 판정됐는데 이어서 학위가 취소된다면 그의 교수직에 미칠 영향, 나아가 학위취소에 소급적 효력이 있다면 국회의원 당선에도 허위학력이 문제가 될 소지도 있다. 현행 공직선거법 제223조(당선소송)제1항, 제52조제1항제6호, 제49조제4항에 따르면, 국회의원 후보등록 시 허위학력증명서를 등록신청서류로 제출할 경우 등록무효 사유가 되고, 이는 당선무효 사유가 될 수 있다. 다만, 당선인 결정일부터 30일 내에 소제기를 해야 한다. 여기에서 '30일'의 해석과 관련해 선거결과의 조속한 확정이라는 법익과 유권자 선택권이 방해돼서는 안 된다는 법익이 충돌한다. 한편, 본문에서 논의하는 표절문제로 학위가 취소되기까지는 조사로부터 여러 달 걸리기도 하는데, 특히 선거운동 기간에 표절과 학위의 적절성이 논란이 된 경우, 표절문제가 조사를 거쳐 최종 확정되는 데까지(최악의 경우 대법원 재판에까지 연장될 수 있음) 최소한 '30일' 이상 소요된다는 점에서 '30일'은 '등록무효 사유 발생일로부터 30일'로 해석해야 할 것이다.

987. 표절에 대한 제재의 다양성은 주 1111 - 1170 해당 면 참조.

988. 허정헌, 앞의 기사(주 940). 보도에 따르면, 단국대는 방송문화진흥회 김재우 이사장의 박사학위 논문 표절 의혹과 관련해 단국대 연구윤리 본조사위가 발표한 의견을 반영해서 학위취소 결정을 내렸다고 한다. 한편, 김재우는 2013년 3월 방문진 이사장직을 사퇴했다.

그렇지 않은 경우도 있다. 이와 관련하여 대학총장 사건 판결 중 매우 흥미를 끄는 내용이 있다.

1) 학칙 위반의 하자 유무

(중략)

나) 이 사건에 관하여 보건대, 한양대학교 대학원 학칙 제48조는 '각 대학원의 학위를 받은 자로서 학교 명예를 손상하는 행위가 있을 때에는 각 대학원 운영위원회의 결의를 거쳐 그 수여를 취소할 수 있다'고 규정하고 있는바(앞서 본 바와 같음), 여기서 말하는 "학위를 받은 자로서 학교 명예를 손상하는 행위가 있을 때"는 "학위를 받은 다음, (학위를 수여받은 본인이) 학교 명예를 손상하는 행위를 한 때"로 해석하는 것이 문언의 통상적인 의미에 충실하다 할 것이다. (중략)

라) 그러나 과연 원고가 '석사학위를 받은 다음 학교 명예를 손상하는 행위를 하였는지'에 관하여 보건대, 원고의 석사학위논문 표절 행위는 석사학위 취득 전에 있었고, 원고의 석사학위 취득 후에는 '원고의 석사학위논문이 소외 ○○○의 ○○대학교 경영행정대학원 석사학위논문을 표절한 것'이라는 기사가 언론에 보도되었을 뿐이므로, 이와 같은 언론 보도 자체를 가지고 '원고가 학교 명예를 손상하는 행위를 하였다'고 볼 수는 없다 할 것이다. 따라서 한양대학교 대학원위원회가 대학원 학칙 제48조에 근거하여 이 사건 학위수여취소를 결정한 것은, 위 학칙 제48조를 적용할 수 없음에도 이를 적용한 하자가 있다.[989]

위 첫째 또는 둘째 이유로도 학위취소가 불가능한 것은 아니지만, 학칙에 따라 학위취소를 할 경우에는 좀 더 명확한 학칙이 필요함을 일깨워주는 판결이라 할 수 있다.[990]

넷째, 계약을 근거로 들 수 있다. 심사를 위해 학위논문을 제출할 때 심사단계뿐만 아니라 학위가 수여된 이후라도 표절 등 연구부정이 발견되면 학위논문과 학위가 취소될 수 있다는 내용의 서면에 동의한 경우, 학위후보자 또는 학위자는 이에 구속되므로 추후 표절 판정이 나면 학교는 학위논문과 학위를 취소할 수 있다.

---

989. 대학총장 사건 판결(주 929).

학위논문 취소는 그에 따라 학위를 취소해야 하는 경우를 초래할 수 있다. 또한 학위수여 기관의 명예와 평판에 커다란 타격을 입힐 수도 있다. 그렇다고 해서 명백히 중한 표절, 예컨대 대필로 작성된 것임을 확인했거나 전체적으로 기존 논문을 베끼다시피 한 것임을 확인하고도 학위수여기관의 명예와 평판이 저하되는 것을 막고자 박사학위 논문과 학위를 취소하지 않는다면, 해당 학위수여 기관은 그 자체로 또 한 번 낮은 평가를 받게 될 것이다. 위와 같이 중한 표절인 경우 학위논문과 학위를 취소해야겠지만, 그에 미치지 못한다면 정정, 수정, 재작성의 방법으로 학위논문 취소를 피하게 하는 것을 무조건 탓할 수만은 없다. 문제는 이런 판단은 오로지 스스로 명예와 평판 저하를 감수하는 해당 학위수여 기관만이 할 수 있고, 해야 한다는 것이다. 이 점에서 뒤에서 보는 바와 같이[991] 학위논문에 관한 한 표절 여부 조사·판정을 학위수여 기관이 관장해야 할 이유가 있다.

---

990. 법원은 학위취소가 부당하다는 결론 아래 위와 같은 논리를 전개한 것으로 보인다. 그럴 만한 사정이 있었는지는 법원의 판단을 존중할 수 있지만, 일반론에서 말하면 학위논문에서 심각한 표절이 발견된 경우 학위논문과 학위취소를 주저할 필요가 없다는 점에서 관련 학칙을 소극적으로 해석할 것은 아니라고 본다. 이 대학에 학위논문 표절로 학위논문과 학위를 취소할 수 있는 별도 규정이 없다면, 위와 같이 '학위 취득'과 '학교 명예 손상 행위'를 시간 순으로 해석해야 했는지는 의문이다. 학위 수여 후 학위논문에 표절이 발견되어 학위논문과 학위를 취소할 수 있도록 하기 위해 별도 규정을 두지 않고 위 규정을 고쳐 사용하고자 한다면, "학위를 받은 자로서 재학 중 또는 졸업 후 학교 명예를 손상하는 행위가 있을 때"로 수정하는 것을 고려해봄직하다. 한편, 법원의 학칙 해석에 동의한다 하더라도 표절에 대한 법원의 이해부족을 지적하지 않을 수 없다. 이 책에서 누누이 주장하는 바와 같이 표절 피해는 표절이라는 평가를 받는 저술 행위로 끝나는 것이 아니라 그 표절물이 독자들이 읽거나 읽힐 수 있는 상태에 놓여 있는 한 지속적으로 발생한다는 관점에서 본다면, 이 사건 원고의 석사학위 논문 표절 피해는 대학의 학위취소 때까지도 지속되었으므로 해당 논문을 석사학위 논문으로 인준하고 저술자에게 석사학위를 부여한 해당 대학의 명예는 지속적으로 손상되었다고 보아야 한다. 즉, 비록 판결과 같이 학위취득자만 학교 명예 손상 행위의 주체가 된다는 식으로 해당 학칙 규정을 해석한다 하더라도, 석사학위 논문 표절 피해가 지속적으로 발생하므로 학교 명예를 손상하는 행위에 해당한다고 볼 수 있다.

991. 주 1027 – 1029 해당 면 참조.

II

준거법 – 어떤 규정을 적용할 것인가?

검증시효 논의에서 표절에 검증시효 제도를 인정하지 않더라도 표절 판단의 기준
만큼은 행위 시, 즉 논문 등의 발표 시점의 것을 적용함으로써 불합리를 막을 수 있
다고 주장한 바 있다. '표절 판단의 기준'은 법학 용어로 말하면 준거법governing law,
준거기준 또는 준거규정이라고 할 수 있다.[992] 준거법 논의는 앞서 본 바와 같이 비
단 검증시효 제도를 부정한 것에 대한 보완[993]으로서만 의의가 있는 것이 아니라,
일반적으로 표절 시비가 있을 때 어떤 법(기준, 규정)을 적용하느냐 하는 것으로도
의미가 있다. 여기에서 논의할 준거법 문제는 검증시효와 별개로 특정 표절 사건에
적용할 수 있는 규정이 둘 이상 있는 경우에 어떤 규정을 적용할지에 관한 것이다.

표절 사건에 적용할 규정이 둘 이상인 경우를 좀 더 세분하면, ① 규정이 개정
됨으로써 구 규정과 신 규정 중 어떤 것을 적용해야 할지 불분명한 경우와 ② 교수
또는 연구자가 소속된 기관의 규정과 그들이 논문을 투고한 학술지 또는 학회 규정
이 서로 달라 어떤 규정을 적용할지 불분명한 경우가 있다. ①은 ②에 비해 상대적

---

992. 표절 판단 규정이 법률은 아니므로 준거법보다는 준거기준이나 준거규정이 더 정확한 용어다. 그러나 준
거법이라는 용어가 널리 쓰일 뿐만 아니라, 준거법이 반드시 국회에서 제정된 법률만 의미한다기보다는
'준거되는 기준' 또는 '준거되는 규정'의 의미로도 쓰인다는 점에서 이 책에서는 준거법이라는 용어를 사
용한다.
993. 주 963 해당 면.

으로 단순한 문제다. 신구 규정 중 어떤 규정이 해당 표절 사건에 적용될 수 있는지 만 따져보면 되기 때문이다. 그런데 ②는 어떤 기관이 이를 판정하는지의 문제('관할' 문제)까지 더해진다는 점에서 다소 복잡하다.

예를 들어 설명한다. A대학교에 소속돼 있는 교수가 쓴 두 편의 논문 b, c에 표절 의혹이 있다. 논문 b는 B학회에서 발간하는 학회지에, 논문 c는 C학회에서 발간하는 학회지에 실렸다. 한편 A대학과 B학회는 자체 연구윤리규정(표절 판정 규정)을 두고 있는데, B학회의 규정은 논문 b가 발간된 이후 개정됐다[개정 전 규정을 '구규정(ß)', 개정 후 규정을 '신 규정(ß′)'이라 한다].

제보자가 B학회에 논문 b의 표절 의혹이 있으니 조사해달라고 제보했을 때, B학회(상설 연구윤리위원회 또는 임시로 만들어진 표절조사위원회 등)는 논문 b의 표절 여부 판단에서 구 규정(ß)을 적용할지 신 규정(ß′)을 적용할지가 ①에 해당한다. 한편, 제보자가 두 편의 논문 b, c의 표절 의혹에 대한 진상조사를 A대학에 요청했을 때, A대학은 자체 연구윤리규정[표절 판단 규정(α)]을 적용할지, 아니면 논문 b에 대해서만큼은 B학회 규정(ß 또는 ß′)을 적용할지가 ②에 해당한다(㉠문제). 여기에서 논문 b에 대해서 A대학과 B학회에 동시에 제보되었을 때 어떤 기관에 판정 권한이 있는지, 나아가 A대학과 B학회 중 어느 한 기관에 제보해 표절 판정이 나왔을 때 이에 불만을 품은 당사자(제보자 또는 표절 의혹 당사자)는 나머지 다른 기관에 재차 표절 여부에 관한 판단을 구할 수 있는지의 문제가 추가될 수 있다(㉡문제).

그런데 ①과 ②의 ㉠문제는 준거법 문제에서 논의할 수 있으나, ②의 ㉡문제는 준거법 문제이기도 하지만 그보다는 '관할 문제'에서 논의하는 것이 타당하다. 적용할 수 있는 준거법이 복수인 것은 맞지만, 준거법 선정의 문제라기보다는 관할 문제에 더욱 가깝기 때문이다. 따라서 ②의 ㉡문제는 항을 달리해 관할 문제에서 다룬다.

정리하면, 관할 문제를 제외한 준거법 문제는 적용 가능한 규정이 복수로 존재할 때 어떤 규정을 적용할지의 문제인데, 이는 판정기관의 규정이 개정됨으로써 규정이 복수로 존재하는 경우(①에서 B학회 규정, ß 또는 ß′)와 복수 판정기관이 각기 자체 규정을 갖고 있어 규정이 복수로 존재하는 경우[위 ②에서 A대학 규정(α)과 B학회 규정(ß 또는 ß′)]로 나누어볼 수 있다. 전자는 규정 개정에 따른 것으로 시차 때문에 발생하고, 후자는 동시에 복수 규정이 존재하여 발생한 것으로 시차와 무관하다는 점에서, 전자를 '종적 준거법 문제', 후자를 '횡적 준거법 문제'로 명명해 논의한다.

1. 종적 준거법 문제

가. 신구 규정의 충돌

표절 판정 규정이 바뀌어 과거 규정(ß)과 현재 규정(ß′)에 따라 표절 여부 판정의 결론이 달라질 수 있는 경우 어떤 규정을 적용할 것인가? 문제가 될 수 있는 것은 논문 발표 후 규정이 바뀐 경우다. 예를 들어 A대학 갑 교수는 B학회에서 펴내는 학술지에 b논문을 게재했다. 그런데 표절 의혹이 있다는 제보가 B학회에 제기되었고, B학회는 표절 여부를 심사하게 되었는데, 갑 교수 논문 발표 전후로 B학회의 표절 관련 규정이 개정됐다. 갑 교수가 논문을 게재할 당시 B학회 규정(ß규정)은 출처표시 단위로 '문단 단위' 기준을 제시했는데, 논문 게재 후 '문장 단위'로 규정(ß′ 규정)이 개정되었다. 표절 기준이 강화된 것이다. B학회는 ß규정과 ß′ 규정 중 어떤 규정을 적용해야 하는가?

나. 행위시법주의

원칙적으로 말하면 논문을 발표(게재)할 당시 규정인 ß규정을 적용하는 것이 맞다. 이는 상식에도 부합하는 것으로 굳이 논의할 가치가 있겠는가 하는 반문이 제기될 수 있다. 그러나 앞서 본 바와 같이 검증시효 제도를 두지 않는 것에 대한 보완으로 행위시법을 적용해야 한다는 논거가 될 수 있고, 나아가 표절 논의를 좀 더 합리적이고 이성적으로 하기 위한 논리체계 수립에 반드시 필요하다는 점에서 논의의 실익이 있다.

필자는 형법의 대원칙인 행위시법주의를 윤리 영역인 표절 논의에 끌어들이고
자 한다. 표절은 형사법이 적용되는 범죄가 아니지만, 표절로 낙인찍히면 형벌 못지
않은 피해를 입는다는 점, 무엇보다도 표절은 절취와 기만을 요소로 한다는 점[994]에
서 형법의 원리와 원칙을 유추 적용하는 것이 크게 틀렸다고 볼 수는 없다.

이른바 행위시법주의 원칙의 근거는 헌법과 형법에서 찾을 수 있다.

헌법 제13조
① 모든 국민은 행위 시의 법률에 의하여 범죄를 구성하지 아니하는 행위로 소추되
지 아니하며, 동일한 범죄에 대하여 거듭 처벌받지 아니한다.

형법 제1조(범죄의 성립과 처벌)
① 범죄의 성립과 처벌은 행위 시의 법률에 의한다.

이를 표절에 적용하면, 표절이라는 비위행위가 성립하는지는 표절 행위 시 규
정(ß규정)에 따라야 한다. 표절은 정의에서 보는 바와 같이 "해당 분야의 일반지식이
아닌 타인의 글 또는 독창적 아이디어를 자기 것인 양 하는 행위"이므로 논문 등 저
술을 발표하는 것으로 표절 행위가 성립한다. 그런데 표절의 검증시효 주장을 배척
하는 논거 중 표절 피해가 발생하는 한, 즉 독자들에게 읽힐 수 있는 상황이 지속되
는 한, 검증시효의 기산점이 시작되지 않는다는 논리를 행위시법주의에 적용하면
다소 의문스러운 상황이 발생한다. 표절 행위 성립 시와 완료 시는 다르다는 점에서
만약 그사이에 표절 관련 규정이 바뀌었다면, 새로운 규정(ß′규정)을 적용하는 것이
오히려 행위시법주의에 맞는 것이 아닌가 하는 생각이 들 수 있기 때문이다.

표절 성립 여부와 관련해 행위시법주의 원칙을 적용할 때 괴리가 생기는 것은
표절이라는 비위행위의 행위 시와 결과발생 시가 다르기 때문인데, 이를 매끄럽게
이해하기 위해서는 형법학 논의를 가져올 필요가 있다.

앞서 본 표절의 피해자론에 따르면, 표절은 형법학의 범죄론에서 말하는 '이격

994. 주 462 해당 면.

범離隔犯'과 유사하다. 범죄행위 즉시 결과(피해)가 발생하는 범죄와 달리 범죄행위와 결과발생 사이에 시간이 필요한 범죄를 이격범이라고 하는데, 대표적으로 사기죄를 들 수 있다. 사기죄는 기만행위와 편취로 이루어지는데, 기만행위가 있은 즉시 피기만자가 재물이나 재산상 이익을 기만행위자 또는 제3자에게 줌으로써 편취라는 결과가 발생하기도 하지만, 기만행위 후 상당한 시간이 흐른 다음 편취라는 결과가 발생하기도 한다. 표절이라는 비위행위도 논문 등의 작성, 발표, 출판 같은 일련의 과정에서 타인의 글이나 아이디어를 자기 것인 양 하는 행위가 있고, 독자들이 그 표절물을 표절자 것으로 오인하는 피해가 발생한다는 점에서 표절 행위와 피해발생 사이에 시간이 필요하다.[995]

그런데 이와 같은 이격범도 범죄성립 여부와 관련해 행위시법주의 원칙을 적용할 때, '행위 시'라 함은 결과발생 시가 아니라 실제 행위 시라고 봄이 타당하다. 결과발생이라는 우연적 요소로 범죄 성립 여부가 달라져서는 안 되기 때문이다. 이를 표절에 적용하면, 표절 행위 시점과 피해 발생 시점 사이에 표절 규정이 개정되어 변화가 있다면, 행위 시점의 규정(ß규정)이 적용되는 것이 맞다. 이 점에서 앞서 제기한 의문은 해소될 수 있을 것이다.

참고로 필자가 작성하여 저작권위원회에 제안한 표절방지 가이드라인 제8조에 따르면, 다음과 같이 규정되어 있다.

8. [소급효, 적용기준 등]
가. 표절문제에 관한 한 검증시효는 없다.
나. 표절 여부를 판정함에 있어서 적용되는 기준은 출간 당시의 것으로 한다. 다만, 그 기준이 출간 시보다 판정 시에 표절 의혹자에게 유리하게 변경되었다면 판정 시의 기준을 적용한다.[996]

한편, 현행 연구윤리 확보를 위한 지침(교육부 훈령 제60호, 2014.3.24. 제정, 동 일자 시

---

995. 국방연구원 사건 판결(주 722). 주 956에서 인용한 부분 참조.
996. 남형두, 앞의 보고서(주 353 가이드라인), 210면.

행)도 이를 뒷받침하는 규정을 두고 있다.

제14조(연구부정행위검증원칙) ④ 제보 받은 사항에 대한 연구부정행위 여부의 판단
은 해당 연구가 수행되거나 결과물을 제출 또는 발표할 당시의 관련 규정 또는 학
계·연구계의 통상적 판단기준에 따른다.

표절 판정에서 행위시법주의 원칙을 유추 적용하면 비전문가의 혼선을 합리적
으로 해결할 수 있다. 예를 들어 앞서도 잠시 언급한 바 있지만,[997] 영국의 19세기
낭만파 시대 문학을 비판할 때 표절이 난무했던 시기로 논의하는데, 대표적으로 콜
리지, 워즈워스, 바이런 등이 당대에도 표절 논쟁에 휘말린 시인들이다.

여동생 도로시 워즈워스Dorothy Wordsworth의 개인문집에 있는 글과 매우 유사한
것들이 있어 표절이라는 비판을 받기도 하는 윌리엄 워즈워스William Wordsworth의 경
우 오히려 당대에는 표절이라고 보지 않았다고 한다.[998] 당대 분위기는 여자들의
문학 활동이 활발하지 않아서 여자들은 자신의 문집을 사적으로 출판할 뿐, 대중에
게 펴내는 일이 흔치 않았다. 그런 상태에서 일반에 출판되지 않은 가계 내 문집에
서 은밀하게 차용하는 일이 성행했다. 당대에는 문학출판의 언저리에 있던 이런 문
집들에 대해서는 암묵적으로 저자가 없는 것으로 간주되기도 했으며, 동시대 같은
경험을 한 가족 간에 유사하게 가져다 쓴 행위를 두고 표절이라고 하지 않았던 것
은 당대(19세기 영국) 사정을 감안한 결과라고 봐야 한다.[999] 이 또한, 이 항에서 주장
하는 바와 같이 표절 판단 기준은 당대 관점(규범)을 존중해야 한다는 것의 좋은 예
가 될 수 있다.

앞서 지식 보호에 관한 우리 전통사상에서 살펴본 바와 같이, 다산은 현대적 관
점에서 보면 악의적 표절이라 할 두보의 시를 비교적 인용법을 지킨 소동파의 시
보다 높게 평가했다. 이를 두고 다산을 표절 옹호자로 이해해서는 안 된다고 한 것
도,[1000] 표절 여부 판단에 적용될 기준은 행위 시의 것이어야 한다는 것과 같은 맥

---

997. 주 4 해당 면.
998. Mazzeo, 앞의 책(주 4), 62 - 63면.
999. 위의 책, 84 - 85면.
1000. 주 284 - 292 해당 면.

락에 서 있다.

다. 행위시법주의의 예외

위에서는 표절 규정이 더욱 강화되어 표절 의혹 당사자에게 불리하게 된 경우를 보았는데, 드물지만 규정이 표절 의혹 당사자에게 유리하게 약화된 경우도 있을 수 있다. 이때는 형법 제1조제2항을 유추 적용해 판단 시 규정(ß′ 규정)을 적용하는 것이 타당하다.

> 형법 제1조(범죄의 성립과 처벌)
> ② 범죄 후 법률의 변경에 의하여 그 행위가 범죄를 구성하지 아니하거나 형이 구법보다 경한 때에는 신법에 의한다.

이는 행위시법주의 원칙의 예외로서 법률 개정으로 범죄가 되지 않거나 처벌이 가벼워진 경우에까지 행위시법을 적용하는 것은 인권 측면에서 타당하지 않다는 것이다. 이 경우 법률 개정이 일종의 반성적 입법이라는 이해를 바탕에 깔고 있다. 이는 표절에도 적용될 수 있다. 구 규정(ß규정)이 완화되어 신 규정(ß′ 규정)으로 개정됐다는 것은 구 규정이 지나치게 엄격해 잘못이었다는 반성에서 비롯했을 수 있기 때문이다. 따라서 비록 논문 등을 발표할 당시 규정(ß규정)에 따르면 표절이 성립하더라도, 표절 판단 시 규정(ß′ 규정)에 따르면 표절이 아닐 경우, ß′ 규정으로 판단하는 것이 타당하다는 결론을 행위시법주의 원칙에 대한 예외에서 도출할 수 있다.

참고로 필자가 작성한 표절방지 가이드라인 제8조나항 단서에는 이를 반영했다.

> 나. 표절 여부를 판정함에 있어서 적용되는 기준은 출간 당시의 것으로 한다. 다만, 그 기준이 출간 시보다 판정 시에 표절 의혹자에게 유리하게 변경되었다면 판정 시의 기준을 적용한다.[1001]

그런데 규정의 변화가 반드시 반성적 입법에 해당하지 않는 경우도 있다. 이는 표절 논의에서 매우 중요한 부분이므로 신중한 주의가 필요하다. 사실 이하 논의는 정확히 말하면, '규정 개정이나 변화'가 아니라 '표절 요건 변화'라고 할 수 있다.

표절은 "타인의 글이나 독창적 아이디어를 자기 것인 양 하는 행위"인데, 이에는 일반지식이 아닐 것이 필요하다. 다시 말해 타인의 글이나 아이디어라 하더라도 그것이 일반지식에 해당한다면, 출처표시를 하지 않고 가져다 쓰더라도 표절이 성립하지 않는다. 그런데 표절 의혹 당사자(갑)가 타인(을)의 독창적 아이디어를 출처표시 없이 가져다 쓴 후에, 이어서 후속 연구자들이 지속적으로 같은 방식으로 표절에 표절을 거듭함으로써 을의 독창적 아이디어가 사실상 일반지식화[化]할 수 있다. 갑이 출처표시 없이 가져다 쓴 을의 아이디어가 '독창성 있는 아이디어'라면 표절이고 '일반지식'이라면 표절이 아니게 되는데, 문제는 갑이 논문을 쓸 당시에는 을의 아이디어가 독창성 있는 아이디어였지만, 표절 여부 판단 시점에서는 일반지식이 되어버릴 수 있다는 데 있다. 이를 마치 표절 규정이 개정된 경우, 그중에서도 표절 의혹 당사자에게 유리하게 개정된 경우로 보아, 이 항의 행위시법주의 원칙의 예외를 유추 적용할 수 있는지가 논의될 수 있다.

결론적으로 말하면, 위와 같은 표절 요건의 변화는 행위시법주의 원칙의 예외 규정인 형법 제1조제2항을 유추 적용하는 반성적 입법에 해당하지 않으므로, 행위시법주의 원칙이 적용되어야 한다. 즉 논문 발표 시를 기준으로 을의 아이디어가 독창적인지 또는 일반지식인지를 판단해야 한다. 만약 그렇게 보지 않고 판단시점을 기준으로 일반지식 여부를 판단한다면, 표절한 사람을 오히려 보호하는 결과가 되어 부당하다. 행위시법주의 원칙의 예외 규정(형법 제1조제2항)의 취지는 위법을 저지른 자를 적극적으로 보호하려는 것이 아니라 입법 또는 입법자 잘못으로 억울한 사람이 생기는 것을 막기 위한 것이라고 할 수 있다(위에서 언급한 반성적 입법이 그 취지다). 그런데 최초로 타인의 독창적 아이디어를 함부로 가져다 쓰면서 출처표시를 하지 않아서 을의 독창적 아이디어를 일반지식화하는 실마리를 제공한 사람(갑)에 대하여, 이후 거듭된 표절로 일반지식이 되었다고 해서 그 행위를 정당화하는 것은 행위시법주의 원칙을 보완하기 위한 예외 규정의 본래 취지가 아니다. 타인의

1001. 남형두, 앞의 보고서(주 353 가이드라인), 210면.

독창적 아이디어나 표현을 가져다 쓰면서 출처표시를 하지 않아서 결과적으로 그것이 일반지식이 되는 데 첫발을 내디딘 사람은 학문윤리 차원에서 질이 나쁜 위규자違規者라고 할 수 있다.[1002] 일반지식 여부를 판단할 때 기준시점을 행위 시(논문 발표 시)가 아닌 판단 시로 하여 결과적으로 위규자를 보호한다면 이는 '부정직한 글쓰기'의 물꼬를 트는 격이 되어 바람직하지 않다.

일반지식 해당 여부의 기준시점이 판단 시가 아니라 행위 시여야 한다는 논거는 형사소송법의 재심사유 논의에서도 찾을 수 있다. 형사소송법은 재심사유를 제한적으로 열거하고 있는데(제420조), 그중 하나에 이런 것이 있다.

제6호
저작권, 특허권, 실용신안권, 의장권 또는 상표권을 침해한 죄로 유죄의 선고를 받은 사건에 관하여 그 권리에 대한 무효의 심결 또는 무효의 판결이 확정된 때

예를 들어 저작권침해죄로 유죄 선고를 받아 판결이 확정되었는데, 후에 그 저작권이 무효라는 판결이 선고되고 확정되었다면 저작권침해 판결은 재심 대상이 될 수 있다는 것이다. 침해되었다는 특허권에 대한 무효 심결이 확정되면 마찬가지로 특허침해죄 판결도 재심 대상이 될 수 있다. 여기에서 유죄판결의 전제가 되는 저작권이나 특허권이 무효, 즉 저작물성이나 특허성이 없다는 판결 또는 심결은 어떤 시점을 기준으로 판단해야 하는가? 이는 위에서 논의한 독창적 아이디어가 표절되고 시간이 흘러 일반지식이 되어버렸을 때, 일반지식에 해당하는지를 판단하는 기준 시점을 어느 때로 잡아야 하느냐와 같은 문제라고 할 수 있다. 특허권의 경우 무효사유 존부 판단의 기준 시점은 무효사유 중 신규성, 진보성이 없다거나 선출원이 있었다는 등의 사유는 출원 시를 기준으로 하고, 그 밖의 사유는 출원인 보

1002. 앞서 본 바와 같이 1890년 하버드 로리뷰Harvard Law Review에 실린 30대의 젊은 두 변호사(워런과 브랜다이스)가 쓴 짧지만 매우 독창적인 한 논문(「The Right to Privacy」)이 3세기에 걸쳐 미국 법학계에 지대한 영향을 끼치는 것은 이런 소장학자의 글을 표절하지 않고 출처표시를 했기 때문에 가능했다고 생각한다. 만약 누군가 처음에 표절하고 표절이 지속적으로 거듭되었다면, 이전에 없던 새로운 권리인 프라이버시권에 관한 독창적 이론은 일반지식이 되어버리고 말았을 것이다. 물론 워런과 브랜다이스의 이름도 사라졌을 것이다. 주 484.

호 견지에서 특허결정 시를 기준으로 한다.[1003] 다시 말해 재심사유가 되는 특허권의 무효 여부에 대한 기준시점은 원칙적으로 재심 제기 시 또는 재심 판결 시가 아닌 해당 특허의 출원 시 또는 특허결정 시라는 것이다. 이를 이 논의에 적용하면 독창적 아이디어인지, 일반지식인지 판단하는 기준 시점은 표절 판단 시가 아닌 표절 의혹 논문의 발표 시라야 맞는다.

라. 준거법 확정의 문제

사실 표절 논의에서 검증시효가 있어야 한다고 강력하게 주장하는 논거 중 하나는 표절에 검증시효를 인정하지 않으면 강화된 현재 표절 판정기준으로 오래된 과거 저술을 판정함으로써 무분별한 마녀사냥이 이루어질 것이라는 우려 때문이다. 그러나 이는 앞서 본 바와 같이 저술 발표 시 기준을 준거법으로 한다는 논리로 충분히 불식되었다고 생각한다.

그런데 여기에서 발표 시 기준을 어떻게 확정하느냐는 문제가 있다. 실정법이라면 행위시법을 확정하고 특정하기 쉽지만, 표절 판정 기준은 성문 규정으로 존재하지 않는 경우가 많기 때문에 기준 또는 규범을 확정하고 특정하기가 어렵다.

게다가 존재하는 기준(규정) 중에는 실효성이 있는 것도 있지만, 교육부 등의 감사에서 지적당하지 않기 위한 일종의 수검용受檢用으로 급조한 장식적裝飾的인 것들이 많아서 특정 시점에 효력을 갖는 기준이라고 말하기 어려운 경우가 있다. 표절에 대한 사회적 관심이 높아짐에 따라 대학, 연구소, 학술단체 등 학문집단에서는 오랜 고민과 연구의 산물로 기준을 만드는 것이 아니라, 그와 같은 규정이 있다는 것을 외부에 보일 요량으로 기준을 만들어놓기도 한다. 심지어 교육부의 연구윤리 확보를 위한 지침에도 표절을 제대로 이해했다면 들어갈 수 없는 검증시효 규정이 들어 있었음을 지적한 바 있다. 이를 모델로 해서 만들어진 거의 모든 대학의 연구진실성위원회 규정이나 연구윤리규정에도 같은 허점이 있다. 이와 같은 지침을 모델로 해서 만들어진 대학의 규정은 그나마 일관성이 있지만, 대학 등이 자체적으로

1003. 정상조·박성수 공편(최정열 집필 부분), 『특허법 주해 Ⅱ』, 박영사, 2010, 392 – 393면.

만든 규정은 모순이 많거나 지나치게 이상적인 내용으로 채워져 있는 것도 많다.[1004]

이와 같이 대학 등 학문기관마다 우후죽순 격으로 만든 연구윤리규정을 행위시법주의를 적용하기 위한 준거법(준거규정)으로 삼기에는 대단히 불안한 점이 있음을 부인하기 어렵다. 여기에서 규정을 개정하는 한이 있더라도 그 시기에 통용될 수 있는 표절 규정(연구윤리규정)을 제대로 만들어야 할 필요가 있다. 이는 당대 규정으로도 의미가 있지만, 후에 표절 여부를 판단할 때 그 시기 표절금지윤리를 확정하는 의미도 있다. 사실 당장의 문제를 해결하기는 어렵지만, 지금부터라도 착실히 현재 시점에 통용될 수 있는 표절 판정 기준 등 관련 규정을 만들어놓으면, 2025년 또는 2035년에 이르러 2015년에 발표된 논문의 표절 여부를 심사할 때, 2015년의 표절 판정 기준, 즉 당시 준거법을 찾는 데 큰 도움이 될 것이다.

'현재 기준'을 찾기 위한 노력 계속돼야

'현재의 법(기준)'을 찾기 위한 작업은 거의 매년 끊임없이 해야 하되, 국가가 공권력을 동원해 주도하기보다는 각 대학기관 또는 관련 전문가가 신중하고도 치밀하게 진행해야 한다. 그리고 여러 기관과 전문가들의 결과물이 학계 논의라는 공론의 장을 거쳐 공신력을 얻어가는 자연스러운 과정이 필요하다. 법학 분야를 예로 들면, 미국에서는 저술 인용, 출처표시 방식에 하버드 로리뷰의 블루북이 일반적으로 통용된다. 1926년 하버드 로스쿨 로리뷰 편집위원회에서 만들어 지금까지 19판째 개정에 개정을 거듭해온 블루북은 하버드뿐만 아니라 미국의 여타 로스쿨에서도 사실상 규범으로 쓴다. 정부가 직접 만들거나 정부 지원으로 만들어지지는 않았지만 사실상 통일된 규범으로 자리를 잡은 것이다. 블루북이 이런 권위를 가질

1004. 필자는 표절에 관한 각종 가이드라인(연구윤리규정)을 검토 연구함으로써도 표절방지 가이드라인을 도출하는 데 도움이 될 수 있다는 전제하에 기존의 지침 또는 규정으로, 예컨대 한국학술단체총연합회의 연구윤리지침, 구 과학기술부의 연구윤리·진실성 확보를 위한 가이드라인(지침)안, 각 대학의 규정, 몇몇 학회의 연구윤리규정 등을 검토한 적이 있다. 남형두, 앞의 보고서(주 353 가이드라인), 61-84면. 한편, 정부출연연구기관의 연구윤리규정을 검토하기도 했다. 남형두, 앞의 보고서(주 353 출연연). 그런데 당초 의도와 달리 우리나라의 각 규정은 합리적 가이드라인을 만들기 위한 참고자료로는 많이 부족하다는 것을 알게 되었다. 앞서도 지적한 바와 같이 대부분이 진지한 고민 끝에 만들어졌다기보다는 급조된 일종의 장식적 성격의 것이기 때문이다. 그러나 본문에서 주장한 바와 같이 '현재의 법(기준)'을 찾기 위한 노력이 쌓이다 보면 몇 년 후에는 '규정 검토를 통한 적절한 가이드라인 도출'이라는 연구방법론이 힘을 얻게 될 것이다.

수 있었던 것은 수없이 많은 대학 또는 로스쿨의 유사한 규범(기준)과 경쟁해서 살아남아 공신력을 얻었기 때문이다. 우리는 빠른 시간 내에 통일된 규범을 만들려는 조급함 때문에 이 역할을 정부가 대신하는 경향이 있는데, 블루북과 같이 공신력 있고 통일된 기준을 정립하려면 지금부터라도 대학이나 개별 전문가가 노력하고 분발해야 한다.

위와 같이 착실히 노력한다면 우리도 10년, 20년 후에는 과거 규범을 쉽게 찾아 적용하게 될 것이다. 그런데 당장 제기된 분쟁을 해결하는 데는 도움이 되지 않는다. 현재 제기된 재판이나 대학의 연구진실성위원회 등 분쟁절차에서 문제가 되는 것은 과거의 표절물, 예컨대 1990년대, 2000년대 작성된 저술인데, 현재 규정이 이에 적용될 수 없기 때문이다. 지금에 와서 1990년대 또는 2000년대의 표절 판정 기준을 소급하여 만들 수도, 추정해서 만들 수도 없다. 그렇다고 교육부가 연구윤리지침에서 검증시효를 없앤 마당에 현재 기준을 적용한다는 것은, 검증시효를 되살리자는 주장에 힘을 실어줄 수밖에 없다.

'과거의 기준'은 판례에 나와 있어

이와 같은 교착상태 가운데 활로는 판례에서 찾을 수 있다. 논문 등 발표 시 표절 여부 판정의 가장 적확한 준거법은 다음과 같은 이유에서 판례라고 할 수 있다.

첫째, 앞서 본 바와 같이 법원 판결은 재판이라는 대립당사자 구조 아래 얻어진 합리적 결과라는 점에서 공신력이 보장된다. 둘째, 표절 여부가 논란이 되어 재판까지 간 경우, 법관이 표절 여부를 판단하면서 기준이 되는 시점은 앞서 본 바와 같이 논문 등을 발표한 때다. 법관은 재판을 공정하게 해서 논문 등 발표 당시 기준을 찾아야 하며, 그 기준을 적용해 표절 여부를 판단할 것이다. 여기에서 나온 결론, 즉 판결은 해당 논문이 발표된 시기의 연구윤리, 표절금지윤리의 기준이 되기에 가장 적합하다. 이런 판례는 후속 표절 사건에서 과거 어느 특정 시점의 표절 판정 기준을 찾고자 하는 법관이나 대학의 연구윤리진실성위원회 등에 큰 유익을 줄 수 있다.[1005]

한편 표절 등이 문제로 될 때, 표절 의혹을 받는 당사자는 으레 표절금지윤리가 생긴 지 얼마 되지 않았다고 항변한다. 또한 비전문가이면서도 표절에 대한 사회적 공감대가 형성된 지 얼마 되지 않는다는 식으로 속단하는 예를 볼 수 있다.[1006] 그러나 표절 관련 판례를 찾아보면 대다수 문제 된 표절 의혹물이 발표되었을 때도 표절금지윤리가 존재했으며, 그 정도 차이만 있음을 알게 된다.

판례로 표절의 준거법을 확정하고 추적하는 일은 표절 의혹 당사자들이 과거에는 으레 그랬다는 식으로 부정직한 행위를 정당화하는 것을 봉쇄할 수 있는 가장 효과적인 수단이다. 아울러 표절 여부를 판단하는 가장 정확한 판단 규범이 될 것이다.

2. 횡적 준거법 문제

가. 현존 규정 간의 충돌

표절 사건에 적용할 규정이 둘 이상인 경우로, 교수 또는 연구자가 소속된 기관의 규정과 그들이 논문을 투고한 학술지 또는 학회 규정이 서로 달라 어떤 규정을 적용할지가 불분명한 경우를 논의한다.

앞서 든 예를 다음과 같이 변형해서 논의한다. A대학교에 제보된 경우, A대학 (연구진실성위원회)은 소속 교수의 표절 의혹 논문 b, c에 대한 조사와 판정에서 A대

1005. 예컨대 필자는 2008년과 2009년 한국저작권위원회에 제출한 두 권의 연구보고서(주 353 사례연구, 가이드라인)에서 우리나라 판결을 수십 건 분석하고 비판했다. 필자는 앞으로도 이와 같은 작업을 지속적으로 할 예정이다. 이와 같이 표절에 관한 법원판결을 소개하고 분석하는 작업이 계속되고, 또 다른 학자들에게 비판받는 과정을 거친다면, 멀지 않은 장래에 이와 같은 작업의 결과물이 과거 표절 판정의 기준을 찾는 데 도움이 되지 않을까 생각한다.

1006. 신문 칼럼 등에서 이런 진단을 쉽게 발견할 수 있다. 대표적으로 스타 강사 김미경의 표절 의혹 사건이 일어난 뒤 한 칼럼에서 표절이 범죄 또는 비윤리적 행위라는 사회적 공감대가 형성된 지 얼마 되지 않았다는 의견이 제시되었다. 박은주, 「김미경을 위한 변명」, 조선일보, 2013.3.23. 칼럼. 김미경의 논문이 표절인지는 조사를 벌여 확인해야 할 것이다. 다만, 그의 논문이 발표된 것은 2007년으로, 이 당시는 이미 김병준 전 교육부총리 사건 등이 발생한 뒤라서 우리 사회에 표절 논란이 뜨거웠다는 점에서 표절이 비윤리적 행위라는 사회적 공감대가 형성된 지 얼마 되지 않았다는 식의 의견 제시는 자칫 여론을 호도할 위험이 있음을 지적한다

학 자체 규정(α)과 B학회 규정(ß) 중 어떤 것을 적용해야 할까?[1007] 물론 α규정과 ß 규정이 표절 요건과 판정 기준에서 다르지 않다면 어떤 규정을 적용하더라도 상관 없으므로, 이 항의 준거법 문제는 발생하지 않는다. 다만 규정이 같더라도 판정기관에 따라 결론이 달라질 수 있는데, 이는 뒤에서 보는 관할 문제로 귀결될 뿐이다. 따라서 이 항 논의의 실익은 α규정과 ß규정이 실질적으로 차이가 있는 경우에 생긴다.

이 논의는 먼저 표절 판정 시 준거법(준거규정)을 정하는 데 의의가 있지만, 준거법(준거규정)을 잘못 적용했다는 이유로 이의가 제기되거나 다른 판정기관으로 사실상 재심이 제기됨으로써 논의가 쉽게 종식되지 않는다는 점에서도 논의의 실익이 있다. 예를 들어 A대학이 α규정을 적용해 표절로 판정했을 경우, 표절 판정에 불만을 품은 표절 의혹 교수는 α규정이 아닌 ß규정이 적용되었어야 했다고 주장하면서 A대학에 이의신청을 하거나, 아니면[1008] B학회에 ß규정을 적용해 판정해달라는 취지로 사실상 재심을 요구할 수 있다.

한편, 위 예에서 직접적 이해당사자인 표절 의혹 교수, 제보자[1009] 뿐만 아니라 대학, B학회 등 이해관계자들은 이의신청이나 재심절차 중 α규정과 ß규정 외에도 일반적 규정, 예를 들어 교육부 훈령인 연구윤리 확보를 위한 지침, 학술단체총연합회의 관련규정, 한국연구재단의 규정, 그 밖에 저작권위원회의 표절방지 가이드라인, 경제인문사회연구회의 표절 판정 규정 등의 적용을 주장할 수도 있다.

1007. 한편, 위 예에서 논문 c는 C학회에서 발간하는 학회지에 실렸고, C학회는 자체 연구윤리규정을 두고 있지 않다고 가정했으므로, 논문 c에 대해서는 A대학 규정이 적용되는 데 아무런 문제가 없다. 따라서 이하 이 항의 논의는 논문 b에 국한한다.
1008. 여기에서 '아니면'이란 표현을 쓴 것에는 A대학에 이의신청을 제기해 그마저 기각되어 같은 결론(표절 판정)이 난 후 B학회에 표절 여부 조사와 판단을 요청하는 경우 또는 A대학에 이의신청을 제기하지 않고 바로 B학회에 위와 같은 요청을 하는 경우를 모두 포함한다.
1009. 대체로 표절당한 사람(피표절자)이 제보하지만, 저작권침해와 달리 표절은 피해자(저작권자)의 고소가 있어야 하는 친고죄가 아니므로 피표절자가 아닌 사람도 제보할 수 있고, 실제 제보 중에는 이런 경우가 더러 있다.

나. 모델 지침의 중요성

어떤 사물을 정확히 측정하기 위해서는 자^尺가 정확해야 한다. 자의 정확성이 측정 결과의 정확성을 담보한다.

표절 판정에서 횡적 준거법이 문제가 되는 근본 원인은 국가의 법체계와 달리 표절금지 또는 연구윤리규정이 기관별로 다르기 때문이다. 모든 규정을 통일하는 것이 가장 이상적이나, 이는 가능하지도 않을뿐더러 옳지도 않다. 학문의 종별, 소속 기관별 특성을 고려하지 않은 연구윤리규정의 통일은 있을 수 없는 일이기 때문이다. 다만 대학, 학술단체, 정부출연연구기관 등에 사실상 영향력을 행사하는 교육부, 한국연구재단, 경제인문사회연구회 등이 관련 규정을 만들 때 향후 대학 등이 제정할 기준의 모델지침이 될 수 있다는 점에서 충분한 연구와 토론을 거쳐 신중하게 만들 필요가 있다.[1010]

특정 대학이나 특정 학술단체 규정과 달리 일반적 규정이 명징^{明澄}하게 만들어져야 할 이유는 이렇다. 이런 규정은 그 자체가 하나의 잣대이기도 하지만, 다른 여러 잣대를 만드는 기준 잣대이기 때문이다. 이는 오케스트라의 오보에에 비유할 수 있다. 학문 분야별로, 소속 기관별로 표절금지윤리와 연구윤리규정의 특수성을 인정하되 표절에 관한 기본 부분에서는 같은 이해와 기준이 있어야 하는데, 그런 기준 잣대가 마치 오보에라는 악기와 유사하다는 것이다.[1011]

오케스트라 연주의 경우 한 곡이 끝나면 새 곡을 시작하기 전에 다시 오보에의 음에 전체 악기가 음을 맞춘다. 위에서 말한 몇 가지 기준이 될 만한 모델지침 또는 가이드라인에 따라 각 대학이나 학술단체가 표절금지윤리나 연구윤리규정을 만들었다 하더라도 구체적 분쟁에서 해당 규정을 적용할 때 규정 간에 모순이 있거나

1010. 그러나 현실에서 모델지침이 되어야 할 규정이 오히려 표절에 대한 부정확한 이해에 기반을 두고 잘못 만들어진 것이 많다는 데 문제의 심각성이 있다.
1011. 오케스트라가 연주를 시작하기 전 각기 다른 악기는 오보에 A음에 따라 자기 악기의 A음을 맞추고, 이어서 자기 악기의 음간을 조율한다. 한편 오보에는 피아노 음에 맞추는데, 피아노 조율이 잘못되어 있다면 오보에에 이어서 오케스트라의 모든 악기 음은 엉망으로 될 것이다. 여기에서 오보에가 교육부의 연구윤리 확보를 위한 지침 등 표절 판정 기준에 관한 모델규범(본문에서 말한 기준 잣대)이라고 한다면, 오보에의 음을 맞춰주는 피아노의 조율사는 표절금지윤리를 연구하는 학자들이라고 할 것이다.

해석의 어려움이 있을 수 있다. 이때 상위규정은 아니지만 그들 규정이 모델로 삼아 만든 모델지침 또는 가이드라인은 일종의 해석 기준이 될 수 있다. 이 점에서 마치 오케스트라 연주에서 곡과 곡 사이에 모든 악기가 다시 오보에 음에 맞추는 것에 비유할 수 있다.

이상에서 마치 오케스트라의 기준음을 잡아주는 오보에와 같은 교육부의 연구윤리 확보를 위한 지침, 학술단체총연합회의 규정 등의 의미는 매우 중요하다. 따라서 이와 같은 기준 잣대가 되는 모델 규범을 만들 때는 전문가들이 모여 오랜 기간 논의하고 신중히 해야 한다. 그런데 앞서 본 바와 같이 표절에 대한 잘못된 이해에 기반을 두고 검증시효 규정을 넣었다가 삭제한 예를 보면, 충분히 논의한 것으로 보이지 않아 안타깝다.

다. 규정 적용의 몇 가지 원칙

모델 지침을 제대로 만들고 각 대학이나 학회 등이 이를 따라 규정을 만든다면, 사실상 표절금지윤리에 관한 규정은 통일될 것이다. 그러나 학문별로 특수성이 있고, 학문연구 기관마다 특성이 있어 통일화에는 한계가 있을 수밖에 없다. 이와 같은 사정으로 복수 규정이 존재할 때, 어떤 규정을 우선 적용할지 몇 가지 원칙을 제시한다.

(1) 조사기관의 절차규정 적용 원칙

표절 의혹이 제기되어 특정 기관에 제보되면 그 기관은 의혹 대상물을 조사해 표절 여부를 판정할 것이다. 한편 표절금지윤리 규정 또는 표절 판정 규정은 기관마다 명칭을 달리하는데, 해당 규정 안에 조사 및 판정 절차에 관한 규정[1012]과 함께 표절 판정 기준[1013]을 담은 경우도 있지만, 별개 규정으로 두는 경우도 있다.[1014] 편의

1012. 예컨대, 조사위원회 구성, 조사절차(예비조사, 본조사), 판정절차, 이의절차 등의 규정이 여기에 해당한다.
1013. 표절의 정의, 출처표시 방법, 자기표절·중복게재 허용범위 등에 관한 규정이 이에 해당한다.

상 전자를 절차법 규정, 후자를 실체법 규정이라고 부르기로 한다. 복수의 절차법 규정과 복수의 실체법 규정이 있을 때, b논문에 표절 의혹이 있다는 제보를 받은 기관(A대학)은 자체 규정(α)을 적용할지, b논문이 발표된 학회지를 발간하는 B기관 규정(ß)을 적용할지 정해야 한다.

이때 제보에 따른 조사를 담당하는 기관(A대학)은 절차에 관해서는 자체 규정 (α)을 적용하는 것이 타당하다. 조사위원회 구성, 예비조사와 본조사 실시, 의견 제출 방법과 절차, 판정절차, 이의절차 등에 관한 규정은 직접 이를 주관하는 기관의 규정을 적용하는 것이 타당하기 때문이다. 그러나 실체법 규정 적용은 조금 다르게 봐야 한다. 이에 대해서는 항을 달리해 논의한다.

(2) 특별규정 우선 적용 원칙

적용 가능한 복수 규정 중 일반적인 것과 특별한 것이 있다면, 특별 규정을 우선 적용하는 것이 맞다. 이는 법학에서 말하는 '특별법 우선의 원칙'에 따른 것이다. 예컨대 위의 예에서 A대학에 소속된 교수는 이 대학에 채용되기 전 B라는 정부출연연구기관의 연구원으로 근무했고, 그가 B기관에서 출판하는 학술지에 b논문을 발표했다고 가정하자. 그런데 b논문에 표절 의혹이 제기되어 A대학 연구진실성위원회가 표절 여부 판정을 위한 조사에 착수했다. A대학 연구진실성위원회는 A대학의 규정(α)과 B기관의 규정(ß) 중 어떤 규정을 준거규정으로 적용할지를 놓고 고민 중이다. 참고로 정부를 상대로 정책적 아이디어를 연구해 제공하는 것이 목적으로 하는 정부출연연구기관인 B기관은 대학(A)에 비해 상대적으로 완화된 표절금지 규정을 두고 있다.[1015] 다시 말해 ß규정이 α규정보다 덜 엄격하다고 가정한다.

이때 표절 의혹 교수에 대해 소속 대학(A)의 α규정을 적용하는 것은 타당하지

1014. 필자는 앞의 보고서(주 353 출연연)에서 표절 사건의 조사와 판정에 관한 절차 규정으로 '연구윤리지침(안)'을, 표절 판정 기준에 관한 실체 기준으로 '표절 판정에 관한 세부기준(안)'을 나누어 제시했다.

1015. 정부출연연구기관의 표절금지윤리에 대해서는 남형두, 앞의 보고서(주 353 출연연) 참조. 필자는 연구보고서에서 정부출연연구기관에 적용할 '표절 판정 기준'을 제시했는데, 정부출연연구기관의 특성을 감안해 쟁점별로는 학계 기준보다 완화된 것이 있다. 대표적으로 자기표절/중복게재의 경우, 지속적인 정부사업에 정책적 아이디어를 제공하는 기관의 특성상 불가피한 점이 있어 일반 학계와 같은 기준을 적용할 수 없다.

않다. 그가 B기관 재직 중 B기관에서 출판하는 학술지에 논문을 발표했다면, 당시 B기관의 ß규정을 적용하는 것이 맞다. 왜냐하면 이 사람은 ß규정을 기준으로 해서 b논문을 써서 발표했을 것이기 때문이다. 후에 소속이 변경되었다고 해서 상대적으로 엄격한 A대학의 α규정을 적용하는 것은 예견가능성, 법적안정성 측면에서 바람직하지 않다. 이는 논문 등을 발표할 당시 소속을 기준으로 준거규정을 적용하는 것으로 오해해서는 안 된다. 소속에 따라 준거규정을 달리할 수도 있지만, 이 경우에는 소속 기관에 따라 준거규정을 적용한 것이 아니라, b논문이 정부출연연구기관(B)이라는 특별한 표절금지 규정이 적용되는 곳에서 연구가 수행·발표됐다는 점이 중요하다. 다시 말해 b논문은 정부의 정책적 아이디어 제공을 목적으로 설립된 정부출연연구기관(B)에서 발표된 것으로, 이런 논문에는 일반 학계에 적용되는 규정(α)보다는 해당 기관의 규정(ß)이 더 특별한 것이므로, 이 규정을 적용하는 것이 합리적이다.

이는 비단 정부출연연구기관에만 적용되는 것이 아니라 기관 설립 목적에 따른 차이에서 비롯된 연구윤리가 있다면, 그것을 적용하는 것이 맞다. 그러나 이것이 자칫 이들 설립 목적이 특별한 기관에는 정직한 글쓰기 윤리가 적용되지 않는다는 논의로 진전되는 것은 바람직하지 않다. 타인의 글을 표절해서는 안 된다는 윤리는 어느 기관이나 학술적 글쓰기에서 다를 수 없다. 다만, 출처표시 방법, 자기표절, 중복게재 등에서 이들 기관의 특성을 감안할 필요가 있다는 것이다. 다시 말해 원칙은 학술적 글쓰기를 하는 어느 기관이나 같으나, 기관의 특성을 고려한 예외를 허용하는 것이다. 바로 이 점에서 표절 의혹을 받는 논문이 이런 예외에 속한다면, '특별규정 우선 적용의 원칙'에 따라 이런 기관의 규정을 적용하는 것이 타당하다.

(3) 학문 분야별 특성 고려

위 예에서 B기관이 학회라고 가정하자. 대다수 학회 또는 학술지는 자체 연구윤리 규정 또는 표절금지윤리 규정을 두고 있다. 그런데 학문 분야에 따라 연구부정행위에 관한 정의, 출처표시 방법, 공동저술 방법과 책임 소재 등에 관한 규정에 차이가 있게 마련이다.[1016] b논문에 대한 표절 제보를 받은 A대학이 이 논문의 표절 여부를 판정하면서 자체 규정(α)을 적용할 수도 있지만, 절차가 아닌 실체적 내용에 관해서는 b논문이 속한 학문 분야의 규정(ß)을 적용하는 것이 바람직하다. 특정 학문 분야의 글쓰기 윤리는 그 분야 규범이 가장 정확히 규율할 것이기 때문이다.

그러나 A대학이 자체 규정(α)을 적용했다고 해서 잘못이라고 할 수는 없다. 다만, α규정과 ß규정이 다른 경우가 문제인데, 전체적으로는 α규정을 적용하더라도 차이가 있는 부분에서는 ß규정을 적용하거나, 최소한 ß규정을 참고해야 한다. 이는 학문 분야별로 연구윤리 규정 또는 표절금지윤리 규정이 차이가 있는 데서 비롯한 문제로, 학문의 다양성과 개성을 존중하고 거기에서 나오는 학술적 글쓰기 윤리의 특성을 인정하는 것이 정직한 글쓰기 문화를 정착시키는 데 도움이 될 것이다.

한편, 이 항은 학문 분야별로 표절금지윤리 규정이 다른 상황에서 판정기관이 어떤 규정을 적용할지를 논의 대상으로 하고 있으므로, 표절에 관한 조사위원회 또는 판정기관의 구성에서 해당 분야 전문가가 위원으로 참여해야 한다는 것과는 다른 문제다. 표절 여부 판정에서 가장 중요하면서도 민감한 대목은 표절 의혹 저술 중에서 베꼈는데도 출처표시를 누락했다고 인정받는 부분이 해당 분야 일반지식인가 아닌가에 있다. 일반지식에 해당한다면 출처표시를 하지 않았어도 표절이 성립되지 않기 때문이다. 이때 해당 저술 부분이 그 분야에서 일반지식인지 아닌지는 고도의 판단이 필요한 부분으로, 그 분야 전문가가 아니고는 다른 학문 분야 사람이나 연구윤리, 저작권법 등의 전문가도 판단하기 어렵다. 따라서 조사위원회 등의 구성에서 표절 의혹을 받는 저술 분야 전문가가 반드시 그 위원으로 참여해야 한다. 그러나 이 문제는 이 항의 복수의 준거규정 중 어느 것을 적용할지의 문제와는 다르다는 점을 지적한다.

(4) 사전 합의

위와 같이 적용가능한 준거법(규정)이 복수로 존재하는 경우 이에 대한 혼선과 사후 이의를 예방하기 위해 특정 기관에 소속된 학자 또는 연구자는 그 기관에 진입할 때, 채용계약서 등에 서명하면서 해당 기관의 표절금지 및 연구윤리 규정을 준

1016. 예컨대 위에서 언급한 바와 같이 포스너는 미국의 법학 분야에 특별한 관행이 있음을 주장했는데, 그것이 여기에 해당할 수 있다. 주 546, 685 해당 면(법학의 특성). 주 682 해당 면(교과서의 특성).

수하고, 문제가 있으면 해당 기관의 관련 규정이 적용된다는 데 동의하는 서면을 작성하거나, 계약에 서명하게 하는 것도 제안될 수 있다. 물론 이런 절차는 해당 기관에 합리적 규정이 구비되어 있음을 전제로 고려할 수 있다.

(5) 여론^{餘論}

앞서 본 바와 같이 표절 기준에 관한 복수의 규정이 존재하고 규정 간에 차이가 있는 것은 자연스러운 일이다. 문제는 표절에 대한 이해 부족으로 잘못 만들어진 규정이 버젓이 존재하는 경우인데, 이는 두 가지 심각한 현상을 초래할 수 있다. 먼저, 판정 주체가 전문성이 있다면 복수의 준거 규정 중 잘못된 규정의 적용을 피할 수 있지만, 그렇지 않다면 규정을 기계적으로 적용한 결과, 기이한 결론에 이를 수 있다. 이보다 더욱 심각한 것은 규정 난립이 표절자들에게 자신들의 행위를 정당화하는 빌미가 되기도 한다는 것이다. 예컨대 서로 다른 규정이 존재한다는 것과 그것들 사이에 상호 모순된 규정이 있음을 들어 우리 사회에 표절금지 윤리가 확립되어 있지 않다고 주장함으로써 자기 행위를 정당화하는 궤변을 늘어놓아 표절 책임을 회피하려는 일이 있다는 것이다.

이 점에서 판정기관 또는 판정주체의 전문성이 중요하다. 표절 의혹 당사자의 변명과 궤변을 배척할 수 있어야 하고 상호 모순된 규정 중 표절 기준을 명확히 가려내어 사안에 정확히 적용하는 전문적 능력이 요구된다.

III

관할

1. 관할의 충돌

표절 조사와 판정을 어느 기관이 맡아야 하느냐는 문제는 대단히 복잡하다.[1017] 표절을 조사하고 판단하는 기관이 매우 다양하기 때문에 일어나는 문제다. 표절 피해자는 어느 기관에 제보해야 자기 권리가 구제되고 표절로 인한 각종 오해에서 자유로울 수 있는지에, 표절 의혹자는 어느 기관이 판단해야 표절자라는 누명을 벗을지에 민감한 이해관계가 있다.[1018]

표절 사건에 대해 어느 기관의 규정을 적용하느냐와 표절 조사·판정을 어느 기관이 해야 하느냐는 다르다. 전자는 준거법 문제이고 후자는 관할venue[1019] 문제다. 일반적으로 표절 제보가 있으면 제보받은 기관이 자체 규정을 적용해 조사·판정을 수행한다. 이 경우에 관할과 준거법은 분리되지 않으나, 앞서 본 바와 같이 제보받

1017. Latourette 교수는 David Glenn을 인용하여 이를 '뒤얽힌 관할의 무성한 잡목 숲dense thicket of tangled jurisdictions'이라고 표현했다. Audrey Wolfson Latourette, *Plagiarism : Legal and Ethical Implications for the University*, 37 J.C. & U.L. 1, 50‒51(2010)(원출처 : David Glenn, 「Judge or Judge Not?」, Chron. of Higher Educ., Dec. 17, 2004, at A 16).

1018. 위 같은 면 참조.

은 기관이 자체 규정 대신 다른 기관의 규정을 적용해야 하는 경우도 있다.[1020] 바로 이 점에서 관할 문제를 준거법 문제와 별개로 논의해야 한다.

한편, 표절 조사·판정을 어떤 기관이 수행해야 하느냐는 제보자, 표절 의혹 당사자에게 매우 민감하고 중요한 문제다. 규정도 중요하지만, 조사·판정을 사람이 하기 때문이다. 물론 조사·판정을 하는 위원회가 외부인으로만 구성된다면 판정기관이 어디이든 상관없지만, 일반적으로 위원회는 해당 기관 소속 인사들로 구성되고, 그 일부를 외부에서 충원하며, 대체로 위원장은 해당 기관에서 맡는다는 점에서 관할은 표절 사건에 매우 중요한 요소가 아닐 수 없다. 특히 인맥이 중시되는 우리나라 문화에서 표절 사건을 어떤 기관이 관할하느냐는 결론에 막대한 영향을 미칠 수 있다는 점에서 합리적 논의가 반드시 필요한 부분이다.

그런데 표절 사건의 관할 문제는 일반 재판 관할과는 근본적으로 다른 점이 있다. 재판에서 관할은 소송의 요건이므로 이를 위반할 경우 요건의 흠결이 될 수 있지만, 표절 사건 관할은 이 정도로 심각한 것은 아니다. 법적 문제를 내포하면서도 근본적으로 윤리적 문제라는 점에서 표절 사건의 관할 문제를 재판의 관할 문제와 동일시할 수 없기 때문이다.

그러나 위에서 지적한 바와 같이 표절 사건의 관할에 관한 논의가 없다면, 무분별한 '관할 선택venue shopping'[1021]이 성행할 수 있다는 점에서 합리적 수준의 논의가 반드시 필요하다. 물론 아래 논의와 제안에 따르지 않았다고 해서 재판 관할에서처럼 표절 판정의 효력에 직접 영향을 미치지는 않겠지만, 일종의 가이드라인(지침)을 제시함으로써 표절 사건의 조사와 판정이 합리적으로 진행될 수 있고, 이 논의에서 제시한 지침에 위반해 의도적으로 특정 관할을 선택한 사람에게는 사실상 불이익을 줄 수 있다면, 이 논의의 실익이 분명히 있다고 하겠다.

이하에서는 표절을 조사하고 판정할 수 있는 기관으로 무엇이 있는지 살펴본

1019. 이하 어떤 기관이 표절을 조사하고 판정하는가 하는 논의에서 관할이라는 용어를 사용한다. 그렇다고 해서 재판을 전제로 하는 jurisdiction을 뜻하는 것이 아니라, 일반적인 venue를 뜻하는 것이다. 이는 앞서 준거법 논의에서도 반드시 재판을 전제로 한 것이 아님에도 준거규정 대신 준거법이라는 용어를 쓴 것과 같은 맥락이다.

1020. 주 1012 – 1016 해당 면 참조.

1021. 제보자나 표절 의혹 당사자가 각기 자신에게 유리한 결정을 해줄 기관을 선택하는 것은 재판에서의 '법정지 선택forum shopping'에 비유할 수 있다.

다. 여기에서는 이들 기관이 어떤 근거로 표절 여부를 조사하고 판정할 수 있는지 합리적 근거를 찾는 데 주력한다. 이어서 여러 기관에 표절을 조사하고 판정할 권한이 있을 때 이를 어떻게 조정할지를 살펴보는데, 이 과정에서 몇 가지 원리 또는 원칙을 제시한다.

이와는 별개로 표절문제가 소송까지 간 경우, 즉 법원이 판정기관이 되는 경우도 살펴본다.

2. 조사·판정 기관

일반적으로 표절 의혹 당사자의 현 소속 기관에 표절에 관한 조사·판정 권한이 있다고 볼 수 있다. 표절로 확인되면 징계로 이어지기도 하고 최악의 경우 고용관계 해소로 발전되기도 한다는 점에서 징계권 또는 인사권을 갖고 있는 현 소속 기관에 관할이 인정되는 것은 당연하다. 여기에서 소속 기관이라 함은 ① 고용관계가 있는 대학이나 연구기관과 같이 징계권을 포함한 포괄적 인사권을 갖는 기관 외에, 학회와 같이 학회원 지위에 영향을 미칠 수 있는 기관도 상정할 수 있다. ② 이와 같은 소속 기관 외에 특정 저술에 대해 학위를 부여한 기관(학위수여 대학)이나 논문 게재를 허락한 기관(학술지)도 표절 조사·판정을 하는 경우가 있다.

①의 기관은 소속원의 신분이나 지위에 직접 영향을 미치는 처분(징계, 해고, 제명 등)을 할 수 있는 기관인 데 반해, ②의 기관은 특정 저술에 대한 학위취소, 논문철회 등을 할 수 있는 기관이라는 점에서 차이가 있다. ①의 기관이 대인적對人的이라면, ②의 기관은 대물적對物的이라고 할 수 있다.

한편 민사소송법은 재판관할을 사람(피고)이 중심이 되는 보통재판적(제2조)과 물건이나 행위, 쟁송이 중심이 되는 특별재판적(제7조에서 제24조)으로 대별한다. 물론 보통재판적과 특별재판적은 경합한다. 다시 말해 보통재판적이나 특별재판적 중 어느 하나의 요건을 갖추면 그 재판적이 있는 법원에 관할권이 인정된다. 그런데 전속관할이 정해진 소는 보통재판적이나 특별재판적이 인정되지 않고 법이 정한 법원에만 관할권이 인정된다(제31조).

민사소송법의 논의를 표절 논의에 유추 적용해보면, 표절에 대한 일반적 조사·판정권(대인적 관할권)을 갖는 소속 기관 또는 소속 학회가 보통재판적에 해당한다고 할 수 있고, 특정 저술에 관해 조사·판정권(대물적 관할권)을 갖는 학회지가 특별재판적에 해당한다고 할 수 있다. 한편, 학위논문에 대한 표절 심사를 한 후 학위취소 여부를 결정할 수 있는 학위수여 기관은 다른 기관으로 대체될 수 없다는 점에서 전속관할에 해당한다고 할 수 있다.

가. 대인적^{對人的} 기관 – 일반 기관

(1) 고용관계가 있는 소속 기관 : 대학, 연구소

대학교수나 연구원은 각기 대학이나 연구소에 소속되어 있다. 교수나 연구원이 표절의혹을 받는 경우, 그것이 제보에 의한 것이든 아니든[1022] 소속 대학이나 연구소는 소속원의 연구부정행위가 있는지 조사할 수 있고, 조사결과에 따라 징계절차를 개시할 수 있다. 통상적으로 표절 등 연구부정행위에 대한 조사위원회와 징계위원회는 별도로 진행된다. 예를 들어 대학의 경우 연구진실성위원회 조사결과에 따라 표절이라는 판정결과를 내리게 되면, 대학은 이를 근거로 징계위원회를 열어 징계절차를 밟는다.

한편, 교육부의 연구윤리 확보를 위한 지침에 따르면, 다음과 같은 조항이 있다.

> 제13조(연구부정행위 검증 책임주체) ① 연구부정행위에 대한 검증 책임은 해당 연구가 수행될 당시 연구자의 소속 기관에 있다.

이 조항을 소속 기관에만 조사권한이 있는 것으로 해석하는 것은 바람직하지 않다. 다음 항에서 보는 바와 같이 소속 학회에서도 학회원의 표절에 대해 조사·판정을 할 수 있기 때문이다.

1022. 표절 등 연구부정행위에 대한 조사는 통상 제보와 인지로 시작되며, 각종 규정에도 그렇게 되어 있다.

나아가 그 소속 기관이 특정되는 기준 시점도 '해당 연구가 수행될 당시'라고 하여, 현재 소속 기관이 아닐 수도 있음을 암시했다. 그러나 포괄적 징계권과 인사권을 갖고 있는 현 소속 기관은 입사 또는 채용 전 연구물에 대해서도 표절 여부를 조사할 권한이 있고, 있어야 한다는 점에서 이 조항을 해당 연구가 수행될 당시 연구자의 소속 기관만이 검증 권한이 있는 것으로 해석하는 것은 타당하지 않다. 통상 대학 등에 채용되기 전에 지원자는 자기 연구물을 대학 등에 제출하는데, 그 제출물에 표절 등 연구부정행위가 발견되면 채용에 영향을 미칠 수 있다. 그 점에서 현재 소속 기관은 소속 교수가 소속 기관에 채용되기 전에 작성해 발표한 논문 등에 표절이 있는지를 조사할 수 있다. 이는 당연한 것이기도 하지만, 채용 과정에서 지원자가 채용 전 발표한 연구물에 부정행위가 있다거나, 채용 조건으로 제출한 연구물에 부정이 밝혀질 경우 채용 후라도 채용행위가 취소될 수 있다는 취지의 계약서에 서명하거나 같은 내용의 서약서를 제출하기 때문에, 그와 같은 계약 또는 단독행위(서약서 제출행위)가 현 소속 기관이 채용 전 발표된 논문 등에 대해 표절 여부를 조사할 수 있는 근거가 된다.

(2) 고용관계가 없는 소속 기관 : 학회

일반적으로 공동의 학문 연구와 소통을 위해 만들어진 학회라는 결사체는 학문윤리를 위반한 회원을 징계할 수 있다. 학문 공동체라는 결사체의 본질상 학회가 소속 학회원의 표절을 조사하고 판정할 수 있는 권한을 행사하는 것은 지극히 당연하다.

서울대 정외과 교수 사례[1023]에서 표절 당했다고 주장한 예일대 교수는 표절 의혹 교수의 소속 기관(서울대)이 아닌 표절물이 실린 학회지의 학회에 제보했고, 이 학회가 검증했다. 표절 의혹 교수는 학회의 판정결과를 인정하고 소속 대학에 사임 의사를 밝혔지만, 만약 검증책임과 검증 권한이 학회가 아닌 소속 대학에 있다고 주장했다면 학회는 검증을 중단하고 소속 대학에 사건을 이송이라도 해야 했을까? 그렇게 볼 수는 없다. 학회도 학회원이 학회에서 펴내는 학술지에 게재한 논문에 표절이 있다는 제보에 대해 조사할 권한이 인정되기 때문이다. 조사결과에 따라 학

1023. 양승식 등, 앞의 기사(주 928) 참조.

회지 평판에 영향을 미칠 수 있고, 나아가 학회로서는 학회원을 제명하거나 지위를 박탈하는 조치를 취할 수도 있을 것이다.

한편, 특정 대학이나 연구소 등에 소속되지 않은 연구자로서 학회에만 가입한 학자도 있을 수 있다. 일종의 프리랜서 연구자 또는 전업 연구자라고 할 수 있는데, 학위를 받고 대학이나 연구소 등에 취업하기 전의 연구자로 자신의 전공 분야 학회에 가입한 경우가 이에 해당한다. 이 경우에는 학회가 해당 학자에게는 유일한 소속 기관이거나 소속 기관을 대체하는 기관이 될 수 있다.

학회원과의 사이에서 고용관계가 있는 것은 아니지만, 학회도 학회원의 연구부정행위로 학회의 평판과 명예가 손상된 경우 학회원을 제명하거나 일정한 기간 그 자격을 정지시키는 등 징계를 가할 수 있다. 그것이 소속 기관에서 하는 신분상, 경제적 제재에까지는 이르지 못한다 하더라도, 학회원에게 상당한 수준의 제재가 될 수 있다는 점에서 학회 회원에 대한 징계는 가볍게 볼 일이 아니다. 이와 같은 권한이 있는 학회도 학회원의 논문 등에 표절이 있다는 제보에 응해 조사하고 판정할 권한이 있음은 당연하다.

나. 대물적^{對物的} 기관 – 특별 기관

대학이나 연구소 또는 학회 같은 소속 기관 외에 학위 청구 논문을 심사하고 학위를 부여한 기관(학위수여 대학)이나 논문 등의 게재를 허락한 기관(학술지)도 표절을 조사·판정하는 경우가 있다.

(1) 학위논문

먼저 학위논문의 표절 조사·판정은 학위수여 기관에서 관할하는 것이 맞다. 이는 해당 학위논문을 제출받아 심사한 기관이 학위수여 기관이라는 점에서 당연하게 생각된다. 그런데 그 근거를 찾자면 몇 가지를 들 수 있다.

첫째, 일반적으로 학위논문 제출자는 학위과정에 진입할 때와 학위논문을 제출할 때 표절 등 연구부정을 하지 않으며, 만약 이를 어기면 학위를 박탈당할 수 있다는 취지의 서약을 한다. 이런 서약에 따라 학위논문 제출자는 표절 등 부정행위 의혹이 제기될 경우 학위수여 기관의 조사절차에 응할 의무를 부담한다고 보는 것이다.

둘째, 학위논문의 수준은 학위수여 기관의 평판, 명예와 직결된다. 표절 논문으로 밝혀진다면 학위수여 기관의 평판이 저하될 것은 분명하다. 그러나 학계의 일반적 기준에서 볼 때 표절인데도 이를 숨기거나 표절이라고 밝혀졌는데도 학위를 박탈하지 않고 유지한다면 더 큰 비난이 쏟아질 수 있다. 간혹 우리나라에서는 학위수여 대학이 박사학위 논문에 표절이 있다는 것을 확인하고 발표한 후에도 학위를 취소하지 않거나 취소하는 데 머뭇거리는 경우가 있다. 대개 검증시효가 지났다는 것을 표면적 이유로 내세우지만, 앞서 본 바와 같이 표절에 검증시효가 적용될 수 없으므로, 심각한 표절로 판정하고도 학위논문과 학위를 취소하지 않는 것은 오히려 학위수여 대학의 평판을 저하시키는 요인이 될 것이다.

이 점에서 학위수여 기관은 자신의 평판과 명예를 유지하기 위해 자신이 학위를 수여한 논문에 대한 심사권한을 갖고 표절 여부를 판정할 수 있다고 봐야 한다.

한편, 학위논문의 표절을 학위수여 기관 외의 기관이 조사하고 판정할 수 있는지의 문제는 뒤에 이어지는 '관할 충돌의 해소'에서 살펴본다.

(2) 학술지

학술지를 펴내는 학회가 표절을 조사·판정할 수 있음은 이미 살펴보았다. 여기에서는 학회가 아닌 학술지 자체도 표절을 조사하고 판정할 수 있는지를 논한다. 물론 학회지 내에 편집위원회와 별도로 연구윤리위원회가 있으면 당연히 계약법리 (투고규정)에 따라 학술지의 표절 심사가 가능하다. 그런데 연구윤리위원회나 관련 투고규정이 없어도 학술지는 투고 논문에 대해 표절 심사를 할 수 있다. 게재를 위해 논문을 투고한다는 것은 심사과정에서 표절 심사를 받겠다는 것으로 볼 수 있기 때문이다.

실제로 논문 심사 항목 중 표절 등에 관한 조항 또는 인용법 준수 여부에 관한 배점 항목이 있기도 하다. 또 표절로 밝혀질 경우 해당 학술지에 법적·윤리적 책임이 발생할 수 있고, 나아가 그로써 학술지의 평판 저하 등의 문제가 생길 수 있다는 점에서도 학술지에 표절 심사·판정에 관한 권한이 인정되는 것은 당연하다.

3. 관할 충돌의 해소

표절 조사는 크게 제보에 의한 경우와 인지에 의한 경우로 나눌 수 있다.[1024] 드물기는 하지만 표절 논란에 시달리거나 표절 여부를 조속히 확정해야 할 필요가 있는 의혹 당사자가 표절이 아님을 확인받기 위해 조사를 요구하는 경우도 있다. 이는 민사재판의 채무부존재확인 소송과 비교할 수 있는데, 조사 기관이 인지해서 조사를 시작하게 된 것이 아니라는 점에서 크게 보면 '제보에 의한 조사'에 포함시킬 수 있다.

이와 같이 표절이 조사되는 동기나 원인이 각기 다르고 어느 기관에서 조사하느냐에 따라 이해관계가 달라질 수 있는데, 복수 기관이 표절 조사 권한을 갖게 된다는 점에서 '관할의 경합' 또는 '관할의 충돌'이 발생한다. 이와 같은 관할의 경합 또는 충돌은 여러 기관에 제보가 동시다발로 이루어지거나 여러 기관이 동시다발로 인지함으로써 사후적으로 발생하기도 하지만, 제보자가 조사 가능한 여러 기관을 두고 어느 기관에 제보할지 결정할 때에도 발생한다.

앞의 예를 들어 설명하면, 제보자 X는 Y교수가 쓴 두 편의 논문 b, c에 각각 표절이 있다는 확신을 갖고 Y교수가 속한 A대학과 b논문이 실린 학회지를 펴내는 B학회와 c논문이 실린 학회지를 펴내는 C학회에 동시에 표절 여부를 조사해달라고 제보했다. Y교수의 논문 표절 의혹에 대해 A대학은 소속 기관으로서, B학회와 C학회는 Y의 학회원 여부에 따라 소속 학회로서뿐만 아니라 논문을 펴낸 기관으로서 각기 표절을 조사할 권한을 갖게 된다. 또 X의 제보가 아니더라도 A대학은 소속 교수 논문의 표절 여부를 인지해 조사할 수 있으며,[1025] B학회와 C학회도 제보 없이 얼마든지 표절 여부를 조사할 수 있다.[1026] 이에 따라 논문 b에 대해서는 A대학과

1024. 이를 편의상 제보에 의한 조사와 인지에 의한 조사로 부르기로 한다.
1025. A대학은 승진, 재임용 심사를 위해 제출된 Y교수의 연구업적인 논문(b, c)을 제보 없이도 조사할 수 있다.

B학회가, 논문 c에 대해서는 A대학과 C학회가 각기 표절 조사·판정에 관해 관할의 경합관계에 놓이게 된다. 이와 같이 표절조사기관이 경합할 경우 단지 먼저 제보받거나 먼저 인지해 조사를 시작한 기관에 조사·판정 권한을 줄지, 아니면 어떤 원칙과 원리에 따라 조사·판정 권한을 배분하고 순위를 정할지를 논의한다.

가. 필요적 관할 - 학위논문의 경우

만약 학위논문에 대해 학위수여 기관이 아닌 다른 기관에서 표절 여부를 판정한다면, 학계의 혼란을 초래할 수 있다는 점에서 바람직하지 않다.[1027] 학위수여 기관이라면 대체로 대학이라고 할 수 있는데, 학문의 전당인 대학 간에 각자가 엄격한 기준 아래 학위를 수여한다는 신뢰는 존중돼야 마땅하다는 점에서 학위수여 기관이 아닌 다른 기관에서 학위논문 표절 여부를 조사하거나 판정하는 것은 지양해야 한다.[1028] 또 학위논문에 중한 표절이 있어 학위논문을 취소하는 경우 학위취소로까지 이어질 수 있다는 점에서도 학위수여 기관이 그의 책임 아래 표절 판정에 따른 제재를 정하는 것이 바람직하다.[1029]

한편, 학위논문에 대한 표절 조사와 판정은 학위수여 기관의 필요적 관할로 해야 한다는 것을 마치 학위수여 기관이 자신이 배출한 학위자의 학위논문에 대해 적

1026. B학회와 C학회는 Y교수 논문(b, c)에 표절 의혹이 있다는 제보가 없더라도 논문게재를 위한 심사과정에서 표절 여부를 조사할 수 있다.

1027. 이는 민사소송법상 전속관할에 비유할 수 있다. 즉 학위논문 표절 심사는 학위수여 기관이 전적으로 맡는 것이 맞고, 표절 의혹 당사자의 소속 기관(대학)도 학위수여 기관의 조사·판정을 존중하는 것이 바람직하다. 참고로 전속관할은 보통재판적이나 특별재판적을 적용하지 않는다. 그뿐만 아니라 당사자 간의 합의로 관할을 정할 수도 없고, 관할이 없는 곳에 응소한다고 하여 관할이 생기지도 않는다. 민사소송법 제31조 참조.

1028. 이런 일은 대학이나 연구원에게만 발생하는 것이 아니다. 일반 사기업에서도 재직 중인 직원의 박사학위 논문에 대한 표절 제보가 심심치 않게 있다. 학위논문 표절이 확인되면 비윤리적 행위에 따른 품위유지 의무 위반이라는 복무규정 위반 문제가 생길 뿐 아니라, 소속 기관의 명예 실추를 가져온다는 점에서 징계사유가 될 수 있다. 그런데 박사학위 논문의 표절 여부 판단은 학위수여 기관에서 하는 것이 마땅함에도 징계기관인 소속 기관(일반 사기업)이 표절 여부까지 조사하여 판정한다는 것은 부당하다고 할 것이다.

1029. 이에 대해서는 앞서 본 '학위논문 취소에 따른 여파' 부분(주 986–991 해당 면)의 논의를 참고하기 바란다.

당히 표절을 눈감아주고 관대히 하려는 것을 두둔하려는 행위라고 비판해서는 안 된다. 학위논문에 표절 의혹이 제기되어 일반에 널리 알려졌는데도 해당 학위수여 기관(대학)이 조사를 게을리하거나, 중한 표절인데도 그에 상응한 조치, 즉 학위취소 등의 조치를 하지 않고 미온적으로 대응한다면, 그 기관(대학)에 대한 학계나 사회의 평가는 지극히 부정적으로 나타날 수밖에 없다. 이것이 바로 학계의 금도를 어긴 대학에 대한 제재이고, 이런 제재에도 미온적으로 대응한다면, 학위수여 기관은 명예와 평판 저하라는 위험을 감수해야 할 것이다.

이와 같은 학계의 신뢰와 금도를 고려할 때, 최소한 학위수여 기관이 자신이 배출한 학위자의 학위논문 표절 여부를 판정하는 것은 특별한 사정이 없는 한 존중돼야 마땅하다.

나. 임의적 관할

학위논문과 달리 다음은 반드시 특정 기관이 전속적으로 표절 여부를 조사하고 판정해야 하는 것은 아니지만, 일종의 합리성을 띤 권고적 사항으로 관할(조사권한)을 정하는 원칙이 될 수 있다. 특히 제보는 어느 기관에 제보하는 것이 가장 바람직한지 정하는 데 중요한 참고 사항이 될 것이다.

(1) 한 사람의 여러 저술이 문제 되는 경우

한 사람의 여러 저술에 표절 의혹이 있고 그 저술이 각기 다른 학술지에 발표된 경우 개별 학술지를 출판하는 학회마다 각각 표절 의혹 저술(논문)을 조사하는 것보다는 통합적으로 표절 의혹을 받는 동일 인물이 속한 소속 기관(대학)에서 조사하고 판정하는 것이 합리적이다. 이는 첫째, 표절 판정 결과에 따라서는 징계로 이어질 수 있기 때문인데, 개별 표절 건마다 징계하기보다는 여러 건을 종합적으로 고려해 징계 수위를 정하는 것이 타당하다.[1030] 둘째, 소속 기관이 일종의 컨트롤 타

1030. 이는 형법의 죄수론罪數論(제37조 내지 제40조)을 유추 적용할 수 있다.

위로서 개별 논문을 발표한 학술지나 학회로부터 표절 여부에 관한 의견을 조회하거나 들은 후 종합적으로 표절 판정을 내린 다음 징계를 정하는 것이 학회지마다 균일하지 않은 기준으로 결론을 도출하는 것보다 합리적이다.

위와 같은 이유에서 제보 단계라면 소속 기관에 제보하여 소속 기관이 전체를 조사하고 판정하는 것이 가능하겠지만, 이미 제보 또는 인지로 여러 기관에 산재해 조사가 진행되는 경우에는 어떻게 할 것인가? 개별적으로 표절 조사·판정을 수행할 수도 있지만, 위와 같이 소속 기관에서 종합적으로 판단하는 것이 합리적이라는 점에서 개별 학회 또는 학술지가 소속 기관에 사건을 이송移送[1031]하는 것도 바람직하다.

(2) 개별 논문인 경우

개별 논문에 표절 의혹이 있으면 해당 논문이 게재된 학술지나 그 학술지를 발간한 학회에서 조사하고 판정하는 것이 옳은가, 아니면 의혹 당사자가 속한 소속 기관(대학 또는 학회)이 하는 것이 옳은가?

이는 학위논문과 달리 반드시 특정 기관이 조사권한을 가져야 하는 것은 아니다. 다시 말해 위에서 말한 어느 기관에 제보해도 무방하고 어느 기관이 인지해서 조사하더라도 문제가 없다.

그렇지만 해당 논문이 속한 학문을 전문적으로 다루는 학술지나 학회가 그 분야 논문 쓰는 관행에 가장 정통하다는 점에서 일반적 소속 기관보다는 이들 학술지나 학회에 조사권한을 주는 것이 바람직하다. 표절로 판명되면 학술지 또는 학회는 해당 논문을 철회할 수 있고, 그렇게 함으로써 해당 분야 학문의 정직성과 발전에 크게 기여하게 될 것이다. 반면에 소속 기관에서 조사해 판정한다면 물론 징계절차로 이어지는 데는 편리하고 도움이 되겠지만, 위와 같이 반드시 논문철회 등의 공시로 이어지는 것은 아니라는 점에서 비교될 수 있다. 소속 기관의 표절 판정 기준이 곧 학술지나 학회 기준과 반드시 같지 않기 때문에 학술지 등은 논문철회 여부를 결정하기 위해 다시 표절 여부를 조사하지 않을 수 없다는 점에서 혼선이 초래

1031. 이는 민사소송법의 이송移送(제34조 내지 제38조)을 유추 적용할 수 있다.

될 수도 있고 이중 낭비가 발생할 수 있다.

학회 등에서 표절 판정을 할 경우 소속 기관에 그 사실을 통보하는 것을 제도화해야

한편, 개별 학술지나 학회가 표절을 조사한 후 표절 판정을 내렸으면 반드시 소속 기관에 이 사실을 통보하는 것이 바람직하고, 나아가 이를 제도화할 필요가 있다. 이는 학계 구성원(구성기관)으로서 당연한 의무다. 특히 학연, 지연 등 비합리성이 합리주의의 발현을 가로막는 우리나라 현실에서는 표절 판정 결과를 소속 기관에 통보하는 것을 제도화하지 않으면, 표절자의 소속 기관에 통보하는 것이 사실상 어렵다는 점에서 제도화할 필요가 있다. 소속 기관 통보가 제도화된다면, 논문을 학회지 등에 기고하는 학자들로서는 표절하면 신분상 불이익을 입을 수 있다는 것을 알게 되므로, 표절을 예방하는 강력한 효과도 생긴다.

이는 정부출연연구기관 등의 외부 연구용역에서 발생하는 문제이기도 하다. 예컨대 A대학 소속 Y교수가 정부출연연구기관(B)에서 발주하는 연구용역에 응모해 연구용역계약을 체결하고 연구한 끝에 제출한 연구보고서에 표절이 있다고 가정하자. 통상 연구용역계약에는 연구자가 표절하지 않겠다는 의무를 부담한다는 내용과 발주기관은 표절 여부를 조사할 수 있다는 내용이 들어 있다. 이에 따라 B기관이 소속원은 아니지만 계약 법리에 따라 Y교수의 표절 여부를 조사하고 표절 판정을 내렸다면, B기관이 Y교수에게 취할 수 있는 제재는 연구용역계약 해제와 지급된 용역대금 회수 정도가 전부일 것이다. 그러나 Y교수와 그가 속한 A대학이나 B기관은 넓게 보면 모두 학계academe 구성원으로서 정직하게 학문할 의무가 있으며, 의무 위반자를 알면서도 묵인해서는 안 된다는 의무를 아울러 부담한다. 이 점에서 B기관은 Y교수의 학문적 비위사실을 그 소속 기관(A대학)에 반드시 알려야 한다.

개별 논문의 경우 학술지 등이 반드시 소속 기관에 앞서 조사해야 하는 것은 아니므로 소속 기관이 조사한 후에도 학술지 등이 논문철회 여부를 결정하기 위해 별개로 조사절차를 진행할 수 있다. 마찬가지로 학술지 등이 조사한 후에도 소속 기관은 징계절차를 위해 다시 조사절차를 진행할 수 있다. 그러나 학술지 등이 먼저 조사해 결론을 내린 경우, 해당 학문 분야의 전문성과 판단을 존중한다는 점에서 소속 기관은 별도 조사절차를 진행할 필요는 없다고 본다. 다만 소속 기관은 학술지 등의 판단을 토대로 징계절차를 진행할 수 있고, 징계절차의 선결 쟁점인 표절

문제에 관해 판정 절차와 판단에 의문이 있는 경우[1032] 징계절차 중 학술지 등 관계자 의견을 들을 수 있다.

위에서 소속 기관보다는 학술지, 학회가 전문성을 갖고 개별 논문의 표절 조사를 하고 판정하는 것이 바람직하다는 것은 어디까지나 일반론이다. 국문학, 역사학, 정치학, 경제학, 사회학, 법학 등 각 분야를 대표하는 학회나, 그보다 하위에 있는 학회로 역사와 전통이 오래되었으며 해당 분야 전문가들을 상당 부분 포함하고 있는 학회의 경우, 학술지 편집위원회가 공정하게 구성되어 있고 자체 연구윤리위원회가 조직되어 있다면, 이와 같은 학회 또는 학술지는 개별 논문에 대해 소속 기관에 앞서 표절 여부를 조사하고 판정하는 것이 바람직하다.

현대 학문의 특징 중 하나이며, 특히 우리나라 학계의 현상 중 하나로, 학회의 지나친 세분화를 들 수 있다. 때에 따라서는 합리적 이유 없이 오랜 역사와 권위를 지닌 학회로부터 분립해 학회가 설립되는 경우도 많다. 전문성에 충실한 소규모 학회가 활성화되는 것을 반드시 나쁘다고 볼 수는 없으나, 이와 같이 규모가 작고 역사가 오래되지 않은 학회 또는 학술지가 소속 기관을 대체해 표절을 조사·판정하기에는 부적절한 경우가 있다. 특히 소규모 학회 등에 상당한 영향력을 행사할 수 있는 사람이 표절 의혹을 받는다면 더욱 공정한 조사를 기대할 수 없다. 이처럼 학회 규모가 작거나 학술지 역사가 짧고 공정한 운영과 심사가 어려울 정도로 객관성을 담보하기 어려운 경우에는 오히려 소속 기관이 조사하고 판정하는 것이 나을 수도 있다.

(3) 공저의 경우

여러 사람이 쓴 저술(공저)에 표절 의혹이 있고 공저자들의 소속 기관이 다를 경우 어떤 기관이 표절을 조사·판정하는 것이 바람직한가?

물론 앞에서 본 바와 같이[1033] 공저라고 해서 다 같은 것이 아니라 집필 부분이 나뉘어 있어 표절 책임을 각자 별도로 부담할 수 있는 것이 있는가 하면, 집필 부분

1032. 소속 기관의 징계절차가 진행되는 가운데, 피징계자(표절 의혹 당사자)는 표절 판정을 내린 학술지 또는 학회의 조사·판정 절차에 하자가 있었음을 주장할 수 있고, 이때 소속 기관의 징계위원회는 학술지 등 관계자 의견을 청취할 수 있다.
1033. 주 744 - 752 해당 면 참조.

이 나뉘어 있지 않아 공동으로 연대해 표절 책임을 부담해야 하는 경우도 있다. 또는 공저자 간에는 집필 부분을 나누었으나 단지 외부로 표시하지 않은 경우도 있다. 이와 같이 공저 형태를 밝혀 책임 소재를 가리는 것을 포함해, 특정 집필 부분에 표절이 있는지 조사해 최종적으로 표절 여부를 판정하는 것에 이르기까지를 어떤 기관이 맡는가와 관련해 다음과 같은 몇 가지 원칙을 고려할 수 있다.

첫째, 대학 등 소속 기관이 다른 경우 어느 한 공저자의 소속 기관에서 조사하고 판정하는 것보다는 문제가 된 저술이 출판된 학술지 또는 그것이 속한 학회에서 그 일을 맡는 것이 바람직하다.

둘째, 첫째의 기관이 그 임무를 수행하는 것이 적절치 않은 경우, 예컨대 앞서 지적한 바와 같이 학술지나 학회가 소규모여서 표절을 조사·판정하는 데 공정성과 객관성을 담보하기 어려운 사정이 있는 경우, 공저자들이 공통적으로 속한 학회[1034] 또는 규모가 더 큰 학술단체가 조사·판정 업무를 맡는 것이 타당하다.

셋째, 첫째와 둘째 모두 여의치 않으면 공저자 중 일부가 속한 소속 기관에서 표절을 조사·판정하는 것이 불가피하다. 최선은 아니지만 민사소송법의 관련재판적[1035] 제도를 유추·적용해 일부 공저자에 대한 표절 조사 권한을 가진 소속 기관이 공저 논문의 표절 여부를 조사할 수 있다고 본다. 다만 이 과정에서 특정 소속 기관에 속한 공저자는 조사과정에서 자기 방어권을 충분히 행사할 수 있으나 다른 공저자는 그렇지 않다는 점, 나아가 자기 책임을 그 소속 기관에 속하지 않은 다른 공저자에게 미룰 여지도 있다는 점에서 표절 조사와 판정이 왜곡될 수 있다. 이와 같이 공저 논문에 관한 잘못된 판정을 예방하기 위해 조사하는 기관은 그곳에 소속된 공저자 외에 다른 소속 기관의 공저자에게도 공저 논문에 대한 표절 조사가 진행되고 있다는 점을 알려서 의견 진술 기회를 보장해야 한다. 한편, 공정성을 최대

1034. 여기서 말하는 '학회'는 문제의 공저 논문이 출판된 학술지 또는 그것이 속한 학회를 의미하지 않고, 상위 학회를 말한다.

1035. 민사소송법
    제25조(관련재판적) ① 하나의 소로 여러 개의 청구를 하는 경우에는 제2조 내지 제24조의 규정에 따라 그 여러 개 가운데 하나의 청구에 대한 관할권이 있는 법원에 소를 제기할 수 있다.
    ② 소송목적이 되는 권리나 의무가 여러 사람에게 공통되거나 사실상 또는 법률상 같은 원인으로 말미암아 그 여러 사람이 공동소송인으로서 당사자가 되는 경우에는 제1항의 규정을 준용한다.

한 담보하려면 공저자들이 속한 소속 기관들이 공동으로 조사해 판정할 수 있는 조사위원회를 구성하는 것도 바람직하다.

(4) 합의 관할

위와 같이 관할이 경합하거나 경합하지 않더라도 당사자 간에 표절조사기관을 정하고 그 기관의 판정에 승복하기로 합의한다면 그 합의는 유효한가? 다시 말해 당사자 간의 합의에 제3자(소속 기관, 학회 등)는 구속되어야 하는가?

두 가지로 나눠서 살펴본다. 광의의 표절에 포함되는 저작권침해의 경우 당사자는 저작권자와 저작권침해자가 될 것이다. 영리를 목적으로 또는 상습적으로 저작권을 침해한 경우에는 고소 없이도 처벌이 가능하지만, 영리 목적과 상습성 둘다 없는 경우에는 여전히 친고죄에 해당하므로 피해자인 저작권자가 문제 삼지 않는다면 어느 누구도 저작권침해자에게 민형사상 책임을 물을 수 없다. 그런데 이 책이 대상으로 하는 학술저작물의 표절(광의의 표절)은 영리 목적이나 상습성이 인정되기 어렵다는 점에서 대체로 저작권침해의 경우 친고죄 영역에 있다. 따라서 저작권자와 저작권침해자 사이에서 특정한 기관에 저작권침해 여부에 관한 조사·판정을 의뢰하고 그 결과에 승복하기로 하는 합의를 하는 것은 유효하다. 피해자(저작권자)에게 처분권이 있다고 보기 때문이다.

그런데 협의의 표절에 해당하는 경우, 피해자는 저작권자 또는 피표절자 외에 학계, 독자도 포함되므로 저작권자(피표절자)와 표절자(표절 의혹자)만의 합의로 조사·판정 기관을 정해 이에 승복하기로 하는 것은 재고의 여지가 있다. 통상적으로 표절 당한 사람의 제보로 표절 조사를 한다는 점에서 제보자와 표절 의혹자를 당사자로 볼 수 있지만, 표절 당한 사람이 아닌 제3자가 제보하는 경우 제보자와 표절 의혹자가 합의로 조사기관을 정하고 판정에 승복하기로 하는 것은 자칫 피표절자의 의사에 반할 수도 있다. 한편 피표절자(저작권자)만이 표절 피해자가 아니므로 그에게 전적인 처분권이 있다고 볼 수 없으며, 소속 기관, 학회, 학술지 역시 표절 피해자 전체를 대변한다고 할 수도 없다. 따라서 표절(협의의 표절)의 경우 피표절자(저작권자)와 표절 의혹자, 또는 제보자와 표절 의혹자 간의 합의에 의해 조사기관을 정하고 그 판정에 승복하기로 하는 합의는 반드시 유효하다고 볼 수는 없다.

저작권침해가 아닌 표절에서는 피표절자(저작권자)와 표절 의혹자, 또는 제보자와 표절 의혹자가 합의해서 조사기관을 정하고 그 기관에서 판정하더라도, 소속 기관이나 학회 등 제3의 기관이 별도 절차에 따라 표절을 조사하고 판정하는 것을 막을 수 없다. 당사자 간의 합의가 이들 제3의 기관을 구속할 수 없기 때문이다.

실제 발생할 가능성은 극히 드물지만, 이런 가정도 가능하다. 표절 의혹에 시달려온 어떤 교수가 소속 대학의 표절 조사를 앞두고 사전에 특정인과 짜고 자신이 영향력을 행사할 수 있는 기관을 표절조사기관으로 하기로 합의한 뒤 그로 하여금 표절 제보를 하게 함으로써 자신에게 유리한 판정을 받을 수 있다. 이런 부정행위에 대해서는 소속 기관이 별도로 조사해 판정할 수 있어야 하므로 이런 합의가 제3자인 소속 기관의 조사·판정을 방해할 수 없다고 해야 한다.

그러나 표절조사기관에 대한 합의가 반드시 부당한 것은 아니다. 앞서 본 바와 같이 소속 기관이 다른 공동저자들의 공저물은, 각기 다른 소속 기관을 포함한 이해당사자들의 합의로 공신력 있는 제3의 기관 또는 소속 기관들 중 어느 한 기관에 조사와 판정을 맡기는 것이 가능하다고 생각한다.

한편 민사소송법 제31조에 따르면 전속관할이 정해진 소에는 합의관할이 인정되지 않는다. 같은 취지에서 학위논문 표절 조사의 경우는 학위수여 기관에 필요적 관할이 인정되므로, 학위논문의 표절에 대해서는 학위수여 기관 외에 다른 기관을 조사기관으로 합의하는 것이 허용될 수 없을 것이다.

소속 기관 외에 합의 조사기관으로 어떤 것이 있는가?

대학 등 소속 기관이나 학회 같은 대인적 기관과 문제가 된 논문 등을 펴낸 학회지 같은 대물적 기관을 넘어 표절문제를 조사하고 판정할 수 있는 제3의 기관으로는 어떤 것들이 있는가? 물론 최종적으로는 재판에 의한 분쟁해결을 생각할 수 있다. 그러나 여기에서는 사법기관을 제외하고, 이른바 재판외 분쟁해결수단 Alternative Dispute Resolution, ADR만을 논의 대상으로 한다.

반드시 표절이나 저작권분쟁만으로 국한하지 않는 ADR로서는 대한상사중재원의 중재, 변호사협회의 조정 등이 있으나, 이들 기관은 표절문제에 특화하거나 전문화한 기관이 아니라는 점에서 표절 제보자, 표절 의혹 당사자, 소속 기관 등이 이런 기관을 통해 표절 여부를 조사하고 판정하도록 하는 데 합의할 가능성은 매우 낮다고 생각한다.

그보다는 한국저작권위원회(이하 '저작권위원회'라 한다)를 상정하는 것이 낫다. 저작권위원회의 업무에는 '저작권에 관한 분쟁의 알선·조정'(저작권법 제113조제1호), '저작권의 침해 등에 관한 감정'(동 제9호)이 있기 때문이다. 그런데 여기에도 한계가 있다.

첫째, '저작권에 관한 분쟁'이므로 저작권침해가 아닌 표절문제를 다루기에 적절하지 않고 경우에 따라서는 적법하지도 않다. 저작권위원회의 조정이 성립되면 [1036] 조정조서는 '재판상의 화해'[1037]와 같은 효력이 있지만, 당사자가 임의로 처분할 수 없는 사항에 관한 것은 그러하지 않다고 규정되어 있다(제117조제2항). 저작재산권과 같이 당사자가 처분할 수 있는 재산권침해 분쟁은 저작권자의 처분가능한 영역이므로 조정 대상이 될 수 있지만, 인격권과 학문윤리가 관련된 표절문제에서는 피표절자(저작권자)가 임의로 처분할 수 있는 영역이 아니라고 볼 부분이 있다. 예를 들어 표절 의혹을 제기한 제보자와 표절 의혹 당사자가 저작권위원회의 분쟁조정을 통해 표절이라든지 아니라든지 하는 조정 성립에 이르렀을 경우, 그 조정 결과가 판결과 효력이 같다는 것은 학계 전체에 좋지 않은 영향을 미칠 수 있다. 재산권이 아닌 윤리적 요소가 있는 분쟁에서 특정인(제보자)이 학계를 대표해 표절 의혹 당사자와 합의로 조정한다는 것이 사실상 있을 수 없는 일이기 때문이다.

둘째, 저작권위원회의 감정기능은 재판이나 수사를 위해 법원 또는 수사기관 등으로부터 감정을 요청받은 경우를 전제로 한다(저작권법 제119조제1항제1호).[1038] 한

1036. 현행 저작권법은 당사자 간의 합의를 전제로 하는 임의조정만 허용한다. 따라서 당사자 일방이 불출석하거나 조정에 응하지 않을 경우 조정부가 직권으로 조정안을 내고 일정한 기간 내에 당사자가 이의를 제기하지 않으면 확정판결과 같은 효력을 부여하는 강제조정은 허용되지 않는다. 참고로 임의조정만을 허용하는 취지의 저작권법 시행령 제63조제1항을 옮겨보면 다음과 같다.
　　제63조(조정의 불성립 등) ① 다음 각 호의 어느 하나에 해당하는 경우에는 조정이 성립되지 아니한 것으로 본다.
　　1. 당사자가 정당한 사유 없이 제62조에 따른 출석 요구에 응하지 아니하는 경우
　　2. 조정신청이 있는 날부터 제61조제5항에 따른 기간이 지난 경우
　　3. 당사자 간에 합의가 성립되지 아니한 경우
1037. '재판상의 화해'는 확정판결과 동일한 효력이 있다(민사소송법 제220조).
1038. 저작권법
　　제119조(감정) ① 위원회는 다음 각 호의 어느 하나에 해당하는 경우에는 감정을 실시할 수 있다.
　　1. 법원 또는 수사기관 등으로부터 재판 또는 수사를 위하여 저작권의 침해 등에 관한 감정을 요청받은 경우

편 저작권위원회는 공정하고 객관적으로 처리하기 위해 전문인들로 구성된 감정전문위원회를 두고 있다(동 시행령 제64조제2항).[1039] 저작권위원회 내에 구성된 감정전문위원회는 표절문제를 조사하고 판정할 수 있는 객관적이고 공정한 전문가 집단으로 구성할 수 있지만 문제는 재판이나 수사 과정에서 요청이 있어야 표절 여부를 감정할 수 있다는 것이다. 따라서 이 항에서 논의하는 바와 같이 표절 제보자, 표절 의혹 당사자, 소속 기관 등이 합의해 제3의 공정하고도 전문적인 기관으로 감정전문위원회에 표절 여부를 조사하여 판정해달라고 할 수 있더라도, 엄격히 말하면 이 위원회는 저작권법상 이 업무를 담당할 수 없다. 현재 이 위원회는 경찰, 검찰, 법원이 각기 수사 중이거나 재판 중 표절 여부에 관해 전문적 감정의견을 듣고자 해서 감정요청을 해올 때, 조사·감정 의견을 제시할 뿐이다. 따라서 수사 또는 재판이 아닌 징계절차 과정에서도 표절 여부를 조사하고 감정의견을 제시하거나, 징계절차 중이 아니더라도 표절 여부의 조사·판정 요청에 응해 감정 업무를 담당하려면 저작권법 개정이 필요하다.

그 밖에 학술단체총연합이나 한국연구재단 등에 설치되어 있는 연구윤리 관련 위원회를 들 수 있다. 위와 마찬가지로 이들 기관에 표절 조사·판정을 의뢰하기로 합의할 수 있지만, 합의 당사자들이 처분할 수 있는 영역이 아니기 때문에 그 결과의 법적 구속력에 의문이 생길 수 있다. 다만 같은 표절문제로 사법절차에까지 이른 경우 참고자료로 사용할 수 있다.

위 기관 외에 표절문제 전문가의 조사·판정을 들 수 있다. 표절 여부의 이해당사자들 사이에서 특정 전문가에게 표절 조사를 의뢰하고 그 결과에 승복하기로 합의하는 경우가 있는데, 이 역시 구속력에 의문이 있으므로 후속 절차에 참고자료로만 활용될 수 있다.

1039. 저작권법 시행령
　　　제64조(감정절차 및 방법 등) ② 저작권위원회는 감정을 하려면 감정전문위원회를 구성하여 공정하고 객관적으로 처리하여야 한다.

4. 법원 – 사법적 판단

표절문제는 기관의 조사와 판정으로 끝나지 않고 법원의 재판으로 가는 경우가 있다. 그런데 처음부터 법원에 제소하는 경우는 거의 없다. 광의의 표절인 저작권침해의 경우 민형사 소송이 바로 법원에 제기돼 법정공방이 이루어지기도 하지만, 표절은 일반적으로 대학이나 학회(지) 등 기관의 판정이 있은 후 이에 불복하는 쪽이 비로소 법원에 제소하기 때문이다.

가. 표절 사건에서 법원의 역할

(1) 학문 선진국 – 소극주의

학문 선진국인 미국을 예로 들면, 미국에서도 표절문제가 법정 분쟁으로 비화되는 경우가 적잖이 있는데, 자세히 들여다보면 우리나라와는 사뭇 다른 양상을 발견할 수 있다.

미국에서 표절문제는 주로 대학 등 기관 내에서 처리하며, 법원이 간여하는 경우, 즉 법정 소송화하는 경우는 주로 대학 등이 절차상 위법을 했거나 표절 혐의자에 대한 명예훼손을 했을 때라고 한다.[1040] 미국에서 표절문제가 대학을 벗어나 사법심사의 대상이 된 경우 법원은 표절 여부 판단은 자제하고 대학이 절차를 제대로 지켰는지에 집중하는 경향이 있다. 표절 여부 판단은 학문 영역이므로 법원은 대학의 자율성, 학문의 독자성을 존중해 대학이 표절 조사·판정 과정에서 적법절차의 원칙을 지켰는지에 집중하는 것이다.

예를 들어 '하우Haugh 고등학생 사건(고등학생의 표절 징계 사건)'에서 연방항소법원은 헌법위반이 없는 한 학교의 징계절차에 개입하지 않는 것이 연방법원의 원칙임을 확인했는가 하면,[1041] 유Yu 교수 판결(유타대 공대 정년보장 교수 표절 사건)에서 연방

1040. Billings, 앞의 논문(주 376), 392 – 393면.

항소법원은 표절 여부에 관한 교수와 학교 측 주장을 별도 입증방법을 통해 심리하는 것을 거부하고 학교(표절심사위원회와 재심위원회)가 적법절차를 거쳤는지 그리고 증거에 의해 사실을 인정했는지를 중심으로 판단했다.[1042]

이상에서 본 바와 같이 미국에서는 표절 여부가 재판의 쟁점이 된 사안에서 법원은 학교 결정과 판단을 존중하는 태도를 보이고 있는데, 이는 미국 대학이 학문과 대학의 권위·가치를 유지하기 위해 표절에 관하여 매우 엄정한 기준을 갖고 있으며, 그러한 대학과 학문의 권위와 신뢰성을 법원이 인정하고 있기 때문이다. 그리하여 법원 판단은 다분히 속심續審적 성격이 아닌 사후심事後審적 성격의 심리방식을 채택하며, 그것도 주로 절차에 관한 사후심에 치중하는 것으로 평가할 수 있다.

한편, 로스쿨이 표절 학생에 대해 면책했는데도 주 변호사 시험위원회가 학교 결정에 구속받지 않고 표절을 인정한 후 변호사 시험 응시자격을 거부한 사례가 있다.[1043] 이 사건에서 법원은 대학의 결정을 번복한 주 변호사 시험위원회의 결정이 옳다고 판결했는데, 이는 위에서 본 미국 사례들과 달리 대학 외의 기관(주 변호사 시험위원회)이 대학의 판단을 번복했다는 점에서 대학의 자율성을 존중하지 않은 것으로 비춰질 수 있다. 그러나 이는 대학의 자율성을 존중하지 않았다는 측면보다는 변호사라는 전문직 종사자에게 더욱 수준 높은 윤리를 부여했다는 측면에서 이해하는 것이 타당하다.

(2) 우리나라 – 현실과 이상의 괴리

우리나라는 어떤가? 우리나라 법원의 표절 사건에 대한 태도와 경향은 미국과 견주어볼 때 어떻게 평가될 수 있는가?

이 책에서 거론되는 우리나라 법원 판결은 미국 법원 판결과 달리 표절의 여러

1041. Haughs v. Bullis School, 900 F.2d 252 (1990) (이하 '하우 고등학생 판결'이라 한다). 심지어 연방항소법원은 공동원고(항소인인) 표절 학생의 아버지(현직 변호사)에게 피고 고등학교 측의 항소심 비용을 모두 부담하라는 명령을 내리면서, 변호사로서 불필요하게 법관의 시간과 자원을 낭비하게 해서는 안 될 의무가 있다는 이유를 제시했다. 1심 판단을 유지한 항소심 법원이 결국 표절에 관한 피고 고등학교의 판단을 얼마나 존중했는지 알 수 있는 대목이다.

1042. 유^{Yu} 교수 판결(주 888), 1415 – 1417면.

1043. In re K.S.L., 269 Ga. 51, 51 – 52 ; 495 S.E.2d 276, 277 – 278 (1998)(이하 'K.S.L. 로스쿨학생 판결'이라 한다).

쟁점에 관해 구체적으로 판단한다. 표절에 관한 재판에서 미국 법원이 사법자제 또는 사법소극주의 태도를 견지하는 데 반해, 우리나라 법원은 딱히 이런 태도를 견지한다고 볼 수 없다. 표절에 관한 본안 판단을 자제하는 미국 법원이 심리구조에서 절차에 관한 사후심 방식을 취한다면, 우리나라 법원은 절차상 하자뿐만 아니라 증거에 의한 사실 인정과 법적 판단 등 실체적 판단까지 다시 심리한다는 점에서 속심 방식을 취하고 있다고 평가할 수 있다.

여기에서 우리나라 법원의 태도가 대학의 자율성을 부정하는 것으로 비춰질 수 있다. 과연 그렇게 비판할 수 있는가? 다음과 같은 이유에서 그렇지 않다.

첫째, 우리나라 대학 등이 그간 표절에 대해 취한 관대한 태도 또는 온정주의는 표절문제에 관해 사법적 간섭을 배제하고 대학에 맡겨달라는 주장, 즉 대학의 자율성 또는 자치라는 입지를 스스로 허물고 말았다. 대학의 자치를 내세워 사법부의 적극적 개입을 물리치려면 표절에 관한 대학의 자정 노력이 더욱 치열하게 진행되어야 한다.

내부 고발자^{whistle-blower} 또는 표절 사냥꾼^{plagiarism hunter}?

둘째, 비교적 최근에 생긴 일이지만 '표절 사냥꾼^{plagiarism hunter}'[1044]은 표절문제에 관한 한 대학 또는 전문단체의 자율성, 자치에 상당한 위협 요소로 작용한다. 표절 사냥꾼의 문제 제기가 대학 또는 학술전문단체의 조사와 판정에 제압 또는 진정된다면, 그 판정에 대한 불복이 법원 재판으로까지 가지 않을 것이다. 그런데 대학 또는 학술단체의 권위가 그 정도에 미치지 않는다면, 제보자(표절 사냥꾼) 또는 표절

1044. 표절자를 잡아낼 목적으로 만든 소프트웨어를 활용해 지속적으로 표절자를 찾아 고발하는 이들을 표절 사냥꾼^{plagiarism hunter}이라고 하는데, 미국에서도 한때 사회적으로 관심을 받은 적이 있다. Latourette, 앞의 논문(주 1017), 2－3면. 대표적으로 오하이오대학교의 한 졸업생이 이 대학교의 21년치 기계공학 석사학위 논문을 모두 검증해 표절을 다수 찾아냄으로써 이 대학에 표절 추문^{plagiarism scandal}을 일으켰다. 위 논문, 3면 중 각주 8(원출처 : Paula Wasley, The Plagiarism Hunter, 52 Chron. Higher Educ., Aug. 11, 2006, at A8). 또한 미국 국립보건원^{NIH} 소속 과학자 두 명이 표절 검색 프로그램을 개발하여 1978년에 발표된 역사학 논문의 표절을 검증했는데, 미국 역사학회^{AHA}는 오랜 조사와 검토 끝에 표절이 아니라고 판정했다. 위 같은 면 중 각주 8[원출처 : Aaron Epstein, Fraud－Busters Go Too Far at NIH, Wash Post, April 20, 1993, at B1 ; Philip J. Hilts, When Does Duplication of Words Become Theft?, N.Y. Times, March 29, 1993, at A10 ; Richard Wightman Fox, *A Heartbreaking Problem of Staggering Proportions*, 90 J. Am. Hist. 1341, 1345 (2004)].

의혹 당사자, 나아가 경우에 따라서는 대학 등 판정기관이 소송 주체가 되어 법정 공방으로 나아갈 수 있다. 대학 등 기관의 판정을 신뢰하지 못해 법원으로 무대를 옮겨 표절 여부 판단을 받고자 하는 일이 잦아지면, 제보자나 표절 의혹 당사자 등은 처음부터 법원 재판을 염두에 두고 대학의 조사·판정 절차에 큰 기대를 걸지 않고 이 절차를 일종의 참고자료 또는 증거를 만드는 과정으로 생각할 것이다. 이런 악순환이 지속되면 법원으로서도 대학 등 기관의 판정을 재판 참고자료 정도로 여기게 될 것이다. 이와 같이 표절 시비가 결국 최종적으로 사법적 구제로 해결되는 양상이 지속되는 것은 학문발전을 위해 바람직하지 않다.[1045] 미국의 예에서는 권위 있는 학계의 판단이 표절 사냥꾼의 문제 제기를 더는 법정공방으로 진전되지 않게 했으나, 우리나라의 경우 학계가 그 정도 권위를 갖고 있는지는 의문이다. 위에서 언급한 바와 같이 이런 권위를 지니기 위해 표절이 학계에 발붙이지 못하도록 학계의 부단한 노력이 더욱 필요하다.

셋째, 이어지는 절차 논의에서 자세히 살펴보겠지만, 적법절차의 원칙이 사인私人 간에 헌법 원칙으로 적용되기에 우리나라의 실무와 이론이 충분히 성숙돼 있지 않다.[1046] 미국에서는 대학 등 기관의 표절 조사·판정 절차에서 적법절차의 원칙이 제대로 지켜졌는지에 법원의 심리와 판단이 집중된다. 반면 우리나라에서는 그렇지 못하기 때문에 표절 의혹 당사자로서는 법원 재판 중 적법절차 원칙 위배라는 주장보다는 표절 여부에 대한 실체적 판단에 집중할 수밖에 없다. 표절 여부가 사법심사의 본격적 대상이 될 수밖에 없는 이유가 여기에 있다.

이상과 같은 이유에서 대학의 자치, 학문의 자율성이라는 가치를 존중하기 위해 표절 재판에서 사법부 역할을 가급적 자제하는 미국의 예가 우리나라에 적용될 수는 없다. 표절 판단에 관해 미국과 같은 사법자제가 우리에게 뿌리내리려면 위에서 언급한 세 가지 요소가 미국과 같은 수준으로 향상되어야 한다. 정확히 말하면, 앞의 두 요소는 대학과 학계의 풍토 조성이, 세 번째 요소는 법률 실무와 이론의 발전이 뒷받침되어야 한다. 그와 같은 제반 여건이 성숙하지 않은 가운데 법원 실무

1045. Billings도 표절문제에서 법원의 역할이 최소화되는 것이 좋다는 견해를 제시했다. Billings, 앞의 논문(주 376), 428면 참조. 한편, 표절문제에서 법원의 역할을 논한 그의 논문 제목 "Plagiarism in Academia and Beyond : What Is the Role of the Courts?"는 그 점에서 음미할 만하다.
1046. 주 1052 – 1061 해당 면 참조.

가 단순히 미국의 예를 따라가는 것은 위험하다.

(3) 제언 - 우리나라 법원이 지향해야 할 역할

구체적으로 표절을 징계사유로 하는 징계처분의 효력을 다투는 재판에서 법원은 표절 판단의 적법성 여부를 징계기관에만 미룰 일이 아니다. 표절에 관한 대학 등의 판단을 기정사실화한 채 징계절차만 들여다보거나 징계양정만 살펴보는 것은 바람직하지 않다. 나아가 표절 여부를 실체적으로 판단할 때도 법원이 좀 더 적극적으로 심리할 것이 요구된다. 그런데 현재 우리 법원의 실무 관행을 보면, 대체로 법원은 대학의 자치, 학문의 자율성을 존중해서라기보다는 과중한 업무 부담 때문에 사실상 법원의 중대한 임무를 방기하는 것이 아닌가 하는 우려를 갖게 한다.

예를 들어, 표절 여부 또는 저술의 중복성 여부가 징계절차나 재판의 쟁점이 될 때, 관련 학회나 전문가 의견이 상반되는 경우는 충분히 예상할 수 있다. 이와 같이 표절이나 논문의 중복성 여부에 전문가 의견이 서로 다르게 제시된 경우 최종적 판단은 법원이 할 수밖에 없다. 그런데 이런 사건에서 법원은 표절이나 중복성 여부에 관해 사실상 양 당사자라고 할 수 있는 대학과 교수가 각기 의뢰해 얻은 전문가의 견해 중에서 좀 더 타당한 것을 선택하는 방식으로 심리하는 경우가 많다.[1047] 그런데 재판절차에 들어오기 전, 표절이나 논문의 중복성 여부에 관해 심각하게 다투는 교수와 대학은 각기 자기들의 입장을 강화하기 위해 사전에 선택한 학회 등 감정기관에 일종의 사적 감정을 의뢰할 때 특별한 요구나 주문을 하기도 한다는 것은, 학연이나 지연 등으로 연결된 우리나라 학계의 특수한 상황에 비추어 쉽게 짐작할 수 있다. 따라서 법원이 좀 더 적극적으로 재판 과정에서 제3의 감정기관 또는 감정인을 지정하고 표절이나 논문의 중복성 여부에 관한 명확한 감정지침을 주

1047. 대표적인 예로 중문학 사건 판결(주 803)을 들 수 있다[다음 사실관계는 중문학 사건 항소심 판결(주 803)을 토대로 정리한 것임]. 이 사건에서 정년보장 교수인 원고는 표절을 포함한 몇 가지 비위사실로 정직 3월의 징계처분을 받았다. 표절 의혹은 크게 두 가지였는데, 첫째, 자신의 박사학위 논문을 다시 연구논문으로 펴낸 것과 둘째, 외국어로 발표한 논문을 재차 우리말로 발표한 것이었다. 논문의 중복성 여부가 쟁점인 사건에서 법원은 원고(교수)와 피고(징계기관인 대학)가 재판 이전에 논문의 중복성에 대해 각기 감정을 의뢰한 별도 학회 회장의 완전히 상반된 심사의견 중에서 원고 제출 의견이 더욱 타당하다는 이유로 논문의 중복성이 없다고 판단했다.

어 감정의견을 도출하도록 한 후 재판에 참고하거나, 더 나아가 표절 또는 연구윤리 전문가를 증인으로 불러 의견을 듣는 심리방식을 취할 필요가 있다.

헌법에 보장된 대학의 자치[1048]를 말하기에는 우리나라 대학과 학계의 표절문제는 너무도 심각한 수준이다. 또 표절 혐의자와 이를 징계하고자 하는 대학기관이 서로 팽팽하게 맞서 판단을 법원에 요청하면서 법원 판단만 바라보는 상황은 특별한 사정이 없는 한 앞으로도 더욱 많이 일어날 수 있다. 최종 판단을 법원 외에 누구도 내릴 수 없는 형편이라면, 법원은 대학의 자치를 내세워 이른바 사법 소극주의 뒤에 숨을 것이 아니라 좀 더 적극적으로 판단할 필요가 있다.

그러나 우리나라 학계도 표절문제를 스스로 공정하게 처리함으로써 그에 관해 학계뿐만 아니라 사회로부터도 충분한 인정을 받는다면, 표절문제가 재판의 쟁점이 될 때 미국 사법부와 같이 우리 법원도 절차준수 여부에 집중하고 표절 여부는 대학의 판정을 존중하는 법률문화를 형성해나갈 수 있을 것이다.

결론적으로 표절 사건의 조사·판정 기관으로서 법원의 역할은 미국보다 우리나라에서 더욱 중요하다고 할 수 있다. 한편 이 점에서 필자가 이 책의 연구방법론으로 제시한 '판결 사례연구case study 방법론'[1049]은 더욱 설득력이 있을 거라고 생각한다.

나. 표절 소송의 유형

사법체계가 우리와 다르지만, 미국 법원과 같은 접근이 학문 선진국에 맞는다고 생각한다. 우리와 같은 접근 방식에 따르면 대학 내 표절 사건이 최종적으로 사법판단을 받기 위해 끊임없이 법원으로 쇄도하는 것을 막을 수 없다. 더욱이 갈수록 표절 제보와 조사가 학문 발전을 위해서가 아니라 정파성이나 개인적 인간관계에 기인해 특정인을 공격하기 위한 수단이 되는 현실에서 본다면, 표절 논의가 학문 발

1048. 대학의 자치는 헌법 제31조제4항 "교육의 자주성·전문성·정치적 중립성 및 대학의 자율성은 법률이 정하는 바에 의하여 보장된다"에 근거한다.
1049. 주 449 해당 면 다음부터 주 454 해당 면까지 참조.

전을 초래하기보다는 대학과 학문의 자율성을 훼손할 우려가 있다.

현재로서는 요원하지만 장래 우리나라 법원도 표절 재판을 할 때 대학 등 학문 공동체의 자율성을 존중해 실체판단에는 개입을 최소화하되 절차적 정당성에 적극적으로 개입하는 것이 바람직하다.

여기에서는 향후 표절에 따른 분쟁에서 대학과 법원이 각자 역할을 충실히 수행할 때 예상되는 표절 소송의 유형을 살펴본다. 이 부분 논의는 표절 사건에 관해 우리 법원이 지향해야 할 재판의 유형에 해당하는 것으로, 주로 미국 사례를 중심으로 간략히 소개한다.

(1) 명예훼손

고등학생인 하우Haugh는 재학 중 표절로 3일간 정학을 받았는데, 고등학교Bullis School는 하우가 입학하기로 된 대학University of Virginia에까지 그 사실을 알렸다. 이에 대해 하우와 법정대리인인 아버지 르로이 하우는 고등학교를 상대로 명예훼손과 계약위반을 이유로 들어 소송을 제기했으나, 연방지방법원은 표절이 맞고, 고등학교 재학 중 표절 사실을 입학 예정인 대학에 알린 고등학교의 행위가 학생에 대한 명예훼손libel이 아님을 확인했다.[1050] 우리나라에서도 표절 시비 중 표절 판단과 별개로 명예훼손 사건으로 진행하는 경우가 더러 있다.[1051]

(2) 절차보장

표절 재판에서 절차보장이 문제가 되는 것은 주로 표절 의혹 당사자에게 조사·판정 과정에서 반론권이나 이의를 제기할 기회를 보장하지 않았다거나, 경우에 따라서는 조사위원회가 감정인을 신문할 때 표절 의혹 당사자에게 반대신문 기회를 보

1050. 하우 고등학생 판결(주 1041). 한편, 명예훼손이 쟁점이 된 표절 사건으로는 Tacka v. Georgetown Univ., 193 F. Supp .2d 43 (D.D.C. 2001); Slack v. Stream, 988 So.2d 516 (Ala. 2008); Abdelsayed v. Narumanchi, 668 A.2d 378 (Conn. 1995) 등이 있다.

1051. 명예훼손 사건 판결(주 447);『일본은 없다』 사건 판결(주 448) 등. 한편, 대법원 2006.3.23. 선고 2005도2193 판결은 법학교과서 I 사건 판결(주 599)과 관련된 명예훼손 사건으로서, 표절 의혹 당사자가 명예훼손죄의 피고인이 된 사건이다.

장하지 않은 경우 등이다.

1985년 매사추세츠대학교의 정년보장 조교수 뉴먼Anny Newman의 표절 의혹에 대해 이 대학은 '심각한 학문적 부주의'를 인정하여 견책과 함께 5년간 학문 관련 위원회 위원과 행정활동의 금지 처분을 내렸다.[1052] 이에 불복한 뉴먼 교수는 증거 제출, 반론권 보장 등의 절차에 위반이 있었다는 이유로 연방지방법원에 소를 제기했으나 학교 측 처분이 타당하다는 판결이 선고됐고, 연방항소법원은 항소를 기각하여 연방지방법원의 판결을 유지했다.[1053] 구체적으로 뉴먼 교수가 문제 삼은 절차위반 중에는 학장이 표절 제보를 접수한 후 최초로 외부 전문가에게 문제의 표절 의혹 논문을 보내어 의견을 들을 때, 뉴먼 교수의 반박문을 같이 보내지 않았다는 것이 있다.[1054] 뉴먼 교수는 외부 전문가가 표절 의혹 논문을 검증하면서 자신의 반박문을 함께 보았더라면 결론이 달라질 수도 있었다고 주장했다. 그러나 법원은 외부 전문가의 감정의견을 받아 최종적으로 위원회가 표절 판정과 징계결정을 할 때 뉴먼 교수에게 반론기회를 충분히 부여했으므로 절차위반이 아니라고 보았다.[1055]

1986년 유타대학교 공대 정년보장 교수 유Jason C. Yu 박사는 15개 비위 사실로 대학의 조사를 받았는데, 대학의 교수책임규정을 위반한 것이 문제가 됐다.[1056] 이어 로스쿨 교수가 위원장이 되고 다른 대학교의 다양한 전공영역 교수 6명이 위원인 위원회Academic Freedom and Tenure Committee에서 심의한 결과, 12개 혐의는 증거부족으로 기각되고 3개만 남았는데 그것이 모두 표절 혐의였다.[1057] 구체적으로 유Yu 교수의 표절 혐의는 자신의 제자들이 90% 정도 쓴 두 권의 저술을 모두 자기 것으로 했다는 점이었다. 위원회는 이 혐의를 인정해 1년간 무급 정직처분을 결의했다.[1058] 이에 유Yu 교수는 증인에 대한 반대신문권을 보장받지 못했다는 이유 등을 들어 이

1052. 뉴먼 교수 판결(주 721), 957면.
1053. 위 판결, 960면.
1054. 위 판결, 961면.
1055. 위 판결, 같은 면.
1056. 유Yu 교수 판결(주 888).
1057. 위 판결, 1414면.
1058. 위 판결, 같은 면.

의 제기했는데, 이의위원회Institutional Council는 위원회Committee에 절차의 하자를 치유하도록 보정했다. 이후 위원회는 절차의 하자를 보완해서 처음보다 더욱 강화된 처분, 즉 해고(면직)를 결의했고, 대학교 총장은 이 의견을 받아들여 유Yu 교수를 해고했다.[1059] 이에 대해 유Yu 교수는 대학의 결정에 절차 위반 등 하자가 있어 헌법에 반한다는 이유로 법원에 소송을 제기했으나, 연방지방법원과 연방항소법원은 동일하게 대학의 결정이 타당하다고 보아 유Yu 교수의 주장을 기각했다.[1060]

이 사건에서 주로 다투어진 것은 절차적 문제로서, 표절 심사 과정에서 원고(표절 의혹 당사자)가 변명할 기회를 부여받았는지, 표절 의견을 제출한 심사위원에 대해 반대신문할 기회를 충분히 부여받았는지 하는 것들이었다. 법원은 표절심사위원회와 재심위원회의 결정을 다시 한 번 실체적 증거에 의해 판단하는 대신, 이러한 위원회가 절차상 적법한 절차를 거쳤는지, 실체상 증거에 의해 사실을 인정했는지를 중심으로 판단했다. 그리하여 표절이 실체적 증거에 따라 입증됐다는 위원회의 결정이 타당하다는 식으로 판단했다. 앞에서 본 바와 같이 속심이 아닌 사후심 형식으로 재판을 진행한 것이다.

우리나라에서는 절차를 지키지 않았다는 것이 표절 사건의 쟁점으로 되는 예는 별로 없으며, 있다고 하더라도 판결에 영향을 미친 예는 거의 없다. 그런데 매우 이례적으로 사전통지 및 의견진술 기회를 부여하지 않았다는 절차상 하자를 이유로 표절로 인한 징계처분을 취소한 판결이 있어 눈길을 끈다.[1061]

(3) 계약위반

표절에 대한 제재를 규정해놓은 학칙이 일방적 계약이므로 구속력이 없다고 주장한 사건(젤먼 학생 판결)에서 미국 법원은 일방적 계약이 아니라고 보아 원고 학생의 주장을 기각한 사례가 있다.[1062] 우리나라에서도 충분히 발생할 수 있는 사건인데,

---

1059. 위 판결, 1414 – 1415면.
1060. 위 판결, 1415 – 1417면.
1061. 인천지법 2006.4.13. 선고 2005구합4797 판결(이하 '남편 논문 표절사건 판결'이라 한다).
1062. 젤먼 학생 판결(주 716).

교육기관에 입학한다는 것은 특별한 사정이 없는 한, 표절금지윤리 등 연구윤리 규범이 들어 있는 학칙을 수용하겠다는 뜻으로 볼 수 있다.

이와 같은 분쟁을 사전에 막으려면 입학 단계에서 표절금지윤리 등이 포함된 학칙을 지키겠다는 취지의 서면에 서명하게 함으로써 이 학칙이 계약의 법리에 따라 적용될 수 있는 근거를 마련하는 것이 필요하다.

(4) 정신적 위자료

표절로 정신적 위자료를 청구한 사례가 있다.[1063]

(5) 표현의 자유

표현의 자유가 쟁점이 된 표절 사건이 있다.[1064]

1063. Matikas v. Univ. of Dayton, 788 N.E. 2d 1108 (Ohio Ct. App. 2003).
1064. Feldman v. Bahn, 12 F.3d 730 (7th Cir. 1993).

IV
구체 절차

"이런 소송에 말려든 사람은 이미 진 거나 다름없다."[1065]

　표절은 정확한 판정도 중요하지만 절차적 정의도 중요하다. 표절자로 지목된 자, 즉 표절 의혹 당사자에게 반론 기회를 부여하지 않은 채 조사절차가 진행되어 표절 판정이 난 경우, 절차위반을 사유로 그 판정의 효력에 영향을 미칠 수 있다. 따라서 아무리 표절이 확실하다 할지라도 반론권을 보장하는 등 적법절차를 거치는 것이 중요하다. 표절이 아니라고 판명 나더라도 조사 과정에서 표절 의혹 당사자의 인적 사항이 외부에 노출되었다면 일종의 낙인 효과로 표절 의혹 당사자의 명예는 쉽게 회복되기 어렵다. 따라서 조사 과정에서 표절 의혹 당사자의 신원과 의혹 사실이 외부에 알려지지 않도록 단속해야 한다.

　절차적 정의는 표절 의혹 당사자 외에 제보자나 조사기관에도 중요한 의미가 있다. 제보로 불이익을 받는다면 표절을 발견하고도 제보하기를 꺼리게 된다. 조사기관, 특히 판정과 관련한 위원회 위원으로 참여했다는 이유로 불이익을 받는다면 역시 조사절차에 참여하기를 기피하게 된다. 이와 같은 기피현상은 표절 조사를 넘

1065. 카프카, 『심판』, 김현성 옮김, 문예출판사, 2007, 118면. 소설에서 어느 날 갑자기 영문도 모른 채 체포되어 재판을 받던 K에게 숙부가 찾아와 건넨 속담이다.

어 최종적으로는 학문윤리 정립에도 바람직하지 않다.

이하에서는 표절 조사·판정의 절차와 관련한 적법절차, 공정성과 관련된 쟁점을 살펴보되, 이와 같이 적법절차가 특별히 중시되는 이유를 먼저 알아본다.

1. 인권침해 가능성과 절차적 정의

표절 조사 및 판정 절차에 관계되는 제보자, 표절 의혹 당사자, 조사기관과 위원 등 모두에게 적법 절차 준수는 매우 중요하다. 그런데 그중에서도 적법절차의 주된 관심이 다음에서 보는 바와 같이 표절 의혹 당사자에게 집중되는 것은 적법절차가 지켜지지 않을 경우 표절 의혹 당사자는 회복하기 불가능할 정도로 명예와 평판에 타격을 입을 뿐만 아니라 그로써 직장을 잃게 되고 심지어 학계에서 완전히 추방되기도 하기 때문이다. 이처럼 표절 조사 및 판정 과정에서 표절 의혹 당사자의 명예, 사생활 등 기본 인권이 침해되지 않도록 적법절차를 준수하는 것이 중요한 것은 형사소송법의 절차적 보장이 피의자와 피고인에게 집중되는 것과 비슷하다. 형사소송법의 역사가 국가권력으로부터 피고인(피의자) 인권을 보호하기 위한 역사였다고 할 수 있는 것처럼 학문 선진국의 표절 조사 및 판정 절차에서 절차적 정의는 표절 의혹 당사자의 보호에 있다고 해도 지나친 말이 아니다.

한편, 표절 조사 및 판정 절차에서 제보자나 조사기관도 적법절차의 보호 대상이 되는데, 대부분은 표절 의혹 당사자의 보호와 밀접히 관련되어 있다는 점에서 표절 의혹 당사자의 명예, 평판이 표절과 관련해 왜 그렇게 중시되어야 하는지 살펴본다.

가. 역설적 상황 – 법·윤리 규범의 전도顚倒 현상

표절이 윤리 문제인데도 법적 책임보다 중하게 여겨지는 이유는?

〈도표 1〉에서 본 바와 같이 표절(협의의 표절: A+B부분)에는 저작권침해가 수반된

경우(A부분)도 있으므로[1066] 표절을 윤리적 책임 영역이라고만 하는 것은 부적절하다. 그런데 논의의 편의상 표절을 법적 책임이 따르는 저작권침해와 구분해 윤리적 책임 영역이라고 단순화한다.

일반적으로 말하면 징역형이나 벌금형 같은 국가 형벌권이 따르는 법적 책임이 그렇지 않은 윤리적 책임보다 중하다고 할 수 있다. 그러나 직職에 따라서는 그 반대로 받아들여지는 경우가 있다. 교수, 연구자, 작가 등과 같이 학문을 하거나 글을 쓰는 영역이 그렇다. 왜 이런 현상이 생겼는지 예를 들어 논증한다.

부모에게 효도하지 않은 교수 A와 표절 교수 B가 있다고 가정한다. 둘 다 비윤리적인 교수다. 물론 불효와 표절은 법적 책임을 지는 경우가 있다.[1067] 그런데 이하 논의는 이와 같은 법적 책임에까지 가지 않는 불효와 표절을 전제로 한다.

단지 부모를 자주 찾아뵙지 않고 봉양을 하지 않는 불효를 범법행위라고 할 수는 없으므로 이는 부모와 자식 간의 윤리 영역에 속한다고 할 수 있다. 그런데 제3자(C)가 A교수를 불효자라고 하면서 불효행위를 일일이 적시해 불특정 또는 다수인에게 알린다면 이는 A교수에 대한 명예훼손에 해당할 수 있다. A교수의 불효행위 여부는 가족 또는 친족 간의 문제로 공적 관심사가 아니므로, 이를 공공의 이익에 관한 것이라고 할 수 없다. 따라서 C의 행위는 위법성이 조각되지 않으므로 명예훼손죄의 책임을 면하기 어렵다. 그런데 C가 B교수의 표절 행위를 불특정 또는 다수인에게 알린다면 현재의 판례 태도 아래에서는 명예훼손에 해당할 가능성이 거의 없다. 교수 또는 학자의 표절 행위는 공공의 이익에 관한 것으로 위법성이 조각될 수 있기 때문이다.

이는 거꾸로 말하면 불효는 불효자의 가정과 그를 아는 주변의 한정된 사회에서 비윤리적이라는 비난을 받는 것으로 끝나지만, 표절은 표절자를 모르는 학계 일반으로부터도 비난을 받게 된다는 것이다. 불효 또는 표절이라는 비윤리적 행위가 그 행위를 한 개인이 속한 특정 사회(가정, 공동체)를 넘어 일반 사회에까지 알려지는

1066. 주 363 해당 면과 〈도표 1〉.
1067. 예컨대 A교수는 부모에게서 막대한 유산을 물려받았음에도 봉양 의무를 다하지 않는 것을 넘어 부모를 폭행했다면, 이는 존속폭행죄에 해당할 수 있다. B교수도 타인의 독창적 아이디어를 자기 것인 양 출처 표시 없이 가져다 쓰는 것(협의의 표절)을 넘어 타인의 독창적 표현을 저작권법이 허용하는 정당한 범위를 벗어나 가져다 썼다면, 이는 저작권침해(광의의 표절)에 해당하여 민형사 책임을 질 수 있다.

것에 대해, 명예훼손죄라는 법적 수단을 통해 전자(불효행위를 알리는 것)는 단죄되지만 후자(표절을 알리는 것)는 단죄되지 않는다는 데 양자의 차이가 있다.

이와 같은 차이는 효도라는 윤리와 정직한 학문이라는 윤리의 영역이 다른 데서 온다. 효도는 가족 간의 윤리 또는 개인윤리라고 할 수 있다면, 정직한 학문은 학문윤리 또는 사회윤리라고 할 수 있다. 전자의 경우 직접적 해악이 개인과 가족에 국한되지만, 후자의 경우 학문사회, 즉 학계에 미치기 때문에, 일반에 알려지더라도 공익성을 들어 명예훼손죄가 성립되지 않는다고 볼 수 있는 것이다.

이상에서 본 바와 같이 표절은 윤리문제이지만 법적 책임 못지않게 때로는 그 이상으로 중하게 여겨진다.

나. 학문윤리의 특성 – 높은 권위에 따른 강한 책임

같은 사회윤리(직업윤리) 중에서도 표절이 더 심각하게 받아들여지는 이유는?

그렇다면 법적 책임에까지 이른 범법행위는 아니면서도, 개인 또는 가족 윤리가 아닌 사회윤리 위반은 표절과 같이 공익과 관련되므로 일반에 알리는 것이 항상 명예훼손죄에 해당되지 않는가?

반드시 그렇지는 않다. 사회구성원의 윤리인 사회윤리의 대표적인 예로 직업윤리를 들 수 있는데, 예컨대 어떤 기업인이 법을 위반하지는 않으면서도(즉 적법한 수단으로) 큰돈을 벌고 지나치게 호화스러운 주택에서 도를 넘는 사치행각을 벌여 해당 기업과 주변 사회에 위화감을 조성한다고 가정할 때, 이는 기업가윤리 또는 사회윤리에 반한다고 말할 수 있다. 그런데 이 기업인의 행태를 일반에 공개한다면 그것을 형법 제310조에 따라 공공의 이익에 관한 것으로 보아 위법성이 조각된다고 하기는 어렵다. 그 기업인의 행위가 실정법을 위반하지 않았다면 개인의 사생활 보호가 우선시 될 것이기 때문이다.

그렇다면 학자에게 부여된 학문윤리와 기업가에게 부여된 기업가윤리는 공히 직업윤리 또는 사회윤리라고 할 수 있는데, 여기에서 전자에 더 무거운 책임을 부여하는 것은 왜인가?

학문을 하는 집단이 기업가들보다 더 윤리적이거나, 그렇지 않더라도 더 윤리적이어야 하기 때문인가? 반드시 그렇다고 말하기는 곤란하다. 성직자聖職者라고도 하는 종교계 인사들에게 우리 사회가 더욱 수준 높은 윤리의식을 요구하는 것과 같이 학계 구성원에게 이를 요구할 수는 없다. 학계 구성원과 기업가들 사이에 존재하는 이 미묘한 차이는 각자에 요구되는 윤리성 수준에 있는 것이 아니라, 그 직의 특성상 생명이라고 할 부분을 저버렸기 때문이라고 보는 것이 타당하다.

교수, 학자, 연구자 등으로 불리는 이들을 통칭해 학계 구성원이라고 한다면, 대체로 학계 구성원들은 과거 업적을 토대로 사는 사람들이라고 할 수 있다. 과거 자신이 썼던 논문, 저서 등 학술적 저술은 학계(독자 포함)로부터 받는 명예와 평판 등의 기초가 된다. 이런 것을 이른바 '학계 권위'라고 한다면, 과거 논문 등 저술은 '학계 권위'의 기초가 된다. 그런데 어느 날 과거 저술이 타인 것을 자기 것인 양 포장한 표절물이라고 밝혀진다면, 기초가 부실한 건물이 한꺼번에 무너지듯 해당 학자의 학문적 권위는 하루아침에 급전직하로 추락할 것이다.

물론 교수, 학자, 연구자 등의 학계 권위와 평판이 오로지 과거 연구업적만으로 이루어지는 것은 아니어서 교육자로서의 자질, 인격 등의 요소도 있지만, 이런 것들은 그와 직접 관계성이 있는, 예를 들어 학생, 동료 등의 관계에서 비롯한다. 반면에 위에서 말한 기존의 연구 업적물은 학생이나 동료 같은 특별 관계자를 넘어 일반 독자와 학계 전반에까지 읽혀 알려진다는 점에서 훨씬 포괄적이고 광범위하다. 학계 권위는 개인의 인품이나 자질보다는 과거 연구업적으로 뒷받침되는 것이 훨씬 절대적이라고 할 수 있다. 이와 같이 절대적 기초가 되는 연구업적이 표절로 밝혀진다면 그가 평생 쌓아올린 학문의 권위 또는 학계의 권위는 회복 불가능한 상태로 무너진다.

이 점은 마치 성직자(종교지도자)가 종교적 계율을 어긴 것에 비유될 수 있을지도 모르겠다. 이는 교수 등 학계 구성원에게 요구되는 윤리 수준이 종교지도자와 같다는 것이 아니라, 학계 구성원에게 표절이라는 비윤리적 행위는 종교지도자의 종교적 계율위반에 비견될 만큼 그 직의 생명 또는 핵심이라는 것을 강조하고자 하는 것이다.

다. 낙인 효과
- 표절 의혹 당사자의 명예와 인권 보호 필요성

교수, 연구자 등 학계 구성원의 표절문제는 사회윤리의 하나인 직업윤리 영역에 속한다고 할 수 있는데, 여타 직업윤리와 달리 이 문제는 그 직의 핵심에 맞닿아 있어, 표절이 사실로 확정되면 당사자는 학계에서 더는 활동할 수 없도록 추방당하기도 한다. 물론 뒤에서 보는 바와 같이 표절의 경중에 따라 경미한 표절은 학계에서 추방되는 것이 부적절할 수도 있지만, 중한 표절은 무너진 권위가 다시 살아나기는 어렵다고 할 수 있다.

그런데 우리나라에서는 표절로 판명이 난 경우에도 교수 지위를 유지하고 학자나 연구자로서 활동을 계속하는 경우가 많다. 학계나 사회가 이를 용인하기 때문이다. 반면 미국에서는 표절로 판명 난 경우 더는 학계에 발붙이지 못하고 추방당하는 것이 당연하게 생각될 만큼 표절에 대해 엄격하다. 람베리스 변호사 판결에서 미국 법원은 변호사협회의 징계처분을 견책으로 낮추면서 그 사유로 표절을 저지른 이 변호사가 더는 학계에 남아 있을 수 없다는 점을 들었다.[1068] 법원이 표절자가 학계에서 영원히 퇴출된다는 관행을 징계의 양정 사유로 삼을 만큼, 표절자가 학계에 발붙일 수 없다는 것이 미국 학계의 당연한 사실임을 알 수 있다.

문제는 표절 의혹이 제기되었으나 표절이 아니라고 판명 난 경우다. 앞서 본 바와 같이 표절은 학계 구성원에게는 치명타가 아닐 수 없다. 최종적으로 표절이 아닌 것으로 판명 나더라도 표절 의혹이 제기된 것만으로 - 정확히 말하면 표절 의혹이 제기되었다는 것이 일반에 알려졌다는 것만으로 - 해당 학자는 평생 표절 교수 또는 표절 학자라는 멍에를 지고 살 수밖에 없다. 이른바 낙인 효과라고 할 수 있는데, 한번 낙인찍히면 심지어 언론의 정정보도, 반론보도로도 학계와 일반에 각인된 이미지를 지우기는 사실상 불가능하다.

이 점에서 최종적으로 표절이라는 판정이 나기 전에 표절 의혹 제기 사실이 언론 등을 통해 일반에 공표되는 것은 그 자체로 최종 판정이나 다름없는 일종의 즉

1068. 람베리스 변호사 판결(주 417).

결처분이라고 하지 않을 수 없다. 여기에 표절 의혹이 제기되었을 때 최종 판정에 이르기까지 표절 의혹 당사자의 명예와 인권을 보호해야 할 필요가 있다.

학계의 주홍글씨[1069]

인터넷 시대라고 불리는 오늘날, 명예훼손은 과거와 비교할 수 없을 정도로 심각하다. 과거에는 수치스러운 일을 했더라도 자의로 거주를 이전하거나 추방당하여 새로운 곳에 정착하면 새 출발을 할 수 있었다. 그러나 인터넷은 정보통신망을 통해 세계를 하나의 공동체 단위로 만들어 숨을 곳을 없애버렸다. 나아가 사람의 기억에서 사라짐으로써 새 출발을 할 수 있는 기회도 인터넷과 검색기능의 발전이 앗아버렸다. 2014.5.13. 유럽사법재판소는 '잊혀질 권리'를 최초로 인정했고,[1070] 이에 영향을 받아 우리나라도 입법을 고려하고 있는데,[1071] 인터넷을 통한 명예훼손의 피해양상이 과거와 비교할 수 없다는 점에서 이해할 수 있다.

이처럼 인터넷의 발전과 확산으로 명예훼손의 피해양상은 양과 질에서 과거와는 판이하게 진행되고 있다. 여기에 위에서 거론한 표절 의혹 제기로 당사자의 명예가 훼손되는 것을 적용해본다면, 그 폐해의 심각성은 긴 설명이 필요하지 않다.

라. 소결론

위와 같이 최종적으로 표절 판정이 나기 전까지 표절 의혹 당사자의 명예와 인권을 보호할 필요성은 매우 크다. 그런데 다음 항에서 보는 바와 같이 교수, 학자 등의 표절문제는 공공의 이익에 관련되므로, 표절 의혹 제기가 당사자에게는 사회적 명예를 심각하게 실추시키는 것일지라도, 최종적으로는 명예훼손죄에 해당하지 않을

1069. "an accusation of plagiarism is academe's version of a scarlet letter." Latourette, 앞의 논문(주 1017), 64면(원출처 : Courtney Leatherman, At Texas A&M, Conflicting Charges of Misconduct Tear A Program Apart, 46 Chron. Higher Educ., Nov. 5, 1999 at A18).

1070. Case C–131/12, Google Spain SL, Google Inc. v Agencia Espanola de Proteccion de Datos (AEPD), Mario Costeja Gonzalez [2014].

1071. 김민기, 「[시선] '알 권리'냐 '잊혀질 권리'냐 … 방통위 본격 논의」, 뉴시스, 2014.6.16. 기사, http://www.newsis.com/ar_detail/view.html?ar_id=NISX20140616_0012986114&cID=10402&pID=10400 (2014.7.24. 방문).

수 있다. 더욱 심각한 것은 표절이 아니라고 판명되더라도 의혹 제기자가 표절이라고 믿고 의혹을 제기한 경우 그 믿음에 정당한 이유가 있다고 보면 마찬가지로 명예훼손이 안 된다는 것이 판례의 태도이므로, 의혹 당사자의 명예와 인권은 그야말로 '바람 앞의 촛불'같이 위태로운 지경에 놓인다.

결국 형법에 의한 명예훼손죄, 민사상 명예훼손으로 인한 손해배상책임으로 표절 의혹 당사자의 명예와 인권을 보호하기는 역부족이다. 그렇다고 이를 방치할 수 없는 것은 앞서 본 바와 같이 의혹 당사자의 낙인 효과가 너무도 심각하기 때문이다.

이상에서 표절 의혹 당사자의 인권침해 가능성을 충분히 살펴보았으므로, 이제 이에 대한 대책을 검토한다.

2. 제보자 보호와 제보의 남용 방지

우리나라에서 표절문제는 '학문적 관심사'보다는 '학문외적 사건'에서 시작되는 경우가 많다는 점은 앞에서 설명한 바와 같다.[1072] 최근 표절이 문제 되어 조사를 거쳐 제재에 이르는 과정을 보면, 학문적 관심사보다는 학문외적 목적에 치중하는 경우가 많은데, 이는 후진적 학문 풍토를 여실히 보여준다.

이 항에서는 표절 조사가 어떤 계기로 시작되는지와 관련해 그에 따른 제보자 보호 방법과 반대로 제보의 남용을 방지할 수 있는 방법을 논의한다.

가. 조사 착수

통상 표절 조사는 인지認知와 제보로 착수된다. 인지는 조사기관이 직접 표절 사실을 알게 된 것인데, 앞서 본 바와 같이 조사기관에는 표절 의혹자가 소속된 기관,

---

1072. 서설 부분(주 4 해당 면) 참조.

학회와 같은 대인적 기관이 있는가 하면, 학술지와 같은 대물적 기관이 있으므로, 먼저 이들 기관이 표절을 인지하게 되는 과정을 살펴볼 필요가 있다.

소속 기관이 소속 교수·연구원이 쓴 논문에 표절이 있는지를 전수 조사하는 것은 일반적이지 않다. 어떤 계기를 통해 표절을 인지하게 되는데, 교수의 경우 대체로 신규임용, 재임용, 승진 등의 심사과정에서 제출된 논문을 접하게 될 때이며, 학위과정에 있는 학생의 경우 학위논문 심사 때나 과제물을 제출했을 때[1073]라고 할 수 있다. 한편 학회 또는 학술지에서 인지하게 되는 경우는 논문이 학술지 게재를 위해 심사에 제출된 때가 일반적이다. 그 밖에 연구기관이 외부 연구자에게 연구용역을 발주하고 연구보고서를 제출받아 심사하는 과정에서 표절을 발견하는 경우도 있다.

인지에 따른 표절 조사는 표절을 전제로 신분에 영향을 미치게 된 경우 외에는 외부에 알려지는 일이 극히 드물다. 개별 논문이 표절로 밝혀질 경우 학위심사가 중단되거나 논문이 게재되지 않고 또는 수정지시를 받는 것으로 종결되고, 연구용역계약의 경우 수정지시 또는 계약해제 등으로 종결되기 때문이다. 그러나 표절을 이유로 신규임용이 거부되거나 재임용 또는 승진에서 탈락하면 간혹 대학의 처분에 불복해 법적 절차로 나아가는 경우가 있다.[1074] 그런데 표절에 대한 조사 착수 사유로 인지는 매우 제한적이고, 오히려 제보에 의한 경우가 일반적이라고 할 수 있다.

제보에 의한 표절 조사 절차에서 가장 중요한 것은 제보자 보호라고 할 수 있는데, 이에 대해서는 항을 달리하여 논한다. 여기에서는 인지에 의한 조사 착수에 관하여 몇 가지 점을 지적한다.

1073. 미국에서는 학생들의 보고서 등 논문을 턴잇인Turnitin과 같은 표절 검색 소프트웨어를 통해 표절 검색을 하는 것으로 알려져 있으나, 반드시 미국 대학의 광범위한 지지를 받고 있지는 않다고 한다. 대표적으로 턴잇인의 사용을 거부하는 대학이 프린스턴이다. Latourette, 앞의 논문(주 1017), 39~41면.

1074. 재판 사례를 표절이 쟁점으로 된 심사단계별로 분류하면 다음과 같다.
　① 임용심사 : 박사학위논문과 일반논문 간의 중복사건 판결(주 807), 포스터논문 중복게재 사건 판결(주 812)
　② 승진심사 : 승진시 논문중복사용 사건 판결(주 813), 회계원리 사건 판결(주 378), 남편 논문 표절사건 판결(주 1061)
　③ 재임용 : 연구소원 공동논문 사건 판결(주 486)
　④ 설립인가변경에 따른 다수 교수에 대한 임용심사 : 서울고법 2002.11.14. 선고 2002누914 판결(이하 '설립인가변경 사건 판결'이라 한다)

소속 기관 또는 학술지에 의한 표절 인지의 범위를 어디까지로 할지 문제이나, 소속 기관 또는 학술지의 통상 업무 절차 중 표절을 발견해 소속 기관 또는 학술지의 표절조사위원회나 연구윤리 관련 위원회 등에 신고함으로써 조사가 진행되는 것은 제보라기보다는 인지라고 하는 것이 타당하다. 제보와 인지로 나누는 것은 뒤에서 살펴볼 제보자 보호의 대상과 관련하여 실익이 있다. 미국 등 학문과 연구윤리 선진국의 경우 일반적으로 학계 구성원은 자신이 표절하지 않을 의무를 부담하는 것은 당연하고, 동료 또는 학생의 표절과 연구윤리 위반 사례를 접하면 이를 보고하거나 신고할 의무를 부담한다.[1075] 이와 같은 신고의무가 학칙 또는 내규 등으로 제도화되어 있는 나라에서는 신고자를 제보자로 취급할 필요가 없다. 이는 제보자라는 지위로 보호해줄 필요가 없다는 것을 의미하는데, 표절을 접하고도 신고할지 말지가 선택사항이 아니라 반드시 신고해야 하는 의무를 부담하기 때문이다.

그런데 우리나라에서는 아직까지 이런 정도의 신고 또는 보고의무가 학칙 등에 규정되어 있지 않고 그와 같은 문화가 조성되어 있지 않다는 점에서 통상의 업무 과정에서 표절을 인지하게 된 사람이 같은 소속 기관 내의 표절조사위원회나 연구윤리 관련 위원회에 신고하는 경우라도 제보자에 준하여 보호해줄 필요가 있다. 다만 뒤에서 말하는 제보에 의한 조사와 달리 이 경우에는 익명성이 보장되지 않는다는 점에서 보호의 한계가 있다.[1076]

교육기관 또는 학계 구성원으로서 표절하지 않을 뿐 아니라 표절을 발견할 경우 신고하겠다는 의무를 부담하게 된다면 표절 신고 또는 제보로 신고자나 제보자의 부담을 줄여줄 수 있다. 그런 점에서, 우리나라에서도 대학이나 각 연구원 등의

1075. 학습장애가 있는 로스쿨 학생이 헌법강좌에서 제출한 리포트에서 표절을 발견한 교수가 학교에 표절 행위 사실을 보고한 사례 : Di Lella v. University of The District of Columbia David A. Clarke School of Law, 570 F. Supp. 2d 1 (2008) (이하 '디 렐라 로스쿨학생 판결'이라 한다). 심지어 제보자가 속한 소속 기관을 넘어서 타 기관에까지 표절 사실을 통보하는 경우도 있다. 예를 들어, 소속 고등학생이 표절로 정학 당한 적이 있다는 사실을 그 학생에게 입학허가를 준 대학에 통보한 고등학교 사례[하우 고등학생 판결(주 1041)] ; 현직 변호사의 석사학위(LLM.) 논문 표절을 확인한 로스쿨(Northwestern)이 그 변호사가 소속된 주 변호사협회(일리노이 주)에 표절 사실을 통보한 사례[람베리스 변호사 판결(주 417)] ; 판사의 비위행위(표절 포함)를 알고 있는 변호사는 법관징계위원회에 통보할 의무를 규정한 미시간 주 변호사협회 강령이 법관 징계의 근거가 된 사례[브레넌 판사 사건 판결(주 922)].

1076. 예컨대 특정 수업에서 제출된 보고서에 표절이 있다고 하여 학내 연구윤리 관련 위원회에 회부되었다면 해당 과목의 교수가, 학위논문 심사 과정에서 표절이 발견되었다면 심사 과정에 참여한 교수가, 그밖에 신규임용·재임용·승진 심사 과정에서 표절이 발견되었다면 인사위원회 위원이 보고했을 것으로 강하게 추정될 것이다.

채용, 재임용, 승진 단계 또는 입학 단계에서 표절 등 연구윤리에 위반된 행위를 하지 않겠다고 서약하는 것은 물론, 동료, 학생들의 표절 등 비위행위를 접하면 신고하거나 보고하겠다고 서약하도록 제도화할 필요가 있다.

제보 취소

한편, 제보 후 제보자가 제보를 취소하거나 철회할 경우 표절 조사와 판정 절차는 중단 또는 정지되어야 하는가?

저작권침해처럼 친고죄가 아니기 때문에 표절에서는 제보 취소가 있다 하여 조사절차를 중단하거나 정지할 것은 아니라고 본다. 만약 제보 취소에 따라 이후 절차가 중지된다면 이를 악용해 예컨대 표절 당한 사람도 아닌 제3자가 합의금을 얻어낼 목적으로 제보한 후 피제보자(표절 의혹 당사자)와 합의한 후 제보를 취소하는 일이 생길 수 있다. 그 부당함은 길게 설명할 필요가 없다.

앞서 본 바와 같이 표절은 저작권침해와 달리 피해자에 저작권자(피표절자)만 있는 것이 아니므로, 피표절자에 의한 제보 취소뿐만 아니라 제3자에 의한 제보 취소에도, 취소 여부와 관계없이 조사·판정 절차는 진행되는 것이 맞다. 다만, 착오에 의한 제보를 바로잡기 위한 제보의 취소라면 조사절차를 더 진행하지 않고 사건을 종결하는 것도 가능하다.

나. 제보자 보호

표절 조사는 제보와 인지로 착수된다. 그런데 현실에서는 대부분 인지보다는 제보에 의존한다. 표절물을 알게 되면 반드시 보고하거나 신고해야 할 의무를 제도로 규정한 나라와 달리 우리나라는 인지에 의한 조사가 상시적으로 이루어지지 않기 때문에 상대적으로 인지보다는 제보에 의존한다.

그러나 그렇다고 해서 표절 제보가 활성화되어 있다고 보기도 어렵다. 대개 정권 교체기에 열리는 인사청문회의 인사 검증 시 제보가 활발하고 표절문제가 사회적 관심사가 되기도 하지만, 학문윤리 정립이라는 순수한 목적으로 보기 어렵기 때문이다.

그렇다면 평소 표절 제보가 상시적이거나 일상적이지 않은 이유는 무엇인가? 표절이 적게 발생하기 때문이 아니라, 표절문제에 둔감하거나 적극적으로 문제 제기하기를 꺼려하는 환경 때문이다. 자신이 표절을 당해 피해자가 되었어도 문제 제기를 주저하는 것은 학맥과 인맥 등 개인적 관계를 중시하는 문화와 정의를 세우기보다는 개인적으로 등지지 않는 것이 낫다는 전통적 관습이 뿌리 깊게 박혀 있기 때문이다. 이와 같은 문화와 관습이 하루아침에 바뀌기는 어렵다. 그러나 최근 표절을 용인하는 문화는 전통이나 관습이라는 이유로 더는 지지받기 어렵다는 점에서 표절 제보는 앞으로 활성화될 것으로 예상된다.

표절 제보가 안정적으로 되게 하려면 가장 중요한 것이 제보자 보호다. 한편 제보자 보호제도를 악용해 무분별한 제보가 행해질 수 있는데, 이로써 억울한 피해자가 나올 수 있음은 물론 사회적 비용도 만만치 않다. 제보자 보호와 제보 남용 방지라는 상반된 목적을 달성하기 위해 균형이 필요하다.

표절 피해자가 직접 제보하거나 제3자가 공개적으로 제보하는 경우에는 군이 제보자 신원이 노출되지 않도록 보호할 필요가 없다. 그러나 표절 피해자가 제보하는 경우에도 익명성이 유지되기를 바라거나, 제3자가 제보하면서 자기 이름 공개하기를 원치 않으면 제보자의 인적 사항이 노출되지 않도록 보호해야 한다. 이를 위해 제보를 접수한 기관은 제보를 내부에서 행정적으로 처리하고 조사위원회 또는 전문가에게 조사를 의뢰하는 과정에서 제보자 신원이 공개되지 않도록 주의해야 한다.

위와 같이 노력했는데도 제보자의 인적 사항이 노출되었을 때, 제보자에게 불이익이 가해지지 않도록 해야 한다. 특히 내부자가 제보했을 경우 소속 기관은 기관의 명예를 훼손했다는 이유로 제보자에게 불이익을 가해서는 안 된다. 기관 내에서 불이익을 받으면서까지 표절 제보를 할 가능성은 별로 없다. 표절을 발견하고도 제보에 따른 불이익 때문에 제보를 주저하게 된다면, 제 식구 감싸기라는 비판을 면하기 어렵다.

표절 제보자의 인적사항을 '비공개대상정보'로 해야

한편 표절 의혹자는 나중에 관련법에 의한 정보공개청구를 통해 제보자 신원을 알아낼 수도 있다. 공공기관의 정보공개에 관한 법률에서 정보공개 의무를 지는 공공기관에는 각급 학교가 포함되어 있는데(제2조제3호, 동 시행령 제2조제1호), 이들 공공기관이 보유·관리하는 정보는 공개대상이 되므로, 표절 제보자 역시 정보공개 대상이 된다고 할 수 있다(법 제9조제1항본문). 제보자를 보호하기 위해 이와 같은 정보공개 대상에서 배제하려면 법령에서 표절에 관한 제보자 인적사항을 비공개 사항으로 정할 필요가 있다(법 제9조제1항제1호).[1077] 그런데 현행법령에서는 이를 규정하는 법률 또는 대통령령이 없으므로 입법이 필요하다.[1078]

다. 제보의 남용 방지 – 표절 의혹 당사자 보호

제보자 보호는 선의의 자에 국한되어야 한다. 표절 의혹을 제기 당한 사람은 나중에 표절이 아니라고 판명 나더라도 인적 사항이 노출되면 회복 불가능한 피해를 입게 된다.[1079] 나아가 허위 제보 또는 무책임한 제보로 발생하는 행정 비용과 우리 사회가 입게 될 사회적 비용 또한 만만치 않다. 이와 같은 희생과 비용을 고려하면 균형상 허위 또는 무책임한 제보자는 보호할 필요가 없다. 제보자 보호라는 울타리가 제보 남용의 빌미가 돼서는 곤란하다. 이는 곧 표절 의혹 당사자 보호 제도에 직결된다.

허위 또는 무책임한 제보는 형법상 무고죄 또는 명예훼손죄에 해당할 수 있다. 민사상 불법행위가 성립하여 손해배상책임을 지게 될 수도 있다. 이와 같은 법적 제재 또는 책임은 무분별한 제보를 억제하는 기능을 할 수 있다. 이하에서는 그 가능성을 살펴본다.

1077. 공공기관의 정보공개에 관한 법률

　　제9조(비공개대상정보) ① 공공기관이 보유·관리하는 정보는 공개대상이 된다. 다만, 다음 각 호의 1에 해당하는 정보에 대하여는 이를 공개하지 아니할 수 있다.

　　　1. 다른 법률 또는 법률이 위임한 명령(국회규칙·대법원규칙·헌법재판소규칙·중앙선거관리위원회규칙·대통령령 및 조례에 한한다)에 의하여 비밀 또는 비공개 사항으로 규정된 정보

1078. 교육부의 연구윤리 확보를 위한 지침 제11조제4항은 "제보자의 신원에 관한 사항은 정보공개의 대상이 되지 않는다"라고 규정하고 있다. 그러나 이 지침(교육부 훈령)이 공공기관의 정보공개에 관한 법률 제9조제1항제1호에 의해 '비공개대상정보'를 정하는 법률이나 법률이 위임한 명령에 해당하지 않음은 명백하다. 따라서 위와 같은 지침에서 제보자 신원에 관한 사항을 정보공개 대상에서 제외한다고 하더라도 비공개대상정보가 될 수 없다는 점에서 입법이 필요한 부분이라고 생각된다.

1079. 앞에서 본 '낙인 효과'를 참고하기 바란다. 주 1068－1071 해당 면.

(1) 형법상 제재

(가) 무고죄 해당 가능성

무분별한 표절 제보는 무고죄에 해당할 여지가 있다.

> 형법 제156조(무고) 타인으로 하여금 형사처분 또는 징계처분을 받게 할 목적으로 공무소 또는 공무원에 대하여 허위의 사실을 신고한 자는 10년 이하의 징역 또는 1천500만 원 이하의 벌금에 처한다.

소속 기관에 표절 의혹을 제기한 것만으로는 반드시 징계처분을 받게 할 목적이 있다고 보기 어렵다. 그러나 표절 판정이 되면 특별한 사정이 없는 한 징계로 이어진다는 점에서, 즉 표절이 징계사유의 하나라는 점에서, 표절 제보는 징계처분을 받게 할 목적에 해당한다고 할 수 있다.

무고죄는 타인으로 하여금 형사 또는 징계처분을 받게 할 목적으로 진실함에 확신이 없는 사실을 신고함으로써 성립하므로, 신고사실이 허위라는 것을 신고자가 확신할 필요는 없다(대법원 2007.3.29. 선고 2006도8638 판결). 따라서 표절 제보가 무고죄에 해당하려면 제보자가 표절이라는 확신이 없는 것으로 충분하고, 표절이 아니라고 확신할 것까지는 없다. 그런데도 무고죄가 표절 제보의 남용을 방지하는 데는 제한적일 수밖에 없다.

첫째, 국공립대학 교원 또는 정부출연연구기관 연구원의 표절 의혹을 소속 기관에 제보하는 경우는 '공무소 또는 공무원에 대한' 것으로 볼 수 있지만, 사립대학 교원, 비정부연구소 연구원, 학회 학회원의 경우는 공법상의 특별권력관계를 전제로 하지 않으므로(대법원 2010.11.25. 선고 2010도10202 판결 참조) 무고죄의 다른 요건을 갖추어도 무고죄에 해당하지 않는다.

둘째, 무고죄는 허위 사실을 전제로 하므로 법률적 판단을 잘못한 경우에는 무고죄에 해당하지 않는다. 예컨대 일반지식에 대해서는 출처표시를 하지 않아도 표절이 성립하지 않는데도 일반지식의 출처표시 누락을 표절이라고 단정한 나머지 제보한 경우가 이에 해당한다. 또 해당 분야의 전문지식이 부족해 일반지식이 아니라고 단정한 나머지 출처표시 누락을 문제 삼아 표절로 제보한 경우도 이와 마찬가지다.

결론적으로 무고죄는 국공립대학의 교원, 정부출연연구기관 연구원의 표절 의혹에 한해 제한적으로 무분별한 표절 제보를 막는 기능이 있을 뿐이다.

(나) 명예훼손죄 해당 가능성

다음으로 검토할 것은 명예훼손이다. 위와 같이 무고죄는 표절 제보의 남용을 막기에는 제한적이라는 점에서 형법상 명예훼손죄 또는 민사상 명예훼손으로 인한 손해배상책임에 더 큰 기대를 갖게 한다.

> 형법 제307조(명예훼손) ① 공연히 사실을 적시하여 사람의 명예를 훼손한 자는 2년
> 이하의 징역이나 금고 또는 500만 원 이하의 벌금에 처한다.
> ② 공연히 허위의 사실을 적시하여 사람의 명예를 훼손한 자는 5년 이하의 징역, 10
> 년 이하의 자격정지 또는 1천만 원 이하의 벌금에 처한다.

표절교수, 표절연구자, 표절학자라는 것은 사회적 평가와 명예를 저하시키는 가치판단이 분명하다. 따라서 특정인(교수, 연구자)이 표절했다고 일반에 알리는 행위를 했다면 명예훼손 행위에 해당할 수 있다. 그러나 형법상 명예훼손죄가 성립하려면 이른바 공연성을 갖추어야 한다. 불특정 또는 다수인에게 사실이나 허위사실을 적시해야 하는데, 판례에 따르면 신문기자와 같이 특정인에게 적시하더라도 그 직업의 특성상 전파 가능성이 있다면 공연성의 요건을 갖춘 것으로 본다(이른바 전파 가능성 이론).[1080] 제보자가 언론기관에 표절을 제보한다면 공연성 요건을 갖추었다고 할 수 있다. 그러나 대학 등 소속 기관에 제보한다면 뒤에서 보는 바와 같이 이들 기관은 표절 의혹 당사자를 보호하기 위해 노력해야 할 의무가 있으므로, 전파 가능성 이론에 따르면 반드시 공연성이 있다고 보기는 어렵다.

한편 언론기관이나 표절조사기관이 아닌 불특정 또는 다수인에게 특정인의 표절 사실을 알린다면 공연성 요건을 갖출 수 있다. 주로 투서 형태로 특정인의 표절 사실을 그 특정인이 소속되어 있는 기관의 소속원들에게 알리는 것이 대표적인 예

1080. 대법원 2004.4.9. 선고 2004도340 판결 등 다수.

다. 실제 표절 시비가 명예훼손 재판으로 진행되는 대표적인 예는 표절 의혹 당사자가 속한 대학이나 그 소속원들에게 이메일로 표절 사실을 알리거나, 그 밖에 표절 의혹 당사자가 소속된 또 다른 기관의 동료들에게 이메일 등으로 유포하는 경우다.

소속 기관의 연구윤리진실성위원회나 그와 유사한 조직에 제보하거나 소속 기관의 대표자인 총장이나 학장 등에게 제보하는 경우에는, 제보받은 기관 또는 대표자는 관련 규정에 따라 비밀을 유지할 의무가 있기 때문에 전파 가능성이 없다고 볼 수 있다. 그러나 위와 같이 동료 집단에 알린 경우에는 이들 동료들에게 비밀유지 의무가 없기 때문에 전파 가능성이 인정될 수 있고, 따라서 공연성 요건을 갖추기 쉽다.

그러나 위와 같이 표절이라는 사실이 사회적 평가나 명예를 저하시키는 것으로 공연성을 갖춘 적시행위가 있다 하더라도 최종적으로 명예훼손죄에 해당할 가능성은 매우 낮다. 형법은 제310조에서 진실한 사실이고 오로지 공익에 관한 것인 때에는 위법성이 조각된다고 하고 있기 때문이다.

형법 제310조(위법성의 조각) 제307조제1항의 행위가 진실한 사실로서 오로지 공공의 이익에 관한 때에는 처벌하지 아니한다.

위법성 조각의 요건 : 공익성

없는 사실을 허위로 만들었다면 형법 제310조에 해당할 여지가 없지만, 표절이 사실이라면 학계나 연구계에서 표절문제는 공공의 이익에 관한 것이라고 볼 수 있어 위법성 조각사유의 한 요건을 충족한다. 대학교원의 논문에 자기표절이 있다는 내용의 기사를 낸 신문사에 대해 명예훼손에 따른 손해배상을 구한 사건에서 법원은 결론적으로는 명예훼손 사실을 인정했지만 공익성에 관한 피고 신문사의 항변에 대해서는 다음과 같이 판시했다.

이 사건 기사는 대학교원들이 학자적 양심에 거슬려 자기표절이라는 손쉬운 방법으로 논문을 작성하여 연구 실적을 과장하고, 그러한 편법 등이 학계 내에서 관대하게 다뤄지고 있다는 문제를 지적하기 위한 것으로, 공공의 이익을 위한 보도라고 봄이 상당하다.[1081]

대학교원의 표절 사건을 신문에 보도하는 것이 공공의 이익을 위한 것이라고 본 것은 학문윤리 측면에서 타당하다고 생각한다.

위법성 조각의 요건 : 진실 또는 진실이라고 믿은 데 정당한 사유

한편, 무고죄에서 살펴본 바와 마찬가지로 법적 평가를 달리해 표절이라고 생각했다면 최종적으로 그것이 표절이 아닌 것으로 판명 나더라도 명예훼손에 해당하지 않게 될 가능성이 있다. 우리 법원은 공공의 이익을 위한 것일 때에는 진실한 사실이라는 증명이 없더라도 행위자가 그것을 진실이라고 믿을 만한 상당한 이유가 있는 한 위법성이 조각된다고 보기 때문이다(대법원 2006.1.27. 선고 2003다66806 판결).

표절 제보가 명예훼손에 해당하는지가 쟁점인 분쟁에서 대부분은 바로 이 부분, 즉 표절이 아닐지라도 표절이라고 믿은 데 정당한 사유가 있다는 이유로 위법성이 조각되는 경우가 많다. 전문가가 아닌 제보자 입장에서 동일 또는 유사한 부분이 있다고 해서 단순히 표절이라고 생각했다면 그렇게 믿은 데 정당한 사유가 있다고 볼 여지가 있기 때문이다.

그러나 표절 판정 여부는 대단히 고도의 판단이 필요한 영역이다. 표절 검색 소프트웨어가 보급되면서 일반인도 쉽게 표절 여부를 검증할 수 있다고 생각하는 경향이 있지만, 유사도 검사만으로 표절 여부를 판정하는 것은 대단히 위험하다. 따라서 전문가가 아닌 일반인이 유사도 검사 결과만으로 표절로 단정하고 제보에까지 나아가는 것으로 위에서 말하는 '정당한 사유'에 해당한다고 단정할 수 없다.

정당한 사유와 관련해 위 정정보도 사건 판결에서 법원은 다음과 같이 판시했다.

(전략) ⑧ 나아가 피고들은 이 사건 기사에서 자기표절이라는 학문적 용어를 사용하면서도 제2 논문이 자기표절에 해당하는지에 관하여 권위 있는 학술기관에 의견조회나 감정을 의뢰하는 등의 적절하고도 충분한 조사를 다하였다고 볼 자료가 없다.

(중략)

피고들은 이 사건 기사를 게재하면서 원고들이나 WCU 사업 평가기준 등의 자료를 세밀히 확인하지 않았고, 달리 위 보도내용의 진위를 확인하기 위하여 적절하고도

1081. 서울중앙지법 2013.10.30. 선고 2013가합27508 판결(이하 '정정보도 사건 판결'이라 한다).

충분한 조사를 다하였다고 볼 자료도 없는 점 등을 종합하여 보면, 이 사건 기사 중 제2 논문이 원고들 연구팀의 WCU 사업 실적을 부풀리기 위해 등재되었다는 부분은 허위사실로 봄이 상당하고, 나아가 피고들이 이를 진실이라고 믿을 만한 상당한 이유가 있었다고 보기도 어렵다.[1082]

이는 피해자(표절 의혹 당사자)가 받을 회복 불가능한 피해를 고려해 정당한 사유의 요건을 강화한 것으로 이해할 수 있다. 이 판결로 단정할 수는 없지만, 표절 판정이 매우 전문적 영역이라는 점, 표절 의혹 제기만으로도 의혹 당사자는 회복 불가능한 피해를 입게 된다는 점을 고려하면, 쉽게 구하여 적용할 수 있는 표절 검색 소프트웨어의 기계적 검토만으로 표절이라고 확신해 제보 또는 일반에 공개하는 것을 표절이라고 믿은 데 정당한 사유가 있다고 하기는 어렵다.

결론적으로 무고죄로 제보 남용을 막기는 매우 제한적이지만, 명예훼손죄는 법원의 운용에 따라서는 제보의 남용을 막는 강력하고도 상당한 수단이 될 수 있다.

(2) 민사상 손해배상책임

무분별한 표절 제보는 민사상 불법행위가 될 수 있다. 형법상 명예훼손죄와 민법상 명예훼손에 따른 손해배상책임은 별개로 이론상 성립요건이 다르다고 할 수 있지만, 실제에서는 다르게 운용되지 않는다.

위에서 본 형법 제310조에 의해 위법성이 조각되어 명예훼손죄가 성립하지 않는 경우로, 허위사실이지만 사실로 믿은 데 정당한 사유가 있다면, 형법상 명예훼손죄는 성립하지 않지만 민사상 손해배상책임은 지울 수 있다. 그러나 현재 판례의 태도나 학설의 논의로도 이를 구별해 민사상 손해배상책임을 묻는 경우는 발견하기 어렵다. 결국 형사법이나 민사법에서 결론이 다르지 않다는 것이다.

그런데 위와 같이 명예훼손에 따른 불법행위의 성립과 관련해 표절 제보에 공익성이 인정된다 하더라도 표절이 아닌 것을 표절로 믿은 데 정당한 사유가 있는지

1082. 위 판결.

는 법원의 실무 운용에 따라서는 제보의 남용을 억제해 표절 의혹자를 보호하는 유용한 수단이 될 수 있다.

위와 별개로 제보의 남용이 조사기관과 제보 당한 사람에 대해 불법행위가 되는 경우도 상정할 수 있다. 남소濫訴의 경우 불법행위가 성립하는 것처럼 허위 또는 무책임한 표절 제보로 조사기관 또는 피제보자에게 손해가 발생한 경우 불법행위가 성립할 수 있다.

(3) 정정보도

위 정정보도 사건에서 법원은 표절이 아닌데도 표절임을 전제로 보도한 신문사에 매우 이례적으로 정정보도를 명한 예가 있다.

> 가. 명예회복에 적당한 처분
> 1) 이 사건 기사 중 제2 논문이 자기표절을 하였다는 부분과 제2 논문이 WCU 사업 실적을 부풀리기 위해 등재되었다는 부분이 진실하지 아니한 내용의 보도임은 앞서 본 바와 같고, 이 사건에 나타난 여러 사정들을 참작하면, 피고들은 민법 제764조에 따라 명예회복을 위한 적당한 처분으로서 원고들에게 정정보도문을 게재할 의무가 있다고 할 것이다.[1083]

사실 그간 신문사 등 언론기관을 상대로 정정보도청구를 하거나 법원이 그 청구를 받아들인 예는 매우 드물었다. 신문사를 상대로 정정보도청구를 한다는 것은 신문사로 하여금 잘못을 지면에 인정하라는 것으로, 곧 막강한 언론사를 상대로 전면전을 벌이는 것이라고 할 수 있기 때문이다. 그 점에서 우리나라 법원도 정정보도 판결을 선고하는 데 매우 신중했던 것이 사실이다.

그런데 표절 관련 보도가 매우 선정적으로 흐르고, 그로써 해당 교수 또는 학자의 피해가 사실상 회복 불가능한 지경에 빠지게 된다는 점에서 보면, 언론사를 상대로 전면전을 벌이는 일이 쉽지 않고 법원 또한 매우 소극적으로 임하는 것이 지

1083. 위 판결.

금까지 관행이었다 할지라도, 앞으로는 표절 관련 보도로 피해를 입었다고 생각하는 표절 의혹 당사자가 언론사를 상대로 정정보도청구를 제기하는 일이 좀 더 많아질 것으로 예상한다.

정정보도 사건 판결과 같은 판결이 이어지다 보면 표절 의혹 제기 또는 제보에 앞서 전문가 의견을 구하는 등의 확인과 노력을 할 것이고, 그에 따라 표절 의혹 당사자의 명예와 인권이 보호될 것이다.

(4) 검증시효 제도

한때 정부가 제보의 쇄도를 막기 위해 만든 검증시효 제도에 대해서는 앞서 자세히 설명했으므로 재론을 생략한다.[1084] 요약하면 제보의 폭주로 말미암아 대학교 등의 행정업무가 마비될 것을 우려해 검증시효를 두자는 주장은 '구더기가 무서워 장 못 담그는' 격으로, 받아들이기 어렵다.

(5) 실명 제보 유도

인지로도 표절 조사에 착수할 수 있으므로 익명 제보라는 이유로 조사 착수를 거부하는 것은 타당하지 않다. 물론 제보자가 자기 이름을 밝히기 어려운 특별한 사정이 있는 경우도 있지만, 일반적으로 익명 제보는 실명 제보에 비해 허위 또는 무책임한 제보일 확률이 높다는 점에서 실명 제보를 유도하는 것은 무분별한 제보를 막기 위한 방책이 될 수 있다.

교육부의 연구윤리 확보를 위한 지침이나 각 대학의 관련 규정은 실명 제보를 원칙으로 하고 있다.[1085] 제보의 남용을 막기 위해서는 익명 제보를 금지하는 것이 가장 효과적이겠으나 제보자 보호가 완비되지 않는 한 익명 제보를 막을 수 없다. 실명 제보를 유도하기 위해서는 제보자 보호가 뒤따라야 한다는 점에서 서로 맞물려 있다고 할 수 있다. 따라서 익명 제보를 줄이려면 제보자 보호 제도를 마련해야 할 뿐만 아니라 제도 운용에서 제보자를 실질적으로 보호하려는 노력이 필요하다.

1084. 주 950 해당 면.

예컨대, 실명 제보자에게 주어지는 신고 이후 절차 및 일정 등의 정보를 요구할 권리와 실명 제보자에 대한 조사기관의 설명 의무 등[1086]이 익명 제보자에게 동일하게 인정될 수는 없을 것이다.

(6) 소결론

위와 같이 형법상 제재, 민사상 손해배상책임으로 제보의 남용을 막는 것은 매우 제한적이다. 그렇다고 검증시효 제도를 도입하는 것은 타당하지 않다. 나아가 실명 제보를 유도하는 것은 제보의 남용을 일부 억제할 수 있을 뿐이다. 이처럼 제보의 남용을 적절히 억제하는 것이 어려운 일이지만, 그렇다고 표절 의혹 당사자의 보호에 치명적 허점이 생기는 것을 방치할 수는 없다. 또한 표절조사기관의 불필요한 행정력 낭비를 초래할 수 있다는 점에서 다른 방법으로라도 제보의 남용을 억제해야 한다. 이에 소속 기관 등 표절 조사를 담당하는 기관의 표절 조사·판정에 관한 규정을 통해 일정 부분 제보의 남용을 막을 수 있는 길이 있는지 모색해볼 필요가 있다. 항을 달리하여 설명한다.

1085. 연구윤리 확보를 위한 지침
    제11조(제보자의 권리 보호) ② 제보는 구술·서면·전화·전자우편 등의 방법을 통하여 실명으로 하여야 한다. 단, 익명 제보라 하더라도 연구과제명, 논문명, 구체적인 연구부정행위 등이 포함된 증거를 서면이나 전자우편으로 받은 경우 연구기관 등 및 전문기관은 실명 제보에 준하여 처리할 수 있다.
    예를 들어 연세대학교 연구진실성위원회 규정도 다음과 같이 정하고 있다.
    제13조(부정행위 제보 및 접수) ① 제보자는 연구처에 구술·서면·전화·전자우편 등 가능한 모든 방법으로 제보할 수 있으며 실명으로 제보함을 원칙으로 한다. 다만, 익명으로 제보하고자 할 경우 서면 또는 전자우편으로 연구과제명 또는 논문명 및 구체적인 부정행위의 내용과 증거를 제출하여야 한다.
1086. 연구윤리 확보를 위한 지침 제11조제6항
    제보자는 제보 접수기관 또는 조사기관에 연구부정행위 신고 이후에 진행되는 절차 및 일정 등에 대해 알려줄 것을 요구할 수 있으며 해당 기관은 이에 성실히 응하여야 한다.

3. 조사와 판정

가. 문제 제기

위에서 본 바와 같이 표절 조사 및 판정 절차에서 법률에 의한 표절 의혹 당사자 보호에는 한계가 있다. 다음으로 표절 의혹 당사자를 보호하기 위한 장치로는 '절차위반'을 생각할 수 있다. 표절 의혹 당사자에 대한 명예훼손을 법률로 막는 데는 한계가 있지만, 그것이 미리 정해놓은 절차위반에 해당한다면, 표절 의혹 당사자는 절차위반자 또는 그 절차를 운용하는 기관을 상대로 절차위반의 책임을 물을 수 있다.

조사기관은 절차위반 책임을 추궁당하지 않기 위해 절차를 준수하려고 노력할 것이다. 조사기관의 구성원 또는 조사절차 과정에서 표절 의혹 사실을 알게 된 자도 사전에 비밀유지 서약서 제출 등으로 표절 의혹 사실을 외부에 알리지 않을 의무를 부담한다면, 계약위반 책임을 피하기 위해 비밀유지 노력을 적극적으로 할 것이다. 이로써 표절 의혹 당사자의 명예가 보호되고 인권이 보장될 수 있다.

그런데 우리나라의 경우 표절 의혹이 제기되면 절차가 제대로 지켜지지 않아 그 과정에서 이미 의혹 제기만으로도 표절 의혹 당사자는 치명타를 입게 된다. 이후 조사와 판정은 상대적으로 치밀하지 않게 진행된다. 그리고 표절 판정이 난 후에도 학계에 복귀하거나 학계 구성원의 지위를 유지하는 데 사회가 매우 관대하다. 반면에 학문 선진국인 미국의 경우에는 표절로 최종 확정될 때까지는 절차가 매우 신중해 표절 의혹 당사자의 명예와 인권이 철저히 보호된다. 그러나 최종적으로 표절 판정이 나면 학계에서 퇴출될 정도로 엄중한 제재가 가해진다. 여기에서 학문 발전을 위해 '절차 미비/미준수와 관대한 제재'와 '철저한 절차적 정의 준수와 엄정한 제재' 중에서 어떤 제도와 문화가 바람직한지는 긴 설명이 필요하지 않다.

나. 구체적 적법절차 규정

표절 조사·판정에서 절차가 중요하다는 점은 앞서 길게 논의했다. 이하에서는 구체적으로 어떤 절차가 구비되어야 하는지 논의한다.

(1) 비밀유지 서약

조사와 판정 절차에서 표절 의혹 당사자를 보호하기 위해서는 사전에 표절조사기관에 책임을 물을 수 있는 절차규정을 완비해놓아야 한다. 조사기관에 종사하는 사람이나 표절 판정을 위한 각종 위원회의 구성원 등은 조사 과정에서 표절 의혹 사실을 상세히 접하여 알게 된다. 이들이 외부에 그 사실을 발설할 경우 표절 의혹 당사자는 심대한 타격을 입을 수밖에 없으므로 이들로부터 표절 조사 업무 또는 조사와 판정 절차에서 업무상 알게 된 사실을 외부에 알리지 않겠다는 서약을 받아놓을 필요가 있다. 물론 위에서 말한 절차규정에 의무규정을 둘 수도 있지만, 그 절차규정을 준수할 의무가 없는 경우(소속원이 아닌 경우로서 외부 감정인, 증인 등)에는 이와 같은 비밀유지 서약서 등을 받는 것이 효과적일 수 있다.

실례로 조사기관이나 위원회가 표절 제보를 접수한 후 조사에 참여하는 자들에게서 비밀유지 각서를 받는 등 조사과정에서 제보 사실이 외부에 알려지지 않도록 최선의 노력을 기울인 미국의 한 사례를 소개한다. 이 사건은 제보에서 표절 판정에 따라 최종 해고결정이 내려지기까지 2년 걸렸는데, 이를 요약하면 다음과 같다.

2002년 2월 노던켄터키대학교Northern Kentucky University, NKU 경제경영학과 학과장에게 편지 한 통이 날아들었다. 전임 학과장을 포함한 소속 교수들의 논문에 표절이 있으니 조사해달라는 내용이었다. 학과장은 즉시 학장에게 보고하였고, 학장은 자신을 포함한 교수 세 명으로 구성된 예비조사위원회를 구성하여 조사대상 교수들에게 그 사실을 공식적으로 통보했다. 미국에서 저명한 교수 세 명으로 진상조사위원회를 구성했는데, 피조사자들과 같은 전공 교수는 다른 대학 교수로 한 명에 불과했다. 나머지 두 명은 수학과 화학 교수로 구성되었다. 위원장을 맡은 컨즈Kearns 교수(수학)는 2년간 1주에 6~7시간씩 총 700시간을 조사에 썼으며, 이 기간에 단 하루도 이에 대해 생각하지 않은 날이 없었다고 회고했다. 2년에 걸친 조사와 회의 끝에 결국 표절로 판정되어 해당 교수는 해고됐다. 이 과정에서 보고서 등 인쇄비용만으로 1만 5,000달러가 소요됐고, 조사위원들은 비밀약정에 서명했으며, 학교 측은 표절이 아니라고 판명될 경우 그에 따른 손해배상책임과 절차 미비로 인한 소송을 당하지 않기 위해 부단한 노력을 했다고 한다.[1087]

한편, 미국의 대학이나 연구소 등이 보안을 철저히 지키는 또 다른 이유는 소속원의 표절 사실이 외부에 알려질 경우 그에 따른 자신의 평판이나 명예가 하락하는 것을 막기 위함도 있다.

우리나라도 교육부의 연구윤리 확보를 위한 지침에 다음과 같은 규정이 있고, 각 대학의 관련 규정에도 같은 내용의 규정이 있다.

제12조(피조사자의 권리 보호) ② 조사기관은 검증과정에서 피조사자의 명예나 권리를 침해하지 않도록 주의하여야 한다.

③ 연구부정행위에 대한 의혹은 판정 전까지 외부에 공개되어서는 아니 된다. 다만, 제23조제3항 각 호의 사항이 발생하여 필요한 조치를 취하고자 할 때에는 해당되지 아니한다.

제23조(조사결과의 제출) ③ 연구기관 등의 장은 조사 과정에서 다음 각 호의 사항을 발견한 경우 즉시 교육부장관 및 전문기관의 장에게 보고하여야 하며, 이를 보고받은 교육부장관 및 전문기관의 장과 조사를 실시한 연구기관 등의 장은 수사기관에 수사의뢰 또는 고발 등의 조치를 취할 수 있다.

1. 법령 또는 해당 규칙에 중대한 위반사항

2. 공공의 복지 또는 안전에 중대한 위험이 발생하거나 발생할 우려가 명백한 경우

3. 기타 전문기관 또는 공권력에 의한 조치가 필요한 경우

제25조(조사의 기록과 정보의 공개) ① 조사를 실시한 기관은 조사 과정의 모든 기록을 음성, 영상, 또는 문서의 형태로 반드시 5년 이상 보관하여야 하며, 교육부는 제23조제1항에 따라 제출받은 해당 보고서를 10년 이상 보관하여야 한다.

② 조사보고서 및 조사위원 명단은 판정이 끝난 이후에 공개할 수 있다.

③ 조사위원, 증인, 참고인, 자문에 참여한 자의 명단 등은 당사자에게 불이익을 줄 가능성이 있을 경우 공개하지 않을 수 있다.

교육부 훈령에 따르면 표절 의혹 당사자의 소속 기관 등 조사기관은 표절 제보에 대하여 최종 판정 전까지 외부에 공개하지 않을 의무를 부담한다. 예외적으로

1087. Billings, 앞의 논문(주 376), 404 – 409면에서 요약했다.

판정 전 공개가 가능한 경우가 있으나(제23조제3항), 표절은 여기에 해당하지 않으므로 조사기관이 판정 전에 표절 의혹을 외부에 공개할 일은 없다.

한편 조사기관이 임의로 공개하는 것이 아닌 타의에 의한 공개, 정확히 말하면 법률이나 법원의 명령(압수수색 영장 포함)에 따른 공개요구에 대해서 조사기관은 응해야 하는가? 이에 대해서는 경우를 나누어 살펴본다.

(가) 법률에 따른 공개

표절 조사·판정과 관련하여 위원회를 구성할 때 위원으로 참여한 사람의 인적사항이 외부에 공개될 수 있다는 것에 부담을 느껴 위원으로 활동하기를 꺼려하는 경우가 많다. 표절 의혹 당사자와 불편한 관계가 형성될 수 있고, 제보자로부터 보복 제보를 당하는 등의 우려가 있기 때문이다. 이 점에서 조사위원으로 참여하는 사람의 개인정보가 외부에 노출되지 않게 할 필요가 있는데, 법률에 따라 그 공개가 가능하다면 위원구성에 상당한 애로가 있을 수 있다.

표절조사위원의 인적사항을 '비공개대상정보'로 해야

제보자 또는 표절 의혹 당사자는 조사위원회가 각기 자신이 원하는 결론을 내리지 않았다고 생각할 때, 표절조사위원의 인적사항을 알아내려고 하는 경우가 있다. 또는 결론이 내려지기 전에도 압력을 가할 목적으로 대학의 연구진실성위원회와 그 위원회에서 조사권한을 위임받은 위원회의 위원 정보를 요구하는 경우가 있다. 이렇게 알아낸 인적 정보를 활용해 주로 대학교수인 위원들의 저술에 대해 표절 검증을 하거나, 할 기세를 보이기만 해도 조사위원회 위원들은 상당히 위축될 수밖에 없다. 이런 이유로 대학마다 표절 제보가 들어올 경우 조사위원회를 구성하는 데 애를 먹고 있다. 대부분 교수들이 조사위원으로 위촉되는 것을 기피하기 때문이다. 이와 같은 악의의 제보자에 대해 대학(연구진실성위원회)이 그 요청을 거부할 경우 제보자는 조사위원회 인적사항에 대한 정보공개청구를 하기도 하는데, 문제는 앞서 본 바와 같이 교육부의 연구윤리 확보를 위한 지침상의 비공개조항으로도 공공기관의 정보공개에 관한 법률에 따른 정보공개를 막기 어렵다는 데 있다.[1088] 따라서 조사위원들의 인적사항을 비공개대상정보로 하려면 훈령을 최소한 법률에 위임받는 대통령령으로 하거나, 제정을 위한 위임근거를 법률에 두어야 한다.

한편 위와 같은 법령에 따라 비공개정보대상으로 규정하더라도, 표절 판정이 난 경우까지 그렇게 할 필요는 없고 현재와 같이 표절 의혹 판정 전까지로 시점을 정하면 된다. 그러나 표절 판정 결과, 표절이 아니라고 확인된 경우에는 정보가 외부에 공개되어 표절 의혹 당사자의 명예가 실추될 수 있으므로, 여전히 판정 후라도 비공개대상으로 하는 것이 타당하다.

(나) 법원의 명령에 따른 공개

법원의 명령에 따른 공개는 크게 두 가지로 나누어볼 수 있다. 수사 및 형사재판 과정에서 압수수색 영장에 의한 공개와 민사재판 과정에서 문서제출명령에 의한 공개다.

압수수색 영장의 집행에 따른 조사자료를 수사기관에 제출하는 것은 조사기관 내부의 비공개의무 규정이나 비밀유지 서약이 있다고 해도 피할 수 없다. 다만 수사기관에 제출하는 것이 곧 일반에 공개하는 것은 아니고, 수사기관은 이를 외부에 공개하지 않을 법적 의무(형법 제126조 피의사실공표죄)를 부담하므로 제한된 공개라고 할 수 있다.

다음으로 민사재판 중 법원이 문서제출명령을 하는 경우다(민사소송법 제344조 문서의 제출의무). 대학 등 소속 기관에서 표절 판정 절차가 이루어지고 표절이든 아니든 판정이 있은 후 이에 불복한 당사자(표절 의혹 당사자 또는 제보자 등)가 분쟁을 법정으로 가져간 경우에 소속 기관의 표절에 관한 조사 서류를 증거로 제출하고 싶어도 자신이 보유하고 있지 않아 제출할 수 없다. 이때 이 제도를 통해 법원에 증거 형태로 제출하게 함으로써 공개 결과가 발생한다. 그러나 문서제출명령의 취지에 반하여 표절 조사 서류를 외부에 공개하는 것은 민사 또는 형사적으로 제재가 가해질 수 있다는 점에서 마찬가지로 제한된 공개라고 할 수 있다.

1088. 앞에서 본 바와 같이 연구윤리 확보를 위한 지침은 제보자의 신원에 관한 사항을 정보공개의 대상이 되지 않는다(제11조제4항)고 규정하고 있지만, 이로써 정보공개청구를 막을 수 없다. 주 1077-1078 해당 면 참조. 조사위원, 증인, 참고인, 자문에 참여한 자의 명단 등은 당사자에게 불이익을 줄 가능성이 있을 경우 공개하지 않을 수 있다(제25조제3항)고 규정하고 있지만, 마찬가지로 정보공개청구의 예외인 비공개대상정보에 해당한다고 할 수 없다.

(2) 표절 관련 언론 보도의 제한가능성

표절 의혹이 언론에 제보되거나 기자들의 적극적 취재로 표절 판정 전에 언론에 보도되는 경우가 있다. 앞서 말한 바와 같이 표절 의혹이 있다는 이유만으로도 의혹 당사자는 치명적 피해를 입을 수 있다는 점에서 표절 의혹 당사자에 대한 보호가 필요하다. 그런데 문제는 언론기관이 폭넓은 표현의 자유를 누린다는 것이다. 이는 국민의 알권리를 보장하기 위한 것으로 불가피한 측면이 있으나, 표절 사건의 경우 의혹 당사자의 인권과 명예가 지나치게 훼손되는 경향이 있다.[1089]

언론기관에 폭넓은 표현의 자유가 인정될 수 있는 것은 악의 또는 중과실에 의한 허위 보도와 그에 따른 명예훼손 결과에 무거운 책임이 부과되기 때문인데, 이는 허위보도에 대한 징벌배상 형태로 나타난다. 그런데 우리나라의 경우 징벌배상 제도가 사실상 인정되지 않는다는 점에서 언론기관의 자유와 책임이 균형을 이뤘는지 의문이 있다. 다만 이 책에서는 이에 대한 깊은 논의는 피하고, 표절문제에 집중한다.

언론에 의한 표절 의혹 제기는 다른 사건 보도와 달리 의혹 제기로 더는 논의가 진전되지 않는다는 특징이 있다. 이는 의혹 제기만으로도 치명상을 입게 되는 표절 사건 자체의 특징 때문이기도 하지만, 언론기관의 태도 또는 관행에서 기인하기도 한다.

표절 사건에 비교될 수 있는 형사 사건에서는 최종 유죄판결이 확정되기까지는 무죄추정의 법리가 적용되어 언론기관이 형사 사건을 보도할 때 신중을 기하게 된다. 또한 피의사실공표죄에 의해 수사기관이 피의사실을 공판청구 전에 공표하는 것을 범죄로 규정해 언론기관이 수사 중인 사건의 혐의 사실에 접근하는 데 한계가 있는 등, 언론기관이 형사 사건을 보도할 때에는 여러 가지 제약이 있다. 게다가 언

1089. 조선일보가 2013년 4월 한 달에 걸쳐 기획 탐사 보도한 표절 시리즈 기사는 표절문제에 대한 사회적 관심을 끌어올리는 순기능도 있었지만, 여론재판이라는 역기능도 있었다. 이 한 달간 의혹이 제기된 사람만 해도 스타 강사 김미경, 방송인 김미화, 배우 김혜수 등으로 거의 매일 새로운 표절 의혹이 제기되는 것이 아닌가 하는 생각이 들 정도였는데, 김미경, 김미화의 경우 자신에게 쏟아진 표절 의혹을 인정하지 않았지만 결국 여론의 압박에 못 이겨 진행하던 방송프로그램에서 하차하는 일이 발생했다. 김양희, 「김미경 이어 김미화도 프로그램 하차」, 한겨레, 2013.3.25. 기사, http://www.hani.co.kr/arti/culture/entertainment/579635.html (2014.1.4. 방문).

론기관 내부의 자율규정 또는 윤리규정도 형사 사건 보도에서 피의자 인권을 보장하기 위한 여러 가지 규정을 두고 있다.[1090]

반면에 표절 사건의 경우 의혹 당사자로서는 사실상 형사 사건의 피의자에 못지않은 피해가 발생하는데도, 의혹 당사자 보호를 위한 법적 장치나 자율적 윤리강령 등 제도적 장치가 없다. 언론기관이 의혹 제기 사실에 대한 보도를 넘어 사실상 표절 여부를 판단하는 내용의 기사를 보도하기도 한다.[1091] 물론 기사 작성 과정에서 전문가의 의견을 듣기도 하고, 기사 중 전문가 의견을 제시하기도 하지만, 유죄 판결이 확정되기 전 형사 사건과 같은 무죄추정의 원칙을 고수하지 않고 다분히 단정적인 보도 경향을 보인다. 이로써 표절 의혹 당사자의 명예가 심각하게 훼손된다. 언론기관이 이런 보도관행을 유지하는 것은 다분히 선정주의 또는 언론기관 간의 경쟁에 기인한 탓도 있지만, 표절 여부 판단이 고도의 전문적 영역이라는 점을 망각하거나 가볍게 여기기 때문이라고 생각한다.

이와 같은 잘못된 언론보도의 관행으로부터 표절 의혹 당사자를 보호할 필요가 있다. 그런데 현재 법원판결에 따르면 표절 보도에서 언론기관이 명예훼손죄의 책임을 지는 경우는 매우 드물 것으로 보인다. 앞서 본 바와 같이 예외적인 경우를 제외하고는 형법 제310조에 따라 위법성이 조각된다고 볼 확률이 높기 때문이다. 민사상 명예훼손의 경우 징벌배상제도가 보도의 신중성을 가져올 수 있지만, 우리나라 실무에서는 징벌배상판결이 사실상 내려지지 않으므로 이 또한 기대하기 어렵다.

위와 같은 실무관행 아래서 몇 가지 대안을 제시하면 다음과 같다. 첫째, 표절 의혹 보도가 앞으로도 지속될 수 있으므로, 신문윤리실천강령뿐만 아니라 방송윤리 등 언론의 자율적 윤리규정에 표절 보도에 관한 규정을 둘 필요가 있다. 형사 사건 보도에 준하는 보도윤리 지침이 마련되어야 한다. 둘째, 제보자나 취재원은 표

1090. 한국신문윤리위원회 신문윤리실천요강 제3조(보도준칙), 제7조(범죄보도와 인권존중) 등이 그것이다.
1091. 이는 엄밀히 말하면, 신문윤리실천 강령 제3조제1항을 위반할 소지가 있다.

제3조(보도준칙) 보도기사(해설기사 포함)는 사실의 전모를 충실하게 전달함을 원칙으로 하며 출처 및 내용을 정확히 확인해야 한다. 또한 기자는 사회정의와 공익을 실현하기 위해 진실을 적극적으로 추적, 보도해야 한다.

① (보도기사의 사실과 의견 구분) 기자는 사실과 의견을 명확히 구분하여 보도기사를 작성해야 한다. 또한 기자는 편견이나 이기적 동기로 보도기사를 고르거나 작성해서는 안 된다.

절문제를 언론기관에 적극적으로 제보하거나 소극적으로 취재에 응하는 경우, 언론기관은 바로 이를 보도할 확률이 높고 그에 따라 표절 의혹 당사자는 최종 판정 전에 사실상 인격과 명예에 심각한 피해를 입을 수밖에 없다는 점을 인식해야 한다. 따라서 표절조사기관의 조사위원이나 담당자 등은 비밀유지의무를 철저히 지켜야 하며, 이를 위반해 언론기관에 알리게 된 경우 그에 따른 법적 책임을 지게 된다는 것을 규정으로 만들거나 최소한 조사절차가 시작될 때 서약서 등을 받아두는 것이 바람직하다.

(3) 조사위원회 구성 - 공정성과 전문성의 조화

표절 제보가 접수되면 표절 여부를 조사해야 하는데, 대학의 경우 교육부의 연구윤리확보를 위한 지침에 따라 예비조사위원회와 본조사위원회로 나누어 위원회를 구성한다. 어떤 형식을 취하든 상관없으나 중요한 것은 공정성을 확보하기 위해 적절한 수준에서 외부인이 위원으로 참여해야 한다는 것이다.

또 해당 전공자들만으로 위원을 구성할 경우 공정한 관행이 확보되지 않는다는 점에서 저작권법, 표절금지 등 연구윤리 전문가가 위원으로 참여하는 것이 바람직하다. 참고로 미국의 유^{Yu} 교수 판결에서 보면, 표절심사위원회는 전공교수들로만 이루어지지 않고 다양한 전공교수들로 하되, 타 대학 교수들로 구성함으로써 심사결과에 정당성을 부여했으며, 위원장은 법학교수로 하여 절차상 저지를 수 있는 법적 미비를 사전에 차단했음을 알 수 있다.[1092]

한편, 우리나라 판결 중에는 논문 표절 여부에 대한 조사에 관해 해당 전공 분야 전문가로 구성된 위원회에서 하지 않았다는 점만으로 절차상 하자가 있다고 보기 어렵다고 한 것이 있다.

> 원고에 대한 임면권자는 피고로 피고 학교 총장이 피고에게 징계의결을 요구한 것은 징계의결을 제청한 것으로 봄이 상당하며, 앞서 본 바와 같이 2007년 논문의 표절 여부에 관하여도 추가조사 및 징계의결요구를 거쳐 피고가 해임처분을 한 것이

1092. 유^{Yu} 교수 판결(주 888) 참조.

어서 절차상 하자가 있었다고 볼 수 없으며, 논문 표절 여부에 대한 조사에 관하여 해당 전공 분야의 전문가로 구성된 위원회에 의하여 이루어지지 않았다는 점만으로는 절차상 하자가 있다고 보기 어렵다.[1093]

또 전공과 관계없이 표절 여부에 대해 교내 논문편집위원회로 하여금 판단케 한 것이 적법하다고 한 판결도 있다.

위 인정사실에 따르면, 달리 전문적인 표절 판정기관이 없고 전문가에게 이를 의뢰할 시간이 없는 상황에서 논문의 투고나 심사에 관한 일을 다루는 학내 유일한 상설 전문기관인 논문편집위원회로 하여금 심사대상 논문의 위조·변조·표절 여부를 심사하도록 위촉한 인천전문대학 교무위원회의 결정은 정당하다 할 것이며, 선정자 ○○○, ×××의 위 두 논문은 다른 사람의 논문을 표절하거나 위조한 것이 명백한 경우에 해당되므로, 이를 이유로 이루어진 위 선정자들에 대한 이 사건 각 처분은 적법하다 할 것이다.[1094]

조사위원회를 구성할 때 표절 의심을 받는 논문과 같은 전공 분야 전문가들이 참여하지 않아도 무방하다는 위 두 판결을 일반화하는 것이 자칫 위험한 경우도 있다. 예를 들어 위 '박사학위논문과 일반논문 간의 중복사건 판결'에서 본 바와 같이 박사학위논문을 토대로 발전시킨 일반논문을 후속논문으로 낼 때 박사학위논문과 중복성을 피할 수 없다. 이때 중복게재로 비난가능성이 있는지 여부를 판정할 때 후속논문에 기존 박사학위논문에 없는 독자적 존재가치를 인정할 만한 새로운 주제와 논점이 있는지가 중요하게 된다. 위 판결에서 '학문의 심화과정'으로서 학계의 자연스러운 일로 볼 수 있는 독자적 존재가치가 있는지에 대한 판단은 해당 전공 분야 전문가가 아니면 하기 어렵다. 그런데 이 경우 해당 전공 분야 전문가가 아닌 사람들로만 구성된 위원회에서 이를 판단한다면 그 결론은 정당성을 충분히 담보하기 어려울 수 있다.

1093. 연구년실적물 민사사건 판결(주 475).
1094. 설립인가변경 사건 판결(주 1074).

학연과 지연 등의 관계를 중시하는 우리나라 학계 문화에서, 표절 제보 후 조사위원회를 구성하는 데는 참으로 어려움이 많다. 이런 어려움을 피하기 위해서 사전에 상설 조사위원회를 구성해놓거나, 일정한 수의 위원은 당연직으로 정해놓는 것도 하나의 방법이다. 또 자의적 위원 임명을 배제하기 위해서 외부의 전문 상설위원회, 예를 들어 저작권위원회, 학술단체총연합, 한국연구재단 등에 위원 추천을 요구할 수도 있고, 해당 학과에서 복수로 추천을 받아 연구진실성위원회가 최종적으로 위원을 선정하는 방법도 고려될 수 있다.

위와 같이 조사위원회를 공정하게 구비해 놓아도 위원 구성 단계에서 특별한 이해관계가 발생할 수 있다. 이 점에서 민사소송법의 제척·기피·회피 제도(제41조에서 제50조)를 여기에도 도입해 적용할 필요가 있다.

한편, 교육부의 연구윤리 확보를 위한 지침은 조사위원회 구성에 대해 다음과 같이 규정하고 있다.

> 제18조(조사위원회 구성 등) ① 해당기관의 장은 본조사를 위해 위원장 1명을 포함한 5명 이상으로 조사위원회를 구성하여야 한다. 다만, 해당 기관의 실정과 연구부정행위의 규모·범위 등을 고려하여 다른 형태의 검증기구를 설치·운영할 수 있다.
> ② 제1항의 조사위원회 또는 검증기구를 구성할 때에는 해당 연구 분야의 전문가 및 해당 기관 소속이 아닌 외부인이 다음 각 호와 같이 포함되어야 한다.
> 1. 해당 연구 분야 전문가 50% 이상
> 2. 해당 기관 소속이 아닌 외부인 30% 이상

(4) 표절 검색 소프트웨어의 도움

앞서 언급했지만, 표절 사냥꾼의 표절 제보나 대학의 상시적 표절 감시를 위해 표절 검색 소프트웨어가 널리 활용되고 있다. 이 소프트웨어는 논문 표절 검색을 위해서만 사용하는 것이 아니라, 학생들이 제출한 과제물에 표절 또는 중복사용이 있는지를 확인하기 위해 사용하기도 한다. 심지어 최근에는 대학 입학 때 제출하는 자기소개서 중에 유사한 것을 골라내기 위한 용도로 사용하기도 한다.[1095]

학생들이 컴퓨터로 과제물을 작성해 제출하는 것이 일반적이기 때문에, 특정 강좌에서 제출한 과제물을 다른 강좌 과제물로 제출하거나 상당 부분 내용이 같은데도 제목만 바꾸어 제출하는 경우가 더러 있다. 컴퓨터에 저장된 것을 재사용하더라도 교수나 학교는 이를 알아차릴 수 없기 때문에, 위와 같은 소프트웨어를 활용하면 간단히 적발할 수 있다는 점에서 매우 유용한 도구임이 틀림없다. 그뿐만 아니라, 논문 등 저술의 표절 조사에서 표절 피해자가 표절 의혹물과 대비할 저작물로 특정 저술을 지목해 제출하는 경우가 아니라면, 어떤 표절 의혹물이 기존의 저술을 표절한 것인지를 확인하는 것은 모래 속에서 진주를 찾는 것에 비교될 만큼 어려운 일이라는 점에서 표절 검색 소프트웨어의 유용성은 매우 크다고 할 수 있다. 실제 표절 의혹물과 특정 저술을 '1 대 1'로 비교하는 것을 넘어 표절 의혹물과 여러 저술을 '1 대 다[95]'로 비교할 때 표절 검색 소프트웨어의 유용성은 절대적이다. 그런데도 여기에서 반드시 짚고 넘어가야 할 것이 두 가지 있다.

(가) 단지 참고자료일 뿐

가장 큰 문제는 이 시스템을 맹종하고 과신하는 데 있다. 1차적 참고자료로는 매우 유용하지만 그 결과로 곧 표절 여부를 판정하는 것은 위험하다. 이미 앞에서 여러 차례 표절 판단이 대단히 전문적 영역임을 설명했다. 단지 기계적인 동일·유사 여부를 비교하는 것으로 표절 여부가 결정될 수는 없다. 아무리 많은 부분이 같거나 비슷해도 표절이 아닌 경우가 있는가 하면, 극히 적은 부분이 같거나 비슷해도 표절이 되는 경우가 있기 때문이다. 따라서 표절 검색 소프트웨어를 적용한 결과는 참고자료로 사용하는 것으로 용도를 국한해야지, 이로써 바로 결론을 내리는 것은 자제해야 한다.

바로 이런 위험성 때문에 프린스턴대학교 같은 일부 대학에서는 표절 검색 소프트웨어의 사용을 거부하고 있으며,[1096] 독일에서도 기존의 학술적 성과를 다루는 과정에서 발생하는 부정행위가 어떠한 기준에 따라야 하는지는 누구보다 학술사회

1095. 구정모, 「자기소개서 표절검증 안 하는 대학엔 정부지원 불이익」, 연합뉴스, 2013.5.7. 기사, http://news.naver.com/main/read.nhn?mode=LSD&mid=sec&sid1=102&oid=001&aid=0006245478 (2013.8.23. 방문).
1096. 주 1073.

스스로 결정해야 한다고 함으로써 비전문가에 의한 표절 검색 소프트웨어의 사용이 가져오는 폐해를 강력히 경고한 견해가 있다.[1097]

(나) 저작권침해 우려

표절 검색 소프트웨어 사용은 비교대상 저작물의 데이터베이스DB화를 전제로 한다. 컴퓨터로 작성된 디지털 문서는 데이터베이스로 축적되어 얼마든지 이 소프트웨어를 구동해 표절 의혹물과 그 밖에 저작물의 비교를 가능하게 한다. 그런데 이런 편리한 도구를 이용하려면 비교대상이 되는 저작물 저자들의 협조가 필요하다. 이 과정에서 가장 크게 문제 되는 것은 저작권과 프라이버시 침해다. 실제로 미국에서는 버지니아 주와 애리조나 주 고등학교 학생들이 턴잇인Turnitin에 과제물을 제출하도록 강제하는 것은 저작권법상 저작권침해와 연방법인 FERPAFamily Educational Rights and Privacy Act상 프라이버시 침해에 해당한다는 이유를 들어 턴잇인을 운영하는 회사iParadigms L.L.C.를 상대로 소송을 제기한 적이 있다.[1098] 이 사건에서 원고 학생들은 턴잇인에 과제를 제출하지 않으면 과제에 영점zero을 받거나 다른 학교로 전학 갈 수밖에 없다고 주장했다. 법원은 원고 청구를 기각했는데, 저작권침해에서 피고 턴잇인의 사용은 공정이용에 해당한다고 했다. 첫째, 비록 피고가 영리 목적의 기업이긴 하지만, 턴잇인을 통해 원고들의 저작물을 이용하는 목적은 교육 목적에 있다고 보았다.[1099] 둘째, 턴잇인을 통해 창작물을 제출한 원고들(표절 의혹물과 비교대상이 되는 과제물의 제출자)을 표절로부터 보호할 수 있으며, 나아가 피고의 사용이 창작 인센티브를 감소시키는 것이 아니라 표절로부터 저작물의 창작성을 더욱 보호하게 된다고 했다.[1100] 셋째, 피고의 사용이 원고들의 저작물과 시장에서 경쟁하지 않으므로 수입 감소를 초래하지도 않는다고 보았다.[1101]

이 판결은 턴잇인과 성격이 유사한 표절 검색 소프트웨어를 구축해 활용하고자

1097. Wolfgang Frühwald, 「Zur Plagiats-Debatte-Über die Selbsverantwortung der Wissenschaft」, Süddeutsche Zeitung, Wissen, Donnerstag, 14 Juni 2012.

1098. A.V. v. iParadigms, L.L.C., 544 F. Supp. 2d 473 (E.D. Va. 2008), aff'd in part, rev'd in part, 562 F.3d 630 (4th Cir. 2009).

1099. 위 판결, 638-640면.

1100. 위 판결, 640-642면.

1101. 위 판결, 642-644면.

하는 우리 정부 업무에도 참고할 만하다.[1102] 표절 검색 소프트웨어의 한계를 인식
한다는 전제 아래, 표절 조사 과정에서 이런 시스템을 적절히 활용하는 것은 나쁘
지 않다고 생각한다.

(5) 판정

표절 조사 후 판정할 때 관점은 어떠해야 하는가? 표절 관련 규정 중에는 표절 판
정 절차를 규정하면서 표절 판정 주체[1103]를 정한 것도 있다. 이는 공정성과 객관성
을 위해 제보된 후가 아니라 사전에 판정위원회 위원을 상당수 당연직으로 정해놓
는다는 점에서 의의가 있다. 그런데 위원회 구성에서 더 나아가 조사기관이 판정할
때 가져야 할 관점까지 제시한 견해로서, 보통의 평균적 사람들조차도 사본 내용이
원본에 제시된 것과 동일한 아이디어라고 인정할 정도로 유사한 경우를 표절로 보
아야 한다는 것이 있다.[1104] 그러나 결론적으로 이 견해에 동의할 수 없다. 먼저 이
주장은 표절 판정의 주체라기보다는 관점의 주체를 말하는 것으로 이해할 수 있다.
그러나 그렇더라도 다음과 같은 점에서 수긍하기 어렵다. 이 논의는 ① 표절 판단
의 주체, ② 표절 판단에서 취해야 할 관점으로 나누어볼 수 있다. 표절 판단의 주
체에 관해서는 앞에서 언급한 바와 같이 표절 의혹 저술과 같은 영역의 전공자들만
으로 위원회를 구성해서는 안 되고, 오히려 해당 전공 분야가 아닌 전문가로서 표
절문제, 연구윤리 전문가가 위원회의 일부로 들어가는 것이 타당하다.

　　표절 판단에서 심사주체가 취해야 할 관점으로 일반인 시각이어야 하는가 아니
면 전문가 시각이어야 하는가 하는 문제가 있다. 결론적으로 일반인의 시각에서 저
작권침해의 요건인 실질적 유사성을 판단해야 한다는, 이른바 '청중테스트' 이론[1105]
을 고도의 전문성이 요구되는 학술저작물의 표절 여부 판단에 적용하는 것은 타당

1102. 우리나라에서도 현재 다음과 같은 표절 검색 소프트웨어가 활용되고 있다.
　　① COPY KILLER : 서강대, 경희대, 충북대, 인하대, 숙명여대, 동국대, 열린사이버대학교, 순천향대, 국
　　립공주대, 중앙대원격교육원, 이화여대 사이버캠퍼스, 전북대, 한국저작권위원회, 서울특별시교육청 등
　　② TURNITIN : 연세대(의과대학), 서울대, 국제원자력대학교 대학원, 동의대, 한국항공대 대학원
　　③ MEME CHECKER : 연세대 교내 표절 검색 솔루션
1103. 주로 위원회 형식이며 규정에 구체적으로 위원회 구성방법을 명시하기도 한다.
1104. 유재원 등, 앞의 논문(주 530), 351면.
1105. 오승종, 앞의 책(주 39), 1118 – 1119면.

하지 않다고 본다. 전문 분야 학술물의 표절 시비를 일반인에게 맡길 수는 없기 때문이다. 표절 시비가 있는 전문 분야의 내용이 일반적으로 알려져 누구나 출처표시 없이 가져다 쓸 수 있는 내용인지 아니면 아이디어 영역이지만 출처표시를 해야 하는지, 더 나아가 아이디어 영역이 아닌 저작권보호 대상이 되는 표현의 영역에 있는지에 대해서 해당 분야 전문가가 아닌 일반인이 판단한다는 것은 대단히 어렵고도 위험한 일이다.

그런 점에서 표절 심사에 동원되어야 하는 관점은 해당 분야 전문가의 관점이어야 한다. 다만 그 관점이 해당 분야 최고 전문가군[群] 수준일 필요는 없고, 중간 또는 평균적인 전문가군의 관점이라면 적절하다. 물론 여기에 법, 윤리, 저작권법 전문가의 관점이 더해짐으로써 '공정한' 관행이라는 요건을 갖출 수 있다.

글쓰기 윤리에 대한 관점은 저술자 자신의 글쓰기 습관 또는 개인적 윤리에서 자유롭지 않다. 자신이 그간 써온 글쓰기 윤리보다 엄격한 기준을 적용하기가 쉽지 않기 때문이다. 이 점에서 조사와 판정에 참여할 위원회 구성이 어려운 이유를 찾을 수도 있다. 그러나 위원으로 참여한 사람으로서는 개인적 윤리 또는 개인의 양심에서 독립해 사회적 윤리, 즉 동시대의 글쓰기 윤리를 찾아내 그것에 터 잡은 사회적 양심으로 판단해야 한다.

(6) 이의

표절 판정은 대학 등 기관의 징계절차로 이어지는 경우가 많다. 징계결과에 따라 신분상 또는 경제적 지위에 막대한 영향을 미치게 된다. 징계결과에 불복하는 절차에서 징계사유인 표절 판정을 다툴 수도 있지만, 그 전 단계인 표절 판정에 불복하는 절차를 마련하는 것이 합리적이다. 징계절차로 진행되지 않는 경우도 있을 뿐만 아니라, 징계절차에서는 표절 판정 외에도 징계양정 등 다른 쟁점이 있어 표절 판단에만 집중하지 않기 때문이다.

통상 대학 등 기관 내에 이의에 관한 절차를 두고 있는데, 그 밖에 달리 불복할 방법은 없는가? 물론 위에서 언급한 바와 같이 표절 판정에 따른 후속 징계절차에서 표절 판정에 사실상 불복하는 방법은 있다. 그러나 징계절차와 무관하게 표절 판정 자체에 불복하는 방법 또는 절차를 살펴본다.

해당 기관 내에 이의절차를 두는 경우 외에 상급 또는 감독기관에 이의절차가 있는 경우가 있다. 예컨대 23개 정부출연연구기관을 총괄하는 경제인문사회연구회에서 각 연구기관의 표절 판정에 대한 이의신청을 관할한다. 다음은 필자가 경제인문사회연구회에 제출한 연구보고서에 첨부된 연구윤리지침(안)의 일부다.

제20조(이의신청)

① 제보자 또는 피조사자가 판정에 불복할 경우에는 통보를 받은 날로부터 20일 이내에 불복사유를 명시하여 연구원에 이의신청을 할 수 있다.

② 연구원은 위 이의신청을 접수한 날로부터 20일 이내에 이의신청서와 관련 서류를 연구회에 송부하여야 한다.[1106]

징계절차로 이어지지 않는 표절 판정 자체에 불복해 소송을 제기할 수 있는가? 가능하다고 본다. 저작권침해라면 저작권침해 부존재확인의 소를 제기할 수도 있으므로 논의의 여지가 없으나, 문제는 저작권침해가 아닌 표절에도 표절 판정의 무효확인을 구할 수 있겠는가에 있다.[1107] 확인의 소는 원고의 법적 지위가 불안·위험할 때에 그 불안·위험을 제거함에 확인판결로 판단하는 것이 가장 유효·적절한 수단인 경우에 인정된다(대법원 2005.12.22. 선고 2003다55059 판결). 표절 판정으로 법적 지위가 불안 또는 위험에 처했다고 볼 수 있고, 징계절차로 이어지지 않아 그 불안 또는 위험을 제거할 다른 유효한 수단이 없는 경우에 해당하므로, 표절이라고 판정한 기관을 상대로 표절 판정 무효확인을 구하는 소 제기가 가능하다고 생각한다.

여기까지는 표절 의혹자가 확인의 소를 제기하는 것이고, 피표절자(저작권자) 또는 제보자가 표절 판정에 불복할 방법을 살펴본다. 물론 이는 표절 여부를 조사했으나 표절이 아니라고 판정이 난 경우를 전제로 한다. 저작권자로서 피표절자는 당연히 저작권을 침해당했다는 주장이 기각되었으므로 표절 판정과 별도로 저작권침해에 따른 손해배상, 침해정지 등의 이행청구 소송을 제기할 수 있다. 한편, 피표절

1106. 여기에서 말하는 연구원은 23개 개별 정부출연연구기관을 의미하고, 연구회는 경제인문사회연구회를 의미한다.

1107. 물론 국립대학의 경우 표절 판정에 대해 행정소송으로 다툴 수 있는데, 여기에서는 사립대학과 같이 일반적인 민사절차에서 불복하는 방법을 논하고 있다.

자가 아닌 제보자의 경우 표절이 아니라는 판정결과에 이의를 제기하거나 불복하는 방법이 있는가? 위에서 언급한 해당 기관 내 이의신청 절차를 밟을 수는 있다. 다만, 이를 넘어 법원에 제소할 수 있는지는 다소 회의적이다. 이른바 '확인의 이익'(위 대법원판결 참조)이 있다고 보기 어렵기 때문이다.

다. 절차적 정의와 신속한 확정의 충돌

우리나라에서 표절이 사회적 관심사가 되는 중요한 계기 중 하나는 고위 공직자의 인사청문회인데 청문회의 속성상 짧은 기간에 검증되어야 하므로 통상적으로 학계에서 하는 장기간의 표절 조사·판정 절차를 기다리기 어려운 점이 있다. 이 과정에서 표절 검증의 절차적 정의와 신속한 인사 검증이라는 두 가지 중요한 가치가 충돌한다.

신속을 요하는 인사청문회에서 표절 검증과 적법절차의 충돌 문제

표절 의혹을 받은 공직 후보자가 표절을 시인한 경우를 제외하면 절차에 상당한 기간이 소요되므로 표절 조사결과를 보고 인사절차를 진행한다는 것은 불가능하다. 일단 인사절차를 진행하고, 표절 조사는 별도로 진행할 수밖에 없다.[1108] 그런데 인사절차의 신속한 결정이라는 공익 때문에 표절 검증을 소홀히 하거나 표절 판정이 인사에 미치는 영향이 달라져서는 안 된다. 만약 인사절차가 완료되기 전에 표절을 시인하거나 표절로 확인된 경우와 임명 후 표절로 확인된 경우, 인사에 미치는 영향이 다르다면, 공직 후보자가 일단 표절 혐의를 부인하고 공직에 나아가는 일을 부추기게 될지도 모른다. 신속한 인사의 확정이라는 명분 뒤에 표절자들이 숨

1108. 인사청문회 중 표절문제가 거론됐지만 일단 인사절차를 마무리한 후 표절 검증이 진행된 예를 든다. 2013년 3월경, 박근혜 정부에서 지명된 환경부장관 후보자의 박사학위 논문에 표절 시비가 있었다. 인사청문회에서 후보자는 표절이 아니라고 강변했고 인사청문보고서가 채택되어 대통령은 그를 장관으로 임명했다. 한편 학위수여 기관인 한양대학교는 연구진실성위원회를 열어 표절 여부를 검증해 그 결과를 발표하겠다고 했는데, 2013.7.14. 잠정적으로 표절이 아니라고 발표한 바 있다. 김지헌, 「한양대, 환경장관 논문표절의혹 '아니다' 잠정결론」, 연합뉴스, 2013.7.14. 기사, http://news.naver.com/main/read.nhn?mode=LSD&mid=sec&sid1=100&oid=001&aid=0006370554 (2013.8.15. 방문).

는 것은 표절 못지않은 비윤리적 행위다. 이를 막기 위해서는 공직 임명 후라도 표절 조사결과에 따르겠다는 약속과 그 이행에 대한 일반의 감시가 중요하다.[1109]

공직자 인사 검증 과정에서 표절 논란이 뜨거웠던 경우에도 임명되고 나면 조사 자체를 하지 않거나 하더라도 시늉만 냄으로써 그야말로 흐지부지되는 경우가 많다. 이런 일이 반복되면 표절을 근절하기 어려울 뿐만 아니라 표절 의혹이 제기되었을 때 일단 부인하여 시간을 벌고 나면 세인들의 관심에서 멀어짐으로써 해결된다는 그릇된 생각이 퍼지게 된다. 한편 표절 의혹을 제기하는 쪽에서도 특정인을 낙마시키고 이로써 특정 세력을 공격하기 위한 의도가 아니라, 공직에 진출하려는 사람의 윤리성을 검증하고 나아가 학문윤리를 정립하고자 하는 순수한 목적이 있다면, 오히려 조사 절차를 끝까지 지켜보고 그 결과에 따라 책임 여부를 묻는 자세가 필요하다.

첨언 : 고위 공직자의 인사 검증에 관한 근본적 문제와 해결책

2006년 김병준 전 교육부총리 지명자가 표절로 인사검증 과정에서 하차한 이후 8년 만인 2014년 김명수 후보자도 같은 이유로 낙마했다.[1110] 이 두 사람은 교육부장관 후보자로서 관료 출신이 아니라 학계 출신이라는 점에 공통점이 있는데 검증과정에서 여야의 구도가 정반대였다. 당사자 본인들에게 부당하고 억울한 부분도 있겠지만, 문제는 청문회 기간을 포함해 최종 사퇴할 때까지 한 달여 남짓 동안 한 학자의 전 저술에 대해 표절 검증을 한다는 것은 사실상 불가능하다는 점에서 이와 같은 검증의 실효성에 의문을 갖지 않을 수 없다. 물론 전문가들이 집중적으

1109. 방송문화진흥회 전 이사장 김재우 사례 참조. 주 940, 988. 한편, 장관 재임 전에 제출한 박사학위 논문에 표절이 문제 되어 장관직을 그만두거나 지속적으로 그 문제로 곤혹을 치른 경우도 있다. 독일에서는 메르켈 총리 정부의 장관 2명(국방장관, 교육장관)이 박사학위 논문에 표절이 드러나 곤혹을 치렀다. 주 8 해당 면 참조. 국방장관은 바로 사임했지만, 교육장관(샤반)은 버티다가 학위를 수여한 뒤셀도르프대학이 표절을 이유로 학위를 박탈하자 결국 사임했다. 샤반은 뒤셀도르프대학교를 상대로 박사학위 취소가 부당하다는 소송을 제기했으나 법원은 이를 기각했다. 박창욱, 「독일 前 교육장관 논문 표절 소송 패소」, 연합뉴스, 2014.3.21. 기사, http://news.naver.com/main/read.nhn?mode=LSD&mid=sec&sid1=100&oid=001&aid=0006819718 (2014.7.24. 방문). 한편, 그후 독일 북부에 있는 한 대학이 샤반에게 명예 박사학위를 수여하였는데, 야당은 이를 촌극이라고 비판했다. 박창욱, 「논문 표절 독일 前장관 '명예박사'로 체면 유지」, 연합뉴스, 2014.4.12. 기사, http://news.naver.com/main/read.nhn?mode=LSD&mid=sec&sid1=104&oid=001&aid=0006858822 (2014.7.24. 방문).
1110. 남형두, 앞의 글(주 487) 참조.

로 검증한다면 불가능하지는 않겠지만 사회적 낭비가 이만저만이 아닐 것이다. 게다가 짧은 시간에 내린 결론에 서로 수긍하기도 어려울 것이다. 그렇다고 위에서 보는 바와 같이 일단 임명되면 아무래도 세인의 관심사에서 벗어나기 마련이므로 사실상 검증은 동력을 잃게 된다.

결국 이와 같은 논란거리가 있는 인사 –특히 표절문제를 다루고 정직한 글쓰기 윤리가 뿌리내리도록 정부 차원에서 그 업무를 관장해야 할 교육부장관 인사에서는 더욱 그러함– 에서는 사전 정부의 인사검증이 더욱 철저했어야 했다. 그런데 정부인사시스템에서도 표절문제에 정통한 전문가가 없는 이상, 짧은 시간에 표절 검증을 마쳐서 후보자를 내기도 어렵다.

이와 같은 고위직에 오를 인사 후보자라면 대학에서는 정교수일 것이고 학계에서도 수많은 논문을 발표했을 것이다. 따라서 교수 승진이나 논문 게재 과정에서 표절 여부를 검증할 기회가 여러 차례 있었을 것이다. 이와 같이 평소에 진행되는 대학의 승진이나 학회의 논문게재 등의 과정에서 표절을 검증할 수 있었는데 이런 기본이 지켜지지 않다가 전 국민이 보는 인사청문 절차 가운데 낙마하는 일이 발생하니, 학계 전체가 모두 비윤리적 집단이 아니냐는 비판을 받아도 변명하기 어렵게 됐다.

앞으로도 고위 공직자 인사검증 과정에서 표절문제는 지속적으로 거론될 것이다. 그때마다 후보자 개인에게 치명적 피해가 가해지는 것은 말할 것도 없고, 인사가 늦어짐에 따른 공직사회의 혼선과 표절 공방으로 인한 사회적·국가적 낭비가 초래되는 문제가 점점 확산될 뿐 수그러들 것으로 보이지 않는다. 이 문제에 대한 가장 근본적 해결책은 어려서부터 정직한 글쓰기를 생활화하는 것이다. 그런데 그 외에, 표절을 검증할 수 있는 기회 –위에서 본 교수 승진 심사, 논문 게재 심사 등– 에 제대로만 검증했다면 표절 의혹을 받는 사람이 고위 공직자 물망에 오르는 일이 없을 테니 최소한 표절자가 인사청문회에 서는 상황은 피할 수 있을 것이다.

문제가 터진 다음에 하는 것보다는 평소 표절 검증이 중요하다.

4. 제재

표절이라는 판단 또는 판정이 있게 되면 어떤 제재가 가해질 수 있는가? 법적 제재로부터 신분상 제재, 경제적 제재, 그 밖에 학문적 제재 등 다양한 제재가 있을 수 있는데, 이는 표절자의 직업군 또는 지위에 따라 다르기도 하다. 구체적으로 학생이 표절한 경우와 교수 또는 연구자, 전문직 종사자가 표절한 경우 등 표절자 직업에 따라 제재의 종류와 정도는 다르다.

표절 정도에 따라 제재 방법과 수위가 결정될 수 있지만, 개별 학문 분야, 소속 기관 등에 따라 편차가 있을 수밖에 없기 때문에 이 책에서 논의하는 데는 한계가 있다. 따라서 이하에서는 표절 정도와 관련성을 논하지 않고 표절에 대한 제재로 어떤 것들이 있는지만 살펴본다.

가. 법적 제재

(1) 형사적 제재 가능성

표절의 정의에 따라서는 광의의 표절(〈도표 1〉의 A+B+C 부분)에 저작권침해도 포함되므로, 표절로 판정될 경우 민사 또는 형사상 제재라는 법적 책임을 물을 수 있다. 그러나 여기에서는 광의의 표절이 아닌 협의의 표절(A+B 부분)에도 법적 제재를 할 수 있는지를 논의의 대상으로 한다. 엄밀히 말하면, 협의의 표절 중에서도 저작권침해(A부분)를 제외한 영역(B부분)이 논의 대상이다.

표절에는 타인의 것을 자기 것인 양 하는 기만적 요소가 있다. 그러나 사기죄가 성립되려면 재물 또는 재산상 이익의 편취가 있어야 하므로, 표절 자체로 사기죄가 성립하기는 어렵다. 또 표절에는 타인의 저작물 또는 독창적 아이디어를 무단으로 가져다 쓴다는 점에서 절취적 요소가 있으나, 아이디어에는 재물성이 인정되지 않으므로 재물을 객체로 하는 절도죄 역시 성립할 수 없다.

저자 가로채기를 한 논문을 학술지에 게재해달라고 신청한 경우 학술지의 편집·출판에 관한 업무방해죄에 해당한다.[1111] 이 판결은 유사한 다른 사건에도 적용될 수 있으므로 좀 더 살펴본다. 대법원은 다음과 같이 원심 판단을 수긍했다.

> ○○○이 작성한 각 논문을 피고인이 전혀 수정하지 아니한 채 자신을 저작자 명의로 하여 각 학회 편집담당자에게 송부하고 학회지에의 게재를 요청하여 위 각 논문들이 그대로 게재된 사실, 학회지 등에 논문을 게재하는 데에, 해당 논문의 연구주제의 적합성, 연구내용의 참신성, 연구방법의 적절성, 논문구성의 충실성, 연구결과의 기여도, 논문의 의사전달 효과 등이 주로 검토될 뿐 해당 논문이 신청인이 아닌 타인이 작성한 것인지 여부 등은 대체로 검토되지 아니하는 사실 등을 인정한 다음, 학회지 등의 편집 또는 출판 업무담당자가 위와 같은 사실을 알았다면 결코 위 각 논문들을 위 학회지 등에 게재하지 않았을 것이고, 위와 같은 게재요청된 논문에 대한 검토항목 등을 감안하면 위 학회지 편집 또는 출판 업무담당자들의 정상적인 업무처리과정으로는 위와 같은 허위성을 밝혀내기가 어렵다고 할 것이며, 실제로도 위 학회지 편집 또는 출판 업무담당자들이 피고인을 이 사건 각 논문의 단독저자 또는 공동저자로 오인하여 이 사건 각 논문들을 위 학회지 등에 게재하였으므로, 결국 피고인의 이 사건 위계행위로 인하여 위 학회지 업무담당자들의 편집 및 출판 업무가 방해되었다고 할 것이고 (후략)

이 판결은 저자 가로채기, 즉 비전형적 표절 논문의 학술지 게재 신청이 학술지 업무담당자에 대해 업무방해죄가 성립하는지가 쟁점이었다. 그런데 전형적 표절, 즉 출처표시 누락으로 인한 표절 논문을 학술지에 게재 신청한 경우에도 학술지 업무담당자에 대한 업무방해죄가 성립한다고 볼 수 있을까? 일반적으로 논문 게재를 위한 심사항목에는 '인용의 적절성'에 관한 것이 있다. 출처표시를 누락한 표절 논문이 심사 대상이 된 경우 심사위원으로서는 당연히 인용의 적절성에 관한 심사항목에서 낮은 점수를 줄 수 있다. 업무방해 사건에서 업무방해죄가 되는 행위의 태양은 '위계僞計'인데, 위계에 의한 업무방해죄에서 위계는 행위자의 행위목적을 달성하기 위해 상대방에게 오인, 착각 또는 부지를 일으키게 해서 이를 이용하는 것

1111. 업무방해 사건 판결(주 405).

을 말하고, 업무방해죄 성립에는 업무방해 결과가 실제로 발생함을 요하지 않고 업무방해 결과를 초래할 위험이 있으면 족하며, 업무수행 자체가 아니라 업무의 적정성 내지 공정성이 방해된 경우에도 업무방해죄가 성립한다.[1112] 이에 따르면 심사대상 논문의 출처표시 누락과 적절성 여부는 논문 게재 심사과정에서 그에 관한 분명한 심사항목이 있으므로 걸러질 수 있다. 다시 말해 위계가 성립할 여지가 없다. 그러나 위 사건에서와 같이 타인의 논문을 가로채서 자기 명의로 게재 신청을 한다는 것은 일반적으로 상상할 수 없는 것으로서 이런 경우를 예상하고 논문심사를 하지는 않는다. 학회지 편집 또는 출판 업무담당자들의 정상적 업무처리과정으로는 이와 같이 지극히 비정상적인 행위의 허위성을 밝혀내기 어렵다는 점에서 단순한 출처표시 누락에 따른 전형적 표절과 달리 업무방해죄가 성립할 수 있다. 즉 전형적 표절 논문을 학술지에 게재 신청한 것으로는 특별한 사정이 없는 한 업무방해죄가 성립하기 어렵다고 생각한다.

한편 위 업무방해 사건 판결에서 대법원은 위와 같이 저자 가로채기를 한 논문을 대학에 승진심사 자료로 제출한 행위에 대해 절대평가를 취한다는 점, 문제 된 논문을 제외하고도 승진 요건을 충족한다는 점에서 업무방해죄가 성립되지 않는다고 본 원심판결[1113]을 파기하고 업무방해죄에 해당한다는 취지의 판결을 선고했다.

> 승진 임용심사 과정에서 이러한 사정이 확인되었을 경우, 피고인이 승진 임용을 위한 연구업적 등 다른 기준을 충족하고 있다고 하더라도 교원으로서의 인격과 품위에 관하여 고도의 윤리성을 요구하는 승진임용심사의 특성상 피고인이 승진대상자에서 배제되었을 가능성이 높았을 것이고, 승진 임용을 심사하는 위원들로서는 통상적인 심사절차를 통해서는 피고인의 위와 같은 논문연구실적의 일부가 허위라는

1112. 대법원 2008.1.17. 선고 2006도1721 판결 등.
1113. 광주지법 2009.5.15. 선고 2008노2816 판결(이하 '업무방해 사건 항소심 판결'이라 한다). 이 판결 중 대학의 승진심사 업무방해의 점에 대해서는 원심에서 무죄로 판결한 부분이 대법원에서 파기되었는데, 원심에서 무죄로 본 이유를 옮기면 다음과 같다.
> 피고인이 승진심사 시에 제출한 이 사건 각 논문을 제외한 다른 논문만으로도 부교수 승진요건을 월등히 충족하고 있었고, 피고인이 이 사건 각 논문을 제출하였다고 하더라도 위 승진심사에 있어서 더 유리한 지위에 있게 되는 것도 아니라고 할 것이어서, 피고인이 이 사건 각 논문에 관한 연구실적을 부교수 승진심사서류에 포함하여 제출하였다고 하더라도 이로 인하여 승진심사업무의 적정성이나 공정성을 침해할 염려가 없다고 할 것이니 업무방해의 위험성도 없다 할 것이어서 이를 위계에 의한 업무방해죄로 처벌할 수 없다고 할 것이다.

사정을 밝혀내기 어려울 것이라는 점 등을 고려하여 보면, 원심이 들고 있는 바와 같이 피고인이 승진 임용심사 시에 제출한 논문들 중 이 사건 각 논문을 제외한 다른 논문만으로도 부교수 승진요건을 월등히 충족하고 있었다는 등의 사정만으로 승진 임용심사 업무의 적정성이나 공정성을 해할 위험이 없었다고 단정할 수는 없을 것이다.[1114]

한편 학위논문을 대필하고 돈을 받은 교수에 대해 배임수재 혐의로 구속한 사례도 있다.[1115] 국립대 교수가 학위논문을 대필해주고 금전을 수수했다면, 뇌물죄가 성립할 수도 있다. 표절 책임 측면에서 본다면 대필을 의뢰하고 금전을 교부한 사람은 배임증재죄 또는 뇌물공여죄의 형사책임을 질 수 있다.

위에서 본 사기, 업무방해, 배임증재, 뇌물공여 같은 범죄로 구성해 표절자를 형사적으로 제재하는 것 중 업무방해를 제외하고는 표절 행위[1116] 외에 금전수수 같은 추가 요소가 필요하다. 업무방해죄는 전형적 표절이 아닌 비전형적 표절 중 부당저자표시(저자 가로채기)와 같은 경우에 국한되어 성립한다. 범죄성립에 다른 요소가 필요하건 일부의 표절 행위에 대해서만 범죄가 성립하건 간에, 제한적이지만 표절 행위에 형사적 제재가 가능하다.

(2) 민사적 제재 가능성

여기에서는 표절자에 대한 민사적 제재 가능성을 살펴보는데, 이는 위에서 본 '표절로 인한 소송의 유형'[117]과 다름에 유의해야 한다. 앞서 논의한 것은 주로 표절 의

1114. 업무방해 사건 판결(주 405).
1115. 이도경 등, 「솜방망이 처벌에 또 불거진 의학계 '학위장사' … "말로만 근절 외치더니"」, 국민일보, 2014.4.9. 기사, http://news.kukinews.com/article/view.asp?page=1&gCode=soc&arcid=0008219 243&cp=nv (2014.7.30. 방문).
1116. 표절의 성립요건인 '자기 것인 양' 하는 기만행위에는 표절물 작성을 넘어 공표라는 표출행위를 전제로 한다는 것에 대해서는 주 431, 432 해당 면 참조. 따라서 업무방해죄가 되는 표절의 경우, 즉 타인의 논문을 자기 것인 양 자기 이름으로 학술지에 게재 신청하는 경우는 별도의 추가적 행위(본문에서 말하는 금전수수 같은 행위) 없이도 정확히 표절의 정의개념에 부합한다.
1117. 주 1050−1064 해당 면.

혹자가 표절 사건을 법원 재판으로 가져갈 때 소송원인(청구권원)에 어떤 것이 있느냐에 관한 것이고, 여기서의 논의는 표절자에 대한 법적 제재라는 점에서 다르다.

(가) 손해배상청구

먼저 급부명령으로 손해배상청구를 할 수 있을까? 저작인격권침해를 포함하는 저작권침해는 불법행위에 해당하므로 당연히 손해배상책임을 물을 수 있으나 여기의 논의대상이 아니므로, 표절 중에서도 저작권침해가 아닌, 즉 〈도표 1〉에서 보면 B부분에 해당하는 경우에 불법행위에 따른 손해배상책임이 성립하는지 살펴보아야 한다. 이 경우 저작인격권침해는 아니지만 인격권침해가 될 수 있고, 그에 따른 손해, 주로 정신적 피해가 입증된다면 손해배상책임이 성립하지 않을 이유가 없다. 예를 들어, 어떤 학자가 매우 독창적인 아이디어 또는 이론을 만들었는데, 다른 사람이 이에 대한 출처표시를 하지 않고 자기 것인 양 가져다 쓰고 이후 많은 사람이 표절자의 아이디어 또는 이론으로 생각할 정도가 되었다면, 최초 창안자로서는 상당한 정도의 정신적 충격 또는 피해를 입었다고 할 수 있다. 이는 결국 입증 문제로 귀착되는데, 불법행위에 따른 손해배상청구 소송에서 입증책임은 피해자에게 있으므로, 표절로 정신적 피해를 입었다고 주장하는 사람이 손해의 발생, 표절 행위와 손해발생 간의 인과관계 등을 입증해야 한다.

미국 사례 중에는 저작물성이 없어 저작권침해가 되지 않더라도 도용 misappropriation이라는 법리로 표절을 불법행위torts라고 인정한 것이 있다.[1118] 연구기관의 장이 전직 연구원의 미발표 논문에 기초해 발표하면서 출처를 표시하지 않은 사안에서 법원은, 저작권침해 책임은 성립하지 않더라도 출처표시 없이 타인의 아이디어를 가져온 행위에 대해 표절을 인정하고 법적 책임을 물은 사례도 있다.[1119]

우리나라에서는 B부분에 해당하는 표절, 즉 저작권침해를 제외한 표절에 불법행위를 구성하여 손해배상책임을 물은 직접적 사례는 찾기 어려우나, 저작권 대상이 아닌 아이디어를 무단 도용한 것에 대해 민법상 불법행위가 성립된다는 취지의 판결은 있다.[1120] 이 사건은 학술저작물의 표절과 관련된 것은 아니지만, 학술저작

1118. INS v. AP 사건 판결(주 390).
1119. Bajpayee v. Rothermich, 372 N.E.2d 817 (Ohio Ct. App. 1977).

물에도 독창적 아이디어를 표절하면 불법행위에 해당해 그에 따른 손해배상책임이 발생할 수 있다고 생각한다.

한편, 독자 입장에서 표절을 기망행위로 보아 손해배상을 구한 사건에서 기망행위와 편취를 인정하지 않은 사례(마시멜로 이야기 사건 판결)가 있는데,[1121] 기망행위와 편취 요건을 갖춘다면 사기에 의한 손해배상이 인정될 여지도 없지 않다.

(나) 금지청구 등

작위명령으로서 출판금지청구, 부작위명령으로서 표절물 회수청구, 표절 부분 삭제청구 등이 가능하다.

(다) 명예회복 등의 청구

앞에서 허위 보도로 명예가 실추된 표절 의혹 당사자에 대해 법원이 신문사의 명예훼손에 따른 손해배상책임과 정정보도책임을 인정한 판결을 소개했다.[1122] 이때 정정보도명령의 근거는 민법 제764조 '명예회복에 적당한 처분'이었다.[1123] 한편 표절자에 대해서도 이와 같이 청구할 수 있는가?

저작권법에 따르면, 저작자는 고의 또는 과실로 저작인격권을 침해한 자에 대해 손해배상에 갈음하거나 손해배상과 함께 명예회복을 위해 필요한 조치를 청구할 수 있다고 규정하고 있다(제127조). 저작권침해를 포함하거나 저작권침해가 수반된 표절(〈도표 1〉의 A+C 부분)의 경우 피표절자(저작권자)는 표절자에 대해 명예회복에 필요한 조치를 청구할 수 있다. 한편, 저작권침해가 수반되지 않는 표절(〈도표 1〉의 B부분)의 경우에는 민법상 불법행위가 성립한다면, 저작권법 규정에 따르지 않고 민법 제764조에 의해 명예회복에 적당한 처분을 구할 수 있다. 물론 표절로 피표절자의 명예가 훼손된 경우다.

1120. 드라마 선덕여왕 사건 항소심 판결. 이 판결은 대법원에서 파기됐다. 그러나 앞서 본 바와 같이 저작권 침해가 성립하지 않는 경우 민법상 불법행위도 성립하지 않는다고 단정한 것은 아니라고 생각한다. 주 443.

1121. 주 396 해당 면.

1122. 정정보도 사건 판결(주 1081).

1123. 민법
    제764조(명예훼손의 경우의 특칙) 타인의 명예를 훼손한 자에 대하여는 법원은 피해자의 청구에 의하여 손해배상에 갈음하거나 손해배상과 함께 명예회복에 적당한 처분을 명할 수 있다.

여기서 '명예회복에 필요한 조치' 또는 '명예회복에 적당한 처분'으로 언론기관에 대해서는 정정보도가 명해지기도 했지만, 표절자에 대해서는 표절했다는 사실을 표절물이 게재된 학회지 등에 표절자 명의로 공표하게 하는 것이 고려될 수 있다. 그러나 이 경우에도 사죄 내용이 담긴 '사죄광고'는 허용되지 않는다.[1124]

나. 비법적 제재

법적 제재 외의 제재를 '비법적 제재'로 통칭한다면, 이에는 직업별로 직업의 특성에 따라 제재 유형과 성격에 차이가 많다. 아래에서는 직업별로 다양한 제재를 살펴보고, 이어서 여기에 포섭할 수 없는 제재를 '기타 제재'로 묶어 논의한다.

(1) 직업별 제재의 다양성

가르치고 연구하는 대표적 직업인 교수와 반대로 배우는 학생을 비교할 때, 우리나라에서 표절 제재는 주로 전자에 치우쳐 있다. 그런데 미국에서는 오히려 표절로 인한 제재의 주된 대상은 교수가 아니라 학생이라는 견해가 있다. 포스너 교수에 따르면, 미국에서는 학생이 저지르는 표절을 제외하고는 가혹한 제재를 가할 정도로 심각한 사회문제가 별로 없다고 한다.[1125] 우리나라의 경우 학생의 표절에 대해서는 관대한 반면, 교수사회의 표절이 더욱 큰 사회문제가 된다는 점에서 미국과 차이가 크다.

미국에서 교수보다는 학생의 표절에 좀 더 엄격하게 제재를 가하는 이유로 첫째, 출판되지 않는 학생들의 과제물보다 정식으로 출판되는 교수들의 표절이 표절여부를 가려내기가 더 쉬운데, 일반적으로 쉽게 드러나는 죄보다는 쉽게 드러나지 않는 죄는 그 처벌이 더 무겁기 때문이고, 둘째, 제재를 가하는 교수집단이 같은 교수들에 대해서는 일종의 동질감을 갖는 반면 학생들에 대해서는 그렇지 않기 때문

1124. 헌법재판소는 '명예회복에 적당한 처분'에 사죄광고를 포함시킨 민법 제764조(1958.2.22. 법률 제471호)에 대해 위헌결정을 내린 바 있다. 헌법재판소 2001.4.1. 선고 89헌마160 결정.
1125. 포스너, 앞의 책(주 58), 60면.

이라고 한다.[1126] 포스너 교수는 둘째의 이중적 잣대에 대한 학생들의 분노를 이해하면서 교수들은 학생들의 역할 모델이 될 수 있다는 점에서 더 수준 높은 도덕성을 갖추어야 하므로 학생들을 교수들에 비하여 무겁게 제재하는 것이 옳지 않다고 한다.[1127]

그러나 포스너 교수의 주장을 우리나라에 적용하는 데는 선뜻 동의하기가 어렵다. 먼저 첫째 이유에서 적발의 곤란 정도가 처벌수위를 결정한다고 말하기는 어렵다. 예컨대 테러범이나 사람들 앞에서 총을 난사한 대량학살범은 그 죄를 입증하는 것이 전혀 문제가 되지 않는다. 이렇게 입증이 쉽다고 해서 이런 범죄의 처벌을 가볍게 할 수는 없지 않은가? 또 쉽게 드러나지 않는 죄 중에는 오히려 가벌성이 작은 행위로서 양심에 관한 범죄가 있을 수 있다. 드러나기 어렵다는 이유만으로 처벌수위가 높은 범죄라고 단언할 수는 없다.

둘째 이유도 우리나라에서 그대로 적용되기는 어렵다. 물론 교수 표절이 본격적인 사회 이슈가 되기 전, 즉 학내 문제로 있을 때는 포스너 교수의 지적과 같이 우리나라 대학이 교수사회의 동질성이라는 점에서 동료교수 표절에 지나치게 관대한 측면이 있었다.[1128] 그런데 오늘날 학내의 온정주의는 과거에 비해 상대적으로 완화되었다고 할 수 있다. 이는 대학 사회가 상대적으로 과거에 비해 규모가 커지고 다양해져 온정주의가 약화된 점도 있지만, 그보다는 대학 밖의 감시가 과거와 달리 매우 엄격해져 대학이 대충 무마하고 넘어갈 수 없게 된 측면이 더 크다. 이점에서 우리나라의 경우 이제는 포스너 교수의 지적과 달리 학생의 표절에 비해 교수의 표절에 더욱 엄격해졌다고 할 수 있다. 교수들의 표절은 징계사유가 되기도 하고 각종 공직임용 또는 총장 등의 직위에 취임하는 데 결격사유가 되기도 한다. 그런데 학생들의 표절이 문제 되어 제적 또는 징계가 가해진 경우는 거의 없다. 기껏해야 해당 과목 학점에 악영향을 주는 정도에 그친다. 그것도 표절이 적발되는

1126. 위의 책, 119 – 120면.
1127. 위의 책, 120면.
1128. 과거에도 '온정주의', '제 식구 감싸기'를 비판하며, 같은 대학 동료 교수의 표절 의혹 사건에 대하여 의혹 제기부터 사건이 종료될 때까지를 일종의 내부고발자 입장에서 논문형식으로 출판하거나[양승규 전 서울대 법대 교수, 앞의 논문(주 351)], 일제강점기 법학이 해방 후 어떻게 우리나라 법학계에 영향을 끼쳤는지를 표절의 병리 측면에서 철저히 파헤친[한상범 전 동국대 법대 교수, 앞의 논문(주 351)] 경우가 있었다. 필자는 이들을 진정한 학계의 파수꾼이라 생각한다.

것을 전제로 하며, 나아가 표절에 엄격한 잣대를 갖고 있는 평가자 또는 교수에게 적발된 경우에나 해당된다.

이상과 같은 이유에서 교수 표절보다 학생 표절에 대한 제재가 더 엄하다는 것을 지적한 포스너 교수 주장을 그대로 우리나라에 받아들이기는 어렵다. 그러나 교수보다 학생에게 엄하게 제재가 가해진다는 포스너 교수의 지적은, 전체적으로 미국에서는 학생들에 대해 오래전부터 학칙·명예규칙에 따라 표절이 엄격히 금지되어 왔고, 그런 문화 속에서 학창시절을 보낸 교수들 사회는 그만큼 우리보다 상대적으로 표절이 성행하지 않는다는 것으로 이해할 수는 있다. 반면 우리는 교수 표절 빈도가 미국보다 훨씬 높기도 하고, 그 정도가 매우 심각하기도 하며, 지난 몇 년 사이 교수들의 공직임용 진출 시 논문 등 검증이 통과의례로 정착되었다는 점 등을 종합해보면, 교수 표절이 학생 표절보다 훨씬 사회적 비난 정도가 높고 그에 따라 제재 수위가 높을 수밖에 없는 면이 있다고 생각한다.

따라서 우리도 교수 표절에 대한 학내에서나 사회에서의 비난이 수그러들 정도로 표절 빈도가 낮아지면, 즉 교수들의 학술적 글쓰기가 상당한 윤리적 수준을 유지하게 되면, 비로소 미국처럼 교수보다는 학생들 제재에 더 관심을 둘 수도 있을 것이다.

이하에서는 교수와 학생을 포함한 여러 직업별로 표절에 대한 제재 사례와 유형을 살펴본다.

(가) 교수

교수 표절은 정도에 따라 면직, 정직, 감봉, 견책, 경고 등 여러 가지 신분상 제재가 가해질 수 있다. 재임용, 승진, 정년보장 심사에서 탈락사유가 되기도 한다. 그 밖에도 일정기간 연구년 금지, 교원성과급 평가에서 불이익 등이 가해질 수 있다. 위에서 임용, 재임용, 승진 등의 심사과정에서 논문 등 저술의 표절이 쟁점이 되었던 사례를 나열한 바 있다.[1129] 그 사례들에서 임용, 재임용, 승진 등의 탈락이 표절에 대한 제재가 될 수 있음은 이미 설명했으므로, 이하에서는 주로 미국 사례를 중심으로 교수 표절에 대한 제재를 설명한다.

1129. 주 1074 참조.

교수가 표절 때문에 학부 강의만 허락받고 대학원 강의 자격을 박탈당한 사례가 있다.[1130] 시카고대학교 역사학 교수 커슈너Julius Kirshner는 자신의 연구조교가 작성한 중세교회 정치학에 관한 서평book review을 자신이 공동편집장으로 있는 《현대사저널The Journal of Modern History》에 자기 이름으로 발표했다. 1991년에 이 문제가 불거진 후 당시 이 대학 역사학과 학과장 교수는 이 서평에 대하여 공동저자로 바꾸는 것을 해결책으로 제시했고, 연구조교가 이를 수락했으나 커슈너 교수는 이를 거절했다. 1995년에 연구조교는 시카고대학교 총장과 미국역사학회에 이 사건을 알렸다. 대학은 교수 표절을 인정했지만 학생이 조교였기 때문에 서평에 있는 아이디어가 교수 자신의 것이라고 실수로 생각한 점을 인정해 고의적인 학문적 사기intentional academic fraud는 아니라고 보았다. 이로써 해당 교수는 5년간 학부 강의만 하고 대학원에서 강의할 자격을 박탈당했다. 나아가 커슈너 교수는 현대역사학 저널의 공동편집장직에서 사임했다.[1131] 비록 교수 자신의 아이디어를 바탕으로 학생이 서평을 작성했을지라도 이를 교수 자신의 명의로 발표하는 것은 표절에 해당한다고 본 이 사건은, 박사학위 취득자가 학위논문을 바탕으로 연구논문을 작성해 발표할 때 지도교수를 공저자로 표시하는 것이 관행이라고 주장되는 우리의 현실(박사학위 논문지도 사건 판결, 주 487)과 극명하게 대비되는 사례라 할 수 있다.

교수가 표절로 정년보장 심사에서 탈락한 사례도 있다. 아프리카 가나 출신의 보아탱Peter Boateng 교수는 1988년부터 인터아메리카대학교InterAmerica University에서 회계학을 가르쳤는데, 7년 후 정년보장 신청에서 탈락했다. 해당 교수는 인종과 국적 차별로 불이익을 보았다면서 학교를 상대로 소송을 제기했다. 이 과정에서 학교는 이 교수의 강의교재 일부에서 표절을 발견하여 정년보장 탈락 사유로 더했다.[1132] 이 사안 자체에서는 표절 여부를 판단하기 위한 내용이 충분하지 않아 표절 판단 기준을 찾는 데 도움이 되지는 않지만, 미국 대학에서도 우리나라 대학에서와 같이 정년보장 탈락 사유로 표절이 거론된다는 점을 확인한 것으로 의미가 있다.

표절로 교수의 승진심사에서 탈락했을 뿐만 아니라 정직처분을 받고 최종적으

1130. 커슈너 교수 사례는 다음 참조. Mary Crystal Cage, 「U. of Chicago Panel Finds History Professor Guilty of Plagiarism」, The Chronicle of Higher Education, August 9, 1996. http://chronicle.com/article/U‐of‐Chicago‐Panel‐Finds/96688/ (2014.7.24. 방문).
1131. 위 기사 참조.
1132. 이상, Boateng v. Interamerican University, 210 F.3d 56, 59‐60 (2000).

로 해고 처분된 사례가 있다. 아칸소포트 스미스대학교^Arkansas-Fort Smith University 경영대 교수였던 패인^Diana Payne은 1981년에 채용되어 1986년에 정년보장을 받고 조교수 승진신청을 했는데, 승진심사 과정에서 표절이 밝혀졌다. 표절심사위원회는 원고가 '인터넷상의 저작물을 인용하지 않고 사용했으며 부적절한 패러프레이징을 했다는 것^fail[ing] to cite copyrighted material on the Internet and in faulty paraphrasing'을 확인하고 표절 판정과 함께 한 학기 정직처분을 내렸다(후에 해고처분으로 확정). 원고 교수는 자신이 여성으로서 성차별을 받았다고 주장했으나 법원은 이를 받아들이지 않았다.[1133] 우리나라에서도 승진심사 때 제출된 연구업적물에 표절이 드러나는 경우가 더러 있는데, 이 사례는 우리나라와 비슷한 환경에서 발생했다는 점에서 눈길을 끈다. 표절의 정황이나 정도가 이 판결에는 나오지 않아 정확히 알 수 없으나, 해고처분까지 명한 것으로 볼 때 역시 미국의 경우 표절에서 우리나라보다 매우 엄격한 잣대를 갖고 있음을 알 수 있다.

우리와 달리 미국에서는 표절 의혹을 받으면 대체로 해당 교수는 표절을 시인하는 문화가 형성되어 있는 것 같다. 그로써 분쟁이 재판까지 발전하는 경우는 의외로 드물다.

한편, 여기에서 표절이 가장 성행하는 곳이 대학이라고 생각하기 쉽다. 이는 표절 논란으로 사회적 이목을 집중하는 사건이 주로 대학교수들에게서 일어나기 때문이다. 이는 미국에서도 하버드대학교에서 표절이 가장 난무한다고 생각하는 경향이 있다는 포스너 교수의 지적과도 일맥상통한다.[1134] 2002년에서 2004년 사이에 하버드 로스쿨 교수 네 명, 트라이브, 오글트리, 더쇼위츠^Dershowitz, 굿윈^Goodwin이 표절 시비에 휘말리고 그중 두 명은 표절 사실을 시인했다.[1135] 그러나 이는 하버드대학만의 고유한 문제가 아니라 실제 다른 대학, 그리고 다른 나라 대학에서도 공통된 일로, 세계 최고 대학의 스캔들에 관심이 집중되는 사회적 현상으로 이해하는 것이 맞다.[1136] 이는 우리나라에도 그대로 적용될 수 있다. 국내 주요 대학 교수들의 표절 시비가 앞으로도 더욱 큰 관심을 끌고, 나아가 세인들의 관심이 집중되는

1133. 이상, Payne v. University of Arkansas Fort Smith, 2006. U.S. Dist. LEXIS 52806, 3-6 (2006).
1134. 포스너, 앞의 책(주 58), 31면.
1135. 남형두, 앞의 보고서(주 353 사례연구), 200면 중 각주 207.
1136. 포스너, 앞의 책(주 58), 31면.

유력인사, 거물급 인사의 표절 시비가 일종의 스캔들로 비화되는 일이 더욱 빈발할 것으로 예상된다. 그러나 이는 표절이 유독 특정 대학과 특정 인사층에 국한되는 문제라기보다는 일종의 선정주의에 열광하는 사회적 현상과 맞물려 있다고 보는 것이 타당하다.

(나) 학생

표절 학생은 해당 과제물(리포트 등)에 대한 영점 처리, 학점 부여 보류와 상담, 해당 과목 F학점, 유기정학, 무기정학, 퇴학 등 여러 가지 제재를 받을 수 있다. 이와 같은 제재는 학생이 상급학교에 진학하는 데 지장을 주거나 자격시험 지원 자격의 요건 흠결이 되기도 한다.

미네소타 주 항소법원은 고등학교 학생이 미국사 과목에서 참고서를 베껴냈다는 이유로 영점을 준 학교 징계가 타당하다고 한 교육청을 상대로 제기한 재판에서 원고 학생의 청구를 기각했다.[1137] 대학 4학년 학생이 화학수업 과제에서 20쪽짜리 리포트를 제출할 때 인용표시 없이 통째로 표절한 것에 대해 F학점을 준 사례도 있다.[1138]

앞서 본 바와 같이 하우라는 고등학생은 물리 과목에서 2.5쪽 분량의 글과 3쪽 분량의 표와 사진으로 된 페이퍼를 제출했는데 그 페이퍼 어디에도 출처표시가 없었다는 이유로 표절이라는 판정을 받고 3일간 정학처분을 받기도 했다.[1139] 뉴욕주립대 3학년 학생 칼린스키Kalinsky는 고고학 수업에서 최종 과제물을 제출했는데, 같은 수업을 수강하는 친구 것을 상당 부분 베낀 점이 인정돼 표절로 1학기 정학처분을 받았으며, 뉴욕 주 항소법원은 이 처분이 정당하다고 판결했다.[1140]

우리나라에는 없는 제도인데, 미국에서는 수업 중 제출한 페이퍼에 표절이 있는 경우 학점 부여를 보류하고 추후 표절을 시정한 후 학점을 부여하는 제도가 있다. 이 또한 학생 표절에 대한 제재의 일종이라 할 수 있다. 휴스턴대학교 영문학 박사과정 학생인 비송Angela Bisong은 2003년 가을 학기 중 '19세기 영국소설' 과목에

1137. 젤먼 학생 판결(주 716).

1138. Smith v. Gettysburg College, 22 Pa. D. & C. 3d 607 (1982), 1872 WL 727 (Pa.Com.Pl.).

1139. 하우 고등학생 판결(주 1041).

1140. Kalinsky v. State Univ. of N.Y. at Binghamton, 557 N.Y.S.2d 577 (App. Div. 1992).

서 제출한 페이퍼에 적절한 출처표시와 인용을 하지 않아 담당교수에게서 서면경고를 받았다. 담당교수는 이 사실을 비공식적으로 영문학과 학과장에게 통보했다. 학생과 담당교수는 학생이 I학점Incomplete을 받고 인용에 관한 개인교수를 받기로 합의했다. 이 학생은 2004년 봄 학기에도 다른 교수 강의에서 표절이 발각돼 학과장에게 공식 통보됐는데, 학과장은 적절한 출처표시 없이 외부 자료를 사용하는 것은 표절이라고 보고 과목철회와 별도로 1년 정학을 결정했다(최종적으로는 퇴교조치됨). 원고의 이의제기에 따라 문과대학은 졸업생 세 명과 교수 두 명으로 징계위원회를 구성해 심리한 끝에 위원회는 표절 판정을 내렸다. 학교 측은 원고 제출 에세이의 중심적 주장이나 구조와 근거의 선택이 표절이라고 주장했고, 원고는 문구가 같거나 흔한 단어, 아이디어와 구절이 우연히 같은 것으로는 표절에 해당하지 않는다고 주장했으나 법원은 원고 주장을 배척하고 표절을 인정했다.[1141]

표절을 이유로 1년간 정학처분이 내려진 사안이 있는가 하면,[1142] 무기한 제적이 내려지기도 한다. 컬럼비아대학교 간호학과 학생 둘이 똑같은 페이퍼를 제출한 것에 대해 표절을 인정하고 무기한 제적indefinite expulsion 처분이 내려진 사례,[1143] 버지니아 커먼웰스대학교 학생이 과목을 달리해 다른 교수의 과목에 같은 페이퍼를 제출했고, 중복제출된 그 페이퍼에 출처표시를 잘못한 표절이 발견돼 퇴학expel 처분을 받은 사례,[1144] 심리학과 대학원 학생이 표절로 대학원에서 퇴교dismissal 처분을 받은 사례[1145]가 있다. 표절은 아니지만, 테이크홈take-home 시험에서 상의하지 말라고 했음에도 똑같은 오답이 발견된 학생 둘에게 학칙위반으로 퇴학 처분을 한 사례도 있다.[1146]

이상에서 본 여러 미국 사례는 우리나라에 적용하기에는 지나치게 엄격하여 부적절한 경우도 있다. 미국의 경우 학생 훈육 차원에서 가혹하리만큼 엄격한 규율이

1141. 이상 사안에 대한 설명은 다음 참조. Bisong v. University of Houston, 493 F. Supp. 2d 896, 900 – 903 (2007).

1142. Napolitano v. Trustees of Princeton University, 453 A.2d 263, 267 (N.J. Super. A.D. 1982) (이하 '나폴리타노 학생 판결'이라 한다) 참조.

1143. Trahms v. Trustees of Columbia Univ., 666 N.Y.S.2d 150 (App. Div. 1997).

1144. 차일드레스 학생 판결(주 842).

1145. Mercer v. Board of Trustees for Univ. of Northern Colorado, 17 Fed. Appx. 913 (10th Cir. 2001).

1146. Tatum v. Univ. of Tenn., No. 01A01 – 0 – 9707 – CH – 00326, 1998 Tenn. App. LEXIS 490, at *1 (July 29, 1998).

오랜 기간에 걸쳐 자리를 잡았다. 반면에 우리는 학생 표절에 지나치게 관대한 측면이 있어왔다. 그런데 국내에서 교육받다가 미국으로 유학을 간 학생들이 미국 학교에서 경험하는 문화적 충격 중 표절문제가 있음은 주지하는 바와 같다. 미국 대학(원) 진학 준비를 도와주는 국내 사설학원의 문제유출 사고를 통해 우리나라 학생들이 미국에서 불이익을 받을 뿐만 아니라 국제적 망신을 초래한 사건[1147]도 있었다. 이와 같은 일들에서 우리나라에서도 학생들의 표절을 비롯한 비윤리적 행위에 더는 관대할 수 없다는 인식이 빠르게 확산되고 있다.

로스쿨 학생의 경우

장차 판사, 검사, 변호사 등 법률 직역에 종사하게 될 로스쿨 학생의 경우 재학 중 저지른 표절이 법률가가 되는 데 결격사유로 작용하기도 한다. 다음 여러 유형은 모두 미국 사례다.

(i) 학위 거부 사례

미시간대학교 로스쿨 학생이 민사소송법 과목에서 제출한 페이퍼에 인용표시 없이 하나의 학술지 논문으로부터 여러 부분을 베낀 것이 표절로 인정되어 법학전문박사Juris Doctor, JD 학위를 받지 못하자 학교를 상대로 제기한 소송에서 패소한 사례가 있다.[1148]

(ii) 변호사 시험 응시자격 거부 사례

변호사 시험을 보기 위해서는 주 변호사협회Bar에서 요구하는 서류를 로스쿨이 제출해야 하는데, 로스쿨이 표절자(졸업생)에 대해 이런 서류의 제출을 거부함으로써 사실상 변호사 시험을 보지 못하게 한 사례[1149]가 있는가 하면, 표절로 한 학기

1147. 신수정, 「美 SAT '문제유출' 부정 확인 땐 시험 무효 가능성」, 동아일보, 2007.2.5. 기사 ; 이범수, 「6월 SAT 한국시험 생물 과목도 취소」, 서울신문, 2013.5.20. 기사 등 참조.

1148. Easley v. University of Michigan, 853 F.2d 1351 ; 1988 U.S. App. LEXIS 11074, 3 - 6 (1988).

1149. Anonymous v. Seton Hall University School of Law, 1996 U.S. App. LEXIS 33498, 2 - 5 (1996). 시턴 홀Seton Hall 로스쿨은 재학 중 표절 행위로 징계(F학점과 함께 1년 정학 처분)를 받은 학생이 변호사 시험을 치르기 위해 원서를 낸 뉴욕 주 변호사 시험위원회로부터 로스쿨 수료증명서와 원고의 필적샘플handwriting sample을 요청받았으나 이를 거절함으로써 결국 원고가 변호사 시험 응시자격을 부여받지 못한 사례다.

정학처분을 받고 졸업했지만 주 대법원에 소속된 변호사 자격심사위원회는 2년간 변호사 시험 응시자격 부여를 유예한 사례[1150]가 있다. 한편, 미네소타 주 법원은 인성'Good Moral Character' 요건과 관련하여 표절자가 이를 인정해 가입신청서에 공개하고 있고 충분히 자기 잘못을 인정하고 있으며, 1년 이상 응시자격 부여가 연기된 점을 감안하여 변호사 시험 응시자격을 박탈해서는 안 된다는 판결을 선고하기도 했는데,[1151] 이 판결에서 판사 두 명은 반대의견까지 내면서 변호사와 같은 수준 높은 도덕을 요하는 자리에는 표절이 문제 되어야 한다고 주장한 점이 눈길을 끈다 (츠비기엔Zbiegien 사건).[1152]

한편 로스쿨이 표절 학생에게 면책했는데도 주 변호사 시험위원회가 학교 결정에 구속받지 않고 표절을 인정하고 응시자격을 거부한 사례,[1153] 심지어 로스쿨 입학 전에 다른 대학에서 역사학 강사 재직 중 표절로 해고된 전력을 밝히지 않은 것에 대해 주 변호사 시험위원회가 표절과 같이 중요한 사실을 누락한 것은 법률가가 될 자격이 없다고 한 사례[1154]도 있다.

(iii) 변호사 시험 합격 후 변호사회 가입 거절 사례

변호사회에 가입하려면 인성에 관한 요건을 통과해야 하는데, 로스쿨 재학 중 표절로 이 요건을 충족하지 못하여 변호사협회 가입이 거절된 사례[1155]가 있다.

(iv) 소결

판사들 간에 의견이 갈려 반대의견이 나올 정도로 치열하게 다툰 츠비기엔 사건에서 보는 바와 같이 로스쿨 학생의 표절은 장래 법률가가 될 사람이라는 점에서 다른 전공에 비해 매우 엄격한 잣대가 적용되고 있다. 한편, 학습장애가 있는 로스쿨학생의 표절에 대해 1년의 정학처분과 동시에 표절 사실을 학적부에 기재하고 나아가 학생이 지원할 가능성이 있는 여러 변호사 시험위원회와 교육기관에 그 사

1150. *In re* Valencia, 757 N.E.2d 325, 327 (Ohio 2001).
1151. *In re* Zbiegien, 433 N.W.2d 871, 877 (1988)(이하 '츠비기엔 판결'이라 한다).
1152. 위 판결, 880 - 881면.
1153. K.S.L. 로스쿨학생 판결(주 1043).
1154. Radtke v. Board of Bar Examiners, 230 Wis. 2d 254, 256 ; 601 N.W. 2d 642, 644 (1999).
1155. Doe v. Connecticut Bar Examining Committee, 263 Conn. 39, 51 - 52 ; 818 A.2d 14, 24 - 25 (2003).

실을 공유하도록 조치를 취한 사례(디 렐라 로스쿨학생 판결)[1156]를 보면, 장애인에 대해 수준 높은 배려를 하는 미국에서조차 표절금지윤리가 장애인 등 소수자에 대한 인권보호보다 우선한다는 것을 알 수 있는데, 표절을 얼마나 철저히 배격하는지 극명하게 보여준 좋은 예다.

(다) 법률가 등 전문직 종사자

우리나라에서는 학계와 달리 전문직 종사자가 표절로 해당 영역의 윤리위원회에서 징계를 당한 사례를 찾기가 쉽지 않다. 그런데 미국에서는 판사, 변호사 등 전문직 종사자가 표절로 징계를 당한 예를 심심치 않게 찾을 수 있다.

법관이 판결이 아닌 일반 학술 논문 표절로 법관징계위원회에서 징계를 받은 사례(브레넌 판사 사건 판결),[1157] 이미 로스쿨을 졸업하여 JD를 취득한 변호사가 석사과정(LL.M.)에 입학해 제출한 논문에 표절이 있다는 이유로 해당 로스쿨이 학생의 자퇴신청을 거부하고 출교처분을 내렸을 뿐만 아니라 주 변호사협회에 그 사실을 통고했으며, 주 변호사협회는 소속 변호사에 대해 표절을 비위행위로 인정하여 징계를 한 사례(람베리스 변호사 판결)[1158]도 있다.

한편, 람베리스 변호사 판결과 달리 변호사가 고유 업무로 준비서면을 제출하는 과정에서 표절한 것에 징계가 내려진 사례도 있다. 변호사라면 의뢰인의 이익을 위해 최선을 다하는 직업이다. 그런데 변호사 업무를 수행하는 과정에서 서면을 작성할 때도 표절금지윤리를 지켜야 하는가? 이와 관련된 매우 독특한 두 판결을 소개한다.

아이오와 주 대법원에 소속된 피심인 변호사가 의뢰인에게서 사건을 수임하여 연방법원 재판을 진행하는 과정에서 준비서면을 제출했는데, 이 서면의 법률이론이 대부분 특정 문헌에서 표절한 것임이 변호사 비용 확정결정 과정에서 밝혀졌다.[1159] 이 사건에서 주 대법원 소속 변호사 윤리위원회는 피심인 변호사에게 3개월

1156. 디 렐라 로스쿨학생 판결(주 1075).
1157. 브레넌 판사 사건 판결(주 922).
1158. 람베리스 변호사 판결(주 417).
1159. Iowa Supreme Court Board of Professional Ethics and Conduct v. Lane, 642 N.W.2d 296, 297 – 298 (2002) (이하 '래인 변호사 판결'이라 한다).

정직처분을 내렸는데, 주 대법원은 변호사 윤리위원회의 결정보다 높은 6개월 면허정지 처분을 내렸다(래인Lane 변호사 사건).[1160]

변호사가 의뢰인을 위해 준비서면을 두 건 제출하면서 특정 논문에 지나치게 의존했는데도 5천 달러가 넘는 수임료를 받은 것에 대해 변호사 윤리에 반한다고 해서 수임료를 반환하고, 변호사 윤리 교육을 수강하라고 명한 사례도 있다(캐넌 Cannon 변호사 사건).[1161]

래인 변호사 사건이나 캐넌 변호사 사건 모두 미국 아이오와 주에서 일어났는데, 변호사가 법원에 제출한 서면에 표절이 있으면 주 변호사 윤리에 위반된다는 것을 명백히 했다.

이와 같은 사건이 우리나라에서는 크게 문제 된 적이 없지만, 변호사업계의 과열 경쟁과 변호사 윤리를 둘러싼 의뢰인과 변호사 간의 분쟁이 격화될 경우 앞으로 유사한 문제가 발생할 여지가 없지 않다. 그런데 이런 문제가 발생한다고 하더라도 과다수임료가 문제 될 수 있을지언정, 단기간 내 표절이 문제 될 것 같지는 않다.

아무리 변호사가 의뢰인의 승소를 위해 법원에 제출하는 서면이라 하더라도 타인의 것에서 가져왔음에도 출처표시를 하지 않는다면, 서면을 제출받는 법원으로서는 그것을 그 변호사가 주장한 것으로 잘못 인식할 수 있다. 그런데 변호사 제출 서면의 표절에 따른 폐해는 사실 역표절[1162]에 있다. 변호사가 자기주장을 마치 저명한 학자의 주장인 것처럼 한 경우 법원 판단에 오류를 초래할 수 있기 때문이다. 이처럼 변호사가 제출한 서면에 표절이 있는 경우 폐해가 없다고 볼 수는 없다. 그런데도 미국에서는 변호사가 사실이 아님을 알고도 사실로 주장하는 경우 사법방해죄로 의율을 한다는 점에서 표절을 변호사 윤리위반으로 징계하는 것이 타당하다고 할 수 있지만, 우리는 이런 수준에까지 변호사 윤리를 요구하기는 어렵다. 즉 변호사가 업무의 일환으로 작성하여 제출하는 서면에 표절금지윤리를 적용하는 것은 시기상조라고 할 수 있다.

그러나 변호사에게 다른 직역에 비해 수준 높은 윤리가 요구되고, 변호사 작성

1160. 위 판결, 299면.
1161. Burghoff v. Petit, 374 B.R. 681, 683-687 (2007) (이하 '캐넌 변호사 판결'이라 한다) 참조. 이 사건에서 징계를 받은 캐넌 변호사는 피고 프티John Petit의 변호사였다.
1162. 주 623 해당 면.

서면에 대해서도 표절이 있는 경우 피해자가 있을 수 있다는 점에서 표절금지윤리가 적용되지 않을 이유는 없다. 다만 증거에 따른 사실인정이라는 재판제도의 본질상 변호사가 작성해서 제출하는 각종 서면상 주장은 증거로 뒷받침되지 않는 이상, 사실로 인정되지 않는다. 이 점에서 이들 서면은 출처표시 누락 여부가 문제 되기 전에 증거로 뒷받침되느냐가 재판의 쟁점이 된다. 따라서 서면 자체의 본질적 특성에 따라 표절 자체가 크게 부각되지 않는다고 할 수 있다. 다시 말해 변호사가 작성해 제출하는 각종 서면은 출처표시 차원이 아닌 입증 차원에서 접근하는 것이 바람직하고, 표절로 작성한 각종 서면은 의뢰인과의 관계에서 과다수임료 문제로 푸는 것이 표절을 제재하는 하나의 방법이 될 수 있다.

(라) 언론 기자

언론 기자가 기사를 표절한 경우 표절 기자에게 징계처분이 내려지는가 하면,[1163] 표절 당사자는 물론 책임자인 편집국장이 해고된 사례가 있다.[1164] 우리나라에서는 언론사 간에 기사표절이 무분별하게 많은데, 그에 대한 처벌과 제재는 매우 관대한 편이다.[1165] 그러나 언론사 간 경쟁이 치열해지고 있고, 기사표절에 대한 경각심이 제고되는 추세에 비추어보면, 조만간 우리나라에서도 기사표절에 대한 제재가 지금보다는 엄격해질 것으로 본다.

(마) 과학자, 연구자 등

과학자 또는 연구자의 표절에는 해고, 감봉, 정직 등의 징계가 내려지고, 나아가 일정 기간 연구배제, 연구비 지원 중단 등의 제재도 내려진다. 정부출연연구기관 소속 연구원의 표절에 대해서는 해당 기관의 연구윤리규정에 따라 판정·제재가 가해진다.[1166]

1163. 워싱턴포스트의 호위츠Horwitz 기자 사건. 워싱턴포스트는 표절 책임을 물어 풀리처상 수상 경력이 있는 기자에게 3개월의 무급 정직처분을 내렸다. 남형두, 앞의 논문(주 524), 24면.
1164. 뉴욕타임스의 블레어Blair 기자 사건. 위 논문, 25면.
1165. 주 522 – 524 해당 면 참조.
1166. 남형두, 앞의 보고서(주 353 출연연), 98, 104면 참조.

(2) 기타 제재

특정 직업군과 관계없이 일반적으로 적용될 수 있는 제재로 위에서 언급하지 않은 것으로는 다음과 같은 것들이 있다.

(가) 해당 저술에 대한 제재
학술지에 게재하기 위해 제출한 논문에 표절이 있는 경우 게재유보 또는 탈락, 학술지에 게재된 후에는 논문 철회 또는 취소, 학위논문의 경우 수정요구, 그 밖에 표절 사실의 공지 등이 제재에 해당한다.

(나) 경제적 손실
표절로 인한 경제적 제재로는 출판계약 해제나 연봉 삭감 같은 것을 들 수 있다. 하버드대학교 2학년 학생 비스와나탄 사례[1167]는 결국 표절로 드러나 출판사와 체결한 계약이 해제되어 선금으로 받은 50만 달러를 반환하게 되었는데, 이와 같은 엄청난 경제적 손실도 표절을 제재한 결과라고 할 수 있다.[1168] 표절로 연봉을 삭감당한 경우도 있다. 레이시언Raytheon Company의 최고경영자 스완슨William Swanson은 럼스펠트 미국 국방부장관 등의 저술을 표절한 비위행위로 연봉이 100만 달러 삭감된 적이 있다.[1169] 한편, 캐넌 변호사 사건에서와 같이 표절로 준비서면을 작성한 변호사에게 결과적으로 과다하게 받은 수임료를 의뢰인에게 반환하게 한 것도 경제적 제재의 일종이다.

(다) 공개적 망신과 평판 저하
스완슨 사례나 비스와나탄 사례에서와 같이 언론에 보도되어 공개적으로 망신을 당하고, 단기간에 명예와 평판이 저하되는 것도 일종의 표절 제재의 효과라고

1167. 주 702 – 703 해당 면 참조.
1168. Zhou, 앞의 기사(주 702);Gaines, 앞의 책(주 703), 5 – 8면 참조.
1169. Karoun Demirjian, 「What is the Price of Plagiarism? – When Someone Steals Another's Words, the Penalties can Vary Widely」, The Christian Science Monitor, May 11, 2006(이하 '스완슨 사례' 라고 한다).

할 수 있다.

우리나라에서 표절에 관한 언론 보도도 일종의 '공개적 망신' 또는 '평판 저하'로 인한 제재로 볼 수 있다. 그런데 문제는 우리의 경우 표절사실이 공개적으로 보도됐더라도, 상당수가 본연의 활동(교수, 정치인, 공무원 등)을 하는 데 큰 지장이 초래되지 않는다는 점에서, 미국에서와 같이 표절의 대가price of plagiarism가 지불되었다고 할 수 있는지는 의문이다. 그러나 미국만큼은 아니라 할지라도 타격이 작지 않다는 점에서 충분히 표절의 제재라고 할 만하다. 우리나라에서는 일종의 성역이라 할 만한 권위를 지닌 학자들이 간혹 표절 시비에 휘말리는 일이 있다.[1170] 경우에 따라서는 공개적 망신이라는 제재가 학계의 권위와 일종의 암묵적 카르텔로 제지되기도 한다.

학위논문 표절과 지도교수 제재

최근 학위논문의 잦은 표절 시비는 표절자 개인의 책임을 넘어 지도교수 책임을 논의하는 단계로 접어들고 있다. 학위논문에 표절이 있는 경우 지도교수에게도 책임을 물어 제재하는 것이 타당한가? 지도교수의 책임이 없다고 볼 수는 없으나 이 문제는 자칫 학위논문 지도를 기피하는 현상을 낳을 수 있고, 그런 현상이 심화되면 학문 발전을 저해할 우려가 있다. 학위논문은 원칙적으로 작성자가 자기 주도하에 자기 책임으로 쓰는 것이다. 따라서 공저자도 아닌 지도교수가 학생의 표절에 대해 법적 또는 윤리적 책임을 질 수는 없다. 다만, 그로써 학위가 취소되거나 학위자를 제재할 경우 명예롭지 않은 일에 지도교수 이름이 오르내리는 것 자체가 명예와 평판을 중시하는 학계에서는 일종의 공개적 망신이자 평판 저하라는 제재에 해당한다고 할 수 있다.

물론 학위논문이 추후 별도의 논문으로 출판될 때, 지도교수가 저자의 일원으로 참여했는데 그 논문에 표절이 있는 경우나, 앞서 본 바와 같이 학위논문 지도자가 제자의 논문을 가로챈 경우에는 표절로 제재를 받는 것이 당연하다.

1170. 예를 들어 국문학자 김윤식 교수의 사례를 들 수 있다. 주 11 해당 면.

다. 이중 제재 문제

일단 표절 판정이 나고 이에 따라 징계 등 제재가 가해진 후, 재차 표절 판정 또는 제재가 가해질 수 있는가? 일반적인 민사·형사 소송절차라면 기판력, 일사부재리 등의 법리가 적용될 수 있는 문제인데, 표절에 관해서는 어떻게 되는지 살펴본다.

이런 문제가 발생할 수 있는 것은 표절 조사·판정 기관이 다양하기 때문이다. 한편, 앞에서 논의한 관할venue 문제[1171]가 관할이 충돌될 때 어떻게 해소할지에 관한 것이었다면, 여기서의 논의는 조사와 판정이 끝난 후(나아가 제재까지 가해진 후) 재차 판정과 제재가 가해질 수 있는지에 관한 것이라는 점에서 다르다.

대학의 연구진실성위원회와 같은 기관의 표절 판정에 따라 징계위원회에서 표절을 사유로 징계결정이 내려진 경우, 재차 같은 표절을 징계사유로 징계하는 것은 일사부재리 원칙에 반하기 때문에 허용될 수 없다. 그런데 연구진실성위원회 외에 다른 기관은 이 표절 판정에 구속되어 별도의 조사·판정을 할 수 없을까? 예컨대 미국에서 받은 학위논문에 표절 시비가 있다고 가정하자. 국내에서 학위수여 기관인 미국 대학(의 연구진실성위원회)에 표절 여부를 문의했다. 그런데 그 학위수여 기관에서 표절이 아니라고 판정했다. 그렇다면 국내 대학(소속 기관)에는 표절 판단을 재차 의뢰할 수 없고 국내 대학은 그 외국 대학의 표절 판정에 구속되는가? 만약 반대의 경우, 국내에서 학위를 받은 자가 미국 대학에 채용되었을 때라면 어떻게 될까?

두 가지 논의가 가능할 것 같다. 첫째, 학위수여 기관이 표절 판정을 할 때 그 기관의 대외 신뢰도와 관련된 문제다. 자기 학교 학위와 졸업생의 평판과 명예에 관한 것이라고 생각한 나머지 우호적으로 판단한다면, 그런 결정에 구속력을 주는 것이 맞는가의 문제다. 명백한 표절인데도 대학의 명예와 평판을 위해 졸업생을 보호하려고 표절이 아니라고 판정한다면, 그 대학은 그 자체로 평판 저하라는 평가를 받을 수밖에 없다.[1172] 둘째, 가령 최초 판정을 한 기관(학위수여 기관)의 판정에 잘못이 있다면, 일단 해당 기관에 예정돼 있는 이의절차를 밟는 것이 맞다. 만약 그렇게 하지 않고 다른 기관에서 새로운 조사와 판정 절차를 시작한다면, 표절 판정에 대

1171. 주 1017 – 1021 해당 면.
1172. 주 1023과 1024 사이 해당 면 참조.

한 논의가 끊이지 않을 것이다. 물론 여기에서 말하는 '다른 기관'에는 법원이 포함되지는 않는다. 어떤 표절 조사와 판정 기관이건 간에 그 판정에 대해서는 해당 기관의 이의절차 구비 유무와 실제 이의절차를 거쳤는지를 묻지 않고 사법적 판단으로 직행하는 것을 막을 수 없기 때문이다.

외국 대학과 국내 대학 간의 문제만이 아니라 국내 대학 또는 기관 간에도 위와 같은 문제는 발생할 수 있다. 결국 소송절차에서와 같은 일사부재리, 기판력, 이중처벌 금지와 같은 원칙이 바로 적용될 수 없는 상황에서, 표절 조사와 판정이 엄정하게 이루어진다는 전제하에 해당 기관의 판정을 존중하는 문화가 있어야 하고, 법원 재판을 제외하고는 가급적 해당 기관의 이의절차를 거치는 것이 바람직하다.

그리고 이를 위해서는 표절의 개념, 판정에 관한 절차 등이 어느 정도 통일되거나 최소한 의견이 수렴될 필요가 있다. 잣대에 대한 의견 일치가 없다면, 위와 같은 문화가 형성될 수 없기 때문이다. 이 점에서는 최소한 표절 조사와 판정에 관한 절차가 마련될 필요가 있다.

표절 규정 제정 필요

표절 규정을 정부나 국회가 나서서 법으로 만들려는 시도가 있다. 그러나 절차에 관한 몇몇 규정을 제외하고는 입법 사항으로 적절하지 않다. 법으로 정해야 할 사항으로는 제보자나 조사위원회 위원 보호를 위한 공공기관의 정보공개에 관한 법률 제9조(비공개대상정보) 개정이 대표적이다.[1173] 그 밖에 특별한 사항이 아닌 한, 대학의 자치, 학문의 독립성을 침해할 우려가 있다는 점에서 법률로 규율할 사항은 아니라고 생각한다.

한편, 미국에서도 연방정부(교육부)가 표절 규정을 만들고 그것을 채택하는 대학에 연방 재정을 지원하는 것이 타당한가 하는 문제를 제기한 후, 학계를 포함한 전문 단체는 표절문제를 스스로 독립적으로 다룰 수 있기 때문에 그래서는 안 된다는 의견이 있다.[1174] 이런 논의가 미국에 있다는 것이 정부 예산 지원 제도로 대학을 사실상 통제해온 우리나라와 너무도 흡사해 놀라지 않을 수 없는데, 대학이 스

1173. 주 1077 - 1078, 1088 해당 면 참조.
1174. Billings, 앞의 논문(주 376), 428면.

스로 해결해야 할 표절문제를 정부가 주도하려는 우리 현실에 크게 참고할 만하다.

그런데 여기에서 간과해서는 안 될 것은 우리와 미국의 현실이 너무도 다르다는 것이다. 검증시효 규정과 같이 만들어서는 안 되는 규정도 있지만,[1175] 일반적 절차에 관한 규정으로서 대학이나 학회 등에서 규정을 만들 때 참고가 될 수 있는 규정, 즉 '잣대의 잣대' 또는 '잣대를 위한 잣대'는 만들 필요가 있다. 미국 등 선진국처럼 특정 대학이 만들고 다른 대학이 이를 차용하여 쓰는 것이 가장 좋겠지만 (예를 들어 하버드 로리뷰의 블루북), 우리의 경우 표절 논의가 본격적으로 시작된 지 오래되었어도 아직까지 이런 작업이 눈에 띄게 진전된 것이 없고, 우리나라 대학의 경쟁 풍토에 비추어볼 때 그렇게 될 가능성도 별로 없어 보인다. 그보다는 학술단체연합회나 한국연구재단 같은 기관이 주도해서 만드는 것도 좋다고 본다.

여기에서 한 가지 지적하고 싶은 것은 이런 규정을 제정할 때 인문·사회 과학 분야의 학문과 자연과학 분야의 학문을 나눌 필요가 있다는 것이다. 그간 정부나 대학, 각종 학술단체와 기관에서 표절 및 연구윤리에 관한 규정을 만들 때, 학문의 종류나 특성을 고려하지 않아 부정확하고 부적당한 경우가 더러 있었다. 예를 들어, 과학기술기본법 하위의 대통령령인 국가연구개발사업의 관리 등에 관한 규정 (2014. 11. 28. 개정)의 다음 조항을 보자.

> 제20조(연구개발결과물의 소유) ② 국가연구개발사업의 수행 과정에서 얻어지는 지식재산권, 연구보고서의 판권 등 무형적 성과는 협약에서 정하는 바에 따라 개별 무형적 성과를 개발한 연구기관의 단독 소유로 하고, 복수의 연구기관이 공동으로 개발한 경우 그 무형적 성과는 공동으로 개발한 연구기관의 공동 소유로 한다. 다만, 무형적 성과를 소유할 의사가 없는 연구기관이 있는 경우에는 협약에서 정하는 바에 따라 함께 연구를 수행한 연구기관이 단독 또는 공동으로 소유할 수 있다.

이는 다분히 특허권으로 보호되는 기술 관련 연구결과물을 전제로 한 것으로 보인다. 왜냐하면 일반 저술물이라면 아무리 중앙행정기관과 연구기관 간의 협약에 의한다고 하더라도 처음부터 저작권(저작인격권 포함)이 연구기관의 소유로 된다

1175. 주 932. 주 967-969 해당 면 참조.

고 보기 어렵기 때문이다. 국가프로젝트 사건 판결[1176]에서 보는 바와 같이 저작권은 창작이 완료된 때 발생하므로, 창작자 아닌 제3자(중앙행정기관, 연구기관) 간의 협약에 따라 연구기관의 소유로 한다고 하더라도 저작권이 당연히 연구기관에 원시귀속되는 것은 아니고, 창작자에게 발생한 후 저작재산권만이 연구기관에 양도된 것으로 해석될 뿐이다. 따라서 위 조항은 다분히 기술 관련 연구개발 사업이 수행되는 자연과학 분야 학문에 적합할지언정, 일반적으로 인문·사회 과학 분야 학문에 타당하지는 않을 것으로 보인다.

그 밖에 교육부의 연구윤리 확보를 위한 지침이나 대학 등의 각종 연구윤리 관련 규정에도 인문·사회 과학 분야와 자연과학 분야에 통용될 수 없는 내용이 같이 규정되어 있는데, 자칫 혼선을 초래할 수 있다는 점에서 명확성을 기하기 위해 최소한 두 분야의 규정을 별도로 만드는 것이 바람직하다.

1176. 주 836.

V

교육

"모로 가도 서울만 가면 된다"라는 속담은 "서울을 못 가더라도 반듯이 가야 된다"로 바뀌어야 한다. 이런 의식이 쌓이면 종국에는 "반듯이 가야 서울에 갈 수 있다"라는 문화가 정착될 것이다.[1177]

연구윤리 확립에는 제도와 문화 모두 중요하다.[1178] 제도만 갖춰서는 장식적으로 되기 쉽고, 문화만 있는 것으로는 항상성恒常性을 갖기 어렵다. 제도와 별개로 표절금지윤리와 문화가 정착되려면 '정직한 글쓰기'로 대변되는 연구윤리 교육이 필수다. 표절금지 및 연구윤리 교육의 의의는 크게 세 가지로 요약할 수 있다.

첫째, 배움의 길에 접어든 사람들, 학위논문을 쓰려는 사람들, 연구와 학문을 업으로 삼는 사람들에게 경각심을 주는 것이다. 타인의 글이나 독창적 아이디어를 가

1177. 남형두, 「모로 가도 서울만 가면 된다? - 학생 표절 논의에 부처」, 연세춘추, 2013.10.7. 칼럼에서 옮긴 말이다. 그 전후를 원문 그대로 소개하면 다음과 같다.

 속담에 "모로 가도 서울만 가면 된다"는 것이 있다. 목적이 선하다면 수단이 정당화된다는 것으로서 내용만 좋으면 표절을 한들 대수냐고 반문하는 것은 같은 맥락에 있다. 그러나 "마당이 삐뚤어졌어도 장구는 바로 치라"고, 서울을 못 가는 한이 있더라도 반듯하게 가야 한다. "정직한 글쓰기"와 "정직한 학문"이 대세를 이룬다면, 반듯이 가야만 학문의 목적을 이룰 수 있는 날이 올 것이다.

1178. 김옥주, 「외국의 연구윤리 실천 현황」, 제1회 2007 연구윤리포럼 올바른 연구 실천의 방향과 과제, 2007, 47면.

져다 쓸 때에는 출처표시를 해서 타인의 노고를 기억하고 후대에도 전달될 수 있도록, 내 것과 남의 것을 구별하는 정직한 자세를 가져야 한다. 우리 속담에 "모로 가도 서울만 가면 된다"라는 것이 있다. 과정이야 어떻든 결과만 좋으면 된다는 결과지상주의를 극명하게 보여주는 속담이다. 이런 문화와 관행이 학문과 연구에 들어와서는 곤란하다. 이 속담이 학문에 적용되면 표절에 둔감해질 수밖에 없기 때문이다. 표절해서라도 내용이 좋으면 평가를 받는 것이 종래 우리 학계 문화였는데, 이를 뿌리 뽑지 않는다면 우리 학문은 결코 선진국 학문을 따라잡을 수 없다. 결과보다는 과정을 중시하는 문화가 뿌리내려야 한다. 그 점에서 이 속담은 "서울을 못 가더라도 반듯이 가야 된다"로 바뀌어야 한다. 대부분 사람이 과정을 무시할 때와 달리 일부 사람만이 무시할 때는 절차를 지키지 않는 사람이 위규자로 몰린다. 그리고 학문의 누적성[1179]에 의해 명확한 토대[1180] 위에 반듯한 글을 쓴 사람만이 살아남게 된다. 종국에는 "반듯이 가야 서울에 갈 수 있다"라는 문화가 정착될 것이다. 결과보다는 과정을 중시하는 문화가 착근하려면 표절금지 및 연구윤리에 관한 교육이 필수적이다.

둘째, 법적 안정성이다. 학문적 글쓰기를 하는 사람 중에는 표절금지윤리를 매우 거추장스러운 것이나 족쇄로 이해하는 이들이 많다. 예를 들어, 자기표절이나 중복게재에 대한 명확한 이해가 부족해 자신의 선행 연구를 토대로 하는 심화 연구를 꺼리는 풍조가 있기도 하다. 앞서 해당 항목에서 자세히 언급한 바와 같이 표절을 바로 이해한다면, 학문적 글쓰기가 매우 안정적으로 된다. 이는 법률과 같은 규범이 주는 법적 안정성에 비유할 수 있다. 해서는 안 되는 행위를 명확히 인식함으로써 오히려 글쓰기에 자유를 주게 된다. 이 점에서 표절금지 및 연구윤리 교육은 학문하는 사람에게 큰 유익이 있다.

셋째, 표절 사건에서 '금지의 착오',[1181] 즉 표절 규범을 몰랐다는 항변을 사전에 봉쇄하기 위해서라도 표절금지 및 연구윤리 교육을 실시할 필요가 있다. 표절금지

1179. 주 310-314 해당 면 참조.
1180. 남형두, 「각주 없는 사회」, 조선일보, 2008.3.4. 칼럼에 있는 다음 부분을 참고하기 바란다.
　　　벽돌을 한 장씩 쌓아 올리듯 학문과 문화가 그렇게 진전되는 것인데, 출처 없는 벽돌을 갖다 올리니 매번 허물고 다시 지어야 하는 것이다. 본문만 좋으면 된다는 생각은 개발시대의 논리다. 진정 선진사회로 도약하기 위해서는 본문 못지않게 각주가 중요하다. 각주 없는 사회는 모래 위에 세운 집과 같기 때문이다.
1181. 주 710-718 해당 면.

윤리를 위반하는 경우 사실상 법규범 못지않은 제재와 불이익이 가해진다는 점에서 표절금지에 관한 예방 교육과 관련 정보의 제공은 표절금지윤리 집행의 정당성 확보 차원에서 중요하며 법적안정성과 예측가능성을 위해서도 필요하다. 2000년대 중반까지는 연구윤리 또는 표절금지윤리에 대한 교육이 잘 시행되지 않았던 것으로 나타났다.[1182] 그런데 표절에 관한 사회적 관심을 끄는 사건이 빈발하는 오늘날과 장래에는 이런 항변이 설 땅은 더욱 없어질 것으로 생각한다. 과거와 달리 우리나라에서도 근래에 들어서 상당수 각급 교육기관에서 표절 예방 교육을 하고 있으며, 특히 학위가 수여되는 고등교육기관에서는 이를 교과과정에 필수교과로 지정하는 경우가 많다. 이런 상황에서 표절금지윤리의 존재를 몰랐다는 항변은 점차 불가능해질 것으로 예상한다.

끝으로, 표절 예방 교육은 학교 밖의 재교육도 중요하지만, 교육과정에 있는 학생들에 대한 교육이 더 시급하다. 학위과정에 진입하는 대학생 또는 대학원생에 대한 교육뿐만 아니라 초·중등 교육기관에서의 체화된 예방 교육이 중요하다. 이를 위해 교과과정에 지적재산권, 저작권에 대한 개념 설명과 표절에 관한 교육내용을 반영하는 것과 아울러 학생들을 가르치는 교사들을 먼저 교육하고 이들을 통해 학생들에게 전파하는 간접교육이 현실적으로 바람직하다.[1183]

1182. 국내 연구윤리교육의 현황과 실패에 대해서는 민병주, 앞의 보고서(주 818), 34, 54 - 55면. 이에 따르면, 2006년 12월 과학기술부의 연구윤리지침이 공포된 후 설문응답 조사결과 '연구윤리 교육경험'에 대해 각종 설명회, 간담회, 세미나 참가자 가운데 74%가 교육경험이 없다는 답변을 했다고 한다.

1183. 현재 이와 같은 간접교육은 저작권위원회 산하 저작권교육연수원을 통해 일부 시행되고 있다. 저작권교육연수원에서는 여름과 겨울 방학을 이용해 전국 초·중·고등학교 교사들 중에서 희망자들에게 기초적인 저작권교육과 표절 예방 교육을 실시하고 있다. 한국복제전송저작권협회는 미분배보상금을 재원으로 하여 일부 대학에 저작권교육 및 표절 예방 교육을 내용으로 하는 교양강좌 개설을 지원하고 있다. https://www.copyright.or.kr/service/prroom/notice_view.do?hm_seq=119&bd_seq=11830&serach_con1=0&searchTarget1=ALL&searchWord1=&page=3 (2014.10.13. 방문).

제3부

가이드라인(모델 지침)

I

가이드라인의 필요성과 중요성

1. 표절방지 가이드라인 제정의 필요성

최근 잦은 표절 사건, 특히 논문 등 학술저작물에 대한 표절 시비는 각종 공직자 임명과정의 청문회나 대학사회의 교원징계문제, 학회 내부의 윤리문제 등 여러 부문에서 치열한 논쟁을 야기해왔다. 이런 논쟁이 소모적이었던 것은 표절 여부 판정에 관한 일반사회, 해당 분야에서 공감하는 사회적 규범, 즉 일종의 가이드라인이 형성되어 있지 않다는 데에 있다. 가이드라인의 부재는 지속적인 분쟁으로 이어지고 있고, 이는 두 가지 양상으로 악화되는 경향이 있다. 첫째는 문제 제기가 있음에도 솜방망이 처벌 또는 온정적 해결 등으로 상황이 나아진 것이 없다는 것이고, 둘째는 표절과 저작권침해에 관한 정확한 인식이 없어 글쓰기, 특히 학문적 글쓰기가 지나치게 위축된다는 것이다.[1184] 모두 학문발전과 문화의 향상·발전이라는 큰 틀에서 보면 바람직하지 않은 현상이다. 이와 같은 답답한 현실을 타파하려면 표절

1184. 필자는 자기표절이나 자기인용에 쏟아지는 사회적 비난으로 '학술적 글쓰기'에 어려움이 있다고 지적한 적이 있다. 남형두, 앞의 기사(주 847 칼럼).

판정에 관한 가이드라인을 마련해야 한다.

표절 판정의 가이드라인은 표절 시비에 관한 사후적 제재와 해결에만 필요한 것이 아니라 사전적으로도 올바른 학문적 글쓰기에 크게 기여할 수 있다. 이는 법규범의 예방적 기능과 유사한 기능이 표절 판정 규범에도 적용될 수 있기 때문이다.

한편 표절 판정에 관한 가이드라인의 사전적 기능을 넘어 좀 더 근원적으로 표절을 차단하려면 인용에 관한 가이드라인이 필요하다. 일종의 모델인용법 제정이 그것인데, 이런 모델규범을 국가가 주도적으로 제정해 대학, 학술단체 등 민간기관에 준수를 강제한다는 것은 사실상 불가능할 뿐만 아니라 타당하지도 않다. 가장 바람직한 것은 특정 민간기관이 인용에 관한 모델규범을 제정하고 그것을 다른 기관이 수용함으로써 자연스럽게 사실상 규범화 하는 것이다.

대표적인 사례가 하버드대학교 로스쿨 편집위원회가 만든 블루북이다. 그런데 블루북과 같은 방식도 문제가 없는 것은 아니다. 법학이라는 특정 분야의 학문에서는 블루북이 사실상 규범 역할을 하지만, 여타 학문 분야에서는 이를 모델인용법으로 차용해서 쓰지 않기 때문이다. 그러나 다음 몇 가지 이유에서 이 현상을 바람직하지 않다고 단정할 수만은 없다. 첫째, 모든 학문 분야에 통할 수 있는 인용법이라는 것이 존재하기 어렵다. 학문 분야별로 정보가 수록되는 매체의 유형이나 특성이 제각기 다르기 때문이다. 둘째, 학문 분야별로 서로 다른 인용법이 존재하고, 더나아가 같은 학문 분야 내에서도 2~3개의 경쟁력 있는 인용법이 있는 것은 오히려인용법의 진화와 발전을 위해서도 바람직하다고 볼 수 있다. 인용법은 시대와 학문발전에 따라 진화한다. 인터넷 등 새로운 정보 수록매체가 등장하고 기존의 고전적매체도 지속적으로 변화·발전하므로 이에 맞게 인용법도 변화하지 않으면 안 된다. 정보 수록매체의 발전·변화 외에 학문 분야 글쓰기에 종사하는 사람들과 독자들의 의식수준 변화 또한 인용법 진화 필요성에 한몫을 거들 수 있다. 이런 점에서이 연구에서 제시하고자 하는 모델인용법은 인문·사회 과학 분야로 자연스럽게 제한될 것이다. 이는 필자가 속한 학문 분야의 한계 때문이다. 인문·사회 과학 분야를넘어 무리하게 이공계, 의학 등 자연과학 분야에 관한 모델인용법을 제시한다는 것이 자칫 의욕만 앞설 뿐 현실과 동떨어진 결과물을 내놓을 수 있다는 우려를 하지않을 수 없다. 또 자연과학 분야는 표현보다는 아이디어나 발상을 중시해 저작권침해나 표절보다는 다른 차원의 연구윤리 위반 문제가 더 심각하다는 점도 고려됐다.

이른바 과학사회학의 과제라고 할 수 있는 학문의 분파성, 분과학성分科學性의 극복도 사실 분야별 개별학문의 지나친 분화·발전에서 비롯했다고 할 수 있다. 이런 현대학문의 분화라는 현실에서 모든 학문 분야에 소통할 수 있는 '정직한 글쓰기' 기준을 마련한다는 것은 애초부터 시계를 거꾸로 돌리는 것에 비유할 정도로 사실상 불가능에 가까운 일이다. 역으로 말하면 그러한 통일기준을 만든다 하더라도 어느 분야에서도 채용되기를 기대하기 어렵다고 할 수 있다.

모델인용법 또는 인용기준 제정은 매우 바람직하고 시의성 있는 것이긴 하지만, 그 자체의 한계를 인정하지 않으면 안 된다. 이는 국회가 만든 법규범이 아닌 것이 분명하고, 현실에서는 학문적 글쓰기를 하는 사람들이 이를 재판규범으로 인식해 글쓰기를 강요당하기 어려운 것이 사실이기 때문이다. 따라서 이는 윤리적 규범이 될 수밖에 없다. 그러나 그렇다고 해도 강제력 없는 윤리 규범의 세계에만 머무르지 않는 것도 사실이다. 모델인용법 또는 인용기준이 제대로 만들어진다면 표절 또는 연구윤리 위반이 쟁점이 되어 사법심사 대상이 될 때 사실상 재판규범 역할을 할 수 있기 때문이다.

2. 표절방지 가이드라인 제정의 중요성

놀이동산에 가면 놀이시설마다 위험도에 따라 입장객을 제한한다. 예를 들어 키가 120센티미터 이상이어야만 입장을 허가하는 것이 그것인데, 입구에서 어린이들의 키를 재는 모습을 쉽게 볼 수 있다. 이때 다음 세 가지 논의가 가능하다.

첫째, 잣대가 중요하다. 정확한 잣대가 없으면 불이익을 보는 사람이 생길 수 있기 때문이다. 이를 표절 판단에 적용해볼 수 있다. 표절 판단에 관한 정확한 잣대, 즉 판단기준이 없으면 억울한 희생자가 양산될 수 있다. 연구윤리에 대한 제대로 된 지침이 없는 가운데 연구자들에게 연구윤리의식만 요구해서는 잘못된 표절 관행이 사라질 수 없다.[1185]

1185. 최장순, 앞의 기사(주 584).

둘째, 재는 사람이 중요하다. 키가 120센티미터 미만인 경우 해당 시설 이용에 따른 위험발생을 인식하고 이용을 금지해야 한다는 의지가 있다면 정확히 재려고 할 것이다. 어린이를 동반한 보호자의 부탁이나 사적 관계에 휘둘려서는 안 되며, 키를 높이려는 태도를 금지해야 한다. 이를 표절 판단에 적용해볼 수 있다. 표절 의혹이 제기되었을 때 이를 판단하는 심사 또는 심판기관은 표절 관련 규정을 엄정하게 적용해야 한다. 표절 판정에 관한 기준, 즉 표절방지 가이드라인이 정립되었더라도 이를 적용하는 과정에서 엄정하지 못하면, 그러한 판단결과가 모여 다시 표절방지 가이드라인 개정에 영향을 주기 때문에 이는 구체적 개별 사건을 넘어 심각한 악영향을 끼칠 수 있다. 표절 사례를 분석해 표절방지 가이드라인을 제정하는 연구를 하다 보면 개별 사건 중에는 간혹 납득하기 어려운 판단을 접할 수 있다. 이와 같은 균일하지 않은 판례 또는 판단은 그것을 근거로 자기 입장을 옹호하는 선례로 활용될 수 있고, 나아가 그것이 또 다른 판단의 근거가 될 수도 있다는 점에서, 재는 사람, 즉 제도를 어떻게 운용하는가 하는 것이 표절방지 가이드라인 제정 또는 정립 못지않게 중요하다.

셋째, 위 예에서 든, '120센티미터'가 적정한가의 문제다. 어떤 놀이기구 이용을 허가하는 '120센티미터 이상'이라는 기준이 적정한가의 문제로, 130센티미터로 그 기준을 상향조정할지, 아니면 110센티미터로 하향조정할지가 문제 될 수 있다. 키 120센티미터라는 기준은 놀이기구를 이용하다가 부상을 당하거나 인명에 위험을 초래할 경우 그 위험을 인수하겠다는 기준이 될 수 있다. 즉 120센티미터 이상인 사람이 이 시설을 이용했는데도(물론 안전벨트 등 다른 안전장구를 모두 착용했다고 전제) 안전사고가 일어났다면 시설운영자가 그 책임을 져야 한다. 그러나 이용기준을 위반하여 120센티미터 미만인 사람이 이 시설을 이용하다가 안전사고가 일어난 경우 그 결과는 이용자가 부담하게 될 여지도 있다. 설비제작자로서는 안전사고를 방지하기 위해 설비설계 및 설치의 기준을 120센티미터에 맞추게 될 것이다.

표절방지 가이드라인 제정에 회의적인 시각과 그에 대한 반론

필자가 제안하고자 하는 것은 바로 120센티미터라는 기준이다. 120센티미터를 일률적으로 제시할 수 없는 것은 놀이공원에는 130센티미터로 올려야 하는 시설이 있는가 하면 110센티미터로 낮추어도 되는 시설이 있을 수 있기 때문이다. 또 같은

120센티미터 안에서도 연령을 고려해야 하는 시설이 있을 수 있다. 안전하게 이용하기 위해서는 일정 정도 담력이 필요한 시설이 있기 때문이다. 이래저래 이와 같은 여러 가지 점을 고려하면 정확히 120센티미터라는 기준을 일률적으로 정하기 어려운 점이 있다. 그러나 그렇다고 해서 A시설은 키 120센티미터에 6학년 이상, B시설은 120센티미터와 6학년 이상에 더하여 지능지수가 일정 정도 이상인 경우라야 이용이 가능하다는 식으로 세분화하다 보면 너무 복잡해져 이런 기준을 정한다는 것 자체가 의미가 없어질 수도 있다.

한편, 이용자의 기준이 키 120센티미터 이상인 시설을 100센티미터 미만의 어린이가 이용했는데도 아무런 사고가 일어나지 않을 수 있다. 그러나 그렇다고 해서 120센티미터 기준이 잘못되었다거나 나아가 그와 같은 기준이 필요하지 않다고 말하는 것은 옳지 않다.[1186] 120센티미터라는 기준은 오랜 고민 끝에 나온 결과물이다. 이 기준에 따라 많은 시설의 제조·설치자들은 그에 맞는 시설을 만들어 설치했을 것이다. 개별 건에서 사고가 발생하지 않았다고 해서 그 기준의 존재나 가치를 부인하는 것은 오히려 많은 혼란을 초래할 수 있고, 길게 볼 때 안전불감증을 가져와 대형사고를 일으킬 수 있다.

그럼에도 가이드라인을 제정·정립해야 할 필요성

그렇다면 애초에 기준을 정하려는 것이 의미가 없을까 하는 의문이 들 수 있다. 여기에서 이 연구의 고민이 시작된다. 기준을 정하기가 어렵다고 해서 손을 놓고만 있을 수 없는 것은 표절 시비 논쟁이 끊이지 않고 그에 따른 피해가 극심하기 때문이다.

이 저술에서 제시하고자 하는 표절방지 가이드라인은 필요 최소한도의 규범 또는 공통분모에 해당하는 규범이라고 할 수 있다. 따라서 이 연구에서 제시하는 가이드라인으로 더는 표절방지 가이드라인이 없게 되는 것은 아니며 오히려 분야별로 구체화하는 작업이 필요하게 된다. 그 점에서 이 연구가 제시하는 표절방지 가

1186. 이런 부류의 주장과 표절방지 가이드라인 제정이 필요 없다는 주장은 같은 맥락에 있다. 놀이시설의 안전기준이나 표절방지 가이드라인이 없다고 해도 당장 눈앞에서 큰 사고가 일어나거나 학문발전에 장애가 있는 것은 아니지만, 장기적으로 보면 대형사고가 일어날 수 있고 학문발전도 크게 저해될 수 있다는 점에서 유사하다.

이드라인은 그와 같은 구체화 작업에 실마리를 제공하는 성격이 짙다고 할 수 있다. 표절방지 가이드라인이라고 하는 잣대(기준)는 시대에 따라 다시 개정할 필요가 있다. 학문과 문화 환경의 변화에 따라 그 기준이 달라지는 것은 당연하기 때문이다. 이러한 미래의 개정작업을 위해서도 표절방지 가이드라인은 필요하다. 개정은 제정을 전제로 하기 때문이다.

II

가이드라인 : 표절 판정 규정

표절 판정 규정[1187]

제1장 총칙

제1조(목적)

이 규정의 목적은 ○○대학교(이하 '대학교'라 한다)의 표절 판정에 관한 기준과 절차를 정하는 데 있다.

제2조(적용 대상)

이 규정은 대학교 교원에 대해 적용하는 것을 원칙으로 한다.

제3조(교육 등)

① 대학교는 표절을 예방하기 위해 이 규정 및 안내서를 배포하고 교육하는 방법

1187. 이 규정은 필자가 한국저작권위원회에 제출한 앞의 보고서(주 353 가이드라인)에서 제시한 '표절방지 가이드라인(안)'과 필자가 경제인문사회연구회에 제출한 앞의 보고서(주 353 출연연)에 첨부된 '연구윤리지침(안)'을 토대로 대학에 맞게 수정 보완한 것이다.

으로 교원 등 구성원에게 이를 주지시켜야 한다.

② 교원은 이 규정을 숙지해야 하며, 학문공동체의 일원으로서 자신 및 타인의 표절 등 연구부정행위에 대해 비판하고 보고할 의무가 있다.

제2장 표절 판정 기준

제4조(표절의 정의와 유형)

이 규정에서 말하는 표절에는 전형적 표절과 비전형적 표절이 있다.

① 전형적 표절

해당 분야의 일반지식이 아닌 타인의 저작물 또는 독창적 아이디어를 적절한 출처표시 없이[1188] 자기 것인 양 부당하게 사용하는 행위를 말한다.

② 비전형적 표절

전형적 표절이 아닌 경우로서 표절로 보는 행위를 예시하면 다음과 같다.[1189]

1. 출처표시를 제대로 했더라도 정당한 범위를 벗어난 경우

2. 자기표절

3. 중복게재

4. 부당저자표시

제5조(출처표시의 방법 등)

① 원칙적으로 출처표시는 문장 단위로 한다.

② 출처표시·인용의 방법은 학문 분야별 특성에 따라 달리할 수 있다. 다만 어떤 방식을 따르든 일관성을 유지하여야 한다.

③ 저술의 종류별로 출처표시의 방식을 달리할 수 있다.

④ 출처표시 의무는 간접인용(바꿔 쓰기)이라고 하여 면제되지 않는다.

1188. '출처표시를 누락한 경우'와 아래의 '부적절한 출처표시의 경우'를 포함한다.

1189. 예시규정 형식을 취함으로써 열거된 사항 외에 비전형적 표절의 유형이 추가될 수 있는 여지를 남겨두었다.

⑤ 본문에서 인용하거나 참고하지 않은 문헌은 참고문헌으로 기재해서는 안 된다.[1190]

제6조(부적절한 출처표시)

이 규정에서 말하는 부적절한 출처표시를 예시하면 다음과 같다.[1191]

1. 포괄적·개괄적 출처표시
2. 부분적·한정적 출처표시
3. 2차출처를 통해 알게 된 원출처를 직접 확인하지 않았는데도 원출처만을 기재하거나, 원출처와 함께 2차출처를 기재해야할 특별한 사정이 있는데도 2차출처를 생략한 행위
4. 특정 제목하의 내용 전부를 인용할 의도로 제목에 출처표시를 하는 행위
5. 자신의 주장을 타인의 주장으로 보이게 하기 위해 출처표시를 하는 행위[1192]
6. 특정인 A로부터 인용하였음에도 특정인 B로 출처표시를 하는 행위[1193]
7. 출처표시 용례의 부정사용[1194]

제7조(정당한 범위)

출처표시를 제대로 했는데도 인용된 양 또는 질이 정당한 범위를 넘어 피인용물과 인용물이 주종主從의 관계에 있으면 표절로 본다.[1195]

1. 양적 주종관계
   인용물에서 차지하는 피인용물 전체 합의 비율로 산정하되 구체적으로 저술의 종류, 형태, 분야에 따라 주종관계 형성 비율은 다를 수 있다.

1190. 주 645 해당 면 참조. 본문에서 인용하거나 참고하지 않은 문헌으로서 단지 관련 자료로 제시하고자 할 때는 참고문헌으로 표시해서는 안 되며 관련 자료 목록 등으로 표시해야 한다.
1191. 예시규정 형식을 취함으로써 열거된 사항 외에 부적절한 출처표시 유형이 추가될 수 있는 여지를 남겨 두었다.
1192. 역표절에 해당한다. 주 623 해당 면 참조.
1193. 제3의 표절에 해당한다. 주 624 해당 면 참조.
1194. 출처표시의 용법에 따르지 않고 잘못 사용하는 경우, 예컨대 참조한 정도가 아니라 그대로 가져왔으면서도 '참조'로 표시한다거나 그 반대인 경우 등을 말한다. 주 621~622 해당 면 참조.
1195. 양 또는 질이라고 규정하였으므로, 양적 주종관계와 질적 주종관계 중 하나만 형성되면 정당한 범위를 벗어난 것이 된다.

2. 질적 주종관계

피인용물이 내용적으로 주가 되고 인용물이 보족, 부연, 예증, 참고자료 등에 불과한 경우로서 해당 학문 분야에 새로운 기여가 없는 경우를 말한다.

제8조(자기표절·중복게재)

① '자기표절'은 자신이 이미 발표한 저작물을 이용하여 새로운 저작물을 출간함에 있어 새롭게 가미된 부분이 해당 분야에서 독창적이거나 새로운 것으로 인정받기 어려운 경우를 말한다. 그러나 연구의 심화 및 적용 과정에서 자신의 기존 연구물의 일부를 가져다 쓰는 것은 여기의 자기표절에 해당하지 않는다. 이 경우 선행 연구물의 존재를 출처표시 등을 통해 밝혀야 한다.

② '중복게재'는 자신이 이미 발표한 저작물과 동일 또는 실질적으로 유사한 저작물을 동일 또는 유사한 독자층을 상대로 선행 저작물의 출간 사실을 밝히지 않은 채 다시 게재 또는 출간하는 행위를 말한다.

③ 다음에 예시하는 유형은 자기표절·중복게재에 해당하지 않는 것으로 볼 수 있다.[1196] 다만 이용된 선행 저술의 존재와 출처를 밝혀야 한다.

1. 출간되지 않은 학위논문을 저서·논문·보고서 형태로 출간하는 행위
2. 용역보고서, 정책제안서 등과 같이 특정 기관의 요청 또는 목적에 따라 작성된 저술을 별도의 저서·논문 형태로 출간하는 행위
3. 이미 출간된 자신의 보고서·논문 등 여러 편을 편집하여 단행본 기타 저술 형태로 출간하는 행위
4. 이미 출간된 자신의 보고서·논문이 편집자의 특정 목적에 따라 다른 저자의

1196. 이 규정은 예외규정을 예시적으로 열거하는 형식으로 만들어졌다. 자기표절·중복게재에 해당하는 유형을 적극적으로 열거하는 방식보다는 일반적으로 자기표절·중복게재 해당 여부에 대해 궁금증이 많은 유형 중에서 자기표절·중복게재에 해당하지 않는 유형을 소극적으로 배제하는 방식을 취하는 것이 좀 더 명료할 것으로 생각되었기 때문이다. 또 예시규정 형식을 따름으로써 열거된 유형 외의 유형을 배제하지 않았고, 나아가 임의규정 형식을 따른 것은 판단에서 좀 더 유연성을 확보하기 위해서다. 학위논문을 예로 들면, 나라별로 학위논문의 개념정립이 다르고 그에 따라 출판 여부가 달라지기도 하기 때문에 이를 이용하여 저서 또는 논문으로 발표하는 것에 대해 일률적으로 자기표절·중복게재의 잣대를 적용하기 어렵다. 그런가 하면 학위논문을 논문 쪼개기(이른바 '살라미 논문')를 통해 필요 이상의 편수로 발표하는 것은 자기표절 또는 중복게재에 해당할 수도 있는 등 자기표절·중복게재의 판정이 매우 어렵기 때문에 규정의 명확성을 다소 해하더라도 임의규정 형식으로 만드는 것이 타당하다고 보았다.

논문 등과 함께 편집·출간되는 경우[1197]

5. 이미 발표된 자신의 연구물을 대중에게 널리 알리기 위해 교양·시사 잡지, 기타 대중매체에 기고하는 경우

6. 이미 발표된 자신의 연구물을 독자층이 다른 외부 학술지 등에 게재하는 경우

④ 이미 출간된 자신의 저술을 다른 언어로 번역 출간하는 것이 중복게재에 해당하는지를 판정할 때는 번역의 목적과 필요성, 해당 학문 분야의 성격, 사용된 언어 등을 종합적으로 고려하여야 한다.

제9조(부당저자표시)

① 이 규정에서 말하는 부당저자표시를 예시하면 다음과 같다.[1198]

1. 기여 없는 저자를 공동저자 또는 명예저자로 표시하는 행위

2. 자신의 저술에 신뢰성을 높이기 위해 자신의 이름을 숨기고 유명한 타인을 저자로 표시하거나 공동저자로 표시하는 행위[1199]

② 게재지의 편집방침 등 특별한 사정에 의해 공동저자의 성명을 기재할 수 없는 경우에는 서문, 주 등을 통해 그 사유와 실명을 밝혀야 한다.

제10조(소급효, 적용기준 등)

① 표절문제에 관한 한 검증시효는 없다.

② 표절 여부를 판정할 때 적용되는 기준은 출간 당시의 것으로 한다. 다만, 그 기준이 출간 시보다 판정 시에 표절 의혹자에게 유리하게 변경되었다면 판정 시의 기준을 적용한다.

③ 표절 행위에 대한 제재는 피조사자가 저작권법, 특허법 등 법률위반으로 처벌을 받거나 책임을 지는 것과 관계없이 가해질 수 있다.

1197. 바로 앞의 제3호는 자신이 편집자가 되어 자신의 논문만을 모아 자신의 이름으로 단행본을 출간하는 경우이고, 제4호는 여러 사람의 논문을 모아 편집·출간하는 경우라는 점에서 차이가 있다.

1198. 예시규정 형식을 취함으로써 열거된 사항 외에 부당저자표시의 유형이 추가될 수 있는 여지를 남겨두었다.

1199. 주 623, 891 해당 면 참조.

제3장 표절 판정 절차

제11조(조사 착수)

① 조사는 다음의 각 호에 의해 시작된다.

1. 제보
2. 인지

② 제보자는 구술·서면·전화·전자우편 등 가능한 모든 방법으로 제보할 수 있으며, 실명으로 제보함을 원칙으로 한다.

③ 대학교는 승진·재임용 등의 심사과정에서 표절이 있다고 의심할 만한 사정이 발견된 경우 조사에 착수하여야 한다.

제12조(제보자의 권리 보호)

① 대학교는 제보자의 의지에 반하여 신원이 노출되지 않도록 해야 하며 제보를 이유로 징계 등 신분상 불이익, 근무조건상의 차별, 부당한 압력 또는 위해 등을 받지 않도록 보호해야 한다.

② 제보자는 대학교에 제보 이후에 진행되는 조사 절차 및 일정 등에 대한 정보를 요구할 수 있으며, 조사업무 담당자는 이에 성실히 응하여야 한다. 다만, 악의적인 제보자 또는 제보 내용이 허위인 줄 알았거나 알 수 있었음에도 불구하고 이를 신고한 제보자는 보호대상에 포함되지 않는다.

제13조(피조사자의 권리 보호)

① 대학교는 표절 여부에 대한 검증이 완료될 때까지 피조사자의 명예나 권리가 침해되지 않도록 주의하여야 하며, 무혐의로 판명된 경우 피조사자의 명예회복을 위해 노력해야 한다.

② 표절 혐의는 판정이 내려질 때까지 외부에 공개해서는 아니 된다. 다만, 공동저술 등의 사유로 외부인이 조사대상에 포함된 경우 그 소속기관에 통보하는 것은 예외로 한다.

제14조(예비조사)

대학교는 조사위원회의 구성에 앞서 제보내용이 구체성과 명확성을 갖추어 조사를 실시할 필요성이 있는지에 관해 예비조사를 실시할 수 있다.

제15조(조사위원회 구성)

① 조사위원회는 7인 이상의 위원으로 구성한다.

② 조사위원회는 표절이 문제 되는 해당 분야의 전문적 지식 및 경험이 풍부한 자와 저작권 또는 표절문제에 관한 전문가로 구성하되, 공정성과 객관성 확보를 위해 대학교에 소속되지 않은 외부인 2인 이상을 포함해야 한다.

③ 위원장은 외부 위원 중에서 대학교 총장이 지명한다. 연구처장은 당연직 위원으로서 조사위원회의 간사 업무를 담당한다.

④ 조사 사안과 이해관계 있는 자를 조사위원회에 포함시켜서는 아니 된다.

제16조(조사위원의 보호)

① 대학교는 조사위원회 위원의 인적사항이 외부에 알려지지 않도록 해야 한다.

② 제보자가 조사위원에 대해 위해를 가하거나 그 밖에 압력을 행사하는 경우 조사위원회는 조사를 중단할 수 있다.

③ 피조사자가 조사위원에 대해 위해를 가하거나 그 밖에 압력을 행사하는 경우 조사위원회는 판정에 참작할 수 있다.

④ 대학교는 조사위원회 구성에 앞서 제보자와 피조사자에게 위 ②항과 ③항을 알려야 한다.

제17조(조사위원회의 권한 및 책임)

① 조사위원회는 필요한 경우 제보자·피조사자·증인 및 참고인에 대하여 출석을 요구할 수 있으며, 특별한 사정이 없는 한 제보자와 피조사자는 이에 응하여야 한다.

② 조사위원회는 제보자와 피조사자에게 자료의 제출을 요구할 수 있으며, 특별한 사정이 없는 한 제보자와 피조사자는 이에 응하여야 한다.

③ 조사위원회는 제보자와 피조사자에게 의견을 진술할 기회를 동등하게 부여해

야 하며, 이를 실질적으로 보장하기 위해 사전에 충분한 기간을 두어 의견제출 기한 또는 출석일자를 통보해야 한다.

④ 조사위원회는 조사 및 판정에 필요하다고 인정하는 경우 한국저작권위원회 등의 전문성 있는 기관 또는 표절문제 전문가에게 감정을 의뢰하거나 의견을 청취할 수 있다.

⑤ 조사위원회 위원을 포함하여 대학교의 관련 직원은 조사 중에 알게 된 사실에 대하여 비밀을 준수할 의무를 진다.

제18조(제보자 및 피조사자의 의견진술 보장)

① 제보자 및 피조사자는 조사과정에서 자신의 주장을 충분히 소명할 기회를 보장받아야 한다.

② 조사위원회가 제3의 전문기관 또는 전문가에게 감정을 의뢰하거나 의견을 청취하는 경우 제보자 및 피조사자는 그 과정에 참여하여 자신의 의견을 표명하거나 그 감정의견서에 대해 의견을 제출할 기회를 조사위원회에 요청할 수 있다.

③ 제보자 및 피조사자는 변호사 또는 전문가를 대동하여 의견을 진술하거나, 변호사 등으로 하여금 자신을 대리하여 변론하게 할 것을 조사위원회에 요청할 수 있다. 조사위원회는 조사절차가 지연되거나 전문성이 없는 경우가 아니라면 이 요청을 받아들여야 한다.

제19조(판정)

① 조사위원회는 재적위원 과반수의 출석과 출석위원 3분의 2 이상의 찬성으로 판정을 의결한다.

② 판정서에는 다음 각 호의 사항이 포함되어야 한다.

1. 조사의 대상이 된 저술
2. 제보 또는 인지 내용의 요지
3. 제보자와 피조사자의 주장
4. 조사결과
5. 혐의가 인정되는 경우 제재 등 건의
6. 조사위원 명단

③ 위 판정은 대학교 총장의 확인을 거쳐 제보자와 피조사자에게 통보한다.

제20조(표절 제재의 종류)

표절이 인정되는 경우 그 정도에 따라 다음에서 예시하는 바와 같이 등급을 정하여 제재 수위를 정할 수 있다.[1200]

1. 경미한 표절[1201]
2. 표절
3. 중한 표절[1202]

제21조(후속 조치)

조사위원회는 표절이 확인된 저자 및 저작물에 대한 제재 조치를 건의할 경우 경중에 따라 다음의 내용을 포함시킬 수 있다.

1. 해당 출판물에 대한 수정 또는 발간금지
2. 향후 일정 기간 연구 참여 배제 등 불이익
3. 징계위원회 회부

제22조(시행세칙)

이 규정에 대한 구체적 내용은 시행세칙으로 정할 수 있다.

1200. 표절의 등급을 예시한 것에 불과하다. 따라서 기관별로 융통성 있게 여러 단계로 정하거나 명칭도 달리 할 수 있다.
1201. 표절의 요건은 갖추었지만 그 정도가 경미하여 문제를 삼는 것이 부적절한 수준의 표절을 말한다.
1202. 심각한 수준의 표절 행위로서 신분에 중대한 변화를 가져올 수 있는 징계가 반드시 필요한 정도를 말한다.

참고문헌

단행본

해외

William P. Alford, 『To Steal a Book Is an Elegant Offense : Intellectual Property Law in Chinese Civilization』, Stanford University Press, 1995

Judy Anderson, 『Plagiarism, Copyright Violation and Other Thefts of Intellectual Property - an Annotated Bibliography with a Lengthy Introduction』, McFarland & Company, 1998

Huw Beverley-Smith, Ansgar Ohly, Agnès Lucas-Schloetter, 『Privacy, Property and Personality: Civil Law Perspectives On Commercial Appropriation』, Cambridge University Press, 2005

Lise Buranen and Alice M. Roy, eds., 『Perspectives on Plagiarism』, State University of New York Press, 1999

Francis A. Burkle-Young and Saundra Rose Maley, 『The Art of the Footnote: The Intelligent Student's Guide to the Art and Science of Annotating Texts』, University Press of America, 1996

Ha-Joon Chang, 『Bad Samaritans - Rich Nations, Poor Policies & the Threat to the Developing World』, Random House Business Books, 2007

_____, 『Globalisation, Economic Development and the Role of the State』, Zed Books, 2003

_____, 『Kicking Away the Ladder Development Strategy in Historical Perspective』, Anthem Press, 2002

Columbia Law Review, Harvard Law Review, University of Pennsylvania Law Review, and Yale Law Journal, 『The Bluebook - A Uniform System of Citation』, Harvard Law Review Association, 2010

Ronan Deazley, 『On the Origin of the Right to Copy』, Hart Publishing, 2004

Peter Drahos, 『A Philosophy of Intellectual Property』, Dartmouth Publishing, 1996

Ann Graham Gaines, 『Don't Steal Copyrighted Stuff!』, Enslow Publishers, 2008

Paul Goldstein, 『Copyright's Highway : From Gutenberg to the Celestial Jukebox』, Stanford University Press, 2003

Marcel Hénaff, 『The Price of Truth』, trans. by Jean-Louis Morhange, Stanford University Press, 2002

Matthew H. Kramer, 『John Locke and the Origins of Private Property — Philosophical explorations of individualism, community, and equality』, Cambridge University Press, 1997

Marshall A. Leaffer, 『Understanding Copyright Law』, LexisNexis, 1989

Tilar J. Mazzeo, 『Plagiarism and Literary Property in the Romantic Period』, University of Pennsylvania Press, 2007

J. Thomas McCarthy, 『The Rights of Publicity and Privacy vol. 1』, West, 2011

Corynne McSherry, 『Who Owns Academic Work? – Battling for Control of Intellectual Property』, Harvard University Press, 2001

Robert P. Merges, Peter S. Menell, Mark A. Lemley, 『Intellectual Property in the New Technological Age』, Wolters Kluwer, 2003

Robert K. Merton, 『The Sociology of Science』, University of Chicago Press, 1973

_____, 『On the Shoulders of Giants』, Harcourt, Brace & World, 1965

J. E. Penner, 『The Idea of Property in Law』, Clarendon Press, 1997

Richard A. Posner, 『The Little Book of Plagiarism』, Pantheon Books, 2007

_____, 『Economic Analysis of Law』, Wolters Kluwer, 1986

_____, 『The Economics of Justice』, Harvard University Press, 1981

Mark Rose, 『Authors and Owners – The Invention of Copyright』, Harvard University Press, 1993

J.A.L. Sterling, 『World Copyright Law』, London Sweet & Maxwell, 2003

大家重夫, 『著作權を確立した人々』, 成文堂, 平成 17

石井正, 『知的財産の歷史と現代』, 發明協會, 2005

국내

공지영, 『의자놀이』, 휴머니스트, 2012

김용옥, 『절차탁마대기만성』, 도서출판 통나무, 1987

_____, 『東洋學 어떻게 할 것인가』, 민음사, 1985

김욱동, 『오역의 문화』, 소명출판, 2014

나와 고타로名和小太郞, 『학술정보와 지적소유권 – Authorship의 시장화와 전자화』, 우인하 옮김, 한국과학기술정보연구원, 2003

남형두, 『국책연구 품질제고를 위한 연구윤리제도 정착방안 연구』, 경제인문사회연구회, 2011

_____, 『표절문제 해결방안에 관한 연구(III) – 표절방지 가이드라인 제안』, 저작권위원회, 2009

_____, 『표절문제 해결방안에 관한 연구(II) – 표절사례 연구』, 저작권위원회, 2008

_____, 『표절문제 해결방안에 관한 연구(I) – 문화산업 발전을 위한 토대로서 저작권의식 제고를 위한 기초연구』, 저작권위원회, 2007

찰스 립슨, 『정직한 글쓰기-학문적 윤리성과 정직한 참고문헌 인용법』(원제: 『Doing Honest Work in College』, 2004), 김형주·이정아 옮김, 멘토르, 2008

존 맨, 『구텐베르크 혁명』, 남경태 옮김, 예·지, 2003

로버트 K. 머튼, 『과학사회학 II』, 석현호·양종회·정창수 옮김, 민음사, 1998

민병주, 『연구윤리 제고를 위한 효과적인 교육방법 및 내용연구』, 과학기술부, 2007

박석무, 『새벽녘 초당에서 온 편지 – 풀어쓰는 다산이야기 2』, 문학수첩, 2006

_____, 『풀어쓰는 다산이야기』, 문학수첩, 2005

박성호, 『저작권법의 이론과 현실』, 현암사, 2006

박지원, 『국역 연암집 1』, 신호열·김명호 옮김, 민족문화추진회, 2005

윌리엄 번스타인, 『부의 탄생』, 김현구 옮김, 시아출판사, 2005

법원도서관, 『법원 맞춤법 자료집』, 법원도서관, 2013

토를라이프 보만, 『히브리적 사유와 그리스적 사유의 비교』, 허혁 옮김, 분도출판사, 1975

서울대 연구처, 『연구 관련 규정집』, 서울대 연구처, 2008

사사키 아타루, 『잘라라, 기도하는 그 손을 – 책과 혁명에 관한 닷새 밤의 기록』, 송태욱 옮김, 자음과모음, 2012

움베르토 에코, 『논문 잘 쓰는 방법』, 김운찬 옮김, 열린책들, 2005

오승종, 『저작권법』, 박영사, 2013

유종원, 『유종원집 1』, 오수형·이석형·홍승직 옮김, 소명출판, 2009

이규보, 『국역 동국이상국집 III』, 이정섭 옮김, 고전국역총서 168, 민족문화추진회, 1978

이명원, 『타는 혀』, 새움, 2000

이수광, 『芝峰類說(上)』, 남만성 옮김, 을유문화사, 1994

_____, 『芝峰類說(下)』, 남만성 옮김, 을유문화사, 1994

이인재, 『인문·사회과학 분야 표절 가이드라인 제정을 위한 기초 연구』, 한국학술진흥재단, 2007

_____, 『국내 연구 윤리 활동 실태 조사·분석』, 한국학술진흥재단, 2007

이해완, 『저작권법』, 박영사, 2012

임영태, 『아홉 번째 집 두 번째 대문』, 뿔, 2010

임원선, 『실무자를 위한 저작권법』, 한국저작권위원회, 2012

정상조·박성수 공편, 『특허법 주해 II』, 박영사, 2010

정약용, 『유배지에서 보낸 편지』, 박석무 편역, 창작과비평사, 1991

_____, 『다산시문집 제11권』, 임정기 옮김, 한국고전번역원, 1983

_____, 『다산시문집 제8권』, 김신호·김재열 옮김, 한국고전번역원, 1982

조영선, 『특허법』, 박영사, 2009

최경수, 『저작권법개론』, 한울아카데미, 2010

카프카, 『심판』, 김현성 옮김, 문예출판사, 2007

리처드 포스너, 『표절의 문화와 글쓰기의 윤리』, 정해룡 옮김, 산지니, 2009

장 자크 피슈테르, 『표절』, 최경란 옮김, 책세상, 1994

한국법학교수회 편, 『논문작성 및 문헌인용에 관한 표준안』, 한국법학교수회, 2004

논문

해외

Zachary B. Aoki, *Will the Soviet Union and the People's Republic of China Fellow the United States' Adherence to the Berne Convention?*, 13 B. C. Int'l & Comp. L. Rev. 207 (1990)

C. Edwin Baker, *Posner's Privacy Mystery and the Failure of Economic Analysis of Law*, 12 Ga. L. Rev. 475 (1978)

Shyamkrishna Balganesh, *Copyright And Free Expression : Analyzing The Convergence of Conflicting Normative Frameworks*, 4 Chi.-Kent J. Intell. Prop. 45 (2004)

James H. Barron, *Warren and Brandeis, the Right to Privacy, 4 Harv. L. Rev. 193 (1890):Demystifying a Landmark Citation*, 13 Suffolk U. L. Rev. 875 (1979)

Yochai Benkler, *Free as the Air to Common Use: First Amendment Constraints on Enclosure of the Public Domain*, 74 N.Y.L. Rev. 354 (1999)

Roger Billings, *Plagiarism in Academia and Beyond : What Is the Role of the Courts?*, 38 U.S.F. L. Rev. 391 (2003-2004)

James Boyle, *The Second Enclosure Movement and the Construction of the Public Domain*, 66-SPG Law & Contemp. Probs. 33 (2003)

Steven N. S. Cheung, *Property Rights and Invention*, edited by Richard O. Zerbe, Jr., 『Research in Law and Economics vol. 8』, JAI Press, 1986

Chung Hwan Choi, *Translation : Protection of Artists' Rights Under The Korean Copyright Law*, 12 Pac. Rim L. & Pol'y 179 (2003)

Rosemary J. Coombe, *Objects of Property and Subjects of Politics : Intellectual Property Laws and Democratic Dialogue*, 69 Tex. L. Rev. 1853 (1991)

Anthony D'Amato, *Comment : Professor Posner's Lecture on Privacy*, 12 Ga. L. Rev. 497 (1978)

Robert C. Denicola, *Institutional Publicity Rights: An Analysis of the Merchandising of Famous Trade Symbols*, 62 N.C. L. Rev. 603 (1984)

Richard A. Epstein, *Privacy, Property Rights, and Misrepresentations*, 12 Ga. L. Rev. 455 (1978)

Charles Fried, *Privacy : Economics and Ethics A Comment on Posner*, 12 Ga. L. Rev. 423 (1978)

Jon M. Garon, *Normative Copyright : A Conceptual Framework for Copyright Philosophy and Ethics*, 99 Cornell L. Rev. 1278 (2003)

Mark F. Grady, *A Positive Economic Theory of the Right of Publicity*, 1 UCLA Ent. L. Rev. 97 (1994)

Stuart P. Green, *Plagiarism, Norms, and the Limits of Theft Law: Some Observations on the Use of Criminal Sanctions in Enforcing Intellectual Property Rights*, 54 Hastings L.J. 167 (2002)

Alice Haemmerli, *Whose Who? The Case for a Kantian Right of Publicity*, 49 Duke L.J. 383 (1999)

Garret Hardin, *The Tragedy of Commons*, 162 Science 1243 (1968)

Orrin G. Hatch and Thomas R. Lee, *To Promote the Progress of Science: The Copyright Clause and Congress's Power to Extend Copyrights*, 16 Harv. J. Law & Tec. 1 (2002)

Carla Hesse, *The Rise of Intellectual Property, 700 BC to AD 2000 - An Idea in the Balance*, edited by David Vaver, 『Intellectual Property』, Routledge, 2006

Edwin Hettinger, *Justifying Intellectual Property*, 18 Phil. & Pub. Aff. 31 (1989)

Justin Huges, *The Personality Interest of Artists and Inventors in Intellectual Property*, 16 Cardozo Arts & Ent. L.J. 81 (1998)

_____, *The Philosophy of Intellectual Property*, 77 Geo. L.J. 287 (1988)

Matt Jackson, *Harmony or Discord? The Pressure Toward Conformity in International Copyright*, 43 IDEA 607 (2003)

Emile Karafiol, *The Right to Privacy and the Sidis Case*, 12 Ga. L. Rev. 513 (1978)

Michael I. Krauss, *Property, Monopoly, and Intellectual Rights*, 12 Hamline L. Rev. 305 (1989)

Roberta Rosenthal Kwall, *Fame*, 73 Ind. L.J. 1 (1997)

William M. Landes and Richard A. Posner, *Indefinitely Renewable Copyright*, 70 U. Chi. L. Rev. 471 (2003)

_____, *An Economic Analysis of Copyright Law*, 18 J. Legal Stud. 325 (1989)

David Lange, *Recognizing the Public Domain*, 44 Law & Contemp. Probs. 147 (1981)

Gilbert Larochelle, *From Kant to Foucault : What Remains of the Author in Postmodernism*, edited by Lise Buranen and Alice M. Roy, 『Perspectives On Plagiarism』, State University Of New York Press, 1999

Audrey Wolfson Latourette, *Plagiarism : Legal and Ethical Implications for the University*, 37 J.C. & U.L. 1 (2010)

Mark A. Lemley, Colloquium, *Ex Ante versus Ex Post Justification for Intellectual Property*, 71 U. Chi. Rev. 129 (2004)

Lisa G. Lerman, *Misattribution in Legal Scholarship: Plagiarism, Ghostwriting, and Authorship*, 42 S. Tex. L. Rev. 467 (2001)

Jessica Litman, *Copyright as Mith*, 53 U. Pitt. L. Rev. 235 (1991)

_____, *The Public Domain*, 39 Emory L.J. 965 (1990)

Eric J. Lubochinski, Comment, *Hegel's Secret : Personality and the Housemark Cases*, 52 Emory L.J. 489 (2003)

Michael Madow, *Private Ownership of Public Image: Popular Culture and Publicity Rights*, 81 Cal. L. Rev. 125 (1993)

Gerard N. Magliocca, *One and Inseparable: Dilution and Infringement in Trademark Law*, 85 Minn. L. Rev. 949 (2001)

Hyung Doo Nam, *Ethics Rather Than Rights : Reconsidering "Transmit Rather Than Create" - Toward a New Understanding of Korea's Intellectual Property Rights Tradition*, edited by John O. Haley and Toshiko Takenaka, 『Legal Innovations in Asia: Judicial Lawmaking and the Influence of Comparative Law』, Edward Elgar, 2014

Neil Weinstock Netanel, *Copyright and a Democratic Civil Society*, 106 Yale L.J. 283 (1996)

Warren Newberry, Note, *Copyright Reform in China : A "TRIPS" Much Shorter and Less Strange Than Imagined?*, 35 Conn. L. Rev. 1425 (2003)

Jonathan Ocko, *Copying, Culture, and Control: Chinese Intellectual Property Law in Historical Context*, 8 Yale J.L. & Human. 559 (1996)

A. Samuel Oddi, *The Tragicomedy of the Public Domain in Intellectual Property*, 25 Hastings Comm. & Ent. L.J. 1 (2002)

Tom G. Palmer, *Are Patents and Copyrights Morally Justified? The Philosophy of Property Rights and Ideal Objects*, 13 Harv. J.L. & Pub. Pol'y 817 (1990)

_____, *Intellectual Property : A non-Posnerian Law and Economics Approach*, 12 Hamline L. Rev. 261 (1989)

Richard A. Posner, *Goodbye to the Bluebook*, 53 U. Chi. L. Rev. 1343 (1986)

George L. Priest, *What Economic can Tell Lawyers about Intellectual Property : Comment on Cheung*, edited by Richard O. Zerbe, Jr., 『Research in Law and Economics vol. 8』, JAI Press, 1986

Natasha Roit, Comment, *Soviet and Chinese Copyright : Ideology Gives Way to Economic Necessity*, 6 Loy. Ent. L.J. 53 (1986)

Carol M. Rose, *The Public Domain: Romans, Roads, and Romantic Creators : Traditions of Public Property in the Information Age*, 66 Law & Contemp. 89 (2003)

_____, *The Comedy of the Commons : Customs, Commerce, and Inherently Public Property*, 53 U.Chi. L. Rev. 711 (1986)

Dan Rosen and Chikako Usui, *Japan: The Social Structure of Japanese Intellectual Property Law*, 13 UCLA Pac. Basin L.J. 32 (1994)

Paul H. Rubin, *Government and Privacy: A Comment on The Right of Privacy*, 12 Ga. L. Rev. 505 (1978)

Geoffrey R. Scott, *A Comparative View of Copyright as Cultural Property in Japan and the United States*, 20 Temp. Int'l & Comp. L.J. 283 (2006)

Catherine Seville, *Talfourd and His Contemporaries: The Making of the 1842 Copyright Act*, edited by Alison Firth, 『Perspectives on Intellectual Property - The Prehistory and Development of Intellectual Property Systems』, Sweet & Maxwell, 1997

Sang-Hyun Song, *The Structure and Approach of Korean Legal Scholarship : Special Problems in Studying Korean Law*, edited by Sang-Hyun Song, 『Korean Law in the Global Economy』, Bak Young Sa, 1996

Christian G. Stallberg, *Towards A New Paradigm In Justifying Copyright : An Universalistic Transcendental Approach*, 18 Fordham Intell. Prop. Media & Ent. L.J. 333 (2008)

Vincenzo Vinciguerra, *Contribution to the Understanding of the Public Domain*, 24 J. Marshall J. Computer & Info. L. 411 (2006)

Jeremy Waldron, *From Authors to Copiers - Individual rights and social values in intellectual* property, edited by David Vaver, 『Intellectual Property Rights』, Routledge, 2006

Samuel D. Warren and Louis D. Brandeis, *The Right to Privacy*, 4 Harv. L. Rev. 193 (1890)

Leonard Weintraub, Note, *Crime of the Century : Use of the Mail Fraud Statute Against Authors*, 67 B.U. L. Rev. 507 (1987)

Alfred C. Yen, *Restoring the Natural Law : Copyright as Labor and Possession*, 51 Ohio St. LJ. 517 (1990)

Peter K. Yu, *The International Enclosure Movement*, 82 Ind. LJ. 827 (2007)

_____, *From Pirates to Partners (Episode II) : Protecting Intellectual Property in Post-WTO China*, 55 Am. U. L. Rev. 901 (2006)

_____, *Piracy, Prejudice, and Perspectives : An Attempt to Use Shakespeare to Reconfigure the U.S.-China Intellectual Property Debate*, 19 B.U. Int'l LJ. 1 (2001)

吳漢東,「關于中國著作權法觀念的歷史思考」, 法商硏究-中南政法學院學報, 1995年 第3期 (225)

국내

강남준·이종영·오지연,「신문기사의 표절 가능성 여부 판정에 관한 연구 : 컴퓨터를 활용한 형태소 매칭 기법을 중심으로」, 한국신문학보 제52권 1호, 2008.2

계승균,「표절과 저작권」, 계간저작권 제72호, 2005 겨울

곽동철,「학술 논문에서 표절의 유형과 올바른 인용 방식에 관한 고찰」, 한국문헌정보학회지 제41권 제3호, 2007

김성수,「미국 대학의 '학문적 정직성' 정책에 대한 연구 - 대학 글쓰기에서 '표절' 문제를 중심으로」, 작문연구 제6호, 2008

김옥주,「외국의 연구윤리 실천 현황」, 제1회 2007 연구윤리포럼 올바른 연구 실천의 방향과 과제, 2007

김윤명,「퍼블릭 도메인의 이해를 위한 개략적 고찰」, 창작과권리 제49호, 2007 겨울

_____,「앤Anne여왕 법에 관한 저작권 법제사적 의의」, 산업재산권 제20호, 2006.8

남형두,「사건, 그 후 - 기사표절에 관대한 한국」, 언론중재 제127호, 2013 여름

_____,「학술저작물의 표절 - 판도라의 상자인가?」, 민사판례연구 제33-상, 2011.2

_____,「표절사례 연구 - 학술저작물을 중심으로」, 법조 제632호, 2009.5

_____,「저작권의 역사와 철학」, 산업재산권 제26호, 2008.8

_____,「한미 간 자유무역협정의 저작권집행 분야에 대한 국내법이행 검토」, 통상법률 제82호, 2008.8

_____,「퍼블리시티권의 철학적 기반(하) - '호사유피 인사유명'의 현대적 변용」, 저스티스 제98호, 2007.6

_____,「퍼블리시티권의 철학적 기반(상) - '호사유피 인사유명'의 현대적 변용」, 저스티스 제97호, 2007.4

_____,「문화의 산업화와 저작권 - 약장수와 차력사」, 문화정책논총 제18집, 2006

_____,「세계시장 관점에서 본 퍼블리시티권 - 한류의 재산권보장으로서의 퍼블리시티권」, 저스티스 제86호, 2005.8

_____, 판례평석「드라마대본에 관한 저작권침해의 구체적 기준 - 이른바 '여우와 솜사탕' 사건」, 저작

권문화 제117호, 2004.5

박성호, 「지적재산권과 정보공유」, 계간저작권 제64호, 2003 겨울

_____, 「표절이란 무엇인가」, 시민과변호사 제37호, 1997.2

배대헌, 「지적재산권 개념의 형성·발전」, 지적소유권연구 제2집, 1998

양승규, 「법학교수의 표절과 윤리성」, 계간 사회비평 제27호, 2001 봄

유재원·장지호·최창수·최봉석, 「행정학회 표절 규정 제정을 위한 기초연구」, 한국행정학회 2005년도
　　하계공동학술대회 발표논문집(V), 2005

윤종수, 「저작물의 공유와 과제 Ver. 0.9」, 계간저작권 제74호, 2006 여름

안정오, 「상호텍스트성의 관점에서 본 표절텍스트」, 텍스트언어학 제22호, 2007

이인재, 「연구윤리 확립을 위한 인용과 표절의 이해」, 윤리연구 제66호, 2007

이정민, 「인문사회과학 분야에서의 표절 판정 기준 모색」, 이인재 책임집필, 『인문·사회과학 분야 표절
　　가이드라인 제정을 위한 기초 연구』, 한국학술진흥재단, 2007

이혜순, 「표절에 관한 전통적 논의들」, 이혜순·정하영 공편, 『표절 – 인문학적 성찰』, 집문당, 2008

정상조, 「창작과 표절의 구별기준」, 서울대학교 법학 제44권 제1호, 2003.3

정정호, 「연구윤리와 연구문화의 상관성에 관한 단상斷想」, 한국학술단체총연합회 주최 연구윤리 세미나,
　　2011.7.29

정진근·유충권, 「표절과 저작권, 무엇이 문제인가?」, 경영법률, 2007

정하영, 「학문연구에 있어서 표절의 문제」, 이혜순·정하영 공편, 『표절 – 인문학적 성찰』, 집문당, 2008

정해룡, 「윤리적 글쓰기의 가이드라인 – 글쓰기 윤리의 위반 사례와 모범적 글쓰기 사례」, 리처드 포스
　　너, 『표절의 문화와 글쓰기의 윤리』, 2007

최용성, 「황우석·김병준·이필상 사례에서 배우는 연구윤리교육적 교훈」, 철학연구 제105집, 2008.2

최정환, 「Public Domain의 새로운 이해」, 계간저작권 제69호, 2005 봄

한상범, 「한국 법학의 계보와 표절의 병리」, 계간 사회비평 제27호, 2001 봄

함창곡, 「이중 게재의 문제와 과제」, 제1회 연구윤리포럼 올바른 연구 실천의 방향과 과제, 2007

허희성, 「판례평석」, 계간저작권 창간호, 1988 봄

황혜선, 「지적재산권의 역사적 연원 – 저작권과 특허를 중심으로」, 도서관논집 제10권, 1993

신문·잡지

해외

Mary Crystal Cage, 「U. of Chicago Panel Finds History Professor Guilty of Plagiarism」, The
　　Chronicle of Higher Education, August 9, 1996

Jill P. Capuzzo, 「Moorestown Journal ; Seeing Crimson」, New York Times, July 20, 2003 (혼스타
　　인 학생 사례)

Karoun Demirjian, 「What is the Price of Plagiarism? – When Someone Steals Another's Words, the Penalties can Vary Widely」, The Christian Science Monitor, May 11, 2006 (스완슨 사례)

Stephen M. Marks, 「Ogletree Faces Discipline for Copying Text」, The Harvard Crimson, September 13, 2004

Sarah Morrill, 「A Brief Biography of J. D. Salinger」, http://www.mydulllife.com/books/salbio. html (2014.9.10. 방문)

Peter Shaw, 「Plagiary」, The American Scholar, 2001

David Zhou, 「Examples of Similar Passages Between Viswanathan's Book and McCafferty's Two Novels」, The Harvard Crimson, April 23, 2006

Wolfgang Frühwald, 「Zur Plagiats-Debatte – Über die Selbsverantwortung der Wissenschaft」, Süddeutsche Zeitung, Wissen, Donnerstag, 14 Juni 2012

국내

강국진, 「온라인 저작권 고소건수 폭증 – 변호사엔 '사냥감' 이용자에겐 '공포'」, 서울신문, 2008.7.30. 기사

강정희, 「반대신문과 표절」, 대한변협신문 제401호, 2012.6.4. 칼럼

구정모, 「자기소개서 표절검증 안하는 대학엔 정부지원 불이익」, 연합뉴스, 2013.5.7. 기사

권영은, 「국민대, 문대성 학위 박탈에 뭉그적」, 한국일보, 2013.4.16. 기사

김기태, 「사회지도층의 표절문제, 어떻게 극복할 것인가」, 출판문화, 2008.7

김민기, 「[시선] '알 권리'냐 '잊혀질 권리'냐 … 방통위 본격 논의」, 뉴시스, 2014.6.16. 기사

김양희, 「김미경 이어 김미화도 프로그램 하차」, 한겨레, 2013.3.25. 기사

김유경, 「당신을 노리는 '온라인 사냥꾼' 조심」, 한국경제, 2009.7.22. 기사

김정욱, 「한국 법·판례 모든 자료 … 최고권위 '블루북' 등재」, 중앙일보, 2009.2.6. 기사

김정운, 「① 왜 에디톨로지Editology인가? 보고 싶은 것만 보다 한 방에 가는 수가 있다」, 중앙선데이 제 233호, 2011.8.28. 칼럼

김지헌, 「한양대, 환경장관 논문표절의혹 '아니다' 잠정결론」, 연합뉴스, 2013.7.14. 기사

남정욱, 「남정욱 교수의 명랑笑說-'글쓰기의 달인' 셰익스피어·茶山을 한번 봐 … 글쓰기의 최상은 잘~ 베끼는 것이야」, 조선일보, 2013.6.1. 칼럼

_____, 「남정욱 교수의 명랑笑說 – 문학이란 … 가공可恐할 만한 가공加工의 스킬이다」, 조선일보, 2012.3.10. 칼럼

남형두, 「"외 1인"-교수와 학생의 공저 논문 논의에 부쳐」, 출판문화 제584호, 2014.7

_____, 「'문화의 도시' 런던을 가다」, 출판문화 제581호, 2014.4

_____, 「'구름빵' 사건을 계기로 본 저작권 공정거래 문제」, 저작권문화 제231호, 2013.11

_____, 「모로 가도 서울만 가면 된다? – 학생 표절 논의에 부쳐」, 연세춘추, 2013.10.7. 칼럼

_____, 「부당저자표시 – 대리번역과 번역자라는 역할어 미기재」, 출판문화 제572호, 2013.7

_____, 「사재기와 베스트셀러」, 출판문화 제571호, 2013.6

_____, 「표절문제를 다루는 가벼움에 대하여」, 연세춘추, 2013.4.1. 칼럼

_____, 「표절에 관대한 문화」, 한겨레, 2013.2.26. 칼럼

_____, 「저작권 유럽기행 그 첫 번째 이야기 - 유령작가Ghostwriter」, 출판문화 제559호, 2012.6

_____, 「기사표절과 기자윤리」, 한국일보, 2010.8.5. 칼럼

_____, 「'평평한 세상'의 그림자」, 한국일보, 2010.7.15. 칼럼

_____, 「학자의 진정한 권위」, 한국일보, 2010.6.3. 칼럼

_____, 「표절위원회 출범에 즈음하여」, 한국일보, 2010.1.7. 칼럼

_____, 「성인용 영상물의 저작권 보호 문제」, 저작권문화 제182호, 2009.10

_____, 「각주脚註 없는 사회」, 조선일보, 2008.3.4. 칼럼

_____, 「저작권법, 요격용 미사일」, 조선일보, 2007.3.7. 칼럼

_____, 「스크린쿼터 축소 경제적 실익 있나」, 동아일보, 2006.2.28. 칼럼

_____, 「판결문작성과 저작권법의 존중 - 산학연계의 실험 2」, 대한변협신문, 2005.8.22

박건형·박성국, 「학술지 '조직공학과 …' 논문 재인용 권장 적발」, 서울신문, 2009.11.6. 기사

박기용, 「대학가에 '언론사 대학평가 거부' 확산」, 한겨레, 2014.9.27. 기사

박남기, 「기고-논문 자기복제(자기표절) 완화책에 대하여」, 교수신문, 2006.9.11. 칼럼

박우진, 「메르켈 총리 최측근 독일 교육장관 박사 논문 표절」, 한국일보, 2013.2.7. 기사

박은주, 「김미경을 위한 변명」, 조선일보, 2013.3.23. 칼럼

박준철, 「교과부, 김포대 이사장·총장에 사퇴 강요」, 경향신문, 2011.9.15. 기사

박창욱, 「논문 표절 독일 前장관 '명예박사'로 체면 유지」, 연합뉴스, 2014.4.12. 기사

_____, 「독일 前 교육장관 논문 표절 소송 패소」, 연합뉴스, 2014.3.21. 기사

박형준, 「16년간 43편 논문조작 … 일본판 황우석 사태」, 동아일보, 2013.7.26. 기사

신수정, 「美 SAT '문제유출' 부정 확인 땐 시험 무효 가능성」, 동아일보, 2007.2.5. 기사

신정민, 최장순, 「연재-잘못된 관행, 표절의 생태학 : ③ 어디까지가 자기복제·중복투고인가」, 교수신문,
    2006.10.2. 기사

양성욱, 「새 교육부총리에 김신일 서울대 교수 내정」, 문화일보, 2006.9.2. 기사

양승식, 「논문 17편 조작 혐의 서울대 강수경 교수 재심요청 기각」, 조선일보, 2013.1.18. 기사

양승식·원선우, 「서울대 교수, 논문표절로 첫 사직」, 조선일보, 2013.3.7. 기사

안용수, 「새누리, '논문 표절' 논란 문대성 복당 확정」, 연합뉴스, 2014.2.20. 기사

오혜림, 「오혜림과 함께 떠나는 독일 문화 기행 - 정치인의 스캔들에 대응하는 독일의 자세」, 레이디경
    향, 2012.11

이근영, 「예산절감 방법? '연구자 난장'선 보이겠죠」, 한겨레, 2012.3.27. 기사

이도경 등, 「솜방망이 처벌에 또 불거진 의학계 '학위장사' … "말로만 근절 외치더니"」, 국민일보,
    2014.4.9. 기사

이범수, 「6월 SAT 한국시험 생물 과목도 취소」, 서울신문, 2013.5.20. 기사

임종업, 「이 책의 유령작가는 누구?」, 한겨레, 2013.2.14. 기사

장익창, 「국감 - 국책 연구기관 연구 논문 중복과 예산 낭비 심각」, 경제투데이, 2010.10.7. 기사

장지영, 「'문대성 위원 거취 대학측 결정 후에' … 로게 IOC위원장 언급」, 국민일보, 2013.2.14. 기사

전정윤, 「여성적 매력을 일부러 숨기지는 말라고 조언하고 싶어요」, 한겨레, 2013.2.26. 기사

조혜정, 「허태열, 박사논문 표절·부적절한 언행 사과」, 한겨레, 2013.2.20. 기사

차지연, 「서울대 강수경 조작논문 17편 중 6편만 징계 가능」, 연합뉴스, 2012.12.9. 기사

최성진, 「누구도 압승 못한 140자의 링 … 제3의 부상자 속출, 하종강-공지영 '의자놀이' 논쟁」, [토요판] 뉴스분석 왜?, 한겨레, 2012.8.25. 기사

최수학, 「박사는 1000만원, 석사는 500만원 … 논문대필 의대 교수들」, 한국일보, 2014.9.26. 기사

최우리, 「'운명에 대한 질투'는 내가 안고 갈 십자가」, [토요판] 김두식의 고백 - 소설가 공지영(상), 한겨레, 2012.10.13. 기사

최우열, 『정몽준 '박근혜 美 외교지 기고문 교수가 써줘'』, 동아일보, 2011.9.3. 기사

최장순, 「잘못된 관행, 표절의 생태학 : ② 인용의 원칙' 마련 시급 … 미간행 지적재산 도용도 표절」, 교수신문, 2006.9.11. 기사

_____, 「잘못된 관행, 표절의 생태학 : ① 기획을 시작하며」, 교수신문, 2006.9.4. 기사

한창만, 「日 가짜 만능세포 논문 공동저자 자살」, 한국일보, 2014.8.6. 기사

허정헌, 「김재우 방문진 이사장 사의」, 한국일보, 2013.3.13. 기사

기타(웹사이트)

해외

http://www.ustr.gov/about-us/press-office/reports-and-publications/2009 (2013.9.23. 방문)

http://stdweb2.korean.go.kr/search/View.jsp (2013.12.12. 방문)

http://www.oxforddictionaries.com/ (2013.12.12. 방문)

http://www.merriam-webster.com/dictionary/plagiarism?show=0&t=1386745564 (2013.12.12. 방문)

http://www.plagiarism.org (2012.5.19. 방문)

Princeton University, Academic Integrity, "When to Cite Sources", http://www.princeton.edu/pr/pub/integrity/pages/cite/(2013.12.16. 방문)

Princeton University, Academic Integrity, "Not-So-Common Knowledge" http://www.princeton.edu/pr/pub/integrity/pages/notcommon/ (2013.12.16. 방문)

Princeton University, Rights, Rules, Responsibilities, 2.4.6. General Requirements for the Acknowledgment of Sources in Academic Work, Paraphrasing, http://www.princeton.edu/pub/rrr/part2/index.xml#comp23 (2013.12.16. 방문)

http://en.wikipedia.org/wiki/Harvard_Law_Review (2014.8.4. 방문)

www.plagiarism.org (2012.10.1. 방문)

http://classic.the-scientist.com/news/display/53061/#comments (2012.5.31. 방문)

국내

http://blog.naver.com/yang456/140062293006 (2013.9.30. 방문)

http://www.ikpec.or.kr (2014.6.6. 방문)

http://www.rapportian.com/n_news/news/view.html?no=15075 (2013.12.21. 방문)

http://www.lawmaking.go.kr/lmSts/ogLmPp/11708 (2014.10.10. 방문)

http://www.skku.edu/new_home/skku/state/state_01.jsp (2014.7.19. 방문)

http://rule.incheon.ac.kr/sub/sub_2.jsp?idx=68&con_search=연구윤리&con_searchstring=title (2014.7.19. 방문)

http://www.ewha.ac.kr/upload/rulesfile/9493_rulesfile_1368515872431.pdf (2014.7.19. 방문)

http://graduate.yonsei.ac.kr/ (2013.8.14. 방문)

https://www.copyright.or.kr/service/prroom/notice_view.do?hm_seq=119&bd_seq=11830&serach_con1=0&searchTarget1=ALL&searchWord1=&page=3 (2014.10.13. 방문)

참고판결

해외
미국

기타

찾아보기